Concours

Attaché territorial

ADMiS FONCTION PUBLIQUE

Concours 2018
5e édition

Concours
Attaché territorial

Externe, interne, 3e voie, catégorie A

Tout-en-un

Olivier Bellégo
Directeur des concours du centre de gestion du Rhône et de la Métropole de Lyon

Vuibert

Crédit photographique : *Two Businesswomen Talking*, Jacobs Stock Photography - Matton Images

ISSN : 2114-9305
ISBN : 978-2-311-20418-6

Conception de la couverture : Delphine d'Inguimbert et Valérie Goussot
Conception de l'intérieur : Bleu T
Composition : Michelle Bourgeois

Site Internet : http://www.vuibert.fr

Avant-propos

L'attractivité de la fonction publique territoriale, les chances réelles de réussite aux concours d'attaché territorial, et les nouvelles épreuves introduites par la réforme rendent cette édition nécessaire à qui veut préparer soigneusement ces concours, d'autant que les annales de cinq sessions (2016, 2014, 2012, 2011 et 2010) sont désormais exploitables.

1. Une fonction publique attractive

Longtemps considérée comme une fonction publique mineure au regard de la fonction publique d'État, la fonction publique territoriale, dont on a fêté les trente ans en 2014, a aujourd'hui atteint la pleine maturité : elle peut s'enorgueillir de ses 1 800 000 agents, de l'intelligence de sa construction autour d'une cinquantaine de cadres d'emplois (l'équivalent des corps de la fonction publique d'État) qui permettent l'exercice de 250 métiers différents, accessibles pour beaucoup par concours, dans près de 40 000 collectivités territoriales et 20 000 établissements publics locaux.

À l'heure où l'acte III de la décentralisation a fait émerger de nouvelles formes d'intercommunalité, la **fonction publique territoriale** apparaît d'autant plus **attractive** que, conciliant la logique du recrutement par concours et de la carrière avec le principe de libre administration des collectivités territoriales, elle permet aux lauréats de concours devenus titulaires après leur nomination par une autorité exécutive locale (maire, président de conseil départemental, président de conseil régional, président d'établissement public local) de gérer librement leur carrière en changeant d'employeur, par mutation, sans rien perdre de l'ancienneté acquise.

Parmi les différents cadres d'emplois, celui d'attaché apparaît particulièrement intéressant dans la mesure où il donne vocation à occuper **un très grand nombre d'emplois de responsabilité**.

La définition réglementaire (décret n° 87-1099 du 30 décembre 1987 modifié portant statut particulier du cadre d'emplois des attachés territoriaux) des **fonctions et missions** est très éclairante :

> « Les membres du cadre d'emplois participent à la **conception**, à l'**élaboration** et à la **mise en œuvre des politiques** décidées dans les domaines administratif, financier, économique, sanitaire, social, culturel, de l'animation et de l'urbanisme. Ils peuvent ainsi se voir confier des **missions**, des **études** ou des **fonctions comportant des responsabilités particulières**, notamment en matière de gestion des ressources humaines, de

gestion des achats et des marchés publics, de gestion financière et de contrôle de gestion, de gestion immobilière et foncière et de conseil juridique. Ils peuvent également être chargés des actions de communication interne et externe et de celles liées au développement, à l'aménagement et à l'animation économique, sociale et culturelle de la collectivité. Ils exercent des fonctions d'encadrement et assurent la direction de bureau ou de service.
Ils peuvent, en outre, occuper les emplois administratifs de direction des collectivités territoriales, des mairies d'arrondissement ou de groupe d'arrondissements des communes de Lyon et de Marseille assimilés à des communes et des établissements publics locaux assimilés dans les conditions prévues par les articles 6 et 7 du décret n° 87-1101 du 30 décembre 1987. [...] »

Les offres d'emplois publiées dans les revues spécialisées sont tout aussi significatives de la diversité et de l'intérêt des missions confiées aux attachés.

2. Des chances réelles de réussite

L'analyse des données statistiques de ce concours organisé chaque année à la même date par les centres de gestion de la fonction publique territoriale sur la base de sujets d'écrits nationaux permet de mesurer que **les chances de réussite des candidats préparés sont réelles**.

La compilation des données émanant des sept centres de gestion de métropole organisateurs de chaque session depuis 2010 laisse apparaître qu'en moyenne, toutes voies (externe, interne et 3e concours) et spécialités confondues, dix candidats sont présents aux écrits pour un poste.

Sessions	Postes	Inscrits	Présents à l'écrit (absentéisme)	Présents à l'écrit/poste
2010	2 864	38 119	27 321 (28,33 %)	9,54
2011	2 764	37 449	25 178 (32,77 %)	9,11
2012	2 465	41 739	27 471 (34,18 %)	9,93
2014	2 663	47 334	28 374 (40,06 %)	10,65
Total	**10 756**	**164 641**	**108 344 (34,19 %)**	**10,07**

Les chances de réussite connaissent évidemment des variations selon les centres de gestion organisateurs, liées tant au nombre de postes ouverts qu'au nombre des inscrits et des présents à l'écrit.

La lecture des rapports des présidents de jury, en ligne sur les sites de certains centres de gestion organisateurs, laisse apparaître que, si le niveau des candidats permet le pourvoi de la quasi-totalité voire de la totalité des postes ouverts, des transferts de postes sont fréquemment opérés par les jurys, du concours externe vers le concours interne, au vu des résultats obtenus par les candidats.

Cela signifie que le niveau des candidats au concours externe est souvent insuffisant pour permettre le pourvoi de tous les postes ouverts dans cette voie. **Une excellente raison de se préparer avec le plus grand soin pour réussir au concours externe.**

Une précision qui a son importance : aux concours d'accès à la fonction publique territoriale, les candidats lauréats du concours ne se voient pas affectés à un poste en fonction de leur rang de classement. Ils sont inscrits par ordre alphabétique sur une liste d'aptitude qui leur donne vocation, après s'être librement portés candidats à un poste proposé par une collectivité territoriale ou un établissement public local, à être recrutés à l'issue d'entretiens d'embauche. Une fois titularisés, après un stage qui dure généralement un an, ils pourront librement changer d'employeur par mutation ou par détachement, en conservant l'ancienneté acquise : intelligence d'un statut qui laisse les employeurs locaux libres de recruter qui ils veulent, dès lors que cette personne est lauréate du concours, et garantit aux fonctionnaires territoriaux les **mêmes droits qu'aux autres fonctionnaires**.

Il convient en outre de préciser que les listes d'aptitude établies à l'issue d'un concours sont valables quatre ans, et que cette validité est nationale, ce qui signifie que le lauréat d'un concours peut être nommé par tout employeur local (commune, département, région, établissement public local) quel que soit le centre de gestion qui l'a porté sur liste d'aptitude après sa réussite au concours organisé par ce centre.

Cette chance de réussir le concours devrait perdurer en raison tant de la persistance **des besoins** des collectivités territoriales – même si la crise économique a mis fin à l'expansion de l'emploi public – que de l'**augmentation du nombre d'employeurs potentiels** avec l'achèvement de l'intercommunalité. S'y ajoute le vieillissement des attachés territoriaux : la gestion prévisionnelle des emplois, des effectifs et des compétences permet d'estimer que, dans la fonction publique territoriale, toutes filières et grades confondus, les départs en retraite devraient être de 1,5 à 2 fois plus nombreux entre 2016 et 2020 qu'entre 2011 et 2015, sous réserve toutefois des effets d'une éventuelle réforme des retraites.

3. Des concours profondément réformés

Depuis qu'un candidat à l'élection présidentielle, président de la République française de 2007 à 2012 a déclaré : « *Dans la fonction publique, il faut en finir avec la pression des concours et des examens. L'autre jour, je m'amusais, on s'amuse comme on peut, à regarder le programme du concours d'attaché d'administration. Un sadique ou un imbécile, choisissez, avait mis dans le programme d'interroger les concurrents sur* **La Princesse de Clèves**. *Je ne sais pas si cela vous est souvent arrivé de demander à la guichetière ce qu'elle pensait de* **La Princesse de Clèves**… *Imaginez un peu le spectacle ! En tout cas, je l'ai lu il y a tellement longtemps qu'il y a de fortes chances que j'aie raté l'examen !* », les concours ont fait l'objet de nombreuses critiques, si répandues que nombreux étaient ceux qui pronostiquaient leur disparition.

Qu'en est-il réellement ? À y regarder de plus près, une vaste réforme a été engagée qui, sans remettre en cause le principe même du concours, s'est attachée à simplifier et à professionnaliser les épreuves. On ne peut nier en effet que nombreux étaient les concours dont les épreuves ou les sujets demeuraient très éloignés des missions exercées par les membres des corps ou des cadres d'emplois auxquels ces concours permettaient l'accès.

Le **Livre blanc sur l'avenir de la fonction publique**, remis par Jean-Ludovic Silicani, conseiller d'État, aux ministres chargés de la fonction publique le 18 avril 2008, préconisait la **professionnalisation des modes de recrutement** en donnant plus de place aux compétences qu'aux connaissances trop académiques et en ouvrant les concours aux professionnels du recrutement. Pour autant, le Livre blanc soulignait que « *le concours externe est perçu comme une garantie de recrutement impartial et juste : les agents et les citoyens sont attachés à ce que le concours reste la voie de droit commun pour accéder à la fonction publique. Le concours est également le moyen de remettre à égalité des individus dont les cursus de formation n'ont pas la même valeur symbolique : le fait que tous les candidats puissent passer des épreuves identiques constitue en quelque sorte une nouvelle chance pour ceux d'entre eux qui n'ont pas pu accéder aux écoles et aux universités les plus prestigieuses* ».

Le rapport de la mission préparatoire au réexamen général du contenu du concours d'accès à la fonction publique de l'État, dit **rapport Deforges** (janvier 2008), établi par Corinne Deforges et Jean-Guy de Chalvron, inspecteurs généraux de l'administration centrale, a marqué également une étape importante dans le processus de modernisation des concours : dédié non sans humour « *à Marie-Madeleine Pioche de La Vergne, comtesse de La Fayette (1634-1693), et à la princesse de Clèves (1678) sans lesquelles ce rapport n'aurait jamais pu voir le jour* », le rapport s'est attaché à analyser « *des concours où les savoirs académiques sont trop exclusivement valorisés* » et a recommandé de « ***professionnaliser les épreuves*** » et de « *mieux greffer leur contenu sur les compétences attendues* ».

Notons toutefois que la professionnalisation et la simplification des concours ne datent pas d'aujourd'hui : engagée voici une quinzaine d'années, la simplification a par exemple fait disparaître l'épreuve de dictée des concours d'adjoint administratif territorial et d'agent technique territorial, aboli l'épreuve de résumé de texte des concours de rédacteur territorial. Ce mouvement s'est ensuite accéléré, avec la réforme, par exemple, de l'examen d'attaché principal et celle des concours d'accès aux instituts régionaux d'administration (IRA) qui permettent le recrutement des attachés affectés dans les différents services de l'État.

Les concours d'attaché territorial ont bénéficié à compter de 2010 de ce même mouvement de professionnalisation et de simplification.

Cette évolution, évidente pour le concours externe qui est passé de trois épreuves écrites d'admissibilité à deux et de trois épreuves orales d'admission à deux, a été encore plus marquée pour les concours interne et de troisième voie qui ne comptent plus qu'une unique épreuve écrite d'admissibilité, au lieu de trois auparavant, et une unique épreuve d'admission obligatoire, et non plus deux. La composition de culture générale (concours externe), le résumé de texte (concours interne) et le commentaire de texte (troisième concours) ont ainsi disparu des écrits, tandis qu'étaient abolies à l'oral les épreuves de conversation de culture générale (concours externe et interne) et les interrogations spécialisées (concours externe, interne et de troisième voie).

Les épreuves écrites d'admissibilité qui permettent de devenir attaché territorial n'appartiennent plus, selon les concours et les spécialités, qu'à deux familles d'épreuves : la **composition de culture territoriale (concours externe)** et la **synthèse** avec propositions (concours interne et de troisième voie) ou sans propositions (concours externe). S'agissant des épreuves orales obligatoires d'admission, si l'**oral de langue vivante** perdure au concours externe, toutes les autres épreuves sont remplacées par le seul **entretien avec un jury**.

4. Des concours « plus faciles » ?

Les candidats qui envisagent de se présenter aux concours d'attaché territorial en 2018 estiment souvent que le concours est devenu « plus facile » qu'il ne l'était auparavant.

Rien n'est moins sûr : si ont disparu les épreuves redoutées dites « de culture générale » tant à l'écrit qu'à l'oral, ont été également abolies les épreuves spécialisées écrites et orales qui permettaient aux candidats qui en maîtrisaient bien le programme d'engranger des points. Désormais, le candidat au concours interne ou de troisième voie ne dispose que d'un pistolet à un coup pour devenir admissible en « jouant tout » sur une seule épreuve écrite. On observe que cette épreuve joue pleinement son rôle et s'avère tout aussi sélective que l'étaient les anciennes épreuves. Rappelons, par analogie, les effets de la réforme de l'examen professionnel d'attaché territorial principal qui a connu une évolution de même nature avec passage de quatre à deux épreuves, une épreuve de notes avec propositions à l'écrit et d'entretien avec le jury à l'oral. Les sessions organisées depuis la réforme de cet examen se sont souvent avérées plus sélectives que les précédentes qui comptaient quatre épreuves, alors même qu'avaient disparu les épreuves redoutées de procès-verbal à l'écrit et d'oral de culture générale sans préparation que certains candidats avaient baptisé avec humour « la mort subite ».

5. Se préparer

Pour vous permettre de vous préparer au mieux à ces épreuves, cet ouvrage présente à la fois des conseils méthodologiques pour **chaque épreuve écrite d'admissibilité** ainsi que des sujets d'annales et des sujets d'entraînement **corrigés**. Il comporte également un rappel des **connaissances essentielles** à maîtriser. Il contient enfin des **conseils de méthode** pour l'épreuve orale d'admission.

Olivier Bellégo
Directeur des concours du centre de gestion (CDG) du Rhône
et de la Métropole de Lyon

Téléchargez les **ressources numériques** offertes sur

www.Vuibert.fr/site/204186

Sommaire

Partie 3 Connaissances indispensables sur l'environnement territorial

Partie 4 Épreuves orales d'admission

Votre concours, votre métier

1. Comment s'inscrire aux concours d'attaché territorial ?

Pour connaître les dates des prochains concours, organisés chaque année, c'est-à-dire, très précisément, la **date limite de retrait de dossier** (généralement possible par téléchargement), la **date limite de dépôt de dossier** (également appelée clôture des inscriptions) ainsi que la **date des épreuves écrites**, rien de plus simple : il vous suffit de vous connecter sur les sites des centres de gestion de la fonction publique territoriale. Il existe un centre de gestion par département, dont les sites sont très souvent accessibles à partir de « cdg » suivi du numéro de département (ex. : www.cdg69.fr).

En Île-de-France, deux centres de gestion sont interdépartementaux et organisent, avec le centre de gestion de Seine-et-Marne, un très grand nombre de concours :

– le centre interdépartemental de gestion de la grande couronne (www.cigversailles.fr), qui exerce ses compétences sur les territoires des départements des Yvelines (78), de l'Essonne (91) et du Val d'Oise (95) ;

– le centre interdépartemental de gestion de la petite couronne (www.cig929394.fr), pour les Hauts-de-Seine (92), la Seine-Saint-Denis (93) et le Val-de-Marne (94).

Vous pouvez également trouver sur les sites de centres de gestion les **cadrages indicatifs** des épreuves sur la base desquels les concours sont organisés. Sur le site www.cig929394.fr, ces cadrages sont accessibles à la rubrique « concours », puis « se préparer ». Ils donnent des précisions très utiles pour prendre la mesure des épreuves.

Précisons enfin que tous les centres de gestion n'organisent pas ces concours. Compétents pour organiser ces concours à compter de 2010, les centres de gestion ont adopté le même mode d'organisation que le CNFPT précédemment organisateur :

– une organisation dans un cadre interrégional ;

– une organisation annuelle (de 2010 à 2012), puis bisannuelle (2014, 2016, 2018…) ;

– une organisation des épreuves écrites le même jour aux mêmes heures ;

– des sujets nationaux, c'est-à-dire que les épreuves sont organisées par tous les centres sur la base des mêmes sujets.

ATTENTION Depuis la session 2012, la décision a été prise par les centres de gestion d'organiser les concours d'attaché territorial tous les deux ans, en alternance avec les concours de rédacteur et de rédacteur principal de 2e classe : les prochaines sessions auront ainsi lieu en 2018 et 2020, les épreuves écrites d'admissibilité étant organisées en novembre et les épreuves orales au premier semestre de l'année suivante.

2. Les conditions d'accès aux concours

Elles sont très clairement rappelées dans les notices ou brochures de présentation du concours réalisées par les centres de gestion.

Il convient d'abord de satisfaire aux conditions générales d'accès à tous les concours, à savoir :

– posséder la nationalité française ou celle de l'un des autres États membres de la Communauté européenne ou d'un État partie à l'accord sur l'Espace économique européen ;
– jouir de ses droits civiques dans l'État dont on est ressortissant ;
– ne pas avoir subi une condamnation incompatible avec l'exercice des fonctions ;
– être en position régulière au regard des obligations de service national de l'État dont on est ressortissant ;
– remplir les conditions d'aptitude physique exigées pour l'exercice des fonctions.

■ Le **concours externe** est ouvert aux candidats titulaires :
– d'un diplôme national correspondant au moins à un deuxième cycle d'études supérieures ;
– ou d'un titre ou diplôme homologué au moins au niveau II suivant la procédure définie par le décret n° 92-23 du 8 janvier 1992 relatif à l'homologation des titres et diplômes de l'enseignement technologique.

Les mères et pères élevant ou ayant effectivement élevé au moins trois enfants sont dispensés de toute condition de diplôme, de même que les sportifs de haut niveau (figurant sur la liste des sportifs de haut niveau fixée chaque année par le ministre chargé de la Jeunesse et des Sports).

Ce concours, depuis 2007, est également accessible au titre des équivalences de diplômes et de la reconnaissance de l'expérience professionnelle, désormais instruites par les centres de gestion en leur qualité d'autorités organisatrices du concours, s'agissant de concours à conditions de diplômes « généralistes ».

Peuvent se présenter au concours, sous réserve de remplir les conditions générales de recrutement, les candidats qui justifient de qualifications au moins équivalentes.

Ainsi les candidats aux concours bénéficient-ils d'une équivalence de plein droit dès lors qu'ils satisfont au moins à l'une des conditions suivantes :
– être titulaire d'un diplôme, d'un titre de formation ou d'une attestation établie par une autorité compétente prouvant que le candidat a accompli avec succès un cycle de formation au moins de mêmes niveau et durée que ceux sanctionnés par les diplômes ou titres requis ;

– justifier d'une attestation d'inscription dans un cycle de formation dont la condition normale d'accès est d'être titulaire d'un diplôme ou d'un titre de formation au moins de même niveau que celui des diplômes ou titres requis ;
– être titulaire d'un diplôme ou d'un titre homologué ou d'un diplôme ou titre à finalité professionnelle enregistré au répertoire national des certifications professionnelles, classé au moins au même niveau que le diplôme ou titre requis ;
– être titulaire d'un diplôme ou titre de formation au moins équivalent, figurant sur une liste fixée, pour chaque niveau de diplôme, par un arrêté conjoint du ministre intéressé, du ministre chargé de l'Éducation et du ministre chargé de la fonction publique.

Le candidat est tenu de fournir, à l'appui de sa demande, une copie du diplôme ou titre, le cas échéant, dans une traduction en français établie par un traducteur assermenté.

Par ailleurs, les candidats qui justifient de l'exercice d'une activité professionnelle, salariée ou non, exercée de façon continue ou non, équivalente à une durée totale cumulée d'au moins trois ans à temps plein et relevant de la même catégorie socioprofessionnelle que celle de la profession à laquelle la réussite au concours permet l'accès, peuvent également faire acte de candidature à ce concours.

La durée totale cumulée d'expérience exigée est réduite à deux ans lorsque le candidat justifie d'un titre ou d'un diplôme de niveau immédiatement inférieur à celui requis. Les périodes de formation initiale ou continue, quel que soit le statut de la personne, ainsi que les stages et les périodes de formation en milieu professionnel accomplis pour la préparation d'un diplôme ou d'un titre ne sont pas prises en compte pour le calcul de la durée d'expérience requise.

■ Le **concours interne** est ouvert aux fonctionnaires et agents des collectivités territoriales, de l'État et des établissements publics qui en dépendent, de la fonction publique hospitalière ainsi qu'aux agents en fonction dans une organisation internationale intergouvernementale.

Le concours interne est également ouvert aux candidats qui justifient d'une durée de services accomplis dans une administration, un organisme ou un établissement d'un État membre de la Communauté européenne ou d'un État partie à l'accord sur l'Espace économique européen autres que la France dont les missions sont comparables à celles des administrations et des établissements publics dans lesquels les fonctionnaires civils mentionnés à l'article 2 de la loi n° 83-634 du 13 juillet 1983 exercent leurs fonctions, et qui ont, le cas échéant, reçu dans l'un de ces États une formation équivalente à celle requise par les statuts particuliers pour l'accès aux cadres d'emplois considérés.

Les candidats doivent justifier, au 1er janvier de l'année du concours, entendue comme l'année où se déroulent les épreuves écrites, de quatre ans au moins de services publics. Ainsi, les candidats à la session 2018 du concours interne doivent compter au moins quatre ans de services publics au 1er janvier 2018. Ils doivent en outre être en activité le jour de la clôture des inscriptions.

■ Enfin le **troisième concours** (ou concours de troisième voie) est ouvert aux candidats justifiant de l'exercice, pendant une durée de quatre ans au moins, à la date de la première épreuve, d'une ou de plusieurs activités professionnelles, quelle qu'en soit la nature, d'un ou de plusieurs mandats de membre d'une assemblée élue d'une collectivité territoriale ou d'une ou de plusieurs activités accomplies en qualité de responsable d'une association.

La durée des activités professionnelles, associatives, ou des mandats électifs ne peut être prise en compte que si les intéressés n'avaient pas, au moment où ils les exerçaient, la qualité de fonctionnaire, de magistrat, de militaire ou d'agent public.

Cette règle ne fait pas obstacle à ce que les activités syndicales des candidats fonctionnaires bénéficiant d'une décharge d'activité de service ou mise à disposition d'une organisation syndicale soient prises en compte pour l'accès au troisième concours.

■ **Les spécialités** (décret n° 2009-756 du 22 juin 2009)
Le candidat choisit au moment de son inscription la spécialité dans laquelle il concourt :

- spécialité administration générale;
- spécialité gestion du secteur sanitaire et social;
- spécialité analyste;
- spécialité animation;
- spécialité urbanisme et développement des territoires.

Le choix de la spécialité est définitif à la clôture des inscriptions.

3. Présentation des concours

A. Le concours externe

a. Les deux épreuves écrites d'admissibilité

■ **Première épreuve**
Pour l'ensemble des spécialités, une **composition portant sur un sujet d'ordre général relatif à la place et au rôle des collectivités territoriales dans les problématiques locales** (démocratie, société, économie, emploi, éducation/formation, santé, culture, urbanisme et aménagement, relations extérieures...).

Le sujet est ainsi le même pour tous les candidats au concours externe, quelle que soit la spécialité dans laquelle ils se sont inscrits.

Cette épreuve doit permettre au jury d'apprécier, outre les qualités rédactionnelles des candidats, leur ouverture au monde, leur aptitude au questionnement, à l'analyse et à l'argumentation ainsi que leur capacité à se projeter dans leur futur environnement professionnel (durée : quatre heures; coefficient 3).

Cette épreuve ne comporte pas de programme réglementaire.

■ **Seconde épreuve**
La **rédaction d'une note** (durée : quatre heures; coefficient 4) ayant pour objet de vérifier :

- pour les candidats ayant choisi la spécialité *administration générale*, l'aptitude à l'analyse d'un dossier soulevant un problème d'organisation ou de gestion rencontré par une collectivité territoriale;

– pour les candidats ayant choisi la spécialité *gestion du secteur sanitaire et social*, l'aptitude à l'analyse d'un dossier soulevant un problème sanitaire et social rencontré par une collectivité territoriale ;

– pour les candidats ayant choisi la spécialité *analyste*, l'aptitude à l'analyse d'un dossier portant sur la conception et la mise en place d'une application automatisée dans une collectivité territoriale ;

– pour les candidats ayant choisi la spécialité *animation*, l'aptitude à l'analyse d'un dossier relatif au secteur de l'animation dans une collectivité territoriale ;

– pour les candidats ayant choisi la spécialité *urbanisme et développement des territoires*, l'aptitude à l'analyse d'un dossier soulevant un problème d'urbanisme et de développement des territoires rencontré par une collectivité territoriale.

Cette épreuve ne comporte pas de programme réglementaire.

Toute note inférieure à 5 à l'une des épreuves écrites d'admissibilité entraîne l'élimination du candidat, quelle que soit la moyenne générale qu'il obtient à ces deux épreuves.

Peuvent seuls être autorisés à se présenter aux épreuves d'admission les candidats déclarés admissibles par le jury.

b. Les deux épreuves orales d'admission

■ **Première épreuve**

Un **entretien** visant à apprécier, le cas échéant sous forme d'une mise en situation professionnelle, les connaissances administratives générales du candidat et sa capacité à les exploiter, sa motivation et son aptitude à exercer les missions dévolues au cadre d'emplois, notamment dans la spécialité choisie (durée : vingt minutes ; coefficient 4).

■ **Seconde épreuve**

Une **épreuve orale de langue vivante** d'une durée de quinze minutes comportant la **traduction**, sans dictionnaire, d'un texte, suivie d'une **conversation**, dans l'une des langues étrangères suivantes au choix du candidat au moment de l'inscription : allemand, anglais, espagnol, italien, grec, néerlandais, portugais, russe et arabe moderne (durée : quinze minutes, avec préparation de même durée ; coefficient 1).

Le choix de la langue est définitif à la clôture des inscriptions.

ATTENTION Depuis une réforme générale des concours opérée par un décret du 5 juillet 2013, toute note inférieure à 5 sur 20 à l'une de ces épreuves orales élimine le candidat, quelle que soit la moyenne de ses notes.

B. Le concours interne

a. L'unique épreuve écrite d'admissibilité

■ **Pour les candidats ayant choisi la spécialité *administration générale* :** la rédaction, à l'aide des éléments d'un dossier soulevant un problème d'organisation ou de gestion rencontré par une collectivité territoriale, d'un **rapport** faisant appel à l'esprit d'analyse et de synthèse du candidat, à son aptitude à situer le sujet traité dans son contexte général et à ses capacités rédactionnelles, **afin de dégager des solutions opérationnelles appropriées** (durée : quatre heures ; coefficient 4).

■ **Pour les candidats ayant choisi la spécialité *gestion du secteur sanitaire et social* :** la rédaction, à l'aide des éléments d'un dossier soulevant un problème sanitaire et social rencontré par une collectivité territoriale, d'un **rapport** faisant appel à l'esprit d'analyse et de synthèse du candidat, à son aptitude à situer le sujet traité dans son contexte général et à ses capacités rédactionnelles, **afin de dégager des solutions opérationnelles appropriées** (durée : quatre heures ; coefficient 4).

■ **Pour les candidats ayant choisi la spécialité *analyste* :** la rédaction, à l'aide des éléments d'un dossier, d'un **rapport** faisant appel à l'esprit d'analyse et de synthèse du candidat, à son **aptitude à concevoir et à mettre en place une application automatisée dans une collectivité territoriale** (durée : quatre heures ; coefficient 4).

■ **Pour les candidats ayant choisi la spécialité *animation* :** la rédaction, à l'aide des éléments d'un dossier relatif au secteur de l'animation dans une collectivité territoriale, d'un **rapport** faisant appel à l'esprit d'analyse et de synthèse du candidat, à son aptitude à situer le sujet traité dans son contexte général et à ses capacités rédactionnelles, **afin de dégager des solutions opérationnelles appropriées** (durée : quatre heures ; coefficient 4).

■ **Pour les candidats ayant choisi la spécialité *urbanisme et développement des territoires* :** la rédaction, à l'aide des éléments d'un dossier soulevant un problème relatif au secteur de l'urbanisme et du développement des territoires rencontré par une collectivité territoriale, d'une **note** faisant appel à l'esprit d'analyse et de synthèse du candidat, à son aptitude à situer le sujet traité dans son contexte général et à ses capacités rédactionnelles, **afin de dégager des solutions opérationnelles appropriées** (durée : quatre heures ; coefficient 4).

Cette épreuve ne comporte pas de programme réglementaire.

Toute note inférieure à 5 sur 20 à l'épreuve écrite d'admissibilité entraîne l'élimination du candidat.

Peuvent seuls être autorisés à se présenter aux épreuves d'admission les candidats déclarés admissibles par le jury.

b. L'unique épreuve orale obligatoire d'admission

Un **entretien** débutant par une présentation par le candidat de son expérience professionnelle et des compétences qu'il a acquises à cette occasion. Cet entretien est suivi d'une conversation visant à apprécier, le cas échéant sous forme d'une mise en situation professionnelle, la capacité du candidat à analyser son environnement professionnel et à résoudre les problèmes techniques ou d'encadrement les plus fréquemment rencontrés par un attaché.

Cette épreuve doit permettre au jury d'apprécier l'expérience professionnelle du candidat, sa motivation et son aptitude à exercer les missions dévolues au cadre d'emplois, notamment dans la spécialité choisie (durée : vingt-cinq minutes, dont dix minutes au plus de présentation ; coefficient 5).

ATTENTION Depuis une réforme générale des concours opérée par un décret du 5 juillet 2013, toute note inférieure à 5 sur 20 à l'une de ces épreuves orales élimine le candidat, quelle que soit la moyenne de ses notes.

c. L'épreuve orale facultative d'admission

Le choix de subir ou non cette épreuve facultative est définitif à la clôture des inscriptions, de même que le choix de la langue.

Une **épreuve orale facultative de langue vivante étrangère** consistant en la **traduction**, sans dictionnaire, d'un texte, suivie d'une **conversation**, dans l'une des langues étrangères suivantes au choix du candidat : allemand, anglais, espagnol, italien, grec, néerlandais, portugais, russe et arabe moderne (durée de l'épreuve : quinze minutes, avec préparation de même durée; coefficient 1).

Seuls sont pris en compte pour l'admission les points au-dessus de la moyenne.

Aucune note éliminatoire n'est associée à cette épreuve.

C. Le concours de troisième voie

a. L'unique épreuve écrite d'admissibilité

Cette épreuve est identique à celle du concours interne.

- **Pour les candidats ayant choisi la spécialité *administration générale* :** la rédaction, à l'aide des éléments d'un dossier soulevant un problème d'organisation ou de gestion rencontré par une collectivité territoriale, d'un **rapport** faisant appel à l'esprit d'analyse et de synthèse du candidat, à son aptitude à situer le sujet traité dans son contexte général et à ses capacités rédactionnelles, **afin de dégager des solutions opérationnelles appropriées** (durée : quatre heures; coefficient 4).

- **Pour les candidats ayant choisi la spécialité *gestion du secteur sanitaire et social* :** la rédaction, à l'aide des éléments d'un dossier soulevant un problème sanitaire et social rencontré par une collectivité territoriale, d'un **rapport** faisant appel à l'esprit d'analyse et de synthèse du candidat, à son aptitude à situer le sujet traité dans son contexte général et à ses capacités rédactionnelles, **afin de dégager des solutions opérationnelles appropriées** (durée : quatre heures; coefficient 4).

- **Pour les candidats ayant choisi la spécialité *analyste* :** la rédaction, à l'aide des éléments d'un dossier, d'un **rapport** faisant appel à l'esprit d'analyse et de synthèse du candidat, à son **aptitude à concevoir et à mettre en place une application automatisée dans une collectivité territoriale** (durée : quatre heures; coefficient 4).

- **Pour les candidats ayant choisi la spécialité *animation* :** la rédaction, à l'aide des éléments d'un dossier relatif au secteur de l'animation dans une collectivité territoriale, d'un **rapport** faisant appel à l'esprit d'analyse et de synthèse du candidat, à son aptitude à situer le sujet traité dans son contexte général et à ses capacités rédactionnelles, **afin de dégager des solutions opérationnelles appropriées** (durée : quatre heures; coefficient 4).

■ **Pour les candidats ayant choisi la spécialité *urbanisme et développement des territoires* :** la rédaction, à l'aide des éléments d'un dossier soulevant un problème relatif au secteur de l'urbanisme et du développement des territoires rencontré par une collectivité territoriale, d'une **note** faisant appel à l'esprit d'analyse et de synthèse du candidat, à son aptitude à situer le sujet traité dans son contexte général et à ses capacités rédactionnelles, **afin de dégager des solutions opérationnelles appropriées** (durée : quatre heures; coefficient 4).

Cette épreuve ne comporte pas de programme réglementaire.

Toute note inférieure à 5 à l'épreuve écrite d'admissibilité entraîne l'élimination du candidat.

Peuvent seuls être autorisés à se présenter aux épreuves d'admission les candidats déclarés admissibles par le jury.

b. L'unique épreuve orale obligatoire d'admission

Cette épreuve est de même nature que celle du concours interne.

Un **entretien** ayant pour point de départ un exposé du candidat sur son expérience et les compétences qu'il a acquises à cette occasion, sur la base d'un document retraçant son parcours professionnel, remis par le candidat au moment de l'inscription et établi conformément à un modèle fixé par arrêté du ministre des Collectivités territoriales.

L'entretien vise ensuite à évaluer, le cas échéant sous forme d'une mise en situation professionnelle, la capacité du candidat à s'intégrer dans l'environnement professionnel au sein duquel il est appelé à exercer, sa motivation et son aptitude à exercer les missions dévolues au cadre d'emplois, notamment dans la spécialité choisie (durée : vingt-cinq minutes, dont dix minutes au plus d'exposé; coefficient 5).

ATTENTION Depuis une réforme générale des concours opérée par un décret du 5 juillet 2013, toute note inférieure à 5 sur 20 à l'une de ces épreuves orales élimine le candidat, quelle que soit la moyenne de ses notes.

c. L'épreuve orale facultative d'admission

Une **épreuve orale facultative de langue vivante** comportant la **traduction**, sans dictionnaire, d'un texte, suivie d'une **conversation**, dans l'une des langues étrangères suivantes, au choix du candidat au moment de l'inscription : allemand, anglais, espagnol, italien, grec, néerlandais, portugais, russe et arabe moderne (durée de l'épreuve : quinze minutes avec préparation de même durée; coefficient 1).

Le choix de subir ou non cette épreuve facultative est définitif à la clôture des inscriptions, de même que le choix de la langue.

Seuls sont pris en compte pour l'admission les points au-dessus de la moyenne.

Aucune note éliminatoire n'est associée à cette épreuve.

4. Ce qu'il vous faut savoir sur les règles générales d'organisation des concours

Les règles d'organisation des concours résultent tant des décrets fixant les modalités d'organisation des concours que de la jurisprudence. Elles sont souvent mal connues des candidats qui ont parfois en tête des scénarios très différents de la réalité :

– un candidat absent à une épreuve obligatoire est définitivement éliminé quelles que soient les notes qu'il a obtenues aux autres épreuves ; en revanche, l'absence à une épreuve facultative n'est jamais éliminatoire ;

– le choix de la spécialité et, le cas échéant, de l'épreuve facultative, est définitif à la clôture des inscriptions ;

– les épreuves écrites font l'objet d'une double correction : constitués en binômes, les correcteurs corrigent chacun la moitié des copies qui leur sont confiées, échangent au terme de leur correction les copies qu'ils ont corrigées, vierges de toute annotation, en conservant leurs fiches de correction ; ils se retrouvent ensuite pour harmoniser leurs corrections respectives et décider de la note attribuée à chaque copie ;

– le jury fixe souverainement les seuils d'admissibilité puis d'admission. Il se prononce sur la base de cahiers (relevés) de notes anonymisés. **Aucun candidat ayant moins de 10 sur 20 de moyenne générale ne peut être déclaré admis par le jury** (décret du 5 juillet 2013) ;

– les jurys d'oral n'ont pas connaissance des notes obtenues à l'écrit par les candidats admissibles. Ils savent simplement que chaque candidat qui se présente devant eux a au moins obtenu une note égale au seuil d'admissibilité (note ou moyenne des notes minimale requise pour être déclaré admissible) que le jury a souverainement fixé ;

– lorsqu'un candidat est admissible, sa note finale au terme des épreuves d'admission est la moyenne de l'ensemble des notes obtenues après application de leurs coefficients respectifs ;

– lorsqu'une épreuve est facultative, seuls les points au-dessus de 10 sont pris en compte, et, affectés de leur coefficient, s'ajoutent au total des points pour l'admission ;

– le jury n'a pas l'obligation de pourvoir tous les postes : la fixation, par exemple à 10, du seuil d'admission (c'est-à-dire de la moyenne requise d'un candidat pour être admis) peut avoir pour effet que des postes demeurent non pourvus ;

– lors de la phase d'admission, le jury peut, dans une limite réglementairement fixée, au vu des résultats obtenus par les candidats, décider de transférer des postes entre voies de concours : aux concours d'attaché territorial, spécialité par spécialité, entre un poste et 25 % des postes ouverts dans les trois voies de concours peuvent être transférés vers le concours interne et/ou le concours externe. Si, par exemple, dans la spécialité administration générale, 80 postes au total ont été ouverts aux concours externe, interne et de 3e voie, le jury peut, s'il estime que le niveau des candidats au troisième concours et au concours externe ne permet pas de pourvoir tous les postes dans ces voies, décider de transférer jusqu'à 20 postes vers le concours interne.

PARTIE 1

Épreuves d'admissibilité (concours externe)

Note par spécialité

COEFFICIENT
4

DURÉE
4
heures

Planning de révision

Le **planning** ci-après entend vous proposer un **mode d'acquisition méthodique des savoir-faire indispensables à la réussite de l'épreuve** de note sur dossier.

La date à laquelle vous commencez à utiliser cet ouvrage pour vous préparer déterminera évidemment la durée de chaque période : si, par exemple, vous entamez votre préparation personnelle six mois avant le concours, les dix périodes d'appropriation compteront chacune de l'ordre de deux semaines. Il en ira tout différemment si vous pensez pouvoir préparer le concours en un mois : deux à trois jours seront alors consacrés à chaque période.

Période 1	Comprendre les exigences de l'épreuve, savoir présenter clairement une note.
Période 2	Exploiter méthodiquement un sujet, savoir gérer le temps de l'épreuve.
Période 3	Lire intégralement le dossier du sujet d'annales n° 1.
Période 4	Identifier les éléments à valoriser, décider d'un plan.
Période 5	Rédiger intégralement la note demandée sans limite de temps.
Période 6	Lire et analyser le corrigé type, mesurer et analyser les écarts de sa propre production avec celui-ci.
Période 7	Relire l'ensemble des conseils méthodologiques.
Période 8	À partir du sujet d'annales n° 2, rédiger intégralement la note demandée en se limitant au temps réglementaire de l'épreuve.
Période 9	Lire et analyser le corrigé type, mesurer et analyser les écarts entre celui-ci et sa propre production.
Période 10	Traiter intégralement les sujets d'annales nos 3 et 4 proposés en ligne en se limitant au temps réglementaire de l'épreuve et évaluer la note produite au regard du corrigé type.
Période 11	Dans les derniers jours précédant l'épreuve, traiter intégralement dans le temps de l'épreuve le sujet d'annales n° 5 proposé en ligne.

Méthodologie et conseils

Intitulé réglementaire

La **rédaction d'une note** ayant pour objet de vérifier :

– Pour les candidats ayant choisi la spécialité *administration générale*, l'aptitude à l'analyse d'un dossier soulevant un problème d'organisation ou de gestion rencontré par une collectivité territoriale (durée : quatre heures ; coefficient 4).

– Pour les candidats ayant choisi la spécialité *gestion du secteur sanitaire et social*, l'aptitude à l'analyse d'un dossier soulevant un problème sanitaire et social rencontré par une collectivité territoriale (durée : quatre heures ; coefficient 4).

– Pour les candidats ayant choisi la spécialité *analyste*, l'aptitude à l'analyse d'un dossier portant sur la conception et la mise en place d'une application automatisée dans une collectivité territoriale (durée : quatre heures ; coefficient 4).

– Pour les candidats ayant choisi la spécialité *animation*, l'aptitude à l'analyse d'un dossier relatif au secteur de l'animation dans une collectivité territoriale (durée : quatre heures ; coefficient 4).

– Pour les candidats ayant choisi la spécialité *urbanisme et développement des territoires*, l'aptitude à l'analyse d'un dossier soulevant un problème d'urbanisme et de développement des territoires rencontré par une collectivité territoriale (durée : quatre heures ; coefficient 4).

L'intitulé de l'épreuve permet de prendre la mesure d'une partie des exigences de l'épreuve et des qualités que l'on cherche à évaluer chez le candidat au concours externe. Notons que curieusement le mot « synthèse » n'apparaît pas dans le libellé de l'épreuve. Il s'agit pourtant bien d'une épreuve de synthèse : les éléments identifiés par l'analyse doivent être présentés de manière organisée.

Nous présentons cette épreuve plus rapidement que l'épreuve de rapport des concours interne et de troisième voie dans la mesure où ces épreuves sont sœurs, à la différence essentielle près que **la note du concours externe est exclusivement rédigée avec les éléments du dossier**, sans faire appel à des apports extérieurs. Nous invitons donc les candidats au concours externe à prendre également connaissance des conseils méthodologiques sur l'épreuve de rapport.

1. Présentation générale de l'épreuve

A. Une rédaction

La note de synthèse est un document intégralement rédigé. La qualité de rédaction requise est la même qu'en composition. On y reviendra à propos des « qualités rédactionnelles ».

B. Un dossier

On attend du candidat qu'il produise la note demandée **à l'aide des seuls éléments du dossier, en excluant toute information extérieure à celui-ci**. On trouve souvent cette idée ainsi exprimée : « tout le dossier, rien que le dossier ». Ainsi, la note nécessite plus un savoir-faire qu'un savoir.

Le candidat doit montrer sa capacité à repérer par l'analyse les informations essentielles contenues dans le dossier. Cette analyse des documents ne sera opérationnelle que si le candidat a pris soin d'analyser préalablement le « sujet », qu'on appelle également la « commande », en première page du dossier ; de même, une analyse de la liste des « documents joints » (quel type de document ? quelle date ?...) permet au candidat d'arrêter sa stratégie d'approche du dossier en décidant d'en commencer la lecture par tel document qui lui semble plus important, plus informatif, plus récent... que tel autre ; la seule lecture de cette liste peut parfois permettre de pressentir, impression qu'il conviendra évidemment de vérifier par une analyse rapide du document, que certains documents sont moins utiles que d'autres.

L'expression « tout le dossier, rien que le dossier » peut alors être ainsi précisée : on doit utiliser tous les éléments du dossier, à l'exclusion de toute information extérieure à celui-ci, dans la mesure où ces éléments répondent aux attentes précisées dans la « commande ». On trouve fréquemment dans le dossier des informations redondantes.

Cadrage national

« Le sujet exigera ainsi du candidat qu'il sache puiser dans le dossier les éléments nécessaires, le cas échéant, à une prise de décision. En aucun cas il ne devra utiliser des éléments extérieurs au dossier.

Le dossier, portant sur la spécialité choisie au moment de l'inscription, comprend une **trentaine de pages**.

Il peut comporter des **documents de nature** (documents juridiques, documents officiels, articles de presse spécialisée ou non...) **et de forme** (textes, documents graphiques ou visuels...) **variées**, dont le candidat doit mesurer l'importance relative.

Le candidat n'a pas, pour traiter le sujet, à faire appel à des données (connaissances, expériences, opinions) extérieures au dossier : toutes les informations dont il a besoin sont contenues dans celui-ci. L'utilisation d'informations qui ne figurent pas dans le dossier est pénalisable. L'expression fréquemment utilisée dans la commande de la note : "à l'aide des seuls documents joints", souligne cette exigence. »

C. Un dossier dans la spécialité

Si le dossier suffit à honorer la commande, l'organisation de l'épreuve par spécialité invite le candidat à choisir la spécialité correspondant à sa formation et, le cas échéant, à son parcours professionnel, même si l'épreuve ne comporte pas de programme.

À titre indicatif, les thèmes des sessions précédentes pour l'épreuve de note par spécialité étaient les suivants :

Spécialité administration générale

Session 2016 : Les leviers dont dispose la collectivité pour retrouver des marges de manœuvre
Session 2014 : Les grands enjeux de l'intercommunalité
Session 2012 : La mise en œuvre du principe de laïcité par les services publics communaux
Session 2011 : L'égalité professionnelle entre les femmes et les hommes dans la fonction publique territoriale
Session 2010 : La mutualisation des polices municipales
Session 2009 : L'évolution et les enjeux actuels du contrôle de légalité
Session 2008 : La continuité du service public dans les transports terrestres réguliers de voyageurs
Session 2007 : Les dispositions des lois de 2007 relatives à la modernisation de la fonction publique et à la fonction publique territoriale concernant la formation et la mobilité des agents
Session 2006 : Les contrats de partenariat (ordonnance du 17 juin 2004) entre collectivités territoriales et entreprises privées

Spécialité gestion du secteur sanitaire et social

Session 2016 : La lutte contre la précarité énergétique
Session 2014 : Les enjeux de l'économie sociale et solidaire pour les collectivités
Session 2012 : Les dispositifs de prévention des expulsions locatives et d'accompagnement des habitants concernés
Session 2011 : L'analyse annuelle des besoins sociaux
Session 2010 : L'accueil du jeune enfant (rôle du département)
Session 2009 : Les différents types d'établissements pour personnes âgées : fonctions, conditions de création, financements
Session 2008 : Voies et moyens disponibles pour favoriser l'installation de professionnels de santé sur le territoire de la commune
Session 2007 : Le droit au logement après la loi du 5 mars 2007
Session 2006 : Les nouveaux emplois aidés prévus dans la loi de cohésion sociale du 18 janvier 2005

Spécialité analyste

Session 2016 : La mise en œuvre d'une solution d'authentification unique
Session 2014 : Les tablettes tactiles pour les élus et les agents
Session 2012 : La faisabilité de la mise en place d'une plateforme de démarches en ligne et les fonctionnalités à intégrer

Session 2011 : La sécurité des données et des accès au système d'information de la collectivité

Session 2010 : La mise en place d'un système informatique éco-responsable dans une commune

Session 2009 : Intérêt pour la collectivité d'une proposition d'application « Intranet de gestion de protocoles et de personnalités »

Session 2008 : La problématique de la sécurité, de l'archivage et des sauvegardes dans une ville moyenne

Session 2007 : La mise en place de l'intranet dans une communauté d'agglomération

Session 2006 : La gestion d'un parc de matériels informatiques et les solutions pour en optimiser la maintenance dans une grande collectivité

■ Spécialité animation

Session 2016 : La place des enfants et des jeunes dans l'espace public

Session 2014 : La participation des habitants dans le cadre de la politique de la ville

Session 2012 : Les actions de lutte contre le décrochage scolaire

Session 2011 : Le partenariat entre la ville et les représentants locaux éducatifs

Session 2010 : La mise en place par un département d'un système incitatif aux pratiques culturelles et sportives des jeunes

Session 2009 : L'animation socioculturelle et la citoyenneté, en vue d'un projet de réunion du maire avec les partenaires associatifs sur la montée des incivilités

Session 2008 : La mise en place d'un contrat urbain de cohésion sociale (CUCS) sur le territoire de la commune

Session 2007 : Les évolutions récentes des rapports entre les associations et les pouvoirs publics

Session 2006 : La rénovation de la politique éducative (loi de cohésion sociale du 18 juin 2005)

■ Spécialité urbanisme et développement des territoires

Session 2016 : La trame verte et bleue

Session 2014 : Les enjeux du PLU intercommunal en milieu rural

Session 2012 : Les récentes évolutions en matière de financement de l'aménagement

Session 2011 : Les conséquences de la loi « engagement national pour l'environnement » (ENE) du 12 juillet 2010

Session 2010 : L'implantation d'une centrale photovoltaïque au sol dans une commune dont le PLU vient d'être adopté

Session 2009 : L'implantation des antennes-relais de radio-téléphonie dans le contexte du Grenelle des ondes

Session 2008 : Enjeux et outils d'une politique de logement dans une commune

Session 2007 : La prise en compte du développement durable dans la réalisation d'une opération d'aménagement d'un nouveau quartier

Session 2006 : Les dispositifs de planification urbaine et l'élaboration de projets urbains

D. Une note

Le document que le candidat doit produire dans cette épreuve est destiné à un responsable – administratif ou élu – situé plus haut dans la hiérarchie que le rédacteur du document. Il peut s'agir d'un directeur général des services, d'un maire adjoint, d'un maire, d'un président de conseil départemental, régional…

Le candidat doit toujours avoir à l'esprit que le destinataire du document qu'il rédige doit être à même de comprendre, sans avoir à recourir au dossier, les informations qui lui sont communiquées, et que celles-ci ne doivent être ni partielles, ni partiales : l'approche exagérément optimiste d'un dispositif, d'un phénomène…, alors que le dossier comporte des éléments critiques, serait à la fois partielle et partiale, et donc récusée.

La note est fréquemment destinée à éclairer les choix du destinataire.

Cadrage national

« Le sujet indique précisément au candidat la situation professionnelle dans laquelle la rédaction de la note prend place.
La note vise à informer rapidement et efficacement un destinataire – en général en position d'autorité hiérarchique – sur un enjeu qui fait l'objet d'interrogations au sein d'une collectivité territoriale ou d'un établissement ; elle s'inscrit souvent dans un processus de prise de décision.
Le destinataire est supposé ne pas connaître le sujet ni disposer du dossier, il n'a que la note pour s'informer et étayer sa réflexion, voire sa décision. »

L'information transmise doit donc être efficace, concise, organisée, la présentation matérielle de la note doit contribuer à cette efficacité. La note ne doit être ni trop courte, ni trop longue : cinq à six pages (une copie double plus un intercalaire recto ou recto verso) sont nécessaires et suffisantes.

Concision, organisation, efficacité : au-delà de ses capacités à analyser, on apprécie également le candidat sur ses aptitudes à synthétiser.

E. L'aptitude à l'analyse d'un dossier

a. Analyser la commande

Si le candidat ne doit pas introduire d'éléments extérieurs au dossier dans sa note, la compréhension de la commande requiert une familiarité suffisante avec le contexte territorial pour comprendre précisément la situation et, dans cette situation, les attentes du destinataire.

Cadrage national

« La mise en situation donne des indications sur le contexte de la note, auxquelles le candidat devra être attentif pour juger du degré de pertinence des informations contenues dans le dossier et de l'importance qu'il choisira de leur accorder afin de répondre au mieux à la commande. »

b. Analyser les documents

Le candidat doit ensuite repérer, par l'analyse, les éléments du dossier indispensables pour répondre aux attentes du destinataire.

Cadrage national

« Il est attendu du candidat qu'il analyse dans sa note le ou les problème(s) posé(s) et les réponses possibles à ce(s) problème(s), en sélectionnant et hiérarchisant les informations contenues dans le dossier. »

F. L'aptitude à la synthèse

Une fois les éléments essentiels repérés, le candidat doit les synthétiser en procédant à un travail de réécriture synthétique des informations et d'organisation de celles-ci à l'intérieur d'un plan rigoureux. « Copier-coller » sans reformuler n'est pas plus acceptable qu'une juxtaposition inorganisée de résumés successifs des documents.

Cadrage national

« Il est exclu de restituer les informations de manière allusive ou de faire référence aux textes pour se dispenser d'en exprimer le contenu. Il n'est donc pas bienvenu de mentionner les références aux documents dans la note (document 1, document 2…). On considère que le dossier disparaît en tant que tel lors de la rédaction de la note : le candidat n'en conserve que les informations essentielles.
La note n'est pas un résumé des textes, il ne s'agit pas de présenter succinctement et successivement les documents du dossier.
Le candidat élabore, après avoir repéré les informations essentielles apportées par le dossier, un plan qui reflète l'importance relative qu'il donne aux différents aspects de ce qu'il convient de transmettre. »

Élaborer un plan pertinent, savoir l'annoncer et le suivre constituent des aptitudes essentielles à la réussite de l'épreuve, d'autant que le sujet ne donne généralement pas d'indication de plan.

Cadrage national

« La commande passée par le destinataire de la note en donne la ligne directrice, sans indiquer de plan à suivre. »

G. Des qualités rédactionnelles

La concision et l'efficacité requises nécessitent que la note soit parfaitement lisible : cette lisibilité requiert une écriture simple, précise, une **orthographe** et une **syntaxe** le plus irréprochables possible. Une rédaction intégrale (pas de phrases sans verbe, pas d'accumulation de tirets…) est exigée, le recours au style télégraphique est prohibé.

Cadrage national

« La note doit être intégralement rédigée (pas de style télégraphique ou "prise de notes").
Le niveau attendu en matière de maîtrise de la langue (orthographe, syntaxe) est le même qu'en composition ou dissertation.
Le style doit être neutre, sobre, précis. La note a pour vocation première d'informer le destinataire avec efficacité. »

Le barème général de correction mentionné dans le cadrage national souligne fortement cette exigence :

« L'évaluation du niveau de maîtrise de la langue dont le candidat aura fait preuve fait partie intégrante de la notation globale de la copie.
On distingue deux cas de figure :
– les copies dans lesquelles les fautes d'orthographe et de syntaxe participent d'un défaut global d'expression. Ces copies ne sauraient, en tout état de cause, obtenir la moyenne; elles peuvent même se voir attribuer une note éliminatoire;
– les copies qui, malgré quelques fautes d'orthographe, témoignent d'une maîtrise de la langue correcte. Un système de pénalités s'applique alors en fonction du nombre de fautes.
À titre indicatif, le barème suivant pourrait être appliqué :
– copie négligée (soin, calligraphie, présentation) : 0,5 point ;
– au-delà de 10 fautes d'orthographe ou de syntaxe : – 2 points. »

2. Une note clairement présentée

A. Un certain formalisme

La note obéit à un formalisme dont le respect est souhaitable. Une excellente copie qui ne respecterait pas ces règles n'en demeurerait pas moins excellente, une copie très mauvaise qui les respecterait n'en serait pas meilleure, mais le non-respect de ces règles s'ajoutant à d'autres défauts mineurs dans une copie moyenne pourrait coûter le demi-point fatidique qui sépare l'admissible du « collé ».

Cadrage national

La mise en situation doit être exploitée pour satisfaire aux exigences formelles de présentation de la note (timbre, destinataire, objet…).

Le schéma type de présentation est le suivant :

Collectivité émettrice (Ville de… Service…)	Le *(date de l'épreuve)*
Remarque : aucun nom de collectivité ni de service, existant ou fictif, autre que celui indiqué dans le sujet ne doit être utilisé sous peine d'annulation de la copie.	*Remarque : la mention du lieu n'est pas ici nécessaire. Un nom de lieu existant ou fictif non précisé dans le sujet pourrait constituer un motif d'annulation.*

NOTE
à l'attention de Monsieur (ou Madame) le (la)… (destinataire)
exemple : à l'attention de Monsieur le directeur des ressources humaines

Objet (thème de la note)
exemple : Les problématiques actuelles du recrutement dans la fonction publique territoriale

Références : uniquement celles des principaux textes juridiques ou officiels fondant la note (cette mention est facultative)

Remarque : la prudence impose l'abandon de toute mention de signature afin d'éviter une rupture d'anonymat entraînant l'annulation de la copie. De même, aucun paraphe ne devra apparaître sur la copie.

Le barème peut pénaliser faiblement (de 0,5 point, par exemple) le non-respect des règles formelles de présentation de la note.

L'objet vise simplement à décrire le thème (le sujet) de la note : il ne s'agit en aucun cas de la thèse (ce que la note va dire sur ce sujet) : l'objet doit être concis et précis.

La zone des « références » est facultative, mais doit être entendue comme la seule référence des textes juridiques (loi, décret, circulaire, jurisprudence…) ou officiels (rapport…) qui fondent la note, lorsqu'ils sont reproduits ou analysés dans le dossier fourni. Cette zone n'est donc pas une bibliographie (liste des documents du dossier), qui n'a pas à apparaître. L'utilisation bien comprise de cette zone permet par exemple, une fois les références complètes d'une loi essentielle données en « références », d'évoquer simplement dans le corps du développement « la loi de (année) » sans aucune ambiguïté possible.

Le candidat ne signera jamais sa copie : l'indication de la qualité que le sujet lui confère, généralement celle d'attaché(e), tout comme un paraphe, peuvent être interprétés comme un signe distinctif, cause possible d'annulation de la copie, dans la mesure où ils rompent l'anonymat de celle-ci.

Les candidats sont invités à se méfier de tout ce qui pourrait être interprété par le jury comme un **signe distinctif**.

B. Une organisation visible

Organisée, la note doit, comme une composition, comporter une introduction, un développement visiblement structuré en parties et sous-parties. Elle peut comprendre une conclusion, mais celle-ci est facultative.

a. Une introduction

(L'introduction de la note doit être courte : 20 lignes suffisent généralement.)
Introduire, c'est :

- « Entrer en matière », c'est-à-dire situer le sujet dans un contexte plus général, et partir de ce contexte pour arriver au sujet. On emploie parfois l'image de l'entonnoir pour traduire la nature de l'introduction qui « commence large » avant de restreindre son champ au sujet. On peut également reprendre l'image de l'entrée dans le port : on « vient du large » avant de se glisser entre les balises dont il convient de connaître la définition sous peine de s'échouer (d'échouer).

  Un conseil pour ne pas « démarrer trop vite » : n'utiliser dans la première phrase aucun mot du sujet. Cette entrée en matière sera évidemment nourrie d'éléments puisés dans le dossier.

- Permettre au destinataire de comprendre rapidement et sans ambiguïté, au-delà de l'objet nécessairement bref, « de quoi » la note va traiter : cela peut nécessiter une définition, une approche comparative dans le temps et dans l'espace, la description rapide d'un phénomène, la précision du contexte juridique (etc.).

- Proposer une problématique qui précise les approches possibles de la question (poser une problématique, c'est se demander : « dans quelle mesure… ? »).

- **Annoncer le plan suivi pour répondre aux interrogations (problématique) posées par le sujet. L'annonce du plan est le « morceau » essentiel de la note :**

  Elle permet au destinataire/lecteur/correcteur d'apprécier instantanément si le rédacteur/candidat a pris l'exacte mesure du sujet qui lui est proposé. Quelle que soit la pertinence des développements qui la suivent, une annonce de plan qui n'en rend pas assez précisément compte fait courir le risque d'une appréciation défavorable de l'ensemble.

  L'annonce de plan doit non seulement permettre le repérage le plus facile possible de la structure du développement, mais aussi, dans toute la mesure du possible, donner les indications les plus précises possible sur son contenu : si une annonce sommaire des grandes parties est autorisée (exemple : *Après avoir analysé les avantages d'Internet, nous examinerons ses inconvénients*), il est aussi possible d'aller jusqu'à une annonce des sous-parties permettant de rendre compte très précisément du contenu de la note (exemple : *Si Internet permet de développer la démocratie locale et de contribuer au rayonnement de la collectivité, la création d'un site est inutile si ses objectifs ne sont pas clairement définis ni les risques juridiques et financiers nettement mesurés*).

  Soulignons que la règle du plan binaire en deux parties comportant chacune deux sous-parties s'est imposée dans cette épreuve comme dans celle de la composition.

  L'annonce du plan est aussi une sorte d'indexation de la note qui doit permettre au destinataire/lecteur/correcteur d'aller droit à l'information dont il a besoin.

Parfois, les candidats ajoutent une ou deux phrases après l'annonce de plan, sorte de transition entre l'introduction et le développement ou début de développement : c'est inutile et dangereux dans la mesure où cela obscurcit l'annonce de plan. Pas d'ambiguïté : l'annonce de plan est le dernier paragraphe de l'introduction, nettement identifiable ; le dernier paragraphe de l'introduction est l'annonce de plan.

b. Un développement visiblement organisé

On conseille vivement aux candidats de **matérialiser le plan suivi** en titrant les parties et les sous-parties : cela permet non seulement de vérifier si le plan annoncé « fonctionne » réellement mais aussi de repérer très facilement l'information à laquelle on veut accéder. La numérotation des parties et sous-parties au niveau de l'annonce des plans (exemple : *Si Internet permet (I) de développer la démocratie locale (A) et de contribuer au rayonnement de la collectivité (B), la création d'un site est inutile (II) si ses objectifs ne sont pas clairement définis (A) ni les risques juridiques et financiers nettement mesurés (B).*) est possible, même si certains correcteurs jugent parfois qu'elle alourdit inutilement la présentation : mieux vaut être un peu lourd et clair qu'élégant et confus.

Le défaut de coïncidence entre le plan annoncé et les titres choisis pour les parties et les sous-parties est assez fréquent chez les candidats : on peut l'expliquer par une crainte de la répétition qui conduit à reformuler. Ce souci est louable, mais une reformulation ratée conduit souvent à « dire » autre chose dans les titres que ce qui a été annoncé dans l'annonce de plan. On ne court pas ce risque si l'on rédige une annonce de plan qui peut se découper en autant de « tranches » que de titres de parties et sous-parties.

La **présentation** est également un outil essentiel dont le candidat doit se servir pour améliorer la lisibilité de sa copie en rendant sa structure la plus évidente possible. Le destinataire/lecteur/correcteur peut passer à côté d'une organisation qui ne serait pas suffisamment apparente.

Au-delà des titrages, il faut aussi utiliser de façon logique les sauts de ligne(s), les retraits par rapport à la marge.

Exemple :

- On saute 3 lignes entre l'introduction et le développement comme entre le développement et la conclusion.
- On saute 2 lignes entre la première partie et la deuxième partie.
- On saute 1 ligne entre les sous-parties.
- On ne saute pas de ligne entre les paragraphes de chaque sous-partie mais on marque un retrait (toujours le même) par rapport à la marge pour la première ligne de chaque paragraphe.

Notons qu'une phrase de transition est requise entre chacune des parties.

c. Un développement réellement organisé

Une note organisée n'est pas seulement une note clairement structurée en parties et en sous-parties, encore faut-il que les sous-parties ne soient ni le lieu d'un déversement d'informations en vrac ni une juxtaposition d'informations : il est indispensable que les informations soient elles-mêmes organisées et que cette organisation soit rendue évidente par des **mots de liaison** sans lesquels ces informations apparaissent juxtaposées.

La juxtaposition d'informations procède souvent d'une synthétisation insuffisante qui conduit les candidats à « coller » de façon parfois hasardeuse des informations diverses recueillies dans le dossier sur un même thème.

La rédaction attentive de chaque fiche de synthèse sur chaque aspect différent du sujet (voir ci-après) doit permettre :

– de ne rien écrire lorsque l'on « tient » déjà une reformulation pertinente à partir d'un document et lorsque les informations dans d'autres documents sur le même aspect du sujet n'apportent rien ;

– de réécrire partiellement ou totalement une reformulation lorsque celle-ci est périmée par une information plus pertinente trouvée ensuite dans un autre document.

d. Une conclusion facultative mais bienvenue

Si la conclusion est souvent considérée comme facultative dans les épreuves de synthèse, elle est généralement appréciée par les correcteurs et présente l'avantage de signifier sans aucune ambiguïté que la copie est bien achevée.

La conclusion, dans la forme, doit être facilement identifiable : les règles de présentation adoptées (par exemple 3 lignes sautées entre la fin du développement et le début de la conclusion), un premier mot ou une formulation nettement conclusifs (Ainsi, Pour en terminer, Au total, Finalement…) permettent de lever toute ambiguïté.

Un conseil : mieux vaut rédiger la conclusion tôt dans l'épreuve (rien, logiquement, ne devrait empêcher qu'elle le soit juste après la mise au point définitive de l'introduction) : trop de conclusions trahissent la fatigue et le manque de temps.

Sur le fond, la conclusion n'est pas un résumé de la note mais une reformulation rapide (quelques lignes suffisent) de l'essentiel du message qu'elle contient : le candidat dispose ici d'un espace de liberté pour apporter sur le sujet l'éclairage qui, tout bien considéré, lui paraît la plus pertinent, dans la logique des réflexions qu'il a préalablement conduites ; c'est aussi l'endroit où, de manière nuancée, il peut, lorsque le sujet s'y prête, accentuer le caractère d'aide à la décision de son approche.

Remarquons qu'un développement qui présente les avantages, les potentialités, les chances… avant les inconvénients, les limites, les risques… induit une conclusion moins optimiste que le développement qui a choisi le parti inverse. Cette remarque permet de toucher du doigt les limites de l'**objectivité** requise chez le candidat : la seule disposition des arguments change la tonalité de la synthèse.

La conclusion n'est jamais le lieu du « repentir » où l'on placerait des éléments importants qu'on aurait oubliés dans le développement : si l'on a laissé de côté une information, laissons croire qu'on l'a fait en toute connaissance de cause et n'allons pas pointer du doigt notre propre erreur ; il n'est pas rare que des candidats démarrent ce type de conclusion par un « Sans oublier… » particulièrement révélateur !

Le cadrage national synthétise ces conseils :

Cadrage national

« La note doit comporter une introduction d'une vingtaine de lignes, qui s'apparente à celle d'une composition ou dissertation (entrée en matière, reformulation du sujet, présentation de la problématique dans son contexte) et doit impérativement comprendre une annonce de plan.
Le développement est organisé en parties et en sous-parties. Le plan est impérativement matérialisé par des titres comportant des numérotations en début des parties et sous-parties.

La conclusion est facultative. Elle peut toutefois utilement souligner l'essentiel, sans jamais valoriser des informations oubliées dans le développement. »

3. Des conseils de méthode

Les ouvrages consacrés aux épreuves de synthèse donnent de nombreux conseils… que les candidats suivent peu. Nous ne proposerons pas ici une énième méthode, mais plutôt quelques conseils de méthode qui devraient aider le candidat à tirer son épingle du jeu.

La difficulté majeure que les candidats disent rencontrer est celle de la longueur du dossier (une trentaine de pages) et, en conséquence, du manque de temps. Comment s'en sortir ?

A. Analyser le sujet (mise en situation et « commande »)

Les candidats consacrent généralement trop peu de temps à cette analyse qui détermine pourtant les informations à trouver dans les « documents joints ».

– L'analyse du sujet vous permet d'abord de déterminer à qui vous vous adressez et qui vous êtes.

– Elle vous permet également de déterminer l'objet de votre note, et, plus précisément, les questions qui conduisent le cas échéant le destinataire de la note à attendre des informations ou une aide à la décision.

Il ne sera pas inutile, pendant la phase d'exploitation des documents du dossier, de revenir régulièrement au sujet pour vérifier que l'on ne s'éloigne pas du « cahier des charges ».

B. Analyser la liste des « documents joints » et leurs titres

Les documents peuvent être de diverses natures :

– documents juridiques : loi, décret, arrêté, circulaire ; décision jurisprudentielle (tribunal administratif, Conseil d'État…) ;
– documents officiels ;
– articles de presse spécialisée ;
– articles de presse « généraliste » ;
– extraits d'ouvrages…

L'analyse de la composition du dossier vous permet d'adopter une stratégie (par quel document commencer ?) que la lecture de survol du dossier vous permettra de valider ou d'invalider.

Si le dossier comporte des **documents juridiques**, on aura généralement intérêt à commencer par la circulaire qui précise les modalités d'application de la loi ou du règlement : dans la plupart des cas, les informations de la circulaire dispenseront d'utiliser celles de la loi ou du règlement qui seraient redondantes (ce qu'il faudra tout de même vérifier !).

C'est souvent dans les documents commentant les documents juridiques que l'on trouvera le « **document pivot** », celui qui fournit le maximum d'informations sur le sujet et à partir duquel on pourra ouvrir le plus grand nombre de « fiches » sur ce sujet (voir ci-après).

C'est généralement dans la presse, spécialisée ou non, que l'on trouve des approches problématiques de la question faisant l'objet de la synthèse.

Les **titres** et les **dates** des documents peuvent par ailleurs permettre une première approche problématique du sujet :

- Il n'est pas rare que les seuls titres des documents vous donnent déjà une idée de sous-parties, voire plus.
- Les dates peuvent être également très éclairantes : si des articles sont antérieurs à la création d'une institution, à l'instauration d'un dispositif, il y a tout lieu de penser qu'on va y trouver une analyse des causes de la réforme.

Par ailleurs, avant même d'aborder le dossier, demandez-vous quels éléments incontournables la note devrait (sous réserve que le contenu du dossier valide cette analyse) comprendre :

- **moyens** humains, financiers, économiques ;
- **risques** juridiques, politiques, économiques, sociaux ;
- **modes d'organisation** (partenariat) ;
- **résultats** ;
- **précautions** indispensables…

C. Lire le dossier

Trop souvent négligée par le candidat qui craint de perdre du temps, cette lecture est utile si elle permet de valider l'analyse du sujet et de la liste des documents joints et, surtout, de déterminer le **document pivot** : ce document est celui dont l'exploitation va permettre d'identifier le plus grand nombre possible d'arguments permettant de traiter le sujet. Plus ce document permettra d'ouvrir de **fiches** correspondant chacune à l'un des aspects du sujet, plus l'exploitation des autres documents sera rapide et facile.

Remarquons qu'une erreur sur le caractère « pivot » d'un document ne serait pas dramatique : si l'on y trouve peu d'informations utilisables pour traiter le sujet, il faudra rapidement passer à un autre document pour tenter d'en extraire la « substantifique moelle ».

Soulignons enfin qu'on ne lit pas un dossier de synthèse comme on lit habituellement : cette lecture doit être rapide et utile. Le but : repérer l'essentiel (on se servira des titres, des sous-titres, des intertitres, des chapeaux), éliminer l'inutile, ce qui est redondant ou éloigné de l'essentiel du sujet.

D. Exploiter le dossier

Plusieurs méthodes sont enseignées. Elles ont toutes leur pertinence et, de même qu'un formateur pourra en privilégier une, de même les candidats seront plus à l'aise avec telle ou telle méthode. Il paraît donc important d'en présenter et d'en « faire fonctionner » plusieurs.

Trois techniques

Si on peut les distinguer par commodité d'exposition, ces trois techniques ne sont pas totalement « étanches » les unes par rapport aux autres, et le traitement d'un sujet donné pourra requérir, par exemple, de passer à la fois par la méthode (1) et la méthode (2).

Quelle que soit la technique utilisée, une **analyse fine de la commande et des titres** des documents au dossier puis une **« lecture de survol » de l'ensemble du dossier** sont vivement conseillées puisqu'elles vont permettre à la fois :

– de **construire un ordre d'exploitation du dossier**. La première lecture permet de hiérarchiser les textes en fonction de leur nature (texte juridique, presse spécialisée, presse généraliste…), de leur date, de leur pertinence pour honorer la commande. Elle va déterminer le document par lequel vous commencerez l'exploitation du dossier parce qu'il vous paraît contenir le plus d'informations utiles;

– de **distinguer des thèses** :

- qui peuvent parfois permettre de préconcevoir le plan de la synthèse (**technique 1**, idéale, mais que des dossiers touffus rendent parfois impraticable);
- qui permettent très fréquemment de préconcevoir des fiches synthétiques (**technique 2**);
- qui aident à discerner les points à mettre en valeur lorsqu'on rédige une fiche par document (**technique 3**).

Technique 1 : la rédaction de fiches à partir d'un plan préconçu

Vous rédigez une fiche par partie, voire une fiche par sous-partie.

L'analyse de la commande et des titres, la lecture de survol du dossier vous ont permis d'élaborer les deux parties du plan, voire les quatre sous-parties de la note.

Il vous reste à aller chercher dans le dossier les éléments nécessaires pour remplir ces parties ou sous-parties.

C'est une méthode fréquemment préconisée à partir d'un plan en deux grandes parties : on classe au fur et à mesure de l'exploitation du dossier les informations dans deux grandes parties, puis on subdivise chaque partie en deux sous-parties (praticable par simple indexation par A ou par B des informations de chaque partie).

Avantages : l'exploitation du dossier est aisée, efficace et rapide. Vous ne retenez que ce qui sert chacune des parties ou sous-parties.

Inconvénients : une erreur initiale de plan va fausser toute la note. Si on ne « tient » d'entrée de jeu que les deux grandes parties, un travail important de classement (A et B de chaque partie, puis hiérarchisation à l'intérieur de chaque A et chaque B) reste à accomplir avant la rédaction définitive.

Quelques exemples de plans préconçus :

Une institution nouvelle
Exemple : les maisons départementales du handicap (MDPH)

Un dispositif novateur/entend résoudre des problèmes anciens
Des difficultés de fonctionnement/imposent des modifications

Une prise de conscience récente/induit de nouveaux principes
Un fonctionnement innovant/mais des difficultés à surmonter

Une conception nouvelle/induit un fonctionnement novateur
Des réussites/mais aussi des échecs

De nouveaux principes ambitieux/en décalage avec l'organisation actuelle
Un dispositif novateur/une réussite sous condition

Une situation préoccupante/conduit à une solution inédite
Des bénéfices attendus/non sans incertitudes

Un dispositif juridique nouveau
Exemple : le droit au logement opposable (DALO)

Des principes novateurs/ouvrent de nouveaux droits
Des insuffisances/requièrent une nouvelle évolution juridique

Des principes novateurs/imposent de nouvelles obligations
Des conditions de réussite non remplies/des résultats décevants

Une situation préoccupante/impose la création de nouveaux droits
Une mise en œuvre complexe/nécessite des moyens

Un contexte (politique, économique, social)/périme le droit en vigueur
L'affirmation d'un nouveau principe juridique/fonde un dispositif inédit

Une législation inefficace/impose une réforme
Des avancées/mais aussi des limites

Des expériences probantes à l'étranger/inspirent l'évolution du droit français
Des effets positifs attendus/sous réserve que des conditions soient remplies

L'inefficacité des dispositifs précédents/a conduit à une évolution remarquable
Les premiers retours d'expériences/font douter de la réussite

Des principes anciens périmés/de nouveaux principes
Un fonctionnement nouveau/sans amélioration notable

Un mode d'organisation
Exemple : l'intercommunalité

Des avancées incontestables/des limites
Des réformes annoncées/à la réussite incertaine

Une situation préoccupante/a conduit à des réformes successives
Leurs limites/imposent de nouvelles réformes

Une volonté politique/un fonctionnement institutionnel nouveau
Des réussites/des échecs

Une volonté politique/un fonctionnement institutionnel nouveau
Un bilan décevant/induit une nouvelle politique

Une politique publique

Exemple : la politique culturelle de la commune

Des besoins nouveaux/des acteurs
De nouveaux outils/des limites

Des besoins nouveaux/des moyens limités
De nouveaux acteurs/de nouveaux modes de travail

Des besoins nouveaux/de nouveaux outils juridiques
Des contraintes/qui imposent de nouvelles méthodes

Des besoins nouveaux/un désengagement des acteurs traditionnels
L'intervention de nouveaux acteurs/impose de nouveaux modes de conduite

Une volonté politique/en réponse à des demandes insatisfaites
Des moyens inadaptés/de nouveaux moyens

Les modes d'action traditionnels/ne répondent plus aux besoins nouveaux
Des expériences innovantes/requièrent des moyens

Les modes d'action traditionnels/ne répondent plus aux besoins nouveaux
Des moyens nouveaux/une efficacité sous conditions

Technique 2 : la rédaction de fiches par thèse

Vous rédigez une fiche par thèse.

Il s'agit bien d'une rédaction par thèse et non par document.

L'analyse de la commande et des titres, la lecture de survol du dossier (et notamment celle des **titres, sous-titres, chapeaux introductifs, intertitres, légendes, encadrés**...) vous ont permis de repérer des thèses qui vous paraissent « incontournables » pour traiter le sujet, mais vous n'êtes pas encore en capacité de rédiger un plan, généralement parce que les thèses sont trop nombreuses.

À partir d'un document, vous ouvrez autant de fiches que ce document aborde de thèses (idées principales) différentes.

Bien sûr, vous n'ouvrez pas de fiche lorsqu'une thèse contenue dans le document est sans lien avec l'objet de la note de synthèse.

Il peut arriver qu'un document ne contienne qu'une seule thèse et donne donc lieu à la rédaction d'une seule fiche.

Si vous retrouvez cette même thèse (idée principale) dans un autre document, vous n'ouvrez pas une autre fiche mais vous complétez celle que vous avez déjà ouverte.

Pensez, à la fin de chaque information sur un thème donné, à noter le document d'où provient l'information. Cette mention ne sera évidemment pas reprise dans la rédaction finale, mais elle vous permet si nécessaire d'aller retrouver la source de l'information si, au moment de la rédaction définitive, celle-ci ne vous paraît plus suffisamment claire (ce qui n'est nullement souhaitable : perte de temps !).

Avantages : vous n'écrirez jamais deux fois la même chose. La rédaction définitive est facilitée par le regroupement logique des informations.

Inconvénients : l'ouverture d'un nombre excessif de fiches peut retarder l'élaboration du plan définitif. Certaines fiches auront été ouvertes « pour rien » dans la mesure où le faible nombre d'informations qu'elles contiendront ne permettra pas de nourrir une sous-partie, quelle qu'en soit la pertinence sur le fond. Parfois, vous n'osez pas vous « risquer » à mettre en valeur des thèses, de crainte de faire fausse route.

Technique 3 : la rédaction de fiches par document

Vous rédigez une fiche par document.

L'analyse de la commande et des titres, la lecture de survol du dossier ne vous ont pas permis de mettre en valeur des thèses qui vous satisfassent. Vous avez tout de même repéré quelques « incontournables » qui vont vous aider. Rien n'est donc perdu !

Pour que la méthode soit efficace, mettez en valeur l'essentiel dans la marge en vous aidant des titres, des chapeaux introductifs et des intertitres.

Vous pouvez utiliser des codes couleurs qui faciliteront le regroupement des informations au moment de la rédaction définitive, ou travailler par colonnes à partir de mots-clés.

Avantages : la méthode est rassurante, vous engrangez des informations au fur et à mesure de la lecture du dossier. C'est la méthode la moins risquée, la plus besogneuse.

Inconvénients : vous risquez d'écrire deux fois la même chose. Vous devez regrouper des informations éparses (éclatées sur plusieurs fiches) pour procéder à la rédaction définitive. Cela requiert une indexation rigoureuse de l'information (des résumés des différents documents qui n'en mettraient pas en valeur les grands axes, les « arêtes », seraient très peu opérants).

E. Élaborer un plan

À partir de là, il ne reste plus qu'à adopter un agencement cohérent des fiches pour construire le plan. En valorisant plus ou moins telle ou telle information (dans la limite de l'obligation d'objectivité), on peut bâtir, à partir des fiches, plusieurs plans entre lesquels il faudra choisir.

F. Procéder à la rédaction définitive

Il reste à rédiger l'introduction au brouillon : on dispose déjà du passage essentiel de l'introduction, l'annonce de plan. On a également repéré les éléments utiles à une entrée en matière en analysant les documents. Il reste à exprimer clairement la problématique.

Profitons-en pour rédiger également la conclusion (facultative mais bienvenue) qui, en quelques lignes, doit souligner l'essentiel.

On peut alors procéder directement à la rédaction au propre en recopiant, avec quelques « réécritures » ponctuelles, dans les parties et sous-parties *ad hoc*, les informations contenues dans les fiches.

Annales corrigées

Sujet n° 1

Concours externe - session 2016
Spécialité administration générale

Difficulté ✗✗✗	Durée 4 heures

Attaché territorial, vous êtes chargé(e) de mission auprès de la Directrice générale des services (DGS) de la commune d'Alpha (100 000 habitants).

La commune s'interroge sur les moyens de continuer à investir et à financer de nouveaux projets dans un contexte de baisse des dotations de l'État.

Afin de présenter au Maire les choix possibles pour faire face à cette nouvelle donne budgétaire, la DGS vous demande de rédiger à son attention, exclusivement à l'aide des éléments du dossier, une note sur les leviers dont dispose la collectivité pour retrouver des marges de manœuvre.

Liste des documents :

Document 1 : Les finances publiques locales - *Communiqué de presse de la Cour des comptes* - 13 octobre 2015 - 2 pages

Document 2 : Investissement, faire mieux avec moins - Fabienne Proux - *La Gazette des communes* - 19 janvier 2015 - 6 pages

Document 3 : Les collectivités repensent leur politique tarifaire - Gaëlle Ginibrière - *La Gazette des communes* - 8 février 2016 - 3 pages

Document 4 : Finances locales : Concurrence entre banques, appel au marché obligataire, financements d'appoint : comment emprunter au mieux et optimiser ses ressources - Aurélien Hélias - *Le Courrier des maires et des élus locaux* - 13 février 2015 - 2 pages

Document 5 : Comment gagner des millions grâce aux subventions ? - Fabienne Proux - *La Gazette des communes* - 9 avril 2012 - 2 pages

Document 6 : Le patrimoine immobilier : un nouvel atout - Cédric Néau - *La Gazette des communes* - 1er juin 2015 - 1 page

Document 7 : Les flottes publiques sur la voie de l'optimisation - *Le Monde* - 9 avril 2015 - 1 page

Document 8 : Masse salariale : à la recherche de la formule magique - *La Gazette des communes* - 24 mars 2014 - 5 pages

Document 9 : Culture : jouez sur toute la gamme des financements - Claire Chevrier et Hélène Girard - *La Gazette des communes* - 26 octobre 2015 - 6 pages

Document 10 : Le design au service des politiques publiques - Jean-Christophe Poirot - *La Lettre du cadre territorial* - 10 avril 2014 - 3 pages

Document 11 : Politiques publiques locales : osez l'évaluation ! (extrait) - Entretien avec François Mouterde - *La Gazette des communes* - 22 février 2016 - 2 pages

Document 12 : Mécénat, taxes, *crowdfunding*, tarifs... les financements de complément - *Le Courrier des maires et des élus locaux nº 0287* - 9 février 2015 - 1 page

Document 13 : Mutualisation : À Toulouse, la ville et l'interco affichent des économies - Fabienne Proux - *La Gazette des communes* - 1er octobre 2012 - 2 pages

Document 1

Cour des comptes — Chambres régionales & territoriales des comptes

Communiqué de presse – 13/10/2015

Les finances publiques locales

La Cour des comptes rend public, le 13 octobre 2015, un rapport sur les finances publiques locales, fruit d'un travail commun avec les chambres régionales des comptes, sur la situation financière et la gestion des collectivités territoriales et de leurs établissements publics. Les administrations publiques locales (Apul) représentent 20 % de la dépense et 9 % de la dette publiques. Elles sont concernées par le respect des engagements européens de la France en vue du redressement de ses comptes publics.

La nécessaire contribution des collectivités locales au redressement des comptes publics justifie une nouvelle gouvernance des finances publiques locales

En 2014, les Apul ont contribué au redressement des comptes publics grâce à la réduction de leur besoin de financement de 0,2 point de PIB, dû au recul de 9,8 % de leurs dépenses d'investissements, surtout sensible dans les communes et leurs groupements, où il a été accentué par un effet de cycle électoral.
Pour autant, l'année 2014 a été marquée par une nouvelle dégradation de la situation financière des collectivités locales. Pour la troisième année consécutive, leur épargne brute a diminué. Leur endettement s'est encore accru malgré la réduction de leur besoin de financement.
Ce constat confirme la nécessité d'améliorer la gouvernance des finances publiques locales par l'instauration d'un dialogue institutionnel entre l'État et les collectivités, ainsi que par le vote annuel d'une loi de financement des collectivités locales.

La dégradation des finances publiques locales en 2014 provient d'un effet de ciseaux entre dépenses et recettes de fonctionnement

L'année 2014 a été marquée par la première baisse (-1,5 Md€) de la dotation globale de fonctionnement (DGF) versée par l'État aux collectivités locales. Cette baisse a cependant été atténuée pour les communes et plus que compensée, pour les départements et les régions, par la progression d'autres transferts financiers.
La dégradation de la situation financière des collectivités locales provient avant tout de la progression plus rapide de leurs dépenses de fonctionnement que de leurs recettes de fonctionnement. Si des efforts de gestion ont été constatés, ils n'ont pu compenser la vive croissance des dépenses de rémunération, notamment dans les communes et groupements intercommunaux. Cet effet de ciseau a été accentué par le ralentissement des recettes fiscales du bloc communal ou le recul de celles des régions, ainsi que par l'augmentation toujours très soutenue des dépenses sociales des départements.
À l'exception des départements, l'épargne brute des collectivités locales a diminué dans une proportion supérieure à la baisse de la DGF.
Quoique d'ampleur limitée en 2014, la baisse de la DGF a commencé à exercer une nouvelle contrainte financière sur la gestion locale, de façon différente selon les catégories de collectivités et au sein de chaque catégorie. Face à la baisse programmée de cette dotation de 10,75 Md€ de 2015 à 2017, les collectivités locales disposent de capacités d'adaptation très variables en fonction de la structure de leurs dépenses et de leurs recettes, ou de leur éventuelle fragilité financière. L'application d'une baisse uniforme de la DGF, au prorata des recettes des collectivités, ne paraît donc pas adaptée. Elle devrait être mise en œuvre selon une logique de péréquation plus affirmée, en fonction d'indicateurs représentatifs des niveaux de richesses et de charges des collectivités.

L'impact significatif des normes rend nécessaire d'améliorer l'évaluation de leur coût

L'impact des décisions prises au plan national est parfois mis en avant pour expliquer la progression des dépenses des collectivités locales. Dans quatre domaines étudiés par la Cour, l'impact budgétaire des normes atteint des montants significatifs, à l'échelle des finances locales, même s'il n'est pas le premier facteur explicatif de la progression des dépenses de fonctionnement. La Cour estime ainsi entre 30 % et 50 %, selon les communes, le coût de la réforme des rythmes scolaires resté à leur charge. Concernant les dépenses de personnel, la Cour estime en moyenne à 42 % en 2014 (soit environ 1 Md€) la part des augmentations dues aux mesures nationales. Cette part laisse une marge aux collectivités territoriales pour mieux maîtriser la croissance de leur masse salariale.
La Cour a également constaté que le dispositif d'évaluation du coût des normes est perfectible car il est complexe, pas toujours fiable et insuffisamment transparent. La Cour formule des recommandations pour l'améliorer et renforcer la portée des avis rendus par le Comité national d'évaluation des normes.

Une meilleure maîtrise des dépenses de fonctionnement et une sélectivité accrue des investissements sont indispensables

Les collectivités locales assurent 58 % de l'investissement public dont l'évolution est un enjeu à la fois macroéconomique et de développement local. Les perspectives d'évolution en 2015 des recettes des collectivités locales sont marquées par la baisse accrue de la DGF (- 3,4 M€), conduisant à la première réduction des transferts financiers de l'État (- 2 Md€), ainsi que par la hausse modérée de la fiscalité directe.
En conséquence, pour éviter une nouvelle dégradation de leur épargne brute, les collectivités locales devraient limiter la croissance de leurs dépenses de fonctionnement en 2015 à 0,7 % (contre 2,2 % en 2014).
Le recul de l'investissement local paraît devoir accompagner la baisse de la DGF jusqu'en 2017. Des marges de manœuvre s'offrent aux collectivités locales pour en limiter l'ampleur. D'une part, elles doivent s'engager dans une recherche plus systématique d'économies de fonctionnement, notamment en stabilisant l'évolution de leur masse salariale (gestion plus rigoureuse des effectifs, respect de la durée légale du travail, lutte contre l'absentéisme). D'autre part, la sélection des investissements locaux doit être renforcée, en généralisant leur programmation pluriannuelle et en introduisant l'évaluation de leur utilité socio-économique.

Conclusion et recommandations

L'un des enjeux de la meilleure implication des collectivités dans le redressement des comptes publics réside dans la capacité de l'État à conduire simultanément la baisse programmée de ses concours financiers et plusieurs réformes telles que la réforme territoriale et celle de la dotation globale de fonctionnement, qui vont affecter le modèle d'équilibre budgétaire des collectivités locales.
La Cour formule 14 recommandations, à l'attention de l'État comme des collectivités territoriales.

Document 2

UN CONTEXTE INÉDIT

Economies. Fixée à 3,67 milliards d'euros par an pendant trois ans, la contribution des collectivités territoriales à l'effort national de réduction du déficit public fragilise les équilibres budgétaires locaux. Outre les économies sur la section de fonctionnement, les investissements font partie des variables d'ajustement les plus efficaces à court terme.

ARBITRER

Changer de modèle. Est-ce une sage décision pour redresser les finances publiques ou au contraire une option pénalisante pour les territoires ?
De nombreux acteurs considèrent l'investissement public local comme une dépense utile à l'économie, à l'attractivité et à la préservation du patrimoine. A condition toutefois de revoir en profondeur le modèle.

S'ADAPTER

Pragmatisme et ingéniosité. Tout en faisant preuve de pragmatisme, des élus locaux refusent de renoncer à équiper leurs territoires. Ils font appel à l'ingéniosité de leurs équipes pour trouver des solutions permettant d'optimiser les ressources. La faiblesse des taux d'intérêt devrait encourager le recours à l'emprunt. Bonne ou mauvaise nouvelle ?

INVESTISSEMENTS : faire mieux avec moins

A nouvelle donne financière, nouveau paradigme

Afin de pouvoir continuer à investir, les collectivités locales doivent adapter leur mode de fonctionnement à un contexte financier très contraint. Une révolution culturelle se profile.

La baisse inédite des dotations de l'Etat (11 milliards d'euros en trois ans) réduit mécaniquement l'épargne nette des collectivités territoriales, et donc leur capacité d'autofinancement des investissements. Comment, dans ce contexte très contraint, continuer à financer de nouveaux projets sans mettre en péril les équilibres financiers des budgets locaux? «Les collectivités présenteront probablement des ratios de gestion dégradés», admet Jean-Sylvain Ruggiu, directeur «secteur public» à la Caisse d'épargne, qui estime que, «dans ce contexte, les élus seront souvent amenés à faire des arbitrages».

Transformer la contrainte en opportunité

Faire des choix, mais aussi faire évoluer les méthodes et bousculer les habitudes. Plus question «d'être drogué à la dépense», selon l'expression d'Yves Fréville, professeur émérite à l'université Rennes 1. «Au lieu d'ajuster comme par le passé les recettes aux dépenses prévues, les élus doivent inverser le mécanisme», prévient Jean-Luc Bœuf (1), directeur général des services de Quimper (63400 hab., Finistère) et Quimper agglomération (8 communes, 87000 hab). Un avis partagé par Guy Gilbert, professeur émérite à l'Ecole nationale supérieure de Cachan (lire l'encadré ci-dessous).

49,1 %

des élus locaux prévoient de réduire leurs dépenses d'investissement en 2015 du fait des contraintes budgétaires, révèle le premier baromètre des collectivités territoriales réalisé par «Le Moniteur» et la Fédération nationale des travaux publics (*). Plus de la moitié (54,7 %) compenseront la baisse des dotations par un rééchelonnement de leurs projets sur une durée plus longue et 49,1 % des élus reporteront certains projets.

(*) Etude menée du 13 au 26 novembre 2014 auprès de 320 maires et élus locaux.

Attention toutefois à «ne pas procéder à des coupes budgétaires à l'aveugle», alerte Antoinette Hastings-Marchadier, professeur de droit public à l'université de Bretagne sud. D'autant moins qu'un arrêt brutal des investissements risque de dégrader la valeur des actifs et de porter préjudice à l'attractivité des territoires, à l'instar de ce qui s'est produit en Allemagne, «où les investissements ont été divisés par deux dans les communes pour financer les retraites», rappelle Nicolas Portier, délégué général de l'Assemblée des communautés de France (ADCF). Certes, il faudra désormais «faire avec moins de moyens», convient ce dernier, «mais jusqu'où aller?»

C'est tout l'enjeu des trois prochaines années. Au final, le challenge consiste à transformer la contrainte financière en opportunité pour qu'émergent des solutions innovantes et performantes (lire p.24-25), mais surtout à adapter plus finement les projets aux disponibilités financières des collectivités et aux besoins des territoires. L'ADCF invite à programmer avec plus de rigueur les dépenses d'équipement et à constamment «évaluer leur utilité sociale» (2). Les démarches de prospective mériteraient d'être développées pour affiner la distinction entre exigence de renouvellement des équipements et besoin de déploiement de nouvelles infrastructures, tout en prenant mieux en compte les coûts de fonctionnement.

L'emprunt, un levier limité

Un exercice auquel vient de se plier la région Bourgogne. Après avoir évalué le coût de fonctionnement de treize nouvelles rames de TER inscrites en autorisations de programme en novembre 2013 (pour un montant de 180 millions d'euros), elle a annulé cette acquisition au profit de la rénovation des trains Corail, estimée à 40 millions d'euros. «Les trains Regio 2N coûteraient à la région 5,5 millions de plus par an en exploitation et en maintenance», justifie la région.

La prospective doit aussi être financière afin d'évaluer les marges de manœuvre de la collectivité, ce qui nécessite «d'investir dans les outils de la connaissance», conseille l'ADCF. Celle-ci recommande la mise en œuvre de «programmes pluriannuels d'investissement de territoire» (PPIT), adossés au projet de territoire et au schéma de mutualisation. «On ne peut plus penser les projets d'équipements importants (culturels, sportifs) à une dimension microterritoriale», convient Antoinette Hastings-Marchadier, qui milite en faveur de l'obligation des PPI.

Certaines collectivités annoncent d'ores et déjà un recours accru à l'emprunt pour maintenir leurs investissements. Une option d'autant plus attrayante que les taux d'intérêt sont historiquement bas et la ressource

Une régulation cohérente entre ressources et dépenses

Le contrôle indirect de l'Etat sur la croissance des dépenses locales par la seule régulation de la ressource atteint ses limites. Difficile d'accentuer la baisse des dotations et d'étendre davantage le contrôle sur l'évolution des taux de fiscalité. « Je ne vois pas non plus comment revenir à l'autorisation administrative de l'emprunt», observe Guy Gilbert, professeur émérite à l'Ecole nationale supérieure de Cachan. Face à la progression des dépenses locales, il faut mettre en place « une régulation cohérente entre ressources et dépenses», afin de retrouver « des marges de progrès en mesure d'améliorer la gouvernance des relations financières entre l'Etat et les collectivités», assure Guy Gilbert. Il préconise deux stratégies de coordination. L'une, « impérative», conduirait à revisiter le cadre comptable et les règles budgétaires imposés par les autorités centrales pour garantir une meilleure maîtrise des collectivités sur les choix de dépenses sans remettre en cause leur liberté de gestion. L'autre, « coopérative», consisterait à élaborer le cadre d'une négociation entre l'Etat et les collectivités sur les objectifs budgétaires.

La réforme territoriale apportera-t-elle plus de marges de manœuvre ?

Benoît Quignon, DGS de la métropole de Lyon (59 communes, 1,32 million d'hab., Rhône)

«La métropole génère efficacité et économies»

«La création de la métropole de Lyon permet d'optimiser toutes les politiques publiques. En matière d'action sociale, de développement économique et de logement, la réunion des compétences du département et de celles de la communauté urbaine permet une meilleure adéquation entre les ressources et les besoins. La gestion unifiée des voiries permettra de mettre en œuvre des processus de production plus efficaces. Les économies obtenues seront réinvesties dans la remise à niveau d'ouvrages d'art et de routes. De même, la création d'une chaîne des acteurs du logement générera plus de leviers pour augmenter les financements et orienter les investissements des bailleurs sociaux en fonction des besoins.»

Jean-Christophe Paquier, maire d'Ecuelles (2 500 hab., Seine-et-Marne)

«La commune nouvelle permet de rationaliser l'investissement»

«Les communes voisines d'Ecuelles et de Moret-sur-Loing souhaitaient chacune construire une médiathèque: un équipement de 400 m² à 2 millions d'euros pour Moret-sur-Loing et un autre de 200 m² à 1 million d'euros pour Ecuelles. J'ai proposé au maire de Moret-sur-Loing de ne bâtir qu'une seule médiathèque, ce qui a déclenché le regroupement de nos deux communes, depuis le 1er janvier 2015, au sein de la commune nouvelle d'Orvanne. Car cette opération nous a montré qu'il était possible de rationaliser nos investissements, puisque nous allons réaliser un équipement plus grand (500 m²) et moins cher (1,5 million). Nous profiterons en outre d'une subvention de la région Ile-de-France qui finance les médiathèques des villes de plus de 5000 habitants.»

Gaël L'Aot, directeur financier de la région Languedoc-Roussillon (2,78 millions d'hab.)

«La fusion de nos régions ne modifiera pas la donne»

«La fusion des régions pourra générer des marges de manœuvre financières, mais elles dépendront de la situation de chaque territoire. La capacité d'investissement de la nouvelle entité née de la fusion des régions Languedoc-Roussillon et Midi-Pyrénées sera importante. Il s'agit ici de marier deux régions confrontées aux mêmes contraintes sur les recettes, très peu endettées, avec un niveau d'épargne élevé, et donc une capacité d'autofinancement des investissements importante. Elles bénéficient des mêmes possibilités de recours à l'emprunt et, qu'elles soient seules ou à deux, elles disposent d'une force de frappe identique pour lever des financements auprès de la Banque européenne d'investissement ou de la Caisse des dépôts.»

abondante et diversifiée (banques commerciales, Caisse des dépôts, Banque européenne d'investissement, contrats de plan Etat-région, fonds européens). «Ce levier est réel mais par définition limité, avertit Jean-Sylvain Ruggiu, et ne reste envisageable que pour les collectivités peu endettées.»

Hiérarchisation des priorités

L'optimisation de la ressource ne passerait-elle pas par son fléchage sur des projets spécifiques, tels la transition énergétique ou le développement du très haut-débit, et sur des politiques publiques ciblées? La Seine-Saint-Denis vient ainsi d'allouer près de 600 millions d'euros à son plan «ambition collèges 2020» pour rénover 80 établissements et en construire 10 autres. «Nous n'utiliserons plus de droits de tirage en matière d'investissement et privilégierons les investissements essentiels pour la collectivité, à savoir les collèges et la petite enfance», explique Stéphane Troussel, président du conseil général.

Mais, in fine, en fonction de quels critères procéder à des arbitrages? Faut-il s'interdire les équipements alourdissant les charges de fonctionnement, à l'instar de Cahors (lire p.25), prioriser le renouvellement du patrimoine, privilégier les investissements productifs ou miser sur le développement économique local? Si la réponse se trouve dans un panachage de ces diverses options, Antoinette Hastings-Marchadier rappelle aussi que «l'on ne peut plus penser à la hiérarchisation des priorités sans engager une réflexion sur la démocratie participative».

Promesses

Manuel Valls s'est engagé à maintenir le fonds de péréquation de la taxe professionnelle, à créer un fonds de 100 millions pour le logement, à augmenter le taux de remboursement du fonds de compensation de la TVA et la dotation d'équipement des territoires ruraux.

(1) «Pouvoirs locaux», n°102-III, octobre 2014.
(2) «Assises de l'investissement: propositions pour un investissement public levier de croissance», note de l'ADCF, septembre 2014.

INVESTISSEMENTS : faire mieux avec moins

Déterminés et imaginatifs, les territoires s'adaptent

Malgré la contraction des ressources, certains élus locaux maintiennent leurs investissements, voire les augmentent. A charge pour leurs équipes de dégager de nouvelles marges de manœuvre.

Sans nul doute, les collectivités territoriales doivent faire face à une situation de rupture. « Nous changeons de paradigme », assure Christian Debiève, directeur général des services de Montélimar agglomération (lire ci-dessous). « Je fais passer le message sur la nécessité de modifier les repères et d'évoluer d'un système autoritaire vers une responsabilité collective et éthique de la gestion du service public », explique-t-il.

De son côté, le maire de Cahors (20 000 hab., Lot), Jean-Marc Vayssouze-Faure, reconnaît que, souvent, de nouvelles infrastructures étaient construites alors que les anciennes étaient maintenues. « Les collectivités locales n'anticipaient pas non plus les coûts de fonctionnement d'un nouvel équipement, notamment les dépenses énergétiques. »

L'alternative du crowdfunding

Pour boucler le budget de construction d'une école ou celui de la rénovation du beffroi, Yèbles (Seine-et-Marne) et Bergues (Nord) tentent le financement participatif. La première espère lever 40 000 euros auprès des particuliers et la seconde 1 million. « Une alternative aux modes de financement classiques », admet Marie-Aurore Houcke, avocat.

Un consensus se dégage sur le fait que les restrictions financières auxquelles les collectivités territoriales doivent faire face constituent un choc si violent qu'il va les contraindre à explorer des voies qu'elles n'auraient jamais envisagées par le passé. D'autant que la nécessité de maintenir un certain niveau d'équipement dans les territoires est brandie par de nombreux acteurs comme un facteur crucial d'attractivité et de soutien à l'économie locale. « Il est peu probable qu'une entreprise vienne s'installer sur un territoire non équipé du très haut-débit », met ainsi en garde Jean-Sylvain Ruggiu, directeur « secteur public » à la Caisse d'épargne.

« Une volonté politique »

Maurice Leroy, président du conseil général de Loir-et-Cher, se refuse à tout « renoncement ». S'il réduit ses investissements (45 millions d'euros en 2015 contre 52 millions en 2014), le département entend poursuivre les grands projets structurants, dont le développement du très haut-débit, et multiplie les mutualisations interdépartementales pour se donner les moyens de ses ambitions (lire ci-dessous).

La nouvelle métropole de Lyon teste une application pour optimiser les déplacements. « Cette solution per-

CA de Montélimar (Drôme) • 26 communes • 62 000 hab.

Calculer le coût de revient de chaque politique territoriale

Christian Debiève, DGS de Montélimar agglomération.

Montélimar agglomération s'est fixé comme priorité « la relance par l'investissement ». A charge pour les agents de réduire le budget de fonctionnement de 1 % par an au cours du mandat. « Notre originalité est d'avoir construit une organisation transversale au service d'un projet de territoire avec comme objectif l'optimisation de la gestion des dépenses et des recettes », explique Christian Debiève, DGS de l'agglomération drômoise. « Raisonner en coûts de revient de chaque politique territoriale nous permet de mettre en lumière les coûts induits d'un équipement. » La contribution horaire à la marge sur coût variable (CHMCV) d'un agent a, par exemple, été fixée à 47 euros. Pour chaque nouveau projet, une fiche indique le montant de l'investissement, l'impact des recettes et des coûts induits sur cinq ans. Mais, prévient Christian Debiève, « s'intéresser aux coûts de revient requiert aussi de la méthode ».

Loir-et-Cher • 331 700 hab.

Jouer sur tous les leviers de la mutualisation

Olivier de Brabois, DGS du conseil général du Loir-et-Cher.

Le conseil général de Loir-et-Cher trouve des marges de manœuvre dans la mutualisation interdépartementale. La création d'une plateforme d'achats groupés (Approlys) en 2014 avec ses voisins du Loiret et d'Eure-et-Loir a dégagé 1 million d'euros d'économies. Grâce à une ligne de trésorerie commune de 60 millions d'euros, « nous avons gagné 30 000 euros via des marges en retrait de 105 points de base », indique Olivier de Brabois, DGS du conseil général. En 2015, un appel d'offres commun pour des emprunts pourrait également générer de substantielles économies. Une bonne nouvelle car la collectivité devra emprunter davantage pour compenser la chute de 58 % de son épargne. Concernant le très haut-débit (1 million d'euros en 2015, puis 5 millions par an), le département s'est rapproché de l'Indre afin de profiter d'un bonus de 10 % du Fonds national pour la société numérique (+ 4 millions d'euros).

• LA GAZETTE • 19 JANVIER 2015

met, avec des coûts limités (7 millions d'euros dont une partie de cofinancements), de ne pas réaliser de très lourds investissements dans des infrastructures de transport (100 millions)», explique Benoît Quignon, DGS de la métropole. «Nous optimisons les capacités de déplacement à l'intérieur de l'agglomération en portant le taux d'utilisation de 93% à 95% sans augmenter les engorgements.»

Paris mise plutôt sur l'effet amplificateur de l'investissement public. La ville a annoncé, pour ce mandat, un budget d'équipement en hausse: 10 milliards d'euros contre 9 milliards au cours du précédent mandat. «Une volonté politique, assure Julien Bargeton, adjoint à la maire de Paris, chargé des finances. Nous estimons qu'environ 200 000 emplois sont concernés par notre plan d'investissement qui sera autofinancé aux deux tiers.»

Flécher les financements?

Dès lors, Paris mène de front baisse des dépenses de fonctionnement (-130 millions d'euros à partir de 2015) et hausse des recettes (200 millions de cession d'actifs par an), et accroît son recours à l'emprunt, tout en explorant de nouvelles pistes (lire l'encadré ci-dessus). «Nous adaptons les financements en fonction des projets», poursuit Julien Bargeton. En juillet 2014, la ville a souscrit un prêt de 128 millions d'euros auprès de la Banque européenne d'investissement (BEI) pour financer le prolongement du tramway. Une alternative réservée aux grandes collectivités et aux projets d'envergure.

«La pertinence et la dimension de nos investissements nous permettent de bénéficier des enveloppes bonifiées de la Caisse des dépôts et de la BEI», fait valoir Gaël L'Aot, directeur financier de la région Languedoc-Roussillon, «car toutes deux financent non pas un besoin de financement mais des projets. Charge à ces derniers de correspondre aux stratégies privilégiées par l'Europe et par l'Etat français». La région Languedoc-Roussillon pourvoit à 80% de ses emprunts (38,5% de ses investissements, 513,7 millions d'euros en 2015) de cette manière. «En 2014, nous avons mobilisé 140 millions d'euros de la BEI aux meilleurs taux du marché (0,6% en taux variable et 2% en taux fixe sur trente ans)», se félicite Gaël L'Aot.

De son côté, pour financer la rénovation énergétique de ses lycées, la région Pays de la Loire a souscrit deux prêts de 120 millions d'euros auprès de la Caisse des dépôts dans le cadre de l'enveloppe de 5 milliards attribuée à la transition énergétique. Le financement fléché sur des projets serait-il en passe de devenir la règle? «Non, répond Jean-Sylvain Ruggiu, l'emprunt globalisé fait partie intégrante du modèle financier du secteur public local.»

Une plateforme des cofinancements à Paris

Pour financer ses investissements, la ville de Paris a créé fin 2014 une plateforme des cofinancements qui présentera une vision agrégée des ressources publiques disponibles (subventions régionales, CPER, fonds européens...). «Le but est de professionnaliser la gestion de ces recettes et de s'assurer de leur bonne adéquation avec les projets éligibles», explique Dominique Frentz, sous-directeur du budget. Paris veut aussi développer le mécénat et les souscriptions privées en matière culturelle et patrimoniale. Par exemple, le plan «églises», doté de 80 millions d'euros, doit servir d'effet de levier pour lever le même montant auprès du privé.

315 Md€

C'est le montant d'investissements publics et privés que doit générer le Fonds européen pour les investissements stratégiques, créé par la Commission européenne et garanti à hauteur de 16 milliards par l'UE et de 5 milliards par la BEI.

Jean-Marc Vayssouze-Faure, maire de Cahors et président de la CA du Grand Cahors.

GRAND CAHORS/L. NESPOULOUS

Ville et agglo de Cahors (Lot) • 39 communes • 43 400 hab.

Faire porter le fonctionnement par des tiers

Jean-Marc Vayssouze-Faure, maire de Cahors et président de la communauté d'agglo du Grand Cahors, l'assure: «Nous ne ferons plus d'investissements qui généreront des dépenses de fonctionnement supplémentaires et nous privilégierons les réhabilitations.» La ville et la CA ne financeront que des équipements dont les coûts de fonctionnement seront portés par des tiers. Ainsi, les charges de fonctionnement de l'auberge de jeunesse que projette de construire l'agglo pourraient être assurées par la Fédération unie des auberges de jeunesse. De même, la ville privilégiera un multiplexe à une salle de théâtre car le premier génère moins de coûts. «Nous réfléchissons aussi à des partenariats avec des aménageurs pour développer une zone d'habitations, et à des concessions publiques d'aménagement pour rénover et remettre sur le marché des logements», ajoute Jean-Marc Vayssouze-Faure, qui recherche des opérateurs extérieurs au Lot capables «d'investir à notre place sur le territoire».

INVESTISSEMENTS : faire mieux avec moins

« Il faut maintenir l'investissement public en recourant à l'endettement »

Pour Eric Heyer, directeur adjoint au département « analyse et prévision » de l'OFCE (*), l'investissement public est efficace et sa diminution ne réduira pas le déficit public.

La stigmatisation de la dépense publique est-elle justifiée ?
Non, car il faut distinguer les dépenses sociales, élevées en France, des autres dépenses. Toutes dépenses publiques confondues, la France débourse 7 points de PIB de plus que la moyenne des autres pays de l'OCDE : 4 points sont liés à la retraite, 1 point aux dépenses militaires, 1 point au logement et 1 point à la politique familiale. En revanche, hors dépenses sociales, la France occupe le dixième rang de l'OCDE en termes de dépenses publiques ramenées au PIB. Mais l'Etat ne s'attaque pas au problème à partir de ces données : il fixe comme objectif de réduire les dépenses de 50 milliards en trois ans, puis encore de 50 milliards les trois années suivantes, sans préciser sur quels postes agir.

Eric Heyer, économiste à l'OFCE.

En quoi cela impacte-t-il les collectivités locales ?
En rabotant leurs ressources de 11 milliards d'euros en trois ans, on ne distingue par la bonne dépense – notamment l'investissement – de la mauvaise, qui correspondrait à des doublons et à du gaspillage. Les collectivités risquent de geler leurs projets d'équipement. Or c'est la dernière des choses à faire dans le contexte actuel. Il aurait été préférable de demander aux collectivités de réduire certaines de leurs dépenses mais en sacralisant celles liées à l'investissement.

Cela ne serait-il pas en opposition avec l'objectif de l'Etat de réduire le déficit public ?
On ne résout pas le problème du déficit public en réduisant un poste qui est efficace économiquement. Le FMI révèle que l'investissement public a un effet multiplicateur de trois, ce qui signifie qu'un euro d'investissement public génère trois euros d'activité. Les prélèvements obligatoires s'élevant en moyenne à 50 points de PIB, l'Etat récupère 1,5 euro par euro investi. Inversement, la réduction d'un euro d'investissement public réduit les recettes de 1,5 euro et le déficit ne diminue pas. Aujourd'hui, réduire le déficit en réduisant l'investissement public est voué à l'échec. Les élus locaux ont raison de vouloir défendre l'investissement public.

Comment peuvent-ils contourner ce contexte financier contraint ?
L'augmentation des taux d'imposition est possible mais impopulaire. Quant aux économies sur la section de fonctionnement, elles restent compliquées et ne produiront des effets que sur le long terme : ce levier n'est donc pas utilisable pour absorber la baisse des dotations sur les trois prochaines années. Reste par conséquent le recours à l'endettement, d'autant plus recommandé aujourd'hui compte tenu du faible niveau des taux d'intérêt et de la situation conjoncturelle. Il faut maintenir l'investissement en recourant à l'endettement. Par ailleurs, l'on aura toujours besoin de l'endettement public pour la transition énergétique, le numérique, certaines infrastructures. On peut donc saisir l'opportunité de cette situation financière favorable afin de faire avancer ces investissements nécessaires pour l'avenir.

(*) Observatoire français des conjonctures économiques.

Pour aller plus loin

À LIRE

Les investissements redéfinis

Réalisée par la Caisse des dépôts, en partenariat avec des associations du bloc communal, l'ADF et l'ARF, cette enquête sur l'investissement des collectivités locales a ciblé davantage les DGS et directeurs financiers que les élus. Il en ressort une redéfinition, tant en volume qu'en nature, des investissements.

A télécharger sur : goo.gl/rb8375

À SAVOIR

Financer la transition énergétique

La création d'une société de financement de la transition énergétique va finalement être intégrée au plan « Juncker » d'investissement européen. Son objectif est double : associer acteurs publics et privés pour financer les travaux de rénovation énergétique des bâtiments publics et relancer l'économie. En France, entre 30 et 70 milliards d'euros d'investissements sur dix ans sont envisagés.

RENDEZ-VOUS

Le 21 janvier, à Paris

Les pistes d'optimisation de la dépense publique locale

Au programme de cette journée ADCF-BPCE : les politiques d'investissement à l'horizon 2020, les leviers d'optimisation de la dépense locale, les nouveaux modes d'organisation de la dépense locale.

www.adcf.org > l'agenda

• LA GAZETTE • 19 JANVIER 2015

NOTE

Document 3

INNOVATIONS & TERRITOIRES

Gaëlle Ginibrière - La Gazette - 8 février 2016

POURQUOI?

La période se prête à repenser la tarification pour faire face aux contraintes budgétaires ou pour réformer en profondeur des grilles souvent complexes.

POUR QUI?

Les communes sont particulièrement concernées par la tarification des services rendus aux familles, pour l'accueil des enfants ou la cantine scolaire.

COMMENT?

Les recettes attendues ne doivent pas être le seul objectif poursuivi, la réflexion gagnant également à porter sur l'équité et la progressivité des tarifs appliqués.

Services publics

Les collectivités repensent leur politique tarifaire

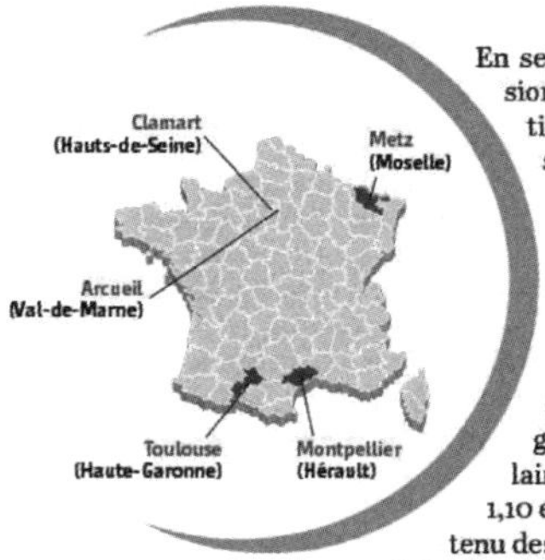

En septembre 2015, la révision des tarifs de restauration scolaire, des études surveillées ou d'autres accueils périscolaires n'est pas passée inaperçue. A Toulouse (458 300 hab.), les 7000 familles les plus modestes, qui bénéficiaient jusque-là de la gratuité de la cantine scolaire, se sont vu demander 1,10 euro par repas. Compte tenu des difficultés financières de la ville, il était impossible à la nouvelle municipalité de conserver sa politique de gratuité pour les publics les plus pauvres. Dans le même temps, la hausse s'élevait à 75% pour les plus aisés.

La baisse des dotations n'est évidemment pas étrangère à ces mesures, et les annonces se sont multipliées à la dernière rentrée scolaire, la première sur laquelle pouvaient agir les équipes élues en mars 2014. Dans les Hauts-de-Seine, la ville de Clamart (52200 hab.) a décidé de relever les tarifs par repas de 7 centimes pour les familles aux revenus les plus faibles et de 1,22 euro pour les dernières tranches de revenus, soit respectivement 37% et 40% d'augmentation.

Faut-il financer les services publics en augmentant les tarifs payés par les usagers, comme à Toulouse ou à Clamart, ou par les impôts pesant sur l'ensemble des contribuables? Dans les communes, l'arbitrage semble plutôt favorable à la première alternative, même si les deux solutions ne s'excluent pas, comme à Toulouse, où les impôts ont également enregistré une sévère hausse.

DÉMARCHE COMPLEXE

Mais faire évoluer les tarifs n'est pas forcément toujours aisé. A Metz (118600 hab.), un premier travail de remise à plat de la tarification avait été réalisé il y a trois ans. Il consistait à comparer par activité et par service public (cimetières...) les tarifs pratiqués par la commune et d'autres collectivités. Ce benchmark avait permis de définir un tarif pivot, servant lui-même d'étalon pour éventuellement revoir les tarifs pratiqués par la commune.

Mais la démarche n'avait pas totalement abouti. Lors des deux derniers exercices budgétaires, ce sont les tarifs de la cantine et des activités périscolaires qui ont également été revus, à la hausse. Cinq tranches supplémentaires de quotient familial ont été introduites, afin de relever les tarifs payés par les familles les plus aisées. Par exemple, alors que les habitants de Metz déboursaient jusque-là, pour la

> ✔ **AVANTAGE**
> Une remise à plat de la tarification trouve toute sa pertinence en début de mandat et dans le contexte financier actuel.
>
> ✖ **INCONVÉNIENT**
> A trop relever les tarifs, le risque peut être de détourner les usagers non captifs du service public concerné.

A Metz, lors des deux derniers exercices budgétaires, ce sont la cantine et les activités périscolaires qui ont été revues à la hausse. P. GISSELBRECHT / VILLE DE METZ

restauration scolaire, entre 1,50 et 3,90 euros le repas, le tarif plafond atteint 5,75 euros depuis la rentrée 2015. Quant à l'accès à la piscine municipale, son prix d'entrée a progressé de 10 centimes (soit 3,3%) pour les Messins au 1er janvier 2015 et de 2 euros (soit plus de 66%) pour les habitants des autres communes, introduisant une distinction entre usagers qui n'existait pas jusqu'alors, mais qui se répand de plus en plus.

L'EXPERT

SIMON GODEFROY, cofondateur du cabinet de conseil Citéxia

«Un nouvel outil, le taux de participation»

« L'enjeu actuel est de sortir du système de tarification par tranche pour obtenir un tarif individualisé selon la situation propre à chaque famille, qui évite les effets de seuil. Il s'agit de déterminer le taux d'effort des familles par rapport à leurs revenus pour nourrir leurs enfants, les faire garder... Dans cette perspective, un nouvel outil, plus lisible, se substitue au traditionnel coefficient multiplicateur (appliquer un coefficient au revenu pour obtenir le tarif). C'est le taux de participation à un tarif maximal fixé par la collectivité, ce taux étant déterminé à proportion des revenus. »

Reste qu'une augmentation des tarifs n'est pas toujours sans incidence sur le comportement des usagers. A Metz, la piscine aurait connu en 2015 une baisse de fréquentation, incitant un temps la commune à réfléchir sur la nécessité de revoir à nouveau les tarifs, ce qui n'a finalement pas été fait.

«La stratégie de tarification est à nuancer, selon que l'on a affaire à un service captif – par exemple la restauration scolaire, l'accueil du mercredi après-midi –, ou pas. Dans le second cas, si le taux d'effort devient trop important pour les familles, celles-ci risquent de renoncer au service», commente Simon Godefroy, cofondateur de Citéxia, cabinet de conseil spécialisé dans les stratégies tarifaires des services publics des collectivités. A Clamart, la hausse des tarifs s'est accompagnée d'une baisse des inscriptions à la cantine, mais d'une augmentation du nombre d'enfants en centre de loisirs le mercredi après-midi.

EFFETS INDUITS

A l'inverse, à Montpellier (272 100 hab.), la baisse des tarifs a eu un effet immédiat. «L'adoption d'une tarification plus sociale a permis à 69% des familles de bénéficier d'une réduction des tarifs de la restauration scolaire à la rentrée 2015. Et, s'il est trop tôt pour en tirer un bilan, le nombre de repas commandés a progressé de 10 à 15%», observe Isabelle Marsala, adjointe chargée de la réussite éducative. A son

INNOVATIONS & TERRITOIRES

●○○ arrivée en mars 2014, la nouvelle équipe municipale de Montpellier a souhaité faire évoluer un système de tarification très peu progressif.

Sept tranches de revenus permettaient de calculer les tarifs. « Ceux-ci variaient entre 1,76 et 3,70 euros, mais 78 % des familles ne faisaient pas calculer leur quotient familial, car la démarche était jugée trop compliquée », poursuit Isabelle Marsala.

La commune a donc décidé de prendre pour référence les revenus utilisés par la caisse d'allocations familiales (CAF) ou le dernier avis d'imposition des personnes qui n'y sont pas inscrites. « A partir de ces éléments, nous avons travaillé sur le taux d'effort des familles, établi d'après le revenu et le nombre d'enfants, qui permet de calculer les tarifs selon une courbe plus progressive », détaille Vincent Domeizel, directeur des finances et du contrôle de gestion de Montpellier.

« SIMPLIFICATION DES CALCULS »

Paradoxalement, compte tenu du contexte budgétaire, la recherche d'économie n'est en effet pas toujours le premier moteur des collectivités. « La première demande, parmi celles que nous recevons, est d'abord d'établir une tarification plus lisible et qui coûte un peu moins cher en traitement. Le second enjeu est la simplification du calcul des tarifs et son harmonisation sur l'ensemble des services », constate Simon Godefroy. C'est le cas, par exemple, à Arcueil (19700 hab., Val-de-Marne). La commune a entrepris, en 2015, une refonte de son quotient familial, jusqu'ici calculé d'après les revenus des familles, mais aussi d'après leurs charges de chauffage, leur emprunt immobilier... Une véritable usine à gaz, qui comptait 36 tranches de quotient familial pour la restauration scolaire et 20 pour l'accueil du soir des enfants ! « Le calcul était devenu incompréhensible pour les familles et complexe à établir pour les services », convient Sylvain Mertens, directeur général adjoint (DGA) « ressources » à Arcueil.

La commune a également choisi de se baser sur les documents de la CAF pour calculer un taux de participation des familles et non plus leur quotient familial. « Par exemple, le tarif maximal pour un repas à la cantine scolaire a été fixé à 6 euros. En fonction de la composition du foyer et de ses revenus, le taux de participation varie de 10 % à 100 % du tarif maximal », explique Sylvain Mertens. C'est en déduisant la subvention de la commune (24 à 75 % du coût réel, selon les services) que le tarif maximal est obtenu.

« 7 % des ménages ont un taux de participation supérieur à 80 %. Les classes moyennes ont, elles, une facture identique ou en légère baisse. Et les recettes sont identiques pour la commune, soit 1,4 million d'euros pour les prestations soumises à conditions de ressources », estime le DGA.

TÉMOIGNAGE

« Une courbe mathématique pour plus de progressivité »

VILLE DE DUNKERQUE

FLORENCE VANHEE, directrice « pilotage-évaluation et qualité » de Dunkerque (89 900 hab., Nord)

« A la rentrée 2015, nous avons adopté, pour les services liés à l'éducation, un nouveau mode de calcul dans un souci d'harmoniser les tarifs et d'instaurer une vraie progressivité selon les revenus des familles, à budget équivalent. Nous sommes partis du prix de revient moyen des services pour définir un tarif minimum et maximum. Et d'une courbe mathématique de progressivité, afin de lisser les effets de palier.
Pour la restauration et le périscolaire, les tarifs sont individualisés au quotient familial : les plus bas ont légèrement augmenté, les plus hauts ont davantage progressé, mais, globalement, 30 % des familles paient des tarifs moindres. Pour les autres services à caractère culturel et sportif, douze tranches identiques de 200 euros de quotient familial ont été créées. »

Car, si la révision des tarifs ne permet pas forcément de dégager des marges financières, les collectivités exigent que son effet soit au moins neutre sur leur budget. Ainsi, Montpellier a choisi de modifier parallèlement les modalités d'inscription à la cantine. « Les réservations se font, pour chaque période, entre les vacances, afin d'éviter les gaspillages, et non plus jour par jour », souligne Isabelle Marsala.

Cette mesure devrait engendrer 400000 à 500000 euros d'économies. Quelle que soit l'évolution des tarifs, une bonne communication auprès des familles concernées est absolument nécessaire. Voire même une consultation, comme à Montpellier. « Dans tous les cas, il est important d'illustrer ses choix par un panel de familles représentatives de la collectivité », recommande Simon Godefroy. ●

Gaëlle Ginibrière

Document 4

LE COURRIER
des maires et des élus locaux
N° 0287
février 2015

DOSSIER

Finances locales

Concurrence entre banques, appel au marché obligataire, financements d'appoint : comment emprunter au mieux et optimiser ses ressources.

Ironie de l'histoire : alors que les collectivités ne sont qu'au début d'un cycle de quatre ans où les dotations vont chuter de 28 milliards cumulés, rarement les banques ont eu autant de liquidités à leur prêter et à des taux historiquement bas. Un « prix de l'argent » très attractif qui ne constitue pourtant qu'un maigre lot de consolation tant les dépenses obligatoires (normes, transferts de l'Etat) pèsent. « Il est clair que la baisse des dotations de l'Etat ne pourra jamais être compensée par le recours à l'emprunt, assène Gaëtan Huet, du cabinet Partenaires finances locales. D'autant que l'inéluctable baisse des investissements locaux - de 30 % à 50 % selon les projections, car c'est la principale variable d'ajustement - va justement provoquer un emprunt moindre. »

Peu d'emprunts contracycliques à prévoir donc malgré des conditions de marchés optimales. « Je ne vois aucun emprunt se faire en dehors de la logique d'un projet mûrement préparé. Les banques demandent d'ailleurs une meilleure appropriation des programmes d'investissement. A ce jour, je ne vois que des projets annulés. Et rembourser un emprunt renvoie toujours à la fiscalité, demain... », souligne le consultant. Les banques partenaires du secteur local font le même constat : « Il y a un attentisme assez fort des nouvelles équipes municipales. Le marché reste atone et les collectivités diffèrent plutôt l'investissement », observe le président de la Banque postale collectivité locales (BPCL), Serge Bayard.

L'optimisation... jusqu'où ?

Pour autant, l'heure étant plus que jamais aux économies, les collectivités voient une fenêtre de tir s'ouvrir pour optimiser ces emprunts en faisant jouer la concurrence sur un marché où les acteurs bancaires, privés comme publics, français comme étrangers, sont nombreux à démarcher les exécutifs locaux. S'y ajoutent aussi des possibilités nouvelles, l'accès aux marchés obligataires devant franchir une nouvelle étape au 1er semestre 2015 avec la première émission de l'Agence France locale. L'urgence étant aussi à l'amélioration de l'autofinancement, poussé à la baisse, les élus cherchent par ailleurs à maximiser leurs sources de financement, entre optimisation de moyens déjà existants et appel à des circuits de ressources nouveaux. Le levier fiscal semble difficile à utiliser, du moins en 2015. Délégué général de l'AdCF, Nicolas Portier rappelait le 21 janvier que « beaucoup d'élus se sont engagés sur la stabilité des taux. Certains ne sont pas sûrs de pouvoir le respecter ». Confirmation d'Antoine Homé, maire de Wittenheim : « Des collègues ont décidé de faire de l'optimisation fiscale, comme à Mulhouse, avec + 3%. Je devrai probablement faire de même en 2016, mais cela ne peut se faire que de façon très modérée. Et cela ne peut représenter qu'une petite partie de l'effort en complément de la nécessaire baisse des dépenses de fonctionnement. »

« Mais une action est possible sur les assiettes, en renonçant à des exonérations », nuance Nicolas Portier. S'y ajoutent diverses pistes pour améliorer le panier de ressources locales : l'actualisation des valeurs locatives, l'examen minutieux des taxes et redevances affectées, « impôts mal contrôlés par les services fiscaux », mais aussi l'utilisation de « nouveaux instruments financiers » comme les certificats d'économie d'énergie (voir pp. 44-45), les cofinancements avec l'Etat et ses différentes agences (Anru, Ademe, etc.), voire la valorisation de productions (recyclage matériaux, énergies nouvelles...) ou encore la gestion active du patrimoine, via la cession de biens.

Solliciter de nouveaux partenaires

Autres pistes de ressources rapides et pérennes, sous le seul pilotage de la commune : la hausse de taxes annexes et l'optimisation des politiques tarifaires des services publics locaux. De nombreux élus ont entamé cette démarche qui devrait se poursuivre en 2015. Même si cette optimisation n'est pas à la portée de tous : « Paris a la possibilité d'augmenter de 180 % ses tarifs de stationnement... Mais tout le monde n'a pas cette facilité-là ! minore ainsi le sénateur et président de la commission finances de l'AdCF, Charles Guéné. Dans les territoires où les gens ont les revenus les plus bas, c'est un levier que vous ne pouvez actionner. » Alors, comme le temps des vaches maigres semble devoir durer, au moins jusqu'à mi-mandat, les élus locaux sont enclins à innover en allant solliciter, non pas leurs partenaires financiers habituels (Europe, Etat, niveaux de collectivités supérieurs), mais des acteurs nouveaux : les entreprises et les particuliers, via le mécénat et le crowdfunding. Soit, souligne Nicolas Portier, autant de « formes de mobilisation de l'épargne locale sur des projets d'investissement ». ■

Dossier réalisé par Aurélien Hélias

ENCADRÉS DE L'ARTICLE

« Les collectivités se méfient d'elles-mêmes »

« La bonne nouvelle, c'est la liquidité des marchés. Mais encore faut-il aller vite ! Dans le cadre classique d'une collectivité ayant des ressources industrielles, commerciales, avec des loyers assurés, l'investissement pourra se faire aux meilleures conditions. Mais, pour celles qui n'ont pas de retour financier sur leur territoire, même avec des taux bas, chaque élu peut se demander s'il sera en mesure de rembourser les échéances. Le problème de fond réside dans les projections que vont faire les collectivités, qui ne peuvent se permettre de faire de la cavalerie. Sans ressources financières régulières, l'incertitude est considérable et les collectivités se méfient d'elles-mêmes, de leurs propres capacités. Elles doivent emprunter progressivement et analyser comment rembourser leurs intérêts. »

Document 5

FINANCES
RESSOURCES

Financement

Comment gagner des millions grâce aux subventions

Face aux ressources en berne et aux difficultés d'accès aux crédits bancaires, communes et intercommunalités font la chasse aux subventions. Mais elles ne sont pas toutes logées à la même enseigne. En bref, mieux vaut être gros, urbain et riche que petit, rural et pauvre.

Communes et intercommunalités cherchent des alternatives à l'emprunt devenu difficile d'accès et coûteux. Aussi, la tendance est-elle à la recherche de subventions pour faire financer la moitié, voire les trois quarts des projets les plus lourds. Ainsi, la communauté de communes Lubéron, Durance, Verdon annonce pour 2012 un budget autofinancé à 100%. Outre une gestion rigoureuse des finances locales, Jean-Paul Landais, directeur général des services, ne se cache pas d'avoir réussi à obtenir un maximum de subventions pour assurer le financement des plus gros projets lancés cette année.

De fait, la nouvelle médiathèque de Vinon-sur-Verdon, dans le Var (1,2 million d'euros) et le centre des congrès de Gréoux-les-Bains (Alpes-de-Haute-Provence, 5 millions d'euros) seront respectivement financés à hauteur de 70% et de 65% par le Feder (Union européenne), la région, le département et les partenariats intercommunaux. Mais pour décrocher autant de subventions, « il faut faire beaucoup de lobbying », prévient Jean-Paul Landais.

Délais contraints

Le plus difficile est souvent d'identifier le financement adapté au projet, trouver la porte à laquelle frapper, puis constituer le dossier permettant de décrocher le précieux sésame, le tout dans un délai contraint. « C'est d'autant plus dur lorsque les financeurs tels que l'Union européenne et les régions sont éloignés des bases », ajoute Denis Durand, « il convient aussi de parler le langage que la collectivité qui subventionne aime entendre ». Selon le président de l'Association des maires ruraux du Cher et maire de Bengy-sur-Craon (670 hab., Cher), à ce petit jeu « les communes rurales sont défavorisées par rapport aux grandes villes, et nombre de projets tombent à l'eau par découragement ». La lenteur des démarches n'arrange rien. Denis Durand risque de perdre la subvention de l'agence de l'eau Loire-Bretagne, obtenue mi-2010 pour financer le quart d'un aménagement routier dans sa commune, faute de lancer les travaux dans un délai de deux ans. Or, pour boucler son budget, il attend depuis 2009 l'aval de la région et de la dotation d'équipement des territoires ruraux.

Johann Boblin, maire de La Chevrolière (5000 hab., Loire-Atlantique), a décroché plus de 50% de subventions pour le réaménagement du centre-bourg (1,82 million) et la construction d'un centre culturel (3,2 millions), dont une médiathèque (1,12 million) financée à hauteur de 80%. « Il faut agir avec méthode », explique cet ancien directeur administratif et financier dans le secteur privé. Outre le recrutement d'une chargée de mission pour monter les dossiers, il a fait appel à un cabinet extérieur pour valider la conformité des deux projets par rapport aux besoins du territoire, ce qui a permis la sélection par le conseil général. Mais avec une participation plafonnée à 20% du montant de l'investissement, l'aide du département ne suffisait pas.

JURIDIQUE

Le nouveau cadre des financements croisés

L'article L. 1111-10 du CGCT prévoit qu'à compter du 1er janvier 2015, aucun projet ne pourra bénéficier d'un cumul de subventions (sauf pour les communes et EPCI de moins de 3500 habitants) si le schéma d'organisation des compétences et de mutualisation des services région-département n'est pas adopté. Font exception à cette règle les secteurs du tourisme, de la culture et du sport, ainsi que les opérations dont la maîtrise d'ouvrage relève de l'Etat ou de ses établissements publics ou figurant dans des contrats de projets Etat-région.

10,3 M€

Il s'agit du montant des dotations et subventions perçues par le secteur communal en 2010, et en baisse de 19,4 % par rapport à 2009.

Source : DGCL-DGFIP

Aussi, Johann Boblin est-il allé à Bercy pour défendre son dossier et décrocher 206000 euros du Fonds d'intervention pour les services, l'artisanat et le commerce. Le reste de la facture a été pris en charge grâce à diverses astuces : le syndicat d'alimentation en eau potable pour les réseaux, ERDF pour le déplacement d'un transformateur, le syndicat d'électrification de la Loire-Atlantique pour l'éclairage public, etc.

Services dédiés

Les structures plus riches se dotent carrément de services dédiés, à l'instar de la communauté urbaine de Dunkerque (CUD). Depuis la création d'une mission « partenariat », en 2006, la CUD a mobilisé plus de subventions en quatre ans (36 millions) qu'entre 2000 et 2006 (34 millions). Ainsi, l'ambitieux projet, autour de la ville durable, de réhabilitation de la halle aux sucres (34 millions d'euros hors taxes), qui sera transformée en « learning center », a décroché 60% d'aides.

Sur le modèle de Dunkerque, Lyon a mis en place, en 2011, un système

Le maire de La Chevrolière a décroché plus de 50 % de subventions pour le réaménagement du centre-bourg.

VILLE DE LA CHEVROLIÈRE

CUD

L'EXPERT

HÉLÈNE DESWARTE, responsable de la mission «partenariat», communauté urbaine de Dunkerque (Nord)

«Cinq personnes affectées au suivi des stratégies des partenaires institutionnels»

«La mission "partenariat", composée de cinq personnes, assure le suivi des stratégies des partenaires institutionnels – tels que l'Etat et l'Union européenne –, afin d'adapter nos projets à leurs priorités. Nous anticipons les programmations à venir, suivons de près les contrats de projet Etat-région et la nouvelle stratégie du conseil général en matière de contractualisation avec le bloc communal. Une fois les financements identifiés, la mission accompagne les services de la communauté urbaine de Dunkerque [CUD] et les communes adhérentes au montage et au suivi des dossiers. Les 36 millions de subventions obtenus entre 2007 et 2011 correspondent à 20 % des investissements réalisés sur cette période (178 millions). 35 % provenaient du Feder, 25 % de la région et 23 % de l'Etat, essentiellement dans le cadre du contrat de projet Etat-région, mais aussi du Fonds national d'aménagement et de développement du territoire, de la direction régionale des affaires culturelles et du plan de relance. La CUD a reçu 7 millions du Feder, à la suite de l'appel à projet sur l'excellence territoriale, pour lequel nous avons réagi très vite. Les financements du Feder ont un effet de levier sur les autres subventions, de l'Etat et des collectivités.»

19 %

des dépenses d'équipement des communes et des groupements à fiscalité propre étaient couvertes, en 2004, par les subventions reçues (21,9 milliards d'euros).

Source : rapport de Pierre Richard, «Solidarité et performance, les enjeux de la maîtrise des dépenses publiques locales», décembre 2006.

de classification pour la recherche de financements extérieurs. Une cinquantaine de fiches triées par thème (culture, espaces verts, économie, international...) et par financeur (Etat, région, Europe, privés), réactualisées en permanence, facilite le repérage.

Critères d'attribution durcis

Nombre d'incertitudes pèsent sur le maintien des subventions actuelles, d'où l'intérêt d'un service dédié pour identifier de nouvelles pistes. «Nous prévoyons un durcissement des critères d'attribution tant de la part des collectivités territoriales que de l'Union européenne», indique Hélène Deswarte, responsable de la mission «partenariat» de la CUD (lire l'encadré ci-contre), qui suggère le recours à un partenariat public-privé pour créer une nouvelle grande salle de spectacle, au mécénat pour encourager les projets culturels et au soutien de la Banque européenne d'investissement. De son côté, Denis Durand invite l'Etat à créer, dans les préfectures, des cellules d'appui pour coordonner les demandes et centraliser les informations relatives aux subventions, notamment celles de l'Union européenne. *Fabienne Proux*

LA GAZETTE • 9 AVRIL 2012 •

Document 6

FINANCES

CONTREPOINT

Le patrimoine immobilier : un nouvel atout

Mal identifié, peu valorisé, le patrimoine immobilier est pourtant un moyen de retrouver des marges de manœuvre financières.

Comme un poisson hors de l'eau. Les élus et cadres financiers doivent parfois se sentir asphyxiés par les contraintes financières qui s'abattent nombreuses sur les budgets de leur collectivité. Mobilisés pour réduire les dépenses, ils négligent encore parfois les stratégies de croissance des ressources. Or il existe un domaine capable d'apporter des recettes supplémentaires aux collectivités : le patrimoine immobilier.

1361 Md€
C'est la valeur du patrimoine des collectivités (immobilier, route, réseaux d'eau, etc.) selon la comptabilité nationale.

Campagne d'évaluation

Souvent négligé, parfois ignoré, le patrimoine immobilier est d'abord vu comme une charge : entretien, mise aux normes, gestion de personnel, etc. Pourtant, de plus en plus de collectivités se lancent dans une gestion active de leur patrimoine et n'hésitent plus à procéder à des cessions massives, imaginer des modèles rentables grâce aux produits de domaine par exemple, acheter ou louer des biens plus appropriés à leurs nouveaux besoins, comme à Bordeaux qui totalise ainsi un volume de transactions évalué entre 5 et 10 millions d'euros chaque année. Son homologue garonnais vient de se lancer dans l'aventure. Toulouse a ainsi décidé en avril de vendre 4 millions d'euros de patrimoine, mais entend bien en céder pour 30 millions à terme.

Ces démarches ne se décident pas du jour au lendemain. Toulouse a créé une cellule de valorisation du patrimoine qui travaille à l'identification des biens cessibles un an avant les délibérations municipales. Quant au département du Loiret, il a bouclé en mars une vaste campagne de quatre mois d'évaluation. Au prix du marché, les 162 biens identifiés représentent 232 millions. De quoi définir « une gestion dynamique du patrimoine, qui a sa vraie place dans la stratégie financière de la collectivité », selon le directeur général des services, Jean-Charles Manrique, interrogé à l'époque. Pour ces collectivités, il ne s'agit pas de vendre les bijoux de la couronne, mais de savoir quoi vendre, comment et à qui, de façon à retrouver les marges de manœuvre financières perdues dans le désert des dotations. Une façon de renoncer aux murs des lamentations. *Cédric Néau*

LA GAZETTE • 1er JUIN 2015

Document 7

Les flottes publiques sur la voie de l'optimisation

Les collectivités territoriales se voient contraintes de rationaliser leur parc de véhicules pour ne pas creuser leurs déficits

En matière d'optimisation de flottes, l'Etat a une longueur d'avance sur les collectivités territoriales. Depuis 2010 et la révision générale des politiques publiques et après le passage de deux circulaires, la gestion de ses véhicules a été externalisée auprès d'ALD Automotive par le biais d'un marché lancé par l'Union des groupements d'achat public (UGAP), la centrale d'achat public, et la flotte a été mise au régime minceur avec près d'un quart de ses volumes en moins.

Ce travail de fond a été remarqué et suivi avec intérêt par les collectivités territoriales confrontées à la loi de décentralisation et au plan d'économies de 11 milliards annoncés par le premier ministre en avril 2014. *« Jusqu'à présent, les collectivités n'avaient pas à se poser de questions*, explique Jean-Pierre Sivignon, directeur général de l'UGAP. *Elles étaient assises sur un coussin, mais celui-ci va se dégonfler. Leur budget de fonctionnement va devoir diminuer si elles ne veulent pas s'endetter ou augmenter les impôts. »*

Dans ce contexte et au même titre que l'immobilier, la flotte représente un poste de dépense important du budget de fonctionnement d'une collectivité. Inévitablement, elle devra faire l'objet d'un travail de rationalisation et d'optimisation comparable à celui qui a été accompli par l'Etat au cours de ces quatre dernières années. *« Les marges de progression sont importantes*, constate Jean-Pierre Sivignon. *Soit le travail d'optimisation n'a pas été réalisé systématiquement, soit la démarche n'a pas été initiée de manière professionnelle. »*

Au vu des volumes, les gisements d'économies sont énormes. Alors que la flotte de l'Etat compte 65 000 véhicules, les collectivités territoriales sont à la tête d'un volume de 200 000 à 400 000 véhicules, selon les estimations des spécialistes. Nul doute que les prochaines années vont être mouvementées dans les flottes publiques.

L'UGAP occupe un poste d'observation privilégié et, en tant que centrale d'achat, joue un rôle important dans les bouleversements à venir. L'établissement public a référencé un catalogue de véhicules dans lequel les collectivités territoriales peuvent puiser sans avoir à passer par une procédure de marché public. En 2014, 7 600 véhicules ont ainsi été commandés par les flottes publiques auprès de l'UGAP, soit une hausse de 200 unités par rapport à 2013. La centrale d'achat publique mesure aussi l'intérêt des collectivités territoriales en matière de véhicules propres. Or, en 2014, l'UGAP a vendu 670 modèles électriques et hybrides contre 820 en 2013. *« Les incertitudes sur la loi de transition énergétique et la baisse du montant du bonus ont pesé dans les arbitrages des collectivités »*, observe Jean-Pierre Sivignon.

Un bilan 2014 contrasté

Pour accompagner les collectivités territoriales dans la rationalisation de leurs flottes, l'UGAP a référencé des spécialistes du financement et de la gestion des véhicules. Ainsi, l'établissement public a sélectionné GE Capital Fleet Services pour ses solutions de location longue durée et ALD Automotive pour ses services de *fleet management*. Le bilan 2014 est plus que contrasté puisque seules quelques centaines de contrats de location longue durée ont été signés. Quant à la gestion de flotte pour compte, et si l'on exclut la flotte de l'Etat, les collectivités y ont eu recours pour seulement 3 000 véhicules.

Si l'UGAP ne représente qu'une partie des achats des collectivités, ces résultats en demi-teinte montrent que le sujet n'a pas encore été embrassé à bras-le-corps. Les chiffres des prochaines années constitueront un bon thermomètre pour mesurer l'ampleur des efforts consentis.

Face à l'UGAP, d'autres acteurs travaillent main dans la main avec les collectivités territoriales. C'est le cas de Public LLD, une filiale du loueur Arval, elle-même filiale de BNP Paribas. Contrairement à l'UGAP, l'évolution de son activité démontre un réel intérêt de la part des collectivités territoriales. Depuis sept à huit ans, les volumes de véhicules intégrés dans des marchés publics de location longue durée ont été multipliés par deux, et la filiale d'Arval a vu quadrupler le périmètre de sa flotte. *« Nous assistons à un recours croissant aux solutions d'externalisation*, observe Stéphane Spitz, directeur général adjoint. *D'abord lent, ce mouvement s'est accéléré au cours des dernières années. »*

Cette tendance s'explique par plusieurs facteurs. Tout d'abord, l'état critique de leurs finances oblige les collectivités territoriales à passer en revue tous les budgets susceptibles d'être rationalisés. Autre explication, ces dernières années, les services chargés des achats se sont professionnalisés. Enfin, le parc des collectivités territoriales est vieillissant, avec un âge moyen qui atteint 8,5 ans contre de 3 à 4 ans dans le privé. Les collectivités territoriales ont un vrai besoin de renouveler leurs flottes.

Face à l'évolution de la demande, LLD Public apporte une réponse adaptée à travers des solutions spécifiquement développées pour les entités du secteur public. *« Il faut lutter contre l'idée reçue selon laquelle la location longue durée n'a d'intérêt économique qu'avec des kilométrages importants*, explique Stéphane Spitz. *Ce n'est pas le cas et nous avons rallongé les durées de nos contrats pour qu'elles s'inscrivent en cohérence avec les lois de roulage des collectivités territoriales, qui ne réalisent en moyenne que de 13 000 à 14 000 km par an contre 95 000 dans le privé. »*

Quoi qu'il en soit, les collectivités territoriales vont devoir s'engager dans une démarche d'optimisation de leurs flottes. En avance, le secteur privé et l'Etat leur montrent la voie. ■

É. GI.

Le Monde
JEUDI 9 AVRIL 2015

NOTE

Document 8

Masse salariale : à la recherche de la formule magique

Dossier réalisé par Gaëlle Ginibrière - *La Gazette des communes* - 24 mars 2014

OBJECTIF ÉCONOMIES

Enjeu crucial. Le président de la République a assigné aux collectivités un objectif de réduction des dépenses publiques de 10 milliards d'euros. Alors que, pour ces dernières, les dépenses de personnel représentent 35 % des coûts de fonctionnement, la stabilisation de la masse salariale constitue un enjeu crucial.

MARGES DE MANŒUVRE

Complexité. Entre les décisions prises au plan national – qui pèsent sur les recrutements et le niveau des rémunérations – et les contraintes propres aux collectivités, la masse salariale est un élément sur lequel il est complexe d'agir. Les employeurs disposent toutefois de plusieurs leviers, parfois déjà actionnés avec succès.

GESTION PRÉVISIONNELLE

Réflexion. Sous-exploitée dans la FPT, la gestion prévisionnelle des emplois, des effectifs et des compétences est un outil efficace dont les collectivités commencent à se saisir. Encore faut-il qu'elles le fassent avec une vision et des objectifs très précisément réfléchis. Une expérimentation est en cours dans plusieurs intercos.

Composer avec des impératifs contradictoires

Conscientes de la nécessité de stabiliser, si ce n'est réduire, leur masse salariale, les collectivités se heurtent à la complexité d'un sujet aux tenants multiples et parfois contradictoires.

L'objectif n'a pas été atteint. Alors que la loi de programmation des finances publiques 2012-2017 prévoyait une progression annuelle de la masse salariale des collectivités limitée à 2,5 % par an, celle-ci s'est établie en 2012 à 3,3 %. Un constat opéré par la Cour des comptes dans son rapport consacré pour la première fois aux finances publiques locales, publié en octobre 2013. Les dépenses de personnel des collectivités et de leurs groupements à fiscalité propre ont atteint 54,8 milliards d'euros en 2012. Soit en moyenne 35 % des dépenses de fonctionnement, avec de fortes disparités : 50 % dans les communes et 20 % dans les départements, régions et intercommunalités, dont les dépenses d'intervention sont plus élevées. En revanche, les plus importantes progressions constatées en 2012 sont le fait des groupements à fiscalité propre (+ 8,66 %), contre + 3,84 % dans les régions, + 2,62 % dans les communes et + 2,59 % dans les départements.

Revalorisation des « C »

La Cour des comptes reconnaît qu'il est très ardu d'analyser les causes de cet accroissement. Les transferts de personnel de l'Etat aux régions et départements – qui expliquaient la moitié de la croissance des effectifs entre 2004 et 2010 (voir le graphique) – ont cessé. L'institution observe même une stabilisation du nombre d'agents entre 2009 et 2010, avec une légère diminution en équivalent-temps plein, qui ne suffit pas à infléchir la hausse des dépenses. « L'évolution de la masse salariale entre deux années est la somme de trois termes : la variation des effectifs, le glissement vieillesse-technicité [GVT] et la variation des rémunérations des agents présents les deux années ou rémunération moyenne du personnel en place », indique la cour. Or les 39500 employeurs territoriaux ne maîtrisent pas l'ensemble des éléments affectant ces trois composantes.

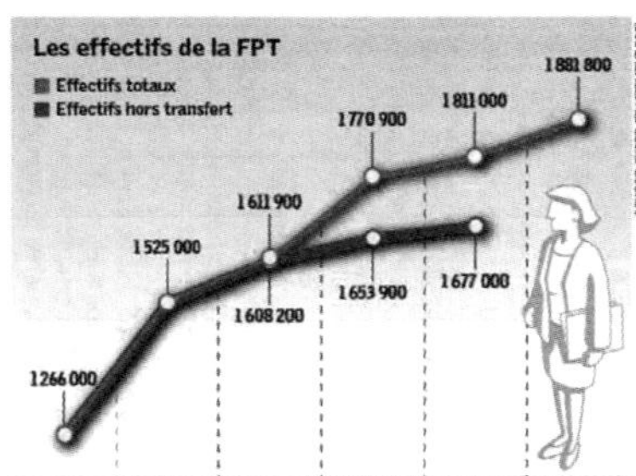

1823 €

C'est le salaire net moyen en équivalent-temps plein (ETP) en 2011 dans la fonction publique territoriale. En un an, il a augmenté de 1,3 % en euros courants, mais diminué de 0,8 % compte tenu de l'inflation. A titre de comparaison, l'évolution a été respectivement de + 2 % et + 0,1 % dans la fonction publique d'Etat.

Sources : Insee, janvier 2014.

Selon la Cour des comptes, 40 % de l'augmentation des dépenses de personnel relèveraient de politiques décidées à l'échelon national. « Une part que l'on peut revoir à 30 %, en excluant l'impact de la prime d'intéressement à la performance dont le chiffrage est incertain », nuance-t-elle. La réforme des rythmes scolaires ? Elle explique pour partie le bond de masse salariale qu'a connu une ville comme Chelles (1100 agents, 52800 hab., Seine-et-Marne). « Nous avons embauché une soixantaine d'animateurs pour la mettre en œuvre, même si ce n'est pas forcément à temps complet. La hausse de la masse salariale était de 1,5 % en 2012, elle a atteint 3,6 % en 2013 », constate le directeur général des services, Yannick Klein.

La revalorisation des agents de catégorie C au 1er février 2014 ? Son coût a été évalué à 816 millions d'euros en 2014 et 2015 par l'Association des maires de France, qui rappelle que les « C » représentent 75 % des agents de la FPT. « Dans les départements, cette revalorisation s'applique deux fois : pour leurs propres agents, mais aussi pour ceux de la fonction publique hospitalière qui travaillent dans des établissements directement gérés par ces collectivités », note Frédéric Eon, conseiller « affaires institutionnelles et juridiques » de l'Assemblée des départements de France.

Cotisations en hausse

L'augmentation des taux de cotisation retraite de la CNRACL ? La Commission consultative d'évaluation des normes en estime l'impact à 380 millions d'euros pour les collectivités en 2012. Directeur des ressources humaines de la Vienne (1600 agents), Cédric Chauvet chiffre pour 2014 à 0,6 % de la masse salariale la revalorisation des agents « C », soit 350 000 euros. « Concernant les cotisations retraite, nous avons évalué le surcoût des fonctionnaires de l'Etat en détachement chez nous à 700 000 euros par an, puisque les taux de cotisation de la caisse des pensions civiles sont plus forts que ceux de la CNRACL. C'est pourquoi nous invitons les agents de l'Etat travaillant sur des postes pérennes et apportant un service qui nous satisfait à intégrer la FPT », indique-t-il. Vice-président du conseil régional de Bourgogne (6000 agents) et président de la commission « FPT » de l'Association des régions de France, Michel Neugnot pointe d'autres impondérables, tel le GVT qui, dans les régions, fait progresser la masse salariale d'un peu moins de 2 % par an.

Reste que 60 % à 70 % de l'augmentation des dépenses de personnel sont aux mains des collectivités. Pourtant, ces dernières estiment que, même sur ces leviers-là, leurs marges de manœuvre sont étroites. « La grande

J.-P. TEILLET

ENTRETIEN **EMMANUEL GROS,** membre du bureau national du Syndicat national des DG des collectivités territoriales et directeur général des services de La Roche-sur-Yon (*)

« Un changement important doit s'accompagner d'une action forte de management »

Quels facteurs internes aux collectivités expliquent la complexité de la maîtrise de la masse salariale ?
La pression sociale est très pesante sur les collectivités. Il existe – en milieu urbain particulièrement – une demande des habitants pour avoir toujours plus de services, de toujours plus grande qualité. Cela passe forcément par du personnel. Il existe aussi un lien fort avec l'augmentation de la population et sa démographie : dans une population où les enfants sont nombreux, les infrastructures doivent suivre ainsi que l'encadrement en personnel. On ne peut pas s'abstraire non plus de la proximité avec les élus, sollicités dès que les habitants sont en difficulté. La dimension d'employeur social était encore très vraie il y a dix ans, mais tend à disparaître. Cependant, dans certains territoires, les collectivités font toujours figure de premier employeur : le moindre poste attire des dizaines de candidatures.

Les collectivités ont-elles réellement pris conscience des efforts à entreprendre ?
Le facteur culturel est effectivement essentiel et, en la matière, les évolutions commencent seulement à s'opérer. Jusqu'ici, lorsque l'on demandait aux services d'en faire plus, davantage de moyens étaient proposés. Aujourd'hui, cette position n'est plus tenable, mais les changements ne font que commencer. Cette dimension n'est d'ailleurs pas encore intégrée partout, car tous les territoires ne sont pas soumis aux mêmes difficultés financières. Les collectivités confrontées à une baisse des recettes de l'Etat ont, elles, pris des mesures depuis deux ou trois ans déjà. Cependant, la prise de conscience des cadres est plus avancée que celle des élus.

Comment accompagner cette évolution ?
On ne peut pas supprimer des postes, mettre en tension une administration sans accompagner ces changements d'une action forte de management. Les collectivités ne peuvent pas se contenter d'une décision budgétaire qui risquerait, si elle était prise seule, de ne pas être suivie et, donc, d'être inefficace. Il est nécessaire d'apporter des explications, d'accompagner les services et de responsabiliser les managers sur cette question.

(*) 1224 agents à la ville et 305 au CCAS, 52800 hab. (Vendée).

différence par rapport à la politique salariale de l'Etat est que 75 % des agents de la FPT sont des "C", qu'un million d'entre eux sont au premier grade, c'est-à-dire rémunérés entre le Smic et le Smic+10 %, indique-t-on à l'AMF. Les employeurs territoriaux sont donc face à un dilemme cruel : d'un côté, maîtriser une partie de leurs dépenses de personnel, de l'autre, préserver les dotations de survie pour leurs habitants. Ce qu'une collectivité verse comme rémunération est, en effet, ce que ses agents consomment sur son territoire. Les appels à limiter l'avancement des territoriaux doivent aussi être regardés à travers ce prisme-là. »

Facteur de motivation

Quant au régime indemnitaire, dont la Cour des comptes dénonce certains abus, il constitue aussi un critère d'attractivité et de motivation pour les candidats et les agents en place. « S'ils sont bien traités, peut-être ont-ils également de meilleures relations au travail, et donc s'appliquent-ils davantage pour un service public de meilleure qualité », remarque Claude Soret-Virolle, directrice générale adjointe du centre interdépartemental de gestion de la grande couronne d'Ile-de-France. Les collectivités ont aussi beau jeu de rappeler que nombre des services publics qu'elles assument – petite enfance, parascolaire... – sont de gros consommateurs de personnel. « La maîtrise de la masse salariale sous-tend une réflexion plus globale. Les collectivités doivent-elles assurer leurs prestations en régie ? Dans le cas d'une délégation de service public, l'impact sur la masse salariale est moindre, mais qu'en est-il du coût global ? Il ne faut pas s'arrêter à la masse salariale, mais s'interroger sur l'efficience des services publics, c'est-à-dire comment faire mieux avec les mêmes moyens », commente Jean-François Lemmet, consultant formateur en RH.

Dans ce contexte, quels objectifs les collectivités peuvent-elles se fixer ? Tâcher de s'en tenir au seuil des 2,5 % d'augmentation de la masse salariale ? Certaines visent déjà une stabilisation de leurs dépenses de personnel. « Mais il faut pour cela du courage politique », note un DGS.

MASSE SALARIALE : à la recherche de la formule magique

Des leviers à actionner simultanément

Les marges de manœuvre en vue de contenir la masse salariale sont étroites, mais recourir à plusieurs leviers est possible. Passage en revue de quelques-uns d'entre eux.

Même si la solution miracle n'existe pas, des marges de manœuvre existent pour maîtriser la masse salariale. Les collectivités doivent procéder par petites touches, actionnant plusieurs leviers à la fois. « Chaque mesure prise séparément peut sembler n'engendrer que de faibles économies mais, ajoutées les unes aux autres, elles contribuent à réduire la masse salariale, sur le moyen ou le long terme », encourage Jean-François Lemmet, consultant formateur en RH.

1) Une gestion plus fine des effectifs

« Il est temps de donner à la gestion des ressources humaines une dimension stratégique », avance Michel Neugnot. Le conseil régional dont il est vice-président, celui de Bourgogne, a choisi d'intégrer les ressources humaines au dialogue de gestion et mise sur la gestion prévisionnelle des emplois, des effectifs et des compétences (GPEEC, lire aussi p. 24) pour s'assurer que les moyens et les effectifs dont il dispose correspondent à ses priorités stratégiques. « Cela suppose un diagnostic des besoins au regard des compétences. Nous avons ainsi élaboré un répertoire des métiers, développé un plan de formation conséquent et adopté un plan de mobilité interne pour redéployer les ressources humaines là où le nécessitent les missions, qui évoluent elles-mêmes avec le temps », poursuit-il.

Partout, le remplacement des agents partant en retraite n'est plus systématique et le redéploiement des postes est devenu la règle. « Dans le cadre de notre politique "orientation ressources humaines", nous avons invité les directions et services à travailler sur les départs en retraite en réfléchissant aux possibles réorganisations, à la dématérialisation de certaines tâches... » note Corinne Dubrueil, DRH de l'Aisne (2100 agents).

Un effet de noria tout relatif

Remplacer les papy-boomers partant à la retraite en examinant au cas par cas les besoins et, surtout, employer à leur place une population plus jeune, à la rémunération par conséquent moins élevée. C'est ce que l'on appelle « l'effet de noria ». Sauf que ce levier très attendu des employeurs a tardé à produire ses effets. Avec la loi de 2010 reculant l'âge de la retraite, pour bénéficier d'un taux plein, nombre d'agents ont, ces deux dernières années, retardé leur départ. L'effet de noria est donc moins fort qu'espéré.

2) Une optimisation de l'organisation

Heures supplémentaires gérées sans grande rigueur, congés supplémentaires douteux, « surabsentéisme »... la Cour des comptes relève dans son rapport d'octobre 2013 que les marges de progrès en matière de temps de travail sont importantes. Un euphémisme tant les mauvaises pratiques sont édifiantes : progression de 40 % des heures supplémentaires dans une commune du Nord, perte de 272 ETP liée aux congés supplémentaires dans une grande ville du Sud-Ouest... L'absentéisme – le talon d'Achille des collectivités avec un taux de 6,8 % à 9,1 % – pourrait être abaissé de 2 à 3 % sur les arrêts pour maladie ordinaire.

Les employeurs vigilants parviennent à réduire leur taux d'absentéisme en sensibilisant les cadres intermédiaires, en suivant régulièrement les chiffres et en réagissant immédiatement si survient un problème dans une équipe, en menant des entretiens de retour, en instaurant une prime de présentéisme... A Lille métropole (2500 agents, 85 communes, 1,11 million d'hab.), par exemple, le seuil à ne pas dépasser est fixé à 5,5 %. « L'absentéisme a un coût, qu'une étude de Sofcap groupe Sofaxis établit en moyenne à 1825 euros par agent tous risques confondus, pour les collectivités de 30 à 149 agents, pointe Claude Soret-Virolle, directrice générale adjointe du CIG de la grande couronne d'Ile-de-France. La maladie ordinaire représente 39 à 44 % du coût total de l'absentéisme : il faut donc agir sur elle et sur la prévention des accidents du travail. Mais sans s'interdire de réfléchir à la longue maladie et à celle de longue durée (31 % à 35 % du coût de l'absentéisme). Bien sûr, cette dernière correspond souvent à des cas lourds. Toutefois, un retour à l'emploi peut parfois être envisagé pour peu que l'on se donne les moyens de former la personne et d'adapter son retour. »

L'optimisation du temps de travail est aussi une source non négligeable d'économies. A Chelles, les heures supplémentaires et les vacations ont baissé respectivement de 35 % et 40 % entre 2009 et 2013. L'objectif 2014 ? Encore -25 %. « Nous réfléchissons désormais en annualisation du temps de travail, avec certaines activités qui sont fortes en été et diminuent à d'autres périodes, que nous lissons tout au long de l'année. Pour l'entretien ménager, une rationalisation des tâches a été entreprise : par exemple ne pas vider la poubelle à carton tous les jours », détaille le DGS, Yannick Klein. Une optimisation du fonctionnement des crèches est également en cours, sur la base d'un « benchmarking » avec d'autres villes mais aussi avec les structures de la petite enfance gérée en délégation de service public (DSP) sur le territoire.

D'autres collectivités misent sur la mutualisation : secrétaire travaillant pour plusieurs services, externalisation et mutualisation des systèmes d'information RH au centre de gestion sont déjà à l'œuvre. Quant à la mutualisation des services, elle n'a globalement pas encore fait ses preuves en matière de maîtrise de la masse salariale, même si certains exemples récents sont encourageants (lire p. 23).

3) Une politique managériale plus volontariste

C'est un sujet sensible, auquel ont commencé à s'atteler quelques collectivités : la politique d'avancement

Mathieu Chartron,
DGS de la ville
et de l'agglo de Dole.

M. FERCHAUD

Ville et agglo de Dole (Jura) • 42 communes • 600 agents au total • 52300 hab.

Le choix de la mutualisation

Lorsque le projet de mutualisation entre la ville et la communauté d'agglomération de Dole a été lancé, fin 2010, l'interco avait à peine plus de 2 ans. « Elle montait en puissance, ses compétences étaient de plus en plus enchevêtrées avec celles de la ville, ce qui nécessitait davantage de lisibilité. Ses effectifs avaient été multipliés par plus de cinq, ce qui rendait nécessaire la création de services support en RH, finances, marchés... » détaille le DGS, Mathieu Chartron. La maîtrise de la masse salariale n'intervenait que dans le cinquième et dernier objectif de la mutualisation – qui date de janvier 2012 – et uniquement en filigrane. « Le sujet est tabou. En revanche, le contexte de crise nous incitait à être attentifs à ne pas développer inconsidérément la masse salariale », poursuit-il. L'agglo s'est ainsi dotée de services support par transfert de personnel. Une non-dépense évaluée à 900 000 euros, l'équivalent d'une vingtaine de postes. Des gains plus directs découlent de la suppression d'abonnements, de contrats en doublon, etc. : 99 691 euros en 2013, desquels il faut défalquer 32 000 euros de charges supplémentaires correspondant à l'alignement des régimes d'œuvre sociale du personnel. Après avoir progressé avec la naissance de l'agglomération, la masse salariale s'est stabilisée dès 2012, pour commencer à très légèrement décroître en 2013.

À RETENIR

Adopter la mutualisation en contexte de crise a conduit à une grande vigilance sur l'évolution de la masse salariale.

de grade et d'échelon. Des politiques reposant le plus souvent sur la seule ancienneté. « Ceci est coûteux, mais prive aussi les collectivités d'un levier essentiel de management », regrette la Cour des comptes dans son rapport. A Chennevières-sur-Marne (250 emplois permanents et 100 animateurs, 18000 hab., Val-de-Marne), cette réflexion a été intégrée au projet d'administration porté par le DGS arrivé en 2011, Sébastien Duval. « Il s'agit de se référer au statut et de mettre les personnes dans les bons cadres d'emplois, de s'assurer que les avancements de grade sont en cohérence avec les postes occupés : quelqu'un qui change de grade doit savoir qu'il n'exercera pas les mêmes missions qu'auparavant », détaille-t-il. Désormais, la ville planche sur la réforme du régime indemnitaire, qui « doit être cohérent avec les fonctions et les responsabilités occupées. Le dossier est complexe, car le régime indemnitaire est le fruit de l'histoire. Notre objectif est donc d'intégrer tous les arrivants dans ce nouveau système ».

4) Un choix à opérer dans les politiques publiques

En baisse de 1% en 2010, puis ayant augmenté de 1 à 1,5% les deux années suivantes grâce à des mesures de chasse aux heures supplémentaires inutiles et d'optimisation de l'organisation... comment pourra se poursuivre la stabilisation de la masse salariale ? C'est la question que se pose la ville de Chelles, qui vise 0% d'augmentation en 2014. « Avec le temps, les sources d'économies ou d'optimisation vont devenir plus difficiles à trouver. Il faudra donc en passer par des choix en termes de maintien ou non de certaines activités », reconnaît le DGS, Yannick Klein.

Avoir à trancher parmi les services et prestations à rendre à la population n'est plus tabou. A La Roche-sur-Yon, le ciblage des services est déjà à l'œuvre. La fourrière municipale a été supprimée – désormais gérée en DSP – et les deux agents qui y travaillaient redéployés sur des postes vacants dans d'autres services. « La question se posera au cours du prochain mandat de savoir quelles activités nous ne considérons pas comme au cœur de nos compétences. Par exemple, la gestion des colonies de vacances : la ville dispose d'un chalet dans les Alpes dans lequel quatre personnes travaillent pour notre compte. Il faudra regarder si les moyens déployés correspondent à l'utilité de l'activité », estime Emmanuel Gros, le DGS.

Calcul des coûts de fonctionnement d'un investissement, du coût d'un service public au regard du nombre de personnes concernées pour juger de son bien-fondé et, éventuellement, y renoncer... déjà adoptées ponctuellement, de telles mesures devraient se développer durant le prochain mandat.

560 M€

Tel est le montant que représente une variation des effectifs de la fonction publique territoriale de 1% (soit 18 000 agents).

Source : rapport de la Cour des comptes sur les finances publiques locales, octobre 2013.

MASSE SALARIALE : à la recherche de la formule magique

Pourquoi et comment s'emparer de la GPEEC ?

Les collectivités se lancent de plus en plus dans la gestion prévisionnelle des emplois, des effectifs et des compétences (GPEEC). Un outil qui, sans être spécifique à la masse salariale, permet d'agir sur son évolution.

Où en sont les collectivités en matière de GPEEC ?

Dans leurs derniers rapports, la Cour des comptes et les cours régionales des comptes exhortent les collectivités à s'engager plus avant dans le déploiement de la GPEEC. Force est de constater que, même si la démarche est évoquée et expérimentée depuis plus de quinze ans, elle n'est pas mûre et souvent encore peu aboutie. L'Assemblée des communautés de France (ADCF) a lancé, avec le CNFPT et la Fédération nationale des centres de gestion (FNCDG), un groupe de travail informel autour de cinq intercommunalités. Objectif ? Les aider à dresser un état des lieux de leurs effectifs et, sur cette base, les accompagner dans la réalisation d'un schéma de mutualisation et la mise en œuvre d'une démarche de GPEEC. Celle-ci devrait donner lieu, d'ici un an et demi, à une étude et à l'organisation d'un colloque sur cette thématique.

Quels objectifs attribuer à la GPEEC ?

« Mal maîtrisée, la GPEEC s'est souvent révélée ces dernières années une usine à gaz qui n'aboutit à rien. Jusqu'ici, des collectivités se dotaient, sans s'interroger sur leur utilité, de tableaux de bord dont elles ne savaient ensuite pas quoi faire », regrette Jean-François Lemmet. Selon le consultant formateur en RH, les collectivités qui, aujourd'hui, réfléchissent à ce sujet sont à la recherche d'une démarche plus pragmatique et opérationnelle, qu'il appelle lui-même de ses vœux. « Il s'agit tout d'abord de réaliser un état des lieux, puis de définir des objectifs en termes d'amélioration et de développement des compétences et des effectifs. A partir de là, les collectivités peuvent déterminer les outils qui leur permettront d'atteindre le résultat qu'elles auront fixé », note-t-il.

Quels sont les freins à la mise en place de la démarche ?

La GPEEC est-elle un moyen ou un objectif ? Beaucoup de collectivités n'ont pas encore tranché cette question et font de la gestion prévisionnelle au fil de l'eau, sans réelle réflexion préalable. « Il est difficile de transposer la GPEEC du privé au public, car dans ce dernier secteur les contraintes sont plus fortes en raison du statut ou de l'impossibilité de baisser les rémunérations », estime Floriane Boulay, responsable des affaires juridiques et institutionnelles, et de l'action sociale de l'ADCF. La nécessité de préserver la qualité du dialogue social pour mener à bien cette démarche sensible explique également que les collectivités avancent prudemment sur la question.

A quelle échelle la gestion prévisionnelle se révèle-t-elle la plus pertinente ?

« A moins de vingt ou trente agents, autant faire la GPEEC sur Excel. C'est d'ailleurs pourquoi la gestion prévisionnelle ne concerne pas plus de 200 ou 300 collectivités », peut-on entendre dans certaines associations d'élus. C'est afin de lutter contre cette idée encore répandue selon laquelle les petites collectivités peuvent se contenter d'un tableau de bord rédigé sur un coin de table que l'ADCF prône le dépassement de l'échelle de la commune. « L'échelle intercommunale peut-être, celle supracommunautaire sans doute sont plus indiquées. C'est pourquoi nous travaillons avec les centres de gestion, avance Floriane Boulay. » Déjà, certaines actions sont engagées dans ce sens-là. « Géographiquement, les centres de gestion sont à la maille idéale, celle du bassin d'emploi », renchérit Bruno Elusse, directeur de l'emploi au centre interdépartemental de gestion de la grande couronne de la région Ile-de-France.

Pour aller plus loin

À LIRE

La gestion prévisionnelle à la loupe

Le CNFPT publie fin mars une étude sur l'usage de la GPEEC dans les collectivités. Jeux des acteurs (élus, DGS, syndicats...), état des lieux, objectifs et prospective, limites de la démarche... les pratiques d'une trentaine de collectivités ont été analysées.

Site internet : www.cnfpt.fr

Les effectifs intercommunaux

Le CNFPT et l'ADCF ont actualisé en 2013 une étude commune réalisée dix ans plus tôt. L'objectif de cette publication est de dresser un état des lieux factuel de l'emploi dans les communautés et les syndicats.

« Ressources humaines. Repères, références et tendances statistiques », juin 2013. Site internet : www.adcf.fr> publications > études.

AGENDA

Toute l'année, dans les Inset

Méthodes et outils

Le CNFPT propose une formation de trois jours sur la gestion et le pilotage de la masse salariale, destinée aux cadres chargés des ressources humaines. Objectif : s'approprier les méthodes et les outils tels que les tableaux de bord permettant de suivre l'évolution des dépenses de personnel.

Prochaines sessions : Inset de Dunkerque, du 18 au 20 juin ; Inset de Montpellier, du 9 au 11 juillet ; Inset de Nancy, du 22 au 24 septembre.
Site internet : www.cnfpt.fr > se former > la gestion et le pilotage de la masse salariale.

• LA GAZETTE • 24 MARS 2014

NOTE

Document 9

DOSSIER

Dossier réalisé par Claire Chevrier et Hélène Girard

Pour financer la naturalisation d'une girafe, le muséum de Toulouse a lancé une opération de financement participatif.

P. NIN/VILLE DE TOULOUSE

CULTURE
Jouez sur toute la gamme des financements

LES BUDGETS

Diversification. Avec la baisse des dotations de l'Etat, les budgets des collectivités pour la culture s'étiolent. Pragmatisme oblige, certaines cherchent des financements alternatifs: mécénat, financement participatif, valorisation d'actifs et partenariats opérationnels; et incitent les associations culturelles à faire de même.

LES COMPÉTENCES

Professionnalisation. La concurrence est forte entre les acteurs de la culture. Les collectivités qui entrent dans la danse commencent à se structurer et musclent leurs compétences internes pour lever des fonds auprès des entreprises ou du grand public, tout en gardant à l'esprit les notions de territoire et de service public.

LES CONDITIONS

Service public intangible. Les acteurs culturels sont à la recherche de modalités de discussion avec les contributeurs privés. Objectif: dépasser la relation purement financière pour préserver les valeurs du service public de la culture et prévenir toute posture critique du donateur ou tentative d'influencer le contenu du projet.

LA GAZETTE • 26 OCTOBRE 2015

CULTURE : jouez sur toute la gamme des financements

Les promesses et les limites des gisements privés

Entreprises et particuliers constituent un réel potentiel de ressources complémentaires, mais pas la panacée pour pallier le recul des crédits publics.

Le mécénat culturel est l'une des aides privées les plus connues. L'an dernier, il pesait 364 millions d'euros, selon l'Admical, association qui développe le mécénat. Musées, restauration du patrimoine et musique sont les secteurs favoris du mécénat culturel. Cependant, « contrairement à ce que l'on avait pu espérer en 2012, notre étude de 2014 montre que le mécénat, en général, souffre. Et le mécénat culturel plus encore. L'urgence paraît plus grande dans le social et la santé et, dans les esprits, la culture relève davantage du domaine des pouvoirs publics », explique François Debiesse, président exécutif de l'Admical. « Il faut être inventif et lancer des idées nouvelles car le mécénat des grandes entreprises s'essouffle... », confirme-t-on à la Fondation du patrimoine.

41 %
du mécénat culturel
bénéficie aux musées et aux expositions. Les autres dons se répartissent principalement ainsi : 28 % à la préservation du patrimoine bâti, 12 % à la musique, 8 % à la photographie et les arts visuels, 3 % pour les arts plastiques...
Source : Admical.

Crowdfunding

Les PME, les TPE et les particuliers sont encore peu sollicités. Pour les séduire, il s'agit de développer le mécénat de compétences ou en nature et le financement participatif (crowdfunding). Ce dernier a le vent en poupe, mais porte sur des volumes faibles. « Au premier semestre 2015, le marché français a de nouveau doublé, à 133,2 millions d'euros, selon les chiffres de Financement participatif France, association des professionnels du crowdfunding. Selon les chiffres rassemblés par Club innovation et culture (Clic France), au 7 septembre, près de 300000 euros avaient été collectés au bénéfice des musées et du patrimoine, soit déjà plus que pour toute l'année 2014 », précise Pierre-Yves Lochon, fondateur de Clic France. Mécénat et financement participatif se renforcent. « Mais, pour les collectivités, ce ne sont toujours que des financements complémentaires. Ils sont encore majoritairement liés à des projets d'investissement ou de l'amorçage de projets, mais pas au fonctionnement », note Julia Méry, consultante pour le cabinet Sémaphores.

La mairie de Perpignan a été la première à utiliser un partenariat public-privé pour son théâtre et continue à défendre ce dispositif juridique.

Des PPP épinglés

Le dispositif juridique de partenariats public-privé (PPP) culturels, qui permettent de prendre en compte cette dimension de fonctionnement, semble dans l'impasse. Peu ont vu le jour, et la plupart sont épinglés par la Cour des comptes ou stoppés (comme le musée de la Mer de Biarritz). Jean-Marc Pujol, maire de Perpignan, premier à avoir utilisé ce dispositif pour son théâtre, continue à défendre le PPP. Mais cet ancien avocat d'affaires reconnaît qu'il faut bien verrouiller le contrat en amont et veiller en permanence à sa bonne exécution. D'autres pistes, comme la location d'équipements ou de salles, l'ouverture de boutiques et de cafés, la signature de partenariats productifs, l'hébergement de start-up en échange d'applications sont aussi explorées.

Economie sociale et solidaire : faible impact de la loi

La loi du 31 juillet 2014 relative à l'économie sociale et solidaire (ESS) a permis une reconnaissance des acteurs de ce secteur, qui, dans la culture, sont très nombreux. Selon l'Observatoire national de l'ESS du CNCRES (*), cette économie regroupe plus d'un quart des emplois des arts et spectacles et plus des trois quarts des établissements. Les collectivités ont appris qu'elles pouvaient entrer au capital d'une société coopérative d'intérêt collectif (Scic), certaines ont participé à la création de pôles territoriaux de coopération économique (PTCE) dédiés à la culture... « Cependant, en termes de financement, la loi "ESS" n'apporte pas grand-chose. C'est une loi-cadre qui manque de moyens pour sa mise en œuvre », regrette-t-on au CNCRES.

(*) Conseil national des chambres régionales de l'ESS.

• LA GAZETTE • 26 OCTOBRE 2015

NOTE

LES DIFFÉRENTES MODALITÉS DE FINANCEMENT

	AVANTAGES / INCONVÉNIENTS	EXEMPLES
LE MÉCÉNAT Le mécène, une entreprise ou un particulier, soutient un projet à travers un don en argent, en nature ou en compétences. La loi du 1er août 2003 sur le mécénat prévoit une défiscalisation d'une partie de ce don (60 à 75 %). Les collectivités ont la possibilité de le gérer en direct ou par le biais de structures externes (associations, fondations, fonds de dotation...).	**Avantage** Pratique bien balisée qui permet au bénéficiaire de s'affirmer comme vecteur de rayonnement de la collectivité dans le tissu économique. **Inconvénients** Demande un travail de ciblage très précis pour comprendre les motivations de chaque mécène. La concurrence est très forte.	**Abbeville (Somme) • 24 200 hab.** En septembre, la ville s'est dotée d'une fondation abritée par la Fondation du patrimoine, après deux ans de préparation. Le dispositif porte sur tout le patrimoine mobilier, immobilier et naturel de la collectivité. La mairie a effectué un premier versement de 50 000 euros et elle donnera tous les ans 30 000 euros, en plus des budgets qu'elle consacre déjà au patrimoine. Les deux premières collectes concerneront la restauration d'un orgue et d'un tableau. « Etre abrité par la Fondation du Patrimoine simplifie les démarches et rassure les donateurs », souligne Romain Zechser, chef du service « patrimoine ».
LE FINANCEMENT PARTICIPATIF Le but est de collecter une multitude de dons (d'un montant souvent modeste) auprès du public, des TPE et PME. Ce dispositif a pris un essor avec l'apparition de plateformes sur internet, où une somme doit être levée en un temps limité et des contreparties sont offertes (places de spectacles, nom gravé sur une plaque...).	**Avantages** Permet de toucher des publics nouveaux, de créer une dynamique autour d'un projet et de construire un lien avec les donateurs. **Inconvénients** Le coût des plateformes (8 à 10 % des dons). Souvent, l'argent n'est versé que si le montant ciblé est atteint.	**Savigny (Rhône) • 2 000 hab.** L'association Savigny, patrimoine d'hier et aujourd'hui a collecté 7 692 euros sur la plateforme Ulule, pour financer une partie du spectacle fêtant les 1200 ans de l'abbaye de Savigny (budget total de 17 600 euros). Sa présidente, Odile Moinecourt, ne pensait pas lever plus de 2 500 euros. Malgré le succès de l'opération, elle conseille de bien réfléchir aux contreparties, certaines s'avérant complexes à gérer. « Si l'idée nous a surpris, cela a donné un élan à ce projet et permis que les habitants y adhèrent. D'ailleurs, nous allons regarder si la ville pourrait utiliser le crowdfunding en direct », note Marielle Gidon, conseillère municipale.
LA VALORISATION D'ACTIFS Elle consiste à tirer profit au maximum des actifs matériels et immatériels de la structure. Location de locaux, de matériel, implantation de boutiques ou de café, négociation de rediffusion de droits avec des plateformes numériques... Nombre de services culturels tentent de développer la valorisation. Souvent à la demande des élus.	**Avantage** Optimise l'utilisation d'infrastructures souvent coûteuses à entretenir. **Inconvénient** Nécessite des ressources pour organiser la logistique, qui peuvent coûter plus cher qu'elles ne rapportent.	**Toulouse (Haute-Garonne) • 453 300 hab.** Le muséum privatise plusieurs fois par an ses espaces : auditorium, salles de réunion... Son hall est loué le lundi et en soirée pour des galas sept ou huit fois par an. La privatisation génère entre 80 000 et 100 000 euros par an. Toutefois, les sommes collectées ne sont pas pour l'établissement ; elles reviennent à la ville. Pour autant, Josiane Beltran, chargée de la gestion des opérations privatives au muséum de Toulouse, fait valoir que c'est un argument lors des négociations des enveloppes budgétaire ; alors qu'aucune communication n'est faite, elle est de plus en plus sollicitée, mais refuse nombre de demandes, la programmation du muséum étant prioritaire.
LES PARTENARIATS OPÉRATIONNELS Une collectivité fournit à une entreprise des ressources numériques (patrimoniales, par exemple) ou un espace public d'expérimentation, pour créer de nouveaux services ou de nouveaux outils. Les deux parties négocient les modalités de mise à disposition des ressources ou de l'espace, et un partage des revenus.	**Avantages** Accéder à des processus lents et coûteux (indexation, par exemple), gain en notoriété et en visibilité sur internet. **Inconvénient** Négociations chronophages pour éviter toute privatisation du patrimoine public.	**Seine-et-Marne • 1,35 million d'hab.** Le département a signé le 9 juillet dernier une convention de réutilisation des registres de l'état civil (1792-1893) et de recensement (1836-1911), soit un total de 1 282 058 vues fournies par les archives départementales (AD77) à la société Genealogie.com. Cette dernière propose un service de recherche directe par patronyme, après indexation des fichiers. Les AD77 ont négocié une redevance de 50 000 euros sur dix ans, basée sur les « coûts de mise à disposition » (essentiellement le travail de négociation). S'y ajoutent l'accès gratuit au service dans la salle de lecture des archives départementales et un renvoi de chaque document vers son site.

LA GAZETTE • 26 OCTOBRE 2015

CULTURE : jouez sur toute la gamme des financements

Se professionnaliser pour attirer des contributeurs

Séduire les donateurs ne s'improvise pas. Les collectivités commencent à se structurer afin de construire des stratégies cohérentes.

« On assiste actuellement à une véritable guerre entre les porteurs de projets. La concurrence est rude, et, pour être efficace, il faut donc se professionnaliser dans la recherche de mécènes », conseille François Debiesse, président exécutif de l'Admical, association qui développe le mécénat. Aujourd'hui, beaucoup de collectivités s'interrogent encore sur ce dispositif.

Coordination

« Jusqu'à présent, il s'agissait d'opérations ponctuelles, lorsqu'un projet risquait de ne pas se faire, et non dans une politique de long terme en tant que telle. Conséquence de la baisse des dotations, les collectivités commencent à se structurer, et certaines, souvent grandes, avec une multiplicité de projets, créent des postes dédiés au mécénat », constate Julia Méry, consultante pour le cabinet Sémaphores. Reims, Le Havre, Rouen, Cannes ou le département du Nord ont des responsables du mécénat qui parfois s'occupent aussi des financements extérieurs (recherches de subventions). Ce qui permet d'éviter la concurrence entre les différents projets portés par la ville. « Nous avons décidé de créer un poste pour coordonner tous les projets qui recherchent des mécènes, et ce, pas seulement pour les projets culturels », explique Francis Grass, adjoint à la culture de la ville de Toulouse, qui vient de nommer une personne chargée du mécénat.

Il s'agit d'un métier et de compétences nouvelles, qui s'inventent au jour le jour. « Il est nécessaire d'avoir des professionnels du mécénat dans les collectivités territoriales car il existe des enjeux juridiques, fiscaux, stratégiques etc. Cependant, si c'est un métier à part entière, il est assez différent des postes existants au sein des grandes ONG. Le mécénat des collectivités est en lien avec les politiques publiques, il intègre les notions de territoire, de services publics... », souligne Laura Exposito del Rio, responsable de la mission « mécénat et financements extérieurs » à la direction des finances de la ville de Reims et de Reims métropole.

Clubs de mécènes

Structurés ou informels, les clubs de mécènes permettent de regrouper autour d'un projet des entreprises et des particuliers donateurs. Ils doivent être animés par des opérations de relations publiques régulières. Leurs membres deviennent souvent des ambassadeurs et ramènent de nouveaux mécènes.

Instaurer une relation de confiance

Créer une structure dédiée au mécénat, interne ou sous forme d'une fondation, est très adapté lorsque plusieurs projets en cours sont pilotés par différents services de la collectivité (culture, social, sport...). « Cela permet d'avoir une vue transversale, de mutualiser les ressources et de rationaliser la démarche. Une collectivité peut alors élaborer un catalogue à destination des entreprises recensant les divers projets envisagés », explique Julia Méry. Il est ainsi possible de développer le mécénat croisé, c'est-à-dire, par exemple, de proposer un projet culturel ayant un but social. Faire entrer la culture dans le programme de responsabilité sociétale des grands groupes devient de cette manière plus aisé.

Encore faut-il être capable de remettre des rapports annuels mesurant les effets des actions menées comme l'impact social des dons, par exemple. « La transparence sur l'utilisation des fonds est indispensable. Le porteur de projet doit être capable de répondre aux interrogations du mécène tout en vérifiant qu'il n'y a pas une ingérence excessive de ce dernier. Il faut instaurer une relation de confiance dans un dialogue permanent », explique François Debiesse. Le mécénat va au-delà de la recherche de financements : c'est aussi et surtout

REIMS MÉTROPOLE

TÉMOIGNAGE

LAURA EXPOSITO DEL RIO, responsable de la mission « mécénat et financements extérieurs » à la direction des finances de la ville de Reims et de Reims métropole

« Le mécénat devient un outil d'ingénierie financière »

« A l'occasion du changement d'équipe municipale à Reims, le mécénat a été recentré sur le patrimoine. Il devient également un outil d'ingénierie financière et de diversification de recettes. Depuis juillet dernier, la mission "mécénat" est donc rattachée à la direction des finances, alors qu'avant elle était placée au sein de la direction générale des services. Cette organisation permet d'être en contact direct avec mes collègues chargés de la préparation budgétaire et d'être en lien avec le trésorier. Grâce à cinq ans d'expérience sur le terrain, j'ai pu acquérir une bonne vision des projets capables d'attirer des fonds, et donc pouvant être inscrits ou non au budget prévisionnel. Nous avons commencé à rechercher les mécènes en février dernier pour la restauration et la remise en eau de la fontaine Subé. Lors de la conférence budgétaire de septembre, nous pouvions d'ores et déjà dire que 270 000 euros de mécénat étaient assurés. Ce projet a donc été inscrit au budget 2016. »

EYMARD-DU VERNAY / AL PACA / ANDIA

ENTRETIEN **JEAN-PIERRE SAEZ,** directeur de l'Observatoire des politiques publiques culturelles

« Les communes sont bien placées pour organiser des espaces de dialogue »

Comment analysez-vous les relations entre contributeurs privés et acteurs culturels ?
Les relations entre culture et argent ont toujours fait débat car, pour les porteurs de projets, la culture doit rester à l'abri des vicissitudes du marché. L'expérience montre que le mécénat concerne de grandes entreprises intéressées par des institutions ou des manifestations à forte visibilité. Dans les territoires, les porteurs de projets doivent miser sur le mécénat de proximité. Mais ils peinent à entrer en contact avec les entreprises locales. Une médiation entre ces deux univers est donc nécessaire. Il y a là un rôle à jouer pour les communes, qui sont bien placées pour organiser des espaces de dialogue et de reconnaissance mutuelle. Porteurs de projets et contributeurs peuvent ainsi vérifier qu'ils partagent des valeurs, pour aller au-delà d'une simple relation financière.

Que reste-t-il du service public de la culture en cas de financement privé ?
Il ne faut pas laisser croire que les fonds privés vont remplacer l'effort des collectivités. Sinon, le socle sur lequel reposent les politiques culturelles serait abîmé, et certaines collectivités pourraient être tentées d'accélérer leur retrait. Il est impératif de garder à l'esprit la nécessité de préserver une philosophie d'intérêt général pour la culture garantie par les collectivités et l'Etat. Le mécénat peut aussi y contribuer par la plus-value qu'il représente. Les financements privés soutiennent des projets ou des institutions pour une durée limitée. Leurs dons sont donc volatils. Autrement dit, les fonds privés ne contribuent pas à structurer une politique culturelle. Jamais ils n'exonèrent la collectivité de ses responsabilités. Les fonds de dotation abondés par plusieurs mécènes représentent une formule qui peut tempérer ce risque.

Qu'en est-il du risque d'ingérence des contributeurs privés ?
Les acteurs culturels doivent affirmer le principe de non-ingérence pour tout contributeur public ou privé. Cela vaut déjà pour les projets faisant l'objet de financements publics croisés. En cas de financements privés, la règle selon laquelle l'Etat et les collectivités sont les garants de l'indépendance des projets vaut toujours. Dans l'ensemble, les mécènes jouent le jeu sans adopter de posture critique, et certains acceptent de financer des projets qui s'écartent des goûts dominants.

une démarche de marketing territorial et de communication dans laquelle il faut s'adresser à différents publics. Dans les campagnes de financement participatif, un important travail d'animation est nécessaire sur internet, à travers les réseaux sociaux et également en s'appuyant sur les établissements et les associations des « amis » (autres acteurs culturels du territoire), en utilisant des flyers, des affiches...
« L'appel au financement populaire doit être légitime. Il faut que le projet soit facile à comprendre, fortement enraciné dans son territoire et soutenu par une campagne décalée ou par une dynamique locale forte », résume Pierre-Yves Lochon, fondateur de Clic France.

Fédérer autour d'un projet

Le muséum de Toulouse a lancé la marque Tous pour Twiga afin de collecter pour ses 150 ans 15000 euros qui serviront à financer la naturalisation d'une girafe. « L'idée est de fédérer les gens autour de ce projet. Nous procédons à des envois réguliers : des messages de remobilisation classiques sur le niveau des dons récoltés, mais aussi des informations scientifiques sur la situation des girafes, des entretiens avec des scientifiques... », explique Mélanie Caumes, responsable de la communication. Préparer la campagne prend autant de temps que la durée de la campagne elle-même, à savoir deux à trois mois. Le profil de la personne assurant l'animation au quotidien n'est pas évident à trouver. « Il faut être prêt à interagir avec les donateurs, engager un dialogue avec eux. Souvent, ce sont les directions de la communication qui s'en chargent. Si elles savent établir les plans institutionnels, positionner leur mission, elles ne sont pas toujours dans le dialogue interactif et participatif », prévient Laurence Boursican, directrice générale de la plateforme Culture Time.
Le mécénat ou le financement participatifs sont des outils que les collectivités découvrent encore. Ils font peur à certains qui craignent un éventuel appauvrissement de l'offre culturelle. Ces modèles devraient pourtant se développer largement dans les années à venir.

CULTURE : jouez sur toute la gamme des financements

« Le marketing est utile aux institutions non lucratives »

Professeur à l'université Paris 1, Jean-Michel Tobelem, spécialiste de la gestion des équipements culturels, explique comment adapter la recherche de financements privés aux enjeux des politiques publiques.

Sommes-nous à l'aube d'une nouvelle ère de l'économie de la culture ?

Dans le secteur non marchand, on ne voit pas poindre de modèle économique alternatif capable de se substituer à celui que nous connaissons aujourd'hui, en France ou à l'étranger. Il s'agit essentiellement de ressources complémentaires. En outre, la baisse des financements publics se solde toujours par une contraction des moyens généraux. Il faut donc toujours faire avec moins. Sans oublier que la recherche de recettes nouvelles engendre des coûts supplémentaires.

P. MARAIS/LA GAZETTE

Jean-Michel Tobelem, professeur associé à l'université Paris 1 - Panthéon-Sorbonne, directeur d'Option culture.

Beaucoup d'acteurs publics craignent que l'argent privé dévoie le service public de la culture. Comment déjouer ce risque ?

Certes, il existe des réticences. Elles sont dues soit à une hostilité de principe, soit à des expériences malheureuses. Il s'agit d'être pragmatique, en faisant le tour des financements possibles, en retenant ceux qui sont compatibles avec l'éthique du service public concerné.

Il faut aussi oser penser en termes de marketing et de stratégie, des techniques qui font peur à certains professionnels de la culture parce qu'ils ne sont pas suffisamment familiarisés avec elles.

Que peuvent apporter ces deux techniques ?

Appliqué de façon raisonnée et raisonnable, le marketing est utile aux institutions non lucratives, non seulement pour accroître leurs ressources, mais aussi pour remplir leurs missions de conquête et de diversification de leurs publics. La stratégie permet de formaliser leurs missions fondamentales et leurs objectifs, avec un plan d'actions, un chiffrage et un phasage.

Sur cette base, les professionnels peuvent alors discuter avec les contributeurs privés et expliquer ce qui les distingue des autres institutions, dans quelle direction ils veulent aller, et pourquoi leur structure a besoin de leur soutien. Ces partenaires voient alors clairement pourquoi ils peuvent adhérer à tel ou tel projet. Les professionnels de la culture doivent avoir une conscience claire des implications éthiques et déontologiques de leurs missions, pour définir la ligne jaune à ne pas franchir.

Les difficultés viennent-elles d'un manque de professionnalisation ?

Il est normal que les responsables des institutions culturelles n'aient pas forcément les outils et la méthodologie en matière de marketing, de stratégie, de collecte de fonds, etc. En revanche, ils peuvent se faire accompagner par un spécialiste. Un accompagnement a certes un coût, mais il reste infime dans le budget de fonctionnement d'une structure, même la plus petite. Et, au final, il s'agit d'améliorer son positionnement pour trouver de nouveaux partenaires. Par ailleurs, les associations professionnelles et les organismes de formation devraient avancer dans leur réflexion sur ces questions. Or, à ce jour, ni les unes ni les autres ne paraissent proposer de solutions.

• LA GAZETTE • 26 OCTOBRE 2015

Document 10

MODERNISATION

Le design au service des politiques publiques

La lettre du cadre territorial - **Article publié le 10 avril 2014** | par Jean-Christophe Poirot

©P.Formisano

Le design n'est pas un style. C'est une méthode pour concevoir, avec l'utilisateur, des équipements, des services, des politiques publiques les plus adaptés aux usages. Objectif : améliorer la performance des services publics rendus à l'usager. Et si le design et les designers étaient demain les acteurs de l'innovation au service des politiques publiques ? Les explications d'un pionnier de la démarche en France, Stéphane Vincent, délégué général de la 27e Région.

Stéphane Vincent est le délégué général de la 27e Région. Créé en 2008, à l'initiative de l'Association des régions de France, ce laboratoire de transformation publique explore de nouvelles façons d'améliorer la conception et la mise en œuvre des politiques publiques.

Pourquoi faut-il, selon vous, repenser la manière de concevoir les politiques publiques ?

La culture en vigueur dans la gestion publique reste fortement marquée par le « **nouveau management public** » inventé dans les années soixante-dix pour développer la performance des services publics. Alors que la société a changé, de même que les agents et les élus, on travaille encore sur le même modèle, avec la même matrice administrative. Les élus pensent des lois, mises en œuvre administrativement, avec le citoyen en bout de chaîne. Ce modèle est dépassé, il doit être repensé.

Au travail « en silo », l'administration doit substituer le modèle de l'open source, c'est-à-dire une économie de l'échange et du partage qui produit de l'efficacité et de la connaissance. L'expertise traditionnelle doit laisser place à une nouvelle approche de l'utilisateur des politiques, redonner une place centrale à la question des usages et des **usagers**, l'élément clé de la compréhension des enjeux et de l'élaboration des solutions.

Il faut admettre également de mettre les **politiques publiques** au « banc d'essai ». Peut-on aujourd'hui bien concevoir sans aménager des espaces, du temps et des méthodes nous aidant à réinterroger le problème posé, à décaler le regard pour imaginer des solutions alternatives, puis les expérimenter et les tester avec les **usagers** ? Google teste bien ses nouveaux services avec les usagers. Pourquoi ne pas le faire avec les **politiques publiques**, des petites villes jusqu'à l'État ? Des exemples existent au Danemark (le Mindlab), au Royaume Unis (le Silk), aux États-Unis (Public Policy Lab)…

Comment définir votre nouvelle approche, le « design de service » ?

La question que nous posons est : « voulons-nous des **politiques publiques** mieux conçues ? ». Si oui, des disciplines méconnues par le politique peuvent apporter une contribution originale à l'élaboration des politiques publiques. Le **design de service**, en particulier, rassemble des méthodes qui permettent d'améliorer l'ensemble d'un processus en prenant comme point de vue toute la chaîne des utilisateurs, du décideur jusqu'au bénéficiaire final. Sa singularité – par rapport notamment au design industriel – tient au fait qu'il s'appuie sur l'expertise d'usage, qu'il procède d'une démarche de conception créative associant l'utilisateur ; d'où l'expression de **co-conception des politiques publiques**.

Que peuvent apporter des designers à la compréhension des politiques publiques locales ?

Les **designers** ont une boîte à outils utile pour réinterroger les problématiques depuis les usages réels. Ils ont l'habitude des techniques de prototypage, alors que l'**action publique** est souvent conçue « en tunnel ». Ils pratiquent les allers-retours de type «essai-erreur-retour en arrière» utiles à une conception fine des politiques. Ils ont également une capacité à rendre visibles et tangibles des choses complexes – un processus administratif, un ensemble de données... –, au moyen d'illustrations, de schémas, de maquettes...

Les visuels remplacent utilement « l'incontournable » rapport écrit de 300 pages qui clôt habituellement le processus traditionnel d'ingénierie et de conseil. Il est beaucoup plus facile de discuter à partir de supports qui « tangibilisent » ce que l'on veut obtenir. Aux techniques du **design de service**, nous conjuguons des méthodes issues des sciences humaines. Elles permettent de mieux comprendre les pratiques réelles des **usagers**. Et puis, convoquer des sociologues, des ethnologues... c'est réintroduire de la pluridisciplinarité dans un univers assez homogène, élus, consultants et fonctionnaires ayant finalement des « profils » assez proches.

En quoi cette approche est-elle différente des processus participatifs classiques ?

La démocratie participative se déroule souvent en périphérie du processus de conception lui-même. Elle est cantonnée à un moment précis du processus, souvent en aval, quand les grandes décisions sont prises, alors qu'un travail plus quotidien et plus souterrain serait nécessaire pour répondre aux enjeux ordinaires des politiques publiques.

Le **design** veut, lui, embrasser l'ensemble du processus de conception et être au cœur de la décision. Il fait de la participation un moyen – et non une fin en soi – de parvenir à un but : améliorer la qualité de la conception. On ne travaille pas dans une optique quantitative représentative, mais dans une approche de type recherche de compréhension qualitative, en permettant de libérer la parole des « invisibles », ces gens que l'on n'entend pas dans les processus de consultation habituels.

Concrètement, comment ça marche ?

Nous avons travaillé entre 2009 et 2010 sur une douzaine de politiques régionales, selon le principe de la « résidence », c'est-à-dire l'installation sur le terrain (quartier, village, gare, lycée, université, etc.) d'une équipe interdisciplinaire durant plusieurs semaines étalées sur trois ou quatre mois. La démarche débute par une phase de ré-interrogation des problèmes et de compréhension des pratiques. Pour cela, nous pratiquons le travail en immersion : nous vivons l'expérience avec l'usager. Par exemple, lorsque nous avons travaillé pour la région Champagne-Ardennes sur « le lycée à haute qualité humaine », nous avons dormi à l'internat du lycée.

Un deuxième principe d'action réside dans la réalisation d'un prototype le plus tôt possible dans le processus. Plutôt qu'un rapport en fin de parcours, nous produisons des photos, des maquettes, des vidéos... Nous proposons également des simulations sous forme de scénarios d'usage, des tests qui reconstituent l'expérience de l'utilisateur... Ces outils constituent le véhicule de la réflexion collective ; ils font réagir les gens et c'est l'amélioration progressive du prototype qui conduit à la solution. À la fin, le travail fait l'objet d'une restitution, d'une exposition, d'une performance. On en tire des enseignements, on « dézoome », on se sert du prototype comme d'un microlaboratoire d'une politique plus vaste.

Pouvez-vous nous donner des exemples ?

Les applications sont presque illimitées. Accompagnés et formés par nos soins, les agents de la région Champagne-Ardenne ont mis cinq jours pour repenser le volet culture de la carte à puce LycéO, d'abord en enquêtant sur le terrain à la façon d'apprentis ethnologues, puis en imaginant des améliorations sous la forme de maquettes qu'ils ont ensuite soumises directement aux établissements dépositaires de la carte (cinémas, équipements culturels, lycées), pour en tirer enfin cinq changements précis à opérer.

En région Auvergne, ces méthodes ont permis d'inventer une nouvelle façon de concevoir les maisons de santé, alors que les projets précédemment soumis à la région étaient jugés décevants, réduits à des démarches architecturales.

Le gouvernement danois s'est servi du design pour réinterroger les pratiques d'achats durables, jugées contre-productives, et inventer une approche plus globale et moins centrées sur des clauses dans des contrats – une expérience que nous allons mener nous-mêmes avec la région Rhône-Alpes.

À Bruxelles, le Comité des Régions se sert même du design pour repenser le concept de « gouvernance territoriale », perçu comme trop bureaucratique ; l'objectif est de repartir du point de vue de ceux qui devront utiliser cette forme de gouvernance (élus locaux, fonctionnaires, citoyens).

Comment faire pour que la démarche « design » s'inscrive durablement dans la pratique des collectivités ?

Le risque de l'approche gadget – c'est rigolo et ça fait joli dans le tableau – existe, tout comme celui de rendre les agents dépendants d'une nouvelle méthode, alors qu'il s'agit de les aider à transformer leurs pratiques. À nous de bien expliquer que le **design** n'est pas un bidule créatif de plus, mais qu'il est consubstantiel à la **modernisation de la gestion publique**, qu'il permet d'éviter des gaspillages, des erreurs récurrentes, des pertes de temps et d'argent.

L'expérience nous prouve que cette approche renouvelle les façons de penser les questions de transversalité, d'évaluation, de prospective... Pour l'inscrire dans la culture de management, nous défendons l'idée de l'installation de laboratoires d'innovation embarqués au sein des collectivités. Depuis 2011, nous aidons plusieurs régions, via des programmes de recherche-action, à prototyper leur propre laboratoire de design et d'innovation.

Document 11

DOSSIER

La Gazette - 22 février 2016

POLITIQUES PUBLIQUES LOCALES : OSEZ L'EVALUATION ! (extrait)

FRANÇOIS MOUTERDE

«Depuis environ trois ans, l'activité au niveau local subit un coup de frein évident»

Le président honoraire de la Société française de l'évaluation, également directeur associé de Planète publique, revient sur la pratique de l'évaluation dans les collectivités locales.

S. GAUTIER/LA GAZETTE

L'évaluation est-elle en croissance dans les collectivités locales?

Depuis vingt ans, l'évaluation s'est considérablement développée, mais, depuis environ trois ans, l'activité au niveau local subit un coup de frein évident. Les régions, par exemple, en font beaucoup moins qu'avant, et il ne s'agit en aucun cas d'une démarche systématique, en particulier sur des politiques structurantes comme les lycées ou les transports express régionaux. Cette inversion correspond à la contrainte financière qui pèse sur les collectivités locales. Tous les budgets sont rabotés et les dépenses d'études liées à l'évaluation n'y font pas exception. On constate aussi une baisse du montant moyen des appels d'offres dans le domaine de l'évaluation, de l'ordre d'un tiers environ. Je ne veux pas porter un discours pessimiste. Sur la longue durée, objectivement, l'évaluation n'est pas encore passée à un niveau stratégique sur les grands sujets de l'action publique.

«L'évaluation pourrait permettre de mener une politique plus fine et pertinente qu'un rabot de 5% sur toutes les dépenses.»

Pourtant, elle peut justement aider les élus dans leurs arbitrages budgétaires...

Intellectuellement oui, l'évaluation pourrait permettre de mener une politique plus fine et pertinente qu'un rabot de 5% sur toutes les dépenses mais, dans les faits, c'est très peu le cas. C'est dommage, puisque les budgets dédiés à l'évaluation restent très modestes par rapport aux dépenses de fonctionnement d'une grande collectivité. Le souci, c'est aussi que l'évaluation prend du temps. Entre la commande et le rapport final, il faut compter au minimum entre six mois et un an.

Les évaluations sont-elles assez suivies d'effets et diffusées?

Non, loin de là. Personne ne dispose de chiffres fiables mais, d'expérience, je dirai qu'environ la moitié reste dans des tiroirs. Ce n'est pas forcément parce qu'il s'agit d'un document gênant, mais plutôt que les conclusions ne s'imbriquent pas suffisamment dans la vie de la collectivité, son fonctionnement, ses équilibres politiques, son budget, sa culture, etc.

On ne peut pas dire qu'il y a, aujourd'hui, un réflexe immédiat des responsables politiques et médiatiques de se saisir des études d'évaluation. Le politique est le commanditaire et le premier destinataire, mais le compte rendu doit aussi être adressé au grand public. Pourtant, il est rarissime de trouver dans la presse généraliste des articles sur les évaluations de telle ou telle action. C'est aussi à nous, évaluateurs, de nous interroger sur la dimension pédagogique de nos rapports.

Que préconisez-vous pour améliorer l'évaluation en France?

Il faut insister sur la médiatisation des rapports, pour les porter à la connaissance du grand public et alimenter le débat. C'est le moyen de peser pour améliorer nos politiques publiques, quelles qu'elles soient. On pourrait aussi imaginer une évaluation obligatoire pour toute politique publique au-delà d'un certain montant.

Plus globalement, il faut sortir de cette idée collective selon laquelle la puissance publique fait forcément le bien et génère de l'intérêt général. Il n'existe pas de politique publique vertueuse à 100%. Dans cette logique, l'évaluation devrait être considérée comme une composante de base de l'action publique, au même titre que le droit, les finances, la gestion des ressources humaines et le management.●

Un observatoire dédié, en novembre

Fondée en 1999, la Société française de l'évaluation réunit les différents acteurs concernés (fonctionnaires d'Etat et territoriaux, chargés d'études et de recherche, consultants, associatifs) pour promouvoir l'évaluation dans les secteurs public et privé. L'association vise aussi l'amélioration des techniques et des méthodes, et le respect des règles éthiques. La SFE a lancé, en 2014, un observatoire de l'évaluation, dont la deuxième édition sera présentée au mois de novembre.

DOSSIER

Les cinq étapes clés de l'évaluation d'une politique publique

Le processus d'évaluation d'une politique publique se construit par étapes successives. Chacune est essentielle à sa bonne marche.

01 Cadrer le périmètre de la commande

Nécessitant une implication forte de l'élu référent ou de la direction générale, cette première étape vise à cadrer le périmètre de l'évaluation et à en fixer le calendrier, le budget, les finalités et les personnes, agents ou bénéficiaires, qui seront interrogées. Plus la préparation sera précise et pensée en amont, plus le déroulement de l'évaluation sera efficace et rapide, en particulier en ce qui concerne la récupération et le traitement des données.

Enfin, cette étape est aussi l'occasion de s'assurer que l'évaluation bénéficie bien d'un soutien politique et managérial, condition de son application le cas échéant.

02 Définir le cahier des charges

Le cahier des charges est le référentiel de l'évaluation. Il doit comporter le choix des questions évaluatives, c'est-à-dire les questions majeures qui se poseront durant l'évaluation et qui serviront de base au jugement final. Il s'agit également de choisir la méthodologie retenue pour l'évaluation et les outils de collecte de données qui seront utilisés.

Enfin, si l'évaluation est réalisée par un prestataire extérieur, il faudra élaborer un cahier des clauses particulières de l'évaluation et procéder à sa sélection par le biais d'un appel d'offres.

03 Récolter les données qualitatives et quantitatives

La collecte des données quantitatives et qualitatives ainsi que leur traitement constituent le cœur de l'évaluation: la qualité des sources collectées conditionne directement le résultat final de l'évaluation. De multiples sources et méthodes peuvent ainsi être combinées: textes de référence, prise de parole individuelle (entretien) et/ou collective (atelier, table ronde), questionnaires, benchmark, traitement statistique, analyse des dispositifs externes à la collectivité, étude de cas...

04 Restituer les résultats pour établir le jugement final

Une fois les résultats obtenus, ceux-ci sont restitués aux acteurs associés à l'évaluation. Les données sont analysées afin de construire un jugement de valeur sur la politique évaluée – les enjeux de l'évaluation, les questions, les critères de jugement ainsi que de la méthode employée seront rappelés.

Ce jugement de valeur permet, par la suite, la formulation de recommandations et de préconisations.

05 Diffuser et accompagner pour un meilleur suivi

L'évaluation n'a d'intérêt que si elle est largement diffusée. Il conviendra donc de restituer les résultats à l'ensemble des personnes consultées (élus, agents et citoyens). Selon le destinataire, la diffusion devra prendre une forme appropriée: un rapport final, une synthèse écrite, un débat, une réunion publique, une mise en ligne, un communiqué de presse...

Les recommandations et les préconisations sur l'action publique devront, quant à elles, être suivies d'un accompagnement de la direction concernée, afin d'en permettre son appropriation pour une mise en œuvre optimale.●

Avant, pendant ou après?

Près de la moitié des évaluations menées en France sont effectuées simultanément à la mise en œuvre de la politique publique évaluée. A l'inverse, les évaluations ex post (à la fin du programme) et encore plus ex ante (au lancement du programme) sont sous-représentées. Les premières parce qu'elles présentent un lien moins direct avec la décision publique et ne permettent pas d'ajuster une politique au fil de l'eau, les secondes parce qu'elles soulèvent des questions de méthode, de temps et de budget, jugées plus délicates.

À LIRE

Avis et rapport du Cese

Comment encourager l'évaluation des politiques publiques en France? C'est à cette question que s'est proposé de répondre le Conseil économique et social (Cese), dans l'avis rendu le 8 septembre 2015. Soumis au vote de l'assemblée plénière et adopté à l'unanimité avec 194 voix, le texte «Promouvoir une culture de l'évaluation des politiques publiques» est le premier avis émis par l'institution sur ce sujet. Il est accompagné d'un rapport de réflexion.

Avis et rapport de Nasser Mansouri-Guilani, rapporteur au Cese, septembre 2015.

SUR LE WEB

Fiches pratiques de l'Afigese

L'Association finances, gestion, évaluation des collectivités territoriales (Afigese) dispose d'un groupe de travail sur l'évaluation des politiques publiques. Elle met à la disposition de ses membres des fiches pratiques sur les différentes étapes à suivre.

http://goo.gl/OojBCw

L'évaluation, un enjeu de gouvernance locale?

Dans la lignée de ses «cahiers de l'évaluation», publiés régulièrement, la ville de Nantes a mis en ligne en 2014, conjointement avec la métropole, un bilan de son action en matière d'évaluation depuis 2004, intitulé «Evaluer les politiques publiques: enjeu de gouvernance locale?».
On y trouve des outils méthodologiques pouvant accompagner d'autres collectivités dans cette démarche.

http://goo.gl/TYJecG

Document 12

Le Courrier des maires et des élus locaux N° 0287 – 9 février 2015

Mécénat, taxes, crowdfunding, tarifs… les financements de complément

Il n'y a ni petites économies, ni petites ressources. Du financement participatif des particuliers au mécénat des entreprises, du levier des taxes à la révision des politiques de tarifs et redevances, les financements d'appoint ne sont pas à négliger, à court ou moyen terme.

Actionner le levier des taxes annexes

Si une hausse des impôts locaux n'est pas à l'ordre du jour, du moins pas avant 2016, l'idée d'actionner les taxes a déjà bien essaimé. « A Wittenheim, nous avons effectué une hausse pluriannuelle de la taxe locale sur la publicité extérieure (TLPE), vu que nous avons la plus grosse zone commerciale du Haut-Rhin, et modulé la taxe d'aménagement sur plusieurs projets immobiliers. Mais il faut le faire de manière raisonnable », plaide le maire, Antoine Homé. La taxe sur les surfaces commerciales est aussi scrutée par les élus. En octobre dernier, une étude de l'Association des petites villes de France indiquait que 53 % de ses membres pensaient augmenter taxes et redevances et 30 % en instituer de nouvelles, la taxe de séjour et la TLPE étant privilégiées. La taxe d'habitation sur les résidences secondaires pourra être aussi alourdie par les communes. Autre possibilité : renoncer à certains abattements facultatifs s'agissant des taxes d'habitation et foncières. Sans afficher in fine de hausse des taux des « 4 vieilles »…

Optimiser les politiques tarifaires des services

En quelques mois, l'augmentation des frais de cantines scolaires est devenue le symbole d'une hausse « cachée » de la fiscalité locale, derrière des taux de taxe ménage inchangés. Pour autant, utiliser le levier tarifaire n'est pas forcément synonyme de hausse généralisée et aveugle. Ce sont d'abord les politiques d'exonérations et de dégrèvements dont il faut vérifier la justesse. Les tarifs d'opérations « ponctuelles » sont aussi à prendre en considération : « Nous avons révisé les tarifs municipaux les plus en décalage avec les coûts réels, ceux sous-évalués, comme les locations de salles », développe le maire de Wittenheim. Voici pour le court terme. Ce qui n'empêche pas, pour la deuxième partie de mandat, de réinterroger plus globalement la politique tarifaire des services publics locaux et la répartition de l'effort à réaliser entre contribuable local et usager du service. Sans se contenter d'un transfert de charge, mais aussi d'optimiser le rendement au meilleur coût de ces services.

Cultiver le champ du mécénat d'entreprises

Un Français sur trois serait prêt à faire un don pour financer un projet d'intérêt général porté par une collectivité, avec une forte prédilection pour la culture, l'environnement et l'action sociale. Inattendus, ces résultats sont issus d'un sondage réalisé par le cabinet EY (Ernst&Young) à l'occasion d'une étude consacrée aux collectivités et au mécénat. Le cabinet identifie deux voies pour faire appel aux dons des entreprises comme des particuliers : d'abord, celle de campagnes ponctuelles « autour d'une urgence ou d'un projet emblématique du territoire ». C'est ainsi que le département du Doubs a financé l'acquisition d'une toile de Courbet, le conseil général récoltant 2,5 millions d'entreprises locales sur les quatre nécessaires. Seconde voie : une « structuration pérenne pour […] soutenir un ensemble de politiques publiques », telles que les « missions mécénat » de Rouen, Reims et des Hauts-de-Seine, ou le fonds de dotation de Bordeaux.

Jouer de la proximité du crowdfunding

Embryonnaire pour le financement de projets de collectivités, le crowdfunding ou financement participatif se veut aussi plus réactif, via des plateformes internet, et plus souple car moins encadré juridiquement. Le tout sans intermédiaire bancaire. Au 1er semestre 2014, plus de 66 millions d'euros ont été levés directement auprès des Français, multipliant par deux les résultats du 1er semestre 2013. Les prêts restent la voie privilégiée (56,5 %) devant les dons (29 %) et les participations au capital (14,5 %). La proximité géographique du projet est un critère majeur de la décision d'investissement des épargnants. Les élus locaux voient là un levier nouveau pour doper leurs projets d'investissements. Récemment, la commune de Bergues (Nord) a lancé un appel de fonds pour finaliser le budget d'un million d'euros nécessaire à la rénovation du beffroi.

Document 13

FINANCES
RESSOURCES

Mutualisation

A Toulouse, la ville et l'interco affichent des économies

Dès sa création en 2009, la communauté urbaine de Toulouse a posé comme principe de base la mutualisation de ses directions support. Il en ressort une optimisation des ressources humaines et de substantielles économies.

La quasi-totalité des grandes intercommunalités se sont constituées sur un principe de double administration, à l'instar de Nantes, Lyon, Bordeaux ou Marseille. En transformant sa communauté d'agglomération en communauté urbaine (CU) le 1er janvier 2009, Toulouse (440000 habitants pour la ville centre et 703000 habitants pour la CU de 37 communes, Haute-Garonne) a fait le choix de la mutualisation des services entre la CU et la ville centre. Un principe qui s'applique aux cabinets du maire et du président, à la direction générale des services, à douze directions et services support, à l'exception des deux directions des finances. « Cela tient à des considérations surtout techniques, mais aussi pour partie politiques », indique Edouard Guerreiro-Bochereau, chargé d'études prospectives à la direction des ressources humaines de la ville. « Un travail a cependant été conduit sur l'uniformisation des outils informatiques, des systèmes d'information financière et des procédures de travail. »

Eviter les doublons

Quatre compétences restent strictement municipales et gardent leur direction générale: la culture, la solidarité, la tranquillité-domaine public et l'éducation, jeunesse, loisirs et sports. « Le périmètre de mutualisation a évolué progressivement », précise Edouard Guerreiro-Bochereau. Après les fonctions support, quelques mutualisations techniques sur l'entretien des bâtiments et du parc automobile ont été réalisées, puis l'évolution s'est faite au fil de l'eau entre janvier 2009 et décembre 2010 pour intégrer des fonctions complémentaires telles que la communication interne ou la direction de la communication.

Deux objectifs majeurs ont guidé la démarche: éviter les doublons en utilisant les ressources disponibles à la ville et maintenir une administration de proximité, avec huit pôles territoriaux qui dépendent du directeur général des services (DGS) et assurent sur le territoire les compétences de la CU en matière de voirie, gestion de l'espace public... Ainsi, les effectifs de l'établissement public de coopération intercommunale (EPCI) sont passés de 250 salariés en communauté d'agglomération à 2700 en communauté urbaine. 1500 agents sont mutualisés, c'est-à-dire qu'ils travaillent à la fois pour la CU et pour la ville et 1200 travaillent exclusivement pour Toulouse métropole, soit sur des compétences qui lui sont propres, soit dans les pôles territoriaux. Une cinquantaine d'embauches ont été nécessaires pour renforcer les effectifs sur le territoire, mais « en ne créant pas de double administration, nous avons évité 181 recrutements, soit une économie estimée à 6,3 millions d'euros par an sur la base de 35000 euros brut par emploi », indique Philippe Mahé, DGS de Toulouse métropole et de la ville.

« Nous partons du principe que sans la mutualisation, les services support de la ville auraient conservé leurs effectifs, et ceux de Toulouse métropole auraient dû se doter des moyens que la ville met à sa disposition aujourd'hui », ajoute Edouard Guerreiro-Bochereau. « L'objectif n'était pas de chercher à faire des économies spontanément, mais d'avoir une utilisation raisonnée des ressources et ainsi d'éviter des dépenses supplémentaires. »

JURIDIQUE

Le décret n° 2011-515 du 10 mai 2011 relatif au calcul des modalités de remboursement des frais de fonctionnement des services mis à disposition dans le cadre de l'article L.5211-4-1 du CGCT a pour conséquence d'abandonner le système de calcul au forfait pour passer à un système basé sur le coût réel. Ce remboursement s'effectue sur la base d'un coût unitaire de fonctionnement du service multiplié par le nombre d'unités de fonctionnement constaté par l'EPCI ou la commune bénéficiaire de la mise à disposition.

3%

C'est l'évolution de la masse salariale de la ville de Toulouse en 2011 (308 millions d'euros, 7400 salariés), contre 5 à 6% par an entre 2001 et 2007 (250 embauches).

Harmonisation

Mutualisation rime aussi avec harmonisation des conditions d'emploi et de rémunération des personnels. Une étape d'autant plus délicate à réaliser qu'avant le passage en communauté urbaine, il existait autant de régimes indemnitaires et de possibilités de déroulement de carrière que de communes. La solution a consisté à créer une grille identique pour la ville et la CU. Le surcoût de 20%, soit 6 millions d'euros sur deux ans, a été totalement absorbé par la dotation supplémentaire de l'Etat versée au titre du passage en CU (28 millions). Cette harmonisation facilite de plus les transferts de salariés d'un service à l'autre et d'une collectivité à l'autre en fonction de l'évolution des besoins. « La dotation supplémen-

La dotation supplémentaire de l'Etat versée au titre du passage en CU a servi, entre autres, à financer les services opérationnels comme les pôles de proximité et les transports.

P. NIN/VILLE DE TOULOUSE

G. ARNAUD

L'EXPERT

JOËL BERNOT, avocat au barreau de Nantes

« Les conventions devront être réécrites »

« La loi de réforme des collectivités territoriales du 16 décembre 2010 impose un réexamen des pratiques existantes en matière de mutualisation. Il importe de rappeler que les conventions de mise à disposition de services ne concernent que les domaines dans lesquelles existe un transfert de compétences.

Pour une mutualisation ascendante [de la commune vers l'établissement public de coopération intercommunale, EPCI], ce régime ne s'applique qu'en cas de transfert partiel de compétences, le transfert total d'une compétence entraînant, de droit, le transfert des services chargés de leur mise en œuvre. En outre, de nouvelles règles financières sont prévues pour les mises à disposition de services [article 5211-16 du Code général des collectivités territoriales, CGCT, résultant du décret du 10 mai 2011]. Pour les services fonctionnels, les plus souvent visés lorsque l'on parle de mutualisation, c'est le nouveau dispositif de la création de services communs qui a principalement vocation à s'appliquer. Ces services communs, dont le régime est prévu par l'article L.5211-4-2 du CGCT, sont rattachés à l'EPCI. Les conventions de mutualisation signées à ce jour devront donc être réécrites pour être mises en conformité avec le nouveau corpus juridique. »

120 M€

C'est le poids de la masse salariale de Toulouse métropole en 2011 (2700 salariés), soit 18 % du budget de fonctionnement de la communauté urbaine.

taire a aussi servi à financer les services opérationnels dont les pôles de proximité et les transports », ajoute Philippe Mahé soulignant au passage les gains de temps obtenus du fait de la réduction des échelons de décision simplifiant l'arbitrage des dossiers et par la tenue de réunions des cadres communes ville et CU. « Ce n'est pas quantifiable, mais l'efficacité de l'action publique est dopée », assure le DGS.

Enfin, Toulouse a mis en place une commission de suivi et d'évaluation des charges de mutualisation qui produit notamment un rapport annuel détaillé des montants liés à ces charges. De fait, la mutualisation génère des flux financiers croisés entre l'EPCI et la ville centre (26,7 millions d'euros à Toulouse et Toulouse métropole en 2011) qu'il faut pouvoir justifier auprès des élus. D'autant que le solde net s'élève à 10 millions d'euros à la charge de la ville centre, les directions étant principalement mutualisées depuis l'intercommunalité. « Ce coût supplémentaire pour la ville est à mettre en regard de la charge de personnel qu'elle aurait conservé sans la mutualisation », précise Edouard Guerreiro-Bochereau. *Fabienne Proux*

Comment aborder le sujet ?

Les indications formelles

Le document demandé, en parfaite cohérence avec l'intitulé réglementaire de l'épreuve, est une note.

La collectivité de l'auteur de la note est précisée dans la commande, ce qui permet de remplir le timbre sans aucun risque de rompre l'anonymat de la copie par un signe distinctif prohibé.

L'auteur de la copie est attaché territorial : pour autant, il est non seulement inutile, mais aussi fortement déconseillé de porter « L'attaché territorial » en fin de copie, car cette mention pourrait entraîner l'annulation de votre copie par le jury du concours pour rupture d'anonymat si d'aventure vous paraphiez ou signiez votre copie.

Le destinataire de la note est la Directrice générale des services de la commune (et non le maire).

La liste signalétique ne permet pas de repérer de documents de nature à être mentionnés dans la zone des « références » : il conviendra de les identifier le cas échéant lors de l'exploitation du dossier. On se rendra compte au terme de cette exploitation qu'aucun document juridique ou officiel de nature à être signalé dans les « références » ne figure dans ce dossier.

Vous pouvez ainsi aisément satisfaire aux obligations formelles de présentation de la note :

Commune d'Alpha — Le 24 novembre 2016 (date de l'épreuve)

NOTE

à l'attention de Madame la Directrice générale des services

Objet : Les leviers pour retrouver des marges de manœuvre financières

La commande

La commande précise que la commune d'Alpha compte 100 000 habitants. Il n'est pas précisé si cette commune est ou non membre d'une intercommunalité, mais la réalité du paysage territorial laisse augurer qu'elle l'est. En toute hypothèse, son importance démographique permet d'estimer qu'elle dispose de moyens matériels et humains suffisants pour pouvoir utiliser tous les leviers que la lecture de la liste signalétique permet de discerner (le mécénat, par exemple).

Le contexte est on ne peut plus clair : les dotations de l'État diminuant, la commune a vu ses marges de manœuvre diminuer ; aussi, elle s'interroge sur les moyens qu'elle peut utiliser pour les restaurer.

Cette commande, ainsi que le survol des titres des documents, permettent de percevoir aisément que la restauration des marges de manœuvre passe à la fois par une **diminution des dépenses** et une **augmentation des recettes**.

Un plan « clés en main » se dessine donc facilement, plan qui va certainement pouvoir être rapidement affiné au moyen des titres des documents.

La nature des documents

Le dossier est presque exclusivement composé d'articles de presse spécialisée « collectivités territoriales » :

- *La Gazette des communes* (documents 2, 3, 5, 6, 8, 9, 11 et 13) ;
- *Le Courrier des maires et des élus locaux* (documents 4 et 12).

On trouve en outre un quotidien d'information générale :
- *Le Monde* (document 7).

Enfin, un document émane d'une juridiction financière :
- Communiqué de presse de la Cour des comptes (document 1).

Ces sources laissent augurer d'un dossier riche en expériences locales. Aucun « document pivot » ne paraît se détacher, le dossier contenant un nombre important de documents (13 documents), de pagination assez réduite (de 1 à 6 pages, dont 10 documents de 1 à 3 pages). On observe en outre que le dossier ne contient pas de documents juridiques.

Les titres

Parcourir les titres des documents peut me permettre à la fois de conforter le repérage d'un « document pivot », s'il existe, et d'élaborer ou d'affiner un plan.

Ici, je m'efforce de préciser la structuration diminution des dépenses/augmentation des recettes.

■ **Diminution des dépenses :**
« Investissements, faire mieux avec moins »
« Les flottes publiques sur la voie de l'optimisation »
« Masse salariale : à la recherche de la formule magique »
« Mutualisation : À Toulouse, la ville et l'interco affichent des économies »

On voit se dessiner deux axes possibles : **les dépenses d'investissement/les dépenses de fonctionnement.**

■ **Augmentation des recettes :**
« Les collectivités repensent leurs politiques tarifaires »
« Concurrence entre banques, appel au marché obligataire, financements d'appoint : comment emprunter au mieux et optimiser ses ressources »
« Comment gagner des millions grâce aux subventions »
« Le patrimoine immobilier : un nouvel atout »
« Culture : jouez sur toute la gamme des financements »
« Mécénat, taxes, *crowdfunding*, tarifs, les financements de compléments »

■ **Un nouvel axe se dessine : l'évaluation**
« Politiques publiques locales : osez l'évaluation ! »
La deuxième partie pourrait alors s'articuler ainsi :
Augmenter les recettes/Développer de nouveaux outils
Restent deux titres assez sibyllins :
« Les finances publiques locales » : peut-être le document sera-t-il utile pour rédiger l'introduction de la note.
« Le design au service des politiques locales » : un titre qui requiert, pour être compris, de lire le document, le concept de « design » n'étant pas compréhensible en dehors de son contexte.

Le plan

Un plan s'est assez aisément dessiné, il conviendra de l'affiner au terme de l'exploitation du dossier. On peut donc sans hésiter mettre en œuvre la **technique 1** exposée dans les conseils méthodologiques : l'ouverture de fiches à partir d'un plan préconçu.

Dans cet exercice de prise de notes, on veillera à mentionner la source de l'information afin de pouvoir s'y référer rapidement au moment de la rédaction définitive, mais on prendra soin de ne pas reprendre ces références dans le texte de la note rédigée.

L'exploitation du dossier

Il est pertinent d'ouvrir systématiquement une fiche « Introduction » destinée à recueillir au fur et à mesure de l'exploitation du dossier les informations, requises dans toute introduction, qui précèdent l'annonce du plan : entrée en matière, contextualisation, problématique.

On se rend compte, en exploitant le document, que la fiche initialement conçue comme « développer de nouveaux outils » peut également comprendre de « nouveaux » modes de financement, d'autant que la piste « développer de nouveaux outils » s'avère trop ténue. La fiche « augmenter les recettes » se limitant, compte tenu de l'importance de la matière, à « augmenter les recettes traditionnelles ». Les titres des fiches ont ainsi légèrement évolué au fil de l'exploitation du dossier, tant pour mieux coïncider avec leur contenu réel que pour assurer un développement suffisant des arguments pour justifier une fiche qui devienne sous-partie.

Fiche introduction

Entrée en matière	Les collectivités territoriales sont aujourd'hui pointées du doigt par l'État comme trop dépensières et allant à l'encontre de l'objectif national de réduction de la dette publique. Un rapport de la Cour des comptes sur les finances publiques locales rendu public le 13 octobre 2015 souligne ainsi que les administrations publiques locales représentent 20 % de la dépense publique et 9 % de la dette publique. Si les collectivités ont réduit de près de 10 % leurs dépenses d'investissement en 2014, leur situation financière ne s'en est pas moins dégradée pour la troisième année consécutive, leurs dépenses de fonctionnement croissant plus vite que leurs recettes de fonctionnement. La baisse des dotations de l'État à partir de 2014, qui atteint 11 milliards d'euros sur trois ans, et les dépenses nouvelles induites par la réforme des rythmes scolaires contribuent fortement à ce déséquilibre. Pour autant, les collectivités territoriales assurent 58 % de l'investissement public (document 1). Le FMI estime qu'un euro d'investissement public génère trois euros d'activité (document 2).
Contextualisation	La commune d'Alpha n'échappe pas à une réduction préoccupante de ses marges de manœuvre financières. Elle entend pourtant, malgré la baisse des dotations de l'État, continuer à investir et à développer de nouveaux projets.
Problématique	Pour continuer à investir, la commune doit impérativement limiter l'augmentation de ses dépenses de fonctionnement : dans quelle mesure cette limitation est-elle possible ? Les recettes traditionnelles seront-elles suffisantes ou faut-il tenter d'exploiter de nouveaux « gisements » ?

Fiche 1

Rationaliser les dépenses d'investissement
Les capacités des collectivités territoriales à autofinancer leurs investissements sont aujourd'hui réduites mécaniquement par la baisse des dotations de l'État. Dans ce contexte, selon une étude nationale menée en 2014, près de la moitié des élus locaux prévoyait de réduire ses dépenses d'investissement en 2015. Il ne s'agit plus aujourd'hui de décider de dépenser et d'ajuster les recettes aux dépenses, mais d'assurer une régulation rationnelle entre dépenses et recettes, grâce à une approche prospective prenant en compte les dépenses de fonctionnement des équipements existants ou envisagés, dont les dépenses énergétiques. Pour Christian Debiève, directeur général des services de Montélimar agglomération, « nous changeons de paradigme ». Cesser d'investir est inenvisageable : l'arrêt brutal des investissements risquerait de porter atteinte à l'attractivité des territoires, qui requiert de maintenir un niveau suffisant d'équipement, notamment dans les nouvelles technologies et les transports. Il serait très dommageable de pratiquer des coupes sombres à l'aveugle. Il convient donc de programmer avec rigueur les dépenses d'équipements et de procéder à des arbitrages, notamment en fonction de leur utilité sociale. Des prospectives financières peuvent utilement éclairer les choix, par exemple dans le cadre de programmes pluriannuels d'investissement des territoires (PPIT). Des projets spécifiques, favorisant la transition énergétique, sont certainement à privilégier. Autre critère d'arbitrage possible entre les projets d'investissement : ne retenir que les projets d'investissement ne générant pas de dépenses de fonctionnement supplémentaires (document 2).

Fiche 2

Diminuer les dépenses de fonctionnement

Un projet associant tous les agents de la collectivité à la diminution des dépenses de fonctionnement pour relancer l'investissement peut être efficace (document 2).

Poste important dans le budget de fonctionnement, la flotte automobile des collectivités territoriales, entre 200 000 et 400 000 véhicules, peut être optimisée, à l'instar de celle de l'État. L'UGAP, mais aussi Public LLD, proposent des solutions d'externalisation, comme la location longue durée (document 7).

La maîtrise de la masse salariale s'avère essentielle : elle représente en moyenne 50 % des dépenses de fonctionnement dans les communes, où elle a crû de 2,62 % en 2012. La Cour des comptes estime que 40 % de l'augmentation des dépenses de personnel est due à des décisions nationales (réforme des rythmes scolaires, revalorisation des agents de catégorie C, augmentation des cotisations retraite…), soit 60 % d'augmentation décidée par les collectivités. Maîtriser la masse salariale n'est pas simple pour autant : les demandes des usagers, la réalité de collectivités premiers employeurs, l'emploi majoritaire d'agents de catégorie C peu payés, un régime indemnitaire facteur d'attractivité et de motivation, autant de freins à cette maîtrise qui requiert courage politique et accompagnement des agents par le management. Une gestion fine des effectifs doit s'appuyer sur un diagnostic des besoins, un plan de formation, un développement de la mobilité interne, le non-remplacement systématique des agents partant en retraite, une sensibilisation de l'encadrement à l'absentéisme, une optimisation du temps de travail, une mutualisation entre services. Les politiques d'avancement et les régimes indemnitaires doivent également être revus. L'arbitrage peut même s'exercer sur les services à conserver ou à supprimer. La gestion prévisionnelle des emplois, des effectifs et des compétences (GPEEC), passant par un état des lieux, la fixation d'objectifs en termes d'amélioration et de développement des compétences et des effectifs, peut constituer un bon outil, sous réserve de préserver la qualité du dialogue social (document 8).

La mutualisation des directions supports, comme celle mise en œuvre entre Toulouse et sa communauté urbaine, permet à la fois d'éviter les doublons et de maintenir une administration de proximité, en évitant des dépenses de personnel supplémentaires. Elle suppose une harmonisation des conditions d'emploi et de rémunération des agents (document 13).

Fiche 3

Augmenter les recettes traditionnelles

L'augmentation des taux d'imposition est toujours possible, mais elle est difficile à manier en raison de son impopularité. Le recours accru à l'emprunt pour financer les investissements s'avère une bonne option en période d'offre abondante de liquidités et de taux d'intérêt bas. S'il s'impose en matière de transition énergétique, de numérique, il suppose toutefois que la collectivité soit peu endettée (documents 2 et 4).

La révision des politiques tarifaires, avec la réforme des grilles tarifaires, la fin de la gratuité de certains services, la hausse des tarifs, doit être maniée avec discernement, en veillant à l'équité et à la progressivité des tarifs. Il convient de veiller à ce que le taux d'effort des familles ne devienne pas excessif et ne les conduise pas à renoncer à certains services comme la restauration scolaire. Il convient en toute hypothèse d'établir une tarification lisible et d'éviter les usines à gaz (documents 3 et 12).

Renoncer à des exonérations, actualiser les valeurs locatives, réviser minutieusement les taxes et redevances affectées, recourir aux certificats d'économie d'énergie, pratiquer une gestion active du patrimoine, autant d'outils également mobilisables (document 4). De plus en plus de collectivités pratiquent une gestion active de leur patrimoine, vendant des biens, en achetant ou en louant d'autres pour retrouver des marges de manœuvre financières, en se dotant parfois de cellules de valorisation du patrimoine (document 6).

Autre « gisement » possible : le recours aux subventions, qui nécessite d'identifier le financement adapté au projet. Le recrutement d'un chargé de mission pour monter le projet, d'un cabinet extérieur pour valider la conformité des projets aux critères de subventions, est parfois nécessaire, les plus grosses collectivités allant jusqu'à se doter de services dédiés, dans un contexte où les critères d'attribution se durcissent (document 5).

Fiche 4

Développer de nouveaux moyens et méthodes de financement

L'arbitrage entre différents projets, comme le renouvellement du patrimoine, les investissements productifs, le développement économique local, peut passer par la démocratie participative (document 2).

Le financement participatif (ou *crowdfunding*), le mécénat peuvent également contribuer au financement d'investissements concernant par exemple le patrimoine (documents 2 et 4).

Les entreprises et les particuliers peuvent représenter un « gisement » important pour les collectivités : le mécénat, par lequel une entreprise ou un particulier soutient un projet par un don en argent, en nature ou en compétences, souffre cependant, et il faut être inventif pour motiver les entreprises. Le financement participatif, collecte d'un grand nombre de petits dons par Internet, a le vent en poupe, mais porte sur des volumes de financement faibles. Des partenariats opérationnels peuvent également être noués entre collectivités et entreprises, en veillant à ne pas privatiser le patrimoine public. La professionnalisation des collectivités est indispensable pour développer des mécénats, une mission pouvant être par exemple rattachée à la direction des finances ; l'élaboration d'un catalogue à destination des entreprises, la remise aux mécènes de rapports annuels, l'animation du réseau, autant d'outils à développer pour réussir, tout en sachant préserver l'indépendance des projets publics par rapport aux contributeurs privés. Il faut apprendre à faire le tour des financements possibles tout en ne retenant que ceux qui sont compatibles avec le service public (documents 9 et 12).

Le « nouveau management public » inventé dans les années 1970 inspire aujourd'hui de nouvelles relations avec les usagers qui peuvent être associés à l'élaboration des politiques publiques afin de contribuer à l'amélioration de leur qualité. L'installation sur le terrain d'une équipe pluridisciplinaire, la réalisation de prototypes et de simulations permettent de réfléchir collectivement, d'améliorer le prototype jusqu'à trouver une solution (document 10).

L'évaluation n'est pas encore entrée suffisamment dans les mœurs alors qu'elle devrait constituer une composante de base de l'action publique : mieux vaudrait arbitrer après évaluation plutôt que de raboter uniformément à l'aveugle toutes les dépenses publiques (document 11).

On observe, au terme de ce travail d'exploitation méthodique des informations contenues dans les différents documents, que le plan préconçu, légèrement adapté au fil de l'exploitation du dossier, est pleinement opérationnel, l'équilibre des différentes fiches ouvertes ne nécessitant pas de fusion ni de séparation dans la mesure où il aboutit à des sous-parties équilibrées. Quelques ajustements (logique de présentation des arguments au sein de chacune des sous-parties, liens logiques entre les arguments, déplacement de quelques arguments d'une sous-partie à l'autre) demeurent à opérer pour aboutir à une rédaction définitive. Les titres pourront évoluer légèrement une dernière fois afin de s'adapter au mieux au contenu réel de chacune des sous-parties.

Corrigé

Commune d'Alpha | Le 24 novembre 2016 (date de l'épreuve)

NOTE

à l'attention de Madame la Directrice générale des services

Objet : Les leviers pour retrouver des marges de manœuvre financières

Les collectivités territoriales sont aujourd'hui pointées du doigt par l'État comme trop dépensières et allant à l'encontre de l'objectif national de réduction de la dette publique. Un rapport de la Cour des comptes sur les finances publiques locales rendu public le 13 octobre 2015 souligne ainsi que les administrations publiques locales représentent 20 % de la dépense publique et 9 % de la dette publique. Si les collectivités ont réduit de près de 10 % leurs dépenses d'investissement en 2014, leur situation financière ne s'en est pas moins dégradée pour la troisième année consécutive, leurs dépenses de fonctionnement croissant plus vite que leurs recettes de fonctionnement. La baisse des dotations de l'État à partir de 2014, qui atteint 11 milliards d'euros sur trois ans, et les dépenses nouvelles induites par la réforme des rythmes scolaires contribuent fortement à ce déséquilibre. Pour autant, les collectivités territoriales assurent 58 % de l'investissement public. Le Fonds monétaire international estime qu'un euro d'investissement public génère trois euros d'activité.

La commune d'Alpha n'échappe pas à une réduction préoccupante de ses marges de manœuvre financières. Elle entend pourtant, malgré la baisse des dotations de l'État, continuer à investir et à développer de nouveaux projets.

À cette fin, la commune doit impérativement limiter l'augmentation de ses dépenses de fonctionnement et trouver de nouvelles recettes : dans quelle mesure cette limitation des dépenses est-elle possible ? Les recettes traditionnelles seront-elles suffisantes ou faudra-t-il tenter d'exploiter de nouveaux « gisements » ?

(I) Si la restauration des marges de manœuvre passe avant tout par la réduction des dépenses de fonctionnement (A) et la rationalisation des investissements (B), (II) elle requiert également une mobilisation accrue de recettes traditionnelles (A) et le recours à de nouveaux moyens et méthodes (B).

I. Une modération des dépenses de fonctionnement et d'investissement

A. Une diminution prudente des dépenses de fonctionnement

La maîtrise de la masse salariale s'avère essentielle : elle représente en moyenne 50 % des dépenses de fonctionnement dans les communes, où elle a crû de 2,62 % en 2012. La Cour des comptes estime que 40 % de l'augmentation des dépenses de personnel est due à des décisions nationales (réforme des rythmes scolaires, revalorisation des agents de catégorie C, augmentation des cotisations retraite...), soit 60 % d'augmentation décidée par les collectivités. Maîtriser la masse salariale n'est pas simple pour autant : les demandes des usagers, la réalité de collectivités premiers employeurs, l'emploi majoritaire d'agents de catégorie C peu payés, un régime indemnitaire facteur d'attractivité et de motivation, autant de freins à cette maîtrise qui requiert courage politique et accompagnement des agents par le management. Une gestion fine des effectifs doit s'appuyer sur un diagnostic des besoins, un plan de formation, un développement de la mobilité interne, le non-remplacement systématique des agents partant en retraite, une sensibilisation de l'encadrement à l'absentéisme, une optimisation du temps de travail, une mutualisation entre services. Les politiques d'avancement et les régimes indemnitaires doivent également être revus.

L'arbitrage peut même s'exercer sur les services à conserver ou à supprimer. La gestion prévisionnelle des emplois, des effectifs et des compétences (GPEEC), passant par un état des lieux, la fixation d'objectifs en termes d'amélioration et de développement des compétences et des effectifs, peut constituer un bon outil, sous réserve de préserver la qualité du dialogue social. La mutualisation des directions support, comme celle mise en œuvre entre Toulouse et sa communauté urbaine, permet à la fois d'éviter les doublons et de maintenir une administration de proximité, en évitant des dépenses de personnel supplémentaires. Elle suppose une harmonisation des conditions d'emploi et de rémunération des agents.

Enfin, poste important dans le budget de fonctionnement, la flotte automobile des collectivités territoriales, entre 200 000 et 400 000 véhicules, peut être optimisée, à l'instar de celle de l'État. L'UGAP, mais aussi Public LLD, proposent des solutions d'externalisation, comme la location longue durée.

B. Une réorientation de la démarche d'investissement

Il n'est plus possible pour la collectivité d'investir comme elle l'a fait pendant des décennies. Les capacités des collectivités territoriales à autofinancer leurs investissements sont aujourd'hui réduites mécaniquement par la baisse des dotations de l'État. Dans ce contexte, selon une étude nationale menée en 2014, près de la moitié des élus locaux prévoyait de réduire ses dépenses d'investissement en 2015. Il ne s'agit plus aujourd'hui de décider de dépenser et d'ajuster les recettes aux dépenses, mais d'assurer une régulation rationnelle entre dépenses et recettes, grâce à une approche prospective prenant en compte les dépenses de fonctionnement des équipements existants ou envisagés, dont les dépenses énergétiques. Pour Christian Debiève, directeur général des services de Montélimar agglomération, « nous changeons de paradigme ».

Cesser d'investir est inenvisageable : l'arrêt brutal des investissements risquerait de porter atteinte à l'attractivité des territoires, qui requiert de maintenir un niveau suffisant d'équipement, notamment dans les nouvelles technologies et les transports. Il serait très dommageable de pratiquer des coupes sombres à l'aveugle. Il convient donc de programmer avec rigueur les dépenses d'équipements et de procéder à des arbitrages, notamment en fonction de leur utilité sociale.

Des prospectives financières peuvent utilement éclairer les choix, par exemple dans le cadre de programmes pluriannuels d'investissement des territoires (PPIT). Des projets spécifiques, favorisant la transition énergétique, sont certainement à privilégier. Autre critère d'arbitrage possible entre les projets d'investissement : ne retenir que ceux qui ne génèrent pas de dépenses de fonctionnement supplémentaires.

Faire baisser les dépenses de fonctionnement pour pouvoir continuer à investir raisonnablement s'impose, mais il convient d'aller au-delà en sachant allier recettes traditionnelles et innovation.

II. Une exigence d'optimisation des recettes et de modernisation des méthodes

A. Augmenter les recettes traditionnelles

Plusieurs outils sont à disposition de la commune, mais certains sont à manier avec précaution. Ainsi, l'augmentation des taux d'imposition est envisageable, mais à pratiquer avec le plus grand discernement en raison de son impopularité. Le recours accru à l'emprunt pour financer les investissements s'avère en revanche une bonne option en période d'offre abondante de liquidités et de taux d'intérêt bas. S'il s'impose en matière de transition énergétique, de numérique, il suppose toutefois que la collectivité soit peu endettée.

Autre possibilité, la révision des politiques tarifaires, pouvant reposer sur une réforme des grilles tarifaires, la fin de la gratuité de certains services, la hausse des tarifs. Elle doit être maniée avec discernement, en étant attentif à l'équité et à la progressivité des tarifs. Il convient en outre de veiller à ce que le taux d'effort des familles ne devienne pas excessif et ne les conduise pas à renoncer à certains services comme la restauration scolaire. Il convient en toute hypothèse d'établir une tarification lisible et d'éviter les usines à gaz.

Renoncer à des exonérations, actualiser les valeurs locatives, réviser minutieusement les taxes et redevances affectées, recourir aux certificats d'économie d'énergie, pratiquer une gestion active du patrimoine, autant d'outils également mobilisables. De plus en plus de collectivités pratiquent une gestion active de leur patrimoine, vendant des biens, en achetant ou en louant d'autres pour retrouver des marges de manœuvre financières, en se dotant parfois de cellules de valorisation du patrimoine.

Enfin, la commune peut également recourir aux subventions, ce qui nécessite d'identifier le financement le plus adapté aux projets envisagés. Le recrutement d'un chargé de mission pour monter les projets, d'un cabinet extérieur pour valider la conformité des projets aux critères de subventions, est parfois nécessaire, les plus grosses collectivités allant jusqu'à se doter de services dédiés, dans un contexte où les critères d'attribution se durcissent.

B. Recourir à des recettes et des méthodes nouvelles

Plusieurs moyens de financements moins « traditionnels » que les précédents se sont développés ces dernières années. Il convient d'apprendre à faire le tour des financements possibles, tout en ne retenant que ceux qui sont compatibles avec le service public.

Les entreprises et les particuliers peuvent en effet représenter un « gisement » important pour les collectivités : le mécénat, par lequel une entreprise ou un particulier soutient un projet par un don en argent, en nature ou en compétences, souffre cependant actuellement, et il faut être inventif pour motiver les entreprises. La professionnalisation des collectivités est indispensable pour développer des mécénats, une mission pouvant être par exemple rattachée à la direction des finances ; l'élaboration d'un catalogue à destination des entreprises, la remise aux mécènes de rapports annuels, l'animation du réseau, autant d'outils à développer pour réussir, tout en sachant préserver l'indépendance des projets publics par rapport aux contributeurs privés.

Le financement participatif, ou *crowdfunding*, collecte d'un grand nombre de petits dons par Internet, a le vent en poupe, mais porte sur des volumes de financement faibles. Des partenariats opérationnels peuvent également être noués entre collectivités et entreprises, en veillant à ne pas privatiser le patrimoine public.

Plus fondamentalement, le « nouveau management public », inventé dans les années 1970, inspire aujourd'hui de nouvelles relations avec les usagers qui peuvent être associés à l'élaboration des politiques publiques afin de contribuer à l'amélioration de leur qualité. L'installation sur le terrain d'une équipe pluridisciplinaire, la réalisation de prototypes et de simulations permettent de réfléchir collectivement, d'améliorer le prototype jusqu'à trouver une solution. L'arbitrage entre différents projets, comme le renouvellement du patrimoine, les investissements productifs, le développement économique local, peut passer par la démocratie participative. On peut également, comme l'ont fait quelques collectivités, développer des projets associant tous les agents de la collectivité à la diminution des dépenses de fonctionnement pour relancer l'investissement.

Enfin, l'évaluation n'est pas encore entrée suffisamment dans les mœurs alors qu'elle devrait constituer une composante de base de l'action publique : mieux vaudrait arbitrer après évaluation plutôt que de raboter uniformément à l'aveugle toutes les dépenses publiques.

Ainsi, pour réussir à dégager des marges de manœuvre lui permettant de continuer à financer investissement et nouveaux projets, la commune devra savoir allier une politique classique de maîtrise des dépenses et de recherche de nouveaux moyens de financement à des actions novatrices associant tant la population que les agents aux arbitrages et à leur mise en œuvre.

Sujet n° 2

Concours externe - session 2014
Spécialité administration générale

Difficulté XXX	Durée 4 heures

Vous êtes attaché territorial de la commune d'Alpha, membre d'une structure intercommunale. À la suite des élections municipales, le nouveau maire vous demande de rédiger, à son attention, une note sur les grands enjeux de l'intercommunalité.

Vous rédigerez cette note exclusivement à l'aide des éléments du dossier.

SOMMAIRE DU DOSSIER

Document 1 : L'intercommunalité, hier, aujourd'hui et demain. Extrait de J.-M. Pontier, *in* M.-C. Steckel-Assouère (dir.), *Regards croisés sur les mutations de l'intercommunalité*, L'Harmattan, coll. Grale, 1er septembre 2013. (5 pages)

Document 2 : L'émiettement communal et la coopération intercommunale. Extrait de N. Kada et H. Oberdorff, *Institutions administratives*, Sirey, 2013. (2 pages)

Document 3 : « Réformer les territoires pour réformer la France ». Tribune du Président de la République François Hollande parue dans la presse quotidienne régionale, datée du 3 juin 2014. (2 pages)

Document 4 : L'intercommunalité en France (conclusion générale du rapport). *Rapport de la Cour des comptes*, 2005. (3 pages)

Document 5 : Quelle place pour l'intercommunalité dans la campagne des municipales ? Aurélien Hélias, *Le Courrier des maires*, 24 septembre 2013. (4 pages)

Document 6 : Extraits de l'exposé des motifs de la loi n° 2014-58 du 27 janvier 2014 relative à la modernisation de l'action publique territoriale et à l'affirmation des métropoles. (3 pages)

Document 7 : L'intercommunalité à fiscalité propre. Extrait du rapport du sénateur Philippe Dallier, n° 193, février 2006. (3 pages)

Document 8 : Les métropoles et l'affirmation des évolutions de la topographie juridique. Vincent Aubelle, *Pouvoirs locaux*, n° 99, décembre 2013-janvier 2014. (5 pages)

Document 9 : Quand le juge constitutionnel rédige la réforme de l'intercommunalité. Brigitte Menguy, *La Gazette des communes*, 11 juin 2014. (1 page)

Document 10 : La carte intercommunale au 1er janvier 2014. *Bulletin d'information statistique de la DGCL du ministère de l'Intérieur*, n° 98, janvier 2014. (4 pages)

Document 11 : Quand la mutualisation fertilise le projet de territoire. Extrait d'un dossier réalisé à partir d'une étude INET-AdCF, *Intercommunalités*, n° 156, mai 2011. (4 pages)

Document 1

J.-M. PONTIER. *L'intercommunalité, hier, aujourd'hui et demain*

[...]

2. Une coopération en partie faussée

La France sera bientôt couverte entièrement par des EPCI à fiscalité propre, aucune commune ne sera plus à l'écart, l'ensemble des communes fera partie d'un EPCI à fiscalité propre. Faut-il chanter victoire, doit-on considérer que le but est atteint, peut-on dire que les problèmes liés à la multiplicité des communes sont enfin réglés ? Cela n'est pas certain, le succès apparent[41] peut cacher des réalités moins reluisantes. Entre autres, il est possible d'identifier un double problème, celui de la complexité des structures et des règles, et celui que l'on pourrait qualifier des « comptes d'apothicaire ».

Premier problème, donc, celui de la complexité des structures et des règles. Lorsqu'il est question en France de structures ou de procédures très complexes, et qui sont jugées comme l'étant trop, une image est largement utilisée, celle d'« usine à gaz ». Dans les usines qui fabriquaient du gaz, généralement à partir de charbon, la complexité des tuyauteries était devenue proverbiale, d'où le sens imagé que prend aujourd'hui cette expression, pour désigner un système lourd, difficilement adaptable et qui n'est pas toujours compréhensible. Ces caractéristiques semblent pouvoir s'appliquer à un grand nombre de regroupements communaux.

Tout d'abord, ce qui frappe l'observateur, et qui laisse perplexes les étrangers qui étudient notre système administratif territorial, c'est la multiplicité des formules de regroupements. Au fil du temps, et des gouvernements, de nouvelles formules se substituent parfois aux anciennes et plus sûrement s'y surajoutent. Certes, dans tous les cas les adaptations, les nouvelles créations, sont inspirées par un souci de perfectionner les formules, de les rendre plus efficaces. La bonne volonté des dirigeants n'est pas en cause. Mais ce qui est problématique c'est, sinon l'empilement, comme pour les structures territoriales d'une manière générale, mais plutôt l'accolement, la juxtaposition de formules proches, mais qui se différencient sur un certain nombre de points.

Les pouvoirs publics semblent être tombés dans l'excès inverse de celui des structures territoriales des collectivités territoriales : autant pour celles-ci on a cherché l'uniformité des structures, autant pour les EPCI on cherche la diversité, l'imagination n'est pas en reste. Ou plutôt on cumule les inconvénients de l'uniformité et de la diversité : le type d'organisation est partout le même, avec le couple assemblée délibérante-exécutif unipersonnel, en revanche lorsque l'on aborde les domaines d'intervention et les pouvoirs, c'est la plus grande diversité qui règne.

Précisément, les transferts de compétences illustrent la complexité de notre système de coopération locale. On peut comprendre que, selon les formules choisies (ou imposées), les compétences ne soient pas les mêmes, c'est même là la justification de la diversité. Cependant, les différentes catégories de compétences transférées ou transférables laissent perplexe, et ne sont pas toujours compréhensibles. On peut de ce fait comprendre les élus qui font des erreurs ou ne respectent pas vraiment les textes, moins par volonté de ne pas les appliquer que par difficulté à savoir exactement quelles sont les limites de leurs compétences. Entre les compétences obligatoires, les compétences facultatives, les compétences optionnelles, les compétences déléguées, il y a parfois de quoi s'y perdre.

D'ailleurs, le contentieux en porte témoignage, qui voit de plus en plus d'affaires dans lesquelles ce qui est en cause c'est une question de répartition des compétences entre l'établissement public de coopération et la ou les communes membres. Plusieurs décisions de justice rendues par le juge administratif, ces dernières années, attestent l'importance croissante de contentieux.

Second problème, celui des « comptes d'apothicaire ». La coopération est encore faussée parce qu'elle se ramène souvent à des « comptes d'apothicaire ». L'apothicaire[54], ancêtre du pharmacien, faisait des préparations à partir de produits rares. Peut-être avait-il tendance à exagérer quelquefois la note, et peut-être est-ce de cela qu'est venue l'expression « compte d'apothicaire » pour désigner des comptes compliqués et inutilement compliqués, faits pour égarer le client ? En quoi peut-on dire que la coopération intercommunale réalisée par les EPCI peut ressembler à des comptes d'apothicaire ? Cette expression paraît pouvoir rendre compte de l'intercommunalité à un double titre :

---

52. En l'espèce l'article 10-1 de la loi du 10 février 2000 relative à la modernisation et au développement du service public de l'électricité et de l'article L. 5211-17 du CGCT.

53. « La proposition de création d'une zone de développement de l'éolien, qui ne figure pas au nombre des compétences transférées de plein droit à un établissement public de coopération intercommunale lors de sa création, demeure de la compétence des communes composant la communauté tant que le transfert de cette compétence n'a pas été approuvé par l'autorité préfectorale » (CE 30 janvier 2013, *Ministre de l'Écologie, du Développement durable, des Transports et du Logement*, req. n° 355730).

54. Le terme apothicaire ne vient pas du grec, mais du latin : le terme *apotheca* désignait une boutique, le terme *apothecarius* le boutiquier, et ce dernier terme figure dans le Code justinien.

Tout d'abord, il est vrai que les comptes des intercommunalités ne sont peut-être pas aussi clairs qu'il serait souhaitable qu'ils soient. Sans doute connaît-on financièrement les chiffres globaux, mais cela est d'une faible utilité. Connaît-on vraiment tous les flux financiers dans les relations entre les communes et les établissements dont elles sont membres ? Cela est beaucoup moins certain. D'autant que ces flux ne sont pas à sens unique, que les établissements reversent aux communes certaines sommes, sous diverses formes, qui peuvent être de subventions, de DSP (délégation de service public) assurées par les communes pour le compte de l'établissement public, de prise en charge de personnels communaux, etc. Les choses sont d'autant plus compliquées qu'une commune peut appartenir – le cas est fréquent – à plusieurs intercommunalités[55].

Et il faut bien se poser la question du caractère démocratique ou non démocratique du fonctionnement de ces intercommunalités, puisque les citoyens ne sont guère informés des budgets de ces établissements publics de coopération. Sans doute, tout citoyen peut demander à voir les comptes, mais concrètement cela se révèle difficile, il faut beaucoup de persévérance à une personne pour arriver à avoir connaissance et à comprendre le budget d'un établissement de coopération intercommunale.

Les comptes d'apothicaire, ce sont aussi, de manière imagée, les comptes au sens figuré que font de nombreux élus locaux. Ces derniers, lorsqu'ils s'engagent dans une telle coopération, font des comptes, font leurs comptes, c'est-à-dire essaient de comptabiliser ce qu'ils peuvent gagner et ce qu'ils peuvent perdre. Certes, dans des cas de plus en plus nombreux, les élus n'ont pas le choix entre rester commune isolée ou entrer dans un EPCI, ils sont tenus d'entrer.

Mais, d'une part, il est possible de configurer d'une manière ou d'une autre le futur établissement, ou celui qui reçoit une commune, tout n'est pas imposé par la loi. D'autre part, il est également possible de « monnayer », d'une manière ou d'une autre, l'entrée dans l'établissement, ou la façon dont ce dernier va fonctionner. Ces calculs sont rendus possibles également par le caractère vague, ou élastique, du contenu de compétences transférées à l'établissement, même lorsqu'il s'agit de transferts obligatoires : il est toujours possible de discuter, par exemple, de ce qui est culturel, social ou sportif[56].

Par ailleurs encore, les comptes faits par les élus sont des comptes d'apothicaire dans la mesure où, lorsque cela est possible, des solutions passablement compliquées peuvent être retenues, solutions dans lesquelles la rationalité n'a guère de place.

Parmi les exemples qui peuvent en être donnés, en voilà un qui concerne une commune faisant partie jusque-là d'un syndicat de communes et qui s'interroge sur les transferts de compétences du fait du passage en communauté de communes. La question touche en l'espèce les déchets. La commune veut bien transférer la compétence traitement des déchets, mais veut conserver la compétence collecte, alors que toutes les autres communes faisant partie de l'établissement transfèrent à la communauté à la fois la compétence collecte et la compétence traitement. Or, bien que la Cour des comptes ait dénoncé à plusieurs reprises ces transferts « en étoile », la pratique se poursuit, elle est légale, et nombreuses sont les situations dans lesquelles les exigences légales peuvent être aménagées ou contournées.

C'est dire que si tout n'est pas possible, de nombreuses solutions sont envisageables, sachant que, comme on peut s'en douter, les élus communaux ont tendance à préférer les solutions les moins intégratrices possible, celles qui leur laissent le plus de marge de manœuvre. Le succès de l'intercommunalité peut donc être trompeur. Mais il ne l'est pas seulement dans ce sens : l'intercommunalité est peut-être encore plus ambiguë qu'il n'y paraît, parce qu'elle préfigure peut-être une autre forme d'organisation administrative.

(...)

55. L'appartenance d'une commune à plusieurs intercommunalités peut s'expliquer par différents facteurs, propres à une commune, à ses élus ou à une partie du territoire. Mais pour certains élus, cela permet de ménager les uns et les autres, tout en conservant une autonomie plus grande par rapport aux établissements de coopération.

La situation actuelle ne pourra pas perdurer indéfiniment. L'intercommunalité ne cesse de se développer et de se compliquer. Mais les solutions apportées, même si elles sont de plus en plus intégratrices, apparaissent aussi comme des palliatifs, des « rustines », un rafistolage. Une réforme plus profonde ne pourra pas toujours être évitée, être reportée, et si tel devait être le cas, la France finirait par connaître l'un de ces soubresauts violents dont elle semble avoir le secret. L'intercommunalité porte en elle-même les germes de son dépassement et de sa disparition. L'« information »[69] qu'elle renferme s'accroît au fil du temps et, comme dans l'évolution de la vie, cela doit se traduire un jour par de nouvelles « espèces ». Des différenciations statutaires s'imposent, comme semblent devoir s'imposer deux niveaux d'administration locale pour l'avenir.

1. La consécration de la différenciation des structures

En matière d'organisation territoriale, les pouvoirs publics ont choisi en France, depuis la Révolution, la voie de l'uniformité. Celle-ci n'est plus souhaitable, elle n'est peut-être plus tenable, mais la différenciation se heurte encore en France à de fortes résistances.

La différenciation s'impose pour tenir compte d'une différence qui s'est accusée au fil du temps, la différence entre la ville et la campagne. Cette différence a toujours existé, comme en témoignent les expressions littéraires, et notamment la célèbre fable sur le rat des villes et le rat des champs[70]. Mais le fossé qui sépare la ville de la campagne s'est accru durant le dernier siècle, notamment par les services que rend la ville et que l'on ne trouve pas à la campagne. Or, bien que des différences existaient déjà, et qui eussent appelé une législation et une réglementation

69. On parle ici d'information au sens scientifique du terme : l'univers est un processus d'épigenèse, les diverses compositions reçoivent au fil du temps de plus en plus d'informations et, si l'on s'en tient au vivant, cet accroissement d'informations va, en gros, des acides aminés à l'être humain.

70. Sans compter la différence « culturelle » qui existe depuis fort longtemps et le mépris manifesté par les habitants des villes à l'égard des campagnards, mépris qu'exprime le distique ancien « *Oignez vilain, il vous poindra, poignez vilain, il vous oindra* ».

adaptées, le législateur révolutionnaire a défini des structures identiques pour les villes et les campagnes. Et ce qui n'était pas adapté à la Révolution est devenu tout à fait inadapté.

Cela explique qu'à une époque récente, soit les débuts de la Cinquième République, on ait commencé à penser à une organisation administrative mieux adaptée aux villes. Les communautés urbaines ont été la première véritable tentative pour donner aux villes des structures administratives correspondant à leurs besoins. Ces communautés ont connu bien des déboires, mais elles ont subsisté, en étant transformées, aujourd'hui. Les métropoles représentent une autre tentative, dont on peut penser ce que l'on veut, pour prendre en compte des situations urbaines complexes. Mais l'on voit bien que dans le processus en cours n'interviennent pas seulement des préoccupations de meilleure gestion de la ville, les arrière-pensées sont nombreuses, les calculs déterminent sans doute trop les choix opérés. Et une telle solution ne peut valoir que dans quelques cas.

Or les situations sont très différenciées à la fois selon les parties du territoire et selon l'occupation au sol de la population. Il existe d'ores et déjà des atténuations aux règles en vigueur concernant les toutes petites communes (mais qui sont nombreuses), car, sinon, il serait impossible de trouver des élus pour gérer la commune. Mais cela n'est sans doute pas suffisant, il faut aller plus loin dans la différenciation[71].

Faut-il maintenir à tout prix l'uniformité qui caractérise nos collectivités territoriales ? Depuis longtemps, par exemple, on parle d'exécutifs qui pourraient être des salariés. L'idée fait vivement réagir, notamment les élus locaux. Il faut cependant rappeler que la décentralisation peut parfaitement être développée avec des exécutifs non élus, comme c'est le cas aux Pays-Bas. Et ce ne sont pas les normes en vigueur qui pourraient s'opposer à une telle conformation, l'exigence constitutionnelle d'élection au suffrage universel ne portant que sur l'organe délibérant. L'obstacle est donc politique – au sens large du terme – et non juridique.

71. En élargissant le propos, on peut faire référence à l'une des propositions du *Rapport de la mission de lutte contre l'inflation normative*, rédigé par A. LAMBERT et J.-C. BOULARD, remis en mars 2013. Les auteurs du rapport, ayant cherché à recenser les schémas de toutes sortes existants (ils en dénombrent soixante-sept, mais il n'est pas absolument certain que leur liste soit exhaustive…), déclarent qu'il faudrait freiner le développement des schémas et proposent d'en élaborer un dernier : « Un schéma directeur des droits à l'initiative, à l'adaptation et à l'improvisation » (*Rapport*, p. 41).

2. Le double pôle de l'action publique territoriale

Tous les échelons de décentralisation se valent peut-être d'un point de vue abstrait, émotionnel, sentimental (ou tout ce que l'on voudra d'autre), mais administrativement, économiquement, techniquement, il n'en est rien, certains échelons semblent l'emporter sur les autres au vu des exigences et des préoccupations de notre temps. Deux échelons sont à privilégier, ce sont, sans surprise, l'échelon intercommunal et l'échelon régional.

L'échelon intercommunal est un échelon privilégié de l'action publique. Les raisons qui commandent un tel choix ne manquent pas.

Tout d'abord, les problèmes ont de moins en moins une dimension communale ou, si l'on préfère, une décision en matière d'action publique engage rarement seulement la commune, d'autres collectivités sont concernées ou intéressées. Les questions uniquement communales sont celles qui constituaient l'essentiel des préoccupations des élus communaux à la fin du XIXe siècle et durant la première moitié du XXe siècle : l'entretien des voies publiques et du domaine public communal, l'aide (limitée) aux plus nécessiteux[72] et « l'école communale » (qui était fort peu « communale » en dehors de son implantation et des élèves qui la fréquentaient). Mais les interventions économiques, sociales, culturelles, c'est-à-dire l'essentiel, aujourd'hui, des interventions locales, ne peuvent se réduire, se limiter à une commune.

Une deuxième raison est la cohérence des interventions. Il n'est plus possible de laisser chaque commune intervenir isolément, comme si les autres n'existaient pas. Les équipements, dans les différents domaines précités, ne peuvent être multipliés, chaque commune ayant son équipement. On se souvient par exemple qu'il fut un temps où chaque commune voulait avoir sa piscine, et des « plans » gouvernementaux furent adoptés pour doter les communes de piscines.

De même, les communes ne peuvent avoir, pour la plupart, de théâtre. Certaines d'entre elles, classées parmi les « petites » communes (soit moins de 20 000 habitants), ont voulu « ressusciter » le théâtre qui avait pu exister en d'autres temps. Mais ces temps, précisément, sont passés, et les expériences faites se sont traduites la plupart du temps par de cuisants échecs. Dans le même domaine culturel, il apparaît tout aussi évident qu'une école de musique ne peut plus être simplement communale, cela vaut également pour un certain nombre d'équipements sportifs Et l'on ne parle pas ici, parce que les pouvoirs des communes sont très limités des établissements hospitaliers, qui illustrent bien par ailleurs le nécessaire dépassement du niveau communal[73].

Une troisième raison, liée à la précédente, est de nature financière, plus exactement budgétaire : les budgets des collectivités publiques ont certes toujours été limités, mais jamais comme aujourd'hui la tension entre les besoins, tels qu'ils sont exprimés par la population, et les moyens financiers, n'a été aussi forte. Ces besoins sont indéfiniment extinguibles et, au surplus, les interventions sont de plus en plus coûteuses, pour des raisons techniques[74]. Les ressources financières sont non seulement limitées, mais les finances publiques sont contraintes, et ainsi que l'écrit R. Hertzog, « la fête est finie »[75]. Une quatrième raison que l'on pourrait faire valoir est l'exigence d'égalité, à laquelle les citoyens sont extrêmement sensibles, et que la décentralisation accentue[76]. La seule manière de répondre à ces contraintes, c'est l'intercommunalité, sous des formes qui restent peut-être encore à inventer. Mais les problèmes financiers que rencontrent les communes depuis longtemps se sont reportés à l'échelon supérieur, ils se retrouvent désormais à l'échelon intercommunal[77].

Un second pôle est le pôle régional. Il ne paraît pas utile d'insister sur l'importance présente et à venir de cet échelon, tant il s'impose dans les domaines les plus divers. Ce n'est d'ailleurs pas seulement en tant qu'échelon de décentralisation

72. Il faut naturellement mettre à part les circonstances exceptionnelles ayant conduit les communes à intervenir, notamment les guerres, et le phénomène du « socialisme municipal », mais qui, en France, et pour les raisons que l'on connaît, demeura limité, contrairement à ce qui se passa dans d'autres pays voisins.

73. Et l'on peut remarquer qu'enfin la loi de 2009 a rompu le lien traditionnel entre l'hôpital et la commune, puisque traditionnellement l'hôpital était un établissement public communal. Ce rattachement communal correspondait de moins en moins, et même plus du tout, à la réalité, la zone de desserte d'un hôpital allant bien au-delà du territoire d'une commune.

74. Cela vaut naturellement pour les équipements hospitaliers, mais l'on peut songer aussi à de nouvelles contraintes, comme les contraintes environnementales, qui renchérissent le coût des équipements à réaliser. Les économies d'énergie supposées en résulter sont pour l'avenir, les dépenses sont pour le présent.

75. R. HERTZOG, « Collectivités territoriales : la réforme sans l'argent, impossible ou indispensable ? », *in* J.-C. NÉMERY (dir.), *Quelle nouvelle réforme pour les collectivités territoriales françaises ?*, L'Harmattan, coll. « GRALE », 2010, p. 91 et s., p. 95.

76. Il faut bien voir en effet, ce que ne veulent pas voir de nombreux tenants de la décentralisation, qu'il existe une tension et même une contradiction entre l'exigence d'égalité et la décentralisation, cette dernière appelant par définition la différenciation, laquelle se transforme rapidement, ou est perçue, comme une inégalité.

77. Voir J.-L. ALBERT, V. DE BRIANT, J. FIALAIRE, avec le concours de R. DOARÉ, *L'intercommunalité et son coût*, L'Harmattan, coll. « GRALE », 2008.

NOTE

territoriale que la région est un niveau indispensable, c'est également pour des interventions plus spécialisées, comme le montrent la création des ARS et le rôle croissant qu'elles jouent dans la programmation des équipements hospitaliers. L'échelon régional est l'échelon territorial pertinent pour un certain nombre d'activités, d'interventions et d'équipements, mais son développement se heurte encore à l'heure actuelle à l'existence d'autres niveaux « concurrents », notamment le département. Le devenir de cet échelon régional conditionne aussi, en partie, l'avenir de l'intercommunalité.

***
*

L'intercommunalité est, depuis plusieurs décennies, un phénomène évolutif, et même fortement évolutif, ce qui n'était pas prévisible au départ. Toute nouvelle formule inventée par les pouvoirs publics appelle d'elle-même d'autres formules, plus intégrées, plus compliquées aussi. Elle peut ressembler à une sorte de fuite en avant, comme un moyen de ne pas voir d'autres réalités, d'autres transformations qui pourraient être effectuées, voire qui s'imposeraient. L'intercommunalité apparaît ainsi comme un signe de contradiction de l'organisation administrative, mais aussi politique française : elle est un système perfectionné, de plus en plus perfectionné, « sophistiqué », serait-on tenté de dire, elle est aussi un instrument d'occultation de problèmes de fond que l'on ne souhaite pas régler.

1er septembre 2013

Document 2

[...] L'émiettement communal et la coopération intercommunale

278. Avec 36 767 communes dont 36 552 pour la métropole (DGCL, *Les collectivités locales en chiffres*, 2013), la France connaît bien un émiettement communal, surtout si nous comparons notre pays avec d'autres États européens.

Les vingt-sept autres États membres de l'Union européenne disposent en effet collectivement d'un peu moins du double, selon le décompte suivant :

« 936 communes ont moins de 50 habitants, 930 comptent 10 000 habitants et plus, et Paris, la plus peuplée, plus de deux millions. La plupart des communes sont de petite taille : près d'une commune sur deux compte moins de 400 habitants et environ une sur quatre moins de 200 habitants. Les petites communes sont les plus nombreuses, mais elles ne regroupent qu'une faible partie de la population. Les 27 301 communes de moins de 1 000 habitants, représentant 74,4 % des communes, ne comptabilisent pourtant que 15 % de la population, quasiment autant que les 41 communes de plus de 100 000 habitants » [2]. Si la taille moyenne de nos communes comprend 1 580 habitants, celle des communes belges est de 16 400 habitants, allemandes de 5 900 ou des districts britanniques de 135 700. Si cet émiettement communal est peut-être satisfaisant sous l'angle de la démocratie, il l'est moins sous celui de la rationalité de la gestion. Il est donc important d'observer la composition démographique des principales villes françaises et des aires urbaines de plus de 50 000 habitants. Ces chiffres expliquent les évolutions de l'intercommunalité dans notre pays.

279. En France, les fusions de communes semblent très difficiles, voire impossibles, à l'inverse des autres pays de l'Union européenne [4]. Plusieurs facteurs l'expliquent. L'histoire communale est l'une des premières raisons. La commune contient une forte charge symbolique pour la population, comme la participation électorale aux élections municipales le montre. La commune renvoie aux traditionnelles libertés locales ou municipales, base de la démocratie. L'administration communale est historiquement une administration de proximité, le maire est vécu depuis longtemps comme un intercesseur [5].

Des raisons démocratiques expliquent et justifient donc l'émiettement communal. La commune, quelle que soit sa taille, est l'expression de la démocratie locale, car il existe un lien direct entre les élus et les électeurs. La fonction de maire permet de saisir directement les besoins quotidiens des habitants de la commune et d'y répondre utilement. Cette relation est d'autant plus facile que la commune est petite. Cet émiettement communal amène un grand nombre de citoyens à s'investir dans la gestion locale, plus de 500 000 élus locaux. Cette disponibilité est précieuse pour la vie démocratique. La vie politique française repose en grande partie sur son implantation sur le territoire grâce aux élections locales. La durée d'une carrière politique est rendue souvent possible par une bonne implantation locale. Cela peut aussi entraîner un certain conservatisme des notables à l'égard de toute politique de regroupement ou de fusion.

Mais, tous ces arguments ne suffisent pas à gommer les inconvénients de l'émiettement communal et son absence de rationalité. Cet émiettement obère durablement les finances locales, rend non rentable de nombreux équipements locaux ou alourdit tout simplement les charges des petites ou moyennes communes. Un gaspillage des deniers publics s'en suit, comme à terme le sous-équipement communal aussi. L'interventionnisme économique est un leurre pour beaucoup de communes. La balkanisation communale peut se révéler un obstacle rédhibitoire au développement économique et social.

NOTE

280. La lutte contre les excès de cet émiettement est passée par le développement de la coopération intercommunale, dans la mesure où des choix plus radicaux n'ont jamais été vraiment possibles. En effet, les démarches plus directives de fusions n'ont pas vraiment donné de résultats probants. La loi de 1971 sur la fusion de communes n'ayant pas été d'une grande efficacité, la France s'est plutôt orientée vers le développement de la coopération intercommunale. Cette coopération est une démarche ancienne, mais elle a connu un nouvel essor, ces dernières années. Plusieurs modalités de coopération existent dorénavant, toujours fondées sur le volontarisme communal, sauf lors de la création des premières communautés urbaines qui sont le fait du législateur (en 1966 pour Bordeaux, Lille, Lyon ou Strasbourg).

La coopération de gestion consiste en la création, sur l'initiative des communes, d'un établissement public territorial ayant mission de gérer pour le compte des communes créatrices, un ou des services publics d'intérêt commun, sous la forme de syndicat intercommunal, à vocation unique ou à vocations multiples (SIVOM).

Le syndicat de communes constitue la structure intercommunale la plus ancienne [1] et la plus répandue. Au 1er janvier 2013, en dépit du processus (imposé par la loi du 16 décembre 2010 et déjà bien engagé) de rationalisation et d'achèvement de la carte intercommunale, on dénombrait toujours 14 305 syndicats sont en activité répartis en 9 720 syndicats à vocation unique, 1 302 syndicats à vocation multiple, 3 275 syndicats mixtes et huit pôles métropolitains. Les SIVU, représentant près de 70 % de l'ensemble des syndicats, sont compétents en matière d'adduction, de traitement et de distribution d'eau, d'activités scolaires et périscolaires et d'assainissement. Leur nombre est nettement en diminution au profit d'autres formules de coopération. Les SIVOM, représentant moins de 10 % de l'ensemble des syndicats, sont compétent dans les domaines de l'assainissement, de la collecte et de l'élimination des ordures ménagères, des activités scolaires et périscolaires, des transports urbains, du tourisme et des équipements publics. Leur nombre est en diminution. Les syndicats mixtes, représentant près de 20 % de l'ensemble des syndicats, concernent la collecte et de l'élimination des ordures ménagères, le traitement et la distribution de l'eau, le tourisme. Leur nombre est en progression. Enfin, les pôles métropolitains sont des groupements de structures intercommunales et sont de création récente (L. du 16 déc. 2010, préc.).

La coopération de projet consiste en l'élaboration d'un projet commun de développement économique et social, dans un espace intercommunal, pour un ensemble de collectivités intéressées. Il s'agit d'établissements publics de coopération intercommunale à fiscalité propre territoriaux dont la vocation, les compétences, et donc l'intérêt communautaire, sont en phase avec le projet d'intercommunalité envisagée. La loi du 6 février 1992 a multiplié les choix de coopération intercommunale. La loi du 12 juillet 1999 vise au renforcement et à la simplification de la coopération intercommunale. La loi relative aux libertés et responsabilités locales du 13 août 2004 renforce les possibilités de couverture du territoire par les EPCI et assouplit leurs règles de fonctionnement. Enfin, la loi du 16 décembre 2010 affiche un objectif ambitieux : que l'ensemble du territoire national soit couvert par des structures intercommunales à fiscalité propre. Ceci étant, cette coopération de projet peut prendre des formes diverses comme : la communauté d'agglomération, la communauté urbaine et la communauté de communes, sans oublier le syndicat d'agglomération nouvelle et la métropole.

281. Cette autre forme de coopération intercommunale a beaucoup de succès, car elle correspond précisément aux besoins des territoires et de leur population, comme en attestent les chiffres du ministère de l'Intérieur (DGCL, Le bilan de l'intercommunalité au 1er janvier 2013) : 1 métropole (Nice), 5 communautés urbaines, 213 communautés d'agglomération, 2 223 communautés de communes, et 4 syndicats d'agglomération nouvelle. Ainsi, les 2 456 établissements publics de coopération intercommunale à fiscalité propre (EPCI) regroupaient à cette date 36 049 communes représentant 60,9 millions d'habitants. La coopération intercommunale poursuit donc sa progression et tend à concerner progressivement la totalité du territoire, la quasi-totalité des communes et une très grande majorité de la population [1].

Cette coopération intercommunale, sous la forme d'EPCI, montre que, derrière la démocratie locale représentée traditionnellement par les communes, il existe une administration fonctionnelle efficace, mais à la légitimité politique plus faible. Cela explique le choix effectué par le législateur en 2010 de faire élire au suffrage universel direct les conseillers communautaires dans toutes les communes de plus de 1 000 habitants. Cela devrait permettre de donner plus de lisibilité à une administration communale à plusieurs niveaux [2]. En même temps, le recours au suffrage universel aura la conséquence de rapprocher encore davantage ces établissements des collectivités territoriales de droit commun.

282. On se trouve, du fait du dynamisme de l'intercommunalité, devant une interrogation fondamentale : est-ce qu'on se dirige vers un renforcement de la coopération intercommunale ou est-ce qu'il s'agit d'évoluer vers une forme d'intégration communautaire dépassant les stricts intérêts communaux ? L'intercommunalité actuelle semble encore hésiter entre ces deux voies de développement, car la réforme législative de 2010 visant au renforcement et à la généralisation complète de l'intercommunalité sur l'ensemble du territoire n'a pas réellement tranché ce débat.

L'intercommunalité de projet bouleverse durablement le paysage administratif français en limitant très fortement les effets négatifs de l'émiettement communal excessif de notre pays. Une révolution discrète, mais efficace, de communautarisation des territoires de la France est à l'œuvre. De nouveaux modes de gouvernance gèrent l'action publique sur le territoire. Il faudrait, comme pour d'autres sujets, que la démocratie locale ne soit pas étouffée au profit d'une gestion trop technique surtout « si à l'instar des État-Nations du XXe siècle, des « collectivités providences » (villes, métropoles, régions…) » [3] contribuent de plus en plus au bien être des habitants des territoires concernés. Cela suppose de « donner une légitimité et une visibilité plus affirmées au niveau de la gouvernance intercommunale afin que les citoyens en mesurent pleinement l'enjeu et puisent mieux se l'approprier » [4].

1. C'est la loi du 22 mars 1890 qui a autorisé les communes à se syndiquer.

Document 3

"Réformer les territoires pour réformer la France"

RUBRIQUE : NATION, INSTITUTIONS ET RÉFORME DE L'ÉTAT

Depuis deux siècles, la République a cherché à concilier l'unité de l'État, avec l'exercice le plus libre possible de la démocratie locale.

Mais il a fallu attendre les grandes lois de décentralisation de 1982 sous la Présidence de François Mitterrand, pour élargir les responsabilités des communes et des départements, et faire des régions des collectivités locales à part entière.

Puis sous la présidence de Jacques Chirac, la République décentralisée a été consacrée dans la Constitution. C'était aussi une façon de reconnaître que nos territoires et les élus qui les représentent, ont incontestablement contribué depuis trente ans à la modernisation du pays et à l'amélioration de la vie quotidienne des Français.

Le temps est venu de donner une forme nouvelle à cette ambition. Parce que notre organisation territoriale a vieilli et que les strates se sont accumulées. Parce que les moyens de communication, les mutations économiques, les modes de vie ont effacé les limites administratives. Parce que nous devons répondre aux inquiétudes des citoyens qui vivent à l'écart des centres les plus dynamiques et qui redoutent d'être délaissés par l'État en milieu rural comme dans les quartiers populaires.

Le temps est donc venu de simplifier et clarifier pour que chacun sache qui décide, qui finance et à partir de quelles ressources. Le temps est venu d'offrir une meilleure qualité de service et de moins solliciter le contribuable tout en assurant la solidarité financière entre collectivités selon leur niveau de richesse.

La réforme que j'ai demandée au Premier ministre et au Gouvernement de mettre en œuvre, en y associant toutes les familles politiques, est majeure. Il s'agit de transformer pour plusieurs décennies l'architecture territoriale de la République.

Au plus près des habitants, la commune est l'institution à laquelle chaque Français est le plus attaché. C'est dans ce cadre que se pratiquent chaque jour la solidarité et la citoyenneté. Elle doit demeurer « une petite République dans la grande ». La spécificité de notre pays c'est de compter 36 700 communes.

L'ensemble du territoire national est aujourd'hui couvert par des intercommunalités. Mais elles sont de taille différente et avec des moyens trop faibles pour porter des projets.

Ce processus d'intégration doit se poursuivre et s'amplifier. C'est le sens de la réforme proposée. Les intercommunalités changeront d'échelle. Chacune d'entre elles devra regrouper au moins 20 000 habitants à partir du 1er janvier 2017, contre 5 000 aujourd'hui. Des adaptations seront prévues pour les zones de montagne et les territoires faiblement peuplés.

L'intercommunalité deviendra donc, dans le respect de l'identité communale, la structure de proximité et d'efficacité de l'action locale. Il faudra en tenir compte pour lui donner le moment venu toute sa légitimité démocratique. Comme il en a été décidé pour les 13 métropoles et le Grand Paris qui ont été créés par la loi du 27 janvier 2014.

Les régions, quant à elles, se sont imposées comme des acteurs majeurs de l'aménagement du territoire. Mais elles sont à l'étroit dans des espaces qui sont hérités de découpages administratifs remontant au milieu des années soixante. Leurs ressources ne correspondent plus à leurs compétences, qui elles-mêmes ne sont plus adaptées au développement de l'économie locale.

Pour les renforcer, je propose donc de ramener leur nombre de 22 à 14. Elles seront ainsi de taille européenne et capables de bâtir des stratégies territoriales. Une carte a été définie. Elle prend en compte les volontés de coopération qui ont été déjà engagées par les élus, dont je veux saluer le sens de l'intérêt général. Elle sera soumise au débat parlementaire. Mais il faut aller vite car il ne nous est pas permis de tergiverser sur un sujet aussi important pour l'avenir du pays.

Demain, ces grandes régions auront davantage de responsabilités. Elles seront la seule collectivité compétente pour soutenir les entreprises et porter les politiques de formation et d'emploi, pour intervenir en matière de transports, des trains régionaux aux bus en passant par les routes, les aéroports et les ports. Elles géreront les lycées et les collèges. Elles auront en charge l'aménagement et les grandes infrastructures.

Pour remplir leur rôle, elles disposeront de moyens financiers propres et dynamiques. Et elles seront gérées par des assemblées de taille raisonnable. Ce qui veut dire moins d'élus.

Dans ce nouveau contexte, le conseil général devra à terme disparaître. La création de grandes régions, et le renforcement des intercommunalités absorberont une large part de ses attributions. Mais cette décision doit être mise en œuvre de façon progressive car le conseil général joue un rôle essentiel dans la solidarité de proximité et la gestion des prestations aux personnes les plus fragiles. Et il ne peut être question de remettre en cause ces politiques. Pas davantage les personnels dévoués qui continueront à les mettre en œuvre. Du temps est nécessaire et de la souplesse est indispensable. Une large initiative sera laissée aux élus pour assurer cette transition. Certaines métropoles pourront reprendre les attributions des conseils généraux et toutes les expérimentations seront encouragées et facilitées.

L'objectif doit être une révision constitutionnelle prévoyant la suppression du conseil général en 2020. Je veux croire qu'une majorité politique nette se dessinera en faveur de ce projet et que s'y associeront les élus qui, dans l'opposition aujourd'hui, souhaitent eux aussi l'aboutissement de cette réforme. D'ici là, les élections pour le conseil départemental seront fixées le même jour que celles pour les futures grandes régions à l'automne 2015. Avec le mode de scrutin qui a été voté par la loi du 17 mai 2013.

Le département en tant que cadre d'action publique restera une circonscription de référence essentielle pour l'État, autour des préfets et de l'administration déconcentrée avec les missions qui sont attendues de lui : garantir le respect de la loi et protéger les citoyens en leur permettant d'avoir accès aux services publics où qu'ils se trouvent. Mais il devra renoncer à exercer les compétences reconnues aux collectivités.

Cette grande réforme s'inscrit dans la volonté de moderniser notre pays et de le rendre plus fort. Elle est tournée vers les citoyens car il s'agit de simplifier notre vie publique, de rendre plus efficace nos collectivités et de limiter le recours à l'impôt. Elle repose sur les valeurs qui doivent nous rassembler : le souci constant de la démocratie, de la solidarité et de l'efficacité. Et c'est pourquoi j'appelle tous les citoyens et, en particulier, tous les élus locaux qui par leur engagement quotidien font vivre les institutions de la République, à s'associer à sa réussite.

François Hollande

Tribune publiée dans la presse quotidienne régionale datée du 3 juin 2014

Document 4

Conclusion générale

Faute d'avoir pu ou voulu mener à bien un mouvement de fusion des communes afin de constituer un premier niveau d'administration décentralisée de taille suffisante (à l'instar de nos voisins anglais ou allemands), l'Etat a favorisé, à partir de l'expérience des communautés urbaines, des districts et des syndicats d'agglomération nouvelle, la constitution de « communautés intégrées » pour gérer à un niveau plus adéquat le développement territorial principalement en zone urbaine.

La réforme de 1999 est un succès en ce qui concerne le nombre et la couverture du territoire par ces nouvelles catégories d'EPCI, sous réserve d'un certain retard en Ile-de-France, en voie aujourd'hui de rattrapage. Toutefois la situation actuelle n'est pas pleinement satisfaisante pour plusieurs raisons.

Le paysage intercommunal n'a pas été simplifié : enchevêtrement de syndicats de tous types, maintenus voire nouvellement créés et existence d'un trop grand nombre de petites communautés de communes à fiscalité additionnelle en zone rurale, n'ayant pas suffisamment de moyens d'action ; développement d'une intercommunalité de troisième niveau avec les syndicats mixtes de planification territoriale, ce qui tendrait à montrer que l'échelle territoriale actuelle des communautés d'agglomération et des communautés de communes n'est pas toujours adéquate.

Pour une partie des nouveaux groupements à fiscalité propre, la logique de l'intégration n'a pas été conduite à son terme : compétences qui restent virtuelles, intérêt communautaire insuffisamment ou incomplètement défini, moyens partiellement transférés, mais aussi investissements encore limités au regard de ceux des communes auxquels ils devraient se substituer ou des moyens financiers dont ils disposent.

Dans une proportion non négligeable, les établissements publics de coopération intercommunale à taxe professionnelle unique demeurent des structures de redistribution de fonds aux communes (reversements de fiscalité trop élevés et/ou insuffisamment péréquateurs ; versement de fonds de concours aux communes, etc.). Ils se privent ainsi des moyens nécessaires à la mise en œuvre d'un projet de développement et d'aménagement.

L'impact de la réforme en termes de mutualisation des moyens, d'économies d'échelle ou de nouveaux services rendus n'apparaît pas de manière flagrante, même si l'on trouve des exemples en ce sens et s'il n'apparaît pas, pour l'instant, de dérive financière globale des ensembles consolidés.

Enfin, la réforme de 1999 a été coûteuse si l'on prend en compte, outre la dotation supplémentaire distribuée par l'Etat, la pression fiscale supplémentaire sur le contribuable, laquelle risque de s'accroître dans les années à venir si les communes regroupées continuent à fonctionner sans prendre suffisamment en compte la logique de mutualisation des objectifs et des moyens à l'échelle communautaire. Par ailleurs, même si, jusqu'à 2003, les EPCI présentent globalement une situation financière équilibrée, on ne saurait écarter un risque de dégradation financière à terme avec la montée en puissance des nouvelles communautés.

***

Les juridictions financières estiment que l'intercommunalité à fiscalité propre ne peut produire tous ses effets et être bénéfique aux populations que si elle atteint un niveau d'intégration suffisant pour mener à bien un projet cohérent de développement et d'aménagement territorial. La gestion locale ne sera gagnante en termes d'économie et d'efficacité que si les communautés ont réellement les moyens d'agir pour mettre en oeuvre les grands projets d'aménagement ou d'équipement et pour rationaliser les services à la population qui peuvent ou doivent l'être à un niveau supra-communal. Cela ne peut se réaliser que dans le cadre d'une stratégie financière et fiscale coordonnée entre communautés et communes.

Si ces conditions n'étaient pas réunies, on risquerait deux types de conséquences : une réforme inachevée qui aura cependant représenté un coût réel pour le contribuable et, surtout, un risque de dérive financière alimentée par des « doublons » et par des déséquilibres financiers s'installant faute d'une stratégie financière adéquate.

La Cour ne propose cependant pas de nouvelle grande réforme législative alors même que la loi du 13 août 2004 et la loi de finances pour 2005 ont déjà apporté un certain nombre d'améliorations mais elle recommande des actions volontaristes et convergentes de l'Etat et des élus locaux.

1. La loi du 13 août 2004 a apporté à la loi du 12 juillet 1999 d'utiles compléments et des assouplissements attendus : autorisation des fusions d'EPCI, facilitation des transformations de syndicats en communautés, fixation d'un délai contraignant pour définir l'intérêt communautaire des compétences confiées aux communautés, redéfinition des critères de détermination des charges d'équipement et de fonctionnement transférées et possibilité de définir différemment l'attribution de compensation à une majorité qualifiée. Quant à la loi de finances pour 2005, elle prévoit, s'agissant de la DGF, un rattrapage de la dotation moyenne par habitant au profit des communautés de communes à TPU et à fiscalité additionnelle, une plus grande garantie de continuité dans le volume de la dotation versée d'une année sur l'autre et une stabilisation du mécanisme du coefficient d'intégration fiscale à partir de 2006 au moins pour les communautés d'agglomération.

Les juridictions financières appellent cependant l'attention sur les risques que comporte une disposition issue des textes les plus récents : la banalisation des fonds de concours dans les deux sens, qui rend plus difficile une stratégie financière coordonnée et claire et ne favorise pas une vision communautaire partagée des grands projets. En revanche, la facilitation de la mise à disposition de services ou parties de services des communautés peut être un instrument d'une mutualisation graduelle des moyens.

Enfin la modification du coefficient d'intégration fiscale intervenue en 2005 comporte des éléments qui desservent relativement les communautés les plus intégrées (limitation du montant et de la nature des dépenses de transfert venant en déduction du numérateur du CIF).

2. Pour l'avenir, l'Etat d'une part, les élus locaux, d'autre part, doivent s'efforcer d'agir dans le même sens :

L'Etat :

Il convient d'éviter qu'au gré d'un assouplissement trop important des conditions initialement posées par la loi du 12 juillet 1999 au développement de communautés à taxe professionnelle unique, la loi ne finisse par laisser prévaloir les logiques purement communales dans une intercommunalité qui serait réduite pour l'essentiel à une structure de redistribution de fonds dans une perspective plus ou moins péréquatrice et, au mieux, de fédération de projets locaux. Plus particulièrement, il est souhaitable que le délai fixé aux communautés pour déterminer l'intérêt communautaire des compétences dont elles disposaient en 2004 ne soit pas reporté d'année en année. D'autre part, les communautés les plus intégrées doivent continuer d'être encouragées par les dotations de l'Etat et, à cet égard, il apparaît souhaitable que la dotation par habitant des communautés urbaines, des communautés d'agglomération et des communautés de communes à TPU demeure plus avantageuse que celle des autres catégories, même si les écarts se resserrent.

La loi du 12 juillet 1999, complétée par celle du 13 août 2004, donne aux préfets certains instruments pour favoriser la constitution d'EPCI à fiscalité propre de taille suffisante sur l'ensemble du territoire, notamment par la fusion d'EPCI de tous types même si l'initiative revient aux élus. Ces moyens doivent être utilisés, en s'appuyant sur la commission départementale de coopération intercommunale dont le rôle devrait être renforcé ; mais il serait sans doute souhaitable d'introduire (ou plutôt de réintroduire) dans la loi un dispositif d'extension dérogatoire à la seule initiative du préfet qui permette, à certaines conditions, de surmonter les réticences de certaines communes à entrer dans un EPCI.

Il convient, en troisième lieu, que l'Etat conduise les démarches de projet avec les EPCI concernés en veillant à la cohérence des dispositifs qui est loin d'être garantie aujourd'hui (projets/contrats de pays, projets/contrats d'agglomérations, SCOT, PDU, PLH, instruments de politique de la ville, etc.). Par ailleurs, les outils permettant d'évaluer les progrès de l'intégration intercommunale et du développement urbain manquent encore et doivent être mis en place.

Enfin, un réseau d'alerte unifié sur les finances des EPCI à fiscalité propre doit être mis en place par les administrations nationales concernées du ministère de l'intérieur et du ministère des finances dans les meilleurs délais.

Les élus locaux :

Ceux-ci doivent achever au plus vite la définition des compétences d'intérêt communautaire et du projet de développement qui assure leur cohérence, dans le cadre d'une prospective financière et fiscale à moyen terme partagée entre l'intercommunalité et les communes qui la composent.

D'autre part, les élus doivent être convaincus que l'appartenance de leur commune à une intercommunalité n'est profitable aux citoyens que si c'est bien à ce niveau-là que se préparent et se mettent en œuvre les opérations de développement urbain ou territorial ainsi que les projets structurants qui les accompagnent et que se redéploient les grands services publics territoriaux qui encadrent leur vie quotidienne. Au-delà, les contribuables devraient aussi trouver leur compte dans un effort de mutualisation générale des charges au niveau intercommunal.

***

Les juridictions financières ont bien conscience, sur ces différents points, que se pose en réalité la question de la gouvernance territoriale dans les intercommunalités : les modalités d'organisation de contrôle démocratique ne devraient-elles pas être reconsidérées ? Cette question se pose d'autant plus que le principe de spécialité qui caractérise les établissements publics apparaît mal adapté aux établissements publics de coopération intercommunale à taxe professionnelle unique dont la vocation généraliste s'affirme de plus en plus sans que ces nouveaux lieux d'exercice du pouvoir local soient toujours identifiés comme tels par les citoyens.

A tout le moins, le développement de l'intercommunalité renforce la nécessité de « rendre compte » de manière complète et transparente de l'action communautaire à tous les citoyens.

Au total, dès lors qu'il n'est pas envisagé de procéder à un regroupement significatif des communes, ce sont bien les mécanismes mêmes de la démocratie locale qui devraient évoluer pour tirer toutes les conséquences d'une intercommunalité qui doit être parachevée si l'on veut atteindre les objectifs d'économie et d'efficience dans l'emploi des fonds publics par les communes et leurs groupements. Cette question a d'autant plus d'acuité qu'existent des risques de dérive financière à terme.

Document 5

ELECTIONS 2014 24/09/2013

Quelle place pour l'intercommunalité dans la campagne des municipales ?

Les candidats aux élections locales de 2014 intègrent-ils l'interco dans leurs stratégies électorales? Comment ? Et quelle en sera la traduction dans leurs discours de campagne ? Les enjeux de pouvoir, alors que les EPCI absorbent de plus en plus de compétences, sont-ils de nature à infléchir la structuration des communautés, la gestion locale et les relations entre ville-centre et communes périphériques ? Autant de questions auxquelles la rédaction a cherché à répondre dans le dossier de septembre du "Courrier des maires et des élus locaux". En voici un large extrait... pour engager le débat.

Introduction - « En dehors de quelques cas singuliers, l'intercommunalité apparaît comme l'un des parents pauvres des récentes élections municipales », écrivait, au lendemain des municipales de 2008, Nicolas Portier, délégué général de l'AdCF, en conclusion d'une étude sur « l'intercommunalité en campagne ».

Les facteurs à l'origine de cette « logique d'occultation » de l'interco étaient alors nombreux : « Son éclipse résulte bien d'un compromis tacite pour la tenir à distance et la protéger des affrontements politiques, tout en cherchant à municipaliser les enjeux intercommunaux. [L'intercommunalité] n'a ressurgi en tant qu'enjeu politique majeur qu'au mois d'avril, lors du troisième tour et des négociations serrées » pour la composition des exécutifs intercommunaux des EPCI, déplorait-il.

Six ans plus tard, les hérauts de l'intercommunalité ont des raisons de croire qu'un meilleur sort lui sera réservé lors de la campagne des municipales 2014.

→ **D'abord parce que, durant ce mandat, les communautés ont élargi leurs champs de compétences et leur surface financière, là où les communes n'ont plus toujours les moyens d'intervenir seules.** De là, la multiplication des cas où un maire, solidement implanté depuis plusieurs mandats, décide de se retirer en douceur du paysage politique local, tout en conservant la tête de la communauté vers laquelle s'est déplacé le centre de gravité des politiques publiques locales.

→ **Autre élément de nature à intégrer les projets intercommunaux dans les programmes des candidats : le contexte institutionnel favorable aux communautés.**

- Avec la mise en œuvre, depuis la réforme de 2010, de périmètres élargis qui de facto étendent géographiquement leurs prérogatives.
- Du fait des différents projets de loi de décentralisation en cours de discussion au Parlement, dont la logique est de faire passer à un niveau supérieur d'intégration chaque statut intercommunal, des communautés de communes aux futures métropoles en passant par les communautés d'agglomération et urbaines.

« Nous prendrons le pouls là où des reconfigurations de périmètres sont contestées, mais aussi là où des projets communautaires engendrent des tensions, comme celui du tramway amiénois », annonce ainsi Sébastien Vignon, maître de conférences en science politique à Amiens et coordonnateur de l'édition 2014 de l'étude sur « l'intercommunalité en campagne » pour l'AdCF...

... Car l'intercommunalité pourrait aussi prendre place dans la campagne d'une manière inattendue, les pourfendeurs des fusions de communautés et du pouvoir croissant donné aux exécutifs intercommunaux sachant parfois se faire particulièrement bien entendre.

Le fléchage, enjeu de campagne ?

L'instauration d'un mode d'élection plus démocratique, avec l'extension du fléchage aux communes de plus de 1 000 habitants, favorisera-t-elle une emprise plus grande des enjeux intercommunaux dans la campagne ? L'influence de ce mode de scrutin divise les élus comme les chercheurs.

Dès 2008, l'AdCF estime « qu'en imposant des déclarations préalables de candidature aux sièges de conseillers communautaires, le scrutin fléché aura pour effet de faciliter l'interpellation des candidats en campagne sur certains enjeux intercommunaux ». Mais c'est pour aussitôt rappeler que « nombre d'observateurs et d'élus doutent de la capacité de ce seul mode de scrutin à modifier en profondeur les logiques institutionnelles qui prévalent », écrivait Nicolas Portier (lire ci-dessous).

L'interco, relais du discours municipal ?

Si les facteurs institutionnels sont désormais réunis, rien ne pourra se faire sans la volonté des candidats de rendre à l'interco ce qui appartient à l'interco.

Ainsi, en 2008, les thèmes du logement, des transports, de l'environnement, du développement économique et de l'emploi prédominaient. « Pour autant, ces thématiques, au cœur de compétences gérées par les intercommunalités, [n'avaient] pas constitué l'occasion d'expliciter les changements d'échelle en cours », déplorait l'AdCF. D'où ce risque, à nouveau en 2014, « de voir se multiplier des engagements de campagne lors des élections municipales, mais que seule l'intercommunalité sera en capacité juridique et financière de concrétiser par la suite ».

Reste l'hypothèse de l'affiliation des candidatures municipales à des programmes communautaires. Des listes fédérées à un candidat déclaré à l'intercommunalité auraient le mérite de la clarté. Mais cette option de « plateformes communes » entre candidatures à la mairie et à l'EPCI semble encore loin d'être adoptée.

Dans l'intention du législateur, intercos et métropoles doivent monter en puissance d'ici à 2020. Mais les enjeux de proximité des municipales et les stratégies électorales des candidats pourraient bien bousculer ce scénario.

ALAIN FAURE, directeur de recherche au CNRS en science politique : « La proximité est privilégiée »

« Certains leaders politiques locaux construisent une partie de leur rhétorique de campagne sur l'intercommunalité, comme on l'a vu en 2008 à Rennes. Ce phénomène est amplifié par l'arrivée d'une jeune génération d'élus. Mais dès que se durcissent les campagnes et que la dimension émotionnelle prend le pas, l'interco repasse à la marge. Il devient alors difficile d'intégrer des enjeux intercommunaux à la campagne. D'où un certain flottement sur le sujet, surtout en l'absence de suffrage direct pour les communautés. Et les candidats qui s'engagent pour la première fois n'ont pas les clés pour repérer les enjeux intercommunaux, car ils ne les découvrent qu'en cours de mandat. Pendant la campagne, ils se positionnent surtout sur des enjeux de proximité, privilégiant leur capacité d'être à l'écoute du local. »

Châlons-en-Champagne : un tandem pour faire campagne... et se répartir les sièges

Près de dix-neuf ans après son accession à la tête de la ville, Bruno Bourg-Broc quittera son fauteuil de maire en 2014, quels que soient les résultats des élections. Le premier magistrat ne briguera pas un quatrième mandat et veut passer la main à l'un de ses adjoints, le député Benoist Apparu.

Pour autant, le maire est encore loin de quitter la scène politique locale. Car celui qui y est entré il y a quarante ans en devenant conseiller général de la Marne, veut conserver la direction de l'agglomération. « Je la préside depuis 1995. Le district d'alors est devenu communauté en 2000, passant de 9 à 14 communes, raconte le maire. Or la communauté va passer à 38 communes, en majorité rurales. Il y a donc un choc à éviter », justifie-t-il.

© V. Vincenzo Le « deal » est officiel : à Bruno Bourg-Broc (à gauche) la présidence de l'interco, à Benoist Apparu (à droite) la mairie.

Campagne en tandem - Le « deal » est donc officiel : à Bruno Bourg-Broc la présidence de l'interco, à Benoist Apparu la mairie, chacun soutenant l'autre dans une campagne menée en duo.

« Il est bon de faire un tandem électoral pour faire ensuite un tandem de gestion, car il est plus compliqué de s'entendre pendant six ans que pendant trois mois de campagne ! », s'amuse Benoist Apparu. Avec ce pacte, chacun des deux candidats peut ainsi élargir son discours à l'ensemble des deux institutions, ville et EPCI. Quand l'aspirant maire rappelle qu'il veut travailler à une métropole plus large avec Reims et Epernay, le candidat à sa propre succession à l'EPCI évoque la nécessité de travailler main dans la main avec la ville. « Entre une communauté d'agglomération et sa ville principale, surtout dans un cas comme le nôtre où la ville centre représente les deux tiers de l'agglomération, il faut un lien étroit entre le maire et le président sur les dossiers stratégiques », justifie Bruno Bourg-Broc.

Ce dernier rejoint donc la liste croissante de ces maires plusieurs fois réélus qui ne souhaitent pas arrêter trop brutalement leur carrière politique locale en conservant un (dernier ?) mandat exécutif au sein d'un EPCI aux compétences croissantes. Et l'élu d'évoquer sa longue implantation sur le territoire, après ses « mandats de conseiller régional, conseiller général, député et maire », pour mieux justifier sa candidature à la plus étendue des deux administrations du bloc local.

Tout pour Châlons ? - Dans l'opposition, on reconnaît « une stratégie politique intelligente de Bruno Bourg-Broc : même en cas de défaite de l'UMP aux municipales à Châlons, il garde un espoir de conserver l'agglomération… », glisse le conseiller municipal Rudy Namur. Mais le candidat à l'investiture PS pour les municipales conteste l'utilité de voir l'ancien maire conserver la présidence de l'agglomération : « Avec le redécoupage à 38 communes dont 37 rurales, les choses vont se compliquer. Un schéma où le président de l'interco serait issu d'une des communes périurbaines permettrait de mieux les représenter, de produire plus de consensus », juge-t-il. L'élu PS observe également que le cumul mairie-présidence de l'EPCI donne aujourd'hui « l'impression aux communes rurales que tous les deniers vont à Châlons. Ainsi, elles ont préféré bloquer un projet de pépinière d'entreprise porté par la CA et prévu sur la ville de Châlons ». Or, la constitution d'un tandem exécutif dont le président de l'EPCI reste l'ancien maire de la ville centre risque d'enraciner la suspicion. Enfin, Rudy Namur pointe du doigt une communication interne défaillante : « Tous les conseillers communautaires n'ont pas toutes les informations ». Même candidat à un poste qu'il a déjà occupé, Bruno Bourg-Broc sait d'ailleurs qu'il devra faire preuve d'une pédagogie redoublée s'il est réélu à la tête de la CA : « Un maire est à la tête d'une majorité municipale, d'une équipe qu'il a choisie, avec un programme ; un président d'interco fait lui face à des maires d'obédiences politiques variées. Un maire doit savoir entraîner ses troupes alors qu'un président d'interco n'en a pas ! »

Châlons-en-Champagne (51), 45 300 habitants – Site web de la ville

Conseillers communautaires : du fléchage en 2014 au suffrage direct en 2020 ?

En mars 2014, les électeurs des communes de plus de 1 000 habitants trouveront sur leurs bulletins de vote deux listes distinctes de candidats : l'une pour le conseil municipal et l'autre pour le conseil communautaire. Ce dispositif concernera 26 % des communes. Même si celui-ci reste très encadré, il s'agit d'une nouvelle étape franchie dans un mode de désignation des conseillers communautaires se rapprochant d'une démocratie directe.

Cette progression du fléchage constitue-t-elle un ballon d'essai pour une élection, à terme, directe des élus siégeant dans les différentes communautés de communes, d'agglomération et urbaine ? Le vote surprise en première lecture, à l'Assemblée nationale, d'une élection directe de 50 % des futurs conseillers métropolitains dans chaque assemblée semble le confirmer.

Le bloc local scindé en deux

Le dispositif est cependant loin d'être adopté, tant il suscite de réactions négatives d'une partie non négligeable de l'échiquier politique (une majorité de l'UMP, les parlementaires radicaux et du Front de gauche) et de l'AMF.

« S'il y a un suffrage universel dans une métropole, c'est la mort des communes, c'est la mort des maires. C'est le tissu démocratique français qui est mis à mal », affirmait son président, le député (UMP) Jacques Pélissard, en séance. A rebours des associations d'élus urbains (AMGVF, Acuf) et intercommunaux (AdCF) qui s'en félicitent, l'APVF également fait part de ses réserves sur une « élection de conseillers métropolitains déconnectés de tout lien avec leur commune ». Et la réforme, introduite au palais Bourbon, doit encore obtenir l'assentiment du Sénat, souvent plus prompt à défendre les intérêts des élus communaux.

Peut-être assistons-nous à une réforme incrémentale où le scrutin direct ne serait intégré que pour les communautés les plus intégrées », *avance Thomas Frinault, chercheur en sciences politiques et auteur du « Pouvoir territorialisé en France ».*

L'hypothèse d'une autre offensive des élus favorables au scrutin direct en faveur de l'adoption de ce scrutin pour l'ensemble des communautés aux élections de 2020 semble d'ailleurs peu probable. « Tout le monde jette un voile pudique sur cette hypothèse. C'est encore trop tôt. Il vaut mieux procéder par étape et montrer d'abord tout ce que peut apporter l'interco », estime Marc Fesneau, président (Modem) de la communauté de communes de Beauce et Forêt (41).

Une solution de compromis ?

L'avenir d'une élection directe des conseillers communautaires étant loin d'être assuré, c'est une solution médiane, déjà évoquée bien avant la création en cours des métropoles, qui ressurgit : l'élection directe du seul président de l'exécutif intercommunal. Un scénario intermédiaire évoqué de longue date par le coprésident de l'Institut de la décentralisation, Jean-Pierre Balligand. Le député (PS) et président de la CU de Bordeaux, Vincent Feltesse, milite, pour sa part, pour une identification du candidat à la présidence sur la liste.

Document 6

Le 5 octobre 2012, devant les Etats généraux de la démocratie territoriale organisés par le Sénat, le Président de la République, parlant des collectivités territoriales, affirmait : « Nous avons besoin d'acteurs qui soient reconnus, qui soient respectés et en même temps qui soient responsables ». Il ajoutait : « La démocratie locale, c'est d'abord une exigence de citoyenneté mais c'est aussi un levier de croissance ».

Tel est le sens de la réforme de la décentralisation et de l'action publique engagée par le Gouvernement, qui vise à retrouver l'esprit du processus de décentralisation initié en 1982 sous l'impulsion du Président François Mitterrand, de son Premier ministre Pierre Mauroy et du ministre de l'intérieur, Gaston Defferre.

Cette démarche diffère des initiatives portées par les précédents gouvernements : ce n'est ni principalement un texte de transfert de compétences de l'Etat aux collectivités, à la différence de la loi du 13 août 2004, ni une tentative de spécialisation uniforme des compétences des collectivités territoriales, telle que prévue par la loi du 16 décembre 2010. Cette réforme vise à renforcer l'efficacité de la puissance publique, qu'elle soit nationale ou locale, et à améliorer la qualité du service public, en s'appuyant sur les collectivités territoriales et en clarifiant l'exercice de leurs compétences.

Cette politique doit se fonder sur une compréhension des enjeux auxquels notre pays est confronté, afin de proposer une meilleure articulation des objectifs et des moyens des acteurs publics locaux entre eux et avec l'Etat, au bénéfice de nos concitoyens.

La France traverse en effet des circonstances exceptionnelles. Elle connaît depuis plusieurs années une grave crise économique, sociale et politique, qui se manifeste notamment par la difficulté à accompagner nos territoires et leurs élus locaux dans la transformation de leurs innovations en croissance économique de long terme et à préserver la cohésion sociale de notre République.

Les modalités actuelles de l'intervention publique n'ont pas pu répondre à ces défis. Les réformes mises en œuvre ces dernières années n'ont pas su repenser globalement les enjeux de l'intervention publique sur notre territoire : alors que les contraintes budgétaires sont devenues plus fortes, les modalités de l'intervention publique, notamment l'articulation entre l'Etat et les politiques locales, n'ont pas évolué. Un sentiment de défiance s'est ainsi installé entre les citoyens et leurs élus, mais aussi entre les élus locaux et l'Etat.

Notre pays a plus que jamais besoin d'une action publique efficace pour améliorer la compétitivité de ses entreprises, renforcer les solidarités entre ses territoires, ses générations.

A partir de l'ensemble de ses territoires et de ses métropoles, il doit faire émerger une nouvelle croissance économique par un soutien local aux entreprises et à leur créativité, mais aussi renforcer la cohésion nationale et l'accès aux services publics dans des territoires fragilisés par la crise, en luttant contre le sentiment de relégation d'un nombre grandissant de nos concitoyens.

Il s'agit également de participer à l'effort de redressement des finances publiques pour assurer notre souveraineté budgétaire et disposer des marges de manœuvre nécessaires au financement des politiques publiques.

Dans ce contexte, le Président de la République a posé quatre principes pour assurer une meilleure coordination des politiques nationales et locales, tout en permettant les adaptations de compétences au fur et à mesure des évolutions de notre société, sans nécessairement devoir voter de nouveaux transferts de compétences : la clarté entre l'Etat et les collectivités territoriales et entre les collectivités elles-mêmes dans l'exercice de leurs compétences respectives ; la confiance, pour restaurer le dialogue entre les partenaires de l'actions publique ; la cohérence, pour conforter la logique des blocs de compétences ; la démocratie, pour favoriser un meilleur contrôle du citoyen en développant la participation et l'évaluation.

Sur ces bases, le Gouvernement propose au Parlement d'identifier clairement les échelons pertinents de l'action publique afin d'accroître la performance de l'ensemble des collectivités publiques, participant ainsi à la réalisation d'objectifs partagés déterminants pour l'avenir de notre pays, tels que le rétablissement de sa compétitivité, condition essentielle du retour de la croissance, et le développement des solidarités.

A cette fin, aux côtés des transferts qui visent à parfaire les blocs de compétences, de nouvelles dispositions sont proposées, qui permettront de clarifier les compétences entre collectivités, notamment par l'établissement de chef de file par catégories de compétences, d'ajuster leur répartition aux réalités des territoires au sein des conférences territoriales de l'action publique, enfin d'optimiser leur efficience par le pacte de gouvernance territoriale.

L'engagement des citoyens constitue un des trois piliers fondamentaux de la République aux côtés d'un Etat fort et de collectivités territoriales reconnues. C'est pourquoi la réforme soumise à la représentation nationale s'attache également à favoriser cet engagement, en ouvrant la voie à une nouvelle conception de l'action publique, plus transparente et plus confiante envers les citoyens.

(...)

Le chapitre IV concerne les métropoles.

L'article 31 crée un nouvel établissement public de coopération intercommunale à fiscalité propre : la métropole.

Les grandes aires urbaines françaises sont caractérisées depuis plusieurs années par l'émergence de grandes agglomérations intégrées, soumises par ailleurs à une concurrence importance des autres métropoles européennes.

Aujourd'hui, plus de 60 % de la population réside dans une aire urbaine (1) de plus de 100 000 habitants et l'on assiste à un progressif rééquilibrage entre Paris et les grandes métropoles régionales.

A partir d'analyses diverses et concordantes, de la délégation interministérielle à l'aménagement du territoire et à l'attractivité régionale (DATAR) notamment, l'organisation métropolitaine des territoires montre une organisation « en système, structurées par des pôles (espaces urbains centraux, villes moyennes, etc.) et des liens fonctionnels efficaces » représentant aujourd'hui « les lieux essentiels de la croissance française » (DATAR « Une nouvelle ambition pour l'aménagement du territoire », Documentation française, 2009). La métropole rassemble des fonctions diversifiées, notamment des fonctions tertiaires supérieures. Elle rayonne sur son environnement régional, national et international et fonctionne en réseau avec les autres grandes villes et les villes moyennes qui l'entourent.

Les villes françaises, malgré d'indéniables atouts, ont besoin d'affirmer leurs fonctions économiques afin de mieux s'intégrer dans la compétition économique des villes européennes.

Depuis les années quatre-vingt-dix, des lois successives se sont efforcées de proposer un cadre intercommunal adapté à la montée en puissance du fait urbain.

Toutefois, si le développement urbain s'inscrit depuis lors dans un tel cadre intercommunal, les organisations retenues apparaissent encore inadaptées pour conduire les politiques de développement à une échelle européenne qui se caractérise par une concurrence en termes d'attractivité.

Aussi a-t-il paru opportun au Gouvernement de développer les potentialités des grandes agglomérations françaises en refondant le statut de la métropole instituée par la loi n° 2010-1563 du 16 décembre 2010 de réforme des collectivités territoriales.

Cette nouvelle catégorie d'établissement public de coopération intercommunale est destinée à regrouper plusieurs communes d'un seul tenant et sans enclave et qui s'associent au sein d'un espace de solidarité pour élaborer et conduire ensemble un projet d'aménagement et de développement économique, écologique, éducatif, culturel et social de leur territoire afin d'en améliorer la compétitivité et la cohésion à l'échelle nationale et européenne.

La région d'Ile-de-France et les agglomérations de Lyon et d'Aix-Marseille-Provence font l'objet de dispositions spécifiques.

Les dispositions relatives à la métropole se substituent aux dispositions régissant les métropoles au sein du chapitre VII (constitué des articles L. 5217-1 à L. 5217-19) du titre Ier relatif aux établissements publics de coopération intercommunale du livre deuxième relatif à la coopération intercommunale du code général des collectivités territoriales.

Sur le plan institutionnel, il s'agit d'un établissement public de coopération intercommunale disposant de larges compétences transférées par les communes et l'Etat, et bénéficiant également de transferts facultatifs de compétences départementales et de compétences régionales, par voie de convention. Pour certaines compétences départementales, le transfert intervient de plein droit au 1er janvier 2017.

S'agissant des compétences transférées par les communes, l'article a pour objet de compléter le champ des compétences des anciennes métropoles en intégrant au bloc de compétences « Protection et mise en valeur de l'environnement » les compétences suivantes : concession de la distribution publique d'électricité, création et entretien des infrastructures de charge nécessaires à l'usage des véhicules électriques ou hybrides rechargeables, gestion des milieux aquatiques en application du I bis de l'article L. 211-7 du code de l'environnement.

Afin de renforcer l'intervention des métropoles en matière de logement, un ensemble indissociable de cinq compétences de l'Etat peut, sur leur demande, leur être délégué : l'attribution des aides à la pierre, la garantie du droit au logement décent, la gestion du contingent préfectoral, le droit de réquisitionner des locaux vacants, la gestion des dispositifs concourant à l'hébergement des personnes sans domicile ou éprouvant des difficultés à se loger en raison de leurs ressources (veille sociale, centres d'hébergement d'urgence, centres d'hébergement et de réinsertion sociale, pensions de familles, etc.).

La métropole peut, à sa demande, se voir transférer par l'Etat, outre de grands équipements et infrastructures, la compétence relative au logement étudiant.

Enfin, la montée en puissance des agglomérations à vocation européenne ou internationale n'a cessé de s'accentuer, de même que les interactions entre celles-ci. Le développement des échanges, en particulier sur les territoires transfrontaliers des communautés urbaines de Lille et de Strasbourg, cette dernière ayant la dimension institutionnelle d'une capitale européenne, nécessitent une prise en compte de ces spécificités afin de favoriser l'intégration des métropoles françaises dans leur environnement, ainsi que leur réussite dans la compétition urbaine européenne et internationale. L'article réaffirme donc la compétence des métropoles en matière de coopération transfrontalière. Lille pourra ainsi voir son statut de métropole européenne renforcé au-delà des frontières nationales. Cet article prévoit également qu'un contrat sera signé entre l'État et l'eurométropole de Strasbourg.

Document 7

SÉNAT
UN SITE AU SERVICE DES CITOYENS

L'intercommunalité à fiscalité propre

LE DÉVELOPPEMENT DE L'INTERCOMMUNALITÉ RÉVÈLE L'ÉCHELON DE TROP

1. Transfert et partage des compétences : l'EPCI progresse vers le statut de collectivité territoriale de plein exercice

La pression exercée sur les EPCI à fiscalité propre afin que ceux-ci fixent dans leurs statuts une définition précise de l'intérêt communautaire montre que les transferts de compétences tels qu'ils ont été pratiqués jusqu'à présent n'ont pas apporté la stabilité juridique nécessaire à une répartition harmonieuse des tâches entre les communes-membres et l'EPCI. De même, la faculté offerte par la loi du 13 août 2004 de transférer des compétences du département à l'EPCI par convention montre que de ce côté aussi la frontière ne saurait être parfaitement fixée. On remarque ainsi que l'EPCI à fiscalité propre -et plus particulièrement la communauté d'agglomération et la communauté urbaine- cherche sa place entre la commune (et surtout la commune centre) et le département et souvent au détriment des deux.

C'est un phénomène qui annonce la mise en œuvre d'une dynamique supra-communale et pourrait déboucher sur la constitution d'une nouvelle catégorie de collectivité territoriale. Les structures intercommunales les plus importantes cessent d'être perçues comme issues de la réunion des volontés des communes-membres pour assumer ensemble des compétences ; elles deviennent l'expression d'un lieu de pouvoir représentant l'intérêt de la population du territoire concerné, intermédiaire entre la commune centre et le département (ce qui n'est pas le cas en Ile-de-France où les communautés n'ont généralement pas de commune centre...). Cependant, cette situation ne se développe pas sans tension ou pour parler plus clairement, la ville centre ne reste pas indifférente devant ce phénomène. L'EPCI est soumis aux conséquences néfastes du clivage ville centre/villes périphériques, tandis que les intercommunalités rurales qui regroupent des communes plus semblables les unes aux autres, semblent moins concernées par ce handicap propre à l'intercommunalité de projet.

Il convient à ce propos de ne pas passer sous silence que le développement de l'intercommunalité à fiscalité propre ne se fait pas sans difficulté. Localement, outre les intérêts particuliers des communes, des EPCI existants et du département, les nouveaux EPCI sont naturellement confrontés à un environnement politique dont ils peuvent pâtir. En effet, l'intercommunalité n'est pas un simple outil technique de gestion rationalisée, elle doit aussi composer avec les autres lieux de pouvoir existants. Il s'ensuit parfois une émulation voire même une concurrence qui rend la vie quotidienne difficile.

2. La question de l'élection des délégués intercommunaux au suffrage universel direct

Le développement et l'importance à la fois démographique et budgétaire de certains EPCI à fiscalité propre ont conduit à ouvrir le débat de l'élection des délégués intercommunaux, voire des présidents, au suffrage universel direct. Une telle réforme qui trouve aujourd'hui peu de soutien parmi les élus locaux reviendrait à accélérer la transformation de l'intercommunalité en supra-communalité. La crainte que la supra-communalité puisse conduire au dépérissement et à la mort des communes a conduit le législateur jusqu'à aujourd'hui à écarter l'élection au suffrage universel direct. Il a donc été convenu que du point de vue juridique, les EPCI devaient rester des émanations des communes. Force est de reconnaître pourtant qu'aujourd'hui ce compromis repose essentiellement sur l'illusion d'une intercommunalité subordonnée aux communes. Cette illusion fixe la hiérarchie suivante : les communes sont les lieux de pouvoir initiaux et les structures intercommunales des pouvoirs seconds. Dans les faits pourtant, on sait que le mouvement est inverse et que la décision est prise par l'EPCI qui cherche ensuite à l'imposer à ses communes-membres.

Ce qu'offre aujourd'hui le paysage territorial français, ce n'est pas d'un côté des collectivités territoriales dotées d'un territoire et bénéficiant d'un droit général à administrer leurs affaires et de l'autre des EPCI dotés seulement d'un périmètre, corsetés par le principe de spécialité et par la tutelle des communes.

Certes, au commencement, l'EPCI se définit plus par sa mission que par son territoire, mais depuis 1999 (et l'obligation du territoire d'un seul tenant et sans enclave pèse ici de tout son poids), l'EPCI renforce sa cohérence territoriale, car son territoire devient une condition de sa création de même que sa population. En outre, la loi exige pour la communauté d'agglomération et la communauté urbaine que le territoire soit« structuré » autour d'une ville- centre et d'un chef-lieu. Enfin, on se souvient que la DATAR prédéterminait des territoires urbains (au nombre de 140) en fonction de critères multiples historiques et géographiques mais aussi économiques (bassins d'emploi). Le territoire d'un EPCI semble aujourd'hui au moins aussi important que celui d'une collectivité territoriale (commune ou département) et il a en outre pour lui -s'il est pertinent- d'être actuel et en parfaite adéquation avec la situation démographique, sociale et économique du moment, à la différence des territoires historiques des communes qui ne prennent plus en compte les évolutions démographiques et économiques.

Quant au principe de spécialité, on a vu qu'il n'était pas intangible puisqu'il souffrait d'être atténué par l'intérêt communautaire : une compétence peut donc être partagée et partagée de manière inégalitaire. Quoiqu'il en soit, même si l'EPCI ne peut intervenir que dans les compétences qui lui sont transférées, on sait que ces compétences englobent la quasi-totalité des compétences communales et que même les polices spéciales aujourd'hui peuvent lui être transférées. Enfin, si pour les communautés de communes, l'intérêt communautaire est déterminé à la majorité des conseils municipaux des communes membres, dans le cas des communautés d'agglomération et des communautés urbaines, c'est l'organe délibérant qui le définit et circonscrit ainsi ses compétences : on s'éloigne d'une application stricte du principe de spécialité.

L'EPCI est censé être subordonné au contrôle de ses communes-membres, mais aujourd'hui il témoigne au contraire d'une grande autonomie, une fois créé et la loi n'a pas doté les communes-membres d'autre forme de coercition que celle du rappel par la commune-membre de ses délégués.

Aussi peut-on se demander si l'EPCI à fiscalité propre n'a pas évolué vers un statut plus proche de celui de la collectivité territoriale que de celui de l'établissement public et si cette évolution (qui n'a pas été maîtrisée) ne débouche pas logiquement sur le débat de l'élection au suffrage universel. C'est oublier cependant que le développement de l'intercommunalité à fiscalité propre peut être considéré comme un outil expérimental dans le domaine de l'organisation territoriale. Figer la carte intercommunale aujourd'hui en autorisant l'élection au suffrage universel direct des délégués reviendrait à interrompre prématurément la réforme de l'organisation territoriale et la quête du meilleur échelon d'administration local de base.

Toutefois, il convient de passer en revue les raisons qui aujourd'hui militent pour l'élection des délégués intercommunaux au suffrage universel direct.

L'intercommunalité étant devenue un lieu de pouvoir politique et fiscal, elle doit aussi être un lieu démocratique, sauf un jour à perdre sa légitimité. C'est le premier argument militant en faveur de l'élection au suffrage universel direct.

Les enjeux financiers et fiscaux se situent désormais autant au niveau intercommunal qu'au niveau communal et les budgets intercommunaux sont de plus en plus importants en volume. L'autonomie fiscale des EPCI par rapport à leurs communes-membres et le simple fait que les EPCI lèvent l'impôt créent naturellement une responsabilité des délégués communautaires devant les contribuables, leurs électeurs. Le lien entre les électeurs et les délégués communautaires est-il trop lâche quand ces délégués ne sont pas élus directement par les citoyens ? Telle est la question qui se pose. Quant au risque, il n'est pas seulement celui du « déficit démocratique », il concerne également une insuffisance de contrôle de l'électeur contribuable sur celui qui lève l'impôt. Ainsi l'intercommunalité nouvelle dont les ambitions sont nettement politiques continue toutefois à fonctionner comme une administration de gestion. Cette situation est analysée par les partisans du suffrage universel direct comme un déni de démocratie. Il faut toutefois reconnaître qu'elle fait partie du compromis fondateur dont il a été ici plusieurs fois question.

En effet, l'intercommunalité se développe et s'émancipe dans les faits, mais l'État et les élus locaux s'accordent pour continuer à la présenter comme dépendant politiquement uniquement des communes. L'intercommunalité est un compromis national pour surmonter le rejet des fusions de communes et elle vit de compromis territoriaux établis entre élus locaux pour mieux organiser le partage des ressources destinées aux politiques publiques et mieux organiser la vie locale.

Si l'intercommunalité accède au statut de collectivité territoriale directement ou indirectement grâce à l'élection au suffrage universel direct de ses organes délibérants, il apparaîtra aussitôt qu'il y a un échelon administratif local de trop. La commune comme le département seront menacés.

*

* *

On découvre -et on le lui reproche- que l'intercommunalité a créé un niveau d'administration locale là où on pensait d'abord qu'une simple coordination de l'existant pouvait suffire.

Cependant, on comprend à ce stade que l'enjeu de l'intercommunalité à fiscalité propre est essentiellement devenu celui de la mutation nécessaire de l'administration territoriale. Le développement brutal de la nouvelle intercommunalité a permis de mettre en lumière les imperfections de notre organisation territoriale. Tous les domaines de l'action publique locale sont concernés et le partage des compétences entre les différents niveaux -définitif ou à titre expérimental- semble ouvrir la voie à une redistribution encore plus grande. Il est naturel alors que ce bouleversement introduit par la nouvelle intercommunalité conduise à soulever la question du meilleur échelon d'administration et, partant, de juger quel échelon est en trop.

C'est un mérite de l'intercommunalité issue de la loi de 1999 d'avoir provoqué cette prise de conscience. Le bilan de l'intercommunalité nouvelle est donc essentiellement le bilan d'une expérimentation. On ne peut que regretter que ce bilan soit préoccupant du point de vue de l'efficacité de la dépense publique.

Document 8

Dossier
Vincent Aubelle – Pouvoirs Locaux – n° 99 – décembre 2013 - janvier 2014

Les métropoles et l'affirmation des évolutions de la topographie juridique

La métropole entretient un lien très particulier avec la coopération intercommunale. Puisqu'elle est, tout à la fois, une catégorie d'établissement public de coopération intercommunale à fiscalité propre, mais également un facteur de différenciation territoriale. Ainsi, au 1er janvier 2013, il n'existait qu'une métropole – celle de Nice – mais 19 structures intercommunales pour lesquelles leur dénomination incluait ce terme : dans ce cas, sans nécessairement disposer des attributs géographiques qui caractérisent de tels territoires, le recours à cette terminologie par les EPCI concernés est un élément de prestige, qui permet de mettre en œuvre un marketing territorial afin de s'inscrire dans la compétition européenne[1]. La question de la métropole est un des éléments essentiels de la loi relative à la modernisation de l'action publique territoriale et l'affirmation des métropoles adoptée par le Parlement en décembre 2013 : tant au niveau de la prise en compte de l'urbain (et ce même si le territoire du droit s'écarte encore très sensiblement des processus de formation des territoires métropolitains) que de la différenciation territoriale qui est établie.

par
VINCENT AUBELLE,
Professeur associé,
Département
génie urbain,
Université Paris-Est -
Marne-la-Vallée

Polysémie de la géographie métropolitaine

Avant même d'examiner la métropole issue du débat législatif de 2013, il est utile, pour la clarté de la discussion, de revenir sur ce qu'est une métropole. Parce que celle-ci obéit à une définition polysémique. Ainsi, en suivant les travaux de Roger Brunet[2], la métropole est définie comme « la ville mère », les Romains ayant utilisé ce terme pour désigner la capitale administrative. Le terme a aussi une dimension religieuse, puisque « métropole » désignait « des villes pourvues d'archevêché là où résidait le métropolitain, nommé par le Pape ». Par extension, ce mot signifie « une ville principale, une capitale[3] ». L'adéquation entre la métropole et la capitale fut reconnue en 1789, lorsque Malouet défendit un statut particulier pour Paris : « Paris, par sa consistance de métropole, a déjà un assez grand avantage sur le reste du Royaume, sans y ajouter celui d'une disproportion énorme entre sa force administrative et toutes les autres. Paris, comme ville, doit être la reine des cités[4]. » Réservée à la capitale, la notion de métropole fut progressivement étendue aux villes plus importantes : « C'est ainsi que les métropoles d'équilibre désignèrent un carrefour de communications, avec une offre de commerces étendue, qui tient sa prospérité des services les plus divers, dont les fonctions administratives se diversifient et qui dispose d'une offre culturelle importante[5]. » Ces définitions de la métropole apparurent progressivement trop étriquées. On leur substitua notamment le terme de métropolisation, qui relève de deux sens distincts : « Il signifie d'une part que les activités économiques, et notamment la recherche, continuent à se concentrer dans les grandes agglomérations et que d'autre part, ces aires métropolitaines sont connectées entre elles par un réseau d'échanges de nature diverse[6]. » Ou bien encore, on utilisa le terme de *métapole* introduit par François Ascher, qui considéra que « la notion de métropole semble de fait inadaptée pour qualifier ce nouveau type d'espace, d'une part, parce qu'elle évoque plutôt une grande ville assumant les fonctions les plus élevées dans la hiérarchie urbaine régionale, et d'autre part, parce qu'elle n'introduit pas l'idée de la formation d'un nouvel espace des activités économiques et sociales quotidiennes. (...) Les métropoles ne sont pas seulement des territoires mais des modes de vie et de production. La complexité des nouveaux espaces urbains rend alors difficile tant leur définition géographique et statistique que leur représentation[7] ». L'affirmation des métropoles occulte le débat sur la métropolisation, comprise comme l'émergence de systèmes d'échanges multiscalaires, et consiste essentiellement à conforter, pour les aires urbaines les plus importantes, une catégorie de groupements de communes, au nom de la compétitivité économique[8]. C'est ce qu'admit le Président de la République, lors de son intervention à l'occasion de la clôture des États généraux de la démocratie territoriale organisés par le Sénat : « Enfin, la France ne peut plus occulter la nécessité d'organiser nos grandes agglomérations urbaines. Nous voyons émerger depuis trente ans des métropoles de niveau européen, parfois autour d'une grande ville centre, parfois autour d'un réseau de villes qui tissent entre elles des liens de solidarité et de projet[9]. »

Une appropriation juridique de la métropole bégayante

Ainsi, les différentes acceptions géographiques de la métropole ne facilitent pas la tâche du juriste. La difficulté essentielle, à laquelle il se trouve confronté, consiste à rendre compte d'un processus permanent, pour lequel les outils de coopération intercommunale doivent rendre compte de la manière dont le droit habite des territoires liquides. Ces structures ont évolué depuis 1959, date de création du district urbain, au rythme d'une appropriation juridique bégayante au regard des réalités territoriales qui doivent être prises en compte. Les critères successifs, mais encore plus sûrement, leurs variations, pour définir, ce qu'est, pour le droit, la communauté urbaine, illustrent cette difficulté. En effet, seul le seuil de population fut retenu (la distinction sur les compétences ne pouvant être considérée comme pertinente dès lors que toutes les autres catégories de structures intercommunales peuvent se doter des compétences de la communauté urbaine). De 50000 habitants en 1966, ce seuil fut abaissé, dans le cadre de la relance de la coopération intercommunale en 1992, à 20000 habitants, puis, lorsque fut créée en 1999 la communauté d'agglomération, porté à 500000 habitants, pour enfin être de nouveau abaissé, à 450000 habitants, afin de tenir compte du fait que la métropole de 2010 nécessitait au minimum 500000 habitants (à l'exception des communautés urbaines créées par la loi en 1966, et pour lesquelles, afin de tenir compte de la situation particulière de Strasbourg, une population minimale de 450000 habitants est requise). Les cartes du droit qui résultent de ces allers-retours fondés sur un seuil de population, aboutissent, au 1er janvier 2013, à disposer d'une géographie des communautés urbaines très disparate : la communauté urbaine d'Alençon compte 56778 habitants, alors que la communauté urbaine de Lyon en compte 1313868. L'élaboration de la loi relative à la modernisation de l'action publique et d'affirmation des métropoles n'échappe à cette logique. Mis à part le cas particulier des métropoles de Lyon, d'Aix-Marseille-Provence et de celle du Grand Paris, il existe trois définitions distinctes de la métropole.

Une définition de droit commun, pour laquelle l'appellation de métropole nécessite de disposer d'une structure intercommunale à fiscalité propre d'au minimum 400000 habitants et située sur le territoire d'une aire urbaine d'au minimum 650000 habitants.

Mais aussi deux définitions particulières : une métropole peut être créée sur le territoire d'un établissement public de coopération intercommunale à fiscalité propre comprenant au minimum 400000 habitants et au sein duquel la commune chef-lieu de région est située. Mais le terme s'emploie également pour les EPCI à fiscalité propre qui sont le centre d'une zone d'emploi de plus de 400000 habitants au sein desquels les fonctions de commandement stratégique de l'État ainsi que les fonctions métropolitaines sont effectivement exercées.

> *"La métropole de Lyon est donc bien celle de la rencontre, de deux hommes, au bon moment, et de leur volonté de mener à son terme cette entreprise : ce qui explique que l'essentiel des dispositions relatives à la métropole de Lyon qui figurent dans la loi adoptée par le Parlement en 2013 ait été rédigé par leurs services."*

Ces deux dernières définitions – qui permettent de répondre aux situations particulières de Brest et Montpellier – interrogent sur le lien qui existe entre la géographie et le droit. Car tour à tour sont convoquées des notions aussi différentes que celles de la population, l'aire urbaine et de la zone d'emploi, sans que l'intégralité des deux derniers zonages mentionnés soit, *in fine*, intégrée dans les métropoles qui pourront être créées. Ainsi, dans l'érection des métropoles issues de la loi de 2013, et sous réserve des décisions du Conseil constitutionnel qui a été saisi le 26 décembre 2013, rien ne permet de conclure à une symbiose entre la topographie juridique et celle du géographe[10].

C'est pourquoi, hormis certaines compétences supplémentaires transférées de droit commun à la métropole dans la version de 2013[11], il pourrait être tentant de conclure au manque d'intérêt que représente cette nouvelle réforme. Ou bien encore que cette loi renforce la différenciation territoriale, à l'instar du changement de dénomination pour les communautés urbaines de Lille et de Strasbourg, la première devenant « métropole européenne de Lille », et la seconde « eurométropole de Strasbourg ».

Toutefois, il s'agirait d'une conclusion trop rapide, pour deux raisons distinctes. La première, qui a trait aux métropoles de Lyon, Aix-Marseille-Provence et Paris. La seconde qui tient à la prise en compte de la différenciation territoriale dans la construction intercommunale.

Dossier

La substitution d'une logique transformationnelle en lieu et place d'une logique transactionnelle

La création des trois métropoles précitées, qui font l'objet de dispositions particulières dans la loi, induit un changement de méthode quant à la construction de celles-ci. En effet, jusqu'à présent, le droit de l'intercommunalité, dans la prise en compte de l'urbain, s'est essentiellement construit sur des logiques transactionnelles : celles-ci se caractérisent essentiellement par des logiques d'arrangements « tu fais ça, ça m'arrange ; je fais ça, ça t'arrange[12] » – au sein desquelles il existe des zones neutres, pour lesquelles il n'existe pas de possibilité de négociation. À l'inverse, la logique transformationnelle se caractérise par la capacité à porter des négociations de longue durée, qui s'inscrivent sur de nouveaux espaces et qui inaugurent de nouveaux domaines de transaction[13].

La métropole de Lyon répond de toute évidence à cette définition, dans la mesure où l'accord conclu entre, le président de la communauté urbaine de Lyon, Gérard Collomb, et Michel Mercier qui, fut jusqu'en décembre 2012, président du Conseil général du Rhône, a permis d'inaugurer un cycle transformationnel[14]. L'assemblage territorial, qui conduit à créer une collectivité à statut spécial (issue de la fusion du département et de la communauté urbaine de Lyon sur le territoire de cette dernière), consiste à soustraire sa partie urbaine au département du Rhône : les compétences de celui-ci s'exercent sur sa partie rurale allant du Beaujolais aux monts du Lyonnais. Le dessein commun de ces deux leaders est sans aucun doute celui d'inscrire Lyon dans la compétition des métropoles européennes, et, de façon incidente, de réaliser des économies d'échelle. Toutefois, au vu de l'ancienneté de la volonté individuelle de chacun d'entre eux d'aboutir à ce résultat, l'instant de cette rencontre est essentiel, et explique que leurs transactions aient permis d'engager un véritable processus transformationnel. Ainsi, la création de la métropole de Lyon répond à une grille de lecture politique, qui se décline collectivement et personnellement.

Collective, car cette fusion apporte une réponse à l'hétérogénéité de la majorité actuelle au sein du conseil général du Rhône, et autorise un dépassement de sa fragilité. La création de la métropole de Lyon permettra ainsi de renforcer la majorité départementale.

Personnelle, pour Michel Mercier, qui, après avoir exercé tous les mandats et fonctions électives (maire, conseiller général, parlementaire, ministre), arrive à un stade de sa carrière politique, où le raisonnement va au-delà de la personne (en rappelant que Michel Mercier a également créé une commune nouvelle), tout en autorisant Gérard Collomb à déployer, encore un peu plus, sa stratégie territoriale fondée sur le développement économique.

La métropole de Lyon est donc bien celle de la rencontre, de deux hommes, au bon moment, et de leur volonté de mener à son terme cette entreprise : ce qui explique que l'essentiel des dispositions relatives à la métropole de Lyon qui figurent dans la loi adoptée par le Parlement en 2013 ait été rédigé par leurs services.

Le cas de deux autres métropoles n'échappe pas, avec des résultats différents, à cette prééminence de la logique transformationnelle.

Pour Aix-Marseille-Provence, la création de la métropole permet de clore le cycle erratique de la construction du territoire intercommunal dans ce secteur géographique : celle-ci disposera d'un territoire équivalent à la fusion des six établissements publics de coopération intercommunale existants. L'opposition d'une majorité de maires des communes concernés à ce projet n'y change rien, car « le destin de l'agglomération de Marseille est une question d'intérêt national. Sortir Marseille de ses difficultés est un impératif. Engager l'ensemble de l'agglomération est une obligation. La France a besoin que Marseille devienne une grande métropole européenne ». La transformation opérée, même si les compétences de cette métropole ne s'écartent guère des compétences de droit commun (auxquelles s'ajoutent toutefois les compétences des EPCI fusionnés), réside dans la capacité à mettre un terme à une fragmentation territoriale, liée au refus constant de Gaston Deferre, de créer – afin de ne pas voir remis en cause son leadership par les communes dirigées par des majorités communistes ou de droite qui entourent Marseille – une communauté urbaine. L'extension territoriale de la métropole d'Aix-Marseille-Provence consacre également l'essoufflement et l'échec de ce modèle de développement territorial « où l'affirmation du rôle central et directionnel de Marseille s'est combinée avec son isolement, au sein d'un ensemble urbain que Gaston Deferre continua de percevoir, jusqu'au milieu des années 80, comme un arrière-pays[15] ».

Enfin, il y a le cas de la métropole du Grand Paris[16], qui n'était, dans le projet de loi, qu'un syndicat mixte, aux compétences, hormis la question du logement, très limitées. On a donc trois stratégies distinctes, mais avec un objectif commun, celui d'encadrer étroitement les contours de ce syndicat, qui permirent, presque par accident, d'assister à la mise en œuvre d'une logique transformationnelle. La première de ces stratégies

Crédit photo : Jean-Claude_Gaudin-Wikimedia.commons

L'extension territoriale de la métropole d'Aix-Marseille-Provence consacre également l'essoufflement et l'échec de ce modèle de développement territorial « où l'affirmation du rôle central et directionnel de Marseille s'est combinée avec son isolement, au sein d'un ensemble urbain que Gaston Deferre continua de percevoir, jusqu'au milieu des années 80, comme un arrière-pays ».

fut celle mise en œuvre par Paris métropole, syndicat mixte créé en avril 2009, entre, 152 communes, 45 intercommunalités, 8 départements et une région[17]. L'objet de ce syndicat – les études – correspond au plus petit dénominateur commun entre l'ensemble de ses membres. Ce qui se trouve conforté par l'article 18 de ses statuts qui précise les modalités de retrait du syndicat, un membre pouvant se retirer à tout moment, juste après en avoir informé le Président, le retrait prenant effet quinze jours après la réception du courrier. Cette souplesse n'a pu permettre à cette structure de dégager un véritable projet commun pour la structuration intercommunale du Grand Paris, ses prises de position ayant été limitées aux commentaires des travaux parlementaires. La seconde stratégie fut celle du Conseil régional, qui, fidèle au corpus qu'elle élabora suite au rapport Planchou de 2009[18], veilla scrupuleusement à ne pas voir certaines de ses compétences revenir à la métropole du Grand Paris, et ne put jamais proposer un véritable projet. La loi adoptée par le Parlement, en décembre 2013, contourne cette difficulté en attribuant des compétences importantes en matière de développement économique à la métropole du Grand Paris, tout en indiquant que l'exercice de celles-ci devra prendre en compte les orientations définies dans les documents stratégiques élaborés par le Conseil régional. L'absence de portée normative de ceux-ci ne devrait pas entraver grandement l'action de la métropole du Grand Paris. Enfin, la dernière stratégie qui fut mise en œuvre, la plus féconde pour ce qui advint, résulte de la suppression par le Sénat, en première lecture, de l'article relatif à la métropole du Grand Paris.

La conjugaison de l'ensemble de ces stratégies d'opposition, aux motivations distinctes autorisa alors l'Assemblée nationale à réécrire totalement cet article, en allant bien au-delà de l'ambition initiale, puisqu'aujourd'hui la métropole du Grand Paris est un établissement public de coopération intercommunale à fiscalité propre, avec des compétences étendues, et qui supprime l'ensemble des structures intercommunales à fiscalité propre qui avaient été créées. Même si de très nombreuses imprécisions juridiques, budgétaires et financières demeurent (pour lesquelles le Gouvernement a été autorisé à prendre par ordonnance des mesures de nature législative), l'ouverture créée par ces stratégies d'opposition ou attentiste permit de ne jamais revenir sur la forme de structuration intercommunale proposée par l'Assemblée nationale et d'obtenir ce résultat inimaginable au début de la discussion parlementaire, la création d'un groupement à fiscalité propre sur le territoire de Paris et des départements des Hauts-de-Seine, de Seine-Saint-Denis et du Val-de-Marne.

Dossier

L'émergence d'un droit souple de la coopération intercommunale

Enfin, l'une des avancées les plus substantielles qui résulte de la loi relative à la modernisation de l'action publique et de l'affirmation des métropoles réside dans l'introduction d'un droit souple. En effet, hormis le cas spécifique des Dom et de la Corse, le thème de l'uniformité qui structure les discours de la Constituante[19] continuait, deux siècles après, de prévaloir : « Nous avons supposé que cette constitution devait être uniforme pour toutes les provinces, parce qu'il nous a été impossible d'imaginer un motif réel d'établir quelque différence entre elles. (…) Ceux qui pourraient rechercher dans les différences du sol, du climat, des mœurs, des opinions, de l'esprit des habitants seraient encore plus frivoles. En général, la même forme d'administration municipale doit convenir, si elle est bonne, à toutes les habitudes de vivre, à tous les climats[20]. » Même si la qualification de la métropole lyonnaise n'est plus celle d'un établissement public, sa création introduit une véritable rupture avec l'uniformité intercommunale, en autorisant la fusion du département et de la communauté urbaine sur le territoire de cette dernière. Et ce, contrairement à ce qui est communément exposé, sans en faire obligatoirement un modèle transposable aux autres métropoles, dès lors que les logiques géographiques et historiques ne sont pas comparables (l'exemple de Marseille est à cet égard intéressant dès lors que cette métropole n'est pas constituée d'une agglomération avec un arrière-pays mais de deux agglomérations d'importance). Par ailleurs, même si ses contours juridiques interrogent le juriste (ce qui explique que le Gouvernement ait été autorisé à prendre les mesures nécessaires pour préciser ceux-ci), la création du territoire, au sein des métropoles Aix-Marseille-Provence et celle du Grand Paris, permettent d'envisager un traitement différencié de la question de la proximité sur des échelles aussi étendues. Enfin, dernier exemple, celui de la carte intercommunale en Île-de-France, où la création de la métropole du Grand Paris nécessite de structurer l'intercommunalité à fiscalité propre dans les départements de la grande couronne d'au minimum 200 000 habitants, dès lors que le siège du groupement concerné se trouve dans l'unité urbaine de Paris. Le droit souple consiste à adapter la règle de droit pour élaborer le schéma de coopération intercommunale qui, pour la première fois, autorise que celui-ci soit appréhendé au niveau régional alors que jusqu'à présent il relevait de l'échelle départementale.

La loi relative à la modernisation de l'action publique et de l'affirmation des métropoles constitue le premier élément d'un triptyque, issu des neufs avant-projets de loi élaborés entre les mois d'octobre 2012 à avril 2013, qui doit conduire à enrichir la décentralisation. La prise en compte de la structuration urbaine (et ce en dépit de la difficulté récurrente du droit à s'approprier les processus de métropolisation qui sont à l'œuvre), mais également, l'introduction d'un droit souple, constituent des avancées essentielles. Et ce, même si de nombreuses interrogations subsistent, spécifiquement pour les territoires qui ne s'inscrivent pas dans ces dynamiques.

V. A.

---

1. Thierry Oblet, *Gouverner la ville*, Presses universitaires de France, 306 p., Paris, 2005, p. 191.
2. Roger Brunet, *Les mots de la géographie*, Reclus/La documentation française, 518 p., Paris, 1998, p. 329.
3. Claire Larsonneur, *Les mots du territoire*, Dexia éditions, 285 p., Paris, 2005, p. 101.
4. Intervention de Malouet, Séance du 12 novembre 1789, Archives parlementaires de 1787 à 1860, tome X, 812 p., p. 5.
5. Pierre Merlin et Françoise Choay, *Dictionnaire de l'urbanisme et de l'aménagement*, Presses universitaires de France, 843 p., Paris, 2010, p. 469.
6. Cynthia Ghorra-Gobin (sous la direction), *Dictionnaire des mondialisations*, Armand Colin, 398 p., Paris, 2006, p. 242.
7. François Ascher, *Métapolis ou l'avenir des villes*, Odile Jacob, 345 p., Paris, 1995, p. 33.
8. Sur cette question : Romain Pasquier, Sébastien Guigner, Alistair Cole (sous la direction), *Dictionnaire des politiques publiques territoriales*, les Presses de Sciences Po, 584 p., Paris, 2011, p. 332.
9. Intervention de François Hollande, Président de la République, 5 octobre 2012.
10. Jacques Caillosse, *Les « mises en scène » juridiques de la décentralisation*, LGDJ, 250 p., Paris, 2009, p. 89.
11. Vincent Aubelle, « Réflexions préliminaires sur la loi MAPAM », *RLCT*, n° 2014/97.
12. Luc Boltanski et Laurent Thévenot, *De la justification : les économies de la grandeur*, Gallimard, 483 p., Paris, 1991, p. 408.
13. Emmanuel Négrier, *La question métropolitaine*, Presses universitaires de Grenoble, 270 p., Grenoble, 2005, p. 128 et suivantes.
14. « À Lyon, le braquage réussi de la communauté urbaine », *Le Monde*, 26 janvier 2013.
15. Maurice Olive et Jean-Pierre Oppenheim, *La communauté urbaine de Marseille : un fragment métropolitain*; in François Baraize et Emmanuel Négrier (sous la dir.), *L'invention politique de l'agglomération*, L'harmattan, 310 p., Paris, 2004, p. 46.
16. La métropole du Grand Paris constitue l'objet principal du recours du 26 décembre 2013 effectué par 60 députés auprès du Conseil constitutionnel.
17. Données au 1er novembre 2013.
18. Rapport de la commission *ad hoc* « réforme territoriale et région métropole », février 2009.
19. Jacques Moreau, Michel Verpeaux (sous la direction), *Révolution et décentralisation : le système administratif français et les principes révolutionnaires de 1789*, Economica, 266 p., Paris, 1992, p. 71.
20. Condorcet, *Essai sur la Constitution et les fonctions des administrations provinciales*, Tome premier, 1788, p. 188-189.

Document 9

la gazette·fr

La Gazette des Communes

Quand le juge constitutionnel rédige la réforme de l'intercommunalité

Brigitte Menguy | Billets juridiques | France | Publié le 11/06/2014

[BILLET] DECENTRALISATION

Suite à la décision du Conseil constitutionnel du 25 avril 2014 invalidant le rattachement forcé des communes isolées, le Gouvernement montre patte blanche et suit à la lettre les observations du juge.

Dans la dernière version du projet de loi de réforme territoriale prochainement présenté en Conseil des ministres, l'article 17 prévoit un nouveau dispositif de rattachement des communes qui se trouveraient en situation d'isolement ou de discontinuité avec leur établissement public de coopération intercommunale (EPCI) à fiscalité propre de rattachement.

Pour rappel, le Conseil constitutionnel avait été saisi d'une question prioritaire de constitutionnalité posée par les communes de Thonon-les-Bains (Haute-Savoie) et Saint-Ail (Meurthe-et-Moselle) qui se sont retrouvées intégrées « de force » au sein d'intercommunalités.

Le juge constitutionnel avait alors censuré l'article L.5210-1-2 du CGCT permettant au préfet de rattacher à un EPCI à fiscalité propre « des communes isolées ou en situation d'enclave ou de discontinuité territoriale ».

En effet, selon le juge, une telle procédure porte une « atteinte disproportionnée à la libre administration des communes » puisqu'elle ne prévoyait aucune prise en compte du schéma départemental de coopération intercommunale préalablement établi pour décider du rattachement, ni aucune consultation des conseils municipaux des communes concernées, en particulier celui de la commune rattachée.

Bon élève - En reprenant les éléments de la décision du juge, le gouvernement a prévu la consultation pour avis de l'EPCI auquel il est envisagé de rattacher la commune isolée, ses communes membres ainsi que la commune concernée. Ensuite, la commission départementale de la coopération intercommunale (CDCI), éclairée par ces avis, peut, si elle le juge pertinent, modifier le projet de rattachement à la majorité des deux tiers de ses membres.

Le nouveau dispositif prévu à l'article 17 du projet de loi permet également aux communes membres de l'EPCI à fiscalité propre, y compris de la commune rattachée, de se prononcer sur la composition du conseil communautaire concomitamment à la consultation de l'EPCI sur le projet de périmètre, à l'instar de la procédure prévue dans les cas de création ou de fusion au dernier alinéa du VII de l'article L.5211-6-1 du CGCT.

Enfin, concernant le nombre total des sièges du futur conseil communautaire ainsi que leur répartition entre les communes, il sera constaté par arrêté du préfet en même temps que l'arrêté définitif de rattachement.

Toutefois, lorsque la CDCI adopte un autre projet de rattachement que celui proposé par le représentant de l'État dans le département, ce dernier arrête la composition du conseil communautaire selon la répartition automatique prévue aux II et III de l'article L. 5211-6-1 du CGCT.

REFERENCES

Le projet de loi

Document 10

DGCL
direction générale des collectivités locales
BIS
Bulletin d'information statistique de la DGCL
N°98 - janvier 2014

Sylvie Plantevignes, Arthur Babelon, Département des études et des statistiques locales

La carte intercommunale au 1er janvier 2014

Début 2014, 2145 groupements à fiscalité propre couvrent l'ensemble des départements de France (hors dérogations prévues par la loi).

Au cours de l'année 2013, comme en 2012, environ 430 opérations (créations, fusions, extensions) ont porté sur les établissements publics de coopération intercommunale à fiscalité propre. Ces opérations ont contribué à une forte réduction du nombre d'EPCI à fiscalité propre : sur les deux années 2012 et 2013, le solde net s'établit à 436 suppressions.

Le nombre de syndicats a également diminué fortement : on en recense environ 13400 début 2014 contre 14800 début 2012. Le nombre de SIVU a baissé de 1200 en 2 ans.

Ces données sont celles connues fin janvier à partir des informations enregistrées dans les préfectures ; Elles sont susceptibles d'être modifiées à la marge lorsque seront publiées les données définitives.

Au 1er janvier 2014, la France compte 2145 EPCI à fiscalité propre, dont 1903 communautés de communes (CC). Celles-ci regroupent 85% des communes et 44% de la population.

L'autre moitié de la population est couverte par les 242 autres EPCI à fiscalité propre : la métropole Nice Côte d'Azur, 15 communautés urbaines (CU), 222 communautés d'agglomération (CA), et 4 syndicats d'agglomération nouvelle (SAN).

Au cours de l'année 2013, le nombre total d'EPCI a fiscalité propre s'est réduit de 311, après avoir baissé de 125 en 2012. Cette diminution provient de la réduction des effectifs de communautés de communes.

Nombre de groupements

Situation au 1er janvier	2010	2012	2013	2014
EPCI à fiscalité propre				
Métropole	-	1	1	1
Communauté urbaine	16	15	15	15
Communauté d'agglomération	181	202	213	222
Communauté de communes	2 409	2 358	2 223	1 903
Syndicat d'agglomération nouvelle	5	5	4	4
Total des EPCI à fiscalité propre	**2 611**	**2 581**	**2 456**	**2 145**
Nombre total de communes	34 774	35 305	36 049	36 614
Population totale* regroupée (en millions d'habitants)	57,9	59,3	60,9	62,6
Syndicats				
SIVU	10 789	10 184	9 720	8 979
SIVOM	1 395	1 345	1 302	1 233
Syndicat mixte	3 194	3 257	3 275	3 187
Pôle métropolitain	-	1	8	9
Total des syndicats	**15 378**	**14 787**	**14 305**	**13 408**

Source : DGCL

Champ : France (hors Mayotte)

Moins de cinquante communes isolées, franciliennes pour la plupart conformément à la loi

On recense 36 614 communes membres d'un EPCI à fiscalité propre au 1er janvier 2014 rassemblant 62,6 millions d'habitants.

Les 563 communes isolées début janvier 2013 qui avaient l'obligation légale d'adhérer à une communauté sont désormais rattachées à un EPCI à fiscalité propre ou font l'objet d'une procédure en cours d'achèvement. Il s'agissait en majorité de communes de petite taille, mais aussi d'une cinquantaine de communes de la grande couronne francilienne.

Début 2014, 49 communes restent isolées (hors Paris et Mayotte). Parmi elles, 41 communes de la petite couronne parisienne, et 4 îles composées d'une seule commune (Ile de Bréhat, Ile de Sein, Ouessant, Ile d'Yeu). Ces communes bénéficiaient d'une dérogation législative n'exigeant pas leur rattachement à un EPCI à FP.

Les 41 communes de la petite couronne parisienne seront cependant regroupées avec les 19 EPCI à FP existant sur ces départements et Paris afin de constituer au 1er janvier 2016 la métropole du Grand Paris.

La carte intercommunale a fortement évolué au cours des années 2012 et 2013.

Le nombre de CC a diminué de près de 20% en 2 ans, tandis que celui des CA a augmenté sensiblement : 20 CA ont été créées en 2 ans, 11 en 2012 puis 9 en 2013.
En 2013, 20 nouvelles CA sont issues de la fusion de CA et de CC, 6 de la transformation d'une CC et 4 d'une création ex nihilo. A l'inverse 20 CA existantes début 2013 ont été fusionnées, tandis qu'une a été dissoute.

Ces évolutions de la carte intercommunale sont le résultat des nombreuses opérations, environ 430, comme en 2012.
Le nombre de fusions d'EPCI atteint plus de 270 sur les deux années 2012 et 2013 contre une petite dizaine par an en moyenne sur les exercices précédents.
Ces fusions, concernant 2 voire plus d'EPCI à FP, contribuent à réduire nettement le nombre d'intercommunalités.

Nombre d'opérations sur les années récentes

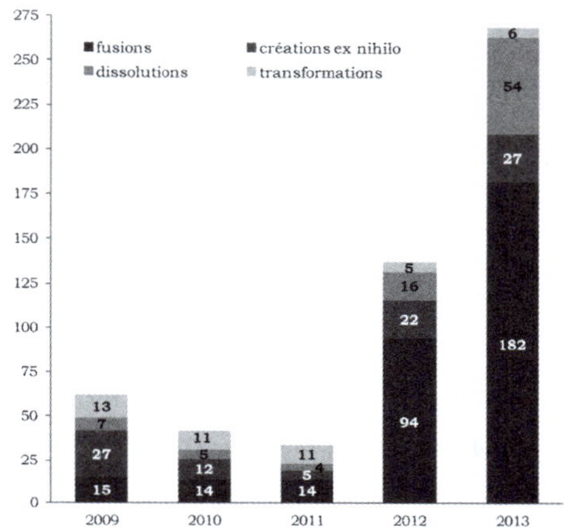

Nombre d'EPCI à FP au 1er janvier 2012

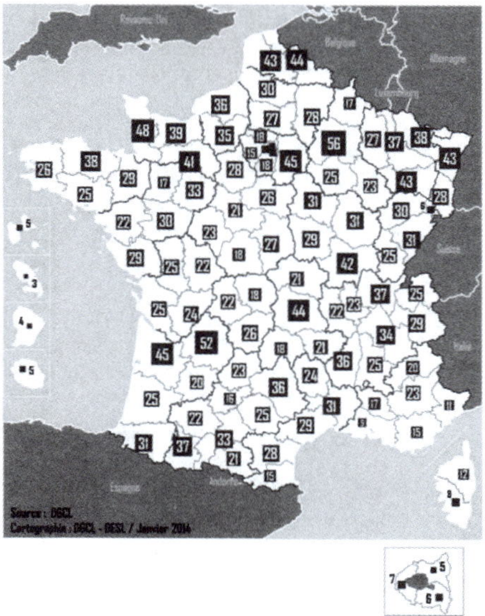

Nombre d'EPCI à FP au 1er janvier 2014

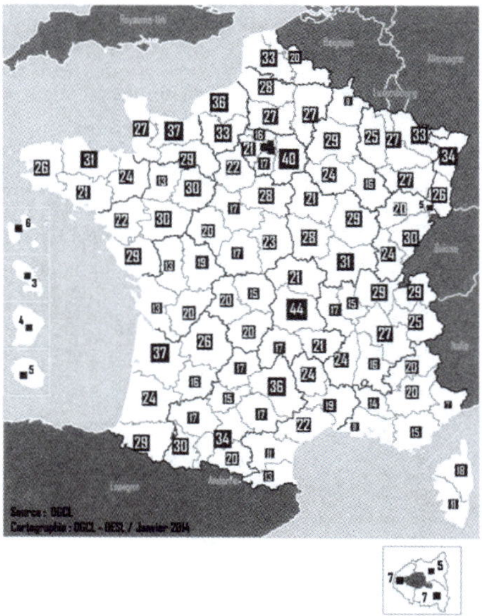

Les EPCI à FP ont une taille plus importante

La population totale moyenne des groupements à fiscalité propre atteint près de 29 000 habitants au 1er janvier 2014 contre 25 000 début 2013 et 23000 début 2012. En deux ans, le nombre moyen de communes regroupées dans un EPCI à FP augmente d'un peu plus de trois points : 17 communes début 2014 contre 13,7 début 2012.
Les CA rassemblent en moyenne 22 communes et 122 000 habitants, tandis que les CC regroupent 16 communes et 14 000 habitants en moyenne.

44 communautés de communes affichent une population totale de plus de 50 000 habitants.

Le seuil de 5 000 habitants et plus, fixé par la loi du 16 décembre 2010 pour la constitution d'EPCI à fiscalité propre, est atteint par la très grande majorité des EPCI à fiscalité propre. 668 communautés regroupaient moins de 5 000 habitants avant la parution de la loi du 16 décembre 2010. Elles sont moins de 300 au 1er janvier 2014, dont environ 120 dans les trois régions Midi-Pyrénées, Auvergne et Languedoc-Roussillon. Ces « petits » EPCI regroupent 11 communes et 3200 habitants en moyenne. Il s'agit généralement d'EPCI dont les communes sont situées en zone de montagne et bénéficiant à ce titre d'une dérogation au seuil de 5000 habitants.

De même début 2014, un peu plus de cinquante EPCI à fiscalité propre, dont la moitié sont franciliens ou ultra-marins, regroupent seulement 2 ou 3 communes.

Taille moyenne des EPCI à fiscalité propre début 2014

	taille en nombre de communes				Population totale légale 2014 (millésimée 2011)			
	Moyenne	Médiane	Maximum	Minimum	Moyenne	Médiane	Maximum	Minimum
Ensemble des EPCI à fiscalité propre	**17**	**14**	**131**	**2**	**29 000**	**12 000**	**1 328 000**	**200**
dont								
- Communautés urbaines	15	27	85	5	486 000	262 000	1 328 000	57 000
- Communautés d'agglomérations	22	18	78	2	122 000	94 000	496 000	30 000
- Communautés de communes	16	14	131	2	14 400	10 400	172 800	200

Sources : DGCL, Insee.

On peut noter que parmi les 15 CU existant en 2013, 4 ont élargi leur périmètre à compter du 1er janvier 2014 avec l'adhésion d'une nouvelle commune et 1 à compter du 1er juin.

Dans le cadre de la loi « modernisation de l'action publique et affirmation des métropoles », il est prévu que les EPCI à FP de plus de 400 000 habitants (situés dans une aire urbaine de plus de 650 000 habitants ou incluant dans leur périmètre le chef lieu de région) se transforment en métropoles de droit commun : sont donc concernées les CU autour de Lille, Bordeaux, Nantes, Toulouse et Strasbourg et les CA autour de Rouen, Rennes et Grenoble. La CU de Marseille Provence fusionnera quant à elle avec 5 autres EPCI à FP pour créer la métropole d'Aix-Marseille Provence.

Des modifications sensibles dans certaines régions au cours des 2 années 2012 et 2013

Globalement, le nombre d'EPCI à fiscalité propre s'est réduit de 17% en 2 ans. Il s'est réduit dans toutes les régions sauf en Corse et en Guadeloupe, où plus de la moitié des communes étaient des communes isolées début 2012. Dans les autres régions, où le taux de couverture intercommunal dépassait 95%, le nombre de groupements à fiscalité propre a diminué sensiblement.

Effectifs régionaux d'EPCI à fiscalité propre

Région	EPCI à FP au 1/1/2012			EPCI à FP au 1/1/2013			EPCI à FP au 1/1/2014			evol total 2014/2012
	Total	dont CC	dont CA	Total	dont CC	dont CA	Total	dont CC	dont CA	
Alsace	**71**	68	2	**67**	64	2	**60**	57	2	**-15%**
Aquitaine	**173**	162	10	**159**	146	12	**132**	119	12	**-24%**
Auvergne	**104**	98	6	**104**	98	6	**103**	97	6	**-1%**
Bourgogne	**133**	126	6	**130**	123	6	**109**	102	6	**-18%**
Bretagne	**118**	107	10	**116**	105	10	**102**	91	10	**-14%**
Centre	**143**	135	8	**140**	132	8	**127**	119	8	**-11%**
Champagne-Ardenne	**121**	116	5	**112**	107	5	**78**	72	6	**-36%**
Corse	**20**	18	2	**23**	21	2	**29**	27	2	**45%**
Franche-Comté	**92**	86	6	**89**	83	6	**79**	73	6	**-14%**
Île-de-France	**114**	71	39	**115**	70	42	**113**	67	43	**-1%**
Languedoc-Roussillon	**127**	117	10	**101**	90	11	**89**	78	11	**-30%**
Limousin	**66**	63	3	**66**	62	4	**55**	51	4	**-17%**
Lorraine	**145**	138	6	**134**	126	7	**112**	104	7	**-23%**
Midi-Pyrénées	**213**	203	9	**201**	191	9	**186**	176	9	**-13%**
Nord-Pas-de-Calais	**87**	73	11	**79**	65	11	**53**	39	11	**-39%**
Basse-Normandie	**128**	123	3	**113**	108	3	**93**	88	3	**-27%**
Haute-Normandie	**71**	65	6	**70**	64	6	**69**	63	6	**-3%**
Pays de la Loire	**131**	122	7	**127**	118	7	**124**	115	7	**-5%**
Picardie	**85**	79	6	**83**	77	6	**82**	75	7	**-4%**
Poitou-Charentes	**96**	89	7	**93**	85	8	**65**	56	9	**-32%**
Provence-Alpes-Côte d'Azur	**95**	79	13	**90**	72	15	**85**	65	17	**-11%**
Rhône-Alpes	**231**	214	16	**227**	210	16	**182**	164	17	**-21%**
Guadeloupe	**5**	2	3	**5**	2	3	**6**	2	4	**20%**
Martinique	**3**	1	2	**3**	1	2	**3**	.	3	-
Guyane	**4**	3	1	**4**	3	1	**4**	3	1	-
La Réunion	**5**	0	5	**5**	-	5	**5**	.	5	-
Total	**2 581**	**2 358**	**202**	**2 456**	**2 223**	**213**	**2 145**	**1 903**	**222**	-17%

Le nombre de syndicats s'est réduit nettement en 2013

La réduction du nombre de syndicats amorcée depuis de nombreuses années s'est s'accélérée : les effectifs de syndicats ont diminué de près de 10% sur les deux années 2012 et 2013 contre 4% sur les deux exercices précédents (2010 et 2011). La diminution est essentiellement le fait des syndicats à vocation unique (SIVU).

Début 2014, on dénombre 13 408 syndicats. Les plus nombreux sont les syndicats de communes : 8979 SIVU alors qu'ils étaient plus de 10000 début 2012 et 1233 syndicats à vocation multiple (SIVOM). On recense 2 227 syndicats mixtes fermés et 960 syndicats mixtes ouverts.
Les pôles métropolitains sont désormais au nombre de 9 : un nouveau pôle a été créé autour de Brest.

Les syndicats de début 2010 à début 2014

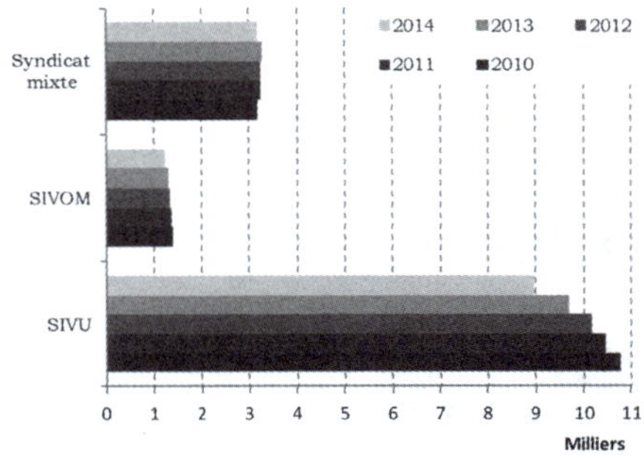

Variation des effectifs de syndicats entre début 2012 et début 2014

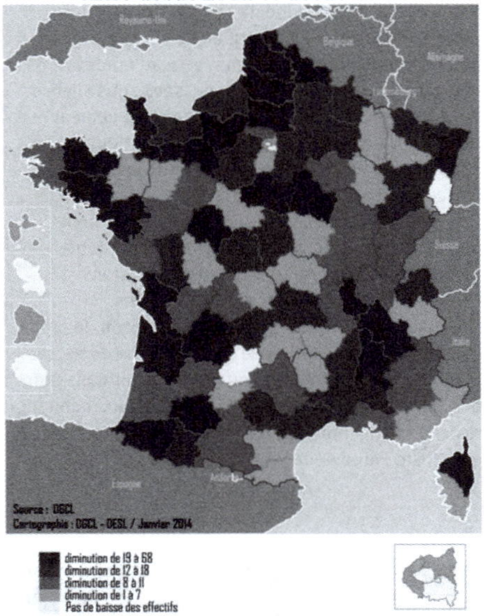

Nombre de syndicats par département début 2014

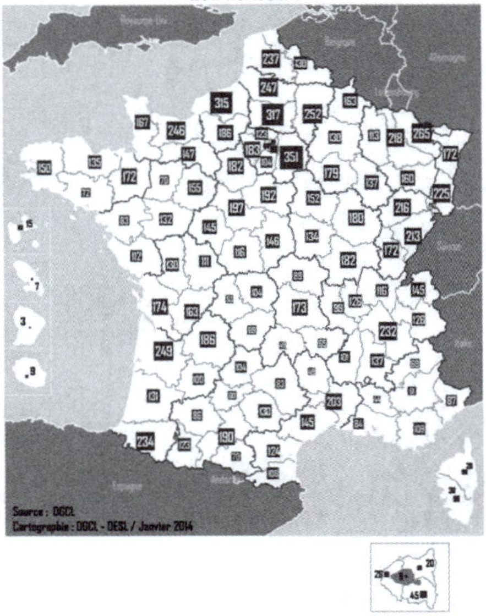

Au 1er janvier 2014, un département comporte en moyenne 134 syndicats contre 148 au 1er janvier 2012. Un quart des départements dispose de plus de 180 syndicats.

Ministère de l'Intérieur
Ministère de la Réforme de l'Etat, de la Décentralisation et de la Fonction Publique
Direction Générale des Collectivités Locales
2, Place des Saussaies – 75800 PARIS Cedex 08 – Téléphone : 01 40 07 68 29 – Télécopie : 01 49 27 34 29
Directeur de la publication : Serge MORVAN

Document 11

Dossier Mutualisation

Quand la mutualisation fertilise le projet de territoire

Il était une fois la mutualisation... avec le plus souvent un souci d'économies d'échelle en perspective. Mais après plusieurs années de pratique, les communautés pionnières mettent surtout en avant l'émergence d'une culture administrative commune, la réalité d'un projet partagé de territoire, un surplus de services aux habitants. L'enthousiasme reste au rendez-vous, mais sans que ne soient passées sous silence les difficultés de gouvernance et de management : relations ville centre/communes périphériques, supplément de charge de travail, double chaîne hiérarchique...
Présidents et cadres supérieurs, tous constatent que l'intégration communautaire a gagné en intensité, favorisant les synergies entre administrations et la coordination des décisions politiques.
Levier fédérateur autant que ligne d'horizon, le projet communautaire constitue le fil rouge de la démarche. Et quelle que soit la forme que revêt la mutualisation des services, la qualité du service rendu aux habitants reste in fine la motivation essentielle comme en atteste l'étude que publie l'AdCF ce mois-ci.

Dossier réalisé à partir d'une étude confiée par l'AdCF, sous la coordination de Nicolas Portier et Floriane Boulay, à cinq élèves administrateurs de l'Institut national des études territoriales (INET), dans le cadre d'un projet collectif : Franck Boulanjon, Alexis Choutet, Jérôme Dezobry, Laure Dolique et François Roussel-Devaux.

L'étude « La mutualisation des services : un enjeu d'intégration intercommunale », est disponible depuis le 12 mai sous version papier et électronique, pour les adhérents de l'AdCF.

Contact : Anne-Sophie Blanchard (a.blanchard@adcf.asso.fr) ou www.adcf.org

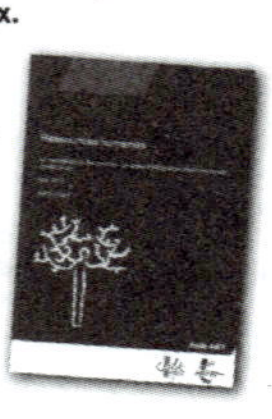

L'échantillon de l'étude

Les 20 structures intercommunales étudiées sont les communautés de communes de la Région de Charny, de Verdun et Lamballe Communauté ; les communautés d'agglomération de la Région de Compiègne, du Beauvaisis, de Blois, Angers Loire Métropole, Clermont Communauté, Grenoble Alpes Métropole, Mulhouse Alsace Agglomération, Pau Pyrénées, Plaine Commune, Reims Métropole, Rennes Métropole, Sophia Antipolis, Valence Agglomération et celle de la Vallée de Montmorency (Cavam) ; les communautés urbaines de Strasbourg, Grand Toulouse et Nantes Métropole. Trois d'entre elles dénombrent moins de 50 000 habitants. Dans une très large majorité des cas, la ville centre représente plus de 25 % de la population communautaire (pour 11 cas sur 20, elle dépasse les 50 %) et son maire est également président de la communauté (12 cas sur 16 puisque la Cavam, Plaine Commune, Sophia Antipolis et la communauté de la Région de Charny ne disposent pas de ville centre).

Intercommunalités • AdCF • N° 156 - Mai 2011

Dossier Mutualisation

L'émergence progressive d'une culture commune

Souvent motivés au départ par la recherche d'économies d'échelle, les communautés engagées dans des démarches de mutualisation de services ont surtout trouvé les moyens d'améliorer la qualité de services à leurs habitants et de renforcer leur intégration communautaire. Sans regret mais avec précaution.

Renforcement de l'offre de garde de la petite enfance à Lamballe Communauté, amélioration de l'entretien des espaces verts à Plaine Commune, mise en place d'une politique sécuritaire en Vallée de Montmorency... rien de tout cela n'aurait été possible sans la mutualisation des services, tant au niveau de l'optimisation financière que du degré d'expertise des services.

Pour ces communautés innovantes, une mutualisation réussie constituait la promesse d'agents territoriaux mieux formés, mieux équipés et motivés par des perspectives d'évolution de carrière élargies.

Le syndrome de « la feuille dans la cour d'école »

Revers de la médaille, l'éloignement des centres de décision et l'émergence d'une « technostructure » peuvent complexifier la démarche, au risque de la remettre en cause. Faute d'une répartition claire des missions entre communauté et communes, il n'est pas rare que des agents imputent à la mutualisation la responsabilité d'un dysfonctionnement. C'est le syndrome à conjurer de *« la feuille dans la cour d'école »*, expression utilisée à Plaine Commune pour illustrer le fait que ladite feuille sera (ou ne sera pas) ramassée, soit par les agents communaux soit par les agents communautaires, en fonction de l'endroit où elle est tombée.

« La mutualisation n'est pas la solution absolue. La démarche doit être accompagnée d'une réflexion sur la gouvernance et le partage du pouvoir. »

Jo Spiegel, président délégué de Mulhouse Alsace Agglomération

Pour pallier ce risque de dilution de responsabilité, le Grand Toulouse diffuse largement le trombinoscope des agents. D'une manière générale, tout ce qui favorise l'émergence d'une culture commune entre agents impacte positivement le service public local : outils de communication communs (journaux internes, réseau intranet partagé, cérémonie de vœux commune...) ; sessions de découverte (organiser des visites des services communautaires pour les agents d'origine communale et réciproquement...) ; harmonisation des rythmes de la vie locale (éviter les télescopages entre bureaux municipaux, conseils communautaires, commissions thématiques...) ; développement de la polyvalence des points d'accueil du public (mise à disposition d'un calendrier de collecte des ordures ménagères dans tous les hôtels de ville)...

Pour les habitants, des points de contacts uniques territorialisés peuvent également être mis en place comme des guichets uniques thématiques (à l'instar des points emplois de la Cavam installés dans des locaux communaux) ou un accueil téléphonique unique avec un numéro dédié.

Mutualisation et intégration intercommunale

Au-delà de ce risque, le fonctionnement en services mutualisés conduit nécessairement à l'évolution des pratiques administratives et managériales. La mutualisation des services permet d'aplanir les frontières administratives pour se placer dans la perspective d'une cohérence d'ensemble de l'action publique locale. Néanmoins, la traduction concrète de cet objectif – sinon affiché, du moins espéré – demande du temps et une volonté de l'ensemble des acteurs du territoire d'accepter de dépasser le cadre classique de l'administration territoriale, pour s'orienter vers une troisième culture. À terme, elle pourrait se traduire par l'organisation suivante : une administration unique au service d'un projet de territoire porté par plusieurs collectivités.

Pour autant, la mutualisation des services n'est pas, en soi, le gage d'une intégration accrue entre la communauté et ses communes membres (certains recours à la mutualisation sont motivés par le seul souhait d'éviter de « perdre » des agents lors des transferts de compétences à l'intercommunalité). Plus que le degré de la mutualisation, ce sont donc les objectifs qui l'ont motivée, l'implication des politiques et la manière dont elle fonctionne qui permettent d'en identifier l'esprit, entre une simple volonté de rationalisation et une démarche ambitieuse au service du projet de territoire.

Tous mutualisables ?

Domaine	Famille de métiers du domaine
Pilotage, management et gestion des ressources	Direction générale
	Affaires générales
	Finances
	Ressources humaines
	Système d'information et TIC
	Communication
Politiques publiques d'aménagement et de développement	Développement territorial
	Environnement
	Urbanisme et aménagement
	Transports et déplacements
	Formation professionnelle
	Habitat et logement
Interventions techniques	Entretien et services généraux
	Imprimerie
	Infrastructures
	Espaces verts et paysages
	Patrimoine bâti
	Propreté et déchets
	Eau et assainissement
Animation et services à la population	Social
	Éducation et animation
	Restauration collective
	Santé
	Laboratoires
	Population et funéraire
	Services culturels
	Arts et techniques du spectacle
	Bibliothèques et centres documentaires
	Enseignements artistiques
	Établissements et services patrimoniaux
	Sports
Sécurité	Prévention et sécurité
	Incendie et secours

Source : Guide des métiers territoriaux, CNFPT (février 2010)

Lamballe Communauté et sa ville centre déploient de nouveaux services à la personne en matière de petite enfance, domaine exigeant en termes de niveau de qualification des agents et financiers. Le plus : une gestion mutualisée des ressources humaines pour l'organisation des formations continues, mais aussi des absences et des amplitudes d'ouverture au public...

Entre 2005 et 2007, les agents de police municipale des huit villes de la communauté d'agglomération de la Vallée de Montmorency ont été transférés à la CAVAM, ainsi que les agents de surveillance de la vie publique et les agents administratifs affectés aux postes de police municipale, soit 85 ETP. Ils sont mis à disposition des maires, qui restent décideurs sur le nombre d'agents, de véhicules et d'équipements de vidéo protection. Acquis par la communauté, ces moyens sont imputés aux communes via leur attribution de compensation. La mutualisation a ainsi permis un équipement homogène des équipes ainsi qu'une optimisation des prix des matériels.

(...)

N° 156 - Mai 2011 • AdCF • Intercommunalités

Dossier Mutualisation

Le poids déterminant du politique

La réussite de la mutualisation dépend d'abord de facteurs politiques : « timing » du projet, personnalité des acteurs, fonctionnement du couple maire-président, équilibres internes au territoire. Le grand défi étant de faire émerger une culture commune, ou une « troisième culture ».

La mutualisation est un projet structurant dont les avantages attendus sont rarement immédiats. C'est pourquoi la démarche est souvent initiée en début de mandat, surtout lorsque le maire de la ville centre est aussi président de la communauté ; non seulement pour se laisser le temps du mandat afin d'initier, conduire et consolider le projet, mais aussi parce que le maire de la ville centre possède alors une légitimité politique forte lui permettant d'imposer une démarche dont les communes périphériques peuvent se méfier.

« Pour faire avancer un projet de mutualisation, mieux vaut, à l'origine, des relations tendues que l'absence de relations. »

C'est le cas à Reims où, dès 2008, la nouvelle maire-présidente a choisi de mutualiser les services de la ville avec ceux de la communauté d'agglomération, et ce malgré les fortes réticences des autres communes très attachées à l'indépendance de Reims Métropole. Selon son directeur général des services, Olivier Nys, *« la fenêtre de tir est souvent assez étroite, deux, trois ans maximum »*. Angers Loire Métropole, la communauté du Beauvaisis, Lamballe Communauté, le Grand Toulouse et Rennes Métropole ont également franchi le pas quelques mois seulement après les élections municipales de 2008.

Dans de nombreux cas (Rennes, Valence, Reims, Pau...), la mutualisation fut mise en œuvre au cours d'un premier mandat, le cas échéant après une alternance comme à Toulouse où le nouveau leadership a permis la création d'une communauté urbaine qui inscrivait comme objectif la mutualisation des services entre communauté et ville centre, ainsi que la territorialisation des services communautaires, via huit pôles de proximité.

Après une échéance électorale

De façon générale, on constate que la mutualisation est initiée soit après une échéance électorale, soit au moment de la création ou de la transformation du groupement. Plus déterminant encore se révèle le rôle personnel d'un élu, en général le président de l'agglomération. À Strasbourg, Mulhouse, Verdun ou encore Lamballe, c'est clairement le poids de l' « homme fort » du territoire qui a permis à la mutualisation de se concrétiser. D'ailleurs, Philippe Lacaïle et Jean-Jacques Delory, respectivement directeurs généraux des services de Tour(s) Plus et de la communauté du Beauvaisis, s'interrogent sur la pérennité d'un tel dispositif en cas de discordance politique ultérieure entre le maire de la ville centre et le président de l'agglomération (pour un point de vue contraire, voir l'interview de Bruno Malhey p. 11). La désignation d'un vice-président à la mutualisation (comme à Plaine Commune) est également un bon indicateur de l'importance politique du projet.

Garanties et contreparties

Les rapports de force politiques entre communes membres de la communauté semblent en général secondaires par rapport au clivage ville centre/communes périphériques.

Convaincre les communes périphériques que la mutualisation leur sera bénéfique via, par exemple, un renforcement de l'expertise administrative et juridique (souvent gracieusement mise à disposition des communes non mutualisées) n'est pas évident. Il faut souvent donner des garanties, voire des gages ou des contreparties négociées, pour obtenir l'adhésion générale.

Un premier niveau consiste à assurer aux maires, dont les services ont été mutualisés avec ceux de la communauté, la préservation de leurs prérogatives. À la communauté de communes de la Région de Charny, par exemple, où la gestion unifiée est complète (cf. article p. 16), le suivi des travaux relevant de compétences communautaires est ainsi délégué aux maires concernés. Au sein de la communauté urbaine de Strasbourg, il est envisagé de faire des DGS des communes les autorités fonctionnelles des services communautaires sur leur territoire. De même, Sylvie Delavie, chargée de mission mutualisation à Angers Loire Métropole, souligne la nécessité récurrente de mettre en place des plates-formes de services à destination de ces dernières lorsqu'elles ne sont pas incluses dans le dispositif de mutualisation à proprement parler.

Tradition de coopération

À la base de toute démarche de mutualisation se trouvent toujours le degré de confiance/méfiance entre communes, mais aussi l'habitude ou non du travail en commun et la conception que celles-ci se font de leurs propres prérogatives.

Au-delà des tensions, l'un des facteurs clés de réussite tient à l'existence ou non d'une tradition de coopération entre entités mutualisées. Les tensions sont surmontées du moment que les cadres et les agents ont l'habitude de travailler ensemble. Ainsi à Reims Métropole, malgré des débuts difficiles, la mutualisation fonctionne, notamment parce que les agents issus des deux collectivités se connaissent dans la mesure où les personnels de la communauté sont issus de l'administration municipale.

Pour faire avancer un projet de mutualisation, mieux vaut, à l'origine, des relations tendues que l'absence de relations.

Facteurs politiques de la mutualisation

Communauté	Lancement du projet simultanément à la création du groupement	Premier mandat du Président	Alternance politique	Lancement du projet en début de mandat	Unicité des fonctions maire de la ville centre / président
Angers Loire Métropole (Angers)					X
Communauté d'agglomération du Beauvaisis (Beauvais)				X	X
Agglopolys (Blois)		X	X	X	
Communauté d'agglomération de la Vallée de Montmorency					
Communauté de communes de la Région de Charny (Charny)				X	
Clermont Communauté (Clermont-Ferrand)					X
Agglomération de la Région de Compiègne (Compiègne)	X				X
Grenoble Alpes Métropole (Grenoble)					
Lamballe Communauté (Lamballe)					X
Mulhouse Alsace Agglomération (Mulhouse)					X
Communauté d'agglomération Pau Pyrénées (Pau)				X	X
Plaine Commune	X				
Reims Métropole (Reims)		X	X	X	X
Rennes Métropole (Rennes)		X		X	X
Communauté urbaine de Strasbourg (Strasbourg)					X
Grand Toulouse (Toulouse)					X
Valence Agglo (Valence)	X				X
Communauté de communes de Verdun (Verdun)	X				X

Source : « Ressources humaines : la mutualisation des services, facteur de l'intégration intercommunale », AdCF/INET, mai 2011.

Dossier Mutualisation

Trois types de mutualisation : choisissez celle qui vous ressemble !

Portant sur vingt communautés, l'étude AdCF/Inet dresse une typologie des pratiques en repérant trois formes d'organisation mutualisée : la coopération technique, la mutualisation des fonctions de pilotage et le cumul des deux dans une structure intégrée.

La diversité des 20 communautés étudiées dans le cadre de l'étude « La mutualisation des services : un enjeu d'intégration intercommunale » permet de distinguer trois grands types de mutualisation.

Le tout premier degré d'intégration débute avec la « coopération technique ». Par définition, elle concerne les services techniques dont les compétences auxquelles ils sont attachés n'ont pas été intégralement transférées. Dans le panel étudié, on retrouve fréquemment une mutualisation en matière d'entretien des espaces verts, des véhicules, de la voirie ou bien encore dans la gestion d'une imprimerie. Au-delà, l'animation et les services à la population (bibliothèques et médiathèques) font l'objet d'un nombre de plus en plus important de partage de services. A contrario, les secteurs les moins souvent partagés sont la sécurité, la restauration collective, la santé, l'état civil (instruction) et les services funéraires. Dans ce cas, mettre en œuvre une culture ou même des procédures communes n'est en rien un objectif.

Prépondérance de l'informatique et du juridique (sur les 20 études de cas)

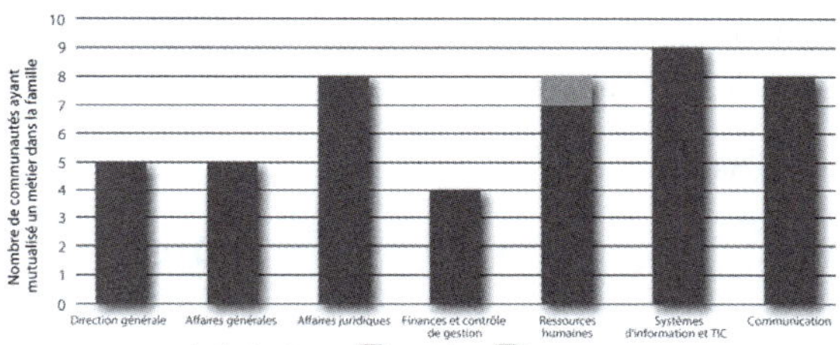

Source : « Ressources humaines : la mutualisation des services, facteur de l'intégration intercommunale », AdCF/INET, mai 2011.

> **« Le partage des outils informatiques favorise l'intégration plus rapide de l'ensemble des services »**

Partage des services fonctionnels

Le « pilotage intégré » porte quant à lui sur le partage des services fonctionnels : direction générale, affaires générales, affaires juridiques, finances, ressources humaines, informatique et TIC, communication. À noter une prépondérance de la mise en commun des services informatiques et juridiques. Un certain nombre d'acteurs ont d'ailleurs souligné l'importance stratégique du partage des outils informatiques communs pour une intégration plus rapide des services. Quant aux services juridiques, ils permettent un partage de l'expertise. À défaut d'une mise à disposition de services, l'objectif de créer une plate-forme de services à destination des communes périphériques non mutualisées est récurrent, même s'il est difficile à mettre en œuvre. En revanche, les services finances sont peu mutualisés... Au-delà de l'aspect politique de ce domaine, un tel partage génère, lorsqu'il est mis en œuvre, des difficultés d'encombrements d'agenda qui doivent être anticipées : si les services sont partagés, les collectivités continuent de voter leurs budgets respectifs... à la même période.

Trois facteurs semblent favorables à cette configuration : une ville centre (l'hypothèse de plusieurs « grandes » communes aux poids démographiques équivalents empêche souvent un portage politique fort indispensable à ce type d'organisation) ; un équilibre politique (et non une homogénéité) entre cette ville centre et les communes périphériques ; une impulsion politique forte.

Les bibliothèques et les médiathèques font l'objet d'un nombre de plus en plus important de partage de services.

La forme la plus intégrée de mutualisation est atteinte lorsque coopération technique et pilotage intégré sont réunis. La « structure intégrée » est notamment pratiquée par les communautés de Reims Métropole, Agglopolys, Angers Loire Métropole ou bien encore la communauté de communes de Verdun. **[...]**

Possibilité de nouvelles collaborations

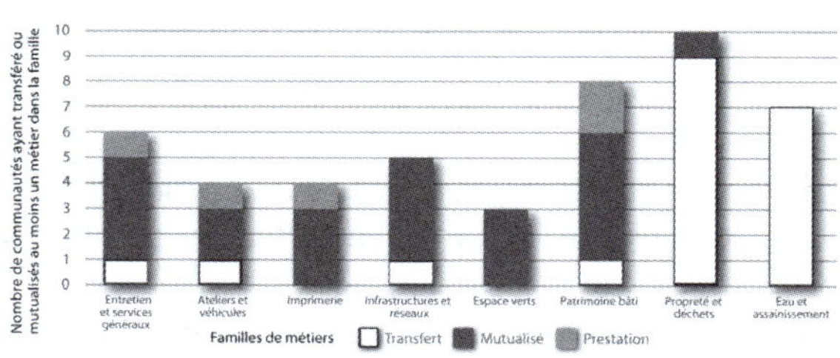

Source : « Ressources humaines : la mutualisation des services, facteur de l'intégration intercommunale », AdCF/INET, mai 2011.

Comment aborder le sujet ?

Les indications formelles

Le document demandé, en parfaite cohérence avec l'intitulé réglementaire de l'épreuve, est une note.

La collectivité de l'auteur de la note est précisée dans la commande, ce qui permet de remplir le timbre sans aucun risque de rompre l'anonymat de la copie par un signe distinctif prohibé.

L'auteur de la copie est attaché territorial : pour autant, il est inutile de porter « L'attaché territorial » en fin de copie, mention qui pourrait entraîner l'annulation de votre copie pour rupture d'anonymat si d'aventure vous paraphiez ou signiez votre copie.

Le destinataire de la note est le maire de la commune.

La nature du sujet permet d'augurer que des documents juridiques ou officiels au dossier pourront pertinemment être mentionnés dans la zone des « références ». La simple liste signalétique des éléments du dossier permet de repérer deux rapports officiels et une loi.

Vous pouvez ainsi aisément satisfaire aux obligations formelles de présentation de la note :

Commune d'Alpha — Le 19 novembre 2014 *(date de l'épreuve)*

NOTE

à l'attention de Monsieur le Maire

Objet : les grands enjeux de l'intercommunalité

Références :
- loi n° 2014-58 du 27 janvier 2014 relative à la modernisation de l'action publique territoriale et à l'affirmation des métropoles;
- rapport du sénateur Philippe Dallier, février 2006;
- rapport de la Cour des comptes sur l'intercommunalité en France (2005).

La commande

La commande ne comporte aucune indication démographique sur la commune d'Alpha, dont il est seulement indiqué qu'elle est membre d'une structure intercommunale (qui peut être aussi bien une communauté de communes, qu'une communauté d'agglomération ou une métropole...). Cette commande invite à un traitement exhaustif du sujet sans que les données propres à la commune d'Alpha déterminent le traitement du sujet.

La précision selon laquelle le maire est nouvellement élu entend souligner qu'il doit être totalement informé par la note demandée comme s'il ne connaissait pas le sujet, ce qui est l'essence même d'une note.

L'objet de la note est clair, mais il convient de garder constamment en tête, pour ne pas se perdre dans une approche trop juridique de l'intercommunalité, qu'il s'agit de traiter des **grands enjeux de l'intercommunalité**.

Cette notion d'enjeux peut, avant même que le dossier soit exploité, déclencher le recours à des plans « clés en main » comme :
- Enjeux juridiques et administratifs/Enjeux politiques
- Enjeux à court terme/Enjeux à moyen et long terme
- Les gains attendus/Les pertes possibles

D'autres plans sont évidemment envisageables, dès lors qu'ils sont construits autour du concept d'enjeu.

La nature des documents

Des sources assez variées :

- des textes juridiques
- Exposé des motifs de la loi MAPAM (document 6)
- des documents officiels
- Rapport du sénateur Philippe Dallier (document 7)
- Rapport de la Cour des comptes (document 4)
- des extraits d'ouvrages (document 1, document 2)
- des articles de presse spécialisée
- *Le Courrier des maires* (document 5)
- *Pouvoirs locaux* (document 8)
- *La Gazette des communes* (document 9)
- *Intercommunalités* (document 11)

Les titres

Ce rapide examen des titres portés dans le sommaire du dossier avant la lecture de survol et l'exploitation de celui-ci a pour seul objet de permettre de discerner de grands axes de nature à aider à la construction du plan. Il est possible que le contenu réel des documents diffère pour partie de celui que les titres suggéraient, mais cela est sans réelle importance dans la mesure où l'unique objet de cette analyse est de parvenir à un plan. S'il est toujours conseillé de pratiquer cet exercice sans toutefois y consacrer trop de temps, il peut parfois s'avérer décevant. C'est le cas ici.

Deux titres paraissent se rattacher à l'un des grands axes déjà repérés :

Les gains attendus :

- (Un remède à) l'émiettement communal (document 2)
- La fertilisation du projet de territoire (document 11)

Les autres titres sont peu significatifs, et un survol du dossier sera nécessaire pour affiner un plan.

Le plan

Il paraît pertinent d'exploiter le dossier à partir d'une structuration pour l'heure rudimentaire que l'exploitation du dossier permettra d'affiner au fil de l'eau.

C'est donc la **technique 1** exposée dans les conseils méthodologiques, c'est-à-dire l'ouverture de fiches à partir d'un plan préconçu, que nous mettons en œuvre, même si l'intention de plan ne comprend pour l'instant que deux grandes parties qu'il conviendra d'affiner en sous-parties.

Les titres des futures sous-parties ne sont pas ici écrits *a priori* avant exploitation du dossier, mais naissent et s'affinent, au fur et à mesure de cette exploitation, à partir des deux grands axes préfabriqués.

Rappelons que la mention des documents d'où proviennent les informations, utile au brouillon pour vérifier si nécessaire telle ou telle donnée avant rédaction définitive, ne doit pas apparaître dans la copie.

L'exploitation du dossier

Il est pertinent d'ouvrir systématiquement une fiche « Introduction » destinée à recueillir au fur et à mesure de l'exploitation du dossier les informations requises dans toute introduction et qui précèdent l'annonce du plan : entrée en matière, contextualisation, problématique.

Fiche introduction

Entrée en matière	La France compte, en 2013, 36 767 communes, un peu plus de la moitié du nombre total de communes dans l'ensemble des autres pays de l'Union européenne. Les fusions de communes, très rares, ont échoué à réduire cet émiettement, les Français étant très attachés à la démocratie de proximité que permet l'échelon communal. (document 2)
Contextualisation	Les finances locales ne peuvent durablement supporter la multiplication des charges et la non-rentabilité des équipements locaux résultant de cet émiettement. À défaut de fusions de communes, la coopération intercommunale est apparue comme le meilleur moyen de rationaliser le fonctionnement des collectivités territoriales. (document 2) La loi dite MAPAM du 27 janvier 2014 entend rendre l'action publique plus efficace en promouvant les échelons les plus pertinents, comme les métropoles. Cette réforme doit contribuer à l'amélioration de l'efficience des politiques publiques. (document 6)
Problématique	Si l'intercommunalité apparaît ainsi comme une solution au « mal français » lié au nombre excessif de collectivités territoriales, peut-on pour autant aujourd'hui considérer que tous les problèmes de fonctionnement de nos institutions sont résolus ?

Fiche 1

Les gains attendus

L'intercommunalité est un remède à l'émiettement communal

Dans de nombreux domaines (économie, social, culture), les politiques des communes ne peuvent plus aujourd'hui se limiter à leurs frontières. Des équipements sportifs, culturels, sanitaires... ne peuvent plus être conçus à l'échelon communal, d'autant que les ressources financières locales sont aujourd'hui limitées. (document 1)

Une coopération de gestion s'est tout d'abord développée, avec la création d'établissements publics territoriaux gérant pour le compte des communes des services publics d'intérêt commun au moyen de syndicats intercommunaux à vocation unique (SIVU) ou à vocations multiples (SIVOM). Si la loi du 16 décembre 2010 a entrepris de rationaliser et achever la carte intercommunale, on comptait encore plus de 14 000 syndicats en activité au 1er janvier 2013, dont 70 % de SIVU. Leur nombre diminue, comme celui des SIVOM, au profit d'autres formes de coopération, comme les syndicats mixtes, compétents en matière de collecte et d'élimination des ordures ménagères, de traitement et de distribution d'eau, de tourisme, ou les pôles métropolitains.

Au 1er janvier 2014, on ne compte plus que 13 400 syndicats. (document 10)

La coopération de projet repose sur un projet commun intercommunal de développement économique et social pour un ensemble de collectivités, dans le cadre d'établissements publics de coopération intercommunale (EPCI) à fiscalité propre. De la loi du 6 février 1992 à la loi du 16 décembre 2010 qui vise à ce que l'ensemble du territoire soit couvert par des intercommunalités à fiscalité propre, les formules de coopération se sont multipliées : métropoles, syndicats d'agglomération nouvelle, communautés urbaines, communautés d'agglomération, communautés de communes. Au 1er janvier 2013, près de 2 500 EPCI regroupaient 36 000 communes comptant 61 millions d'habitants. (document 2)

Entre 2012 et 2013, les créations, fusions et extensions d'EPCI ont réduit leur nombre de 436 : on ne compte plus au 1er janvier 2014 que 2 145 EPCI à fiscalité propre. À cette date, 1 903 communautés de communes regroupent 85 % des communes et 44 % de la population. Le reste de la population s'inscrit dans 242 EPCI à fiscalité propre. 563 communes isolées début janvier 2013, que la loi du 16 décembre 2010 obligeait à adhérer à une communauté, sont désormais rattachées à un EPCI à fiscalité propre. (document 10)

Si une décision du Conseil constitutionnel du 25 avril 2014 a invalidé le rattachement forcé des communes isolées à un EPCI par le préfet, la loi a évolué en prévoyant une consultation pour avis de l'EPCI de rattachement, de ses communes membres et de la commune concernée, la commission départementale de la coopération intercommunale pouvant modifier le projet de rattachement. (document 9)

De nouvelles institutions et de nouveaux modes de fonctionnement renforcent l'efficience de l'intercommunalité

L'article 31 de la loi dite MAPAM du 27 janvier 2014 instaure la métropole, en réformant les métropoles instituées par la loi du 16 décembre 2010 de réforme des collectivités territoriales : ce nouvel EPCI à fiscalité propre, selon les termes de l'exposé des motifs de la loi, « rayonne sur son environnement régional, national et international et fonctionne en réseau avec les autres grandes villes et les villes moyennes qui l'entourent ». Les organisations préexistantes s'avéraient en effet insuffisantes pour conduire des politiques de développement des territoires à l'échelle européenne. « La métropole est destinée à regrouper plusieurs communes d'un seul tenant et sans enclave et qui s'associent au sein d'un espace de solidarité pour élaborer et conduire ensemble un projet d'aménagement et de développement économique, écologique, éducatif, culturel et social de leur territoire afin d'en améliorer la compétitivité et la cohésion à l'échelle nationale et européenne. » La métropole exerce des compétences transférées par l'État et les communes et, facultativement, par convention, des compétences régionales et départementales. (document 6)

L'efficience de l'intercommunalité repose aussi sur de nouveaux modes de fonctionnement : la mutualisation des services apparaît aujourd'hui comme un moyen essentiel d'améliorer les services rendus aux habitants. Elle requiert, pour réussir, aussi bien le développement d'une culture commune aux agents des communes et de la communauté que des guichets uniques territorialisés. Le dépassement du cadre classique de l'administration communale demande du temps, mais devrait aboutir à une administration unique au service d'un projet de territoire. La réussite d'un tel projet impose que les communes périphériques à la commune-centre perçoivent les gains de la mutualisation, comme le renforcement de l'expertise administrative et juridique, et que les communes dont les services sont mutualisés avec ceux de la communauté conservent des prérogatives. L'existence d'une tradition de coopération entre entités mutualisées est aussi un facteur essentiel de réussite. Coopération technique, partage des services fonctionnels, cumul des deux dans une structure intégrée constituent trois formes possibles de mutualisation. (document 11)

Fiche 2

Les pertes possibles

Le risque d'inefficience de l'intercommunalité

L'ensemble des communes françaises est appelé à court terme à appartenir à un EPCI à fiscalité propre. La coexistence de formules de coopération très diverses exerçant des compétences très différentes, en raison d'un système compliqué de compétences obligatoires, facultatives, optionnelles, déléguées rend l'organisation intercommunale extrêmement complexe, de nombreux contentieux en témoignent. Les flux financiers entre les communes et les intercommunalités sont en outre très difficilement lisibles, et les citoyens risquent de ne pas être capables de prendre la mesure des budgets des EPCI. Bien souvent, les organisations retenues dépendent plus des gains que les élus en attendent pour leurs collectivités que de schémas rationnels. Cette situation ne pouvant durer indéfiniment, une réforme d'ensemble de l'intercommunalité deviendra de plus en plus indispensable. (document 1)

Les intercommunalités sont aujourd'hui de tailles très différentes avec, parfois, des moyens trop faibles pour porter les projets. À partir du 1er janvier 2017, elles devraient regrouper chacune au moins 20 000 habitants au lieu de 5 000 aujourd'hui. (document 2)

Le rapport de la Cour des comptes de 2005 soulignait déjà que la logique de l'intégration des EPCI à fiscalité propre n'était pas toujours aboutie, ni l'intérêt communautaire toujours défini, les moyens demeurant partiellement transférés. Pour que cette intercommunalité réussisse, il faut que l'intégration soit suffisante pour que des projets cohérents de développement et d'aménagement puissent être conduits. (document 4)

Le rapport du sénateur Philippe Dallier, dès 2006, faisait valoir que « l'intercommunalité a créé un niveau d'administration locale là où on pensait d'abord qu'une simple coordination de l'existant pourrait suffire ». Le développement de l'intercommunalité pose inévitablement la question du meilleur niveau possible d'administration et donc de l'échelon en trop. (document 7)

Faute d'une répartition claire des responsabilités entre communes et communauté, le risque est grand que les services respectifs des unes et de l'autre se rejettent la responsabilité de faire et que personne ne fasse, ou que les deux fassent. Le chantier de la clarification des compétences est loin d'être aujourd'hui achevé. (document 11)

Le déficit démocratique

L'intercommunalité apparaît comme une administration fonctionnelle certes efficace mais encore politiquement faible, même si la loi du 16 décembre 2010 a institué l'élection des conseillers communautaires au suffrage universel direct dans toutes les communes de 1 000 habitants et plus. De nouveaux modes de gouvernance seront à inventer pour éviter que l'intercommunalité soit trop technocratique et permettre aux citoyens de se l'approprier. (document 2)

En 2005, la Cour des comptes avait fait valoir que « le développement de l'intercommunalité renforce la nécessité de “rendre compte” de manière complète et transparente de l'action communautaire à tous les citoyens [...]. Ce sont bien les mécanismes mêmes de la démocratie locale qui devraient évoluer ». (document 4)

L'intercommunalité avait été la grande absente des élections municipales de 2008. En 2014, le fléchage, dans les communes de 1 000 habitants et plus, des candidats choisis pour siéger dans les intercommunalités n'est sans doute pas suffisant pour que les enjeux intercommunaux prennent place au cœur des débats électoraux. L'élection au suffrage universel direct de tous les conseillers communautaires demeure un objectif à atteindre. (document 5)

Le rapport du sénateur Philippe Dallier, en 2006, soulignait que « l'intercommunalité étant devenue un lieu de pouvoir politique et fiscal, elle doit aussi être un lieu démocratique, sauf un jour à perdre sa légitimité ». (document 7)

Deux plans différents au moins s'avèrent pertinents pour agencer ces fiches.

On peut conserver une structure du type avantage 1, avantage 2/limite 1, limite 2. Cette structure se prête bien à une annonce des deux grandes parties en fin d'introduction.

On peut aussi concevoir une structure du type avantage 1, limite 1/avantage 2, limite 2. Cette organisation rend nécessaire une annonce des parties et des sous-parties en fin d'introduction. C'est le choix que nous avons fait dans la copie ci-dessous.

Les sous-parties de chaque partie étant annoncées précisément dans l'annonce de plan en fin d'introduction, un chapeau introductif n'est pas nécessaire au début de chaque partie. Il en irait différemment si l'annonce de plan se limitait à une annonce des deux parties sans précision sur les sous-parties de chacune.

Corrigé

Commune d'Alpha *(date de l'épreuve)*

NOTE

à l'attention de Monsieur le Maire

Objet : les grands enjeux de l'intercommunalité

Références :
- loi n° 2014-58 du 27 janvier 2014 relative à la modernisation de l'action publique territoriale et à l'affirmation des métropoles
- rapport du sénateur Philippe Dallier, février 2006
- rapport de la Cour des comptes sur l'intercommunalité en France (2005)

La France compte, en 2013, 36 767 communes, un peu plus de la moitié du nombre total de communes dans l'ensemble des autres pays de l'Union européenne. Les fusions de communes, très rares, ont échoué à réduire cet émiettement, les Français étant très attachés à la démocratie de proximité que permet l'échelon communal.

Les finances locales ne peuvent durablement supporter la multiplication des charges et la non-rentabilité des investissements locaux résultant de cet émiettement. À défaut de fusions de communes, la coopération intercommunale est apparue comme le meilleur moyen de rationaliser le fonctionnement des collectivités territoriales. La loi dite MAPAM du 27 janvier 2014 entend rendre l'action publique plus efficace en promouvant les échelons les plus pertinents, comme les métropoles. Cette réforme doit contribuer à l'amélioration de l'efficience des politiques publiques.

Si l'intercommunalité apparaît ainsi comme une solution au « mal français » lié au nombre excessif de collectivités territoriales, peut-on pour autant aujourd'hui considérer que tous les problèmes de fonctionnement de nos institutions soient ainsi résolus ? L'intercommunalité ne risque-t-elle pas elle-même de créer des difficultés ?

(I.) Remède à l'émiettement communal (A.), l'intercommunalité paraît menacée d'un risque d'inefficience (B.). Si de nouvelles institutions et de nouveaux modes de fonctionnement entendent y remédier (A.), le déficit démocratique de l'intercommunalité reste à combler (B.)

I. L'intercommunalité, une solution institutionnelle limitée

A. L'intercommunalité a été conçue comme un remède à l'émiettement communal

Dans de nombreux domaines (économie, social, culture), les politiques des communes ne peuvent plus aujourd'hui se limiter à leurs frontières. Des équipements sportifs, culturels, sanitaires... ne peuvent plus être conçus à l'échelon communal, d'autant que les ressources financières locales sont aujourd'hui limitées.

Une coopération de gestion s'est tout d'abord développée, avec la création d'établissements publics territoriaux gérant pour le compte des communes des services publics d'intérêt commun au moyen de syndicats intercommunaux à vocation unique (SIVU) ou à vocations multiples (SIVOM). Si la loi du 16 décembre 2010 a entrepris de rationaliser et achever la carte intercommunale, on comptait encore plus de 14 000 syndicats en activité au 1er janvier 2013, dont 70 % de SIVU. Leur nombre diminue, comme celui des SIVOM, au profit d'autres formes de coopération, comme les syndicats mixtes, compétents en matière de collecte et d'élimination des ordures ménagères, de traitement et de distribution d'eau, de tourisme, ou les pôles métropolitains. Au 1er janvier 2014, on ne compte plus que 13 400 syndicats.

La coopération de projet, elle, repose sur un projet commun intercommunal de développement économique et social pour un ensemble de collectivités, dans le cadre d'établissements publics de coopération intercommunale (EPCI) à fiscalité propre. De la loi du 6 février 1992 à la loi du 16 décembre 2010, qui vise à ce que l'ensemble du territoire soit couvert par des intercommunalités à fiscalité propre, les formules de coopération se sont multipliées : métropoles, syndicats d'agglomération nouvelle, communautés urbaines, communautés d'agglomération, communautés de communes. Au 1er janvier 2013, près de 2 500 EPCI regroupent 36 000 communes comptant 61 millions d'habitants. Entre 2012 et 2013, les créations, fusions et extensions d'EPCI ont réduit leur nombre de 436 : on ne compte plus au 1er janvier 2014 que 2 145 EPCI à fiscalité propre. À cette date, 1 903 communautés de communes regroupent 85 % des communes et 44 % de la population. Le reste de la population s'inscrit dans 242 EPCI à fiscalité propre. 563 communes isolées début janvier 2013, que la loi du 16 décembre 2010 obligeait à adhérer à une communauté, sont désormais rattachées à un EPCI à fiscalité propre.

Si une décision du conseil constitutionnel du 25 avril 2014 a invalidé le rattachement forcé des communes isolées à un EPCI par le préfet, la loi a évolué en prévoyant une consultation pour avis de l'EPCI de rattachement, de ses communes membres et de la commune concernée, la commission départementale de la coopération intercommunale pouvant modifier le projet de rattachement.

B. Le risque d'inefficience de l'intercommunalité

L'ensemble des communes françaises est appelé à court terme à appartenir à un EPCI à fiscalité propre. La coexistence de formules de coopération très diverses exerçant des compétences très différentes, en raison d'un système compliqué de compétences obligatoires, facultatives, optionnelles, déléguées rend l'organisation intercommunale extrêmement complexe, de nombreux contentieux en témoignent. Bien souvent, les organisations retenues dépendent plus des gains que les élus en attendent pour leurs collectivités que de schémas rationnels. Cette situation ne pourra pas durer indéfiniment, une réforme d'ensemble de l'intercommunalité deviendra de plus en plus indispensable.

Les intercommunalités sont aujourd'hui de tailles très différentes avec, parfois, des moyens trop faibles pour porter les projets. À partir du 1er janvier 2017, elles devraient regrouper chacune au moins 20 000 habitants au lieu de 5 000 aujourd'hui. Le rapport de la Cour des comptes de 2005 soulignait déjà que la logique de l'intégration des EPCI à fiscalité propre n'était pas toujours aboutie, ni l'intérêt communautaire toujours défini, les moyens demeurant partiellement transférés. Pour que cette intercommunalité réussisse, il faut que l'intégration soit suffisante pour que des projets cohérents de développement et d'aménagement puissent être conduits.

Le rapport du sénateur Philippe Dallier, dès 2006, faisait valoir que « l'intercommunalité a créé un niveau d'administration locale là où on pensait d'abord qu'une simple coordination de l'existant pourrait suffire ». Le développement de l'intercommunalité pose inévitablement la question du meilleur niveau possible d'administration et donc de l'échelon en trop.

Aujourd'hui, faute d'une répartition claire des responsabilités entre communes et communauté, le risque est grand que les services respectifs des unes et de l'autre se rejettent la responsabilité de faire et que personne ne fasse, ou que les deux fassent. Le chantier de la clarification des compétences est loin d'être aujourd'hui achevé.

Ainsi le bilan de l'intercommunalité s'avère mitigé et des évolutions prometteuses entendent dépasser ses limites, même si elles demeurent encore insuffisantes.

II. Des évolutions techniques encore insuffisantes

A. De nouvelles institutions et de nouveaux modes de fonctionnement

L'article 31 de la loi dite MAPAM du 27 janvier 2014 instaure la métropole, en réformant les métropoles instituées par la loi du 16 décembre 2010 de réforme des collectivités territoriales : ce nouvel EPCI à fiscalité propre, selon les termes de l'exposé des motifs de la loi, « rayonne sur son environnement régional, national et international et fonctionne en réseau avec les autres grandes villes et les villes moyennes qui l'entourent ». Les organisations préexistantes s'avéraient en effet insuffisantes pour conduire des politiques de développement des territoires à l'échelle européenne. « La métropole est destinée à regrouper plusieurs communes d'un seul tenant et sans enclave et qui s'associent au sein d'un espace de solidarité pour élaborer et conduire ensemble un projet d'aménagement et de développement économique, écologique, éducatif, culturel et social de leur territoire afin d'en améliorer la compétitivité et la cohésion à l'échelle nationale et européenne. » La métropole exerce des compétences transférées par l'État et les communes ainsi que, facultativement, par convention, des compétences régionales et départementales.

L'efficience de l'intercommunalité repose aussi sur de nouveaux modes de fonctionnement : la mutualisation des services apparaît aujourd'hui comme un moyen essentiel d'améliorer les services rendus aux habitants. Elle requiert, pour réussir, aussi bien le développement d'une culture commune aux agents des communes et de la communauté que des guichets uniques territorialisés. Le dépassement du cadre classique de l'administration communale demande du temps, mais devrait aboutir à une administration unique au service d'un projet de territoire. La réussite d'un tel projet requiert que les communes périphériques à la commune-centre perçoivent les gains de la mutualisation, comme le renforcement de l'expertise administrative et juridique, et que les communes dont les services sont mutualisés avec ceux de la communauté conservent des prérogatives. L'existence d'une tradition de coopération entre entités mutualisées est aussi un facteur essentiel de réussite. Coopération technique, partage des services fonctionnels, cumul des deux dans une structure intégrée constituent trois formes possibles de mutualisation.

B. Un déficit démocratique qui reste à combler

L'intercommunalité apparaît comme une administration fonctionnelle efficace mais encore politiquement trop faible, même si la loi du 16 décembre 2010 a institué l'élection des conseillers communautaires au suffrage universel direct dans toutes les communes de 1 000 habitants et plus. Les flux financiers entre les communes et les intercommunalités sont en outre très difficilement lisibles, et les citoyens risquent de ne pas être capables de prendre la mesure des budgets des EPCI. De nouveaux modes de gouvernance seront à inventer pour éviter que l'intercommunalité soit trop technocratique et permettre aux citoyens de se l'approprier.

En 2005, la Cour des comptes faisait valoir que « le développement de l'intercommunalité renforce la nécessité de "rendre compte" de manière complète et transparente de l'action communautaire à tous les citoyens [...]. Ce sont bien les mécanismes mêmes de la démocratie locale qui devraient évoluer ». Le rapport du sénateur Philippe Dallier, en 2006, soulignait que « l'intercommunalité étant devenue un lieu de pouvoir politique et fiscal, elle doit aussi être un lieu démocratique, sauf un jour à perdre sa légitimité ».

L'intercommunalité avait été la grande absente des élections municipales de 2008. En 2014, le fléchage, dans les communes de 1 000 habitants et plus, des candidats choisis pour siéger dans les intercommunalités n'est sans doute pas suffisant pour que les enjeux intercommunaux prennent place au cœur des débats électoraux. L'élection au suffrage universel direct de tous les conseillers communautaires demeure un objectif à atteindre.

Ainsi, au fil des réformes, l'intercommunalité devient capable de pallier le problème de l'émiettement communal et d'inscrire sur des territoires pertinents des politiques de développement ambitieuses. Elle ne fera pourtant pas l'économie d'une réforme fondamentale pour que les citoyens parviennent à s'approprier pleinement des institutions encore trop opaques et technocratiques.

Trois autres sujets d'annales corrigés sont à télécharger gratuitement sur www.vuibert.fr/site/204186

Composition sur un sujet d'ordre général territorial

COEFFICIENT
3

DURÉE
4
heures

Planning de révision

Le **planning** ci-après entend vous proposer un **mode d'acquisition méthodique des connaissances et des savoir-faire indispensables** à la réussite de l'épreuve de composition sur un sujet d'ordre général territorial.

La date à laquelle vous commencez à utiliser cet ouvrage pour vous préparer déterminera évidemment la durée de chaque période : si, par exemple, vous entamez votre préparation personnelle six mois avant le concours, les huit périodes d'appropriation compteront chacune de l'ordre de deux semaines. Il en ira tout différemment si vous pensez pouvoir préparer le concours en un mois : deux à trois jours seront alors consacrés à chaque période.

Soyez également attentif au fait que cette épreuve requiert non seulement une maîtrise de la technique de la composition, mais aussi celle des connaissances en administration des collectivités territoriales abordées dans la partie 3. Cette période, elle-même découpée en plusieurs périodes, sera de ce fait à l'évidence d'une durée supérieure à celle des autres périodes.

Période 1	Se préparer en amont de l'épreuve (voir partie 3).
Période 2	Comprendre les exigences de l'épreuve, savoir présenter clairement une composition.
Période 3	Apprendre à satisfaire aux exigences rédactionnelles de l'épreuve, adopter un mode de présentation pertinent.
Période 4	Savoir trouver des idées et les organiser par un plan, maîtriser le temps.
Période 5	Traiter sans limite de temps le sujet d'annales n° 1.
Période 6	Comparer sa propre production avec les indications de correction, mesurer les écarts.
Période 7	Traiter le sujet d'annales n° 2 en se limitant au temps réglementaire de l'épreuve, évaluer sa production en se référant aux indications de correction.
Période 8	Traiter les sujets d'annales en ligne n° 3, 4 et 5 en temps limité, évaluer la production en se référant aux indications de correction.

Méthodologie et conseils

Intitulé réglementaire

Une composition portant sur un sujet d'ordre général relatif à la place et au rôle des collectivités territoriales dans les problématiques locales (démocratie, société, économie, emploi, éducation/formation, santé, culture, urbanisme et aménagement, relations extérieures...).
Cette épreuve doit permettre au jury d'apprécier, outre les qualités rédactionnelles des candidats, leur ouverture au monde, leur aptitude au questionnement, à l'analyse et à l'argumentation ainsi que leur capacité à se projeter dans leur futur environnement professionnel (durée : quatre heures; coefficient 3).

Cette épreuve diffère radicalement de l'ancienne épreuve du concours externe qui consistait en une **composition portant sur un sujet d'ordre général** relatif aux grands problèmes politiques, économiques, culturels ou sociaux du monde contemporain depuis 1945 (durée : quatre heures; coefficient 3).

Si la durée de l'épreuve demeure inchangée, sa nature évolue de manière très significative : ce n'est plus une culture générale parfois éloignée des centres d'intérêt et des missions d'un attaché territorial que cette épreuve entend évaluer, mais bien sa culture territoriale, résultat d'une volonté manifeste de professionnaliser l'épreuve. Le futur attaché territorial, candidat au concours externe, n'est plus sélectionné sur la base de sa connaissance des grands problèmes de notre temps mais sur celle des principaux champs d'action des collectivités territoriales et des problématiques qui leur sont liées.

1. Maîtriser des connaissances et des compétences

A. Connaître précisément les problématiques territoriales

Soulignons d'abord que l'**épreuve ne comporte pas de programme**.

Toutefois, l'intitulé même de l'épreuve donne des indications assez précises sur le champ des compétences requises en énumérant les problématiques locales dans lesquelles les collectivités territoriales occupent une « place » et jouent un « rôle », pour reprendre les termes mêmes de cet intitulé :

- démocratie;
- société;
- économie;

– emploi;
– éducation/formation;
– santé;
– culture;
– urbanisme et aménagement;
– relations extérieures;
– …

On peut remarquer que le social n'est pas explicitement cité dans cette énumération, mais que d'une part les points de suspension laissent entendre que cette liste n'est pas exhaustive et que d'autre part il faut sans doute autant entendre par « société » social que « sociétal ».

Cadrage national

L'épreuve vise ainsi à évaluer la **culture générale du candidat, mais dans des domaines circonscrits** : ceux qui sont en rapport avec le champ professionnel auquel le concours d'attaché territorial donne accès. Le candidat a donc intérêt à être curieux des différents champs énumérés dans le libellé de l'épreuve (démocratie, société, etc.) en s'y intéressant par le prisme de la **dimension locale.**

Le cadrage national insiste sur ce point :

Un sujet d'ordre général par opposition à un sujet d'ordre technique.
Cet intitulé, comme l'absence de programme réglementaire, indique qu'il s'agit d'une épreuve dont le champ excède celui des connaissances propres à une spécialité ou à un domaine.
Elle est commune à l'ensemble des spécialités du concours. Il s'agit d'une épreuve de culture générale appliquée au monde territorial.
En ce sens, il n'est pas attendu du candidat qu'il traite le sujet en spécialiste d'une discipline. L'épreuve vise à mesurer plus largement **l'intérêt que le candidat porte aux problématiques locales.**

On peut également y lire :

L'exercice requiert donc une **connaissance précise de l'environnement territorial.** Le candidat doit être capable d'étayer son propos en mobilisant des données relatives à l'organisation, au fonctionnement et aux compétences des collectivités territoriales.
Quel que soit le sujet qui lui est soumis, le candidat ne doit jamais perdre de vue que l'épreuve s'inscrit dans une démarche de recrutement au sein de la fonction publique territoriale. Comme le précise son intitulé, un des objectifs de l'épreuve est de permettre d'apprécier la capacité du candidat « à se projeter dans son futur environnement professionnel ». Le candidat doit donc s'interroger sur les enjeux soulevés par le sujet du point de vue

des collectivités territoriales. Il doit traiter le sujet en étant particulièrement attentif à **mobiliser des connaissances précises sur la place occupée et le rôle joué** en la matière **par les collectivités territoriales**, place et rôle qu'un candidat souhaitant exercer les missions confiées à un attaché territorial ne saurait ignorer.

B. Faire preuve d'une aptitude au raisonnement

En même temps, s'agissant d'une épreuve de composition sur un sujet d'ordre général territorial, c'est le candidat tout entier qu'on s'efforce de découvrir au moyen de cette épreuve, ses **connaissances** mais aussi son **tempérament** et, surtout, son aptitude au **raisonnement**. Cela implique de solides notions sur les grands problèmes territoriaux, mais aussi un intérêt pour l'**actualité** et une **ouverture d'esprit**.

On récusera donc toujours la répétition mécanique d'un cours, le blocage dans la spécialisation des connaissances… de même que les égarements bavards, les attitudes sectaires, trop provocatrices, passionnées, tout comme un conformisme excessif.

En revanche, on évaluera les **aptitudes à mener une réflexion ordonnée** et à exprimer clairement un point de vue fondé sur des arguments intéressants et convaincants.

Ainsi, la composition sur un sujet d'ordre général territorial fait à la fois appel à des connaissances précises sur les collectivités territoriales et sur la capacité du candidat à construire une démonstration originale en organisant intelligemment des arguments pertinents.

L'intitulé réglementaire de l'épreuve lui-même l'indique : « Cette épreuve doit permettre au jury d'apprécier, outre les qualités rédactionnelles des candidats, leur **ouverture au monde**, leur **aptitude au questionnement, à l'analyse et à l'argumentation**, ainsi que leur capacité à se projeter dans leur futur environnement professionnel. »

Le cadrage national souligne avec insistance cette exigence :

Cadrage national

L'épreuve de composition relève en effet d'un exercice de dissertation et requiert du candidat qu'il sache mettre en discussion (problématiser, mettre en perspective…) une question d'ordre général et **organiser une démonstration** (un raisonnement, des arguments).

Ou encore :

L'épreuve requiert du candidat qu'il sache identifier les questions posées par le sujet (du point de vue de son actualité, des enjeux sociaux, politiques, économiques ou culturels, etc. qu'il soulève) et qu'il soit capable de **construire**, à leur propos, une **réflexion argumentée**, en mobilisant des connaissances relevant d'une variété de champs.

C. Se préparer

Il convient de s'entraîner à la construction d'un raisonnement tout en acquérant des connaissances sur les champs d'action des collectivités territoriales : les conseils méthodologiques fréquemment donnés sur la composition de culture générale demeurent ainsi pleinement valables.

On pourra alors s'exercer, à partir de n'importe quel sujet « bateau » (par exemple : « la ville », ou « la démocratie », ou encore « l'environnement », etc.), à extraire des connaissances enfouies et à forger des raisonnements sur le vif.

Mais l'aptitude au raisonnement ne saurait suffire : il faut également acquérir des connaissances qui ne sauraient se limiter à des connaissances juridiques, ou économiques, ou culturelles, ou politiques, ou sociales… mais qui empruntent à ces différents domaines dès lors qu'ils sont liés au rôle et à la place des collectivités territoriales.

2. Satisfaire aux exigences rédactionnelles de l'épreuve

A. Prédisposer favorablement le correcteur

a. On écrit pour être lu

L'épreuve ne prend pas fin lorsque l'on rend la copie, mais seulement une fois que celle-ci a été lue et notée.

Les pièges de l'orthographe et de la syntaxe sont innombrables, et l'on ne peut que vous conseiller de n'utiliser que les mots ou les tournures dont vous êtes absolument sûr. Le problème est que certaines fautes sont si répandues que certains candidats les commettent en toute innocence.

Au-delà d'une pénalisation « tarifée » des fautes d'orthographe, la fréquence de certaines fautes ne peut qu'indisposer le lecteur/correcteur et peser sur la note. Les dégâts seront d'autant plus importants que les fautes prendront place en des endroits stratégiques des épreuves (par exemple dans la première phrase de l'introduction, ou dans la dernière de la conclusion, ou dans l'annonce de plan, etc.). Mettons aussi en garde contre l'abus de la langue de bois, des jargons, formules creuses.

b. La composition doit séduire

Vous devez mesurer combien le graphisme des mots détermine la note. Étonnantes épreuves écrites des examens et concours qui requièrent un maniement du stylo de moins en moins utile dans la vie privée comme dans la vie professionnelle, à l'heure où Word fait écrire de plus en plus de monde en Times New Roman 12 ou en Arial 11…

Obligé de déchiffrer, le lecteur/correcteur perd le contact avec la pensée de l'auteur/candidat et ne parvient plus à comprendre le message. Quelle que soit la qualité du travail, vous courez le risque de ne pas être compris, voire de ne pas être lu.

« Humain, trop humain », le correcteur risque de vous tenir rigueur de lui imposer de passer trop de temps sur sa copie…

La première impression produite par une copie est parfois déterminante : on pourra être « porté » longtemps par une première impression favorable, on risque de ne pas se défaire d'une première impression négative… C'est dire combien « l'entrée en contact » au moment de l'introduction est fondamentale et combien celle-ci doit être irréprochable.

c. Qui rédige dirige

La mise en page de la copie est fondamentale : avant même de lire la copie, le correcteur perçoit les difficultés d'un simple coup d'œil de repérage.

Une copie aérée, sculptée, avec des structures apparentes, des paragraphes visibles, témoigne de la rigueur du développement, rendue évidente par les marges, les espaces, les interlignes. Cette présentation doit être constante : vous devez gérer votre temps de telle sorte que le temps qui passe ne soit pas lisible dans sa copie ; la qualité de présentation doit être la même de la première ligne de l'introduction à la dernière de la conclusion.

On ne saurait trop vous conseiller de ne pas rédiger votre conclusion en fin d'épreuve, lorsque le temps manque et lorsque la fatigue se fait sentir (on a trop souvent l'impression que cette conclusion a été rédigée dans la plus grande urgence sous la menace du ramassage imminent de la copie), mais de l'écrire après avoir rédigé l'introduction : vous disposez de temps, vous avez encore l'esprit vif et ces rédactions simultanées vous permettent de vérifier la logique qui va de l'intention de démontrer (annonce de plan) à la volonté de clore (conclusion) le débat.

De même, vous devez maîtriser le volume de votre production : une composition fleuve est la plupart du temps catastrophique : une copie double avec un intercalaire recto verso suffit largement. En composition, on ne se raconte pas, on ne bavarde pas, on se préserve du hors-sujet. En bref, il faut savoir ne pas écrire. La composition doit pouvoir être lue en une seule fois, car c'est à la relecture contrainte que le correcteur repère des imperfections qui n'étaient pas initialement visibles.

B. Dépasser les difficultés de la langue française

Vous devez absolument vous ménager un temps de relecture suffisant (15 minutes sont indispensables à une relecture attentive) même (et surtout) si vous êtes pris par le temps.

Cadrage national

L'évaluation du niveau de maîtrise de la langue dont le candidat aura fait preuve fait partie intégrante de la notation globale de la copie.
On distingue deux cas de figure :
– les copies dans lesquelles les fautes d'orthographe et de syntaxe participent d'un défaut global d'expression. Ces copies ne sauraient, en tout état de cause, obtenir la moyenne ; elles peuvent même se voir attribuer une note éliminatoire ;

– les copies qui, malgré quelques fautes d'orthographe, témoignent d'une maîtrise de la langue correcte. Un système de pénalités s'applique alors en fonction du nombre de fautes (à titre indicatif, le barème suivant pourrait être appliqué :
– copie négligée (soin, calligraphie, présentation) : – 0,5 point ;
– au-delà de 10 fautes d'orthographe ou de syntaxe : – 2 points.
« 2 points seront retirés au total de la note si la copie contient plus de 10 fautes »).

a. Orthographe et ponctuation

Le barème général applicable aux épreuves écrites de tous les concours de catégorie A organisés par les centres de gestion, dont le concours d'attaché territorial, précise que 2 points sont retirés de la note sur 20 si la copie comporte plus de 10 fautes d'orthographe ou de syntaxe.

Ce barème est lourdement pénalisant, et le risque est grand que l'accumulation de fautes impardonnables indispose tant les correcteurs que les qualités de fond de la copie soient masquées par les problèmes de forme.

Une règle d'or, alors : lorsque vous n'êtes pas sûr de l'orthographe d'un mot (satire, saynète, dithyrambe, sibyllin, etc.), remplacez-le par un mot dont l'orthographe ne vous pose pas de problème : il faut savoir douter et se relire sans complaisance, comme si « je » était un autre.

La ponctuation est trop souvent mal employée : elle doit être utilisée pour rythmer le style, alléger l'expression, aider à la lecture ; inexistante, au mieux elle traduit un laisser-aller déplaisant, au pire elle rend la syntaxe impropre ; inexacte, elle peut déformer les idées.

b. Vocabulaire

Le « **niveau de langage** » (ou **registre de langue**) ne doit jamais être « relâché » ; il peut parfois, sans affectation, atteindre le niveau « soutenu ». Attention, lorsque le langage « soutenu » joue sur le registre « technique », à éviter la « langue de bois ». Tous les jargons, qu'ils soient philosophiques, juridiques, économiques, sociologiques, syndicaux, politiques, journalistiques... sont à proscrire.

Il convient également d'éviter les **impropriétés**, c'est-à-dire l'utilisation de mots dans un sens qu'ils n'ont pas. De même, les **barbarismes**, néologismes inacceptables, sont également à éviter, surtout lorsqu'ils sont galvaudés, comme « juridicisation », « procéduralisation », « facilitation ». Là encore, soyons nuancés, le français est une langue vivante qui s'enrichit d'apports successifs : le barbarisme peut devenir néologisme et le néologisme devenir mot, tout simplement.

Efforcez-vous de n'utiliser que des mots dont vous connaissez le sens précis. Est-ce un appel à la pauvreté ? Non, c'est une invitation à enrichir votre vocabulaire, à rechercher la **définition** précise des mots dont le sens ne va pas de soi. Citons des mots fréquemment utilisés par les candidats mais dont la définition, mal maîtrisée, donne naissance à des contresens : crise, culture, démocratie, éducation, enjeux, État, éthique, idéologie, justice, laïcité, libéralisme, mondialisation, mythe, Nation, politique, progrès, valeur, etc. Un conseil : **constituez-vous un capital d'une trentaine de**

définitions (éventuellement accompagnées de citations) qui vous seront utiles non seulement pour éviter de penser dire sans dire mais aussi pour préciser, parfois, les mots mêmes sur lesquels vous devez fonder vos réflexions pour composer.

c. Grammaire

Les fautes de grammaire sont encore plus pénalisantes que les fautes d'orthographe : la confusion de « a » avec « à » et du participe avec l'infinitif (qui peut conduire à écrire « il à refuser » à la place de « il a refusé » !), la méconnaissance des règles d'accord du participe avec les verbes être et avoir (notamment lorsque le complément d'objet direct est placé avant le participe) font partie des fautes classiques qui peuvent coûter cher.

C. Choisir le bon style et le ton juste

a. Les qualités du style

On exige de la clarté, de la simplicité, du naturel et de l'élégance. (« Beau et naturel comme le génie », écrivait Charles Baudelaire)

On récuse donc la confusion, l'imprécision, le déséquilibre et l'affectation.

Le respect de quelques règles élémentaires permet d'atteindre ce résultat :

– un seul adjectif par nom ;
– un seul adverbe pour un verbe ;
– un seul verbe pour une action.

Il faut chasser les digressions, les phrases et les mots trop longs qui nuisent à la **lisibilité**.

Les verbes « **fades** » sont à proscrire : FAIRE, AVOIR, DIRE, ÊTRE peuvent être facilement remplacés par des verbes plus signifiants ; les mots « choses », « problèmes »… peuvent également être remplacés par des mots plus riches de sens.

b. Le ton

La largeur d'esprit, l'aptitude au recul, la capacité d'analyse que l'on cherche à évaluer peuvent être anéanties par un ton inapproprié.

D'abord, n'employez jamais ni le « je » (on sait que c'est vous qui écrivez !), ni le « nous », pluriel de majesté qui laisse souvent deviner un candidat qui s'écoute parler ou se regarde écrire. Vous pouvez à la rigueur utiliser le « on », mais méfiez-vous de son ambiguïté : est-ce vous qui parlez ou rapportez-vous les idées d'un autre ? Qui est cet autre ?

Rappelez-vous qu'une personnalisation à outrance de la copie n'augmente pas la crédibilité des arguments, bien au contraire.

Si la plupart des défauts sont excusables, si certains peuvent même entraîner la sympathie du lecteur (« Hypocrite lecteur, mon semblable, mon frère ») qui saura saluer l'artiste même si le numéro n'est pas parfait parce qu'il sait celui-ci difficile, deux défauts sont impardonnables : la partialité et l'arrogance.

Vous aurez tout intérêt :

– à éviter de donner des leçons à son lecteur (« il faut savoir que », « nul ne peut ignorer »…) ;

– à ne pas trop montrer le peu d'intérêt que vous accordez au sujet (« Il nous faudra nous interroger sur...);
– à ne pas abuser d'évidences et de clichés (« de tout temps », « la perfection n'est pas de ce monde »...);
– à ne pas utiliser un ton doctrinal pour correcteur sous-doué (« sans doute faut-il rappeler, pour être bien compris, que... »).

Plus généralement, toutes les formules qui « pèsent et qui posent », comme « on observera », « il faut noter que », « il faut souligner que », « il faut remarquer que »..., sont à éviter.

3. Adopter une présentation pertinente

A. Mettre la forme au service du fond

> **Cadrage national**
>
> La composition se rattache à la famille des épreuves de dissertation.
> Aussi elle comprend une **introduction** de vingt à trente lignes comportant une entrée en matière, une contextualisation du sujet, une problématique et une annonce de plan.
> Le **développement** compte nécessairement plusieurs parties.
> La composition comporte une **conclusion**.

Le correcteur doit être en mesure, d'un seul coup d'œil, de percevoir que la copie est organisée. Vous devez toujours garder à l'esprit que **votre correcteur va passer peu de temps avec vous** et qu'il n'acceptera pas de « perdre » du temps en essayant de discerner une construction qui ne serait pas suffisamment visible. Cette présentation est un outil essentiel dont vous devez vous servir pour faciliter la lisibilité de votre copie en rendant sa structure la plus évidente possible.

Le cadrage de cette épreuve a récemment évolué pour autoriser une matérialisation du plan par des titres de parties et sous-parties, au vu à la fois d'une pratique très répandue et du caractère même de cette épreuve qui revêt un caractère plus spécialisé qu'une dissertation de culture générale.

> **Cadrage national**
>
> Le plan peut être matérialisé par une numérotation des parties voire des sous-parties dans l'annonce de plan, un titrage et une numérotation des titres des parties et sous-parties dans le développement. Le candidat veillera en outre à une utilisation cohérente des sauts et retraits de lignes. Un plan apparent non matérialisé ne sera toutefois pas pénalisé.

En toute hypothèse, que le plan soit ou non matérialisé par des titres, on veillera à ce que sauts et retraits de lignes contribuent à la clarté de l'organisation de la composition.

Exemple :

– On saute 3 lignes entre l'introduction et le développement comme entre le développement et la conclusion.

– On saute 2 lignes entre la première partie et la deuxième partie.

– On saute 1 ligne entre deux sous-parties.

– On ne saute pas de ligne entre les paragraphes de chaque sous-partie mais on marque un retrait (toujours le même) par rapport à la marge pour la première ligne de chaque paragraphe.

Vous avez toute liberté de choisir les règles de présentation que vous souhaitez, pourvu que leur cohérence aide à la lisibilité du devoir.

B. Introduire

Insistons à nouveau sur le caractère **stratégique** de l'introduction.

– Sa première phrase permet la première prise de contact entre le candidat et le correcteur : elle ne doit surtout pas indisposer, mais au contraire « faire bonne impression ».

– Son dernier paragraphe, l'annonce de plan, est **le** passage essentiel de la dissertation.

– Les définitions qu'on y trouve fréquemment donnent un éclairage souvent décisif des connaissances du candidat et de sa capacité à rédiger de manière concise et précise.

– L'approche problématique qu'elle contient permet de percevoir à la seule lecture de quelques lignes si le sujet a été ou non compris.

Les premières phrases les plus catastrophiques (outre des défauts de forme qui « passent » évidemment encore moins bien ici qu'ailleurs : orthographe, syntaxe, « lisibilité ») proviennent souvent de l'utilisation du trop galvaudé « de tous temps » que vous avez intérêt à vous interdire à tout jamais.

Jugez de l'effet regrettable de phrases ainsi rédigées, qui laissent supposer que la démocratie, l'enseignement, la protection sociale… sont apparus en même temps que l'homme. On soupçonne derrière de telles formulations au mieux une grande naïveté, au pire l'absence de tout repère historique. Au mieux, le correcteur sourit en imaginant l'*homo erectus* prenant connaissance des dernières nouvelles en lisant son journal ou se préparant à aller exercer son droit de vote, au pire il sanctionne l'absurdité de l'affirmation avant de partir en quête d'autres absurdités possibles dans la suite de la composition…

Si l'on exige moins de l'introduction de la composition sur un sujet d'ordre général que de celle de la dissertation juridique, vous veillerez à construire tout aussi rigoureusement leur introduction autour des trois axes suivants :

a. Entrée en matière

L'entrée en matière est destinée à susciter l'intérêt du lecteur pour le thème de la composition.

N'oubliez pas que, dans la pratique, les correcteurs ont beaucoup de copies à évaluer et qu'ils ont souvent l'impression de lire toujours la même chose : toutes les copies médiocres se ressemblent. Sans rechercher une originalité excessive, sachez jouer sur différents registres pour intéresser.

Pour que l'entrée en matière soit digne de ce nom, n'allez pas trop vite en besogne : introduisez le thème (le sujet sur lequel vous allez réfléchir) mais non la thèse (ce que vous allez démontrer sur le sujet en question). Essayez, dans la première phrase, de n'utiliser aucun des mots du sujet : vous serez ainsi certain de ne pas « débouler » trop vite.

Des entrées en matière de plusieurs types sont possibles :

- une **référence à l'histoire** (précise, autant que faire se peut) ;
- une **référence à l'actualité récente ou immédiate** ;
- un **paradoxe** ;
- une **saynète** (petit « tableau » qui peut trouver sa source dans l'actualité comme dans l'histoire) ;
- une **citation** (à manier avec prudence : attention à ne pas commencer à disserter sur un autre sujet que celui qui vous est proposé).

b. Reformulation du sujet

Vous devez ici proposer votre interprétation du sujet en le reformulant : vous expliquez comment vous avez compris le sujet, notamment en précisant le cas échéant le **cadre** historique ou géographique de celui-ci, en proposant des **définitions** des mots-clés du sujet. Ici intervient la personnalité du candidat qui doit persuader son correcteur de la pertinence de son approche.

La reformulation des problèmes posés par le sujet peut prendre la forme de plusieurs questions (approche **problématique**) : dans ce cas, vous aurez tout intérêt à adopter une annonce de plan affirmative, l'annonce de plan étant l'annonce des réponses que vous allez apporter aux questions que pose le sujet.

On ne saurait trop vous conseiller, à partir de citations complexes, de vous essayer à des exercices de reformulation : avec d'autres mots, comment puis-je reformuler sans aucune ambiguïté les phrases proposées en restituant le thème (le sujet) et la thèse (que dit l'auteur sur ce sujet) ? Vous pouvez ensuite vous exercer à rédiger les questions posées par le sujet (problématiques) avant de rédiger l'annonce d'un plan qui réponde à ce questionnement.

c. Annonce de plan

C'est le passage essentiel de la composition : pas de composition sans plan, pas de composition sans annonce de plan, pas de composition réussie sans annonce de plan réussie.

Cette annonce doit être clairement identifiable : faites-en le dernier paragraphe de l'introduction. Dans ce paragraphe, n'écrivez rien avant l'annonce de plan, n'écrivez rien après l'annonce de plan.

Une annonce de plan en deux phrases, séparées par un point ou un point-virgule, permet de comprendre que la première phrase annonce la première partie, la seconde phrase la seconde partie.

On peut citer comme exemple réussi d'annonce de plan (à condition d'admettre un plan en trois parties et l'absence d'annonce des sous-parties) la réponse que le général de Gaulle apporte aux journalistes lors de sa conférence de presse du 31 janvier 1964 : « Je vous répondrai qu'une Constitution c'est un esprit, des institutions, une pratique. »

Mais, la numérotation des parties et sous-parties étant autorisée dans l'annonce de plan, n'hésitez pas à y recourir pour rendre l'annonce de plan limpide.

Cadrage national

Le plan peut être matérialisé par une numérotation des parties voire des sous-parties dans l'annonce de plan (...).

C. Conclure

Insistons sur le fait que la conclusion est le moment de la séparation du candidat et du correcteur : après l'avoir lue, le correcteur va, dans la plupart des cas, passer à la notation. Comme la première impression, la dernière est déterminante. Rien de plus catastrophique qu'une conclusion ratée qui « dirait autre chose » que le développement et obligerait le correcteur à revenir au début pour essayer de comprendre ce que le candidat a vraiment voulu démontrer (dans ce cas, on peut craindre que le candidat ait au mieux voulu dire sans vraiment dire !).

Traditionnellement, une conclusion comprend deux temps.

- Le temps du « **verrouillage** », de la « fermeture » (du latin *concludere*, « fermer »). La conclusion n'est pas un résumé du développement mais l'aboutissement du raisonnement, la fin d'un itinéraire : les différentes étapes (développement), qui n'étaient qu'un moyen d'arriver, n'importent plus, seule compte l'arrivée elle-même.
- Le temps de l'« **ouverture** ». Ce temps est à manier avec prudence : on peut élargir le débat, le replacer dans un débat plus large, mais il serait dangereux, après avoir consacré 5 ou 6 pages à développer une démonstration, de terminer en montrant que là n'était pas le vrai débat : laisser entendre que la question était mal posée ou que les réponses apportées n'étaient pas les bonnes réponses ne constitue vraiment pas une bonne stratégie.

En bref, **évitez** :

– les répétitions ou les résumés de ce qui précède ;

– les questions : qui va y répondre ? Certainement pas le correcteur ! Si la question est importante, il fallait la poser et y répondre avant ;

– les prophéties : invérifiables, elles ne convaincront personne... ;

– les points de suspension qui laissent le correcteur penser à votre place ;

– les bilans mi-chèvre, mi-chou ;

– le bilan impersonnel, inodore, incolore et sans saveur ;

– l'introduction d'une nouvelle idée : trop de conclusions sont des « conclusions repentirs » qui peuvent être ainsi lues : « je n'en ai pas parlé avant (j'avais oublié), alors j'en parle maintenant pour qu'on ne me fasse pas grief de ne pas en avoir parlé... ». Inutile de pointer vous-même du doigt vos propres insuffisances : si vous n'avez pas abordé un point, laissez au moins supposer que cet « oubli » est volontaire ;

– la citation passe-partout (qui, souvent, n'a pas vraiment de rapport avec le sujet) ;

– l'ouverture passe-partout (comme l'Europe, mise à toutes les sauces).

4. Rechercher des idées

A. Analyser le sujet

Tout sujet pose un problème qu'il faut analyser, expliciter, résoudre (avec une certaine modestie : le temps, les moyens sont limités, et l'on n'attend pas de vous une réponse définitive qui mette fin pour toujours au débat !).

a. L'analyse formelle

Cadrage national

L'énoncé du sujet repose sur une phrase ou une citation courte. Aucun document n'est fourni.

Dans ce cadre, les sujets proposés peuvent se présenter sous différentes formes qui induisent des approches différentes.

- Il peut s'agir d'une **affirmation** : on attend de vous une explication, une illustration de la thèse proposée, mais aussi une remise en question, une critique de cette thèse.

  Exemple : « La démocratie locale est un mythe »

- Le sujet peut être réduit à un **simple concept** (exemple : « La démocratie locale »), à la juxtaposition ou la coordination de deux mots (exemple : « collectivités territoriales et démocratie »). Cette formulation impose au candidat de bâtir sa propre thèse avant de la nuancer ou de la contredire par une autre thèse. Ce n'est en aucun cas un appel à un traitement type « question de cours » qui ne serait qu'un exposé de connaissances sans volonté de démonstration.

- Il peut s'agir d'une **question** : certaines induisent une réflexion qui peut démarrer à partir d'un « oui » et se poursuivre par un « mais » (ou « non/mais », ou « bien que/cependant », ou « si/pourtant »). En toute hypothèse, on n'attend jamais du candidat qu'il ne réponde **que** par « oui » ou par « non ». Certaines questions sont très ouvertes et ne permettent pas au candidat d'entamer sa réflexion à partir d'un « oui » ou d'un « non ».

- Il peut aussi s'agir d'une **citation** : le candidat se trouve ainsi face à une thèse qu'il doit éclairer et contester. La connaissance de l'auteur, de l'œuvre, de l'époque… peut évidemment orienter la réflexion. Là encore, on n'attend du candidat ni un accord total, ni un désaccord total avec la thèse de la citation.

Si la citation s'accompagne d'une phrase du type : « Qu'en pensez-vous ? », ou : « Quelles réflexions vous inspire cette citation ? », ou encore : « Commentez cette phrase », ne vous trompez pas d'exercice : **on ne vous demande pas un libre exposé de vos pensées, de vos réflexions, de vos commentaires, mais une démonstration organisée** à partir de la thèse de l'auteur. De même, « étudiez », « expliquez », « appréciez », « discutez »… ne changent rien à la nature de l'exercice.

b. L'identification et la définition des mots-clés

Les mots-clés sont tout d'abord les **termes** qui vous permettent de déterminer précisément le **sujet** sur lequel vous allez disserter.

Il est indispensable – sous peine de contresens, de faux-sens, de hors-sujet ou de restriction abusive du sujet – que vous disposiez de définitions précises des mots-clés. Pour y parvenir, il est parfois utile de recourir à l'étymologie.

B. Expanser les idées

D'autres mots et expressions traduisent cette phase essentielle de la réflexion, « vrac », « brain storming », « free wheeling » ou encore « remue-méninges » : tous reposent sur l'idée que le candidat doit consacrer un temps suffisant à associer librement des mots à partir des mots du sujet. « Penser, c'est relier » : ce mot me fait penser à tel mot, qui me fait penser à tel mot… Il est important, à ce stade, de laisser place à l'imagination afin d'accumuler le plus possible de matériaux : peut-être certains éléments ne serviront-ils pas, mais mieux vaut ne pas fermer trop tôt des pistes possibles…

a. L'expansion des mots

On peut vous conseiller une présentation en colonnes qui vous permet **d'expanser chaque mot** du sujet. Attention toutefois à une trop longue expansion de mots qui ne serait pas productrice d'idées : ces mots doivent donner naissance à des phrases dont vous validerez certaines ; les **mots** produisent ainsi des **problématiques** à partir desquelles vous allez élaborer la **thèse** de votre dissertation. Notez ces phrases (qui peuvent être des citations qui vous reviennent à l'esprit comme des phrases inventées de toutes pièces) au fur et à mesure de l'avancée de vos réflexions.

b. L'expansion du libellé

Elle permet également de tirer d'autres idées du sujet. On peut, par exemple, expanser le libellé par :

- la qualification par l'adverbe :
  - adverbe de temps (maintenant, enfin…),
  - adverbe de manière (directement, indirectement…),
  - adverbe de degré (plus, aussi, moins, le plus, le moins…) ;
- la qualification par l'adjectif ;
- la qualification par l'apposition grammaticale (autrement dit, c'est-à-dire…) ;
- la qualification et l'expansion par les relatives (qui, que…) ;
- l'expansion par des compléments circonstanciels (temps, lieu…) ;
- l'expansion grâce à d'autres verbes possibles.

C. Varier les « points de vue »

La variation des « points de vue » peut également permettre au candidat de trouver le plus possible d'idées sur un sujet : il doit toujours se demander si le sujet peut être envisagé d'un point de vue **culturel, économique, financier, historique, humain,**

individuel, collectif, juridique, moral, politique, professionnel, qualitatif, quantitatif, social, sociologique, technique…

Pour valider et étayer les affirmations qu'il retiendra, le candidat a tout intérêt à mobiliser des **connaissances précises** (événements, dates, chiffres, exemples tirés de l'actualité…) : il faut donner du poids à son argumentation grâce à la mobilisation d'illustrations significatives qui rendront les arguments irrécusables. Il est essentiel d'éviter les lieux communs, les idées reçues non démontrées, les bavardages inutiles.

Mais toutes les idées ainsi accumulées ne trouveront sens (sens = signification) que si elles sont organisées en une démonstration qui progresse vers une conclusion (sens = direction) : pas de dissertation sans plan !

D. Construire un plan

La construction du plan est, les candidats le savent bien, l'étape la plus difficile de l'épreuve : souvent, les candidats, après avoir « expansé les idées » et imaginé des problématiques, disposent de matériaux dont ils ne savent pas très bien que faire : la tentation est donc grande de se contenter d'un « plan bateau » qui pourrait servir à n'importe quel autre sujet; cette démarche conduit parfois les candidats à éliminer sans discernement des arguments pertinents… mais qui n'entrent pas dans la structure retenue.

Ne vous imaginez pas que le plan va, par une sorte de génération spontanée, se présenter automatiquement à votre esprit dès que vous aurez fini d'accumuler des idées : si, par commodité méthodologique, on sépare souvent (comme ici) la recherche des idées de celle du plan, dans la réalité de l'épreuve le candidat peut très bien partir d'une idée de plan que la recherche des idées invalidera (par exemple parce vous vous rendrez compte que vous ne disposez d'aucun argument pour « remplir » une partie ou une sous-partie que vous aviez imaginée) ou élaborer au fur et à mesure de la recherche des arguments des ébauches de plans possibles que vous retiendrez ou éliminerez après les avoir essayées : **un plan se cherche, s'adapte, se modifie**.

Un conseil : inutile de rédiger une annonce de partie ou de sous-partie si l'on pressent que l'on aura du mal à rédiger cette partie, cette sous-partie; ce pressentiment est fondé, fiez-vous à votre impression première, vous éprouverez effectivement des difficultés… Trop de dissertations commencent bien et se poursuivent par une deuxième partie indigente (volume insuffisant, idées faibles…) parce que le candidat s'est précipité sur ce qu'il savait faire (la première partie) en sous-estimant les difficultés qu'il pressentait pour la suite, plutôt que de prendre le temps de bâtir un autre plan. Une fois le plan bâti, au cours de la rédaction du développement, il faut sans cesse se demander si on répond bien au sujet et ne pas hésiter à revenir à la construction du plan si on s'égare dans des développements hors sujet.

Rassurez-vous toutefois : **mieux vaut un plan bateau que pas de plan du tout**. Soyons clairs : une accumulation d'arguments extrêmement pertinents, intelligents, nuancés, originaux… ne produira jamais une bonne composition, alors que l'organisation rigoureuse de quelques idées recevables, convenablement illustrées, permettra une prestation moyenne, voire supérieure à la moyenne. Comme le chante Brassens :

« Sans technique, un don n'est rien qu'une sale manie »; le génie n'est pas interdit, mais sans technique il ne passera sans doute pas le cap du concours, alors qu'une bonne technique, même sans génie, le permettra.

Pour vous exercer à la construction de plans lorsque vous vous préparez à l'examen, vous avez tout intérêt à vous entraîner à **forger sur le vif de petites démonstrations à partir de n'importe quel sujet.**

Des plans « passe-partout » « passent » très bien s'ils sont intelligemment utilisés et si vous savez faire mieux qu'annoncer simplement **la structure** de votre développement et en **annoncer précisément le contenu**.

Remarquons également que l'annonce de structure nécessite généralement des formulations pesantes (nous montrerons, nous examinerons, nous soulignerons...) alors que l'annonce du contenu permet une rédaction plus élégante. En toute hypothèse, les mentions « dans une première partie... dans une seconde partie » doivent être éliminées : une bonne utilisation des règles de présentation doit permettre un repérage sans ambiguïté de la fin de l'introduction, donc de l'annonce de plan qui en constitue le dernier paragraphe; cela acquis, il est bien évident que, sauf à paraître inutilement torturé, on annonce la première partie avant d'annoncer la seconde : nul besoin, donc, d'alourdir l'annonce.

Là encore, de la nuance : si vous ne parvenez pas à rédiger une annonce de plan qui permette de repérer avec suffisamment de netteté l'organisation en parties et sous-parties, mieux vaut tout de même utiliser des ficelles voyantes (« dans une première partie, dans une deuxième partie ») plutôt que de courir le risque d'être perçu comme incohérent...

Parmi les nombreux plans « bateau » ou « passe-partout » possibles, éliminons le fameux plan « thèse/antithèse/synthèse » rendu aujourd'hui caduc par la « dictature » du plan en deux parties comprenant chacune deux sous-parties (baptisé parfois plan « type Sciences Po »). Il paraît pertinent de préférer le plan en deux parties, d'autant que ce type de plan a fait ses preuves et que les troisièmes parties des compositions qui en comportent trois sont souvent faibles, redondantes ou indigentes.

Éliminons aussi le plan chronologique qui ne permet pas d'apporter une réponse aux questions posées par le sujet et conduit à juxtaposer des considérations sur l'histoire du sujet sans construire une argumentation (cela n'enlève rien à la pertinence de références historiques à l'appui des idées qui fondent la démonstration).

Il reste de très nombreux **plans analytiques** qui valent la peine d'être essayés. Remarquons que beaucoup sont une variation autour de la logique du « **oui/mais** », du « **non/mais** », du « **bien que/cependant** » ou du « **si/pourtant** » :

- Thèse/antithèse
- Thèse/Critique de cette thèse
- Explication de la thèse, critique par d'autres thèses/Exposé rectificatif
- Approbation de la thèse, explication/Déplacement du problème
- C'est vrai/Sous réserve (à condition) que
- C'est faux/À moins que
- Convergences/Divergences
- Causes/Conséquences
- Dangers/Remèdes
- Problèmes/Solutions

- Aspects positifs/Aspects négatifs
- Avantages/Inconvénients
- Vertus/Défauts
- Cela empêche/Cela permet
- Cela permet/À condition que
- Bilan/Perspectives
- Organisation/Fonctionnement
- Aspects internes/Aspects externes
- Les faits/Le droit
- …

5. Maîtriser le temps

A. Ne pas trop écrire

Les découpages horaires proposés par différents guides de préparation aux examens et concours sont variables.

À titre indicatif, on peut proposer le découpage suivant, tout en mesurant bien que, le jour de l'épreuve, les candidats gèrent leur temps en toute liberté en consacrant généralement – les produits qu'ils élaborent le prouvent – trop peu de temps à la recherche des idées, à la rédaction de l'annonce de plan et de la conclusion, à la relecture. Remarquons aussi que **les candidats ne savent pas ne pas écrire** et que l'angoisse de la page blanche les pousse à la fois à trop rédiger au brouillon, ce qui les contraint à passer un temps excessif à un travail de recopie, et, parfois, à conserver dans la rédaction définitive des développements qui n'y ont pas leur place et qui encombrent inutilement leurs devoirs.

La longueur du devoir n'est pas une qualité, bien au contraire : mieux vaut une copie de 5 à 6 pages bien organisée, élégamment écrite, attentivement relue, qu'une copie fleuve dont les défauts risquent d'être proportionnels à la longueur.

Proposons (à titre purement indicatif !) l'emploi du temps suivant :

Recherche des idées	1 h 20
Recherche du plan	20 min
Rédaction de l'introduction et de la conclusion	20 min
Recopie et rédaction définitive de la dissertation	1 h 45
Relecture	15 min
TOTAL	**4 heures**

Quoi que vous fassiez de ces conseils, vous devez impérativement prendre le temps de la recherche des idées, d'un plan opérationnel, de la relecture.

B. Choisir entre brouillon et copie

a. Au brouillon

L'utilisation du temps préconisée ci-dessus repose sur la rédaction au brouillon :

- de l'expansion d'idées : on vous conseille l'utilisation d'un tableau qui permet d'expanser tous les mots-clés du sujet ;
- des phrases construites autour d'arguments à développer (une vingtaine de phrases au minimum qui sont autant d'intentions de démonstration) ;
- de l'ébauche du plan à partir de la validation et de l'organisation des phrases ci-dessus ;
- de la structure du développement : en style « prise de notes », le candidat, à partir du projet de plan, place les arguments qu'il développera dans le schéma de plan.

Ici s'arrête le travail préparatoire : tout ce qui va être rédigé ensuite est destiné à être recopié en l'état :

- l'annonce de plan : celle-ci provient directement du travail précédent qui a permis d'« essayer » une structure et de vérifier que chacune des « intentions » de démonstration serait nourrie d'arguments en nombre suffisant ;
- le reste de l'introduction ;
- la conclusion : on ne peut que conseiller au candidat de rédiger la conclusion dans la foulée de l'introduction : il sait ce qu'il va démontrer, il connaît l'aboutissement de cette démonstration, il dispose de temps, il n'est pas encore victime de la fatigue de l'épreuve ;
- les chapeaux introductifs de la première et de la seconde partie ;
- la phrase de transition entre la première et la deuxième partie.

b. Sur la copie de concours

Le travail de rédaction définitive au propre peut alors commencer :

- recopie du sujet *in extenso* ;
- recopie de l'introduction et du chapeau introductif de la première partie ;
- rédaction des deux sous-parties de la première partie ;
- recopie de la phrase de transition entre les deux parties et du chapeau introductif de la seconde partie ;
- rédaction des deux sous-parties de la seconde partie ;
- recopie de la conclusion.

Si le candidat ne se sent pas la capacité de rédiger directement ses sous-parties au propre à partir de la « structure du développement » (voir ci-dessus), il a intérêt à ne pas rédiger intégralement afin de gagner du temps.

Annales corrigées

Sujet n° 1

Concours externe - session 2016
Toutes spécialités

Difficulté XXXX	Durée 4 heures

Les communes conservent-elles une utilité ?

Comment aborder le sujet ?

Plusieurs écueils doivent être évités dans le traitement de ce sujet :

Il ne faut pas se tromper de sujet : disserter sur la notion d'utilité est hors de propos. Être utile, c'est tout simplement servir à quelque chose. Pour autant, les différents qualificatifs que l'on peut accoler au terme « utilité » peuvent mettre sur la piste d'arguments à mobiliser pour traiter le sujet : utilité économique, utilité politique, utilité sociale...

Autre écueil possible : un traitement historique du sujet. Conserver une utilité, c'est servir à quelque chose aujourd'hui, et toute la question est de savoir si, dans le contexte actuel, les communes servent toujours à quelque chose, sans se demander si cette utilité a varié dans l'histoire.

C'est bien sûr autour de cet « aujourd'hui » que les candidats sont attendus : pourquoi la question se pose-t-elle précisément aujourd'hui ? Quelles évolutions institutionnelles, politiques, économiques, sociales... conduisent à poser cette question ? Le candidat doit mobiliser des connaissances précises pour apporter une réponse qui ne relève pas du sentiment ou de l'opinion, mais se fonde sur des arguments solides et objectifs.

La connaissance du contexte fait de ce sujet un sujet « attendu », encore faut-il connaître ce contexte pour aborder le sujet de manière convaincante.

Les principaux arguments à mobiliser

• Le contexte économique et financier

Les communes sont accusées de creuser les déficits publics.

La Cour des comptes a rendu public le 14 octobre 2014, pour la deuxième année consécutive, un rapport sur les finances publiques locales. Les dépenses des administrations publiques locales représentent 21 % de la dépense publique et 9,5 % de la dette. La Cour des comptes constate que, en 2013, les collectivités territoriales n'ont pas apporté la contribution attendue à la réduction des déficits publics. Les perspectives d'une plus grande maîtrise des dépenses locales, étant donné la baisse des dotations de l'État à compter de 2014, sont incertaines.

Leurs dépenses de fonctionnement ont en effet progressé plus vite que leurs recettes, essentiellement à cause de la poursuite de la hausse des dépenses de personnel, et l'endettement leur a permis d'augmenter leurs dépenses d'investissement.

En 2014, les dotations de l'État aux collectivités territoriales ont été réduites de 1,5 milliard d'euros, et, pour la période 2015-2017, elles diminuent de 11 milliards d'euros.

• La commune, un échelon « en trop » ?

Au regard des autres pays européens, le « mille-feuille » français paraît particulièrement préoccupant. Si les lois de décentralisation de 1982 et 1983 ont ajouté un échelon supplémentaire en transformant la région, simple établissement public, en collectivité territoriale, elles entendaient spécialiser les collectivités en les chargeant de blocs de compétences cohérents. De fait, les compétences sont souvent demeurées partagées entre collectivités (on peut citer par exemple la compétence éducation), et la complexité de cette organisation a été source d'opacité, d'immobilisme et de gaspillage. Aux cinq échelons existants, commune, département, région, État, Union européenne, la construction progressive de l'intercommunalité a ajouté de nombreux échelons nouveaux sans supprimer les échelons préexistants. Ce sont le plus souvent les communes qui sont montrées du doigt, tant il paraît paradoxal qu'elles ne disparaissent pas une fois l'essentiel de leurs compétences transférées aux intercommunalités. Les plus de 36 500 communes que compte la France, dont environ 32 000 de moins de 2 000 habitants sont de plus en plus souvent perçues comme des anomalies, la France recensant à elle seule environ 40 % de la totalité des communes de l'Union européenne. La population moyenne d'une commune française est de 1 750 habitants alors qu'elle s'élève à 4 100 habitants en moyenne dans l'ensemble de l'Europe. Pourquoi la France ne réussirait-elle pas ce que de nombreux autres pays européens ont réussi, la Belgique, par exemple, ayant divisé par cinq le nombre de ses communes en une dizaine d'années et l'Allemagne par trois ?

• Des évolutions institutionnelles paraissent « périmer » la commune (la commune concurrencée)

– L'achèvement de l'intercommunalité

La coopération intercommunale a vu le jour voici plus d'un siècle, avec la loi du 22 mars 1890 qui institue les syndicats intercommunaux à vocation unique. Des lois successives, comme les lois du 6 février 1992 et du 12 juillet 1999 ont accru son développement. Cette dernière loi a instauré dans chaque département une commission départementale de la coopération intercommunale dont la mission est d'établir et de tenir à jour un état de la coopération intercommunale et d'élaborer des propositions pour la renforcer. La réforme organisée par la loi du 16 décembre 2010 de réforme des collectivités territoriales, sur la base du constat de l'émiettement communal et de l'échec des fusions de communes, a rendu obligatoire l'appartenance de chaque commune à un établissement public de coopération intercommunale (EPCI) à compter du 1er juillet 2013. La loi de modernisation de l'action publique territoriale et d'affirmation des métropoles (MAPTAM) du 27 janvier 2014 a à nouveau renforcé l'intercommunalité, notamment en instituant un nouveau type de métropoles, s'ajoutant à celles instituées par la loi du 16 décembre 2010. La loi du 7 août 2015 portant nouvelle organisation du territoire de la République (NOTRe) a élargi les seuils de création et les compétences obligatoires des intercommunalités.

– Le développement des communes nouvelles

Historiquement, après des suppressions de communes mises en œuvre sous le régime de Vichy, la loi du 16 juillet 1971 sur les fusions et regroupements de communes, dite loi Marcellin, avait institué des fusions de communes, mais n'avait quasiment pas été suivie d'effets. La loi du 16 décembre 2010 comprend la création de communes nouvelles qui peuvent être instituées à la demande des deux tiers au moins des conseillers municipaux des communes appartenant à un même établissement public de coopération intercommunale représentant plus des deux tiers de la population totale. 13 communes nouvelles seulement ayant été créées en quatre ans, la loi du 16 mars 2015 relative à l'amélioration du régime de la commune nouvelle, pour des communes fortes et vivantes, institue des incitations financières temporaires sous la forme d'un pacte financier garantissant pendant trois ans le niveau des dotations de l'État aux communes fusionnant en 2015 ou 2016 au sein de communes nouvelles de moins de 10 000 habitants. Les communes nouvelles créées et regroupant une population comprise entre 1 000 et 10 000 habitants bénéficient d'une majoration de 5 % de leur dotation forfaitaire calculée dès la première année, afin de favoriser la création de communes nouvelles avant le 1er janvier 2016. La loi de finances pour 2016 a étendu la disposition financière prévue pour les communes nouvelles créées au

1er janvier 2016 aux communes créées au 30 juin 2016. En outre, pendant une période transitoire qui prendra fin avec les élections municipales de 2020, tous les élus municipaux des communes composent le conseil municipal transitoire de la commune nouvelle, les anciennes communes devenant des communes déléguées, avec élection de maires délégués par le conseil municipal de la commune nouvelle. Ces dispositions incitatives ont été suivies d'effets : 1 761 communes ont fusionné, donnant naissance à 517 communes nouvelles accueillant une population d'environ 1,8 million d'habitants.

• La commune confirmée dans ses compétences « de proximité »

Les compétences communales rendent le maire directement responsable du bien-être de ses administrés (on parle parfois du maire « assistante sociale »). D'autant plus proche de ses administrés que la commune compte peu d'habitants, il est en effet toujours en charge, quelle que soit l'importance démographique de la commune, de compétences essentielles pour la vie quotidienne des personnes, de la garde des jeunes enfants jusqu'à l'aide aux personnes âgées, en passant par le ramassage des ordures ménagères et les mesures visant à assurer la sécurité et la tranquillité sur son territoire, en raison tant de la compétence générale de la commune que de ses compétences propres en matière de police. Ceci explique le traditionnel attachement des habitants de la commune à « leur » maire.

Confortant à la fois des compétences traditionnellement dévolues aux communes et des responsabilités qui leur ont été plus récemment confiées dans le cadre de la décentralisation, la loi du 27 janvier 2014 de modernisation de l'action publique territoriale et d'affirmation des métropoles (MAPTAM) souligne le rôle de la commune comme chef de file pour fixer les modalités de l'action commune des collectivités territoriales et de leurs établissements publics pour l'exercice des compétences relatives à la mobilité durable, à l'organisation des services publics de proximité, à l'aménagement de l'espace, au développement local.

Ainsi, en matière d'urbanisme, les lois de décentralisation ont transféré aux communes des compétences exercées antérieurement par l'État. Les communes ont acquis compétence pour élaborer des documents réglementaires d'urbanisme comme les plans locaux d'urbanisme (PLU) et les zones d'aménagement concerté, non sans obligation de concertation et respect des prescriptions nationales d'urbanisme. Les maires ont reçu, quant à eux, compétence pour délivrer les autorisations individuelles d'urbanisme, dont les permis de construire. Si la loi du 24 mars 2014 pour l'accès au logement et un urbanisme rénové (dite loi ALUR) a instauré le transfert automatique de la compétence PLU aux intercommunalités, la loi du 7 août 2015 portant nouvelle organisation territoriale de la République, dite loi NOTRe, a maintenu le mécanisme de la minorité de blocage qui permet aux maires de reporter le transfert de cette compétence.

On peut également rappeler que la commune met en œuvre l'action sociale facultative grâce aux centres communaux d'action sociale, a en charge les écoles maternelles et élémentaires qu'elle construit, entretient et finance, à l'exception de la rémunération des enseignants. La commune crée également des bibliothèques, des musées, des écoles de musique, des salles de spectacle, organise des manifestations culturelles, donne naissance à des équipements sportifs qu'elle entretient, subventionne des activités sportives et des clubs sportifs professionnels, est en charge des aménagements touristiques.

Citons enfin les compétences d'entretien de la voirie communale, de protection de l'ordre public local au moyen des pouvoirs de police du maire, qui exerce également, au nom de l'État, mais avec des moyens communaux, des fonctions en matière d'état civil et électorales.

• La commune, un espace de démocratie vivante

Le nombre d'élus municipaux est légalement déterminé par le nombre d'habitants de la commune. Ainsi, dans une commune de moins de 100 habitants, le nombre des membres du conseil municipal est réglementairement fixé à 7, c'est-à-dire qu'au moins 7 % des habitants (et bien plus en proportion du nombre des adultes de plus de 18 ans) siègent au conseil municipal ; dans une commune de moins de 500 habitants, 11 conseillers municipaux sont élus, soit au moins 2,2 % des habitants. Si l'on extrapolait ce taux de représentation aux communes de plus grande taille, on compterait pour chaque immeuble d'habitation plusieurs conseillers municipaux, et la démocratie s'exercerait quasiment au niveau de chaque « cage d'escalier ».

Depuis plus d'une trentaine d'années, des lois successives ont renforcé la démocratie locale. La loi du 6 février 1992 relative à l'administration territoriale de la République dispose, par son article 10, que « le droit des habitants de la commune à être informés des affaires de celle-ci et à être consultés sur les décisions qui les concernent, indissociable de la libre administration des collectivités territoriales, est un principe essentiel de la démocratie locale (...) ». Elle organise la participation des habitants au moyen des commissions consultatives des services publics locaux (qui doivent comprendre des représentants des usagers) et des comités consultatifs, comprenant des représentants des associations, qui peuvent être créées par le conseil municipal pour tout problème d'intérêt communal concernant tout ou partie du territoire de la commune. Cette même loi accorde notamment à l'opposition locale un droit à l'information sur les affaires devant faire l'objet d'une délibération. Le droit d'accès à l'information des citoyens locaux, par exemple la possibilité d'assister aux délibérations du conseil municipal, de consulter les budgets de sa commune, même s'il trouve des limites dans la technicité et la complexité des documents proposés à la consultation, joue un rôle non négligeable dans le fonctionnement de la démocratie locale. Le règlement intérieur joue également un rôle essentiel en matière de droits à l'information et à l'expression des élus au sein de leur collectivité. Ce règlement est obligatoire notamment dans les communes de 3 500 habitants et plus et EPCI assimilés. Les questions orales, étendues par la loi du 6 février 1992 aux conseils municipaux, constituent un bon moyen d'information, même si elles sont encadrées et ne constituent pas un mode d'intervention spontanée pendant les conseils municipaux.

La loi de 1992 a également permis, pour la première fois, de consulter la population locale sur les affaires d'intérêt communal. La loi du 27 février 2002 relative à la démocratie de proximité a instauré l'obligation, pour la majorité locale, de réserver une place à l'opposition dans les bulletins d'information des collectivités territoriales. Le chapitre consacré à la participation des habitants à la vie locale rend obligatoire la création de conseils de quartier et d'adjoints (dans la limite de 10 % du nombre de conseillers municipaux) dans les villes de plus de 80 000 habitants (49 villes). La création est facultative dans les villes de 20 000 à 79 999 habitants (351 villes). Leur composition et leur mode de fonctionnement sont fixés par le conseil municipal sur proposition du maire : les conseils de quartier peuvent être consultés par le maire et associés aux actions intéressant le quartier, en particulier celles menées au titre de la politique de la ville. Des mairies annexes doivent obligatoirement être créées dans les quartiers des villes de plus de 100 000 habitants (37 villes). Les commissions consultatives des services publics locaux deviennent obligatoires dans les régions, les départements, les villes de plus de 10 000 habitants ainsi que les établissements publics de coopération intercommunale.

La loi du 21 février 2014 de programmation pour la ville et la cohésion urbaine a institué un **conseil citoyen** dans les quartiers prioritaires de la politique de la ville, composé d'habitants tirés au sort (avec parité femmes hommes) et de représentants des associations et acteurs locaux. Ces conseils sont associés à l'élaboration, la mise en œuvre et l'évaluation des contrats de ville.

Enfin, la révision constitutionnelle du 28 mars 2003 a reconnu la possibilité, pour toutes les collectivités territoriales, de procéder à des référendums locaux décisionnels. Si ces innovations valent pour toutes les collectivités territoriales, elles prennent tout leur sens dans les communes en raison de la proximité des élus communaux et d'un intérêt marqué de la population pour la « chose » communale dans les communes petites et moyennes.

Bien que le maire ne soit pas élu au suffrage universel direct, puisqu'il est un conseiller municipal élu par le conseil municipal en son sein, il est le plus souvent connu de ses administrés et accessible. Nombreux sont les maires, quelle que soit la taille de leur commune, qui assurent eux-mêmes des permanences hebdomadaires permettant à leurs administrés de faire valoir directement auprès d'eux des demandes liées à leur vie quotidienne, demande de logement, d'aide économique, de travaux, d'intervention dans des conflits de voisinage, etc. Les maires sont également très attentifs aux attentes et aux demandes des responsables associatifs en qui ils voient des médiateurs indispensables entre les habitants et eux-mêmes.

Corrigé

Instituées à partir des paroisses par la Révolution française qui leur donne déjà pour mission à la fois d'exercer un pouvoir local et d'agir localement pour le compte de l'État, les communes apparaissent aujourd'hui comme une richesse, mais aussi comme un handicap. Une richesse dans la mesure où elles sont considérées comme un lieu essentiel d'exercice d'une démocratie de proximité, l'attachement de leurs habitants et leur réticence à voir leur commune disparaître en témoigne, de même que la vitalité de la vie associative qui y est enracinée. Un handicap dans la mesure où leur nombre, excessivement élevé au regard de celui observé dans nombre de pays de l'Union européenne paraît source d'inefficience, à l'heure où nombre de leurs compétences sont exercées au niveau intercommunal.

Faut-il alors considérer les communes comme les vestiges inutiles d'une histoire qui les condamne inévitablement à disparaître, auxquels nous tiendrons encore plus par nostalgie que par raison, ou conservent-elles réellement une utilité ? Les efforts pour développer les intercommunalités à partir des années 1990 et, plus récemment, pour créer des communes nouvelles fusionnant les anciennes, paraissent annoncer leur déclin. Pourtant, dans le même temps, des lois récentes réaffirment le rôle essentiel de la commune dans l'exercice de compétences de proximité. Une approche nuancée de l'avenir de la commune paraît alors s'imposer.

(I) Si les communes peuvent aujourd'hui apparaître comme un échelon « en trop » (A), largement périmé par l'achèvement de l'intercommunalité (B), (II) elles n'en constituent pas moins un échelon essentiel à l'exercice de compétences de proximité (A) qui joue un rôle déterminant dans le jeu démocratique (B).

I. La commune, un échelon contesté et affaibli

A. Un échelon coûteux et inutile

Les communes sont aujourd'hui accusées de creuser les déficits publics. La Cour des comptes a ainsi rendu public le 14 octobre 2014, pour la deuxième année consécutive, un rapport sur les finances publiques locales qui souligne que les dépenses des administrations publiques locales représentent 21 % de la dépense publique et 9,5 % de la dette. La Cour constate que, en 2013, les collectivités territoriales n'ont pas apporté la contribution attendue à la réduction des déficits publics et que les perspectives d'une plus grande maîtrise des dépenses locales, considérant la baisse des dotations de l'État à compter de 2014, sont incertaines. Leurs dépenses de fonctionnement ont en effet progressé plus vite que leurs recettes, essentiellement à cause de la poursuite de la hausse des dépenses de personnel, et l'endettement leur a permis d'augmenter leurs dépenses d'investissement. Aussi, en 2014, les dotations de l'État aux collectivités territoriales ont été réduites de 1,5 milliard d'euros, et, pour la période 2015-2017, elles diminuent de 11 milliards d'euros.

Coûteuses, les communes paraissent également inefficaces. Au regard des autres pays européens, le « mille-feuille » français paraît particulièrement préoccupant. Si les lois de décentralisation de 1982 et 1983 ont ajouté un échelon supplémentaire en transformant la région, simple établissement public, en collectivité territoriale, elles entendaient spécialiser les collectivités en les chargeant de blocs de compétences cohérents. De fait, les compétences sont souvent demeurées partagées entre collectivités (on peut citer par exemple la compétence éducation), et la complexité de cette organisation a été source d'opacité, d'immobilisme et de gaspillage. Aux cinq échelons existants, commune, département, région, État, Union européenne, la construction progressive de l'intercommunalité a ajouté de nombreux échelons nouveaux sans supprimer les échelons préexistants. Ce sont le plus souvent les communes qui sont montrées du doigt, tant il paraît paradoxal qu'elles ne disparaissent pas, une fois l'essentiel de leurs compétences transférées aux intercommunalités. Les plus de 36 500 communes que compte la France, dont environ 32 000 de moins de 2 000 habitants, sont de plus en plus souvent perçues comme des anomalies, la France recensant à elle seule environ 40 % de la totalité des communes de l'Union européenne. La population moyenne d'une commune française est de 1 750 habitants alors qu'elle s'élève à 4100 habitants en moyenne dans l'ensemble de l'Europe. Pourquoi la France ne réussirait-elle pas ce que de nombreux autres pays européens ont réussi, la Belgique, par exemple, ayant divisé par cinq le nombre de ses communes en une dizaine d'années et l'Allemagne par trois ?

B. Un échelon rendu inutile par le développement des intercommunalités et des communes nouvelles

La réussite du développement des intercommunalités paraît accélérer l'obsolescence des communes. La coopération intercommunale a vu le jour voici plus d'un siècle, avec la loi du 22 mars 1890 qui institue les syndicats intercommunaux à vocation unique. Des lois successives, comme les lois du 6 février 1992 et du 12 juillet 1999 ont accru considérablement son développement. Cette dernière loi a instauré dans chaque département une commission départementale de la coopération intercommunale dont la mission est d'établir et de tenir à jour un état de la coopération intercommunale et d'élaborer des propositions pour la renforcer. La réforme organisée par la loi du 16 décembre 2010 de réforme des collectivités territoriales, sur la base du constat de l'émiettement communal et de l'échec des fusions de communes, a rendu obligatoire l'appartenance de chaque commune à un établissement public de coopération intercommunale (EPCI) à compter du 1er juillet 2013. La loi de modernisation de l'action publique territoriale et d'affirmation des métropoles (MAPTAM) du 27 janvier 2014 a à nouveau renforcé l'intercommunalité notamment en instituant un nouveau type de métropoles, s'ajoutant à celles instituées par la loi du 16 décembre 2010. La loi du 7 août 2015 portant nouvelle organisation du territoire de la République (NOTRe) a élargi les seuils de création et les compétences obligatoires des intercommunalités.

Si les fusions de communes ont longtemps échoué, leur succès récent apparaît comme un facteur supplémentaire de disparition des communes traditionnelles. Historiquement, après des suppressions de communes mises en œuvre sous le régime de Vichy, la loi du 16 juillet 1971 sur les fusions et regroupements de communes, dite loi Marcellin avait institué des fusions de communes, mais n'avait quasiment pas été suivie d'effets. La loi du 16 décembre 2010 comprend la création de communes nouvelles qui peuvent être instituées à la demande des deux tiers au moins des conseillers municipaux des communes appartenant à un même établissement public de coopération intercommunale représentant plus des deux tiers de la population totale. 13 communes nouvelles seulement ayant été créées en quatre ans, la loi du 16 mars 2015 relative à l'amélioration du régime de la commune nouvelle, pour des communes fortes et vivantes, institue des incitations financières temporaires sous la forme d'un pacte financier garantissant pendant trois ans le niveau des dotations de l'État aux communes fusionnant en 2015 ou 2016 au sein de communes nouvelles de moins de 10 000 habitants. Les communes nouvelles créées et regroupant une population comprise entre 1 000 et 10 000 habitants bénéficient d'une majoration de 5 % de leur dotation forfaitaire calculée dès la première année afin de favoriser la création de communes nouvelles avant le 1er janvier 2016. La loi de finances pour 2016 a étendu la disposition financière prévue pour les communes nouvelles créées au 1er janvier 2016 aux communes créées au 30 juin 2016. En outre, pendant une période transitoire qui prendra fin avec les élections municipales de 2020, tous les élus municipaux des communes composent le conseil municipal transitoire de la commune nouvelle, les anciennes communes devenant des communes déléguées, avec élection de maires délégués par le conseil municipal de la commune nouvelle. Ces dispositions incitatives ont été suivies d'effets : 1 761 communes ont fusionné, donnant naissance à 517 communes nouvelles accueillant une population d'environ 1,8 million d'habitants.

Ainsi, les communes paraissent devenir largement inutiles et appelées à disparaître. Pourtant, elles conservent un rôle essentiel qui permet d'augurer de leur avenir.

II. La commune, une collectivité indispensable

A. Le lieu pertinent d'exercice de compétences de proximité

Les compétences communales rendent le maire directement responsable du bien-être de ses administrés (on parle parfois du maire « assistante sociale »). D'autant plus proche de ses administrés que la commune compte peu d'habitants, il est en effet toujours en charge, quelle que soit l'importance démographique de la commune, de compétences essentielles pour la vie quotidienne des personnes, de la garde des jeunes enfants jusqu'à l'aide aux personnes âgées en passant par le ramassage des ordures ménagères et les mesures visant à assurer la sécurité et la tranquillité sur son territoire, en raison tant de la compétence générale de la commune que de ses compétences propres en matière de police. Ceci explique le traditionnel attachement des habitants de la commune à « leur » maire.

Confortant à la fois des compétences traditionnellement dévolues aux communes et des responsabilités qui leur ont été plus récemment confiées dans le cadre de la décentralisation, la loi du 27 janvier 2014 de modernisation de l'action publique territoriale et d'affirmation des métropoles (MAPTAM) souligne le rôle de la commune comme chef de file pour fixer les modalités de l'action commune des collectivités territoriales et de leurs établissements publics pour l'exercice des compétences relatives à la mobilité durable, à l'organisation des services publics de proximité, à l'aménagement de l'espace, au développement local.

Ainsi, en matière d'urbanisme, les lois de décentralisation ont transféré aux communes des compétences exercées antérieurement par l'État. Les communes ont acquis compétence pour élaborer des documents réglementaires d'urbanisme comme les plans locaux d'urbanisme (PLU) et les zones d'aménagement concerté, non sans obligation de concertation et respect des prescriptions nationales d'urbanisme. Les maires ont reçu, quant à eux, compétence pour délivrer les autorisations individuelles d'urbanisme, dont les permis de construire. Si la loi du 24 mars 2014 pour l'accès au logement et un urbanisme rénové (dite loi ALUR) a instauré le transfert automatique de la compétence PLU aux intercommunalités, la loi du 7 août 2015 portant nouvelle organisation territoriale de la République, dite loi NOTRe, a maintenu le mécanisme de la minorité de blocage qui permet aux maires de reporter le transfert de cette compétence.

On peut également rappeler que la commune met en œuvre l'action sociale facultative grâce aux centres communaux d'action sociale, a en charge les écoles maternelles et élémentaires qu'elle construit, entretient et finance, à l'exception de la rémunération des enseignants. La commune crée également des bibliothèques, des musées, des écoles de musique, des salles de spectacle, organise des manifestations culturelles, donne naissance à des équipements sportifs qu'elle entretient, subventionne des activités sportives et des clubs sportifs professionnels, est en charge des aménagements touristiques. Citons enfin les compétences d'entretien de la voirie communale, de protection de l'ordre public local au moyen des pouvoirs de police du maire, qui exerce également, au nom de l'État, mais avec des moyens communaux, des fonctions en matière d'état civil et électorales.

B. Un espace démocratique vivant

Le nombre d'élus municipaux est légalement déterminé par le nombre d'habitants de la commune. Ainsi, dans une commune de moins de 100 habitants, le nombre des membres du conseil municipal est réglementairement fixé à 7, c'est-à-dire qu'au moins 7 % des habitants (et bien plus en proportion du nombre des adultes de plus de 18 ans) siègent au conseil municipal ; dans une commune de moins de 500 habitants, 11 conseillers municipaux sont élus, soit au moins 2,2 % des habitants. Si l'on extrapolait ce taux de représentation aux communes de plus grande taille, on compterait pour chaque immeuble d'habitation plusieurs conseillers municipaux, et la démocratie s'exercerait quasiment au niveau de chaque « cage d'escalier ».

Depuis plus d'une trentaine d'années, des lois successives ont renforcé la démocratie locale. La loi du 6 février 1992 relative à l'administration territoriale de la République dispose, par son article 10, que « le droit des habitants de la commune à être informés des affaires de celle-ci et à être consultés sur les décisions qui les concernent, indissociable de la libre administration des collectivités territoriales, est un principe essentiel de la démocratie locale (...) ». Elle organise la participation des habitants au moyen des commissions consultatives des services publics locaux (qui doivent comprendre des représentants des usagers) et des comités consultatifs, comprenant des représentants des associations, qui peuvent être créées par le conseil municipal pour tout problème d'intérêt communal concernant tout ou partie du territoire de la commune. Cette même loi accorde notamment à l'opposition locale un droit à l'information sur les affaires devant faire l'objet d'une délibération. Le droit d'accès à l'information des citoyens locaux, par exemple la possibilité d'assister aux délibérations du conseil municipal, de consulter les budgets de sa commune, même s'il trouve des limites dans la technicité et la complexité des documents proposés à la consultation, joue un rôle non négligeable dans le fonctionnement de la démocratie locale. Le règlement intérieur joue également un rôle essentiel en matière de droits à l'information et à l'expression des élus au sein de leur collectivité. Ce règlement est obligatoire notamment dans les communes de 3 500 habitants et plus et EPCI assimilés. Les questions orales, étendues par la loi du 6 février 1992 aux conseils municipaux, constituent un bon moyen d'information, même si elles sont encadrées et ne constituent pas un mode d'intervention spontané pendant les conseils municipaux.

La loi de 1992 a également permis, pour la première fois, de consulter la population locale sur les affaires d'intérêt communal. La loi du 27 février 2002 relative à la démocratie de proximité a instauré l'obligation, pour la majorité locale, de réserver une place à l'opposition dans les bulletins d'information des collectivités territoriales. Le chapitre consacré à la participation des habitants à la vie locale rend obligatoire la création de conseils de quartier et d'adjoints (dans la limite de 10 % du nombre de conseillers municipaux) dans les villes de plus de 80 000 habitants (49 villes). La création est facultative dans les villes de 20 000 à 79 999 habitants (351 villes). Leur composition et leur mode de fonctionnement sont fixés par le conseil municipal sur proposition du maire : les conseils de quartier peuvent être consultés par le maire et associés aux actions intéressant le quartier, en particulier celles menées au titre de la politique de la ville. Des mairies annexes doivent obligatoirement être créées dans les quartiers des villes de plus de 100 000 habitants (37 villes). Les commissions consultatives des services publics locaux deviennent obligatoires dans les régions, les départements, les villes de plus de 10 000 habitants ainsi que les établissements publics de coopération intercommunale. La loi du 21 février 2014 de programmation pour la ville et la cohésion urbaine a institué un conseil citoyen dans les quartiers prioritaires de la politique de la ville, composé d'habitants tirés au sort (avec parité femmes hommes) et de représentants des associations et acteurs locaux. Ces conseils sont associés à l'élaboration, la mise en œuvre et l'évaluation des contrats de ville.

Enfin, la révision constitutionnelle du 28 mars 2003 a reconnu la possibilité, pour toutes les collectivités territoriales, de procéder à des référendums locaux décisionnels. Si ces innovations valent pour toutes les collectivités territoriales, elles prennent tout leur sens dans les communes en raison de la proximité des élus communaux et d'un intérêt marqué de la population pour la « chose » communale dans les communes petites et moyennes.

Bien que le maire ne soit pas élu au suffrage universel direct, puisqu'il est un conseiller municipal élu par le conseil municipal en son sein, il est le plus souvent connu de ses administrés et accessible. Nombreux sont les maires, quelle que soit la taille de leur commune, qui assurent eux-mêmes des permanences hebdomadaires permettant à leurs administrés de faire valoir directement auprès d'eux des demandes liées à leur vie quotidienne, demande de logement, d'aide économique, de travaux, d'intervention dans des conflits de voisinage, etc. Les maires sont également très attentifs aux attentes et aux demandes des responsables associatifs en qui ils voient des médiateurs indispensables entre les habitants et eux-mêmes.

Ainsi, la commune paraît promise à un bel avenir, pourvu que les élus locaux sachent accepter des évolutions inéluctables, comme la rationalisation des moyens conservés et dévolus aux intercommunalités, afin d'éviter des « doublons » condamnables, ou la poursuite de la fusion des communes au sein des communes nouvelles. Son atout essentiel demeure la proximité, indispensable pour rendre au mieux des services « de la vie quotidienne » et permettre un exercice de la citoyenneté aujourd'hui en crise au niveau étatique.

Sujet n° 2

Concours externe - session 2014
Toutes spécialités

Difficulté XXXX	Durée 4 heures

Management, performance, qualité, modernisation... : la distinction entre gestion des collectivités territoriales et gestion des entreprises vous paraît-elle pertinente ?

Comment aborder le sujet ?

ATTENTION Les arguments mobilisés sont contemporains des sujets. En outre, le cadrage national alors en vigueur prohibait l'utilisation de titres des parties et sous-parties. Le corrigé ci-après n'en comporte donc pas.

Plusieurs écueils doivent être évités dans le traitement de ce sujet :

Le libellé réglementaire de l'épreuve permet d'en délimiter précisément les contours : une composition portant sur un sujet d'ordre général relatif à la **place** et au **rôle des collectivités territoriales dans les problématiques locales** (démocratie, société, économie, emploi, éducation/formation, santé, culture, urbanisme et aménagement, relations extérieures...).

La pointe du sujet est donc la gestion des collectivités territoriales, et il convient de s'interroger sur ce qui la rend proche aujourd'hui de la gestion des entreprises et sur ce qui la rend différente de cette dernière. Il serait donc particulièrement malvenu de construire la réflexion autour de la gestion des entreprises en montrant combien celle-ci diffère ou se rapproche de celle des collectivités territoriales. Ce libellé réglementaire invite également à éviter une approche trop théorique du sujet et à illustrer le propos avec des exemples liés à la conduite de politiques locales dans différents domaines.

Un autre écueil pourrait être un traitement du sujet trop exclusivement tourné vers les réformes portant sur l'organisation et le fonctionnement des administrations d'État, sans lien suffisant avec leurs conséquences pour les collectivités territoriales.

Une approche trop péremptoire du sujet sera en outre récusée : il ne paraît tenable ni d'affirmer qu'aujourd'hui la gestion des collectivités territoriales est totalement distincte de celle des entreprises ni qu'elle n'en diffère en rien. Une construction de l'argumentaire autour d'un « oui/mais » ou d'un « bien que/cependant » paraît s'imposer, même si d'autres plans sont tenables dès lors qu'ils permettent de démontrer en quoi la gestion des collectivités territoriales peut s'apparenter à celle des entreprises et en quoi elle en diffère.

Enfin, il va sans dire que le libellé réglementaire de l'épreuve, même en l'absence de précision sur ce point et de programme, invite à inscrire le traitement du sujet dans les réalités françaises (même si des exemples étrangers peuvent être utilisés s'ils aident à caractériser le modèle français), le terme « collectivités territoriales » renvoyant aux dispositions de l'article 72 de la Constitution du 4 octobre 1958.

Les principaux arguments à mobiliser

On oppose traditionnellement la gestion des entreprises privées et celle des administrations publiques.

Les administrations publiques sont traditionnellement perçues comme caractérisées par une organisation hiérarchique régie par des rapports d'autorité, peu propice à l'innovation, un système de carrière assurant stabilité de l'emploi et progression de la rémunération sans lien avec les résultats obtenus n'encourageant pas la recherche de la performance. Le terme « fonctionnaire » est parfois même connoté péjorativement, certains considérant que les fonctionnaires « vivent aux crochets des contribuables » et sont « payés à ne rien faire ».

Les entreprises privées, soumises à l'obligation de rentabilité et à la loi du profit dans un contexte de compétitivité, sont décrites comme tournées vers la performance.

Depuis une trentaine d'années toutefois, cette approche manichéenne tend à s'estomper, les organisations publiques, administrations d'État, territoriales et hospitalières évoluant, crise financière oblige, pour intégrer des principes et des modes de fonctionnement appartenant à l'entreprise privée.

En quoi la distinction entre gestion des collectivités territoriales et gestion des entreprises privées est-elle en train de s'estomper ? Cette évolution qui paraît aujourd'hui inéluctable ne présente-t-elle que des avantages ? Jusqu'à quel point transposer aux services publics les modes de gestion du secteur privé ?

- **Les collectivités territoriales sont accusées de creuser les déficits publics**

La Cour des comptes a rendu public le 14 octobre 2014, pour la deuxième année consécutive, un rapport sur les finances publiques locales. Les dépenses des administrations publiques locales représentent 21 % de la dépense publique et 9,5 % de la dette. La Cour des comptes constate que, en 2013, les collectivités territoriales n'ont pas apporté la contribution attendue à la réduction des déficits publics. Les perspectives d'une plus grande maîtrise des dépenses locales, attendue de la baisse des dotations de l'État à compter de 2014, sont incertaines.

Les dépenses de fonctionnement des collectivités territoriales ont en effet progressé plus vite que leurs recettes, essentiellement à cause de la poursuite de la hausse des dépenses de personnel, et l'endettement leur a permis d'augmenter leurs dépenses d'investissement.

En 2014, les dotations de l'État aux collectivités territoriales ont été réduites de 1,5 milliard d'euros, et, pour la période 2015-2017, elles diminueront de 11 milliards d'euros.

La maîtrise des finances locales appelle un effort important de rationalisation administrative et financière du « bloc communal ». La carte des intercommunalités recouvre désormais la totalité du territoire national mais son extension progressive depuis le début des années 1990 s'est traduite par une superposition et un enchevêtrement des structures, un accroissement excessif des effectifs et une progression rapide des dépenses.

La Cour des comptes préconise un regroupement des établissements publics intercommunaux (EPCI) de faible taille et une forte réduction du nombre de syndicats communaux ou intercommunaux et de syndicats mixtes. Par ailleurs, les EPCI doivent se voir attribuer des champs entiers d'intervention (la totalité des actions de développement économique, par exemple) et non plus des attributions parcellaires, partagées avec les communes.

- **Les collectivités territoriales s'inscrivent dans la nouvelle gestion publique**

À partir des années 1980, comme d'autres États confrontés à une crise financière qui creuse les déficits, la France a mis en œuvre au niveau de l'État des réformes relevant de la « nouvelle gestion publique » (NGP), caractérisée par l'introduction dans le secteur public d'outils de gestion et de modes de management issus du secteur privé. Les gouvernements de Michel Rocard (1988-1991), avec le « renouveau du service public », ont marqué une étape importante dans l'approche « managériale » des problèmes administratifs, avec les « cercles de qualité », le « management public » et la « politique des usagers ». La mise en œuvre de ces réformes coïncide, après le tournant de la rigueur de 1983, avec une lente conversion de la haute administration au néolibéralisme et avec une réhabilitation du monde de l'entreprise notamment marquée par l'entrée au gouvernement de la « société civile ». S'inscrivent également dans cette évolution la loi organique relative aux lois de finances (LOLF) du 1er août 2001, la révision générale des politiques publiques (RGPP) à partir de 2007 puis, depuis fin 2013, la modernisation de l'action publique (MAP) qui l'a remplacée.

Ces réformes ont également des effets sur les collectivités territoriales, puisque celles-ci sont directement concernées par l'importation des valeurs et des méthodes de l'entreprise, comme la performance, la qualité et l'innovation, la gestion prévisionnelle des effectifs, des emplois et des compétences (GPEEC), l'évaluation des agents et la rémunération liée au mérite. Les collectivités territoriales sont ainsi invitées, comme des entreprises, à livrer à leurs usagers devenus « clients » des services de la meilleure qualité possible, produits en minimisant les coûts.

- **La gestion des ressources des collectivités territoriales s'hybride de méthodes importées du secteur privé**

Dans de nombreux pays, dont la France, les personnels du secteur public bénéficient traditionnellement d'un statut protecteur destiné à les défendre contre l'arbitraire et les alternances politiques. Ce statut a évolué à partir des années 1980, pour permettre aux employeurs des fonctionnaires territoriaux titulaires de leurs grades de les affecter à des emplois différents de ceux que leur cadre d'emplois leur donne vocation à occuper et la mobilité entre les trois fonctions publiques s'est développée avec la loi du 3 août 2009 sur la mobilité professionnelle. De plus, le management des ressources humaines du secteur public s'est peu à peu rapproché du management du secteur privé : le droit à la formation a été largement calqué sur celui des salariés de droit privé (loi du 19 février 2007), afin de favoriser l'adaptabilité et la mobilité des agents. L'évaluation annuelle des agents s'est développée, destinée à mesurer l'atteinte des objectifs négociés lors de l'entretien précédent et à fixer ceux de l'année suivante, permettant une individualisation des rémunérations dont une part peut être liée au niveau d'atteinte des objectifs. Ces évolutions s'accompagnent d'un recours régulier à des agents contractuels, non seulement dans le cadre de contrats à durée déterminée mais aussi de contrats à durée indéterminée, notamment lorsque la nature des missions exercées empêche le pourvoi de postes par des agents titulaires. Émerge ainsi peu à peu un autre « statut », celui des non titulaires, qui vont mener au sein de la fonction publique une « carrière » qui s'apparente à celle de salariés du secteur privé, avec des renégociations régulières de salaire. Le développement de la gestion prévisionnelle de l'emploi, des effectifs et des compétences repose sur la conception, la mise en œuvre et le suivi de politiques et de plans d'action cohérents pour réduire de façon anticipée les écarts entre les besoins et les ressources humaines de la collectivité, tant en termes d'effectifs que de compétences, en impliquant l'agent dans le cadre d'un projet d'évolution personnelle.

Sans que le statut disparaisse, on observe ainsi une sorte d'hybridation entre une fonction publique de carrière et une fonction publique d'emploi.

Dans cette même logique d'optimisation des ressources, nombreuses sont aujourd'hui les collectivités qui se sont dotées ou se dotent de tableaux de bord destinés à leur permettre de « piloter » leurs politiques. Ce pilotage peut permettre de diagnostiquer un manque ou un excès de moyens alloués à l'exercice d'une mission, un mode de gestion inadapté qui peut par exemple conduire à opter pour la prise en charge d'un service par une personne privée plutôt que par la collectivité publique. La dématérialisation des procédures, par exemple celle de la signature et de la transmission des actes, permet également des « gains de productivité ». On peut encore citer la contractualisation des relations des collectivités territoriales avec les associations, donnant naissance à une « culture de partenariat » qui entend à la fois garantir à la collectivité le bon usage des subventions allouées et à l'association une pérennité des financements. Bien d'autres outils entendent renforcer l'efficience des politiques publiques locales, comme le budget base zéro, technique d'arbitrage budgétaire qui vise à allouer les ressources le plus efficacement possible en ne reconduisant pas les crédits sur la base de ceux qui ont été précédemment accordés mais en les versant sur la base des résultats que devrait générer le financement demandé.

- **La rationalisation des territoires**

Dans de nombreux domaines (économie, social, culture), les politiques des communes ne peuvent plus aujourd'hui se limiter à leurs frontières. Des équipements sportifs, culturels, sanitaires... ne peuvent plus être conçus à l'échelon communal, d'autant que les ressources financières locales sont aujourd'hui limitées.

Une coopération de gestion s'est tout d'abord développée, avec la création d'établissements publics territoriaux gérant pour le compte des communes des services publics d'intérêt commun au moyen de syndicats intercommunaux à vocation unique (SIVU) ou à vocations multiples (SIVOM). Si la loi du 16 décembre 2010 a entrepris de rationaliser et achever la carte intercommunale, on comptait encore plus de 14 000 syndicats en activité au 1er janvier 2013, dont 70 % de SIVU. Leur nombre diminue, comme celui des SIVOM, au profit d'autres formes de coopération, comme les syndicats mixtes, compétents en matière de collecte et d'élimination des ordures ménagères, de traitement et de distribution d'eau, de tourisme, ou les pôles métropolitains. Au 1er janvier 2014, on ne compte plus que 13 400 syndicats.

La coopération de projet, elle, repose sur un projet commun intercommunal de développement économique et social pour un ensemble de collectivités, dans le cadre d'établissements publics de coopération intercommunale (EPCI) à fiscalité propre. De la loi du 6 février 1992 à la loi du 16 décembre 2010 qui vise à ce que l'ensemble du territoire soit couvert par des intercommunalités à fiscalité propre, les formules de coopération se sont multipliées : métropoles, syndicats d'agglomération nouvelle, communautés urbaines, communautés d'agglomération, communautés de communes. Au 1er janvier 2013, près de 2 500 EPCI regroupent 36 000 communes comptant 61 millions d'habitants. Entre 2012 et 2013, les créations, fusions et extensions d'EPCI ont réduit leur nombre de 436 : on ne comptait plus au 1er janvier 2014 que 2 145 EPCI à fiscalité propre. À cette date, 1 903 communautés de communes regroupaient 85 % des communes et 44 % de la population. Le reste de la population s'inscrit dans 242 EPCI à fiscalité propre. 563 communes isolées début janvier 2013, que la loi du 16 décembre 2010 obligeait à adhérer à une communauté, sont désormais rattachées à un EPCI à fiscalité propre.

Si une décision du conseil constitutionnel du 25 avril 2014 a invalidé le rattachement forcé des communes isolées à un EPCI par le préfet, la loi a évolué en prévoyant une consultation pour avis de l'EPCI de rattachement, de ses communes membres et de la commune concernée, la commission départementale de la coopération intercommunale pouvant modifier le projet de rattachement. L'article 31 de la loi dite MAPTAM du 27 janvier 2014 instaure la métropole, en réformant les métropoles instituées par la loi du 16 décembre 2010 de réforme des collectivités territoriales : ce nouvel EPCI à fiscalité propre, selon les termes de l'exposé des motifs de la loi, « rayonne sur son environnement régional, national et international et fonctionne en réseau avec les autres grandes villes et les villes moyennes qui l'entourent ». La loi du 27 janvier 2014 clarifie en outre les conditions d'exercice de certaines compétences des collectivités territoriales en instaurant des chefs de file : la région pour le développement économique, les aides aux entreprises et les transports; le département pour l'action sociale, l'aménagement numérique et la solidarité territoriale; les communes pour la mobilité durable et la qualité de l'air. La loi MAPTAM institue au niveau régional une conférence territoriale de l'action publique (CTAP) qui établit un pacte de gouvernance territoriale : présidée par le président du conseil régional, elle rassemble les représentants de l'ensemble des exécutifs locaux – régions, départements, métropoles, agglomérations – ainsi que des délégués de maires et de communautés de communes, et un représentant de l'État. Une illustration de la « coopétition » pratiquée dans le secteur privé, ce terme désignant la capacité d'entités concurrentes à coopérer pour atteindre un objectif commun.

- **Les spécificités du service public**

La tradition administrative française distingue radicalement gestion publique et gestion privée. L'État et les collectivités territoriales sont garants d'un intérêt général perçu comme radicalement différent des intérêts privés, dont il ne se réduit pas à la somme. Les administrations sont soumises à un droit qui leur est propre, le droit administratif, très différent du droit privé, et à des juridictions particulières. Des juristes, comme Louis Rolland en 1938, se sont attachés à identifier les grands principes régissant les services publics : selon les « lois de Rolland », ce sont la continuité, la mutabilité et l'égalité, auxquels certains ajoutent la gratuité, la neutralité, la laïcité et l'indépendance. En 1951, le principe d'égalité a été érigé par le Conseil d'État en principe général du droit qui « régit le fonctionnement des services publics ». Il a pour corollaires l'égalité d'accès aux emplois publics, l'égalité des usagers devant le service public, et l'égalité au regard de l'impôt et des charges publiques. Si les fonctionnaires sont dotés d'un statut protecteur, c'est bien pour que l'administration remplisse ses missions de service public dans la durée, sans être soumise aux aléas politiques. Lorsque la hiérarchie prescrit un ordre manifestement illégal et de nature à troubler l'ordre public, l'intérêt des usagers prime, la jurisprudence établissant en ce cas que le fonctionnaire doit désobéir.

Si le principe de mutabilité, qui désigne l'adaptation des services publics à l'évolution des besoins collectifs et aux exigences de l'intérêt général, n'est pas totalement étranger à un principe de gestion de l'entreprise privée qui doit « évoluer ou mourir », le service public, lui, ne saurait mourir, n'étant pas essentiellement astreint à une exigence de rentabilité : un service culturel est bien rarement rentable, même s'il peut contribuer à la compétitivité d'un territoire et générer des richesses et, en toute hypothèse, sa non-rentabilité devrait s'effacer devant son utilité sociale pour qu'il perdure. De même, les politiques sociales ne sauraient être abandonnées au nom du principe de rentabilité. Ainsi, la recherche de l'efficience et de la performance présente le risque de faire prévaloir, dans la conduite des affaires publiques, la rentabilité économique sur l'intérêt général. Cela pourrait par exemple conduire les collectivités territoriales à renoncer à assurer certaines de leurs missions dites « facultatives » mais qui constituent pourtant des services publics essentiels, dans le domaine culturel ou dans le domaine social, parce que leur rentabilité serait insuffisante. Ces spécificités du service public sous-tendent les valeurs auxquelles sont attachés les fonctionnaires, constitutives de leur identité et facteurs de motivation : intégrité, honnêteté, impartialité, sens de l'intérêt général, dévouement, bien commun, attachement aux missions de service public... Une transposition des méthodes du secteur privé au service public pourrait porter gravement atteinte à l'identité et à la motivation de nombreux fonctionnaires.

- **Les risques d'une gestion privée appliquée aux collectivités territoriales**

Au-delà d'une mise à mal des valeurs du service public, on peut craindre que la nouvelle gestion publique fasse prévaloir sur les exigences qualitatives des objectifs quantitatifs dont l'atteinte est mesurée au moyen d'indicateurs et de tableaux de bord. Si ceux-ci ne font pas l'objet d'une construction partagée associant les dirigeants et les agents, le risque est grand que ces outils soient récusés par les agents et par une partie de l'encadrement chargée de les alimenter, activité perçue comme consommatrice d'un temps inutilement détourné de l'essentiel, le service à rendre au public. La « culture du chiffre » risque ainsi d'entraîner une dégradation du climat social au sein de la collectivité, une incompréhension réciproque creusant l'écart entre les commanditaires des tableaux de bord qui méconnaissent le temps de travail consommé par cette activité et les exécutants qui ne comprennent pas le « pourquoi » d'une telle demande. Dans ce contexte, le lien entre une partie de la rémunération et l'atteinte par les agents des objectifs qui leur sont alloués peut introduire de graves conflits entre des agents qui se voient fixer des objectifs plus ou moins difficiles à atteindre. L'atteinte de certains objectifs difficilement quantifiables risque également de ne pas être valorisée. Cette culture peut en outre s'avérer perverse si les chiffres sont infléchis pour laisser croire que les objectifs sont atteints, s'ils sont abusivement valorisés par les services pour obtenir des moyens supplémentaires sans réflexion suffisante sur la pertinence des objectifs visés, surtout lorsque ceux-ci ne correspondent plus aux véritables besoins mais continuent à relever d'indicateurs périmés. Paradoxalement, alors même que la nouvelle gestion publique entend « débureaucratiser » l'administration, les outils qu'elle promeut risquent d'aboutir à une « rebureaucratisation ».

Ce n'est certainement pas un hasard si la question des risques psychosociaux (RPS) a peu à peu émergé dans les fonctions publiques. Entendus comme risques pour la santé mentale, physique et sociale, engendrés par les conditions d'emploi et les facteurs organisationnels et relationnels susceptibles d'interagir avec le fonctionnement mental, les RPS peuvent se manifester sous diverses formes :

stress mais aussi sentiment de mal-être ou de souffrance au travail, incivilités, agressions physiques ou verbales, violences, etc. Un accord-cadre relatif à la prévention des risques psychosociaux (RPS) dans la fonction publique a été signé le 22 octobre 2013, obligeant chaque employeur public à élaborer un plan d'évaluation et de prévention des RPS d'ici 2015. Ces plans d'action reposeront sur une phase de diagnostic associant les agents et le comité d'hygiène, de sécurité et des conditions de travail. Des formations spécifiques à destination des encadrants, des membres des CHSCT et des agents exerçant des fonctions en matière de prévention seront organisées, ainsi que des formations de sensibilisation à l'attention des agents.

On peut également craindre que la dématérialisation des procédures, mise en œuvre dans de nombreuses collectivités, ne se traduise pour une partie du public, le plus fragile économiquement et socialement, par une difficulté accrue d'accès aux services, alors même que ces personnes victimes d'illettrisme électronique auraient besoin d'un accompagnement humain qui disparaît avec la dématérialisation.

Corrigé

À partir des années 1980, comme d'autres États confrontés à une crise financière qui creuse les déficits, la France a mis en œuvre au niveau de l'État des réformes relevant de la « nouvelle gestion publique » (NGP), caractérisée par l'introduction dans le secteur public d'outils de gestion et de modes de management issus du secteur privé. Les gouvernements de Michel Rocard (1988-1991), avec le « renouveau du service public », ont marqué une étape importante dans l'approche « managériale » des problèmes administratifs, avec les « cercles de qualité », le « management public » et la « politique des usagers ». La mise en œuvre de ces réformes coïncide, après le tournant de la rigueur de 1983, avec une lente conversion de la haute administration au néolibéralisme et avec une réhabilitation du monde de l'entreprise, notamment marquée par l'entrée au gouvernement de la « société civile ». S'inscrivent également dans cette évolution la loi organique relative aux lois de finances (LOLF) du 1er août 2001, la révision générale des politiques publiques (RGPP) à partir de 2007 puis, depuis fin 2013, la modernisation de l'action publique (MAP) qui l'a remplacée.

Ces réformes ont également des effets sur les collectivités territoriales, puisque celles-ci sont directement concernées par l'importation des valeurs et des méthodes de l'entreprise, comme la performance, la qualité et l'innovation, la gestion prévisionnelle des effectifs, des emplois et des compétences (GPEEC), l'évaluation des agents et la rémunération liée au mérite. Les collectivités territoriales sont ainsi invitées, comme des entreprises, à livrer à leurs usagers devenus « clients » des services de la meilleure qualité possible produits en minimisant les coûts.

La distinction entre gestion des collectivités territoriales et gestion des entreprises privées est-elle ainsi en train de disparaître définitivement ? Cette évolution est-elle pleinement bénéfique ou faut-il craindre des effets pervers ?

Si des mutations essentielles rapprochent gestion publique et gestion privée, les spécificités du service public doivent impérativement être préservées.

Le rapprochement de la gestion des collectivités territoriales et de celle des entreprises privées peut être observé tant dans la logique de performance économique qui dicte une reconfiguration des territoires que dans les évolutions managériales qui touchent les collectivités territoriales.

La recherche d'un fonctionnement à moindre coût impose aujourd'hui avec une certaine urgence une reconfiguration des territoires déjà largement entamée mais encore insuffisante.

Dans de nombreux domaines (économie, social, culture), les politiques des communes ne peuvent en effet plus aujourd'hui se limiter à leurs frontières. Des équipements sportifs, culturels, sanitaires... ne peuvent plus être conçus à l'échelon communal, d'autant que les ressources financières locales sont aujourd'hui limitées. Une coopération de gestion s'est tout d'abord développée, avec la création d'établissements publics territoriaux gérant pour le compte des communes des services publics d'intérêt commun au moyen de syndicats intercommunaux à vocation unique (SIVU) ou à vocations multiples (SIVOM).

La coopération de projet, elle, repose sur un projet commun intercommunal de développement économique et social pour un ensemble de collectivités, dans le cadre d'établissements publics de coopération intercommunale (EPCI) à fiscalité propre. De la loi du 6 février 1992 à la loi du 16 décembre 2010 qui vise à ce que l'ensemble du territoire soit couvert par des intercommunalités à fiscalité propre, les formules de coopération se sont multipliées : métropoles, syndicats d'agglomération nouvelle, communautés urbaines, communautés d'agglomération, communautés de communes. Au 1er janvier 2013, près de 2 500 EPCI regroupent 36 000 communes comptant 61 millions d'habitants.

Enfin, la loi dite MAPTAM du 27 janvier 2014 instaure la métropole, en réformant les métropoles instituées par la loi du 16 décembre 2010 de réforme des collectivités territoriales : ce nouvel EPCI à fiscalité propre, selon les termes de l'exposé des motifs de la loi, « rayonne sur son environnement régional, national et international et fonctionne en réseau avec les autres grandes villes et les villes moyennes qui l'entourent ». La loi du 27 janvier 2014 clarifie en outre les conditions d'exercice de certaines compétences des collectivités territoriales en instaurant des chefs de file : la région pour le développement économique, les aides aux entreprises et les transports; le département pour l'action sociale, l'aménagement numérique et la solidarité territoriale; les communes pour la mobilité durable et la qualité de l'air. La loi MAPTAM institue au niveau régional une conférence territoriale de l'action publique (CTAP) qui établit un pacte de gouvernance territoriale : présidée par le président du conseil régional, elle rassemble les représentants de l'ensemble des exécutifs locaux – régions, départements, métropoles, agglomérations – ainsi que des délégués de maires et de communautés de communes, et un représentant de l'État. Une illustration de la « coopétition » pratiquée dans le secteur privé, ce terme désignant la capacité d'entités concurrentes à coopérer pour atteindre un objectif commun.

Pour autant, cet effort de rationalisation s'avère encore insuffisant et doit être poursuivi : la Cour des comptes a en effet rendu public, le 14 octobre 2014, un rapport sur les finances publiques locales qui laisse apparaître que les dépenses des administrations publiques locales représentent 21 % de la dépense publique et 9,5 % de la dette. La Cour des comptes constate que, en 2013, les collectivités territoriales n'ont pas apporté la contribution attendue à la réduction des déficits publics. Les perspectives d'une plus grande maîtrise des dépenses locales, rendue indispensable par la baisse des dotations de l'État à compter de 2014, sont incertaines. Leurs dépenses de fonctionnement ont en effet progressé plus vite que leurs recettes, essentiellement à cause de la poursuite de la hausse des dépenses de personnel, et l'endettement leur a permis d'augmenter leurs dépenses d'investissement. En 2014, les dotations de l'État aux collectivités territoriales ont été réduites de 1,5 milliard d'euros, et, pour la période 2015-2017, elles diminueront de 11 milliards d'euros.

La maîtrise des finances locales appelle donc un effort important de rationalisation administrative et financière du « bloc communal ». Si la carte des intercommunalités recouvre désormais la totalité du territoire national, son extension progressive depuis le début des années 1990 s'est traduite par une superposition et un enchevêtrement des structures, un accroissement excessif des effectifs et une progression rapide des dépenses. La Cour des comptes préconise un regroupement des établissements publics intercommunaux (EPCI) de faible taille et une forte réduction du nombre de syndicats communaux ou intercommunaux et de syndicats mixtes. Par ailleurs, les EPCI doivent se voir attribuer des champs entiers d'intervention (la totalité des actions de développement économique, par exemple) et non plus des attributions parcellaires, partagées avec les communes.

On observe également que la gestion des ressources des collectivités territoriales s'hybride de méthodes importées du secteur privé.

Dans de nombreux pays, dont la France, les personnels du secteur public bénéficient traditionnellement d'un statut protecteur destiné à les défendre contre l'arbitraire et les alternances politiques. Ce statut a évolué à partir des années 1980, pour permettre aux employeurs des fonctionnaires territoriaux titulaires de leurs grades de les affecter sur des emplois différents de ceux que leur cadre d'emplois leur donne vocation à occuper et la mobilité entre les trois fonctions publiques s'est développée avec la loi du 3 août 2009 sur la mobilité professionnelle. De plus, le management des ressources humaines du secteur public s'est peu à peu rapproché du management du secteur privé : le droit à la formation a été largement calqué sur celui des salariés de droit privé (loi du 19 février 2007), afin de favoriser l'adaptabilité et la mobilité des agents. L'évaluation annuelle des agents s'est développée, destinée à mesurer l'atteinte des objectifs négociés lors de l'entretien précédent et à fixer ceux de l'année suivante, permettant une individualisation des rémunérations, dont une part peut être liée au niveau d'atteinte des objectifs.

Ces évolutions s'accompagnent d'un recours régulier à des agents contractuels, non seulement dans le cadre de contrats à durée déterminée mais aussi de contrats à durée indéterminée, notamment lorsque la nature des missions exercées empêche le pourvoi de postes par des agents titulaires. Émerge ainsi peu à peu un autre « statut », celui des non titulaires, qui vont mener au sein de la fonction publique une « carrière » qui s'apparente à celle de salariés du secteur privé, avec des renégociations régulières de salaire. Le développement de la gestion prévisionnelle de l'emploi, des effectifs et des compétences repose sur la conception, la mise en œuvre et le suivi de politiques et de plans d'action cohérents pour réduire de façon anticipée les écarts entre les besoins et les ressources humaines de la collectivité, tant en termes d'effectifs que de compétences, en impliquant l'agent dans le cadre d'un projet d'évolution personnelle. Sans que le statut disparaisse, on observe ainsi une sorte d'hybridation entre une fonction publique de carrière et une fonction publique d'emploi.

Dans cette même logique d'optimisation des ressources, nombreuses sont aujourd'hui les collectivités qui se sont dotées ou se dotent de tableaux de bord destinés à leur permettre de « piloter » leurs politiques. Ce pilotage peut permettre de diagnostiquer un manque ou un excès de moyens alloués à l'exercice d'une mission, un mode de gestion inadapté qui peut par exemple conduire à opter pour la prise en charge d'un service par une personne privée plutôt que par la collectivité publique. La dématérialisation des procédures, par exemple celle de la signature et de la transmission des actes, permet également des « gains de productivité ». On peut citer aussi la contractualisation des relations des collectivités territoriales avec les associations, donnant naissance à une « culture de partenariat » qui entend à la fois garantir à la collectivité le bon usage des subventions allouées et à l'association une pérennité des financements. Bien d'autres outils entendent renforcer l'efficience des politiques publiques locales, comme le budget base zéro, technique d'arbitrage budgétaire qui vise à allouer les ressources le plus efficacement possible en ne reconduisant pas les crédits sur la base de ceux qui ont été précédemment accordés mais en les versant sur la base des résultats que devrait générer le financement demandé.

Reconfiguration des territoires, méthodes de gestion importées du privé, la gestion publique ne peut cependant s'identifier totalement à la gestion des entreprises sous peine de graves dangers.

Le service public présente de telles spécificités que sa gestion ne peut que demeurer différente de celle du privé, d'autant que l'on constate déjà les graves inconvénients d'une gestion publique trop proche d'une gestion privée.

La préservation des principes et des valeurs du service public impose que l'on ne confonde pas gestion publique et gestion privée.

La tradition administrative française distingue radicalement gestion publique et gestion privée. L'État et les collectivités territoriales sont garants d'un intérêt général perçu comme radicalement différent des intérêts privés, dont il ne se réduit pas à la somme. Les administrations sont soumises à un droit qui leur est propre, le droit administratif, très différent du droit privé, et à des juridictions particulières. Des juristes, comme Louis Rolland en 1938, se sont attachés à identifier les grands principes régissant les services publics : selon les « lois de Rolland », ce sont la continuité, la mutabilité et l'égalité, auxquels certains ajoutent la gratuité, la neutralité, la laïcité et l'indépendance. En 1951, le principe d'égalité a été érigé par le Conseil d'État en principe général du droit qui « régit le fonctionnement des services publics ». Il a pour corollaires l'égalité d'accès aux emplois publics, l'égalité des usagers devant le service public et l'égalité au regard de l'impôt et des charges publiques. Si les fonctionnaires sont dotés d'un statut protecteur, c'est bien pour que l'administration remplisse ses missions de service public dans la durée, sans être soumise aux aléas politiques. Lorsque la hiérarchie prescrit un ordre manifestement illégal et de nature à troubler l'ordre public, l'intérêt des usagers prime, la jurisprudence établissant en ce cas que le fonctionnaire doit désobéir.

Si le principe de mutabilité, qui désigne l'adaptation des services publics à l'évolution des besoins collectifs et aux exigences de l'intérêt général, n'est pas totalement étranger à un principe de gestion de l'entreprise privée qui doit « évoluer ou mourir », le service public, lui, ne saurait mourir, n'étant pas essentiellement astreint à une exigence de rentabilité : un service culturel est bien rarement rentable, même s'il peut contribuer à la compétitivité d'un territoire et générer des richesses et, en toute hypothèse, sa non-rentabilité devrait s'effacer devant son utilité sociale pour qu'il perdure. De même, les politiques sociales ne sauraient être abandonnées au nom du principe de rentabilité. Ainsi, la recherche de l'efficience et de la performance présente le risque de faire prévaloir, dans la conduite des affaires publiques, la rentabilité économique sur l'intérêt général. Cela pourrait par exemple conduire les collectivités territoriales à renoncer à assurer certaines de leurs missions dites « facultatives » mais qui constituent pourtant des services publics essentiels, dans le domaine culturel ou dans le domaine social, parce que leur rentabilité serait insuffisante. Ces spécificités du service public sous-tendent les valeurs auxquelles sont attachés les fonctionnaires, constitutives de leur identité et facteurs de motivation : intégrité, honnêteté, impartialité, sens de l'intérêt général, dévouement, bien commun, attachement aux missions de service public, etc. Une transposition des méthodes du secteur privé au service public pourrait porter gravement atteinte à l'identité et à la motivation de nombreux fonctionnaires.

De plus, l'observation des inconvénients de la gestion privée appliquée au secteur public doit conduire à la plus grande prudence.

Au-delà d'une mise à mal des valeurs du service public, on peut craindre que la nouvelle gestion publique fasse prévaloir sur les exigences qualitatives des objectifs quantitatifs dont l'atteinte est mesurée au moyen d'indicateurs et de tableaux de bord. Si ceux-ci ne font pas l'objet d'une construction partagée associant les dirigeants et les agents, le risque est grand que ces outils soient récusés par les agents et par une partie de l'encadrement chargée de les alimenter, activité perçue comme consommatrice d'un temps inutilement détourné de l'essentiel, le service à rendre au public. La « culture du chiffre » risque ainsi d'entraîner une dégradation du climat social au sein de la collectivité, une incompréhension réciproque creusant l'écart entre commanditaires des tableaux de bord qui méconnaissent le temps de travail consommé par cette activité et les exécutants qui ne comprennent pas le « pourquoi » d'une telle demande. Dans ce contexte, le lien entre une partie de la rémunération et l'atteinte par les agents des objectifs qui leur sont alloués peut introduire de graves conflits entre des agents qui se voient fixer des objectifs plus ou moins difficiles à atteindre. L'atteinte de certains objectifs difficilement quantifiables risque également de ne pas être valorisée. Cette culture peut en outre s'avérer perverse si les chiffres sont infléchis pour laisser croire que les objectifs sont atteints, s'ils sont abusivement valorisés par les services pour obtenir des moyens supplémentaires sans réflexion suffisante sur la pertinence des objectifs visés, surtout lorsque ceux-ci ne correspondent plus aux véritables besoins mais continuent à relever d'indicateurs périmés. Paradoxalement, alors même que la nouvelle gestion publique entend « débureaucratiser » l'administration, les outils qu'elle promeut risquent d'aboutir à une « rebureaucratisation ».

Ce n'est certainement pas un hasard si la question des risques psychosociaux (RPS) a peu à peu émergé dans les fonctions publiques. Entendus comme risques pour la santé mentale, physique et sociale, engendrés par les conditions d'emploi et les facteurs organisationnels et relationnels susceptibles d'interagir avec le fonctionnement mental, les RPS peuvent se manifester sous diverses formes : stress mais aussi sentiment de mal-être ou de souffrance au travail, incivilités, agressions physiques ou verbales, violences, etc. Un accord-cadre relatif à la prévention des risques psychosociaux (RPS) dans la fonction publique a été signé le 22 octobre 2013, obligeant chaque employeur public à élaborer un plan d'évaluation et de prévention des RPS d'ici 2015. Ces plans d'action reposeront sur une phase de diagnostic associant les agents et le comité d'hygiène, de sécurité et des conditions de travail. Des formations spécifiques à destination des encadrants, des membres des CHSCT et des agents exerçant des fonctions en matière de prévention seront organisées, ainsi que des formations de sensibilisation à l'attention des agents.

On peut également craindre que la dématérialisation des procédures, mise en œuvre dans de nombreuses collectivités, ne se traduise pour une partie du public, le plus fragile économiquement et socialement, par une difficulté accrue d'accès aux services, alors même que ces personnes victimes d'illettrisme électronique auraient besoin d'un accompagnement humain qui disparaît avec la dématérialisation.

En conclusion, si le mouvement largement engagé d'importation des méthodes du secteur privé dans le secteur public doit être résolument poursuivi dans la rationalisation de l'exercice des compétences des collectivités territoriales, les responsables nationaux et locaux doivent s'appliquer à rechercher des modes de gestion compatibles avec les principes et les méthodes du service public, sous peine de troquer le meilleur de la gestion publique contre le pire de la gestion privée.

Trois autres sujets d'annales corrigés sont à télécharger gratuitement sur www.vuibert.fr/site/204186

PARTIE 2

Épreuve d'admissibilité (concours interne, troisième concours)

Rapport avec solutions opérationnelles

COEFFICIENT
4

DURÉE
4
heures

Planning de révision

Le **planning** ci-après entend vous proposer un **mode d'acquisition méthodique des savoir-faire et des connaissances indispensables** à la réussite de l'épreuve de rapport avec solutions opérationnelles.

La date à laquelle vous commencez à utiliser cet ouvrage pour vous préparer déterminera évidemment la durée de chaque période : si, par exemple, vous entamez votre préparation personnelle six mois avant le concours, les dix périodes d'appropriation compteront chacune de l'ordre de deux semaines. Il en ira tout différemment si vous pensez pouvoir préparer le concours en un mois : deux à trois jours seront alors consacrés à chaque période.

Soyez également attentif au fait que cette épreuve requiert non seulement une maîtrise de la technique de la synthèse des éléments d'un dossier, mais aussi celle des connaissances en administration des collectivités territoriales abordées dans la partie 3, auxquelles la période 3 renvoie. Cette période, elle-même découpée en plusieurs périodes, sera de ce fait à l'évidence d'une durée supérieure à celle des autres périodes.

Période 1	Comprendre les exigences de l'épreuve, savoir présenter clairement un rapport.
Période 2	Exploiter méthodiquement un sujet, savoir gérer le temps de l'épreuve.
Période 3	Se préparer en amont de l'épreuve (voir partie 3).
Période 4	Lire intégralement le dossier du sujet d'annales n° 1.
Période 5	Identifier les éléments à valoriser, discerner les apports de connaissances nécessaires, décider d'un plan.
Période 6	Rédiger intégralement le rapport demandé sans limite de temps.
Période 7	Lire et analyser le corrigé type, mesurer et analyser les écarts de sa propre production avec celui-ci.
Période 8	Relire l'ensemble des conseils méthodologiques.
Période 9	Rédiger intégralement le rapport du sujet d'annales n° 2 en se limitant au temps réglementaire de l'épreuve et évaluer la copie.
Période 10	À titre d'entraînement complémentaire, traiter les sujets d'annales n° 3 et n° 4 proposés en ligne.

Méthodologie et conseils

1. Rappel de la nature de l'épreuve

A. L'intitulé réglementaire de l'épreuve

« **Rédaction, à l'aide des éléments d'un dossier :**
(spécialité administration générale) soulevant un problème d'organisation ou de gestion rencontré par une collectivité territoriale
(spécialité gestion du secteur sanitaire et social) soulevant un problème sanitaire et social rencontré par une collectivité territoriale
(spécialité animation) relatif au secteur de l'animation dans une collectivité territoriale
(spécialité urbanisme et développement des territoires) soulevant un problème relatif au secteur de l'urbanisme et du développement des territoires rencontré par une collectivité territoriale
– d'un rapport (spécialité urbanisme et développement des territoires : **d'une note**)
faisant appel à l'esprit d'analyse et de synthèse du candidat, à son aptitude à situer le sujet traité dans son contexte général et à ses capacités rédactionnelles afin de dégager des solutions opérationnelles appropriées
– d'un rapport (spécialité analyste)
faisant appel à l'esprit d'analyse et de synthèse du candidat, à son aptitude à concevoir et à mettre en place une application automatisée dans une collectivité territoriale. »
(durée : 4 heures ; coefficient 4).

RAPPORT

B. D'autres épreuves proches

a. Le rapport du concours interne d'attaché territorial avant sa réforme

(spécialité administration générale)
Rédaction, à l'aide des éléments d'un dossier soulevant un problème d'organisation ou de gestion rencontré par une collectivité territoriale, d'un rapport faisant appel à l'esprit d'analyse et de synthèse du candidat, à son aptitude à situer le système traité dans son contexte général et à ses capacités rédactionnelles.

REMARQUE Une différence essentielle : l'ancienne épreuve ne comprenait pas la formulation de « solutions opérationnelles appropriées ».

b. La note du concours externe d'ingénieur territorial

À partir de l'analyse d'un dossier remis au candidat, rédaction d'une note tenant compte du contexte technique, économique ou juridique lié à ce dossier. Celui-ci porte sur l'une des spécialités choisie par le candidat au moment de son inscription.

REMARQUE Bien que l'intitulé réglementaire ne le précise pas, cette épreuve est cadrée comme une épreuve de note (sur 8 points) avec propositions (sur 12 points). Ce n'est pas le cas du rapport avec solutions opérationnelles des concours interne et de troisième voie d'attaché territorial qui se voit attribuer une note globale sur 20 points.

c. La note de l'examen d'attaché principal

Rédaction d'une note à partir d'un dossier de mise en situation professionnelle, ayant pour objet de vérifier l'aptitude du candidat à l'analyse et la capacité à proposer des solutions opérationnelles argumentées.

REMARQUE Cette épreuve est très proche de l'épreuve de rapport des concours interne et de troisième voie d'attaché territorial.

2. Comprendre les exigences de l'épreuve

REMARQUE Cette approche méthodologique est fondée sur le cadrage national élaboré par le Centre de gestion de la fonction publique territoriale du Rhône et de la métropole de Lyon (cdg 69) en concertation avec d'autres centres de gestion, dont les Centres interdépartementaux de gestion (CIG) de la grande et de la petite couronne.
Ce cadrage national est notamment consultable en ligne sur le site www.cdg69.fr

A. Rédiger...

a. Une rédaction intégrale

La concision et l'efficacité requises nécessitent que le rapport soit parfaitement lisible : cette lisibilité requiert une écriture simple, précise, une orthographe et une syntaxe le plus irréprochables possible. Une **rédaction intégrale** (pas de phrases sans verbe, pas d'accumulation de tirets…) est ici exigée.

Cadrage national

« Le rapport doit être intégralement rédigé (pas de style télégraphique, "prise de notes").
Le niveau attendu en matière de maîtrise de la langue (orthographe, syntaxe) est le même qu'en composition ou dissertation.
Le style doit être neutre, sobre, précis. »
« L'évaluation du niveau de maîtrise de la langue dont le candidat aura fait preuve fait partie intégrante de la notation globale de la copie.
On distingue deux cas de figure :
– les copies dans lesquelles les fautes d'orthographe et de syntaxe participent d'un défaut global d'expression. Ces copies ne sauraient, en tout état de cause, obtenir la moyenne ; elles peuvent même se voir attribuer une note éliminatoire ;
– les copies qui, malgré quelques fautes d'orthographe, témoignent d'une maîtrise de la langue correcte. Un système de pénalités s'applique alors en fonction du nombre de fautes.
À titre indicatif, le barème suivant pourrait être appliqué :
– copie négligée (soin, calligraphie, présentation) : – 0,5 point ;
– au-delà de 10 fautes d'orthographe ou de syntaxe : – 2 points. »

L'insistance du cadrage sur la qualité rédactionnelle de cette unique épreuve écrite d'admissibilité du concours interne et du troisième concours traduit une exigence marquée s'agissant d'un concours d'accès à un cadre d'emplois de catégorie A.

b. Sans « langue de bois »

Mettons en garde le candidat contre l'**abus de la langue de bois**, les jargons, formules creuses, toutes les formules que l'écrivain et académicien Bertrand Poirot-Delpech, aujourd'hui disparu, qualifiait, dans un article du *Monde*, de « RAS », « **remplissage** n'ayant rigoureusement aucun sens » : « La parole publique – écrivait Bertrand Poirot-Delpech – est confisquée par quelques centaines d'hommes politiques, patrons, experts variés, publicitaires et communicants qui manient langue de bois, euphémismes, jargons technocratiques, métaphores passe-partout et formules faussement savantes, pour capter nos suffrages, masquer la vérité, endormir nos vigilances, nous imposer idées, images, camelote.

Les victimes de ces tromperies les recopiant par contagion, c'est tout le langage qui risque d'être bientôt perverti en machine à vendre, vidé de sens, suspect, ridiculisé [...].

Pour résister à ces manipulations, beaucoup suggèrent un lexique français-français de dessillement, de désintoxication. Voici quelques pistes :

– Absolu (impératif, nécessité, etc.) : RAS
– Alléger (les procédures administratives, les charges sociales, les programmes scolaires, etc.) : les remplacer par d'autres
– Annonce (effet d') : bla bla, laïus, baratin, rideau de fumée, pour faire patienter
– Central : important (voir *fondamental, majeur*)
– Clair, clairement (« il a été tout à fait clair», « il a indiqué clairement ») : RAS

– Concertation (ouvrir, mener, conduire, une grande, une large…) : noyer le poisson (a remplacé : créer une commission)
– Confidence (je vais vous faire une confidence…) : annoncer sur les ondes, comme si personne n'était au courant, quelque chose que tout le monde sait déjà.
– Conjoncturel : on n'y peut rien, mais ça peut encore s'arranger (voir *structurel*)
– Déficit d'exploitation : quand l'opinion renâcle, la faute aux porte-parole, aux médias
– Dysfonctionnement : erreur sans cause, la faute à personne, aux autres, à pas de chance
– Faut (il faut que…) : nous ne l'avons pas fait, nous y pensons sérieusement
– Fondamental : important (voir *central*)
– Large (tour d'horizon, débat, négociation…) : RAS. Voir *vaste*
– Lourd (tendances…) : on n'y peut pas grand-chose. Voir *structurel*
– Majeur : important. Voir *central, fondamental*
– Moment (quand le … sera venu) : quand cela nous arrangera
– Naturellement : ne me demandez pas pourquoi
– Nécessité : toujours *absolue*. Voir ce mot
– Perspectives (ouvrir, tracer…) : parler un peu de l'avenir
– Peu (« J'ai un… le sentiment que) : je trouve que
– Significatif (augmentation, mesure) : engagement faisant impression, mais non chiffré
– Structurel : On n'y peut vraiment rien (voir *conjoncturel*)
– Synergie : copinage moderniste
– Terme (à plus ou moins long…) : bientôt, ou peut-être avant
– Tout à fait : oui (synonymes : absolument, complètement, totalement)

Dans la même veine, Max Dorra, écrivain et professeur de médecine, se livrait dans *Le Monde* (13 et 14 juillet 2008) à « La chasse aux perroquets : ébauche d'un dictionnaire des idées reçues et formules absurdes employées dans les médias » :
– Fort [signal…] : ultime recours des pensées flasques.
– Indique [je vous…] : se dit sur un ton neutre, objectif, discrètement protecteur, pour vous refiler à l'esbroufe des informations habituellement inexactes.
– Mentalité d'assisté : se dit avec une moue réprobatrice, en général au volant d'une Mercedes.
– Modernité : confond « actuel, à la mode » et « universel, éternel » par la vertu de l'art. Stendhal et Rimbaud sont modernes. X, Y, Z (suivez mon regard) sont actuels.
– Politologue [on va demander l'avis d'un…] : croyance médiatique (faussement) naïve en l'« objectivité scientifique » d'un « expert ». On apprend d'ailleurs toujours, incidemment, que le « politologue » en question est « proche » de tel ou tel homme politique.
– Quelque part : évocation de ce qui n'est ni dans le temps ni dans l'espace, mais dans une autre dimension. Utilisé en général pour se donner un air vaguement analytique. Permet de jouer à l'initié. (Il est recommandé de prendre un air mystérieux.)

– TRANSPARENCE [souci de…] : prétexte pris par les administrations et les grandes entreprises pour publier régulièrement une masse de chiffres inutilisables sortis d'un ordinateur. Rideau de fumée qui permet de mettre soigneusement de côté les vrais problèmes, ceux qu'on se gardera bien d'aborder. Les chiffres vraiment gênants, par exemple.
– TROP DÉPENSIER [l'État est…] : artifice de présentation culpabilisant destiné à faire accepter, dans un collectif budgétaire, la réduction des crédits alloués à la santé, l'Éducation nationale, la culture, la recherche… »

Et que dire de :
– « INITIER », voire « INITIALISER », pour *commencer, débuter, mettre en chantier, entamer, engager*
– « FINALISER », pour *achever, parachever, terminer, mener à bien, mener à terme, conclure*
– « IMPULSER », pour *encourager, favoriser*
– « IMPACTER », pour *peser sur, avoir des conséquences sur*

… sans oublier qu'en cours de route on va viser la facilitation, pour une bonne continuation, qui nécessite peut-être une procéduralisation, voire une juridicisation…

Un relevé dans des copies d'examen et de concours des mots et expressions favoris des candidats illustre une tendance à écrire comme tout le monde écrit, qui devrait pousser les candidats à se distinguer par la qualité de leur style.

Citons, dans le désordre :
– SE DOIT DE, qui peut souvent être avantageusement remplacé par *doit*
– PALLIER, la plupart du temps fautif : on ne pallie pas à une difficulté, on pallie une difficulté. Il s'agit d'un verbe transitif direct
– METTRE EN EXERGUE
– PAR LE BIAIS : confusion entre *biais* et *moyen*
– NOTRE SOCIÉTÉ D'AUJOURD'HUI, ou *notre société contemporaine*
– DE TOUT TEMPS, alors que bien rares sont les phénomènes qui remontent aux origines de l'humanité !
– DE PAR, DU FAIT DE
– EN QUELQUE SORTE, POUR AINSI DIRE
– GÉRER UN PROBLÈME, à remplacer souvent par *résoudre*
– ENGENDRER, GÉNÉRER
– PARTICIPER D'UN
– FORCE EST DE CONSTATER QUE, pour *on observe, il est indéniable que, incontestablement*
– LES TENANTS ET LES ABOUTISSANTS, pour *les causes et les conséquences*

Chacun est à même de juger les raisons de l'emploi de ces mots : intoxication par le jargon véhiculé par la presse et la télévision, séduction de formulations « ronflantes »…

c. Sans « jargon administratif »

Soyons conscients de la tendance de l'administration à utiliser un langage qui lui est propre et que certains candidats ont tendance, inconsciemment ou non, à imiter : l'administration affectionne en effet particulièrement les expressions

« bavardes » et lénifiantes, dans le but, conscient ou inconscient, d'atténuer le caractère impératif de l'ordre ou absolu du refus, de valoriser ses actions, de masquer ses insuffisances.

Quelques exemples de ce « **style administratif** » dont le candidat doit se méfier :

Style administratif	Peut être remplacé par
Votre correspondance en date du… (date)	Votre lettre du… (date)
Je porte à votre connaissance	Je vous informe
Je vous fais connaître	Je vous informe
Votre autorisation vient à expiration	Vous n'êtes plus autorisé
Un refus a été opposé à votre demande	Votre demande a été refusée
Il ne nous a malheureusement pas été possible de réserver une suite favorable à votre demande	Votre demande a été refusée
Vous voudrez bien nous faire retour du document	Restituez le document
Vous faites l'objet d'une mesure de suspension	Vous êtes suspendu
Ces dispositions se proposent de réglementer, s'attachent à réglementer	Ces dispositions réglementent
Ce rapport se plaît à signaler	Ce rapport signale
Une erreur s'est malencontreusement glissée dans ce document	Ce document est erroné

Ainsi, le candidat devra éviter de jargonner tout en sachant utiliser des **formulations qui évitent le « je » et l'abus du « nous »** en ayant recours à des formulations comme « il convient d'être attentif à », « on s'attachera à », « on veillera particulièrement à », « des expériences méritent attention »…

d. Sans fautes d'orthographe

La liste inépuisable des **fautes d'orthographe** et des impropriétés est également éclairante : trop de candidats doutent trop peu d'eux-mêmes… Sans nul doute, les listes d'erreurs font sourire plus d'un candidat qui serait prêt à jurer : « Moi, ça, jamais » : et pourtant…

- Émergeance, pour *émergence*
- Exigeances, pour *exigences*
- Être en but à, pour *être en butte à*
- Boulversement, pour *bouleversement*
- Repaire alors qu'il s'agit de repère : le repaire, c'est le lieu de refuge de bêtes sauvages ou des individus dangereux ; notre besoin de repères ne serait-il que la recherche d'un repaire ?
- Palier à, pour *pallier*, verbe transitif direct : on pallie un problème, c'est-à-dire qu'on trouve une solution provisoire
- De part la loi, le maire…, pour *de par*
- Quelques soient les difficultés, pour *quelles que soient les difficultés…*
- Encré dans les esprits, pour *ancré*. Sans doute s'agit-il d'encre indélébile…
- Basé sur, incorrect ; on doit écrire : *fondé sur*
- Voir, à la place de *voire* (un acte, voire deux, doivent être pris…)
- Tout à chacun, pour *tout un chacun*
- Être juge et parti, pour *juge et partie* ; n'allons pas soupçonner tous les juges de partis pris idéologiques

– Ilettré, illétré, pour *illettré* !
– Stipuler, confondu avec *fixer, disposer que* (un contrat stipule ; une loi, un décret fixent que, disposent que…)

Pour faire sourire, terminons par (cherchez l'erreur !) :
– Un pied d'estale
– Une vie descente
– Les enjeux sont différends
– Le bas blesse
– Hardue
– Les soubresaults
– Le partenaria
– Des cours d'analphabétisation

B. À partir d'un dossier…

Le sujet comporte une « commande » et un dossier à l'appui de cette commande.

Cadrage national

« Le sujet est présenté sous forme d'une **commande qui met précisément le candidat en situation**, en lui donnant notamment des informations sur la collectivité territoriale ou l'établissement concerné(e). Cette commande ne contient que des informations utiles au traitement du sujet. D'une part elle indique le thème de la question à traiter, et, d'autre part, elle invite le candidat, **en fonction de la situation décrite**, à **dégager des solutions adaptées** au problème posé.
Elle est suivie d'une liste signalétique de documents, mentionnant le titre, l'auteur, la source, la date et le nombre de pages de chaque document. »

a. Une commande précisant le contexte

Dans de nombreuses épreuves de synthèse, la mise en situation est minimale et ne sert guère qu'à compléter le timbre et comprendre l'objet de la note (exemple : « Le maire de la commune de X vous demande de rédiger une note sur… »).

C'est le cas, par exemple, de l'épreuve de note du concours interne de rédacteur territorial.

Ici, compte tenu de la nature de l'épreuve, qui requiert du candidat la mise en valeur de solutions opérationnelles appropriées, **les éléments de contexte sont également nécessaires à l'identification des solutions adaptées à ce contexte précis**.

La nature de la collectivité (commune, département ou région) ou de l'établissement public local concerné, la strate démographique à laquelle elle ou il appartient, la qualité du destinataire, celle de l'auteur du rapport, le contexte précis dans lequel le destinataire passe commande du rapport et tous les autres éléments éventuellement fournis (mode d'organisation de la collectivité, modes de gestion de ses services, mode de réalisation d'un projet, etc.) sont destinés à orienter tant la valorisation des informations utiles du dossier que la mobilisation de connaissances afin de dégager des solutions opérationnelles appropriées.

Le cadrage national est très explicite sur ce point :

Cadrage national

« Le sujet est présenté sous forme d'une commande qui met précisément le candidat en situation, en lui donnant notamment des informations sur la collectivité territoriale ou l'établissement public local concerné.
Cette commande indique précisément la ou les questions que le rapport devra traiter et invite le candidat, en fonction de la situation décrite, à dégager des solutions opérationnelles adaptées au problème posé. »

Exemples :

1. La commande d'un maire nouvellement élu porte sur la faisabilité d'une délégation de service public dans une commune de 40 000 habitants qui emploie 2 000 agents.

Cette précision sur le nombre d'agents permet au candidat bien au fait du contexte territorial de mesurer que cette commune gère actuellement un grand nombre de ses services en régie directe. Cette observation, sans être déterminante, conduit à ajuster ses arguments en ayant en tête la « révolution culturelle » que constitue pour cette commune le nouveau mode de gestion qui fait l'objet du rapport commandé par un maire « nouvellement élu » qui s'interroge sur de nouvelles manières de faire.

Le rédacteur du rapport devra également prendre en compte le fait qu'une éventuelle réorganisation des services requiert une information du comité technique.

2. La commande précise que le maire veut présenter un dossier sensible en bureau municipal avant de le soumettre le cas échéant au conseil municipal.

Le candidat doit bien mesurer que la présentation au bureau municipal ne devra occulter aucune dimension du dossier afin que l'exécutif de la commune puisse décider si ce dossier peut ou non être soumis au conseil municipal ou si d'autres étapes préalables sont nécessaires, comme l'examen par différentes commissions municipales. Le fait que le rapport éclaire les choix de l'exécutif rend possible la présentation de solutions alternatives.

Un candidat qui ne connaîtrait pas l'articulation de ces instances décisionnelles ou consultatives risquerait de proposer des solutions opérationnelles hors contexte.

3. La commande précise le budget prévisionnel alloué à une opération.

Le montant de ce budget guidera le candidat dans ses propositions en termes de mode de passation des marchés.

4. La commande précise que le maire de la commune, qui compte 40 000 habitants, entend soumettre tel dossier au prochain conseil municipal.

Cette précision permet au candidat bien au fait des modes d'information des conseillers municipaux dans les communes de 3 500 habitants et plus de mettre en valeur dans son rapport les informations essentielles à communiquer avec la convocation du conseil municipal.

b. Un dossier : quelle longueur, combien de documents ?

Cadrage national

« Le dossier rassemble **une dizaine de documents** et comporte **une trentaine de pages**. Il est composé de documents de nature (documents juridiques, documents officiels, articles de presse spécialisée ou non…) et de forme (textes, documents graphiques ou visuels) variées dont le candidat doit mesurer l'importance relative.
Si des informations peuvent être redondantes d'un document à l'autre, aucun document n'est jamais totalement inutile, le dossier ne contenant pas de « document piège ».

c. Le dossier et plus que le dossier

Cadrage national

« Le candidat devra être attentif à ne négliger aucun élément du dossier afin de ne pas omettre d'information essentielle.
L'épreuve revêt un caractère professionnel affirmé. En effet, contrairement à l'épreuve de note sur dossier du concours externe, l'épreuve de rapport avec solutions opérationnelles impose au candidat la mobilisation de son expérience des collectivités territoriales et de ses connaissances professionnelles notamment dans la spécialité choisie.
Cette expérience et ces connaissances sont nécessaires pour :
– comprendre le contexte décrit et le rattacher le cas échéant à un contexte plus général ;
– identifier en fonction de ce contexte les informations importantes à valoriser ;
– proposer des solutions crédibles en adéquation avec les moyens et compétences des collectivités ;
– assurer un caractère opérationnel aux solutions proposées ;
– veiller à l'ajustement des solutions avec le niveau de compétence attendu d'un attaché territorial. »

On attend ainsi du candidat qu'il produise le rapport demandé **avant tout à partir des éléments du dossier, tout en sachant mobiliser des apports extérieurs**, reposant tant sur ses savoirs que sur ses savoir-faire, dès lors que ceux-ci sont utiles à l'analyse des situations et des problèmes comme à la proposition de solutions opérationnelles.

On peut en déduire aisément que les bonnes copies seront celles qui sauront mobiliser ce qu'il faut d'apports personnels pour présenter les analyses et les solutions les plus pertinentes.

C. Un rapport dégageant des solutions opérationnelles appropriées…

Le rapport est destiné à un responsable – administratif ou élu – le plus souvent situé plus haut dans la « hiérarchie » que le rédacteur du document. Il peut s'agir d'un directeur général des services, d'un adjoint au maire, d'un président de conseil départemental, régional…

Le cadrage national situe clairement le candidat dans la hiérarchie administrative :

Cadrage national

« Le rapport avec solutions opérationnelles vise à informer rapidement et efficacement un destinataire – en général en position d'autorité hiérarchique – sur un enjeu qui fait l'objet d'interrogations au sein d'une collectivité territoriale ou d'un établissement public local ; il s'inscrit souvent dans un processus de prise de décision. »

L'information transmise doit donc être efficace, concise, organisée, la présentation matérielle du rapport (voir ci-après) devant contribuer à cette efficacité. Le rapport ne doit être ni trop court, ni trop long : **environ 6 pages** (une copie double plus un intercalaire recto verso) sont attendues.

Cadrage national

« Le rapport doit être concis : 6 à 7 pages sont nécessaires et suffisantes. »

a. Un rapport

Le destinataire du document doit être à même de comprendre, sans avoir à recourir au dossier, les informations qui lui sont communiquées, et celles-ci ne doivent être **ni partielles, ni partiales** : l'approche exagérément optimiste d'un dispositif, d'un phénomène, de problèmes et de difficultés, induisant des solutions excessivement simples…, alors que le dossier comporterait des éléments problématiques, serait à la fois partielle et partiale et donc récusée.

Cadrage national

« Le destinataire est supposé ne pas connaître précisément le sujet sur lequel porte le rapport ni disposer du dossier et n'avoir entre les mains que le rapport pour s'informer et étayer sa réflexion, orienter sa décision. **Aussi est-il exclu de restituer les informations de manière allusive** ou de faire référence aux textes pour se dispenser d'en exprimer le contenu. Il est donc malvenu de mentionner les références aux documents dans le rapport (document 1, document 2…). On considère que le dossier disparaît en tant que tel lors de la rédaction du rapport : le candidat n'en conserve que les informations essentielles. »

« Le rapport doit également se garder de juxtaposer des résumés successifs des documents et s'attacher à valoriser les informations les plus utiles au traitement du sujet en les synthétisant et en les organisant au moyen d'un plan pertinent. »

Le rapport n'est donc pas écrit par un candidat anonyme rédigeant de manière peu convaincue un document sans enjeu : c'est un document écrit par un professionnel en situation réelle, répondant précisément à une commande, à une attente, qui entend informer et orienter l'action publique, avec la conscience de ses responsabilités, une compréhension du contexte général et des contraintes.

Cadrage national

« Le candidat doit être capable de **prendre la mesure des responsabilités qui lui incombent dans une situation professionnelle** correspondant au grade d'attaché territorial, qu'il s'agisse d'encadrement, d'expertise, de conduite de projet, dans un secteur opérationnel ou fonctionnel. »

b. Des solutions opérationnelles appropriées

- **Des solutions**

Les solutions ne sauraient « sortir du chapeau » du candidat. Pour convaincre, elles doivent être fondées sur une analyse précise des problèmes, argumentées (en s'appuyant par exemple sur l'élimination de solutions inappropriées) et adaptées au contexte précisé dans le sujet.

Cadrage national

« L'exploitation du dossier et les connaissances du candidat doivent lui permettre de repérer les informations qu'il peut utiliser pour dégager des solutions, comme :
- le cadre juridique ;
- le cadre financier ;
- les ressources humaines ;
- les orientations politiques ;
- des expériences éclairantes conduites par différentes collectivités territoriales. »

- **Des solutions opérationnelles**

Cadrage national

« Le futur attaché doit être à même de dégager des **solutions réalistes** et de préciser les **conditions et les moyens de leur réalisation** : moyens humains et financiers à mobiliser, échéances, contraintes réglementaires à prendre en compte, faisabilité…
Le candidat devra prendre appui sur son **expérience professionnelle** (notamment sa connaissance des causes d'échec possibles et des facteurs de facilitation) pour valoriser le caractère opérationnel des solutions qu'il avance. »

- **Des solutions appropriées**

Cadrage national

« Les solutions doivent être **ajustées aux éléments de contexte** précisés dans le sujet et au contexte général dans lequel agit la collectivité ou l'établissement qui fait l'objet de la mise en situation : **elles viennent en réponse à des questions soulevées par la commande et le dossier**.
Le candidat doit donc repérer les enjeux qui émanent, explicitement ou implicitement, de la commande et du dossier.
Les propositions formulées doivent être en adéquation avec les compétences et moyens juridiques, financiers, humains… des collectivités territoriales et de leurs établissements, leur organisation et leur fonctionnement. »

Pour mémoire, le cadrage de l'**épreuve de note de l'examen d'attaché principal** formule des exigences assez proches :

Cadrage national

L'exploitation du dossier doit permettre au candidat de repérer les informations susceptibles de l'aider à cerner le contexte et à élaborer des solutions opérationnelles :
– le cadre juridique ;
– le cadre financier ;
– les ressources humaines ;
– les orientations politiques ;
– des expériences éclairantes conduites par différentes collectivités territoriales ;
– …
Le dossier constitue une base suffisante à l'élaboration des propositions, mais **le candidat a tout intérêt à mobiliser également ses acquis** afin de rédiger les propositions les plus pertinentes.

– Des propositions tenant compte du contexte
Les propositions doivent s'attacher à prendre en compte les éléments de contexte précisés dans la commande pour formuler des propositions adaptées.
Le candidat doit être capable de prendre l'exacte mesure des responsabilités qui lui incombent dans une situation professionnelle correspondant au grade d'attaché principal, qu'il s'agisse de management, de direction de service, d'expertise, de conduite de projet, dans un secteur opérationnel ou fonctionnel...

– Des propositions qui prouvent des connaissances précises en matière d'administration territoriale
Les propositions élaborées par le candidat doivent faire la preuve de sa maîtrise précise des compétences et des moyens (juridiques, financiers, humains...) des collectivités territoriales et de leurs établissements, de leur organisation, leur fonctionnement et leurs méthodes.
L'environnement institutionnel dans lequel les collectivités territoriales agissent (juridique, institutionnel, économique, financier...) doit également être connu.

– Des solutions réellement opérationnelles
Le futur attaché principal territorial doit être capable de formuler des propositions réalistes et de préciser les conditions et les moyens de leur réalisation, de se situer dans une démarche d'aide à la décision, d'argumenter de façon claire et synthétique sur les avantages et inconvénients des solutions proposées et être capable aussi éventuellement de mettre en œuvre une conduite de projet.

D. Un rapport démontrant une aptitude à l'analyse et à la synthèse

a. L'analyse

Elle est évidemment requise pour :

- comprendre la commande (que me demande-t-on exactement ?) et le contexte précis dans lequel cette demande est formulée ;
- repérer dans la liste des documents joints, tant par les sources, les dates et les titres, ceux qui vont me permettre d'identifier des problèmes et ceux dans lesquels je trouverai des solutions ; plus finement encore, repérer dans les titres des documents, dans la mesure où ils sont explicites, des problèmes ou des solutions précis ;
- distinguer, pendant la « lecture de survol » du dossier, en m'aidant de la « titraille », les informations pertinentes et les informations inutiles ;
- rattacher les informations pertinentes à la famille des problèmes ou à celle des solutions.

Cadrage national

« Cette épreuve vise à évaluer notamment les capacités du candidat à :
– analyser une commande et un dossier afin d'en identifier les éléments utiles au traitement du sujet ;
– (...) »

b. La synthèse

Elle est ensuite nécessaire pour organiser en un ensemble cohérent, bâti à partir d'un plan clair, les éléments dont on dispose.

Cadrage national

« Cette épreuve vise à évaluer notamment les capacités du candidat à :
– organiser méthodiquement les informations nécessaires à la rédaction du rapport ;
– produire en un temps limité un document synthétique parfaitement compréhensible.»
«Le candidat doit restituer les informations par un travail de reformulation. Il ne peut se contenter de recopier intégralement des parties de textes. Les citations directes doivent être réservées aux seuls extraits succincts de textes juridiques, documents officiels, prises de position éclairantes de personnalités qualifiées ou réflexions de "grands auteurs". »

E. Les sujets des sessions 2010, 2011, 2012, 2014 et 2016

Cette épreuve des concours interne et de troisième voie d'attaché territorial a été organisée en 2010, 2011, 2012, 2014 et 2016 sur la base de sujets nationaux identiques dans tous les centres de gestion organisateurs. Il en sera de même pour la session 2018.

Les thèmes des sessions 2010, 2011, 2012, 2014 et 2016 étaient les suivants :

- **Spécialité administration générale**
  Session 2016 : La mise en place d'un projet d'administration
  Session 2014 : Le dialogue social dans la fonction publique territoriale
  Session 2012 : La tarification des équipements publics municipaux
  Session 2011 : L'emploi des personnes handicapées dans une commune
  Session 2010 : La mise en place d'un partenariat ville-associations dans une commune
- **Spécialité gestion du secteur sanitaire et social**
  Session 2016 : L'évolution des logements-foyers
  Session 2014 : Les départements et l'habitat des personnes âgées et handicapées
  Session 2012 : La politique de soutien à la parentalité

Session 2011 : Les aides dites « extralégales » du CCAS en direction des publics en difficultés
Session 2010 : L'implication du centre communal d'action sociale dans le dispositif « revenu de solidarité active »

- **Spécialité analyste**

Session 2016 : La mise en œuvre d'un bouquet de services mobiles à destination du citoyen
Session 2014 : Le télétravail
Session 2012 : La mise en œuvre d'un portail collaboratif
Session 2011 : La mise en œuvre d'une démarche de gestion informatisée des procédures dans une communauté d'agglomération
Session 2010 : La gestion de la circulation des documents au sein d'un EPCI regroupant 18 communes

- **Spécialité animation**

Session 2016 : La mise en œuvre d'un bouquet de services mobiles à destination du citoyen
Session 2014 : La démarche de médiation
Session 2012 : La mise en œuvre d'un projet d'école ouverte sur les accueils de loisirs et les activités associatives
Session 2011 : La mise en place d'une politique d'animation adaptée en direction des personnes retraitées et des personnes âgées dans une commune de 53 000 habitants
Session 2010 : La municipalisation d'un centre social, les services avant et après l'école pour les enfants de plus de 3 ans

- **Spécialité urbanisme et développement des territoires**

Session 2016 : Les enjeux du secteur logistique pour les collectivités territoriales
Session 2014 : La gestion urbaine de proximité
Session 2012 : La prise en compte du risque d'inondation dans l'urbanisme et l'aménagement
Session 2011 : La promotion, dans le cadre d'un SCOT rural, d'un urbanisme durable dans des territoires non métropolitains et ruraux confrontés aux risques d'un développement non maîtrisé
Session 2010 : L'accroissement de l'offre en logements diversifiés en augmentant la densité urbaine dans une commune de 60 000 habitants

L'essentiel à retenir

En bref, les exigences de fond du rapport :

Le **rapport n'est pas la juxtaposition d'une synthèse du dossier et de propositions inventées par le candidat** mais un document organisé dans lequel celui-ci présente les problèmes que la « commande », les documents au dossier et ses propres connaissances lui permettent d'identifier ainsi que les solutions opérationnelles appropriées à ce contexte, en puisant à la fois dans le dossier et dans ses connaissances. En d'autres termes, il s'agit de **mettre au service de l'élaboration du rapport tous les éléments de la commande et du dossier utiles** tant à l'identification et à la présentation des problèmes qu'à l'élaboration de solutions opérationnelles, tout en sachant mobiliser les **connaissances complémentaires indispensables :**

– à la compréhension et la présentation des problèmes;

– à l'élaboration de solutions opérationnelles adaptées au contexte.

Bien traiter un sujet de rapport avec solutions opérationnelles impose ainsi :

– de bien comprendre, en mobilisant ses connaissances, les attentes du destinataire, le contexte dans lequel des problèmes se posent et dans lequel des solutions doivent être proposées;

– d'exploiter tous les éléments du dossier nécessaires à une présentation objective et cohérente de ces problèmes, tout en faisant appel à des apports personnels s'ils complètent ces éléments de manière pertinente;

– de proposer des solutions réalistes, applicables, adaptées au contexte, en prenant en compte les éléments utiles dans le dossier et en mobilisant les connaissances indispensables à la pertinence de ces solutions.

Ne constitue pas un bon rapport celui qui :

– disserte sur le thème sans exploiter le dossier;

– réalise une synthèse du dossier éloignée du contexte, présentant par exemple des situations ou des problèmes qui figurent dans le dossier mais qui ne concernent pas la collectivité;

– valorise des solutions totalement inadaptées au contexte;

– escamote des problèmes qui concernent très directement la collectivité;

– valorise à l'excès une solution en escamotant d'autres solutions présentées ou suggérées par le dossier.

3. Présenter clairement un rapport

A. Un certain formalisme respectant l'anonymat

a. Une présentation formalisée...

Le rapport obéit à un formalisme dont la transgression, sanctionnable par un barème précis (– 0,5 point par exemple), est toujours pénalisante au moins en ce qu'elle risque d'indisposer les correcteurs attachés à ces règles.

Une excellente copie qui ne respecterait pas ces règles n'en demeurerait pas moins excellente, une copie très mauvaise qui les respecterait n'en serait pas meilleure, mais ce défaut mineur s'ajoutant à d'autres dans une copie moyenne peut coûter le demi-point ou le point fatidique qui sépare le candidat admissible du candidat non admissible.

Le cadrage national de l'épreuve contient un « modèle » de présentation :

Collectivité émettrice (Ville de… Service…)	Le *(date de l'épreuve)*
RAPPORT à l'attention de Monsieur (ou Madame) le (la)…	
Objet :	
Références :	

Il est donc vivement conseillé de se plier à ces règles aisées à respecter :

– L'**objet** vise simplement à décrire le **thème** (le **sujet**) **du rapport** : il ne s'agit en aucun cas de la thèse (ce que le rapport va dire sur ce sujet) ; l'objet doit être concis et précis.

– L'utilisation de la zone des **références**, qui ne doit pas être confondue avec une liste bibliographique, est facultative : elle présente l'avantage, dès lors qu'un texte est précisément référencé (exemple : loi n° 2016-483 du 20 avril 2016 relative à la déontologie et aux droits et obligations des fonctionnaires), de permettre d'y faire référence dans le développement sans s'embarrasser de précisions déjà apportées (une fois cette loi clairement référencée dans la zone *ad hoc*, on pourra écrire dans le corps du rapport : « la loi déontologie… »).

L'attention doit toutefois être attirée sur la nécessité de respecter la hiérarchie des normes (Constitution, traité et droit communautaire dérivé – règlement et directive –, loi organique, loi ordinaire, décret, arrêté, circulaire…) et de discerner les textes principaux afin de ne pas « encombrer » en vain cette zone ni de perdre un temps inutile à la remplir.

Un texte référencé peut être présent dans le dossier ou cité par des documents au dossier.

b. … dans le respect de l'anonymat de la copie

Les candidats sont invités à se méfier, particulièrement dans ce type d'épreuve, de tout ce qui pourrait être interprété par le jury comme un **signe distinctif**.

Les sujets de concours et examens organisés par les centres de gestion comportent fréquemment des mentions du type :

• Vous ne devez faire apparaître aucun signe distinctif dans votre copie, ni votre nom ou un nom fictif, ni initiales, ni votre numéro de convocation, ni le nom de votre collectivité employeur, de la commune où vous résidez ou du lieu de la salle d'examen où vous composez, ni nom de collectivité fictif non indiqué dans le sujet, ni signature ou paraphe.

• Sauf consignes particulières figurant dans le sujet, vous devez impérativement utiliser une seule et même couleur non effaçable pour écrire et/ou souligner. Seule l'encre noire ou l'encre bleue est autorisée. L'utilisation de plus d'une couleur, d'une couleur non autorisée, d'un surligneur, pourra être considérée comme un signe distinctif.

Le non-respect des règles ci-dessus peut entraîner l'annulation de la copie par le jury.

Les feuilles de brouillon ne seront en aucun cas prises en compte.

Les causes d'annulation des copies pour rupture d'anonymat sont nombreuses.

Dans le timbre :

- nom et prénom du candidat ;
- nom et prénom fictifs ;
- nom de la collectivité du candidat ;
- nom d'une autre collectivité existante ;
- nom d'une collectivité fictive (autre que celle éventuellement mentionnée dans la commande) ;
- référencement fictif (par exemple : initiales du rédacteur/date de rédaction/ n° d'ordre).

En signature :

- nom et prénom du candidat ;
- paraphe lisible du candidat ;
- nom et prénom fictifs ;
- paraphe illisible.

Encres « distinctives ».

B. Une organisation visible

a. Une introduction

Cadrage national

« Le rapport doit comporter une **introduction d'une vingtaine de lignes**, qui s'apparente à celle d'une composition ou dissertation (entrée en matière, reformulation du sujet, présentation de la problématique dans son contexte), et doit impérativement comprendre une annonce de plan. »

L'introduction peut ainsi comporter :

■ **Une entrée en matière (ou « accroche »)**

(une ou deux phrases)

Suivant le sujet, cette entrée en matière pourra consister par exemple en :

- l'approche historique ou géographique d'un phénomène ;
- des données chiffrées significatives ;

– une expérience récente particulièrement éclairante ;
– …

Une définition (si nécessaire)
On veillera évidemment à ce que cette définition soit brève, mais il est souvent bienvenu de définir ce dont on va parler (la périurbanisation, les établissements publics de coopération culturelle…) avant d'en parler.

(et/ou) Un bref rappel du contexte juridique
Les sujets à forte tonalité juridique se prêtent fréquemment à un bref rappel des textes intervenus antérieurement aux nouvelles dispositions qui font l'objet du rapport.

Une reformulation de la commande (ou problématique)
Toute commande pose question, plus ou moins explicitement. Il convient de reformuler cette commande dans les termes posés par le dossier.

Cette reformulation est généralement présentée sous une forme affirmative, mais il est également envisageable de la rédiger sous une forme interrogative.

L'attention des candidats doit être cependant attirée sur la nécessité de bien ajuster la reformulation de la commande aux enjeux du dossier et de se méfier de problématiques trop formelles (rhétoriques) et trop imprécises sur le fond.

L'annonce de plan
Alors que la problématique peut être exprimée de manière interrogative, l'annonce de plan sera toujours rédigée sous forme affirmative.

Cette annonce est incontestablement un **passage stratégique du rapport**.
Le cadrage national précise que :

Cadrage national
« La commande passée par le destinataire donne la ligne directrice du rapport, sans indiquer de plan à suivre. »

Une annonce de plan réussie est un laissez-passer vers une bonne note. Séduisante, pertinente, elle prédispose favorablement le destinataire/correcteur.

À l'inverse, des informations pertinentes dont l'organisation serait mal présentée risquent de n'être pas perçues comme telles.

L'annonce de plan doit non seulement permettre le repérage le plus facile possible de la structure du développement, mais aussi donner les indications les plus précises possibles sur son contenu : il s'agit d'aller au-delà d'une simple annonce de « boîtes » (exemple : la boîte « problèmes » et la boîte « solutions ») pour préciser ce que l'on va trouver dans ces boîtes.

Cette annonce peut ainsi constituer une indexation du rapport qui doit permettre au formateur/correcteur d'aller droit à l'information à laquelle il souhaite accéder.

Comment annoncer le plan en fin d'introduction ?
L'introduction se termine par l'annonce de plan. On passe ensuite au développement.

Deux techniques d'annonce sont praticables :

– L'annonce des parties (la plus orthodoxe)

Cette présentation offre l'avantage de la clarté et de la concision. Elle se prête bien à la mise en valeur de plans organisés autour de grands axes clairement identifiés, comme :

I. Questions (problèmes, problématiques, difficultés à résoudre, cas à résoudre, diagnostic, enjeux, etc.)

II. Réponses (solutions, préconisations, propositions, remèdes, moyens, etc.)

Elle impose la rédaction de titres des parties et sous-parties clairs et suffisamment **informatifs**.

Exemple :

(Dernier paragraphe de l'introduction, annonce de plan)

Après l'examen des problèmes essentiels posés par l'accueil des gens du voyage (I.) seront présentés les moyens d'y répondre dans la ville de X (II.).

(Début du développement)

I. La double dimension sociale et urbaine de l'accueil des gens du voyage

(Bref chapeau introductif)

L'accueil des gens du voyage pose à la fois des problèmes humains (A.) et d'aménagement urbain (B.)

A. Des aspects humains conflictuels

....

....

....

B. Une organisation spatiale inadaptée

....

....

(Phrase de transition : ainsi..., mais...)

II. La nécessité pour la ville de X d'agir légalement et d'accompagner socialement

(Bref chapeau introductif)

La résolution de ces problèmes impose de satisfaire aux obligations légales (A.) tout en organisant un accompagnement social (B.).

A. Une réponse aux obligations légales dans un cadre concerté

....

....

....

B. Un accompagnement social individualisé des personnes accueillies

....

....

– L'annonce des parties et des sous-parties

L'annonce des sous-parties est dans ce cas mise en œuvre dès l'introduction, au moyen de l'annonce de plan.

Exemple :
(Dernier paragraphe de l'introduction)
L'accueil des gens du voyage (I.) pose à la fois des problèmes humains (A.) et d'aménagement urbain (B.), dont la résolution impose à la ville de X (II.) de satisfaire aux obligations légales dans un cadre concerté (A.) et d'organiser l'accompagnement social des personnes accueillies (B.).
(Début du développement)
I. La double dimension sociale et urbaine de l'accueil des gens du voyage
A. Des aspects humains conflictuels
....
....
....
B. Une organisation spatiale inadaptée
....
....
....
(Phrase de transition : ainsi…, mais…)
II. La nécessité pour la ville de X d'agir légalement et d'accompagner socialement
A. Une réponse aux obligations légales dans un cadre concerté
....
....
....
B. Un accompagnement social individualisé des personnes accueillies
....
....
....

RAPPORT

b. Un développement visiblement organisé

Cadrage national

« Le développement est organisé en parties et sous-parties. Le plan est matérialisé par des titres comportant des numérotations au début des parties et sous-parties. »

On conseille donc vivement aux candidats de **matérialiser le plan suivi** en titrant les parties et les sous-parties : cela permet non seulement de vérifier si le plan annoncé « fonctionne » réellement mais aussi de repérer très facilement l'information à laquelle on veut accéder. La numérotation des parties et sous-parties au niveau de l'annonce de plan est, on l'a vu, possible, même si certains correcteurs jugent parfois qu'elle alourdit inutilement la présentation : mieux vaut être un peu lourd mais clair qu'élégant mais confus.

Le défaut de coïncidence entre le plan annoncé et les titres choisis pour les parties et les sous-parties est assez fréquent chez les candidats : on peut l'expliquer par une crainte de la répétition qui conduit à reformuler. Ce souci est louable, mais une reformulation ratée conduit souvent à « dire » autre chose dans les titres que ce qui a été annoncé dans l'annonce de plan. On ne court pas ce risque si l'on rédige une annonce de plan qui peut se découper en autant de « tranches » que de titres de parties et sous-parties.

REMARQUE L'obligation de proposer un plan matérialisé par des titres de parties et sous-parties n'implique en aucun cas que le candidat puisse se passer de rédiger annonce de plan, chapeau introductif et transition. La copie doit pouvoir parfaitement se lire sans les intitulés.

La **présentation de la copie** est également un outil essentiel dont le candidat doit se servir pour améliorer la lisibilité de celle-ci en rendant sa structure la plus évidente possible. Le destinataire/correcteur pourrait « passer à côté » d'une organisation qui ne serait pas suffisamment apparente.

Au-delà des titrages, il faut aussi utiliser de façon logique les sauts de ligne(s), les retraits par rapport à la marge.

Exemple :

– On saute 3 lignes entre l'introduction et le développement comme entre le développement et la conclusion.
– On saute 2 lignes entre la première partie et la deuxième partie.
– On saute 1 ligne entre deux sous-parties.
– On ne saute pas de ligne entre les paragraphes de chaque sous-partie mais on marque un retrait (toujours le même) par rapport à la marge pour la première ligne de chaque paragraphe.
– Une phrase de transition est bienvenue entre les parties.

c. Un développement réellement organisé

Un rapport organisé n'est pas seulement un rapport clairement structuré en parties et en sous-parties : encore faut-il que les sous-parties ne soient ni le lieu d'un déversement d'informations en vrac, ni une juxtaposition d'informations : il est indispensable que les informations soient elles-mêmes organisées et que cette organisation soit rendue évidente par des mots de liaison (articulations logiques, connecteurs argumentatifs) sans lesquels ces informations apparaissent juxtaposées.

La juxtaposition d'informations procède souvent d'une synthétisation insuffisante qui conduit les candidats à « coller » de façon parfois hasardeuse des informations diverses recueillies dans le dossier.

d. Une conclusion facultative mais bienvenue

Cadrage national

« La conclusion est facultative. Elle peut toutefois souligner l'essentiel, sans jamais valoriser des informations oubliées dans le développement. »

Au vu de ce cadrage, l'absence de conclusion ne saurait en aucun cas être pénalisée.

Ne sera évidemment pas pénalisé non plus un candidat qui fera l'effort de conclure son rapport.

Toutefois, la pratique de la correction montre qu'**une conclusion présente le double avantage de rendre évidents le caractère achevé de la copie, signe d'une bonne maîtrise du temps, et la capacité du candidat à reformuler en quelques mots l'essentiel**.

Si conclusion il y a, elle doit être facilement identifiable : les règles de présentation adoptées (par exemple 3 lignes sautées entre la fin du développement et le début de la conclusion), une formulation nettement conclusive (ainsi, pour en terminer, au total, finalement…) évitent toute ambiguïté.

Mieux vaut rédiger la conclusion tôt dans l'épreuve (rien, logiquement, ne devrait empêcher qu'elle le soit juste après la mise au point définitive de l'introduction) : trop de conclusions trahissent la fatigue et le manque de temps.

Sur le fond, la conclusion n'est pas un résumé du rapport mais une reformulation rapide (quelques lignes suffisent) de l'essentiel du message qu'il contient : le candidat dispose ici d'un espace de liberté pour apporter sur le sujet l'éclairage qui, tout bien considéré, lui paraît le plus pertinent, dans la logique des réflexions préalablement conduites.

Attention, **la conclusion ne sera jamais le lieu du « repentir »** où placer des éléments importants oubliés dans le développement : si l'on omet une information, laissons croire qu'on l'a fait en toute connaissance de cause et n'allons pas pointer du doigt notre propre erreur. Il n'est pas rare que des candidats démarrent ce type de conclusion par un « Sans oublier… » particulièrement révélateur !

4. Exploiter méthodiquement le sujet

La difficulté majeure que les candidats disent rencontrer est celle de la longueur du dossier (une trentaine de pages) et, en conséquence, un manque de temps. Comment s'en sortir ?

A. Analyser finement la commande

Les candidats consacrent généralement trop peu de temps à cette analyse qui détermine pourtant les informations à trouver dans les « documents joints ».

En effet :

– L'analyse de la commande permet d'abord de déterminer l'auteur supposé du rapport et, surtout, son destinataire.

– Elle permet de déterminer précisément l'objet du rapport : il ne sera pas inutile, pendant la phase d'exploitation des documents du dossier, de revenir régulièrement au sujet pour vérifier que l'on ne s'éloigne pas du « cahier des charges ».

– Elle contient des éléments de contexte précis permettant de mesurer l'utilité du rapport attendu.

Ces éléments de contexte permettent de valoriser les informations au dossier les plus adaptées à ce contexte.

Avant même d'aborder le dossier, on pourra se demander, à partir de la commande, quels **éléments incontournables** devrait (sous réserve que le contenu du dossier valide cette analyse) comprendre le rapport :

- moyens : humains, techniques, financiers, économiques ;
- risques : juridiques, politiques, économiques, sociaux ;
- avantages : politiques, économiques, sociaux / inconvénients ;
- modes d'organisation (partenariat) ;
- résultats attendus ;
- précautions indispensables ;
- …

D'autres listes préconçues de mots peuvent aussi aider à prédéterminer quelles informations rechercher dans le dossier.

C'est le fameux **QQOQC**, auquel on peut adjoindre quelques mots clés :

- **Q**ui ? (quels sont les principaux acteurs ?)
- **Q**uoi ? (de quoi s'agit-il précisément ? Peut par exemple conduire à rechercher des définitions afin que l'objet même du rapport soit précis)
- **O**ù ? (quelles expériences déjà réalisées ? Renvoie souvent aux expériences locales)
- **Q**uand ? (la question a-t-elle une histoire ? Que s'est-il passé avant ? Cela explique-t-il maintenant ?)
- **C**omment ? (quels moyens mis en œuvre ? quelle logique de l'action : créer puis gérer, ou expérimenter puis évaluer…)

On peut ajouter le **PDA** :

- **P**ourquoi ? (quelles sont les causes du phénomène ? Pourquoi ces acteurs, ces objectifs, ces moyens ?…)
- **D**ans quel but ? (quels sont les objectifs ?)
- **A**vec quels effets ? (quel bilan ? Quelles incertitudes demeurent ?)

B. Analyser la liste des « documents joints » et leurs titres

Les documents peuvent être de natures diverses :

- Documents juridiques : loi, décret, arrêté, circulaire, décision jurisprudentielle (Tribunal administratif, Conseil d'État…)
- Documents officiels : rapports…
- Articles de presse spécialisée : doctrine juridique, presse spécialisée « collectivités territoriales »
- Articles de presse d'information générale
- Extraits d'ouvrages
- Documentation professionnelle sous d'autres formes : fiches techniques, documents graphiques et visuels, plans, cartes…
- …

L'analyse de la composition du dossier vous permet d'adopter une stratégie (par quel document commencer ?) que la lecture de survol du dossier vous permettra de valider ou d'invalider.

Si le dossier comporte des **documents juridiques**, on aura généralement intérêt à commencer par la circulaire qui précise les modalités d'application de la loi : dans la plupart des cas, les informations de la circulaire dispenseront d'utiliser celles de la loi qui seraient redondantes (ce qu'il faudra tout de même vérifier !).

C'est souvent, lorsque le dossier a une forte tonalité juridique, dans les documents commentant les documents juridiques que l'on trouvera le « **document pivot** », celui qui fournit le maximum d'informations sur le sujet.

C'est généralement dans la presse, spécialisée ou non, que l'on trouve des approches problématiques de la question faisant l'objet du rapport.

Les **titres** et les **dates** des documents peuvent par ailleurs permettre une première approche problématique du sujet :

- Il n'est pas rare que les seuls titres des documents vous donnent déjà une idée de sous-parties, voire plus.
- Les dates peuvent être également très éclairantes : si des articles sont antérieurs à la création d'une institution, à l'instauration d'un dispositif, il y a tout lieu de penser qu'on va y trouver une analyse des causes de la réforme de cette institution, de ce dispositif.

C. Parcourir le dossier

Ce parcours (on parle aussi de « lecture de survol » va vous permettre de hiérarchiser les différents articles :

- celui qui semble directement permettre de répondre à la demande ou à une partie importante de la demande : on parle alors de « **document pivot** » ;
- celui qui n'en aborde qu'un aspect : il apporte un complément d'information sur un aspect particulier : c'est le document complémentaire ;
- celui qui illustre le sujet : article ou reportage sur telle ou telle réalisation ou mise en œuvre ;
- celui qui est périphérique : il ne concerne pas directement la demande, mais est un élément de compréhension du sujet, il sert souvent pour l'introduction, ou pour la phase « ouverture » de la conclusion ;
- celui qui est hors sujet : c'est exceptionnel, mais des parties d'un article peuvent très bien être hors sujet.

Plusieurs articles peuvent remplir la même fonction : on parlera d'articles redondants. Après s'en être assuré, on sélectionnera celui qui se prête le mieux à la synthèse et on ne lira pas les autres.

D'une manière générale, il est rare qu'il faille lire l'intégralité du dossier remis. Par exemple, les textes juridiques sont la plupart du temps « doublés » par des articles parus dans des périodiques qui les présentent, en font l'analyse. Cela vous dispensera fréquemment de la lecture des textes juridiques eux-mêmes.

Trop souvent négligée par le candidat qui craint d'y perdre du temps, cette « lecture de survol » est utile si elle permet de valider l'analyse de la commande et de la liste des documents joints et, surtout, de déterminer le **document pivot** : ce document est celui dont l'exploitation va permettre d'identifier le plus grand nombre possible d'arguments pour traiter le sujet. Plus ce document permettra d'alimenter de fiches par thèse (correspondant chacune à l'un des aspects du sujet), plus l'exploitation des autres documents sera rapide et facile.

Remarquons qu'une erreur sur le caractère « pivot » d'un document ne serait pas dramatique : si l'on n'y trouve que peu d'informations utilisables pour traiter le sujet, il faudra rapidement passer à un autre document pour tenter d'en extraire la « substantifique moelle ».

Soyons également conscients du fait que, parfois, un dossier ne comprendra pas un document « pivot » mais plusieurs documents d'égale importance.

Soulignons enfin qu'on ne lit pas un dossier de synthèse comme on lit habituellement : cette lecture doit être rapide et utile. Le but : **repérer l'essentiel** (on peut se servir des titres et sous-titres, des intertitres, des chapeaux introductifs, des conclusions), **éliminer l'inutile**, redondant ou hors sujet.

D. Exploiter le dossier et ses connaissances personnelles

Plusieurs méthodes sont enseignées. Elles ont toutes leur pertinence et, de même qu'un formateur pourra en privilégier une, de même les candidats pourront être plus à l'aise avec telle méthode plutôt qu'avec telle autre.

Pour autant, la nécessité de construire en quatre heures un rapport synthétisant des informations et mobilisant des connaissances personnelles rend de loin la technique de rédaction à partir d'un plan préconçu la plus pertinente.

L'analyse de la commande me donne des indications sur des axes importants du rapport et me met en quête d'informations que j'espère trouver dans le dossier.

Quelle que soit la technique utilisée, une **analyse fine de la commande et des titres** des documents au dossier puis une **« lecture de survol » de l'ensemble du dossier** sont vivement conseillées puisqu'elles vont permettre à la fois :

– **de construire un ordre d'exploitation du dossier :** la première lecture permet de hiérarchiser les textes en fonction de leur nature (texte juridique, presse spécialisée, presse généraliste…), de leur date, de leur longueur, de leur pertinence pour honorer la commande. Elle va déterminer le document par lequel je commencerai l'exploitation du dossier parce qu'il me paraît contenir le plus d'informations utiles à la rédaction du rapport;

– **de distinguer des thèses :**

• qui peuvent parfois permettre de préconcevoir le plan du rapport **(technique 1)**, technique idéale, mais que des dossiers touffus rendent parfois difficilement praticable;

• qui permettent de préconcevoir des fiches synthétiques par thèse **(technique 2)**;

• qui aident à discerner les points à mettre en valeur lorsqu'on rédige une fiche par document **(technique 3)**.

Si on peut les distinguer par commodité d'exposition, ces trois méthodes ne sont pas totalement « étanches » les unes par rapport aux autres, et le traitement d'un sujet donné pourra requérir par exemple de passer à la fois par la technique 1 et la technique 2.

Technique 1 : la rédaction de fiches synthétiques à partir d'un plan préconçu

Vous rédigez une fiche par sous-partie, voire par partie.

Deux approches sont possibles, l'approche thématique ou l'approche binaire.

- **L'approche thématique :**

– l'analyse de la commande et des titres ;

– une lecture de survol du dossier, particulièrement attentive aux **titres, chapeaux introductifs, sous-titres, intertitres, encadrés, légendes**…

vous ont permis d'identifier les thèmes principaux à mettre en valeur, si possible au nombre de quatre, ou à ramener rapidement au nombre de quatre.

Pourquoi quatre ? Parce que vous visez en priorité un rapport organisé en deux parties comprenant chacune deux sous-parties, même si d'autres plans sont possibles.

Il vous reste à aller chercher dans le dossier les éléments nécessaires pour remplir ces futures sous-parties, complétées des informations utiles qui ne figurent pas dans le dossier mais s'avèrent nécessaires tant à l'analyse du (des) problème(s) posé(s) qu'à l'élaboration de solutions opérationnelles.

Vous devrez ensuite les articuler au sein de parties cohérentes.

- **L'approche binaire**

Autre manière de travailler à partir d'un plan préconçu, le travail préliminaire d'analyse de la commande et des titres vous permet d'opter pour un plan binaire classique, du type :

Problèmes/Solutions

Problèmes	Solutions
– politiques – économiques – financiers – juridiques – sociaux – culturels – environnementaux – d'organisation – de fonctionnement – anciens – nouveaux – chance de gain – risque de perte – …	– politiques – économiques – financières – juridiques – sociales – culturelles – environnementales – organisationnelles (choix de gestion… – méthodologiques (méthodologie de projet) – …

REMARQUE Soulignons que ce plan « bateau » paraît de nature à « fonctionner » avec un grand nombre de sujets de rapport dans la spécialité administration générale, compte tenu de l'intitulé réglementaire même de l'épreuve qui fait référence à des « **problèmes d'organisation ou de gestion** » et à des « **solutions opérationnelles appropriées** ».

Pour mémoire, on peut identifier de nombreux plans binaires :
- dangers/remèdes;
- bilan/perspectives;
- constat/préconisations;
- causes/conséquences;
- aspects positifs/aspects négatifs;
- avantages/inconvénients;
- avantages/limites;
- vertus/défauts;
- dispositif/conditions de bon fonctionnement;
- cela permet/à condition que;
- organisation/fonctionnement;
- aspects internes/aspects externes;
- les faits/le droit.

Ou, plus finement :

- un dispositif/mais des difficultés dans son application;
- des objectifs/une mise en œuvre;
- des avancées/mais des insuffisances;
- de nouvelles missions/avec de nouveaux moyens;
- etc.

Il s'agira ensuite de trouver les intitulés des sous-parties en adéquation avec les deux thèmes annoncés dans les intitulés des grandes parties.

En effet, des plans binaires peuvent ensuite se décliner encore plus finement.

Cela peut par exemple se faire en classant au fur et à mesure de l'exploitation du dossier les informations dans les grandes parties, puis en subdivisant chaque partie en deux sous-parties (c'est praticable par une simple indexation par A ou par B des informations de chaque partie) :

- Les faits/Des réponses insuffisantes // Une nouvelle réponse/Les conditions de réussite
- Un bilan positif/non sans insuffisances // Une politique nouvelle/qui laisse des questions en suspens
- Un bilan négatif/des réponses // Des problèmes non traités/qui imposeront d'autres réponses
- Un bilan positif/et négatif // Des propositions nouvelles/qui soulèvent des inquiétudes à dépasser
- Un problème ancien/qui évolue // L'organisation actuelle est dépassée/et doit évoluer
- Un problème ancien/mal résolu // Des solutions nouvelles/encore incertaines
- Des principes nouveaux/qui fondent un nouveau dispositif // Des expériences éclairantes/les conditions de réussite
- etc.

Exemple :

Si on reprend le plan binaire constat/remèdes, on peut ensuite affiner de la sorte les sous-parties :

I. Un bilan décevant

A. Les faits

B. Des réponses insuffisantes

II. Des perspectives conditionnées

A. Une nouvelle réponse

B. Les conditions de réussite

ou :

I. Un problème récurrent

A. Le phénomène

B. Des remèdes inadaptés

II. Des solutions incertaines

A. Un nouveau dispositif

B. Des insuffisances

Il s'agit bien sûr d'une étape dans la rédaction finale du plan, qui devra être le plus informatif possible.

Avantages : l'exploitation du dossier est aisée, efficace et rapide. Vous ne retenez que ce qui sert chacune des sous-parties ou parties.

Inconvénients : une erreur initiale de plan va fausser tout le rapport. Si on ne « tient » d'entrée de jeu que les deux grandes parties, un travail important de classement (A. et B. de chaque partie, puis hiérarchisation à l'intérieur de chaque A. et chaque B.) reste à accomplir avant la rédaction définitive. Si l'on « tient » trop de « sous-parties », un travail de réorganisation reste à accomplir pour parvenir à un plan satisfaisant.

Technique 2 : la rédaction de fiches synthétiques par thèse

REMARQUE Une technique proche de la première à ceci près que la prise de notes commence avant l'identification d'un plan.

Vous rédigez une fiche par thèse.

Il s'agit bien d'une rédaction par thèse et non par document.

L'analyse de la commande et des titres, la lecture de survol du dossier (et notamment celle des **titres, sous-titres, chapeaux introductifs, intertitres, encadrés, légendes**…) vous ont permis de repérer des thèses qui vous paraissent « incontournables » pour traiter le dossier, mais vous n'êtes pas encore en capacité de rédiger un plan, généralement parce que les thèses sont trop nombreuses.

À partir d'un document, vous ouvrez autant de fiches que ce document aborde de thèses (idées principales) différentes.

Bien sûr, vous n'ouvrez pas de fiche lorsqu'une thèse contenue dans le document est sans lien avec l'objet du rapport.

Il peut arriver qu'un document ne contienne qu'une seule thèse et ne donne donc lieu qu'à la rédaction d'une seule fiche.

Si vous retrouvez cette même thèse (idée principale) dans un autre document, vous n'ouvrez pas une autre fiche, mais vous complétez celle que vous avez déjà ouverte.

Pensez, à la fin de chaque information sur un thème donné, à noter le document d'où provient l'information. Cette mention ne sera évidemment pas reprise dans la rédaction finale, mais elle vous permet si nécessaire d'aller retrouver la source de l'information si, au moment de la rédaction définitive, celle-ci ne vous paraît plus suffisamment claire (ce qui n'est nullement souhaitable : perte de temps !).

Avantages : vous n'écrirez jamais deux fois la même chose. La rédaction définitive est facilitée par le regroupement logique des informations.

Inconvénients : l'ouverture d'un nombre excessif de fiches peut retarder l'élaboration du plan définitif. Certaines fiches auront été ouvertes « pour rien » dans la mesure où le faible nombre d'informations qu'elles contiendront ne permettra pas de nourrir une sous-partie, quelle qu'en soit la pertinence sur le fond. Parfois, vous n'osez pas vous « risquer » à mettre en valeur des thèses, de crainte de faire fausse route.

Technique 3 : la rédaction de fiches synthétiques par document

REMARQUE Une technique à manier avec la plus grande prudence compte tenu de la durée limitée de l'épreuve.

Vous rédigez une fiche par document.

L'analyse de la commande et des titres, la lecture de survol du dossier ne vous ont pas permis de mettre en valeur des thèses qui vous satisfassent. Vous avez tout de même repéré quelques « incontournables » qui vont vous aider. Rien n'est donc perdu !

Pour que la méthode soit efficace, mettez en valeur l'essentiel dans la marge en vous aidant des titres, des chapeaux introductifs et des intertitres.

Vous pouvez utiliser des codes couleurs qui faciliteront le regroupement des informations au moment de la rédaction définitive, ou travailler par colonnes à partir de mots-clés.

Avantages : la méthode est rassurante, vous engrangez des informations au fur et à mesure de la lecture du dossier. C'est la méthode la moins risquée, la plus « besogneuse ».

Inconvénients : vous risquez d'écrire deux fois la même chose. Vous devez regrouper des informations éparses (éclatées sur plusieurs fiches) pour procéder à la rédaction définitive. Cela requiert une indexation rigoureuse de l'information (des résumés des différents documents qui n'en mettraient pas en valeur les grands axes, les « arêtes », seraient très peu opérants). Vous risquez de vous trouver au terme du travail de prise de notes avec des fiches nombreuses qui ne vous permettent pas facilement d'élaborer un plan.

E. Arrêter définitivement le plan

À partir de là, il ne reste plus qu'à adopter un agencement cohérent des fiches pour construire le plan, ou affiner une intention de plan, ou valider un plan préconçu.

En valorisant plus ou moins telle ou telle information (dans la limite de l'obligation d'objectivité), on peut bâtir à partir des fiches plusieurs plans entre lesquels il faudra choisir.

Notons également que les intitulés doivent être informatifs, clairs, le plus concis possible et qu'ils doivent faire apparaître très clairement le lien avec la commande.

Exemple :

Un plan trop peu informatif :
I. L'accueil des gens du voyage
A. L'aspect social
B. L'aspect urbain

II. Le cas de la ville de X
A. Les obligations légales
B. L'accompagnement social

Un plan plus informatif (voir *supra*)
I. La double dimension sociale et urbaine de l'accueil des gens du voyage
A. Des aspects humains conflictuels
B. Une organisation spatiale inadaptée

II. La nécessité pour la ville de X d'agir légalement et d'accompagner socialement
A. Une réponse aux obligations légales dans un cadre concerté
B. Un accompagnement social individualisé des personnes accueillies

Mieux vaut cependant un titre un peu long, s'inscrivant bien dans la progression adoptée, qu'un titre tellement concis qu'il ne donne aucune explication. Il convient également de respecter le parallélisme des formes entre le (I.) et le (II.) : un intitulé long de trois mots en (II.) ne peut répondre à un intitulé long d'une ligne et demie en (I.).

Enfin, il faut proscrire les intitulés interrogatifs puisqu'ils doivent apporter une réponse à la question posée dans la problématique.

RAPPORT

a. Deux ou trois parties ?

Cadrage national

« Le développement est organisé en parties et en sous-parties. »

Le cadrage n'impose pas le nombre des parties : même si le plan en deux parties comprenant chacun deux sous-parties s'est largement imposé dans ce type d'épreuve, un plan en trois parties est également possible.

Le nombre de sous-parties de chaque partie n'est pas non plus précisé. L'organisation binaire classique est possible (les deux parties comportent chacune deux sous-parties) mais non imposée.

En toute hypothèse, **on veillera à un équilibre des différentes parties**.

b. De nombreux plans possibles

Exemples :

Sujet : « Vous êtes chargé de mission à la Direction de l'administration et des marchés publics de la ville de X.

Désireux d'améliorer les conditions d'exploitation de chauffage de sa commune et ne souhaitant pas avoir recours à la gestion en régie, le nouveau maire s'interroge sur la procédure à adopter de façon à concilier la sécurité juridique des contrats conclus par la ville et leur efficacité économique, en tenant compte de son engagement à développer des énergies renouvelables et de son souci de réaliser des économies de frais de fonctionnement.

Le maire se montre particulièrement intéressé par la possibilité de confier à un unique cocontractant l'ensemble des missions impliquées par cette opération complexe qu'il envisage, mais semble redouter d'éventuels risques contentieux.

Il vous demande, dans ce contexte et à l'aide du dossier joint, de rédiger un rapport sur l'opportunité que l'administration aurait ou non à mettre en œuvre un contrat de partenariat public-privé pour répondre aux objectifs précédemment énoncés. »

À partir d'un **plan binaire de type problèmes/solutions**, on peut, compte tenu des éléments précisés dans la commande, préconcevoir plus finement les sous-parties suivantes :

I. Le contrat de partenariat public-privé : un dispositif risqué
A. Un dispositif juridiquement complexe
B. Des risques contentieux sérieux

II. Des gains possibles sous réserve d'élaborer un projet adapté
A. Un dispositif efficace économiquement
B. La nécessité d'un projet concerté entre les services fonctionnels de la ville

D'autres plans sont possibles, comme :

I. Le contrat de partenariat public-privé : un dispositif ambivalent
A. Un dispositif qui présente de nombreux avantages
B. Un dispositif juridiquement risqué

II. Une option possible mais exigeante
A. Le bilan coût-avantages rend légitime le recours à ce dispositif
B. Les services fonctionnels de la ville ne sauraient l'élaborer sans concertation
C. Un plan d'action précis s'impose

Ou :

I. La connaissance des risques constitue un préalable indispensable
A. L'analyse du contentieux doit précéder toute décision
B. Le contrat de partenariat public-privé apparaît juridiquement fondé pour améliorer le chauffage

II. Le montage du projet requiert la plus grande rigueur
A. Une concertation étroite entre service financier et service juridique est indispensable
B. Un plan d'action cohérent doit être suivi rigoureusement

Ou :

I. Un projet de rénovation ambitieux peut s'inscrire dans un contrat de partenariat public-privé
A. La rénovation du système de chauffage entend concilier économie et écologie
B. Le recours au contrat de partenariat public-privé apparaît alors juridiquement fondé

II. Cependant, les contraintes méthodologiques sont fortes
A. Le dispositif est juridiquement complexe
B. Un plan d'action concerté entre les services de la ville est indispensable

Ou encore :

I. L'observation et l'analyse conduisent à opter pour le contrat de partenariat public-privé
A. L'expérience des autres collectivités est encourageante
B. La jurisprudence est riche d'enseignements

II. La mise en œuvre est cependant loin d'aller de soi
A. Le dispositif semble juridiquement très complexe
B. S'engager dans un contrat de partenariat public-privé requiert un plan d'action concerté

F. Rédiger la copie

Il reste à rédiger au brouillon l'introduction : on dispose déjà du passage essentiel de l'introduction, l'annonce de plan. On a également repéré les éléments utiles à une entrée en matière en analysant les documents. Il reste à exprimer clairement la problématique.

Profitons-en pour rédiger également la conclusion, qui, en quelques lignes, doit, si l'on choisit de conclure, souligner l'essentiel.

On peut alors procéder directement à la rédaction au propre en recopiant, avec quelques réécritures ponctuelles, dans les parties et sous-parties *ad hoc*, les informations contenues dans les fiches.

REMARQUE Pour éviter le piège du « copié-collé » et pour gagner du temps, adoptez un style « prise de notes » pour la rédaction de vos fiches (brouillon).

5. Gérer le temps de l'épreuve

La réussite au concours ne dépend pas de la seule capacité à rédiger un rapport, mais à le faire en temps limité. Cette contrainte de temps implique que les feuilles de brouillon ne sont pas corrigées. Les prendre en compte équivaudrait de fait à accorder plus de temps à certains candidats qu'à d'autres.

A. La nécessité de s'entraîner en temps limité

C'est seulement en vous entraînant que vous mesurerez les difficultés que vous aurez à surmonter. Certains ont des difficultés dans la première partie du travail, celle qui permet d'accéder au plan, d'autres dans la prise de notes, d'autres enfin dans la rédaction. Il faut savoir situer ses faiblesses, et les travailler pour les atténuer.

Le travail de rédaction synthétique exige une capacité particulière à travailler vite, à ne pas « paniquer » devant la taille du dossier, les documents qui peuvent apparaître longs à lire, des textes peu lisibles pour quelqu'un qui n'a pas l'habitude d'en lire.

Souvent demandé par les candidats lors de formations de préparation aux concours, le découpage du temps ci-après est purement indicatif et peut connaître de fortes variations d'un candidat à un autre. La qualité de la prise de notes à partir du dossier détermine en effet largement la durée de la rédaction définitive.

B. La gestion des 4 heures de l'épreuve

■ **10 minutes d'exploitation de la commande et de la liste signalétique**

10 minutes seront consacrées à travailler à l'identification des informations essentielles de la commande (que me demande-t-on précisément ? dans quel contexte ?) et aux titres des documents. C'est un minimum pour percevoir quelles informations on devra trouver dans le dossier, où les trouver et comment les organiser. Les titres permettent souvent de repérer des « incontournables » du traitement du sujet.

Une ébauche de plan peut alors être posée comme hypothèse.

■ **20 minutes de parcours (survol méthodique) du dossier**

Cette lecture très sélective ne s'intéresse qu'à ce qui se détache des documents, la titraille, leur introduction et leur conclusion s'ils en comportent. Elle doit néanmoins être très attentive et réflexive, interrogeant constamment ce qui est lu.

L'ébauche de plan faite précédemment doit pouvoir être remaniée et précisée en fonction de ce parcours. Il est particulièrement utile, même s'il n'est pas définitif, de disposer d'un plan qui va faciliter la prise de notes.

■ **140 minutes de prise de notes à partir du dossier intégrant les connaissances personnelles**

C'est le travail le plus long, et si vous arrivez à le réaliser plus rapidement, c'est autant de temps supplémentaire dont vous disposerez pour rédiger définitivement votre copie.

Il vous faudra pourtant sans doute plus d'une heure et demie pour relever et compléter les points importants sur les feuilles que vous aurez préparées en fonction de votre plan.

■ **60 minutes de rédaction définitive sur la copie de concours**

Rédigez très soigneusement intégralement au brouillon introduction et titres avant de les recopier. Pour le reste, le rapport sera rédigé directement, à partir de vos notes, feuille par feuille. Vous aurez regroupé sur chaque feuille les points qui doivent être évoqués ensemble, vous les aurez numérotés dans l'ordre où vous souhaitez les recopier.

10 minutes de relecture

Il est essentiel de conserver un temps suffisant pour se relire sans complaisance, corriger les fautes mais aussi rajouter le mot qui manque, amender une phrase mal bâtie.

Le barème pénalisant l'orthographe rend ce temps particulièrement utile, le seuil fatidique des 10 fautes pouvant être très rapidement franchi faute de relecture.

Votre emploi du temps se présente donc ainsi :

Exploitation de la commande et de la liste signalétique	10 min
Parcours du dossier	20 min
Prise de notes	140 min
Rédaction définitive	60 min
Relecture	10 min
Total	**4 heures**

6. Se préparer en amont de l'épreuve

Outre un entraînement à la rédaction d'une synthèse organisée à partir d'un dossier, la préparation de l'épreuve requiert la maîtrise de connaissances nécessaires tant à la compréhension du contexte qu'à la formulation de solutions opérationnelles adaptées.

Cadrage national

« L'épreuve revêt un caractère professionnel affirmé. En effet, contrairement à l'épreuve de note sur dossier du concours externe, l'épreuve de rapport avec solutions opérationnelles impose au candidat la mobilisation de **son expérience des collectivités territoriales** et de **ses connaissances professionnelles** notamment dans la spécialité.»

Plus précisément, on peut estimer nécessaire une bonne maîtrise des données suivantes :

- le service public, grands principes, principaux modes de gestion
- les principales politiques publiques
- le rôle de l'État et de l'Union européenne
- notions sur le système juridictionnel français
- notions sur les normes juridiques et leur hiérarchie
- notions sur la responsabilité administrative
- les principales compétences et attributions des collectivités territoriales
- les principaux modes d'élection locale et leurs conséquences

- les modes de fonctionnement des collectivités territoriales et de leurs établissements publics

  Exemples :
  – bureau municipal/commission municipale/conseil municipal
  – bureau départemental/commission permanente/commission départementale/conseil départemental

- les modes d'organisation des collectivités territoriales selon leur importance démographique

  Exemples :
  – organisation des services dans une commune de 40 000 habitants
  – organisation des services dans une commune de 100 000 habitants

- le processus décisionnel au sein des collectivités
- les principaux modes de recrutement des agents publics et des fonctionnaires territoriaux
- notions sur les finances publiques locales et les budgets locaux

  Exemples :
  – montant des budgets par strate démographique
  – principales recettes et dépenses des collectivités territoriales
  – calendrier d'élaboration et adoption du budget

- notions sur les marchés publics
- le contrôle des actes des collectivités territoriales
- notions sur les modes d'information des administrés et des élus
- notions sur la démocratie consultative et participative
- la conduite de projet
- les modes de management

Sujet n° 1

Concours interne - session 2016
Spécialité administration générale

Difficulté XXX	Durée 4 heures

Attaché territorial, vous êtes chargé(e) de mission auprès de la Directrice générale des services (DGS) de la communauté d'agglomération d'Alpha (80 000 habitants), nouvellement créée suite à la fusion, dans le cadre de la loi MAPTAM, de cinq EPCI préexistants.

Souhaitant accompagner cette évolution institutionnelle, la DGS vous demande de rédiger à son attention un rapport sur la mise en place d'un projet d'administration permettant de dégager des solutions opérationnelles appropriées pour la communauté d'agglomération.

Vous rédigerez ce rapport à l'aide des éléments du dossier et de vos connaissances.

Liste des documents :

Document 1 : Qu'est-ce que le management de projet ? – Gilles Garel - *Informations sociales* - vol. 5 - n° 167 - 2011 - 4 pages

Document 2 : Organisation : Mobiliser les agents sur un problème d'administration - Christiane Wanaverbecq - *La Gazette des communes* - 10 septembre 2012 - 2 pages

Document 3 : Cent pistes d'actions opérationnelles pour porter un projet d'administration - Julie Krassovsky - *La Gazette des communes* - 15 juin 2015 - 1 page

Document 4 : Rouen met la communication interne au cœur du projet d'administration - Bruno Cohen-Bacrie - *Techni.Cités* - avril 2015 - 1 page

Document 5 : Donner des outils communs aux managers pour décliner le projet d'administration - Emmanuelle Chaudieu - *La Gazette des communes* - 7 juillet 2014 - 1 page

Document 6 : La démarche « projet de service coopératif » - Nicolas Rapin - *La Lettre du cadre territorial* - 3 mai 2016 - 4 pages

Document 7 : Faut-il satisfaire l'usager ? - Entretien avec Cédric Polère, sociologue - *Millénaire 3, site de prospective de la Métropole de Lyon* - 31 mai 2015 - 2 pages

Document 8 : Réforme territoriale : vous n'y voyez rien et vous voulez manager ? - Philippe Dressayre - *La Lettre du cadre territorial* - 4 décembre 2014 - 2 pages

Document 9 : Le Projet d'administration départementale 2001-2014 (extrait) - Département du Nord - 3 pages

Document 10 : Projet d'administration (édito et avant-propos) - Communauté urbaine de Bordeaux - site consulté le 20 juillet 2016 - 2 pages

Document 11 : Projet d'administration - Document de synthèse des actions (extraits) - Conseil départemental des Vosges - site consulté le 23 mai 2016 - 3 pages

Document 12 : Six virages à prendre pour une administration du XXIe siècle - Maxime Barbier - *La Gazette des communes* - 28 octobre 2015 - 5 pages

RAPPORT

Document 1

Qu'est-ce que le management de projet ?

Gilles Garel – chaire de gestion de l'innovation

Visant à gérer le changement dans les entreprises et les organisations pour accroître l'efficacité, le management par projet modifie profondément la gestion du travail, les rôles et les relations des salariés devenus des « acteurs ». C'est un mode de gestion exigeant qui demande à être pensé et accompagné.

Depuis la fin des années 1980, le management de projet a profondément transformé les pratiques et les performances des organisations. Il s'est internationalement diffusé dans des secteurs variés : services, industries de masse, entreprises publiques, PME, Recherche & Développement... Deux grandes causes peuvent être avancées pour expliquer ce développement. D'une part, l'industrie a connu, au tournant des années 1990, une rationalisation sans précédent qui l'a conduite à réorganiser profondément la manière de réaliser ses projets afin de les rendre plus « concourants » (voir *infra*, « *l'ingénierie concourante* »), l'enjeu étant de développer dans un temps raccourci des projets de développement plus complexes et plus innovants. D'autre part, les réorganisations permanentes des entreprises, qu'il s'agisse de leurs systèmes d'information ou de leurs processus de travail (et en particulier des certifications qualité), sont désormais conduites sur le mode projet. En d'autres termes, le management par projet est devenu le mode de gestion privilégié du changement dans des organisations... qui elles-mêmes changent en permanence. D'ailleurs, l'expression « management par projet » est devenue synonyme de transformation de l'entreprise et de son management par les projets. Les organisations publiques n'y échappent pas, en particulier en France : le pays est soumis à de nombreuses pressions et le management par projets, paré de vertus qui lui seraient intrinsèques, devrait permettre de les restructurer efficacement.

Avec le développement du management de projet, les pratiques professionnelles se sont transformées. La séparation traditionnelle entre la conception et l'exécution est remise en cause et fait apparaître de nouvelles fonctions transversales, conduisant à la négociation permanente entre des professionnels différents, à la mobilisation sur des résultats plutôt que sur l'application de savoir-faire métiers et à de nouvelles relations interentreprises. Avant d'apporter des précisions sur le management de projets, il est nécessaire de définir ceux-ci comme une classe d'activité spécifique des organisations.

> « *Le projet (...) se définit comme une activité (...).* »

Définir les projets

Le projet est une « *création collective, organisée dans le temps et l'espace, en vue d'une demande* » (Ecosip, 1993).

Les caractéristiques communes

Le projet (d'après Midler, 1996) se définit comme une activité :

- visant à atteindre un *but global*. Un projet, c'est l'engagement d'une responsabilité de résultat. Les ressources, les acteurs et les méthodes à mobiliser se définissent à partir de l'affirmation du but. Cette caractéristique s'oppose à une définition des tâches comme projection de l'expérience passée, ce qui est le cas des activités métiers par exemple ;
- *spécifique*, singulière ou non répétitive. Le projet implique un contenu, une organisation ou un *planning* non reproductibles à l'identique ;
- qui répond à un *besoin exprimé* même s'il n'est pas toujours clair *ex ante* ;
- soumise à *l'incertitude* qui accompagne inévitablement une démarche consistant à structurer une réalité à venir ;
- *combinatoire* et pluridisciplinaire. L'atteinte du but ne dépend pas d'un seul paramètre, mais du concours et de l'intégration d'une grande diversité de contributions. L'excellence d'un apport particulier ne se mesure qu'à sa valeur pour l'ensemble du projet ;
- *temporaire*, tout projet ayant un début et une fin *a priori* définis avant son lancement. Cette irréversibilité des projets conditionne un principe essentiel de management : l'anticipation maximum ou la résolution des problèmes à froid, en amont. Cette temporalité est historique : la capacité à mémoriser les apprentissages réalisés au cours du projet est une condition nécessaire de la convergence ;
- soumise à des *variables exogènes*. Un projet est un système ouvert aux influences de son environnement. L'activité projet se situe à l'opposé d'une démarche qui cherche à isoler et à stabiliser les opérations en établissant des frontières avec l'environnement.

« Gestion » et « management » de projet

Historiquement, la *gestion de projet* désigne l'approche instrumentale du pilotage des projets d'ingénierie (militaires, spatiaux, BTP, nucléaire...) à partir des années 1960 (cf. *infra*, le modèle du PMI). Le *management de projet* est l'ensemble des actions engagées par une ou des organisation(s) afin de définir/concevoir un projet, de le lancer et de le réaliser. Il ne relève pas seulement de l'application d'outils de gestion, mais d'un système de gestion à part entière. Le management par projet combine la gestion de projet, dans sa fonction « caisse à outils », et la fonction de direction de projet en charge de la définition des objectifs (coûts, délais, spécifications techniques), des actions politiques, des aspects financiers et de l'organisation du travail collectif des équipes projets.

En considérant les pratiques, on ne peut que constater que les projets ont toujours existé dans l'activité humaine organisée. Le sens managérial du mot « projet » n'apparaît qu'à partir des années 1950 et 1960 dans les grands projets d'ingénierie.

Le projet et l'opération

En distinguant les notions d'« opération » et de « projet », la spécificité du projet s'affirme (Declerck *et al.*, 1980). Il s'agit d'appréhender la spécificité d'une activité nouvelle par comparaison avec une activité connue et déjà analysée. Les caractéristiques des opérations sont connues en management depuis le début du XXe siècle. L'opération définit les activités de production, de vente ou d'administration, et le projet les activités de conception et de développement. Le projet existe chronologiquement en amont de l'opération. Dans le cas d'un produit, l'activité d'opération s'étend sur le cycle de vie, entre la mise du produit sur le marché et son retrait, tandis que le cycle du projet court de la naissance de l'idée de produit à l'arrivée du produit sur le marché.

Comparaison des projets et des opérations

Projet	Opération
One shot (unique)	Répétition
Forts degrés de liberté	Actions encadrées
Organisations évolutives et temporaires	Organisations permanentes et stables
Cash flows négatifs	*Cash flows* positifs
Influence des variables exogènes	Influence des variables endogènes

Distinguer le projet et l'opération, c'est reconnaître la coexistence de deux principes différents de coordination des activités, entre le « permanent » et le « temporaire », entre la « réalisation de ce qui est déjà défini » et la « définition de ce qui doit être réalisé ». C'est aussi définir l'activité d'une entreprise en quatre sous-systèmes de gestion (Gareis, 1989) :

- le management des opérations qui optimise les activités de production courantes ;
- le management de chaque projet ;
- la politique de gestion du flux de projets dans l'organisation ou le management multiprojets ;
- le couplage ou l'alignement du projet avec les autres logiques de l'entreprise, fonctionnelles (contrôle de gestion, ressources humaines...) ou stratégiques.

Le management de projet peut également se définir comme la transformation progressive des projets en opérations, les secondes finançant les premiers.

Les modèles d'organisation des projets

Au-delà des nombreuses typologies de projets (Garel, 2003), les modèles d'organisation des projets s'inscrivent dans des traditions différentes (Midler, 1996).

Le modèle de l'entrepreneur constitue une configuration dominante du développement industriel des XIXe et XXe siècles. Dans ce modèle, le projet s'identifie à la naissance et au développement d'une entreprise portée par la figure de son fondateur. La coopération repose moins ici sur des processus instrumentés que sur la confiance, le charisme et les réseaux interpersonnels. Le modèle entrepreneurial constitue une sorte d'utopie dominante, surtout dans le domaine des nouvelles technologies. Le mécanisme économique principal de ce modèle est la propriété des droits d'exploitation du futur produit ou service (par exemple un brevet). Toutefois, son caractère très individualisé et la difficulté de reproduire le succès constituent assurément des limites.

Le modèle standard du Project Management Institute (PMI). À partir des années 1960, le management par projet se structure en Amérique du Nord à travers de puissantes associations professionnelles. La plus puissante d'entre elles, le PMI, considère les différences sectorielles comme moins importantes que les sujets de préoccupation communs en matière de gestion de projet. Le PMI promeut une conduite de projet utilisant des outils et des méthodes de structuration d'un projet global en sous-projets emboîtés. La conduite du projet est formalisée et contractualisée à travers des outils que le PMI a lui-même contribué à standardiser et à diffuser par une normalisation des processus et une certification des chefs de projet : décomposition du projet en tâches, méthodes de planification, analyse fonctionnelle, outils de contrôle des coûts et des risques. Manager un projet revient à le ramener dans la cible s'il s'en écarte, tandis que la performance est le respect des prescriptions initiales ou redéfinies. Des travaux se sont attachés à circonscrire le champ d'application du PMI aux grands projets unitaires décomposables *ex ante* et à en dénoncer les limites techniciennes.

Le modèle séquentiel de gestion de projet. L'organisation de ce modèle (daté) du projet de l'entreprise manufacturière repose : 1) sur une intégration dans la société de la plupart des expertises nécessaires au développement du projet, 2) sur une séparation des expertises entre différents métiers et 3) sur une coordination procédurale et hiérarchique des expertises métiers en vue de réaliser le projet. C'est cette coordination de l'activité qui est séquentielle, chaque métier intervenant successivement dans la réalisation du projet. Face à une exigence de vitesse de développement et de renouvellement régulier des projets, ce modèle est inopérant. Dans l'industrie du début des années 1990, la comparaison avec les performances des entreprises japonaises a été déterminante dans l'émergence, la diffusion et la théorisation du modèle concourant qui s'est peu à peu substitué au modèle séquentiel.

Le modèle de l'ingénierie concourante (IC). Comment transformer l'organisation pour développer plus rapidement les projets ? C'est en répondant à cette question que les industries qui conçoivent de nouveaux produits et de nouveaux services ont mis en œuvre l'IC à la fin des années 1980. Christian Navarre (1992) introduit en français le néologisme « concourant ». L'IC conduit à la transversalité d'organisations historiquement fonctionnelles. Réduire les délais ne consiste pas à réduire les *plannings* existants de façon homothétique. L'IC anticipe certaines tâches et décisions pour retarder au maximum celles qui engagent des ressources lourdes et stratégiques. En partant plus en amont pour finir très vite selon une logique de « bon du premier coup », l'IC cherche à réduire les délais des projets. Elle « matricialise »(1) les structures des organisations, définit des fonctions nouvelles de directeurs de projets « lourds » (Clark et Wheelwright, 1992), à la fois transversales (une responsabilité à l'échelle de tout le projet) et puissantes (un mandat qui vient du plus haut de l'organisation). C'est une révolution managériale qui se produit à partir de la fin des années 1980, analogue à ce qu'avait vécu le monde de la production industrielle avec le « juste à temps » ou la « qualité totale ». L'organisation des relations interentreprises en projet s'en trouve également bouleversée, substituant une relation de codéveloppement (faire le projet ensemble) à une relation de sous-traitance (ou de prescription d'une tâche).

> *« Tout management articule une fonction d'organisation (...) et une fonction d'instrumentation. »*

Manager les projets

Tout management articule une fonction d'organisation (diviser et coordonner l'activité) et une fonction d'instrumentation (piloter et évaluer). En mode projet, ces deux fonctions peuvent s'analyser de deux points de vue (Ecosip, 1993) : celui du projet lui-même, qu'il y ait un (mono)projet ou plusieurs (multi)projets à gérer, ou bien de l'extérieur du projet, qu'il s'agisse de l'(des) entreprise(s) en charge du projet ou, plus largement, d'un point de vue sociétal (cf. tableau suivant). Au-delà de l'entreprise, le projet devient, dans la société, une figure de l'anticipation, de la transversalité et de la rationalisation de l'action collective temporaire.

Les problématiques du management de projet

	Vu du ou des projet(s)		Vu de l'extérieur	
Organisation	Monoprojet	Multiprojets	De l'entreprise	De la société
	Modèle d'organisation Définition des contraintes / analyse des tâches Définition des acteurs, management d'équipes	Modèle de management multiprojets Structures communes : équipes interprojets Management interculturel	Organisation des métiers et projets Gestion des ressources humaines et projet	Projets comme figure de l'organisation transversale Institutionnalisation du mode projet
Instrumentation	Pilotage et évaluation du ou des projet(s)		Outils multiprojets Outils de capitalisation Impacts du projet sur les instrumentations de gestion traditionnelles	
	Gestion des coûts, du temps, de la qualité et des risques	Outils de gestion des connaissances et d'apprentissage interprojets		–

Un management sous contraintes

Tout projet est soumis *a minima* simultanément à trois types de contraintes : le temps, les spécifications techniques et les ressources. Le cahier des charges est le document qui spécifie ces contraintes au début du projet. Une certaine substituabilité existe entre les trois contraintes.

Les contraintes des projets

Les spécifications techniques	Les spécifications peuvent porter sur des aspects fonctionnels (besoins à satisfaire), techniques (fiabilité, maintenance, facilité d'usage...) ou relever de la qualité. Lorsqu'il existe, le client peut spécifier en début de projet ce qu'il attend.
Les temps	Tout projet doit être achevé avant une certaine date. La contrainte temporelle peut faire l'objet de clauses de pénalités de retard.
Le budget	La contrainte de ressources est le plus souvent traduite en une allocation valorisée, par exemple un budget.

Le phasage des projets

Tout projet passe par une phase amont où se fixent les grandes orientations et où se déterminent les contraintes et les moyens, puis par une phase de gel qui verrouille une option et, enfin, par une phase de développement qui se pilote. Il existe des outils de gestion pour chacune des phases. Le projet est une activité qui se jalonne. Les jalons sont des repères prédéterminés où l'avancement du projet est collectivement vérifié.

Les phases des projets

Phases	Caractéristiques
Amont	La phase d'opportunité, d'émergence, l'amont ou l'avant-projet, est une période exploratoire de formulations multiples et d'évaluations de scénarios. Cette phase amont conclut (ou pas) à la naissance du projet. Avec elle, on passe du brassage d'idées à l'idée du projet.
Gel	Cette phase consiste à verrouiller un ou quelques-uns des choix multiples issus de la phase précédente. Le projet est alors conçu et analysé en détail. Ce référentiel est généralement contractualisé dans un cahier des charges. À la fin de cette phase, le projet rentre dans l'irréversible, ou dans une réversibilité très coûteuse.
Réalisation	Cette phase de passage à l'acte comprend la gestion – des coûts, des délais, de la qualité, des équipes, des risques...

Les outils de gestion des projets

Jusqu'au milieu des années 1980, la gestion de projet se limite presque exclusivement à celle de ses outils. L'instrumentation de projet relève de deux grandes problématiques : l'*évaluation* (déterminer la valeur de...) et le *pilotage* (faire converger vers...). Le développement des logiciels de gestion de projet a popularisé les outils de pilotage, en particulier de gestion du temps (ainsi le célèbre diagramme Gantt qui permet de planifier un projet en croisant du temps en abscisse et des tâches en ordonnée). En pratique, il faut les interfacer, souvent non sans mal, avec les systèmes d'information existants dans les entreprises. Plusieurs travaux soulignent les limites et l'incomplétude des outils de gestion des projets. Lors d'une enquête menée sur 112 projets, Jean Couillard et Christian Navarre (1993) constatent que « *des outils généralement présentés comme ayant un fort potentiel de productivité sont associés à la contre-performance ; entre les outils dits* soft *(outils de management et de développement d'équipes et de communication) et les outils dits* hard *(planification, suivi des coûts), l'avantage revient aux outils de management et de gestion, à des facteurs d'organisation et de communication* ».

Les acteurs des projets

Quelle que soit l'organisation qui agence leurs relations, la taille du projet ou son mode de pilotage, les acteurs d'un projet sont peu ou prou toujours les mêmes. Seule leur dénomination varie.

La performance des projets passe par une implication exigeante des acteurs. Un projet d'une certaine ampleur conduit son responsable à recruter des collaborateurs, à structurer une équipe, à gérer sa croissance, puis sa dissolution, à mobiliser des réseaux extérieurs à l'équipe, à gérer des crises et des conflits, à passer d'une phase de créativité à une phase de développement rationalisé. Ce concentré de vie organisationnelle aiguise des problèmes connus de gestion des ressources humaines, en termes de compétences, recrutement, animation, évaluation, en même temps qu'il pose des problèmes spécifiques concernant la formation, la régulation du projet et du hors projet et la gestion des transitions à la fin du projet (certains parlent à ce propos de « deuil » de fin de projet pour les acteurs les plus impliqués).

Les acteurs des projets

Celui ou ceux qui...	... s'appellent
Prescrivent, achètent, évaluent, réorientent, voire arrêtent le projet	Client, maître d'ouvrage, commanditaire, destinataire...
Pilotent le projet	Manager de projet, chef de projet, maître d'œuvre, directeur de projet, coordinateur de projet...
Réalisent le projet	Membres de l'équipe projet, qu'ils soient « acteurs projets » ou « acteurs métiers », internes ou externes à l'entreprise qui porte le projet.
Entourent le projet	Tiers, *sponsors*, parties prenantes... Sans faire partie de l'équipe du projet, ils influencent directement son fonctionnement.

La face cachée du management de projet

Nous voudrions conclure sur la « face cachée » ou le « côté sombre » du management de projet (Asquin, Garel et Picq, 2007). Le management de projet incarne dans une certaine littérature managériale le mythe de l'action heureuse, voire exaltante dans les projets entrepreneuriaux. Le vocabulaire même du management de projet est connoté : le dépassement de soi l'emporte sur le stress, l'animation ou le *coaching* remplacent l'autorité, le pilotage se substitue au contrôle. En mode projet, les salariés deviennent des acteurs et sont ainsi renvoyés chacun à l'autonomie dont ils sont censés disposer pour s'impliquer et faire réussir le projet. Ce discours « managérialement correct » interroge. Il participe d'une mécanique de l'idéalisation que Jean-Pierre Boutinet (1993) mettait en exergue dans la préface de la mise à jour de son livre *Anthropologie du projet*. Le projet n'est-il pas aussi destructeur de sens, porteur de pathologies et de déstabilisations ? Cette inquiétude est à rapprocher du développement d'une littérature professionnelle et académique, parfois très médiatisée, sur la souffrance au travail. En tant que concentré de vie professionnelle, le projet exacerbe les problèmes connus ailleurs. Il pose également des problèmes spécifiques, comme celui du « deuil » lié à la fin du projet. Le « côté sombre » des projets existe, qu'il s'agisse des risques individuels liés à l'excès d'implication et d'engagement (acteurs acculés, épuisement professionnel, souffrance psychoaffective), des risques de déstabilisation des identités professionnelles et des risques de précarisation du parcours professionnel. La diffusion du management de projet doit aller de pair avec la compréhension et le contrôle de ses effets sur les acteurs et sur leurs organisations. Le projet peut être un mode très efficace de l'action collective, mais suppose des moyens, des ressources, des compétences, des outils, une reconnaissance. Le mode incantatoire qui se contente d'invoquer le « management de projet » ne suffit pas à gérer les organisations qui changent et qui entreprennent. C'est le travail des acteurs compétents qui font leur « boulot », et non la contrainte du seul management d'en haut (le *top down*) qui réalise l'activité projet (Clot, 2010).

Document 2

Organisation

Mobiliser les agents sur un projet d'administration

- Le projet d'administration aide les collectivités à fédérer leurs agents autour de valeurs communes, lorsqu'il s'élabore sur un mode participatif.
- Dans un contexte de raréfaction des ressources et de nouvelles prises de compétences, il devient un outil de pilotage utile.

Depuis une dizaine d'années, les collectivités, et en particulier les conseils généraux, se lancent dans des projets d'administration participatifs. Basée sur la consultation des agents, la démarche reflète la volonté d'améliorer le fonctionnement pour offrir un service public efficace aux usagers. Inspirée du monde de l'entreprise, elle a la particularité, dans les collectivités, de s'élaborer avec une administration pérenne, au service de politiques qui changent. Elle s'inscrit aussi dans un contexte de raréfaction des ressources et de transfert de personnel de l'Etat.

Recours à un prestataire

«Cela répond à un besoin de mise en cohérence, de sens et de méthode», confirme Didier Bacqueville, directeur général des services (DGS) du conseil général du Gard. Pour le projet d'administration départementale (PAD) dont il a initié l'élaboration en 2008, il a pris le parti de travailler avec un cabinet extérieur, qui a organisé la consultation des agents et aidé à l'élaboration des projets de direction. Pour démarrer, le conseil général de Seine-et-Marne a, lui aussi, eu recours à un prestataire: «C'est essentiel pour crédibiliser la démarche et compte tenu de la taille de la collectivité, qui compte 5000 agents», estime la DGS, Florence Labigne-Peleau.

D'autres, comme le conseil général du Lot, qui a achevé son PAD après un an de concertation, ont mené la démarche en interne, à l'aide de questionnaires et de séminaires. Un service «qualité et conseil de gestion» y a piloté la construction du document. La méthodologie, basée sur le recensement des besoins des agents et la mise à plat des politiques publiques dans le cadre de projets de service, reste la même qu'ailleurs. Mais la direction générale peut s'appuyer sur le projet politique et le décliner pour le faire valider ensuite par les agents. Dans d'autres cas, l'administration cherche à formuler son identité et travaille ses propres objectifs de progrès, indépendamment du projet politique. «Les collectivités, et les conseils généraux en particulier, forment une assemblée de personnes avec des métiers et des origines différents. L'enjeu, pour le management, est bien de réunir tous les agents autour d'un projet et de les faire s'exprimer sur leurs valeurs, explique Philippe Dressayre, du cabinet de conseil Public DG. C'est un acte managérial de la direction générale qui veut s'imposer aux élus et aux services comme les vrais "patrons" de l'administration. On crée un projet, dont ils sont les responsables», insiste-t-il.

Le sens du travail

Dans tous les cas, le PAD est un outil qui sert à faire passer l'idée de résultats et d'objectifs attendus auprès d'agents qui s'interrogent sur le sens et l'utilité de leur travail: «C'est une démarche de progrès qui se veut participative. Le changement doit être accepté par les agents. C'est possible s'ils y sont associés», affirme Willy Luis, DGS du conseil général du Lot, qui n'a pas peur de parler de performance.

Reste que la collectivité doit se préoccuper de l'élaboration du document et de ce qu'elle en fait. L'organisation de séminaires avec les cadres est indispensable car cela donne lieu à un dialogue de pilotage sur la mise en œuvre du PAD. Un vrai plan de communication, avec une lettre interne ou un site intranet dédiés, est aussi nécessaire pour informer régulièrement les agents. La formation des cadres est recommandée pour les aider à parler du PAD à leurs équipes. Leur façon de le faire vivre devrait même entrer dans leur évaluation. *Christiane Wanaverbecq*

À LIRE

- **«Les leviers de motivation des cadres et dirigeants de la fonction publique», Guillemette Renard et Nicole Prudhomme, Hudson (2011).**
- **«Un projet pour l'administration», Philippe Dressayre, Public DG (2011).**
- **«La conduite du changement au sein du secteur public: une contribution pour l'action», Aurélien Colson (2005), Les Cahiers du plan, n° 13.**
- **«Gestion et rôle de l'encadrement territorial dans la conduite du changement», Céline Desmarais, Groupe territorial (2003).**

La nécessaire consultation des équipes

La consultation des agents nécessite une logistique lourde, qui implique autant de temps que d'organisation. Passer par l'encadrement pour en faire une courroie de transmission peut alléger la procédure. En tout état de cause, connaître la perception, par le personnel, des objectifs affichés par l'encadrement demeure indispensable. Il existe des outils d'enquête en ligne, comme le logiciel Survey Monkey, qui permettent de consulter les équipes et donnent des résultats très fins. Il est souhaitable aussi de constituer un panel d'agents pour vérifier la représentativité des réponses.

Denis Vallance, directeur général des services du conseil général de Meurthe-et-Moselle.

A. BEINAT

Meurthe-et-Moselle • 2 900 agents • 730 000 hab.

Communication massive

La première mouture du projet d'administration départemental (PAD), effective de 2008 à 2011, a été éditée un mois avant les élections cantonales, après un an de concertation, « avec des objectifs précis et quantifiables », insiste le directeur général des services (DGS), Denis Vallance. Rassemblant 80 % des propositions des agents, le PAD a fait l'objet de deux bilans, présentés au comité de suivi et au comité technique paritaire. Au cours de sa mise en œuvre, 80 % des préconisations ont été effectivement réalisées. « Pour que la concertation fonctionne, toute la direction générale doit porter la démarche. Il faut se donner les moyens de vérifier que chaque direction discute du PAD et en relaie les actions dans les services. Il est surtout indispensable d'être transparent en communiquant massivement », ajoute le DGS. Le PAD est ainsi le fruit du travail du comité de pilotage, composé du DGS, des 4 directeurs généraux adjoints et des 6 directeurs de territoires, et de 11 groupes de travail, composés de 275 agents. Pour la seconde édition du PAD, le DGS a notamment rencontré 1 500 agents lors de 20 réunions d'une demi-journée sur le sens du service, les moyens de concrétiser les valeurs pour un meilleur service et l'amélioration du fonctionnement interne. Puis le compte rendu de ces rencontres a été publié sur l'intranet.

CONTACT
Denis Vallance, tél. : 03.83.94.54.17.

À RETENIR

La direction générale doit vérifier que chaque direction discute du PAD.

Anzin (Nord) • 300 agents • 14 000 hab.

Le bénéfice d'un regard extérieur

Arrivé à Anzin en 2008, le directeur général des services (DGS), Djamel Aït Ouali, a souhaité réviser l'organigramme pour le faire correspondre aux grandes politiques à mettre en œuvre. Le projet d'administration résulte de cette volonté. Séduit par la démarche, le CNFPT a proposé son aide en tant qu'assistant à maîtrise d'ouvrage. Lors d'une première phase, un prestataire a traduit, avec les cadres, le projet politique en objectifs opérationnels. « Il fallait qu'élus et services partagent une vision commune. Je souhaitais aussi amener, au sein de la direction générale, une méthode de dialogue plutôt que la contrainte », raconte le DGS. La seconde étape a servi, avec un autre prestataire, à élaborer les projets de service déclinés en tableaux de bord, tous disponibles sur l'intranet. Chaque cadre a réalisé cette mission avec ses agents, au sein de groupes de travail thématiques. Les échanges portaient sur la vocation du service, les axes de développement et les conditions de réussite. Aujourd'hui, un comité de pilotage interne accompagne les services sur leurs projets. À l'issue d'une démarche débutée en novembre 2009 pour aboutir, fin 2011, à un document de référence, chacun en reconnaît les bienfaits. « Un regard extérieur en termes d'accompagnement et d'animation a été nécessaire. Il faut aussi prendre le temps d'expliquer », insiste Djamel Aït Ouali.

CONTACT
Djamel Aït Ouali, tél. : 03.27.28.21.53.

À RETENIR

Chacun prend en main la maîtrise de l'activité du service et de son évolution.

Djamel Aït Ouali, directeur général des services d'Anzin.

S. DHOTE

RAPPORT

Document 3

MANAGEMENT

Ville et agglo de Blois (1100 et 350 agents) et CIAS du Blaisois (300 agents)

Cent pistes d'action opérationnelles pour porter un projet d'administration

Autour d'une direction générale mutualisée, les cadres et les agents des trois entités ont élaboré ensemble un projet d'administration concret et opérationnel.

Télétravail, révision des procédures comptables, optimisation de la pertinence des lettres de cadrage… Plus de 100 propositions opérationnelles ont vu le jour pour améliorer le fonctionnement et la synergie entre la ville de Blois, la communauté d'agglomération et le centre intercommunal d'action sociale (CIAS) du Blaisois. Si la ville et Agglopolys avaient déjà mutualisé leurs fonctions support depuis dix ans, la deuxième vague de rapprochement avait, elle, eu lieu en 2009 pour les services techniques et la direction des finances. Puis, en 2011, ce fut au tour du CIAS de les rejoindre. Malgré des équipes soudées autour d'une culture commune, la direction générale des services a voulu aller plus loin qu'un simple rapprochement administratif.

Equipes de cadres et agents

« Nous avions, il y a quelques années, travaillé sur le management par objectifs avec l'encadrement. L'équipe de direction générale mutualisée cherche aujourd'hui à harmoniser les procédures, à améliorer les échanges et le processus décisionnel, bref à mieux fonctionner ensemble », assure Bruno Gérentes, directeur général des services de la ville. Un vaste chantier est alors lancé en mai 2014. Il réunit plus de 200 cadres chargés de plancher sur des thèmes variés : la clarification du processus décisionnel ; le renforcement de la formation ; la promotion de l'équité ; l'incitation au sentiment d'appartenance ; l'efficience des actions ; l'amélioration de la qualité de service aux usagers, etc.

C.CHIGOT

BRUNO GÉRENTES, directeur général des services de la ville de Blois

« Une formidable enquête sociale »

« Le projet a réellement suscité une adhésion de l'ensemble des cadres et de l'exécutif, et s'est avéré être une formidable enquête sociale. La restitution, la mise en forme et la mise en œuvre pour les agents des trois entités sont en cours. Nous tentons, en effet, de faire des propositions de déclinaison opérationnelle de la centaine de pistes définies. Certaines sont déjà en cours, comme la dématérialisation des procédures comptables et l'instauration d'un système d'information décisionnel (outil informatique qui permet d'aller chercher des données à partir des systèmes d'information RH, finances, etc.). Pour tous les projets, nous comptons établir une fiche d'action unique destinée aux trois entités qui comportera le nom du responsable de mission, les objectifs… »

En juin 2014, une immense agora s'organise, réunissant 24 « équipes » de cadres et d'agents confondus, d'où sortent, sur chacune des thématiques, des interrogations telles que : que mettre en œuvre pour que le délai de paiement soit raccourci ? Comment améliorer la communication entre les services distants ? Toutes les réponses proposées ont été synthétisées dès la fin de la journée. La réflexion se poursuit par une autre agora, entre septembre et novembre 2014, rassemblant 8 groupes de travail de 25 cadres pour dégager, cette fois, des pistes opérationnelles. Parmi les thématiques figurent les outils pour optimiser les ressources humaines, améliorer le partage de la connaissance des outils financiers. Une restitution à l'ensemble des agents en novembre 2014 devait prendre la forme d'un document opérationnel pour la durée du mandat.

CALENDRIER

Janvier 2014 : cadrage par l'équipe de direction générale.

Mai et juin 2014 : réunion de 220 cadres.

Septembre à novembre 2014 : pistes opérationnelles définies

25 novembre 2014 : restitution à l'ensemble des agents.

CONTACT

Bruno Gérentes, tél. : 02.54.44.52.42.

Coconstruction

« Au-delà de l'encadrement, nous avons voulu concerter le maximum de personnes, les cadres avaient comme mission d'interroger leurs collaborateurs de manière à démultiplier la coconstruction du projet. En tout, entre 400 et 500 personnes ont été impliquées », précise Bruno Gérentes. « Cela nous a permis de mieux comprendre les contraintes des uns et des autres, de réinventer un dialogue qui n'existait parfois que par le biais des courriels ou du téléphone », avance Nathalie Degorre. Assistante de direction de la ville, elle anime déjà le club des assistantes de direction. « Il y a une forte attente des cadres et des agents, mais cette initiative a d'ores et déjà amélioré la vision de la DRH et rappelé la nécessité du contact humain », rappelle Emilie Bréard, responsable du département « transports » d'Agglopolys.

Julie Krassovsky

Document 4

MANAGEMENT **COMMENT FONT-ILS**

Rouen met la communication interne au cœur du projet d'administration

Par Bruno Cohen-Bacrie

Avec 1,8 million d'agents potentiellement destinataires, la communication interne en France est un enjeu d'information et de management. La ville de Rouen en a fait une démarche prioritaire.

Dans le numéro de janvier 2015 de « Tout public », le journal des agents de la ville de Rouen (Seine-Maritime), un éditorial de Laurent Basso, le directeur général des services (DGS), s'adresse en direct aux agents de la collectivité éprouvés par les attentats survenus en France, avec des mots simples et chaleureux. Une initiative bienvenue quand beaucoup de villes déplorent que la communication interne – celle qui s'adresse aux agents et aux élus – reste le parent pauvre des politiques de communication locale. Rouen fait, de ce point de vue, figure de modèle puisque la mission « communication interne » est désormais directement placée sous la responsabilité hiérarchique du DGS.

Projet d'administration ambitieux

Depuis le 1er janvier 2015, la création de la Métropole Rouen Normandie et le transfert pour partie de deux directions – celle des Espaces publics et naturels et celle de l'Aménagement urbain –, de deux services – le service Géomatique et connaissance du territoire et le service de reprographie –, ont engendré une diminution des effectifs et modifié significativement l'organisation des services de la ville centre. Une étape ultérieure de construction de la Métropole entraînera, le 1er janvier 2016, le transfert à l'échelon intercommunal d'une centaine d'agents des musées de la ville et celui d'une centaine d'agents supplémentaires à l'échelon intercommunal. La création de la Métropole Rouen Normandie, les transferts de compétences et la mise en place de services communs, etc., ont conduit la ville à réinterroger ses fonctions, ses métiers, ses processus de travail et à créer une relation partenariale et des modes de fonctionnement efficients avec la Métropole.

Communication interne réaffirmée

Placée au cœur de l'information municipale, la communication interne valorise l'action des services municipaux à l'externe, en veillant à la parfaite articulation entre les plans de communication externe et interne. La récente prise de fonction du DGS a été marquée par un séminaire des cadres en décembre dernier, couplé avec le numéro de « Tout public », publiant son interview sur la nouvelle organisation des services municipaux. Cette opération de communication interne se poursuit depuis avec des dossiers spécifiques programmés jusqu'en avril dans le mensuel interne. Ces dossiers « feuilleton » présentent de façon pédagogique et exhaustive chaque pôle de l'organisation et direction de la ville. De même, l'équipe des directeurs généraux adjoints et des directeurs est valorisée par une photo d'équipe sur la couverture du magazine. « La communication interne me semble être une courroie de transmission essentielle pour faire adhérer les agents au projet municipal et accompagner les changements nécessaires pour le réaliser dans les meilleures conditions », résume bien le DGS.

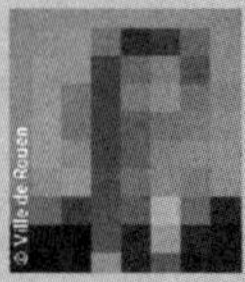

3 QUESTIONS À LAURENT BASSO,

DGS DE LA VILLE DE ROUEN

Quelles sont les nouveautés de votre communication en direction des agents ?
La création de la Métropole Rouen Normandie et le transfert de certaines de nos compétences techniques ont fortement impacté l'organisation de nos services municipaux. Par ailleurs, la contrainte budgétaire forte qui pèse aujourd'hui sur les communes nous invite à adopter un discours rénové en direction des personnels. La mission communication interne est rattachée directement à la direction générale, avec des moyens humains renforcés.

Y a-t-il des spécificités en direction des personnels « techniques » ?
Notre réorganisation a permis la création d'une mission « Qualité et relation à l'usager » et la mise en place de trois postes d'adjoints aux directeurs généraux adjoints. Leur mission est de déployer et d'assurer, avec les directions notamment techniques et opérationnelles, le suivi de toutes nos démarches qualité. Ces dernières visent notamment à renforcer la santé et la sécurité au travail et nécessitent beaucoup de pédagogie pour faire adhérer les agents de la sphère technicienne.

Quels objectifs poursuit votre démarche de communication interne ?
La direction générale porte des valeurs fortes d'égalité femme-homme, de lutte contre les discriminations, de qualité, de respect, d'écoute et de transparence qui sont affichées et que nous souhaitons partager avec les agents. Par ailleurs, les élus donnent le cap et fixent des priorités. La direction générale doit ensuite jouer son rôle d'impulsion et de traduction de ces objectifs stratégiques en feuilles de route et plans d'action pour les agents municipaux.

10/32

Document 5

MANAGEMENT

Seine-et-Marne • 5 000 agents • 1,34 million d'hab.

Donner des outils communs aux managers pour décliner le projet d'administration

Dans le cadre de la mise en œuvre de son projet d'administration, élaboré entre mars 2012 et juin 2013 et intitulé « Viva 77 », le conseil général de Seine-et-Marne a entrepris la formation de ses 380 cadres. Celle-ci s'articule autour de deux outils. D'un côté, les « carrefours » rassemblent, une fois par semestre, les managers afin de les sensibiliser aux orientations du projet d'administration telles que l'adaptation des services aux besoins des usagers, la concertation des équipes ou la transversalité. D'un autre côté, les « ateliers Viva » regroupent une vingtaine d'encadrants de différentes directions pour des journées de formation méthodologiques qui porteront sur des thématiques variées comme les modèles de newsletters, la mise en place d'un comité des usagers et l'organisation en mode projet.

Echanger sur les méthodes

L'inscription aux ateliers se fait en fonction des besoins du cadre et des agents de son service. Dans une collectivité qui emploie 5000 personnes réparties sur 300 sites, l'objectif est à la fois de présenter aux managers ce qui est attendu d'eux, de les épauler, mais également de créer du lien entre les services. « Cela nous permet de nous retrouver entre cadres de différentes directions, d'échanger sur nos méthodes, nos attentes et de réfléchir à notre façon de mettre en œuvre la mission du département », explique Ernest Sossavi, responsable de l'architecture et de la sécurité à la direction des systèmes d'information. Pour Nadine Troquet, chef de service à la direction de l'enfance, cette dynamique contribue à élaborer une culture managériale. L'ambition est d'apporter aux cadres des méthodes communes pour mettre en œuvre le projet d'administration. *Emmanuelle Chaudieu*

DISPOSITIF

Démarche de renforcement des formations managériales dans le cadre du projet d'administration.

BUDGET

45 000 € pour l'accompagnement managérial, la préparation et l'animation des carrefours et ateliers.

CONTACT

Catherine Lafrance, DRH, tél. : 01.64.14.51.02, email : catherine.lafrance@cg77.fr

F. CALCAVECHIA

FLORENCE LABIGNE-PELEAU, directrice générale des services

« Une formation sur mesure pour les encadrants »

« Le projet d'administration comporte 20 engagements, dont un certain nombre relève de la responsabilité des managers, comme développer la transversalité, travailler en mode projet... Nous avons estimé utile de les accompagner dans la prise de conscience de leurs fonctions. L'idée est aussi de faire du sur-mesure car le conseil général de Seine-et-Marne n'attend pas forcément la même chose de ses cadres qu'une autre collectivité. Nous sommes entrés dans la première étape qui consiste à coconstruire les outils que les managers pourront décliner dans leur service. L'objectif est de disposer d'une méthodologie et d'une boîte à outils qui soient propres au département et partagées par nos 380 encadrants. »

Document 6

La démarche « projet de service coopératif » - La lettre du cadre territorial

03/05/2016 | par Nicolas Rapin | Management

Le projet de service, qui a pour but de recentrer l'action sur la valeur ajoutée (le sens) et de mettre en lien les missions avec l'environnement et les orientations nationales (la cohérence), rencontre fréquemment des difficultés d'appropriation auprès des managers et des équipes. Au lieu de contribuer à l'efficience de l'action publique et au renforcement de ce sens et de cette cohérence, la dynamique de projet de service crée souvent une surcharge de travail et constitue un vecteur de frustration pour les acteurs.

Faute de temps, de compréhension, de méthode, d'adhésion des agents, les managers sont souvent contraints de rédiger un projet de service théorique qui rencontre des difficultés à « faire sens » sur le terrain. Fort de ce constat, certaines administrations continuent à le déployer en essayant d'associer les équipes, d'autres font le choix de travailler uniquement sur un rédactionnel réalisé par le manager ou un stagiaire, tandis que d'autres se sont résignées et ont abandonné cette démarche projet.

Le projet de service, une démarche avant d'être une finalité

Faisons l'hypothèse qu'une des raisons majeures de cet échec est une incompréhension sur le « sens » même du projet de service. Le projet de service est souvent considéré comme une finalité en soi, car il vient souvent d'une demande hiérarchique. Il peut donc se résumer à la rédaction d'un document à destination du commanditaire, « le chef ».

Il est donc pertinent de parler de démarche projet de service coopératif qui, au lieu d'être une finalité, est un moyen pour :

- les équipes, de travailler sur le sens et la cohérence des missions en lien avec les problématiques contextuelles et les orientations nationales ;
- les parties prenantes d'optimiser la qualité du service reçue et de développer de véritables partenariats internes et/ou externes ;
- la hiérarchie de travailler sur la dynamique de coopération autour d'un projet commun, de pouvoir évaluer l'efficience des missions et rendre compte.

Pour déployer une démarche projet de service coopératif, il y a quatre conditions de réussite.

Première condition : changer l'ordre des bénéficiaires

On ne fait pas en premier lieu une démarche de projet de service coopératif pour la hiérarchie.

Derrière « coopératif », il y a trois grandes notions :

- enjeux communs ;
- règles de fonctionnement collectif ;
- responsabilité.

RAPPORT

Ces trois notions doivent être travaillées avec les équipes pour être vecteurs de « sens » et de « cohérence » et donc d'adhésion. Ensuite, il faut s'intéresser aux bénéficiaires de la mission car ils représentent le « sens », le cœur de la valeur ajoutée. Puis dans un troisième temps, la hiérarchie doit se positionner en soutien de la démarche et apporter de la « cohérence » par rapport à la structure d'appartenance.

Pour répondre à ces trois bénéficiaires, la démarche doit s'appuyer sur :

- un processus de déploiement qui va permettre de partager les représentations, clarifier les missions, les orientations et les modalités de fonctionnement collectif ;
- un résultat en termes de formalisation qui permet de travailler la lisibilité, la visibilité et le pilotage.

La démarche de projet de service coopératif est avant tout un processus qui permet de mettre en dynamique les équipes.

Deuxième condition : un processus de déploiement vertical

Il nous semble important, pour garantir la cohérence du déploiement et ne pas perdre le sens de décisions, que chaque niveau hiérarchique puisse à son niveau travailler l'appropriation des orientations stratégiques et mener une réflexion sur ses missions, son environnement et sa dynamique collective. De plus, il est intéressant de procéder à un déploiement en cascade pour modéliser, partager les bonnes pratiques managériales et renforcer les liens de solidarité du corps managérial.

Troisième condition : un processus de déploiement dans les équipes

Nous recommandons ici de travailler à deux niveaux.

Tout d'abord, la structuration de l'action (sens et cohérence au regard de la mission). Une des premières étapes lorsque l'on souhaite élaborer le projet de service est de questionner et partager le cœur de métier, la mission. « De quoi sommes-nous garants et pour qui ? ».

Lorsque l'environnement génère beaucoup d'imprévus, de difficultés, nous sommes parfois amenés à prendre une posture de « réactif ». Nous pouvons alors concentrer notre énergie à faire face, en réaction aux problématiques quotidiennes.

Ce mode de fonctionnement que l'on peut avoir tendance à considérer comme inéluctable, conduit souvent à la frustration. En effet, il demande beaucoup d'énergie, d'investissement mais malheureusement il n'est pas toujours adapté aux vrais besoins, car la priorité est de gérer la tâche (l'urgence) en perdant quelques fois de vue la mission (l'importance).

Pour pouvoir se positionner en « acteur » du système, il est important de se positionner de manière « pragmatique » en fonctionnant en interdépendance avec son environnement.

Ce mode réactif peut générer une posture de « dépendance » à l'environnement avec toutes les frustrations qui peuvent être associées à la perte de la maîtrise, perte de sens, manque de reconnaissance...

Pour pouvoir se positionner en « acteur » du système, centrer son énergie sur la valeur ajoutée dans une logique collective, il est donc important de se positionner de manière « pragmatique » en fonctionnant en interdépendance avec son environnement. Pour cela, il est nécessaire de réaliser un travail d'alignement sur les priorités avec le collectif, pour être en phase sur l'objet de coopération (la mission, la responsabilité collective) et sur les orientations communes en lien avec les besoins liés aux spécificités de l'environnement mais également avec les orientations nationales.

Deuxième niveau, la structuration de la relation (mettre en œuvre les critères clés de la dynamique d'équipe). Une fois l'action mise en cohérence, il est important de travailler sur les modes d'interaction. Une équipe est un ensemble d'individus avec chacun des besoins individuels qu'il est nécessaire de prendre en compte le plus possible tout en les mettant en perspective des besoins collectifs.

Sans ce travail sur le cadre collectif, le manager prend le risque de devoir gérer des besoins individuels et des tensions relationnelles en étant le seul à essayer de porter le cadre collectif.

La démarche de projet de service coopératif doit permettre de reprendre en main les vraies priorités, de redonner du sens et de la cohérence à l'action.

Quatrième condition : le passage d'un « chef » légitime à un « manager » crédible

Le manager est un élément clé de la réussite du déploiement de la démarche de projet coopératif. Comme nous l'avons déjà évoqué, le projet de service ne se résume pas à un délivrable. Le plus important est le processus d'animation qui va permettre l'émergence de ce délivrable. Le manager devra donc se positionner en animateur de son équipe pour gérer du processus plus que du contenu.

Notre expérience nous montre que ce passage du manager « expert », donneur d'ordres, centré sur le contenu, au « manager » centré sur le processus n'est pas si simple car il rencontre plusieurs freins.

Le premier va se situer au niveau des membres de l'équipe, qui auront besoin de pouvoir prendre des décisions et d'être reconnus pour leur contribution mais qui, dans le même temps, demanderont au manager de rester dans l'expertise pour résoudre leurs problèmes.

Le deuxième se situera au niveau du manager lui-même. La transition sur une posture de « manager » peut éveiller la peur d'être inutile, d'être rejeté par son équipe, de ne pas être crédible...

Passer du « chef » légitime à un « manager » crédible

Pour accompagner le passage du « chef » légitime à un « manager » crédible, il est donc important de travailler sur deux grands points :

- La compréhension de son rôle et de sa posture

La compréhension de sa zone de responsabilité est un prérequis pour construire sa crédibilité et se sentir utile. Sans cette conscience et cette clarification, il risque de ne pas savoir comment se positionner vis-à-vis de ses collaborateurs et de son manager. Dans ce cas, le réflexe est de prendre un rôle de facteur, de coordinateur donneur d'ordres et d'homme de solutions pour régler les problèmes du quotidien.

- Le développement des compétences d'animation

Le manager est avant tout un animateur. Il doit gérer du processus d'animation afin que les énergies individuelles puissent trouver du sens dans un collectif.

Le manager, en tant que porteur de la démarche de projet de service coopératif doit lui-même faire un travail sur sa posture afin de passer d'un rôle de coordinateur à un rôle qui permette de générer de la coopération. Pour cela, il lui faut lâcher le contrôle des personnes pour se concentrer sur le contrôle des situations.

Document 7

Faut-il satisfaire l'usager ? – Entretien avec Cédric Polère, sociologue – *Millénaire 3, Site de prospective de la Métropole de Lyon* - 31 mai 2015

Quelles méthodes pour prendre en compte le point de vue de l'usager dans les politiques sociales ?

Les méthodes dites « centrées sur l'usager » se sont étendues, dans les politiques sociales comme dans d'autres domaines. L'idée est de prendre appui sur l'« expertise » de l'usager, pour obtenir un service public plus efficace, ajusté à ses besoins, de meilleure qualité. Quels sont les outils dont dispose l'action publique ? Avec quels impacts ? Et est-ce finalement une si bonne idée ?

« Ne vous plaignez jamais d'un client difficile, car il est la cause de vos progrès ». Cette formule attribuée au fondateur d'Alsthom est placée en exergue du rapport « L'exploitation opérationnelle des enquêtes de satisfaction dans les organismes de sécurité sociale » publié en 2013. Elle résume un crédo qui diffuse sa petite musique depuis une quinzaine d'années : pour se moderniser et améliorer la qualité de son service, l'administration doit écouter ses usagers. Comment ? Par les enquêtes de satisfaction, outils phares des démarches d'amélioration de la « qualité de service ». Selon ce même rapport, il y a désormais un consensus sur l'idée que la mesure de la satisfaction des usagers doit être rapprochée des indicateurs de gestion, de manière à mettre en place une boucle qualité, c'est-à-dire un cycle d'amélioration continue de la qualité entre le service attendu par l'usager, le service voulu par l'institution, le service réalisé, et le service perçu.

En lien avec des évolutions socio-économiques de fond (avancée vers une société de service), et avec l'influence probable du monde anglo-saxon[1], des démarches ambitionnent de faire de l' « écoute usager » un levier de pilotage ou de changement en continu de l'action publique, grâce à un dispositif permanent, comportant une mesure annuelle ou biennale des points de satisfaction et d'insatisfaction. Les enquêtes régulières dites « baromètres » se sont généralisées. La branche Famille s'est ainsi dotée d'un baromètre annuel en 2014 (jusque là il était quadriennal). L'objectif est de suivre la qualité des engagements de service et les attentes des allocataires, avec une mesure fine de la satisfaction nationale comparable d'année en année. L'utilisation d'enquêtes aux protocoles contrastés permet de déterminer des priorités d'amélioration de la qualité, de décider de plans d'action, et fondamentalement d'ajuster l'offre aux inflexions des besoins.

Limites et effets négatifs de la mesure de la satisfaction

La production de service étant toujours fondée sur une relation, cela suppose une évaluation de la qualité de cette relation. Autant cette évaluation est nécessaire, autant la manière dont on la réalise en se focalisant sur la « satisfaction de l'usager » pose quelques problèmes. Outre le fait qu'il existe d'autres modes d'évaluation et d'autres vecteurs de transmission des attentes (associations parfois dans un rapport conflictuel à l'institution, agents au contact des usagers...), les problèmes liés aux outils de mesure de la satisfaction sont surtout du côté de leur rendement limité, et des orientations qu'ils donnent à l'action publique.

Il est admis d'abord que la satisfaction des usagers ne permet pas d'appréhender l'ensemble des composantes de la qualité de service. On peut alors se demander si ces ou-

RAPPORT

tils, focalisés sur les aspects objectivables de la qualité, sont capables d'alimenter une logique généralisée d'amélioration du service. Les « politiques qualité » qui se mettent en place dans les organismes de Sécurité Sociale par exemple s'appuient davantage sur le contrôle interne et la formalisation de processus, que sur la mesure de la satisfaction des usagers.

Ces méthodes concourent ensuite à faire perdre de vue des objectifs centraux des services publics et des politiques sociales. Dans le dernier numéro de M3, Roland Gori met en garde : le pilotage par les indicateurs met l'action publique sur une pente dangereuse, surtout s'ils ne sont pas construits sur un mode participatif (« Que valent les indicateurs de performance ? », M3, n°8, Hiver 2014-2015) : « *A partir de chiffres, nous fabriquons des normes qui deviennent des objectifs et tendent à remplacer la finalité des actions qu'elles étaient censées évaluer* ».

La performance des services publics doit évidemment aussi se mesurer à l'aune d'autres critères que la satisfaction, comme la prise en compte de l'intérêt général, l'attention portée aux catégories défavorisées, l'égalité devant le service public, principes ayant un sens politique profond. Dans un papier publié en 1999, Philippe Warin montrait déjà, à partir d'une enquête par entretiens, que « *du côté des usagers « ordinaires », la performance publique n'est pas qu'une simple affaire d'efficacité ou de qualité et ne se pose pas uniquement en termes de satisfaction ou d'insatisfaction par rapport à des critères mesurables d'accessibilité des services, de simplicité des démarches administratives, de rapidité de traitement des dossiers, etc.* ». (« La performance publique : attentes des usagers et réponses des ministères », Politiques et management public, vol. 17 n° 2, 1999) A ses yeux, la modernisation administrative privilégie structurellement, par réalisme gestionnaire, la « valeur de la réalisation » au détriment de valeurs sociales auxquelles les usagers sont également attachés, comme l'attente d'une « performance de justice » (être traité « justement »). Les politiques sociales répondent partiellement à cette critique en combinant les modalités de prise en compte de l'avis des usagers, faisant alors la différence entre une enquête de satisfaction qui montrera par exemple de mauvais scores de satisfaction pour un service donné, et une enquête d'opinion plus vaste qui montrera une adhésion aux objectifs sociaux poursuivis par le même service. Le Baromètre d'opinion de la DREES suit de la sorte chaque année l'évolution de l'opinion des Français à l'égard des politiques sociales (protection sociale, inégalités, santé). On peut alors se demander s'il est souhaitable que les services publics en général, et les politiques sociales en particulier, basculent totalement dans une logique de la demande. Pour Jacques Chevallier, c'est non : « *les services publics ne sont pas seulement destinés à répondre aux attentes individuelles de leurs usagers, ils sont aussi l'un des instruments majeurs à la disposition des pouvoirs publics pour leur permettre d'influencer l'environnement socio-économique d'un territoire* ». (Le service public, 2005)

Enfin, il est indéniable que les outils de mesure de la satisfaction favorisent la standardisation de la qualité de service. Cela a des effets positifs, en favorisant son évaluation et son amélioration. Mais dans maintes structures, cela vient heurter les représentations et les modes de construction endogènes et participatives de la qualité, appuyés sur d'autres modèles, comme la « qualité civique » ou valorisation de l'intérêt général associé à l'accueil (Francesca Petrella et al., « La construction sociale de la qualité dans les services d'accueil collectif du jeune enfant. Pluralité des modèles d'organisation et enjeux de gouvernance » de Politiques sociales et familiales, n°116, juin 2014).

Document 8

Réforme territoriale : vous n'y voyez rien et vous voulez manager ?

04/12/2014 | par Philippe Dressayre | La lettre du cadre territorial

Depuis plusieurs mois, la réforme territoriale est un chantier national dont les « points de sortie » ne sont pas connus. Manager les équipes des collectivités territoriales dans ces conditions est devenu un « sport à haut risque », tant il semble impossible de « dire des choses » sur l'avenir. Pourtant, la responsabilité des équipes de direction et des managers est d'accompagner leurs collaborateurs dans le changement. Comment faire ?

Combien de régions ? Quelles fusions interrégionales ? Quelles conséquences de la « vente à la découpe » des compétences départementales ? Quel impact pour les intercommunalités? Comment seront gérés les transferts ? Quel accompagnement des cadres et agents des collectivités concernées ? Ce sont autant de questions, sans réponses pour l'instant, dans les administrations régionales, départementales, intercommunales et communales.

La réforme territoriale, un non-sujet de la communication

La **réforme territoriale** s'avère être un non-sujet de la communication dans de nombreuses grandes **collectivités territoriales** : dans la plupart des conseils régionaux et généraux, la posture des directions générales (et des élus, derrière ou devant) est la même. Elle est fondée sur une doxa managériale radicale et d'une apparente évidence : « Tant que l'on ne sait rien, on n'en parle pas ». Cette solution a un avantage : elle laisse entendre que les collectivités ne sont pas responsables des changements qui vont s'imposer.

> ***La réforme territoriale s'avère être un non-sujet de la communication dans la plupart des conseils régionaux et généraux.***

Une façon de faire ayant pour première conséquence de révéler une vérité peu partagée jusqu'alors : le destin des collectivités territoriales ne leur appartiendrait pas, mais dépendrait en réalité de décisions de l'État. Ceci force à relativiser cruellement la soi-disant « **autonomie des collectivités territoriales** ».

> ***Comment assumer sa responsabilité de manager sans se défausser sur l'Élysée, Matignon et le Parlement ?***

Dans ce contexte compliqué, flou et peu mobilisateur, il n'en reste pas moins que chaque **équipe de direction générale** et, à leurs niveaux, les **managers intermédiaires** doivent faire face aux attentes d'information, aux inquiétudes et aux besoins de leurs équipes d'être rassurées.

Or, comment assumer sa responsabilité de **manager** sans se dédouaner, en invoquant le fait que c'est à l'Élysée, à Matignon et au Parlement que va se jouer l'avenir du collectif et de chacun de ses membres ? Comment préparer ses équipes à de nouveaux enjeux dont on ne connaît pas grand-chose ? Tel est le défi auquel sont confrontés, en cette fin d'année 2014, les managers de nombre de **collectivités territoriales**.

La réforme territoriale est un projet de management

En effet, comme l'écrivait récemment dans La Gazette des communes Jean-Baptiste Fauroux, directeur général des services de la région Aquitaine, la **réforme territoriale**, c'est « *avant tout un projet de changement et donc de management* » [(1)].

En ce sens, il est possible d'identifier **trois leviers de management** qu'il pourrait être intéressant d'actionner dans le contexte actuel, avec deux objectifs : faire preuve, vis-à-vis des équipes, de la capacité des collectifs de direction générale à piloter dans le changement ; donner les moyens aux personnels d'être acteurs des « transformations » qu'ils vont devoir accepter et assumer.

Ces trois leviers sont :

- l'écoute des préoccupations des agents ;
- la production de sens autour des compétences territoriales et métiers des services ;
- le partage des valeurs du service public sur les territoires.

L'écoute des préoccupations des agents territoriaux

Les **personnels des conseils régionaux et départementaux** notamment peuvent se poser des questions, avoir des craintes ou des attentes dans la perspective des changements qui s'annoncent, même si les contours de ces derniers ne sont pas stabilisés. Rappelons que nombre d'entre eux (dans les lycées et les collèges ou dans les services des routes) ont été conviés, il y a quelques années, à quitter les administrations de l'État dans lesquelles ils étaient en fonction. On leur avait promis une carrière dans les **collectivités territoriales** qui les accueillaient. Quelques années après, elles vont devoir les transférer à d'autres. Une histoire de ruptures en accéléré, qui peut expliquer quelques doutes et interrogations !

> ***Ces questionnements, ces préoccupations et ces craintes méritent de pouvoir s'exprimer et d'être écoutés.***

Avec plus de craintes encore sans doute, certains cadres des collectivités concernées appréhendent assez légitimement de devoir affronter des **situations de concurrence** pour l'accès à des postes et fonctions qui ne devraient logiquement pas être dédoublés, ou plus encore, parfois, de devoir « fusionner » avec des équipes dont la culture et les processus de travail ne

sont pas identiques aux leurs et dont ils ne partagent pas toujours les modes d'organisation.
Ces questionnements, ces préoccupations et ces craintes méritent de pouvoir s'exprimer et d'être écoutés, même sans disposer de réponses à leur apporter sur tout. Le management dans le changement, qu'il s'agit de développer, peut dans un premier temps passer par cette écoute, qui permettra de démontrer que les responsables de la collectivité n'ignorent pas les craintes et attentes de leurs collaborateurs et en reconnaissent même la légitimité.
Ces démarches d'écoute des agents peuvent être aussi, de manière très utile, des occasions de rappeler certains **fondamentaux du statut et de la gestion des ressources humaines** dans les collectivités : fondamentaux qui, eux, ne sont pas impactés par la **réforme territoriale** et qui offrent des protections susceptibles de rassurer si elles sont rappelées. Autrement dit, l'absence de vision stable, ainsi que certains des changements qui s'imposeront, ne constituent pas une raison suffisante pour s'abstenir d'entendre les préoccupations des collaborateurs et de les rassurer sur les invariants des réformes institutionnelles à venir.

La production de sens autour des compétences territoriales et métiers des services

Au-delà d'une écoute interne, la période actuelle devrait être aussi consacrée à la préparation des changements annoncés de la **réforme territoriale**, en valorisant les métiers dans les différents champs de compétences des collectivités. Si les institutions vont être bousculées et si les contours organisationnels vont être probablement remodelés en profondeur, les missions et les métiers des professionnels dans les services demeureront, eux, toujours nécessaires pour assurer le déploiement de l'offre publique sur les territoires.
S'il paraît impossible de fournir à ces personnels des réponses sur le futur cadre institutionnel de leurs emplois, n'est-il pas en revanche tout à fait envisageable d'animer des réflexions sur le devenir des métiers du service public territorial ? En effet, les fusions de régions et les transferts entre départements, régions et agglomérations seront des moments de partage de cultures professionnelles entre agents de collectivités différentes. S'attacher d'ici là à **qualifier les acquis des dernières années en termes d'expertises et d'expériences**, mais aussi à **identifier les besoins de progrès** et d'adaptation dans la manière de réaliser les missions de service public sur les territoires, peut offrir l'occasion de valoriser les métiers et de donner aux équipes la possibilité de se préparer à relever de nouveaux défis dans leurs propres domaines de compétences.
La conduite d'un autodiagnostic stratégique et opérationnel des métiers, afin de mettre en évidence les atouts et handicaps, les forces et points de faiblesse des modes d'organisation et de travail par domaine d'action publique, peut constituer un levier mobilisateur afin de faire des changements à venir une opportunité pour l'ensemble des professionnels impactés et, par conséquent, pour la pertinence et la qualité de l'offre publique.

Le partage des valeurs du service public sur les territoires

Enfin, le moment préalable aux transformations institutionnelles et organisationnelles annoncées constitue un temps tout à fait propice à une réaffirmation des valeurs du service public territorial et de la fonction publique locale.
Renforcer la **capacité des personnels à accepter les changements** qu'ils devront vivre et à en comprendre la nécessité passe à la fois par une **consolidation des valeurs** qui méritent d'être préservées, car toujours essentielles, et par la formulation de nouvelles valeurs, dans un environnement sociétal en évolution continue et de plus en plus rapide. Le sens attendu par les équipes se trouve, pour une large part, dans le **socle éthique de principes d'action et de comportement** que peuvent partager des professionnels du service public, indépendamment de leurs métiers et de leurs collectivités d'affectation. C'est d'ailleurs ce que nous apprend l'expérience des fusions et restructurations d'entreprises réussies... mais aussi ratées, principalement pour des incompatibilités de cultures collectives.

> ***Le sens attendu par les équipes se trouve largement dans le socle éthique de principes que peuvent partager des professionnels du service public.***

Rappeler que la vocation, les missions et les valeurs des administrations publiques territoriales ne sont pas « diluables » dans le projet des exécutifs politiques locaux, mais qu'elles existent de manière indépendante, peut s'avérer particulièrement pertinent au moment où des transformations de « forme institutionnelle» vont être imposées.
L'animation de **temps de partage** de ces valeurs peut constituer, pour les dirigeants et managers des collectivités, un moyen utile pour nourrir la réflexion de leurs collaborateurs, les armer pour affronter les évolutions du contexte institutionnel de leurs métiers et les préparer à défendre demain l'efficacité sociale de l'action publique territoriale, « là où ils seront ».
Dans le contexte actuel d'attente des arbitrages que suppose la mise en œuvre de la **réforme institutionnelle** qu'il s'agira de conduire, le choix d'une « abstention » managériale conduisant à ne rien faire et à ne rien dire ne paraît pas nécessairement être la posture la plus courageuse et la plus responsable. À l'inverse, écouter les préoccupations, valoriser les métiers et partager les valeurs du service public local peuvent constituer des leviers plus respectueux des exigences d'un **management dans le changement**.
En effet, on n'oubliera pas qu'un vrai manager est, certes, celui qui atteint les objectifs qui lui sont fixés, mais aussi celui qui laisse ses équipes, quand il les quitte, plus fortes, plus compétentes, plus heureuses dans le travail qu'à son arrivée.

Note

(01) « Réforme territoriale, un projet de management », La Gazette des communes n° 2239, 6 octobre 2014.

Document 9

Le Projet d'administration départementale 2001-2014 (extrait) – Département du Nord

1. Les finalités du Projet d'Administration Départementale

Les finalités d'une démarche de projet d'administration sont de plusieurs ordres.

Donner du sens, fournir des repères

Il s'agit tout d'abord de mettre à la disposition des agents départementaux un document de référence pour l'action administrative donnant du sens à leur intervention, et leur permettant de se situer dans une perspective globale.

Par ailleurs, le PAD a vocation à constituer un acte de motivation et de mobilisation pour les agents : en clarifiant le positionnement de notre Institution dans la déclinaison de son action, en promouvant une politique managériale plus participative, en rassemblant les agents autour d'un projet commun et partagé. La définition des axes stratégiques du plan d'administration permet de définir et préciser ce que nous voulons faire ensemble.

Une telle démarche est de nature à favoriser l'émergence d'une culture commune qui fédère l'ensemble des personnels du Département. Cette démarche participative s'affiche aussi comme un outil d'animation des équipes professionnelles dans une logique de décloisonnement.

Améliorer l'efficience de l'action publique

Solidement appuyé sur la mobilisation de l'encadrement et de l'ensemble de ses agents, le deuxième axe du projet départemental "reformuler le projet d'administration" doit contribuer à améliorer la performance globale de l'administration départementale.
La conduite d'une telle démarche constitue un vecteur de progrès et de modernisation de notre organisation. Cette approche ne constitue pas l'occasion de bouleverser les fondamentaux de notre organisation par ce qui s'apparenterait à une posture de remise en cause radicale, mais plutôt le développement d'une action réfléchie d'adaptation de nos services.

En résumé, le projet d'administration, dans une démarche de progrès et de modernisation, traduira la volonté d'achever les réalisations engagées, de poursuivre le développement et la modernisation de nos services, et de mettre en place les axes appelés à guider les nouvelles étapes de la transformation.

Définir un cadre d'intervention pour l'administration

Le débat d'orientation en séance plénière le 4 juillet 2011 a donné lieu à la présentation du projet de mandat et à l'adoption d'une délibération qui finalise les priorités en matière de politiques publiques.

Le projet d'administration départementale intègre ces priorités. Il s'agit ensuite de disposer d'un outil autorisant la mise en cohérence des actions découlant de la mise en œuvre des politiques publiques. En poursuivant cet objectif de cohérence, le projet d'administration départementale permettra d'éviter une approche segmentée de l'action administrative et de replacer dans un cadre lisible d'ensemble la mise en œuvre de nos priorités.

Initier un projet d'administration, c'est aussi permettre la mise en cohérence de nos services à l'égard de nos politiques publiques. A titre d'exemple, le positionnement du département comme acteur à l'écoute des territoires et des citoyens induit nécessairement des évolutions opérationnelles en termes d'organigramme mais également une organisation renouvelant son approche et ses pratiques dans la perspective de rendre l'action départementale plus adaptée aux réalités sociales, géographiques et humaines des territoires.

2. Les principes et valeurs du service public départemental

Les agents du Département du Nord sont attachés au service public et à ses valeurs qui constituent un socle guidant leur action. Même si le rôle de l'administration change et ses méthodes de travail évoluent, ces valeurs permanentes demeurent.
Dans le Projet d'Administration, elles se traduisent par des démarches de progrès auxquelles les agents sont collectivement appelés à s'associer.
Trois principes constituent le socle du service public :

• **Le principe d'égalité** renvoie à l'égalité d'accès aux services, pour les usagers et entre agents. Certes, l'égalité des citoyens est garantie par la loi dès lors que ceux-ci sont placés dans une situation identique. Mais le principe de libre administration des collectivités territoriales interroge ce principe d'égalité alors même que les richesses sont inégalement réparties sur le territoire. Il s'agit de garantir l'égalité d'accès aux services quel que soit le lieu d'habitation. Faire la même chose partout reviendrait à ne pas tenir compte des inégalités de fait, des situations et des besoins différents des usagers et des territoires. L'égalité de résultats semble à ce titre préférable à l'égalité de moyens.
Pour ce faire, le PAD s'attachera à approfondir la thématique de la territorialisation, mais également explorera d'autres voies nouvelles telles que l'e-administration, favorisant l'égalité d'accès aux services publics.

• **Le principe de continuité** implique d'assurer un service constant au public par un fonctionnement régulier des services de la collectivité. C'est dans cette perspective que s'inscrit la préoccupation d'une administration modernisée dans ses pratiques et ses moyens. Continuités territoriales mais également continuités dans le temps, le Conseil général intervenant à tous les âges de la vie, et les politiques publiques nouvelles s'inscrivant nécessairement dans le long terme.
En d'autres termes, l'enjeu est de répondre à un Conseil général présent sur l'ensemble de son territoire et en "tout temps", présent également pour préparer l'avenir.

• **Le principe d'adaptabilité** trouve sa pleine concrétisation dans le cadre de ce nouveau mandat qui fait du service public de proximité le cœur de ses préoccupations. Principal acteur de la solidarité, le Département du Nord entend s'affirmer comme acteur majeur dans le développement des hommes et des territoires. Pour ce faire, les services publics départementaux doivent s'adapter aux besoins des habitants et des territoires, en s'illustrant comme une administration encore plus proche des citoyens et au service des politiques publiques décidées par les élus du Conseil général. L'action des services départementaux s'inscrit également dans une volonté d'innovation permanente dans leurs pratiques professionnelles.

Au-delà de ces principes, le service public fait siennes des valeurs fondamentales :
- impératif de neutralité du service public dans son action notamment au regard du principe de laïcité ;
- exigence de solidarité et d'équité dans l'action des services départementaux.

3. Les objectifs de la démarche du Projet d'Administration Départementale

Le PAD doit venir définir, prioriser et coordonner l'action des services départementaux.
Son ambition est de :

- Doter l'administration départementale d'une culture commune
- Approfondir la territorialisation et la déconcentration de l'administration
- Développer le management par objectif et la culture de la qualité
- Rationaliser, optimiser et moderniser la gestion départementale
- Améliorer la capacité de l'administration à développer des projets complexes
- Définir les domaines sur lesquels les moyens dont on peut disposer devront être mobilisés en priorité
- Introduire et conforter le développement durable dans les pratiques des services

Les 3 axes du PAD

Le PAD, en phase avec les priorités du mandat, constitue une démarche globale couvrant l'ensemble des activités des services et fédérant les actions transversales en cours.

Il se veut à la fois un document de référence pour l'action de l'administration départementale, une démarche de progrès et de modernisation, un outil de cohérence vis-à-vis des politiques publiques et un acte de motivation et de mobilisation.

Il s'articule autour de trois axes :

PAD
Projet d'administration départementale

Une administration au service des politiques publiques

Confirmer que sa mission première est de préparer et mettre en œuvre les décisions de la collectivité dans le cadre des compétences qu'exerce cette dernière.

Une administration modernisée dans ses pratiques et ses moyens

Confirmer le souci qui doit être celui de toute organisation de s'adapter à la situation présente mais aussi d'anticiper les évolutions futures.

Une administration encore plus proche des citoyens

Viser à promouvoir la notion même de "service au public".

20 Démarches de progrès pour une administration en mouvement

Axe 1 : une administration au service des politiques publiques

1. Établir une feuille de route par direction
2. Adapter l'organigramme
3. Développer les actions sous mode projet
4. Finaliser les dispositifs de mesure de la performance de l'action
5. Mieux organiser le partenariat avec les organismes associés et les autres institutions publiques locales

Axe 2 : une administration modernisée dans ses pratiques et moyens

6. Développer l'autonomie professionnelle
7. Favoriser la mobilité interne
8. Élaborer le 2e schéma directeur des ressources humaines
9. Établir un cadre budgétaire pluriannuel maîtrisé
10. Mieux maîtriser les risques
11. Établir un plan "éco²"
12. Établir un schéma directeur immobilier des services
13. Élaborer un nouveau schéma directeur des systèmes d'information
14. Bâtir un plan e-administration

Axe 3 : une administration encore plus proche des citoyens

15. Organiser les services en privilégiant la territorialisation
16. Finaliser la charte des services publics départementaux
17. Aller vers une certification de l'accueil du public
18. Améliorer la lisibilité et l'accessibilité des procédures administratives simplifiées
19. Instaurer une fonction de médiateur départemental
20. Participer au développement d'outils associant mieux les citoyens à l'action publique

4. La méthode d'élaboration du Projet d'Administration Départementale

Un processus largement participatif

Au-delà d'une démarche projet classique, le PAD s'inscrit dans une démarche fortement participative. Le PAD sollicite la participation de tous les agents, les organisations syndicales sont régulièrement informées et peuvent être entendues par les équipes si elles le souhaitent, enfin un dispositif de communication spécifique est mis en place.

(...)

Document 10

projet d'administration

Communauté urbaine de Bordeaux

La cub 3

Edito >

La Communauté urbaine de Bordeaux, par ses compétences et missions de service public, occupe une place centrale dans l'évolution du territoire de l'agglomération bordelaise et son bon fonctionnement au quotidien. Chaque agent par son travail participe de ce rôle.
Notre établissement, fort de quarante années d'innovations au service de ses habitants, est résolument tourné vers l'avenir de notre territoire et les grands enjeux qui le traversent, le bousculent, le reconfigurent mais également nous traversent, nous bousculent et nous amènent à évoluer.
La Cub a réalisé et engagé de grands chantiers qui préfigurent ce que j'ai appelé la décennie bordelaise. Ce moment où, à la croisée de nouvelles opportunités, le nouveau visage de notre territoire va se dessiner. Un visage millionnaire, car les élus ont ensemble fixé l'objectif de faire à plus ou moins vingt ans de l'agglomération bordelaise une métropole millionnaire, avec des politiques prioritaires qui en découlent et peuvent être résumées par l'EHDN – à savoir l'Emploi, l'Habitat, les Déplacements et la Nature – et les nombreux défis qui y sont afférents.
Le projet d'administration n'est pas l'adaptation ou la déclinaison de cette feuille de route fixée par les élus. Il est, selon moi, bien plus.
J'ai la conviction que nos façons de faire, nos règlements d'intervention, nos méthodes de travail, notre répartition territoriale sont des éléments moteur, sinon indispensables, à l'évolution de notre territoire. Ils permettent à certains projets d'émerger, à l'innovation de s'épanouir, à de nouvelles logiques de prendre vie, au service public rendu d'être garanti. Nous organiser différemment, c'est impulser cette dynamique vis-àvis de nos partenaires, qu'ils soient institutionnels, associatifs ou privés, et de nos usagers. Il s'agit également, à travers notre organisation, de continuer à garantir l'équité et la solidarité sur notre territoire.
J'ai confiance en vos capacités et en nos ressources internes. Votre rôle est central et la réussite de ce projet ne peut être que le fruit d'un engagement collectif.
Je suis aussi et surtout convaincu que construire un projet d'administration, c'est le moyen de poser à plat, ensemble, nos priorités internes, notamment en matière d'évolution des carrières et de mobilité interne, de parité et de politique sociale pour l'ensemble des agents. J'ai souhaité ces trois points forts, avec l'ambition de faire, avec vous, de notre administration, une administration exemplaire.
Vincent Feltesse
président de la Communauté
urbaine de Bordeaux

Avant-propos >

Nous arrivons à une étape primordiale de concrétisation de la conduite du changement engagée il y a un an par le président Feltesse. Ce processus a mobilisé de nombreux agents de la communauté urbaine. Je les en remercie. Le livre blanc qui a été rédigé fait place à l'expression des attentes des uns et des autres, dans le désir partagé d'un service public efficace. A la suite de ce livre blanc, des groupes de travail ont fait des propositions concrètes pour répondre à ces attentes.
Toute cette démarche qui a été portée par un comité de pilotage composé d'élus communautaires – qui en a régulièrement rendu compte au bureau – conduit aujourd'hui au Projet d'administration.
Pourquoi un Projet d'administration ?
La Cub a des missions confiées par le législateur et mises en oeuvre par le conseil communautaire. Elle conduit des politiques publiques adoptées par les élus communautaires, elle produit et gère au quotidien des services publics. Son efficacité et sa technicité sont reconnues. Alors, pourquoi un projet d'administration ? Je perçois quatre raisons.
En premier lieu, toute organisation a besoin de s'interroger sur ce qu'elle fait : pourquoi elle le fait, comment elle fait. Même si elle trouve dans son histoire tous les motifs de satisfaction de sa réussite, les évolutions de l'environnement et les nouveaux enjeux l'invitent à ces interrogations. Les agents de La Cub peuvent être fiers de tout ce qui a été fait et bien fait, ils le seront encore plus en montrant leur capacité à s'adapter aux nouvelles attentes des communes et de leurs habitants ainsi qu'aux nouveaux enjeux du territoire.

Nous sommes tous attachés au service public. Et les valeurs du service public font référence à la communauté urbaine. Parce que le rôle de l'administration change et parce que ses méthodes de travail évoluent, ces valeurs ont besoin d'être constamment adaptées et actualisées. Dans le projet d'administration, cette relecture prend la forme d'ambitions auxquelles nous sommes collectivement appelés à répondre. C'est la deuxième raison.
La volonté politique de territorialiser l'action et l'administration communautaires constitue la troisième bonne raison du projet d'administration. Cette territorialisation n'est pas nouvelle à La Cub ; elle existe déjà. Mais elle doit prendre un nouvel essor et concerner l'ensemble des domaines d'intervention. Elle ne consiste pas seulement à créer des directions territoriales, mais aussi à développer de nouvelles manières de travailler mettant l'accent sur l'approche plus globale des problèmes et des solutions, mettant au coeur de nos pratiques le partenariat construit avec les communes. Le nouvel organigramme répond à cet objectif.
Le livre blanc est la quatrième raison : il fait un large écho aux attentes en matière de gestion des ressources humaines. Et le projet d'administration donne des orientations fortes : il reconnaît la place des hommes et des femmes comme une richesse que La Cub doit prendre soin de préserver et de développer.
Avec ce projet, ce ne sont ni un catalogue d'actions, ni un mode d'emploi qui nous sont livrés.
Nous nous donnons des axes de travail pour rejoindre les attentes exprimées et pour être aux rendez-vous des nouveaux enjeux du territoire.
Je sais pouvoir compter sur vous pour porter ces ambitions en lien avec notre mission de service public, car je crois en l'action de chacun au service de tous.

Eric Delzant
directeur général des services

RAPPORT

Document 11

Projet d'administration – Document de synthèse des actions (extraits) – Conseil départemental des Vosges – site consulté le 23 mai 2016

Qu'est-ce que le projet d'administration ?

Une feuille de route commune pour construire l'administration départementale de demain

L'accompagnement du changement...

Aujourd'hui, plus de **2 000 agents**, représentant **plus de 100 métiers différents**, font toute la richesse de notre collectivité.

Les réformes institutionnelles, le contexte financier et économique, la taille de notre administration et l'évolution des besoins des usagers ont rendu nécessaire la mise en place d'un projet d'administration pour accompagner les agents dans l'adaptation de nos manières de faire et de fonctionner face à l'évolution de notre collectivité.

Il s'agit d'un projet commun à l'ensemble des agents dont la finalité porte sur l'**optimisation de notre organisation, notre fonctionnement et nos méthodes de travail**. C'est un repère commun, dans la diversité de nos métiers et de nos fonctions.

Véritable trait d'union...

Le projet d'administration traduit le **cap commun** que l'ensemble des agents du Conseil général des Vosges se sont fixés et qu'ils souhaitent partager. Traduisant l'ADN de notre administration, il doit devenir le **socle de notre organisation** et de notre action future et sera, à ce titre, **décliné dans chacun des pôles**.

Dans cet esprit, il reste un projet vivant qui devra s'enrichir et nous permettre d'évoluer tout en conservant nos principes et notre identité. Ainsi, le projet d'administration sera le fil d'Ariane qui devra nous permettre collectivement de relever plusieurs grands défis à venir :
➔ celui de l'**exemplarité de notre administration et de ses agents** dans le domaine du développement durable, au travers de l'élaboration d'un futur agenda 21
➔ celui de la **modernisation et de l'optimisation des politiques départementales**, pour un service public encore plus performant
➔ celui de l'**évolution de notre collectivité** dans le cadre de l'acte 3 de la décentralisation qui nous amènera à refonder nos relations avec les autres collectivités vosgiennes.

Le fruit d'un travail transversal, collectif et participatif...

Piloté par le Directeur Général des Services et coordonné par la Direction de l'Organisation, du Conseil, de la Prospective et de l'Evaluation (DOCPE), le projet s'est appuyé sur une importante concertation du personnel au travers de :

- <u>l'implication des agents</u> :

➔ 2 000 agents ont construit les fondations du projet (ainsi que les représentants du personnel)
➔ 70 agents ont animé les rencontres avec le Directeur Général des Services
➔ 35 équipes projet, représentant ainsi plus de 150 agents mobilisés, ont travaillé sur la définition des modalités de mise en œuvre des actions

- <u>l'implication des cadres</u> :

➔ 194 cadres ont réfléchi aux grands enjeux de demain pour notre collectivité

- <u>l'implication des directions</u> :

Les directions et services se sont investis dans le bon déroulement de l'élaboration du projet d'administration notamment par la mise à disposition de moyens d'organisation et techniques.

(...)

Les idées fortes du projet d'administration...

Valeurs communes (respect, reconnaissance, service public, solidarité... pour donner un sens à notre engagement au quotidien)

Relation avec l'usager (accueil, orientation, satisfaction, proximité, communication... pour mieux répondre à l'usager)

Simplification (procédures, circuits administratifs, circuits de décision... pour l'efficacité de notre action)

Transversalité (rencontres entre agents, connaissance des directions/services, missions... pour mieux travailler ensemble)

Métiers (journées professionnelles, connaissance, communication... pour mieux valoriser notre savoir-faire)

Transparence (modes de travail, organisation, circulation de l'information... pour mieux comprendre nos processus)

Reconnaissance (objectifs de travail, écoute, dialogue, management... pour renforcer la motivation)

Participation (agents, assistants familiaux, usagers... pour être associés à la vie de notre administration)

Economies (mutualisation, équité, exemplarité... pour mieux gérer nos ressources)

Dématérialisation (accès à l'information, réactivité, flexibilité... pour la fluidité dans nos missions quotidiennes)

Quelques chiffres-clés sur l'élaboration du projet...

Les rencontres du DGS avec les agents

46 réunions organisées par service/direction
23 jours consacrés par le DGS à ces réunions
9 mois de rencontres et d'échanges
10 collèges mobilisés pour permettre les rencontres avec les agents travaillant dans les territoires
110 repas préparés par les cuisiniers de ces collèges
2 746 questions posées lors des réunions (une moyenne de près de 60 questions par réunion)
2 080 agents rencontrés
70 animateurs des ateliers de travail investis
655 propositions formulées
71% des agents ont trouvé importante, voire indispensable, la démarche du DGS

Les autres rencontres :
Le 19 juin 2012, avec les animateurs des ateliers du projet d'administration
(+ 16 propositions)
Le 29 juin 2012, avec les représentants élus du personnel
(+ 64 propositions)
Le 13 juillet 2012, avec les membres de « Opération Processus et Economies »
(+ 71 propositions)

655 + 16 + 64 + 71 = 806 propositions au total

Le travail des groupes projet

Plus de 40 actions identifiées suite à l'étude de l'ensemble des propositions
35 équipes mobilisées dans la réflexion sur les moyens de mise en œuvre des actions
4 mois de travail et réunions de groupe

Zoom sur...

Une technique innovante de participation : le questionnaire interactif

Lors des rencontres entre le DGS et les agents, un sondage en temps réel a été mis en place. Muni d'un boitier de vote électronique, chaque agent pouvait répondre, anonymement, aux questions. L'affichage immédiat des résultats leur permettait de visualiser les réponses de l'ensemble des participants et, le cas échéant, de réagir.

83 questions portaient sur la connaissance de l'administration, son fonctionnement, ses missions, son budget...

119 questions visaient à obtenir le ressenti et l'opinion des agents sur des sujets comme la réforme territoriale, les économies, le management, la motivation, les conditions de travail, l'ambiance, l'avenir...

Les grands enjeux de demain

Le Conseil général des Vosges et son administration sont à la veille de changements majeurs :

- des changements d'hommes à la tête de l'administration
- des changements liés au contexte financier et budgétaire qui devient de plus en plus contraignant
- des changements liés à un nouvel acte de la Décentralisation dont les contours se précisent

Dans ce contexte en mouvement, il devient nécessaire de prioriser les actions du Département. Demain, la collectivité va continuer à jouer un rôle important au service du territoire et de ses habitants. Les cadres ont analysé les grands enjeux pour l'avenir. En lien avec les propositions des agents, ces enjeux, à découvrir ci-dessous, constituent aussi les fondements du projet d'administration.

26/32

▶ La recherche permanente de la satisfaction des usagers
Le droit à l'accès au service public et à l'information, la rapidité des délais de traitement et la qualité du contact humain doivent être la préoccupation première de notre collectivité et son administration.

▶ La valorisation de l'image du Conseil général
De nombreux vosgiens ne connaissent ni les compétences ni les missions du Conseil général, tout comme certains agents y travaillant. Il est donc indispensable d'informer et de valoriser nos dispositifs à travers une communication régulière et dynamique.

▶ La modernisation de notre administration
Réactivité, fluidité, transparence dans le suivi et le traitement des données… voici autant d'éléments à renforcer pour offrir aux usagers des services en ligne pertinents et, parallèlement, apporter des gains aux agents dans leur travail quotidien.

▶ La crise comme opportunité de repenser les politiques départementales
Les contraintes obligent à s'interroger sur nos politiques, la manière de les conduire, leurs impacts sur le territoire et la population. Il s'agit d'un moment clé qui nécessite d'être inventif mais aussi de refonder notre action sur des bases innovantes, solides et efficaces. Le développement d'outils tels que les audits, les évaluations ou la prospective permettront ainsi de mieux anticiper et préparer l'avenir.

▶ La transversalité pour affirmer la cohérence de nos actions
Face au contexte actuel, il devient nécessaire d'appréhender les politiques dans une vision globale, et non plus de raisonner de manière sectorielle et cloisonnée. C'est pourquoi, le travail en mode projet constitue un outil à valoriser et à pérenniser au sein de notre collectivité.

Le projet d'administration du Département des Vosges se structure actuellement autour de 4 grands axes, 13 enjeux et 44 actions

<table>
<tr>
<td>Axe « Placer l'usager au cœur de notre action »

3 enjeux :
■ Accueillir, orienter et satisfaire l'usager
■ Informer et communiquer vers l'usager
■ Gérer nos relations avec l'usager

10 actions

A découvrir dans ce document à partir de la page 6</td>
<td>Axe « Adapter notre fonctionnement pour être encore plus efficace »

4 enjeux :
■ Simplifier les procédures, les circuits de décision et les strates hiérarchiques
■ Développer la transversalité
■ Impulser de nouvelles méthodes et organisations du travail
■ Favoriser les échanges avec les élus

14 actions

A découvrir dans ce document à partir de la page 11</td>
</tr>
<tr>
<td>Axe « Partager une culture commune »

2 enjeux :
■ Fédérer l'ensemble des agents
■ Informer au quotidien

5 actions

A découvrir dans ce document à partir de la page 17</td>
<td>Axe « Etre acteur, à part entière, de la vie de la collectivité »

4 enjeux :
■ Mieux se repérer dans notre organisation
■ Développer les démarches participatives
■ Favoriser la reconnaissance de chacun
■ Développer la politique des métiers

15 actions

A découvrir dans ce document à partir de la page 20</td>
</tr>
</table>

(…)

Document 12

Maxime Barbier, manager chez bluenove - *La Gazette des Communes* – 28 octobre 2015

Six virages à prendre pour une administration du 21e siècle

Pour que l'innovation publique s'amplifie et produise des changements concrets dans nos vies de citoyens, l'administration doit se doter d'une vision et se mettre en capacité de négocier au moins 6 virages, correspondant à 6 leviers de transformation.

Premier virage : le numérique.

Portails en ligne, dématérialisation de procédures, nouveaux services numériques, ouverture des données publiques (open data), et demain big data : la France a clairement fait le choix de miser sur l'administration numérique.

Des initiatives notables ont vu le jour. Pour les entreprises, « Marché Public Simplifié » (MPS) permet aux entreprises de répondre à certains marchés publics en ne fournissant seulement leur numéro de Siret pour s'identifier. Pour les particuliers, le simulateur « Mes aides » permet à chacun de savoir en quelques minutes à quelles aides sociales il est éligible. Demain, France connect offrira aux particuliers et aux entreprises un accès universel aux services publics en ligne à partir d'un système d'authentification unique. Le dispositif est d'ailleurs entré en phase d'expérimentation depuis début septembre. Le défi consiste maintenant à réussir le déploiement de ces services numériques et le développement de leurs usages. Comment accompagne-t-on par exemple l'utilisation de « Mes aides » auprès des travailleurs sociaux ou comment mène-t-on des actions de proximité auprès des publics en situation de précarité pour réduire le non-recours aux prestations sociales ? Comment faire pour que ce service numérique ne traduise pas la déshumanisation du service public ? Pourra-t-on aller au-delà d'un simple simulateur et proposer une demande unique pour l'ensemble des prestations sociales ? Si personne ne prétend le contraire, le numérique ne résout pas tout. L'ambition d'innovation publique ne doit et ne peut se limiter à une ambition exclusivement numérique. Elle doit chercher à transformer en profondeur les façons de concevoir et piloter les politiques publiques et les relations entre l'administration et ses usagers.

Deuxième virage : la co-conception de l'action publique.

Plusieurs nouvelles méthodes et disciplines ont fait leur intrusion dans l'administration ces derniers mois : le design de service (sous l'impulsion d'acteurs comme l'association la 27e Région), le prototypage, les « start-up d'Etat » inspirées des méthodes agiles, ...

Toutes ces méthodes ont un point en commun : elles promeuvent une conception innovante des politiques et des services publics et font de l'expérimentation une nouvelle ligne directrice.

Plusieurs labs et incubateurs ont vu le jour depuis 2 ans, avec un effet de mode certain : au sein de l'État avec Futurs Publics au SGMAP ou le Numerilab à l'Education nationale ainsi que dans plusieurs régions (PACA, Champagne-Ardenne, Pays-de-la-Loire,...) et départements (Val d'Oise). Pôle emploi ou encore la CNAF ont également développé des politiques ambitieuses pour soutenir l'innovation.

Troisième virage : l'innovation managériale et collaborative.

Il y a plus de 25 ans, un ministère pionnier, la Défense, faisait de « l'audace » une valeur fédératrice en créant un prix de l'innovation permettant à chaque personnel de défense de proposer des solutions pour améliorer le fonctionnement des forces. Le dispositif a été plusieurs fois copié et adapté (Intérieur, Justice, Éducation nationale, Sécurité Sociale,...).

À quand le grand bond vers les pratiques collaboratives ? Plusieurs initiatives intéressantes ont vu le jour, avec la vague des réseaux sociaux d'entreprise : « WiFiP » permet de conduire différemment des projets à la direction générale des finances publiques (DGFiP), « Diplomatie » est devenue une référence au ministère des Affaires étrangères (on parle même de l'étendre à l'ensemble des ministères).

Encore une fois, la réponse à plus de collaboration entre les agents n'est pas uniquement technique. C'est avant tout une question de gestion du changement, d'évolution des pratiques managériales, d'une nouvelle façon de partager l'information, d'exemplarité de la part des dirigeants publics. La collaboration représente alors clairement un levier de transformation interne. Il est aussi urgent de former les futurs managers publics aux nouvelles approches collaboratives. Les bataillons actuels et futurs d'étudiants de l'ENA, des IRAs et des autres écoles de service public gagneraient à passer « à la moulinette » de l'innovation publique. Non pas par contrainte, mais pour ouvrir le champ des possibles. Parallèlement, de nouvelles compétences doivent être intégrées au sein de la fonction publique, de manière temporaire ou durable : compétences de conception (design), gestion de projet d'innovation, data science, ethnographie, coaching, knowledge management...

En outre, il serait opportun de remettre en cause (re-questionner au moins) certaines pratiques séculaires ou dépassées : la note de service, la réunion administrative, la réunion interministérielle (formelle ou informelle), la circulaire, l'appel à projet. Proposition : et si on organisait un hackathon de deux jours pour « hacker » et moderniser toutes pratiques ? Cette session aurait eu sa place à coup sûr dans le programme de la semaine de l'innovation publique !

De même, repenser l'espace de travail des fonctionnaires ne devrait pas entraîner de polémique. Obtenir une demi-journée de télétravail par semaine ne doit plus relever de l'exploit pour un agent public ni créer la méfiance de la part de ses collègues. Où sont les tiers-lieux accessibles aux agents publics ?

On ne peut plus se permettre de faire travailler 20% de la population active avec les mêmes recettes. De là, à vouloir transformer l'administration française en « administration libérée », le chemin à parcourir s'apparente à un grand saut dans le vide. Peut-être y a-t-il quelques enseignements à tirer de l'expérience du ministère belge de la sécurité sociale qui a établi de nouvelles règles de vie commune et de fonctionnement autour de la recherche d'autonomie, de la mise en place d'un management au résultat, de la liberté dans l'organisation du travail au bureau et chez soi ? (voir ici le récit de cette expérience). C'est en tout cas l'un des nouveaux rôles que les équipes en charge des « ressources humaines » peuvent explorer.

En synthèse, les administrations (nationales et locales) doivent changer de posture pour se penser comme des « entrepreneurs publics », sans pour autant renier les valeurs du service public.

Quatrième virage : l'intelligence, la décision, l'action collective.

La nouvelle quête semble être de trouver les « nouvelles formes de participation citoyenne ». Les think tank planchent furieusement sur le sujet, les intellectuels en font la condition essentielle du renouveau démocratique, les administrations tentent quelques expériences, les élus font preuve d'une relative frilosité.

L'actualité du moment, c'est la discussion ouverte auprès du grand public sur le Projet de loi « République Numérique » porté par Axelle Lemaire. C'est la première fois en France qu'un projet de loi est soumis à consultation et avis du grand public après son élaboration par le Gouvernement. Alors, coup de communication bien orchestré ou véritable pas en avant vers une démocratie directe ? Ce qui est notable, c'est qu'à l'issue de cette consultation, on peut dénombrer plus de 80 000 votes, près de 6 000 contributions et 10 000 participants. L'exercice a été mobilisateur. A-t-il pour autant été utile ? Seul l'avenir nous le dira.

En France, la ville de Paris fait figure de locomotive, et l'on est vite tenté de se référer à l'initiative de budget participatif. Les détracteurs rappelleront que dans les années 90, les villes de Porto Alegre (Brésil) et Montevideo (Uruguay) avait expérimenté ce type d'approche. En France, au début des années 2000, les communes d'Issy les Moulineaux et de Grigny (Rhône) réservaient déjà une partie de leur budget à la décision de ses administrés.

Et maintenant, comment aller plus loin ? Est-on dans la science-fiction si l'on parle d'intelligence, de gouvernance et d'action collective ? Est-on capable de concevoir à plusieurs centaines, voire plusieurs milliers de personnes des connaissances nouvelles ? Peut-on imaginer que certaines décisions d'intérêt général se prennent par la décision collective d'un grand nombre de personnes ? Est-il possible dans un futur proche que des communautés et mouvements spontanés se saisissent de sujets et soient outillés pour réaliser ensemble des transformations réelles ? Dans les entreprises, dans les collectivités, entre associations, entre particuliers.

Avec un angle de vue plus politique, on peut se référer au choix fait par nos voisins britanniques dès 2010 avec la Big Society. La Big Society est un projet de transformation sociale qui vise à modifier en profondeur les rapports entre l'Etat et la société civile. Il ne s'agit pas là de crier les bienfaits ni de pourfendre cette politique, qui a connu beaucoup d'inflexions depuis. Mais de se poser la question d'un « modèle à la française ». Que voudrait dire en France une participation plus forte des usagers à la gestion des services publics ? Par exemple dans la co-gestion d'une bibliothèque municipale, dans la sécurité d'un quartier, dans la gestion de la voirie, etc.

Cinquième virage : l'innovation ouverte (open innovation).

Et si l'on ouvrait l'administration ? Mais à quoi ? À quels acteurs ? Pour quelles finalités ? Deux mouvements pourraient utilement se combiner.

Le premier mouvement consiste à mieux ouvrir les administrations aux idées des usagers. C'est l'un des combats de la structure en charge de la réforme de l'État depuis 2009. Le choc de Simplification pour les entreprises et les particuliers est en partie fondé sur une écoute de leurs expériences vis-à-vis du service public et de leurs propositions. Le site collaboratif Ensemble Simplifions a fait la place à Faire Simple, à la faveur du changement de majorité en 2012 et permet de recueillir les idées d'amélioration et de simplification des usagers.

Saviez-vous également que le futur portail www.impôts.gouv.fr avait été en partie co-construit avec les usagers ? Le temps est révolu où l'administration pensait la mise en place de ses services sans recueillir l'avis de ses bénéficiaires. Cette approche d'écoute et de participation structurée (via des études, la mise en place de panels, la mesure de la satisfaction) gagnerait à être systématisée dans l'ensemble des ministères, opérateurs et collectivités. Pour rappel, l'un des 4 piliers du programme de modernisation de l'action publique en 2012 s'intitulait bien « partir des besoins des usagers et des citoyens »... Il y a encore un peu de chemin à parcourir.

Le second consiste à soutenir de manière plus volontaire l'innovation ouverte dans l'économie et la société. La ministre en charge du numérique Axelle Lemaire l'a martelé récemment : « il faut créer l'écosystème idéal pour stimuler une innovation ouverte ». Les lieux de rencontre manquent pour rassembler grands groupes, start-ups, acteurs publics et financeurs.

Et pourquoi ne pas dupliquer le concept à d'autres écosystèmes ? Par exemple aux acteurs de la recherche et aux acteurs de l'économie sociale et solidaire. L'État peut faire mieux pour stimuler l'open innovation sur le territoire. Au niveau national comme local.

Les marchés publics sont également un levier intéressant, à l'image des partenariats d'innovation. Avec ce nouveau dispositif, les acheteurs publics ont la capacité de mettre en place un partenariat structuré de long terme avec une entreprise, couvrant à la fois la recherche et développement (R&D) et surtout l'achat des produits, services ou travaux innovants sans qu'il soit nécessaire de procéder à une nouvelle mise en concurrence. Rappelons que la commande publique représente près de 90 milliards d'euros et que l'Etat s'est donné pour objectif de réaliser 2% d'achats innovants d'ici 2020 et d'encourager les collectivités à suivre la même voie. Cela pourrait représenter une aubaine pour bon nombre de PME dans les prochaines années...et pour les administrations !

Sixième virage : l'innovation territoriale.

« L'innovation au pouvoir ! Pour une action publique réinventée au services des Territoires ». Tel est l'intitulé du rapport remis au printemps dernier à la ministre en charge de la décentralisation et de la fonction publique sur l'innovation territoriale.

Cet exercice a le mérite d'apporter une définition du concept : « L'innovation territoriale peut se définir comme une réponse nouvelle (ou transférée dans un contexte nouveau) à une problématique et/ou à un besoin identifiés collectivement dans un territoire, en vue d'apporter une amélioration du bien-être et un développement local durable. ». 18 propositions ont été recensées pour « faire de l'innovation territoriale un élément de dynamique économique et démocratique », à l'image de la création de « fonds de garantie » sur les territoires pour aider la réalisation de projets d'innovation territoriale, sociale ou citoyenne.

Comment aborder le sujet ?

Le contexte et la commande

Le contexte est rapidement tracé : vous êtes chargé de mission dans une communauté d'agglomération de 80 000 habitants nouvellement créée.

Deux précisions ont leur importance : cette communauté est récemment créée, ce qui rend très pertinente l'élaboration du projet d'administration qui fait l'objet de la commande.

La taille de la communauté d'agglomération renvoie à la définition de ce type d'établissement public de coopération intercommunale : institué par la loi du 12 juillet 1999 relative au renforcement et à la simplification de la coopération intercommunale, cet EPCI regroupe plusieurs communes formant un ensemble de plus de 50 000 habitants d'un seul tenant et sans enclave autour d'une ou plusieurs communes centres de 15 000 habitants. En outre, cette communauté résulte de la fusion, dans le cadre de la loi MAPTAM, de cinq EPCI préexistants : il faudra donc être particulièrement attentif à mettre en place un projet de service fédérateur.

Votre position de chargé(e) de mission auprès de la DGS chargé(e) d'étudier la mise en œuvre d'un projet de service indique bien le caractère stratégique et transversal de ce projet.

Enfin, la taille de cette communauté d'agglomération doit vous inciter à manier avec prudence les exemples de projets de service de collectivités de nature (département) ou de taille différente (communauté urbaine) que vous trouverez dans le dossier.

Les titres

Les titres des documents permettent de percevoir assez aisément ceux qui pourront servir à définir un projet d'administration et ceux qui vous fourniront des informations utiles pour « dégager des solutions opérationnelles ».

Ils peuvent même vous mettre assez facilement sur la voie de l'organisation de la première partie autour, par exemple, des axes très « classiques » : définition (un projet d'administration, qu'est-ce que c'est ?)/conditions de réussite, ou : Objectifs (un projet d'administration : à quoi ça sert ?)/conditions de réussite, ou encore : Objectifs/Écueils, ou : Les gains attendus/Les conditions de réussite.

Première partie		Deuxième partie
Objectifs	**Conditions de réussite**	**Solutions opérationnelles**
Qu'est-ce que le management de projet (document 1)	Organisation : mobiliser les agents sur un projet d'administration (document 2)	Cent pistes d'actions opérationnelles pour porter un projet d'administration (document 3)
La démarche « projet de service coopératif » (document 6)	Rouen met la communication interne au cœur du projet d'administration (document 4)	Réforme territoriale : vous n'y voyez rien et vous voulez manager ? (document 8)
Faut-il satisfaire l'usager (document 7)	Donner des outils communs aux managers pour décliner le projet d'administration (document 5)	Six virages à prendre pour une administration du XXIe siècle (document 12)
Six virages à prendre pour une administration du XXIe siècle (document 12)		
Le projet d'administration départementale 2001-2014 (document 9)		Le projet d'administration départementale 2001-2014 (document 9)

Projet d'administration (édito et avant-propos) (document 10)		Projet d'administration (édito et avant-propos) (document 10)
Projet d'administration — Document de synthèse des actions (document 11)		Projet d'administration — Document de synthèse des actions (document 11)

Le plan

Le plan de la première partie se dessine aisément. À partir de là, la **technique 1** exposée dans les conseils méthodologiques (ouverture de fiches à partir d'un plan préconçu) peut être facilement mise en œuvre. On ouvrira également *a priori* une fiche « introduction » où l'on placera les éléments requis au fur et à mesure de l'exploitation du dossier.

La seconde partie n'est pas pour l'instant organisée, mais on pourra opérer une prise de notes rapide sur les données qui peuvent y trouver place avant de la structurer au fur et à mesure du recueil des informations.

L'exploitation du dossier

Fiche introduction

Entrée en matière	Depuis plus d'une trentaine d'années, le management de projet a transformé les organisations : il est devenu le mode privilégié du changement, dans un contexte concurrentiel qui rend indispensables les réorganisations d'entreprises elles-mêmes changeantes. Manager un projet, c'est à la fois l'organiser, le piloter et l'évaluer, la performance du projet passant par une forte implication de ses différents acteurs. Avec le management de projet, s'est développée l'idéalisation d'un mode d'action exaltant, les salariés devenant des acteurs autonomes fortement attachés à réussir ; la réalité est certainement loin d'être aussi rose, l'excès d'engagement, la perte d'identité professionnelle, l'échec de certains projets pouvant s'avérer désastreux (document 1).
Contextualisation	Pour construire un projet d'administration réussi, il faut avoir à l'esprit que tout projet requiert des moyens et des compétences et qu'invoquer de manière incantatoire le management de projet ne suffit pas à réussir (document 1). Voici une dizaine d'années que les collectivités territoriales développent des projets d'administration participatifs, tant pour fédérer leurs agents autour de valeurs communes que pour exercer au mieux de nouvelles compétences dans un contexte de raréfaction des ressources (document 2).

Fiche 1

Les gains attendus
Toute collectivité, et c'est particulièrement le cas de la communauté d'agglomération d'Alpha née de la fusion de cinq EPCI, réunit en son sein des agents de cultures, d'origines et de métiers différents. Un projet d'administration permet de réunir tous les agents autour d'un projet respectant leurs valeurs, de donner sens à leur travail en l'articulant avec des objectifs et des résultats (document 2). Il est particulièrement utile dans ce contexte d'harmoniser les procédures, d'améliorer les échanges et les processus décisionnels. La consultation des agents dans le cadre d'une co-construction du projet d'administration permet de réinventer un dialogue social qui n'existait parfois pas ou plus précédemment et de mieux comprendre les contraintes des uns et des autres (document 3). La création d'une communauté d'agglomération, avec des transferts de compétences et la mise en place de services communs, induit nécessairement des redéfinitions de fonctions, des modifications des processus de travail et l'instauration de nouveaux partenariats internes (document 4). L'élaboration et la déclinaison du projet d'administration permettent aux cadres des différentes directions de se retrouver, d'échanger sur leurs méthodes, d'arrêter des méthodes communes pour réaliser les projets de la communauté d'agglomération (document 5).

Dans un contexte compliqué induit par la naissance de la communauté d'agglomération et les mutualisations qu'elle entraîne, se dédouaner en invoquant des décisions politiques sur lesquelles elle n'aurait pas prise n'est pas une posture envisageable pour l'équipe de direction générale : un projet d'administration lui permet de faire la preuve de sa capacité à piloter le changement et de donner les moyens aux agents d'être acteurs des transformations qu'ils vont connaître, grâce à l'écoute de leurs préoccupations, à l'identification de l'expertise acquise et de l'expérience mobilisable, des besoins d'adaptation et au partage sur les valeurs qui doivent être préservées (document 8).

Donner du sens et fournir des repères, améliorer l'efficience des actions au regard de celles précédemment conduites par les EPCI avant leur fusion dans la communauté d'agglomération, mettre en cohérence les actions des directions et services avec les orientations fixées par les élus, tels sont les grands objectifs poursuivis au moyen de l'élaboration du projet d'administration (document 9).

Comme l'écrit le président de la communauté urbaine de Bordeaux dans un éditorial présentant le projet d'administration de cette communauté, il permet « à certains projets d'émerger, à l'innovation de s'épanouir, à de nouvelles logiques de prendre vie, au service public d'être garanti. Nous organiser différemment, c'est impulser cette dynamique vis-à-vis de nos partenaires, qu'ils soient institutionnels, associatifs ou privés, et de nos usagers. Il s'agit également, à travers notre organisation, de continuer à garantir l'équité et la solidarité sur notre territoire » (document 10).

Fiche 2

Les précautions à prendre (ou : les conditions de réussite)

Certaines collectivités font appel à un cabinet extérieur pour consulter les agents et aider à l'élaboration des projets de direction. Le CNFPT peut également apporter son aide en tant qu'assistant à maîtrise d'ouvrage. D'autres collectivités mènent la démarche en interne, notamment au moyen de questionnaires ou de séminaires avec les cadres. En toute hypothèse, la consultation des agents est indispensable. Un plan de communication, avec une lettre interne et un site internet dédié, permet d'informer tous les agents sur l'avancement du projet, les cadres pouvant en outre être formés si nécessaire pour en parler à leurs agents (document 2). La communication interne apparaît comme une courroie de transmission indispensable entre la direction et les agents pour faire adhérer ces derniers au projet d'administration et accompagner les changements nécessaires (document 4).

Pour réussir, la démarche doit être portée par toute la direction générale, qui doit s'assurer que chaque direction joue un rôle de relais auprès des services (document 2).

Le projet d'administration risque d'être perçu comme une surcharge de travail inutile s'il est conçu comme un objectif, alors qu'il s'agit bien davantage d'une démarche permettant de travailler sur le sens et la cohérence des missions, d'optimiser la qualité du service notamment grâce aux partenariats et à la coopération. Permettre à chaque niveau hiérarchique de s'approprier les orientations, de réfléchir sur ses missions, de partager les bonnes pratiques managériales, permettre à chacun de se percevoir comme un acteur contribuant, en relation avec d'autres, à la réussite du projet, est indispensable. Un manager sachant animer une équipe tout en sachant demeurer expert pour résoudre les problèmes, capable de générer de la coopération plutôt que de coordonner lui-même est une des clés de la réussite (document 6).

Les politiques centrées sur les usagers et leur satisfaction connaissent des limites : évaluer cette satisfaction est difficile et peut faire perdre de vue les objectifs de la collectivité. La prise en compte de l'intérêt général, l'égalité devant le service public sont des objectifs bien plus pertinents que l'atteinte d'objectifs dictés par des indicateurs de performance (document 7).

Fiche 3

Solutions opérationnelles

Le document 11 contient des éléments qui pourront être repris :

Piloté par le Directeur général des services, le projet d'administration s'est appuyé sur une importante concertation du personnel (4 mois de travail et de réunions de groupe) :

• L'implication des agents :

– des agents, dont des représentants du personnel, ont construit les fondations du projet ;

– des agents ont animé les rencontres avec le Directeur général des services. Lors des rencontres entre le DGS et les agents, un sondage en temps réel a été mis en place (réponses anonymes et affichage de l'ensemble des réponses des participants) ;

– des équipes projet ont travaillé sur la définition des modalités de mise en œuvre des actions.

• L'implication des cadres :

– les cadres ont réfléchi aux grands enjeux de demain pour la collectivité.

- L'implication des directions :

– Les directions et services ont notamment mis à disposition des moyens d'organisation et techniques.

Le document 12 donne des exemples de virages que doit prendre l'administration et qui peuvent sous-tendre l'élaboration d'un projet d'administration :

– le numérique et le changement des pratiques ;

– la co-conception de l'action publique, fondée sur l'expérimentation ;

– l'innovation managériale et collaborative, permettant à tous les agents de proposer des solutions pour améliorer le fonctionnement des services. Cette évolution doit s'accompagner de la remise en cause de pratiques comme les notes de service ou les réunions administratives ;

– la co-construction des politiques avec les citoyens et les acteurs locaux ;

– l'innovation ouverte, les acteurs privés pouvant proposer de nouveaux services en utilisant les données de l'administration ;

– l'innovation territoriale, réponse nouvelle à des besoins identifiés sur un territoire.

Ce travail méthodique d'exploitation des éléments du dossier, qui s'attache à éliminer les informations redondantes tout en valorisant les informations essentielles, aboutit à deux sous-parties relativement équilibrées constitutives de la première partie.

Les éléments utilisables en seconde partie (propositions opérationnelles) sont moins nombreux, et on devra s'attacher à mobiliser des connaissances personnelles et à bien prendre en compte le contexte pour proposer des solutions opérationnelles crédibles.

Corrigé

REMARQUE Le corrigé ci-après contient quelques précisions en italiques à visée pédagogique qui ne figurent évidemment pas dans une copie de concours (« entrée en matière », « contexte », « problématique », « annonce de plan », etc.).
De même, au sein du développement, la référence aux documents n'apparaît ici que pour permettre de mesurer d'où proviennent les informations et ne doit pas être conservée dans la copie.
Soulignons à nouveau que la copie ne doit contenir aucun signe distinctif sous peine d'annulation par le jury du concours pour rupture d'anonymat : il convient donc d'être particulièrement attentif à ne faire apparaître dans le timbre aucune mention ne figurant pas dans la commande (n'utilisez pas de nom de collectivité réel ou fictif autre que « commune d'Alpha », ni de numéro d'enregistrement du rapport, etc.). De même, gardez-vous bien de porter un paraphe ou une signature en fin de copie.

Communauté d'agglomération d'Alpha — Le 24 novembre 2016 *(date de l'épreuve)*

RAPPORT

à l'attention de Madame la Directrice générale des services

Objet : La mise en place d'un projet d'administration

Entrée en matière (accroche)

Depuis plus d'une trentaine d'années, le management de projet a transformé les organisations : il est devenu le mode privilégié du changement, dans un contexte concurrentiel qui rend indispensables les réorganisations d'entreprises elles-mêmes changeantes. Manager un projet, c'est à la fois l'organiser, le piloter et l'évaluer, la performance du projet passant par une forte implication de ses différents acteurs. Avec le management de projet, s'est développée l'idéalisation d'un mode d'action exaltant, les salariés devenant des acteurs autonomes fortement attachés à réussir ; la réalité est certainement loin d'être aussi rose, l'excès d'engagement, la perte d'identité professionnelle, l'échec de certains projets pouvant s'avérer désastreux *(document 1)*.

Contexte (cadre juridique et contexte territorial)

Pour construire un projet d'administration réussi, il faut avoir à l'esprit que tout projet requiert des moyens et des compétences et qu'invoquer de manière incantatoire le management de projet ne suffit pas à réussir *(document 1)*. Voici une dizaine d'années que les collectivités territoriales développent des projets d'administration participatifs, tant pour fédérer leurs agents autour de valeurs communes que pour exercer au mieux de nouvelles compétences dans un contexte de raréfaction des ressources *(document 2)*.

Problématique

Nouvellement créée et intégrant des établissements qui avaient auparavant leur propre organisation et leurs propres projets, la communauté d'agglomération paraît avoir beaucoup à gagner à la mise en place d'un projet d'administration : que peut-elle concrètement en attendre ? Comment réussir ce projet ?

Annonce de plan

(I) L'élaboration d'un projet d'administration s'avère un moyen de construire une coopération efficace (A) pour peu que l'on se dote des outils pour le réussir (B). (II) Sa mise en place dans la communauté d'agglomération d'Alpha requiert une claire compréhension du contexte (A), une élaboration participative (B) et une inscription dans la durée (C).

I. Le projet d'administration, un processus subtil de construction de la coopération

A. Une démarche qui fonde la coopération

Dans un contexte compliqué induit par la naissance de la communauté d'agglomération et les mutualisations qu'elle entraîne, se dédouaner en invoquant des décisions politiques sur lesquelles elle n'aurait pas prise n'est pas une posture envisageable pour l'équipe de direction générale : un projet d'administration lui permet de faire la preuve de sa capacité à piloter le changement et de donner les moyens aux agents d'être acteurs des transformations qu'ils vont connaître, grâce à l'écoute de leurs préoccupations, à l'identification de l'expertise acquise et de l'expérience mobilisable, des besoins d'adaptation et au partage sur les valeurs qui doivent être préservées *(document 8)*. Donner du sens et fournir des repères, améliorer l'efficience des actions au regard de celles précédemment conduites par les EPCI avant leur fusion dans la communauté d'agglomération, mettre en cohérence les actions des directions et services avec les orientations fixées par les élus, tels sont les grands objectifs poursuivis au moyen de l'élaboration du projet d'administration *(document 9)*.

La création d'une communauté d'agglomération, avec des transferts de compétences et la mise en place de services communs, induit nécessairement des redéfinitions de fonctions, des modifications des processus de travail et l'instauration de nouveaux partenariats internes *(document 4)*. L'élaboration et la déclinaison du projet d'administration permettent aux cadres des différentes directions de se retrouver, d'échanger sur leurs méthodes, d'arrêter des méthodes communes pour réaliser les projets de la communauté d'agglomération *(document 5)*. Toute collectivité, et c'est particulièrement le cas de la communauté d'agglomération d'Alpha née de la fusion de cinq EPCI, réunit en son sein des agents de cultures, d'origines et de métiers différents.

Un projet d'administration permet de réunir tous les agents autour d'un projet respectant leurs valeurs, de donner sens à leur travail en l'articulant avec des objectifs et des résultats *(document 2)*. Il est particulièrement utile dans ce contexte d'harmoniser les procédures, d'améliorer les échanges et les procédures décisionnelles. La consultation des agents dans le cadre d'une co-construction du projet d'administration permet de réinventer un dialogue social qui n'existait parfois pas ou plus précédemment et de mieux comprendre les contraintes des uns et des autres *(document 3)*.

Comme l'écrit le président de la communauté urbaine de Bordeaux dans un éditorial présentant le projet d'administration de cette communauté, il permet « à certains projets d'émerger, à l'innovation de s'épanouir, à de nouvelles logiques de prendre vie, au service public d'être garanti. Nous organiser différemment, c'est impulser cette dynamique vis-à-vis de nos partenaires, qu'ils soient institutionnels, associatifs ou privés, et de nos usagers. Il s'agit également, à travers notre organisation, de continuer à garantir l'équité et la solidarité sur notre territoire » *(document 10)*.

B. Les outils d'une construction réussie

Pour réussir, la démarche doit être portée par toute la direction générale, qui doit s'assurer que chaque direction joue un rôle de relais auprès des services *(document 2)*.

Le projet d'administration risque d'être perçu comme une surcharge de travail inutile s'il est conçu comme un objectif, alors qu'il s'agit bien davantage d'une démarche permettant de travailler sur le sens et la cohérence des missions, d'optimiser la qualité du service, notamment grâce aux partenariats et à la coopération. Permettre à chaque niveau hiérarchique de s'approprier les orientations, de réfléchir sur ses missions, de partager les bonnes pratiques managériales, permettre à chacun de se percevoir comme un acteur contribuant, en relation avec d'autres, à la réussite du

RAPPORT

projet, est indispensable. Un manager sachant animer une équipe tout en demeurant expert pour résoudre les problèmes, capable de générer de la coopération plutôt que de coordonner lui-même est une des clés de la réussite *(document 6)*.

Certaines collectivités font appel à un cabinet extérieur pour consulter les agents et aider à l'élaboration des projets de direction. Le CNFPT peut également apporter son aide en tant qu'assistant à maîtrise d'ouvrage. D'autres collectivités mènent la démarche en interne, notamment au moyen de questionnaires ou de séminaires avec les cadres. En toute hypothèse, la consultation des agents est indispensable. Un plan de communication, avec une lettre interne et un site internet dédié, permet d'informer tous les agents sur l'avancement du projet, les cadres pouvant en outre être formés si nécessaire pour en parler à leurs agents *(document 2)*. La communication interne apparaît comme une courroie de transmission indispensable entre la direction et les agents pour faire adhérer ces derniers au projet d'administration et accompagner les changements nécessaires *(document 4)*.

Les politiques centrées sur les usagers et leur satisfaction connaissent des limites : évaluer cette satisfaction est difficile et peut faire perdre de vue les objectifs de la collectivité. La prise en compte de l'intérêt général, l'égalité devant le service public sont des objectifs bien plus pertinents que l'atteinte d'objectifs dictés par des indicateurs de performance *(document 7)*.

Phrase de transition

L'écriture du projet s'avérant plus stratégique que le projet écrit, il convient d'être particulièrement attentif au caractère participatif du processus.

II. La mise en place du processus dans la communauté d'agglomération d'Alpha

A. Une prise en compte éclairée du contexte

La construction du projet d'administration est plus complexe dans une communauté d'agglomération nouvellement née de la fusion d'EPCI préexistants que ne le serait celle d'une commune ou d'un département depuis longtemps institués. Cette création induit des transferts de moyens et de compétences, la mise en place de nouvelles fonctions ressources à partir des ressources préexistantes mises au service de la nouvelle communauté, qui peuvent aller à l'encontre des valeurs, des cultures professionnelles, des méthodes et des pratiques des agents appartenant aux collectivités d'origine. Il ne s'agit pas de rayer d'un trait de plume les appartenances des agents, ni de promouvoir une culture qui leur serait étrangère, pas plus que de faire prévaloir la culture des uns sur la culture des autres.

La fusion des EPCI en communauté d'agglomération, si elle a été fortement incitée par l'État, a permis aux élus d'élaborer un projet de territoire. Celui-ci reprend des axes présents dans de nombreux projets de territoire *(document 12)* :

- le numérique et le changement des pratiques ;
- la co-conception de l'action publique, fondée sur l'expérimentation ;
- l'innovation managériale et collaborative, permettant à tous les agents de proposer des solutions pour améliorer le fonctionnement des services. Cette évolution doit s'accompagner de la remise en cause de pratiques comme les notes de service ou les réunions administratives ;
- la co-construction des politiques avec les citoyens et les acteurs locaux ;
- l'innovation ouverte, les acteurs privés pouvant proposer de nouveaux services en utilisant les données de l'administration ;
- l'innovation territoriale, réponse nouvelle à des besoins identifiés sur un territoire.

Il paraît pertinent que le projet d'administration se fonde sur ces orientations stratégiques, qui seront le moment venu à décliner en objectifs managériaux et en objectifs opérationnels plutôt que de se construire de manière autonome par rapport au projet de territoire.

La prise en compte de ce projet de territoire dans le projet d'administration et la nécessité de construire un projet d'administration transversal conduisent sans hésitation à faire de la Direction générale, constituée du Directeur général et des Directeurs généraux adjoints, le comité de pilotage du projet.

B. Une élaboration participative du projet

Le comité de pilotage étant constitué de la Direction générale de la communauté d'agglomération, largement constituée par des recrutements externes lors de la création de cette dernière, il est essentiel que des agents représentatifs des cinq EPCI d'origine soient tous associés à l'élaboration du projet d'administration. Il est important que les pilotes des groupes thématiques à instituer pour construire le projet soient choisis avec un souci de représentation équilibrée des anciens EPCI afin d'éviter la prédominance de telle culture, telles méthodes, telles pratiques... sur telles autres. Au sein de chaque groupe thématique, on veillera également à une composition équilibrée. Ainsi, les méthodes, les pratiques à privilégier émergeront au terme de réflexions nourries par les dialogues entre les agents de différentes cultures professionnelles.

Il conviendra également de veiller à ce que le projet ne soit pas conçu par quelques-uns puis diffusé aux agents une fois son élaboration terminée : les directeurs, les chefs de service doivent être sensibilisés à l'importance d'une consultation des agents sur le projet, avec une remontée de leurs observations et suggestions vers le comité de pilotage. À cette fin, le lancement du projet pourra s'accompagner d'un séminaire des cadres associant la Direction générale, les directeurs et chefs de service afin de promouvoir cette démarche.

L'avancée de la construction du projet pourra en outre être ponctuée de réunions plénières de l'ensemble des agents de la collectivité : si un site internet dédié doit permettre d'informer les agents de l'avancée du projet, il demeure davantage un outil d'information que de communication, même s'il peut comprendre l'utilisation de questionnaires en ligne. Aussi, des réunions plénières s'imposent, qui pourront recourir à des votes en direct permettant aux votants, au moyen de terminaux, de prendre connaissance en temps réel des résultats du vote.

C. Un projet inscrit dans une durée raisonnable

Au vu des projets conduits par d'autres collectivités, un délai de six mois paraît raisonnable pour élaborer le projet. Au-delà, après l'enthousiasme des débuts, la volonté d'aboutir risque de s'émousser, au risque d'une « reprise en main » du projet par la Direction générale qui pourrait être tentée de conclure le projet en abandonnant, dans un souci d'efficacité, toute démarche participative. Le projet risquerait alors de se réduire à un texte écrit qui demeurerait largement lettre morte. Afin de garantir un achèvement dans ces délais, on privilégiera un rattachement direct des différents groupes thématiques au comité de pilotage (Direction générale).

Au terme de ces six mois, il sera essentiel d'évaluer le processus d'élaboration du projet d'administration au regard des objectifs initialement fixés. Si le processus s'avère partiellement défaillant, par exemple parce qu'un des « chantiers » pris en charge par un groupe thématique n'aura abouti à aucune proposition, ou à une proposition irréaliste ou allant à l'encontre de la culture professionnelle d'un grand nombre d'agents, le projet pourra être relancé pour quelques semaines plutôt que hâtivement conclu.

Une réunion de l'ensemble des agents, en présence de l'exécutif de la collectivité, pourra officialiser l'achèvement du projet. À une présentation académique, on préférera des prises de parole organisées non seulement avec des membres du comité de pilotage, des pilotes de groupes thématiques, mais aussi des agents particulièrement investis dans l'élaboration de propositions.

Enfin, par exemple à échéance annuelle, ce sont les résultats du projet d'administration eux-mêmes qui pourront être évalués.

Le but de l'élaboration d'un projet d'administration, c'est moins le projet d'administration élaboré que son élaboration elle-même : une excellente occasion, pour peu qu'on soit attentif à éviter la frustration d'une démarche subie plus que portée par tous, de travailler ensemble pour identifier non seulement des objectifs, mais aussi des méthodes et des moyens fondés sur des valeurs partagées pour atteindre ces objectifs.

Sujet n° 2

Concours interne - session 2014
Spécialité administration générale

Difficulté XXX	Durée 4 heures

Vous êtes attaché territorial au sein de la direction des ressources humaines de la commune d'Alpha qui compte 20 000 habitants et 300 agents.

À ce jour, le dialogue social se déroule *a minima* au sein d'un comité technique (CT) siégeant au sein des instances de la commune : les commissions administratives paritaires (CAP) sont gérées directement par le centre de gestion et il n'y a pas de comité d'hygiène et de sécurité (CHS).

La ville, aux prises avec des difficultés financières, doit travailler à maîtriser l'évolution de sa masse salariale, ce qui impliquera des réorganisations structurelles. Parallèlement, les organisations syndicales soulignent régulièrement, lors de la tenue des CT, une détérioration des conditions de travail des agents et souhaitent un travail partenarial sur ce sujet.

Consciente de la difficulté de la conduite des changements à venir, la directrice générale des services vous demande de rédiger, à son attention, un rapport sur le dialogue social dans la fonction publique territoriale. Votre rapport devra permettre de dégager des solutions opérationnelles afin d'améliorer le dialogue social dans la commune d'Alpha.

Vous rédigerez ce rapport à l'aide des éléments du dossier et en mobilisant vos connaissances.

SOMMAIRE DU DOSSIER

Document 1 : Dialogue social, site Internet : www.haute-normandie.aract.fr, consulté le 19 juin 2014. (1 page)

Document 2 : Fiches repères pour le CHSCT : l'élaboration d'un plan de travail comme gage d'efficacité de l'action/l'intervention du CHSCT dans les projets, réseau ANACT, 20 mai 2014. (4 pages)

Document 3 : Élections professionnelles 2014, des modifications substantielles. Gilles Destaerke, *La lettre du cadre territorial*, avril 2014. (2 pages)

Document 4 : Une loi pour déployer largement la négociation. Jean-Pierre Guillot, *Faire vivre le dialogue social dans la fonction publique territoriale*, 2011. (7 pages)

Document 5 : Comité technique, comité d'hygiène, de sécurité et des conditions de travail, commission administrative paritaire, *Circulaire CDG90*, décembre 2012. (5 pages)

Document 6 : Dialogue social : une rénovation en attente d'un second souffle. Maud Parnardeau, *La Gazette des communes*, 7 juillet 2014. (2 pages)

Document 7 : Conditions de travail : l'administration peut largement faire mieux. Martine Doriac, *La Gazette des communes*, 19 mai 2014. (3 pages)

Document 8 : Le choix du bien-être. Alain Cyranber, *Id Efficience territoriale*, n° 2, décembre 2013. (2 pages)

Document 9 : *Livre blanc du dialogue social* (extraits). Jacques Fournier, 22 janvier 2002. (6 pages)

Document 10 : Dialogue social à Lille, *Wiki territorial*, CNFPT, 13 septembre 2012. (1 page)

Document 11 : Collectivités territoriales : comment améliorer les conditions de travail ? (extraits) Réseau ANACT, *Travail et changement*, n° 344, juillet-août 2012. (2 pages)

Document 1

Dialogue social

Un dialogue social serein et nourri au sein de l'entreprise constitue le préalable nécessaire à tout projet d'amélioration des conditions de travail. Depuis de nombreuses années, l'ARACT Haute-Normandie a fait de cette question une priorité régionale.

Stress au travail, gestion prévisionnelle des emplois et des compétences, emploi des seniors, égalité professionnelle, pénibilité... Au plan national, les partenaires sociaux (autrement dit, les organisations patronales et les syndicats de salariés) sont régulièrement mis à contribution pour négocier des accords sur ces questions. Des accords qui sont ensuite déclinés en région au niveau des branches professionnelles ou des entreprises.

En Haute-Normandie, les partenaires sociaux se mobilisent en faveur des conditions de travail en siégeant ensemble dans diverses instances telles que le Comité Régional de Prévention des Risques Professionnels et en assurant la gestion paritaire de l'ARACT Haute-Normandie.

Au sein de l'ARACT, ils ont - depuis plus de 10 ans - inscrit le dialogue social comme une priorité régionale, en créant notamment en 1999 l'Observatoire Régional des Pratiques Sociales. Ce lieu de veille a pour vocation d'analyser les pratiques sociales des entreprises haut-normandes, leurs processus de concertation et de négociation, à l'occasion de projets d'amélioration des conditions. Parmi les récents projets déployés dans le cadre de l'Observatoire, la publication prévue en novembre 2010 d'un baromètre des conditions de travail en Haute-Normandie.

Qu'apporte le dialogue social en entreprise ?

Sur le terrain, l'ARACT encourage le dialogue social et la négociation entre les différents acteurs de l'entreprise (direction, encadrement, salariés, représentants du personnel). L'expérience montre que la concertation est une des clés de réussite des démarches d'amélioration des conditions de travail et l'optimisation des échanges au sein de l'entreprise apparaît donc comme un préalable nécessaire. Un dialogue social nourri et serein reste encore le meilleur moyen pour mettre en œuvre des actions mutuellement profitables, servant à la fois l'intérêt des salariés et ceux de l'entreprise.

Document 2

L'élaboration d'un plan de travail comme gage d'efficacité pour l'action

réseau anact

FICHE REPÈRES POUR LES CHSCT

Des démarches d'actions simples et souvent peu structurées qui orientent fortement les actions du CHSCT

Une méthode de travail non mise en discussion, des projets empilés sans lien entre eux, des actions d'analyse qui n'aboutissent pas à des actions d'amélioration : voici quelques exemples de pratiques repérées au sein de CHSCT et qui donnent à chacun un sentiment d'éternel recommencement. Ces différents constats peuvent en partie s'expliquer par une faiblesse dans la structuration du plan de travail de l'instance, structuration qui lui permettrait de traiter et d'analyser les multiples questions les concernant. Au-delà de la définition en commun des questions à travailler au sein de l'instance, on constate peu de débat sur la méthodologie à mettre en place pour traiter les sujets.

De nouveaux sujets ou de nouveaux enjeux qui passent par une approche structurée d'analyse et de définition des actions à mettre en œuvre

Les CHSCT ont à faire face à des nouvelles problématiques (surtout celles impactant la santé mentale des salariés, l'analyse des facteurs de pénibilité...), qui sont souvent liées les unes aux autres, et pour lesquelles il est aujourd'hui nécessaire de structurer un plan de travail pour :

- faciliter le travail de l'instance. Il s'agit de mettre en cohérence tous les sujets à traiter et de repérer leurs liens éventuels ;
- traiter globalement les différentes problématiques en instruisant principalement les questions du travail et de son organisation ;
- aboutir à la mise en place d'actions pertinentes qui soient efficaces, tout en précisant la répartition du travail entre les différents acteurs du CHSCT.

Cas de CHSCT :

Dans une société d'assurance, le CHSCT souhaite réaliser un questionnaire sur le risque psychosocial. Pour ce faire, les différents acteurs du CHSCT ont élaboré un questionnaire envoyé à tous les salariés de la structure avec un traitement prévu par l'instance. Or à la réception de plusieurs centaines de questionnaires, le CHSCT, ne sachant pas comment exploiter les résultats, en a abandonné le traitement ainsi que toute action visant à prévenir le risque psychosocial.
Tant pour les élus que pour le président, la décision de réaliser un questionnaire en l'absence de toute démarche structurée est à l'origine de l'abandon du traitement du questionnaire et de toute autre action. Les effets ont également été négatifs pour l'instance car elle n'a pas pu répondre aux attentes des salariés générées par l'utilisation du questionnaire.

De nombreux champs relatifs à la prévention et aux conditions de travail auxquels le CHSCT doit être associé et qui passent par la mise en place d'une démarche structurée

L'article L4612-1 définit les grandes missions du CHSCT. Parmi celles-ci figurent sa contribution à la protection de la santé physique et mentale, et de la sécurité des salariés de l'établissement.
Pour ce faire (article L4612-2 à 7), le CHSCT doit réaliser des missions d'analyse des risques professionnels, des missions d'analyse des conditions de travail, des missions d'inspection, des missions d'enquête sur des risques professionnels...
Pour répondre au mieux à ses missions dans un contexte d'apparition de nouvelles problématiques avec des sujets de plus en plus nombreux et complexes à appréhender, le CHSCT n'a pas d'autres issues que de s'organiser, hiérarchiser les actions sur lesquelles il va s'attarder, faire du lien entre les différents sujets, répartir et réfléchir aux modalités de travail.
Ainsi une démarche structurée (plan de travail) doit être proposée pour générer des actions plus efficientes et efficaces. Il s'agit là de passer d'un mode de fonctionnement du type questions/réponses à un mode de travail sur des sujets prioritaires.

Repères pour l'action du CHSCT

• Des préalables à la mise en place d'un plan de travail :
Avant de pouvoir élaborer un plan d'action, il est nécessaire, au préalable, que l'instance caractérise, définisse et se mette d'accord sur les thèmes à investir, comme par exemple l'hygiène dans l'entreprise, la sécurité, les aspects techniques, les locaux, l'organisation du travail... Pour ce faire, les acteurs du CHSCT disposent de différentes sources d'informations: les données d'accidents, les indicateurs du médecin du travail, les sollicitations des élus par les salariés, l'information sur les projets à venir qui auront un impact sur les conditions de travail, etc. L'analyse de ces différents éléments donnera lieu à un diagnostic partagé entre les différents acteurs du CHSCT pour lequel chacun pourra apporter son point de vue.

• La définition d'un plan de travail.
Une fois le thème défini et débattu au sein de l'instance, il est important que celle-ci puisse déterminer le plan d'action qu'elle souhaite mettre en place pour résoudre la problème.
De manière générale, un plan d'action « type » pourrait se structurer autour de 4 étapes.

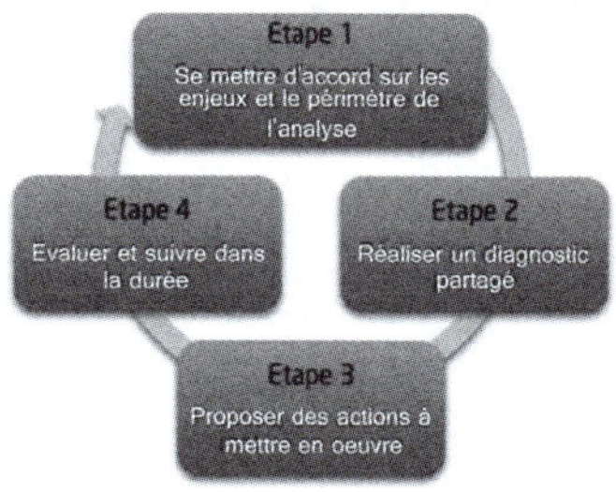

Etapes	Objectifs / Enjeux	Méthode / Moyens
Repérer les enjeux du thème sur lequel souhaite travailler le CHSCT et pouvoir définir le champ de l'analyse.	Par exemple, sur la question de la pénibilité, l'entreprise est-elle confrontée à des problématiques importantes d'usure professionnelle (TMS, restrictions d'aptitude...), à des difficultés de recrutement ou de maintien dans l'emploi ? S'agit-il plus particulièrement d'un service, d'un type de population (seniors) ?	Travailler à partir de toutes les données et de tous les indicateurs dont il dispose (population, données santé...). Il s'agira, par exemple, d'analyser, de croiser cette donnée (restriction d'aptitude) avec l'âge ou de les suivre dans la durée (évolution des restrictions d'aptitude au cours des dernières années ...). Partager un cadre de référence sur le sujet qui est traité (inviter en réunion une personne compétente du sujet).
Mieux comprendre les conditions de réalisation du travail	Comprendre la logique de l'action réellement réalisée par le ou les salariés et faire le lien avec le thème traité afin de poser un diagnostic partagé.	Procéder à des études de terrain en réalisant des observations et en échangeant avec les salariés sur les conditions de réalisation du travail. Mobiliser si nécessaire les membres de droit ou des ressources externes pour alimenter le diagnostic.
Définir des actions opérationnelles	Les actions proposées par l'entreprise peuvent tourner autour de la technique (ajout d'un équipement de travail), de l'individu (formation) et de l'organisation (amélioration des collectifs de travail, répartition de la charge de travail)...	Procéder à une expérimentation sur le terrain (en simulant le travail, en recueillant l'avis des salariés) afin de s'assurer de l'opérationnalité et de l'efficacité des actions.
Suivre et évaluer l'action	S'assurer de l'efficacité des solutions mises en œuvre, les réorienter si nécessaire.	- Suivre le déroulement du plan d'action proposé, informer les salariés, évaluer la pertinence et l'efficacité des actions en faisant le lien avec les objectifs de départ. - Garder des traces de l'action réalisée.

Ce qu'il faut retenir

La définition d'un plan de travail, qui peut se structurer autour de 4 étapes (repérer les enjeux, comprendre la problématique, définir les actions et suivre l'opération), permet de mieux traiter un thème et de s'assurer de l'opérationnalité des actions mises en œuvre. Pour autant chacun des acteurs a un rôle et un positionnement spécifiques. Le président relaie la politique de prévention de l'entreprise et les élus doivent apporter un regard construit à partir du terrain.

L'intervention du CHSCT, dans les projets

réseau anact

FICHE REPÈRES POUR LES CHSCT

Des difficultés pour formuler des avis circonstanciés sur les projets de l'entreprise

« C'est compliqué de se projeter dans le travail de demain et ses conséquences sur les salariés ».

Cette phrase renvoyée par un secrétaire de CHSCT explique l'une des raisons pour lesquelles le CHSCT a des difficultés à se positionner sur des projets de l'entreprise qui auront un impact sur les conditions de travail des salariés. Que ce soit la conception d'un nouveau magasin, la mise en place d'une nouvelle production, le changement d'un outillage ou encore l'évolution d'une organisation. De manière plus générale, les difficultés pour l'instance de pouvoir donner un avis sur ces projets s'expliquent par au moins 3 raisons :

• **une accélération des changements**, leur complexité, mais aussi la temporalité du fonctionnement de l'entreprise (multiplicité des projets, volonté de raccourcir au maximum leur mise en œuvre...) qui diminuent les marges de manœuvre de l'instance pour poser les problèmes de fond et analyser son implication en matière de santé et sécurité au travail ;

• **des modalités de consultation** du comité qui peuvent ne pas favoriser ce processus : documents complexes et pouvant être incompréhensibles pour les élus, consultation tardive du CHSCT, manque de formation des acteurs et manque d'articulation entre les différents instances de représentations du personnel ;

• **des difficultés pour les élus** de l'instance de pouvoir simuler le travail futur et de voir ses conséquences éventuelles en termes de santé et sécurité au travail.

Cas de CHSCT :

En structurant ses outils de recueil de données ou d'informations, le CHSCT de cet établissement hospitalier a pu, à la suite de la rénovation d'une partie des locaux, mettre en lumière des difficultés rencontrées par les salariés dans leurs conditions de travail au quotidien. Forts de ces remontées d'informations de la part des salariés, les membres du CHSCT ont recensé un ensemble de recommandations pour la seconde tranche de travaux.
Toutefois, une consultation plus en amont de l'instance aurait permis d'anticiper les contraintes futures du point de vue des conditions de réalisation du travail pour les opérateurs.

Quels enjeux de la contribution du CHSCT dans les projets de l'entreprise ?

L'intégration du CHSCT dans les projets de l'entreprise permet notamment :
• **la prise en compte des incidences futures du projet** sur les conditions de réalisation de l'activité par les salariés, et ce grâce à l'articulation des enjeux économiques (production) avec les enjeux de santé et conditions de travail ;
• **la facilitation de la communication** avec les salariés tout au long du projet et une meilleure prise en compte de leurs avis, remarques, craintes et attentes (besoins en formation...) pour lever particulièrement les difficultés liées au changement, anticiper les dysfonctionnements du démarrage d'une nouvelle installation, résoudre des problèmes existants, veiller aux temps d'apprentissage. Au final, tout projet représente une occasion d'améliorer le dialogue social dans l'entreprise, à condition que le CHSCT soit considéré comme un acteur ressource sur ce sujet, apportant la parole des salariés.
Chaque projet peut être une opportunité d'amélioration des conditions de travail mais, selon les choix techniques et organisationnels pris et selon la conduite de ces changements, ils peuvent aussi représenter un risque de dégradation à la fois de la performance de l'activité concernée et des conditions de travail.

Cadre réglementaire

Les articles L. 4612-8 à 15 du Code du travail précisent la place accordée au CHSCT dans le cadre des projets de l'entreprise. Ainsi, le comité d'hygiène, de sécurité et des conditions de travail est consulté avant toute décision d'aménagement important modifiant les conditions de santé et de sécurité ou les conditions de travail ; notamment les décisions de transformation des postes de travail, de changement d'outillage, de produit ou de l'organisation du travail, et lors de l'introduction de nouvelles technologies.
Indépendamment de ces consultations obligatoires, le comité doit être associé à la recherche de solutions relatives à l'organisation matérielle du travail (charge de travail, rythme, pénibilité des tâches...), à l'environnement physique du travail (éclairage, aération, bruit, poussières...), à l'aménagement des lieux et postes de travail, à la durée et aux horaires de travail (travail de nuit...).
Au besoin, sur les projets importants modifiant les conditions santé et de sécurité ou les conditions de travail, le CHSCT peut s'adresser à des experts agréés (articles L. 4614-12 et 13).

Repères pour l'action

Selon la nature du projet, ses enjeux, ses modalités de mise en œuvre, les problématiques de conditions de travail existantes, le CHSCT doit au préalable réfléchir à sa contribution pour donner un avis argumenté sur le projet, apporter des éléments de connaissance spécifiques pour alimenter le projet. Cela permettra de mettre en débat certaines questions liées aux choix techniques et organisationnels, à la conduite du projet et à la participation des salariés concernés.

Les étapes du projet	Le déroulement du projet	Quelle action possible pour le CHSCT ?
1 Avant projet	• Etudes d'opportunités et de faisabilité	*• Information sur l'existence du projet, ses objectifs • Analyse des problèmes existants en matière de conditions de travail, santé et sécurité (indicateurs, analyse de situations de travail, recueil d'informations auprès des salariés) pour élargir les enjeux du projet au champ des conditions de travail • Réflexion sur l'intégration du CHSCT dans le projet et dans la planification des travaux (ex : organisation de réunions, visites à des temps stratégiques du projet, avant les phases de validation...) • Articulation avec le CE*
2 Etudes de conception	• Etudes de détails • Simulations • Rédaction du cahier des charges, du programme, des avant-projets sommaire et définitif	*• Alerte sur les points sensibles du projet, sur la conduite du projet, avis sur les différents éléments du cahier des charges et les avant-projets • Organisation de visites sur le chantier, le lieu concerné par le projet • Analyses documentaires (plans, descriptions techniques...) • Veille (règlementation, projets similaires...) • Réunions techniques avec les fournisseurs, architectes... • Analyse et simulation du travail futur possible en matière d'organisation, d'aménagements, de compétences, de sécurité et de conditions de travail S'il existe une situation de travail qui a déjà fait l'objet de modification ou qui présente des points communs avec la situation future attendue, la prendre pour référence, analyser les similitudes et les différences, procéder à un état des lieux des dysfonctionnements pour ne pas reproduire les mêmes écueils • Formalisation des analyses pour alimenter le débat en CHSCT et enrichir le cahier des charges • Mobilisation éventuelle de la CARSAT, du médecin du travail... • Possibilité de faire appel à un expert agréé*
3 Réalisation	• Réalisation des travaux et préparation de la mise en service	*• Organisation de visites communes sur le chantier, le lieu concerné par le projet • Suivi des conditions de sécurité des travaux, du chantier (éventuellement plan de prévention avec les entreprises extérieures, sécurité et conditions de travail des salariés de l'entreprise présents sur le chantier...) • Suivi des éléments du cahier des charges, propositions de réajustements éventuels • Avis sur le plan de formation et la phase de démarrage prévue*
4 Démarrage et mise au point	• Mise en service et réajustements si nécessaire	*• Suivi de la phase de démarrage, retour d'expérience sur l'activité nouvelle, les dysfonctionnements éventuels (visites du chantier, du lieu concerné, entretien avec les salariés...) • Suivi à moyen terme des résultats du projet : apparition de dysfonctionnements techniques ou organisationnels*

Les points de vigilance

• L'implication du CHSCT dès la phase de réflexion sur le projet : plus la consultation se fait en amont, plus le CHSCT aura des marges de manœuvre pour jouer pleinement son rôle, ce qui aura un impact positif tant sur la pertinence du projet que sur les relations sociales.
• La communication au plus près du terrain tout au long de la conduite de projet : le lien entre élus et salariés pour identifier les points d'amélioration, la participation des personnes directement concernées au pilotage ou à la réflexion sur le projet sont autant de voies de réussite.
• La mise à disposition par la direction de l'entreprise du temps nécessaire pour travailler sur le(s) projet(s) sans pénaliser les autres missions dévolues à l'instance : un point essentiel pour une mobilisation réussie du CHSCT.

RAPPORT

Document 3

RÉGLEMENTATION

Élections professionnelles 2014, des modifications substantielles

Les élections professionnelles devraient avoir lieu le 4 décembre 2014. L'arrêté ministériel confirmant cette date et fixant officiellement le calendrier électoral devrait être publié avant le 4 juin. Plusieurs modifications intervenues depuis les dernières élections de 2008 méritent d'être soulignées.

© FRANZ MASSARD - FOTOLIA

Les anciennes conditions de représentativité permettant aux organisations syndicales de se présenter aux élections de 2008 et qui étaient différentes selon le 1er ou le 2e tour de l'élection (lorsqu'il y en avait un), sont abandonnées.
Pourront désormais se présenter aux élections professionnelles (1), « les organisations syndicales de fonctionnaires qui, dans la fonction publique où est organisée l'élection, sont légalement constituées depuis au moins 2 ans à compter de la date de dépôt légal des statuts et qui satisfont aux critères de respect des valeurs républicaines et d'indépendance ».
Les organisations syndicales affiliées à une union de syndicats de fonctionnaires qui remplit ces conditions pourront également se présenter aux élections.

Une durée de mandat réduite

Les représentants de la collectivité continueront, comme auparavant, à siéger dans les instances paritaires tant qu'ils conserveront leur mandat électif. En revanche, la durée des mandats des représentants du personnel, aux commissions administratives paritaires, au comité technique et au CHSCT, est fixée à 4 ans. Il y aura donc désormais une « déconnexion » entre les mandats de ces deux catégories de représentants de l'administration et du personnel : 6 ans pour les premiers, 4 ans pour les seconds.

Une élection à un seul tour pour les CAP et le CT

Les élections pouvaient comporter 2 tours, notamment lorsqu'au 1er tour le nombre des votants était inférieur à la moitié du nombre des électeurs inscrits. Les élections ne comporteront plus qu'un seul et unique tour.

La parité homme/femme fait son apparition légale pour les représentants de l'administration aux CAP.

D'autre part, l'élection ne concernera que les membres des CAP (A, B et C) et du CT. Les représentants du personnel au CHSCT seront maintenant librement désignés par les OS. L'autorité territoriale établira la liste des OS habilitées à désigner des représentants ainsi que le nombre de sièges auxquels elles ont droit proportionnellement au nombre de voix obtenues par chacune d'entre elles à l'élection au CT. L'autorité territoriale fixe également le délai imparti aux OS pour la désignation de leurs représentants (qui devront satisfaire aux conditions d'éligibilité au CT). Les opérations de désignation des représentants du personnel devront être achevées dans le délai d'un mois maximum après les élections (4 janvier 2015). Il faut aussi noter que les CHSCT seront obligatoirement créés dans les mêmes conditions que pour les CT, à savoir dès que le seuil de 50 agents est atteint (au lieu de 200 auparavant).

CE QU'IL FAUT FAIRE

Ne pas oublier de :

1 **Comptabiliser**
les effectifs de la collectivité (au 1er janvier 2014) pour fixer le nombre (ou la fourchette possible) des représentants titulaires du personnel au sein des CAP, du CT et du CHSCT.

2 **Délibérer**
avant le 25 septembre 2014 pour fixer, après consultation des organisations syndicales, le nombre des représentants des personnels et de l'administration au CT et au CHSCT.

3 **Préciser**
dans cette délibération si on procédera au recueil des avis des représentants de l'administration lors des votes à intervenir dans ces instances.

4 **Prendre une décision**
par l'autorité territoriale et après avis du CT, pour procéder aux élections par vote électronique (si le décret d'application le permettant est publié).

L'apparition d'une parité hommes/femmes

Elle ne concernera que les représentants de l'administration (2) et ne s'appliquera de manière obligatoire qu'au sein des seules CAP. Elle entrera en vigueur après les élections municipales de 2014 et l'autorité territoriale sera amenée à désigner les nouveaux représentants de l'administration en respectant une proportion minimale de 40 % de personnes de chaque sexe.
Au-delà de cette obligation législative limitée aux seules CAP, rien n'empêcherait toutefois une autorité territoriale de procéder à une « extension » de ces désignations paritaires aux représentants de l'administration au CT et au CHSCT.

Une possibilité de vote électronique

Il pourra être recouru, tant pour les CAP que pour le CT, au vote électronique. La décision devra être prise par l'autorité territoriale après avis du CT. Un décret d'application (qui devrait être publié pour les élections professionnelles de 2014) doit fixer les modalités du dispositif.
Il est probable que la plupart des collectivités continueront (au moins en 2014) à organiser leurs élections de manière traditionnelle (vote à l'urne et par correspondance), en raison notamment des difficultés à résoudre en matière de vote électronique : mise en concurrence pour retenir un prestataire, mise à disposition des agents des outils informatiques nécessaires, gestion de la stricte confidentialité du vote…

Des commissions paritaires pour les non-titulaires

Le principe de ces commissions consultatives paritaires (CCP) qui seront organisées par catégorie hiérarchique est fixé par la loi (3).
Un décret d'application est toutefois nécessaire pour la mise en œuvre de ces dispositions. En tout état de cause, leur champ d'action semble relativement restreint.
En effet, l'état actuel de la rédaction de la loi limite la compétence de ces CCP aux situations individuelles des agents non titulaires recrutés sur la seule base de l'article « 3.3 » de la loi du 26 janvier 1984. Cette référence exclut donc de la compétence des CCP les CDD : temporaires ou saisonniers (4), en remplacement d'agents absents (5), pour faire face à une vacance temporaire d'emploi (6). Il reste à souhaiter, compte tenu notamment de la charge de travail imposée par des élections, que le décret attendu puisse être publié dans un délai permettant de réaliser les élections professionnelles des CCP des non-titulaires à la même date que celles CAP des fonctionnaires.

L'abandon d'un paritarisme au CT et au CHSCT

Seules les CAP resteront désormais obligatoirement paritaires. Il y aura toujours des représentants de l'administration au sein du CT et du CHSCT mais le paritarisme ne subsistera que si la collectivité le décide.

Un seul tour d'élection le 4 décembre 2014 pour les CAP et le CT.

La délibération fixant le nombre des représentants du personnel et des représentants de l'administration devra également préciser si l'avis de ces derniers est recueilli lors des votes à intervenir au sein de ces deux instances. À défaut, seuls les avis des représentants du personnel seraient recueillis et l'avis de l'instance paritaire serait émis à la seule majorité des représentants du personnel présents (ayant voix délibérative).
On peut présumer que bon nombre de collectivités feront le choix de maintenir au sein de ces instances consultatives locales un paritarisme profondément ancré dans la culture de la fonction publique et dont l'origine remonte… à l'année 1943, avec le Conseil national de la Résistance. ◆

Gilles Destaerke

(1) Article 9 bis – Loi n° 83-634 du 13 juillet 1983 modifié.
(2) Article 54 – Loi n° 2012-347 du 12 mars 2012.
(3) Article 136 – Loi n° 84-53 du 26 janvier 1984.
(4) Article « 3 – 1° et 2° » de la loi du 26 janvier 1984.
(5) Article « 3-1 » de la loi du 26 janvier 1984.
(6) Article « 3-2 » de la loi du 26 janvier 1984.

RAPPORT

Document 4

Chapitre 2

Une loi pour déployer largement la négociation

La loi du 5 juillet 2010, traduction concrète des accords de Bercy, étend très largement le champ de la négociation, qu'elle place au cœur du dialogue social à tous les niveaux, de l'échelon national à l'échelon local, en passant par le département et la région. Elle institue le principe majoritaire comme critère de validité des accords, fait reposer la représentativité des organisations syndicales sur leur audience électorale, modernise les instances de concertation et renforce les moyens syndicaux.

« Le changement induit par la loi du 5 juillet 2010 n'est pas cosmétique », a commenté Gérard Aschieri lors des premières Assises du dialogue social dans la fonction publique. « Si ses effets sont difficiles à apprécier à l'avance, ils seront nécessairement profonds. »

Extension du domaine de la négociation

L'élargissement du champ de la négociation est l'une des innovations les plus emblématiques et les plus motivantes de la loi. Au-delà des rémunérations et du pouvoir d'achat, les syndicats de fonctionnaires territoriaux ont désormais qualité pour participer à des négociations relatives aux conditions et à l'organisation du travail et du télétravail ; au déroulement des carrières et à la promotion professionnelle ; à la formation professionnelle et continue ; à l'action sociale et à la protection sociale complémentaire ; à l'hygiène, à la sécurité et à la santé au travail ; à l'insertion professionnelle des personnes handicapées ; à l'égalité professionnelle entre les hommes et les femmes. Autrement dit, ils vont pouvoir débattre de l'ensemble des conditions dans lesquelles les agents remplissent leurs missions.

Mais ce n'est pas la seule nouveauté : cette négociation doit se dérouler « à tous les niveaux pertinents ». Certains intervenants des Assises ont parlé à ce sujet de « révolution copernicienne ».

L'évolution sera peut-être moins radicale dans la fonction publique territoriale, car le dialogue de terrain sur les conditions et l'organisation du travail dans les collectivités, grandes ou petites, y est déjà une pratique courante, notamment dans les communes où la proximité de fait entre l'élu local, les usagers, les agents et leur hiérarchie facilite les échanges permanents sur tous les sujets concrets ayant trait à l'exercice des missions.

« C'est par le niveau local de la négociation et par son caractère collectif que l'on va intéresser les agents au dialogue social », constate Brigitte Jumel pour l'UFFA-CFDT.

Le texte de loi précise qu'une négociation dont l'objet est de mettre en œuvre à un niveau inférieur un accord conclu au niveau supérieur ne peut que le préciser ou en améliorer l'économie générale, dans le respect de ses stipulations essentielles.

Les négociations sont conduites par les organisations syndicales disposant d'au moins un siège au sein des organismes consultatifs correspondant au thème et au niveau de la négociation.

Accès élargi aux élections professionnelles

La loi du 5 juillet 2010 rompt définitivement avec la présomption de représentativité « irréfragable » héritée de l'après-guerre et accordée de manière inconditionnelle à cinq organisations syndicales[1]. Aux termes de la loi, pourra présenter des candidats tout syndicat constitué depuis au moins deux ans et qui respecte les valeurs républicaines et d'indépendance, ou tout syndicat affilié à une union de syndicats répondant aux mêmes conditions.

« Le fait de baser la représentativité des organisations syndicales sur le vote direct des agents et non plus sur un présupposé reposant sur des critères obsolètes est ce qui nous a d'abord motivés à signer les accords de Bercy, affirme Bernadette Groison (FSU). La liberté de candidature aux élections professionnelles garantie par la loi signifie le rétablissement d'une réelle liberté de choix pour les agents et la fin des discriminations dont ont été régulièrement victimes plusieurs syndicats de la FSU dans divers ministères. »

L'union syndicale Solidaires, qui a dû se battre sur le terrain juridique pour faire reconnaître sa représentativité par le Conseil d'État, a soutenu le texte, malgré des réserves sur d'autres points, « parce qu'il permet à toute organisation syndicale de se présenter librement au premier tour des élections professionnelles », sans filtrage préalable, a expliqué Jean-Michel Nathanson, son délégué général[2]. Solidaires aurait souhaité éliminer le critère des deux ans d'existence afin d'ouvrir davantage le jeu syndical, mais cela ne lui a pas été accordé.

L'audience des organisations syndicales sera désormais mesurée par rapport à leur résultat lors des élections aux comités techniques et la base électorale est élargie à la totalité des agents, y compris non titulaires. « Cela représente un grand progrès de la démocratie sociale puisque près d'un million de salariés, qui n'étaient pas représentés, vont pouvoir voter », se réjouit Brigitte Jumel. La fonction publique territoriale est celle où la proportion d'emploi non titulaire est la plus importante. Elle représentait, à fin 2008, plus de 20 % des effectifs.

L'élection des représentants du personnel dans les comités techniques, et non plus leur désignation par les organisations syndicales à partir du résultat des élections aux commissions administratives paritaires, est l'une des raisons principales, avec l'abandon du paritarisme, de l'opposition des deux organisations non signataires des accords de Bercy, en l'occurence la CFTC et FO.

FO avait déjà condamné la loi de modernisation dans le secteur privé, parce qu'elle mettait fin « à la liberté de désigner le délégué syndical » et avait pour objectif « de réduire le nombre d'organisations syndicales et de formater leur comportement ». L'organisation s'oppose également au principe de la représentativité basée sur l'audience électorale dans le secteur public, « qui introduit une logique électoraliste », estime Anne Baltazar, secrétaire générale de FO-Fonction publique.

Les seuils de représentativité découlent du nombre de sièges, fixé par décret, à pourvoir dans les comités techniques à chaque échelon, du local au national. Vingt sièges seront par exemple à pourvoir au Conseil supérieur de la fonction publique territoriale (CSFPT) lors de son prochain renouvellement, soit un seuil de 5 %. Certaines organisations, qui bénéficient actuellement d'un siège dit « préciputaire » au CSFPT pourraient le perdre. *A contrario*, d'autres, comme Sud ou la Fédération syndicale unitaire (FSU), espèrent pouvoir siéger dans cette instance à la prochaine échéance[3]. « Nous trouvons dommage de devoir attendre les élections de 2014 pour avoir un siège au Conseil supérieur, alors que dans toutes les collectivités où nous avons présenté des listes, nous avons été élus, regrette Michel Angot, secrétaire national de la FSU. Certes, nous ne pesons encore que 3 % sur le plan national, mais dans les départements où nous sommes présents, notre score oscille entre 15 et 25 %. C'est pourquoi, sur la base des dispositions transitoires prévues explicitement dans les accords de Bercy, nous avons demandé à ce qu'on nous attribue un siège pour pouvoir participer jusqu'aux prochaines élections à tous les échanges au niveau national qui pourraient concerner nos carrières et nos métiers. Cela nous a été refusé. »

Consécration de l'accord majoritaire

La pratique des accords minoritaires est un motif récurrent d'insatisfaction exprimé par certaines organisations syndicales. « Il n'est pas supportable que des accords minoritaires, voire ultra-minoritaires, s'appliquent à toute la fonction publique[4] », estime ainsi Jean-Marc Canon pour la CGT.

Concrètement, les accords signés dans la fonction publique n'ayant pas de valeur juridique, aucune différence n'est faite, jusqu'à aujourd'hui, entre un accord signé très largement et un autre signé par des syndicats minoritaires, voire très minoritaires. « Un système déresponsabilisant, qui encourage la surenchère, estime Pierre Morel-A-L'Huissier, rapporteur de la loi. Les organisations syndicales peuvent être tentées de ne pas signer un accord dès lors que toutes leurs revendications n'ont pas été prises en compte, tout en sachant que ce dernier, signé par d'autres organisations, sera quand même applicable. »

La nouvelle loi subordonne la validité d'un accord à sa signature par une ou plusieurs organisations syndicales de fonctionnaires ayant recueilli au moins 50 % des voix lors des dernières élections professionnelles (organisées au niveau auquel l'accord est négocié). Toutefois, pendant une période transitoire qui prendra fin au plus tard le 31 décembre 2013, pour être valide, l'accord doit être signé par un ou plusieurs syndicats ayant recueilli au total au moins 20 % des voix et ne pas faire l'objet d'opposition de la part d'une ou plusieurs organisations parties à la négociation et majoritaires aux dernières élections.

Aux termes de la nouvelle loi, si un texte discuté dans les instances suscite une opposition unanime des organisations syndicales, une « seconde délibération » a obligatoirement lieu. Les organisations syndicales auraient souhaité un droit de veto, mais le gouvernement ne les a pas suivies. « En pratique, rien ne dit qu'on ne va pas nous représenter deux fois le même texte et passer en force », remarque Bernard Sagez, pour la CFTC. « L'instauration de cette seconde délibération est un signal fort adressé à l'administration pour qu'elle joue le jeu du dialogue. Face à une opposition unanime, exprimée par des organisations légitimes et représentatives, on voit mal l'employeur public passer en force », répond Thomas Andrieu, de la DGAFP.

Le principe de l'accord majoritaire en voix comme principe de validité peut-il faire basculer le système et motiver les acteurs ? « Les signatures d'accords seront peut-être plus difficiles à obtenir dans un premier temps, estime Paul Peny, directeur général de l'administration et de la fonction publique en poste au moment des accords de Bercy. Mais même s'il n'a pas en tant que tel de valeur juridique, un accord majoritaire obtenu au terme d'une vraie négociation a une telle valeur politique et morale qu'aucun gouvernement ne se dédira au fil des ans. Les accords Durafour en sont un exemple. Il doit en être de même des accords de Bercy. »

Du côté des syndicats signataires des accords de Bercy, on affiche un certain volontarisme. « Nous n'avons pas pour principe de ne jamais signer d'accords, a ainsi affirmé Jean-Marc Canon, pour la CGT, lors des Assises. Mais il faut en finir avec les pseudo-concertations sur des projets déjà ficelés. Et réfléchir à ce que peut être un dialogue social de proximité. Il existe beaucoup de sujets sur lesquels on peut discuter. La majorité des accords ne nécessiteront aucune loi ; ils seront de niveau réglementaire. Ceux qui nécessiteront une loi seront confiés au Parlement. On peut faire le pari que, quand le Parlement sera saisi, il ne va pas défaire dans la démocratie politique ce qui aura été construit dans la démocratie sociale. »

Tout dépendra de la capacité des organisations syndicales à trouver des convergences majoritaires sur des sujets consistants. Sans tomber dans le travers du « plus petit dénominateur commun », comme le craint Anne Baltazar, pour FO.

Moyens syndicaux à la hauteur

Actuellement, les agents qui n'exercent pas effectivement leurs fonctions pour cause de mandat syndical bénéficient d'un avancement moyen d'échelon et de grade. Ils ne peuvent pas bénéficier de promotion interne. La loi du 5 juillet 2010 prévoit une exception à ce principe et leur permet de faire valoir leur expérience syndicale au titre de la validation des acquis de l'expérience professionnelle.

Le statut permettra ainsi la reconnaissance, dans le titre I du statut général des fonctionnaires, des acquis de l'expérience professionnelle dans le cadre de la promotion des agents investis d'un mandat syndical, qu'il s'agisse des concours internes ou des promotions de corps par voie d'inscription sur un tableau d'avancement ou d'examen professionnel.

Sur la question des moyens syndicaux, les accords de Bercy avaient préconisé la réalisation d'un « état des lieux partagé ». En mars 2009, un premier rapport avait été établi, mais non communiqué aux organisations syndicales. Une mission d'enquête plus approfondie[5] a été lancée par la suite et un rapport succinct présenté le 15 juillet 2010 aux organisations syndicales.

Georges Tron, secrétaire d'État chargé de la Fonction publique, a annoncé que la négociation sur les moyens accordés aux syndicats de fonctionnaires aboutirait « avant l'été 2011 », c'est-à-dire avant les élections prévues à l'automne.

Les enjeux du paritarisme

Le formalisme des instances de représentation du personnel dans la fonction publique était contesté depuis longtemps. Pour Pierre Morel-A-L'Huissier, député de la Lozère et rapporteur de la loi de juillet 2010, « le fonctionnement des commissions administratives paritaires (CAP) est resté globalement satisfaisant pour la plupart des acteurs [...]. En revanche, le fonctionnement des comités techniques paritaires (CTP) fait l'objet de nombreuses critiques [...]. La composition paritaire de ces instances masque un faux dialogue. Les représentants des organisations syndicales ont tendance à effectuer une série de monologues successifs, quelquefois en exprimant des positions très générales [...]. La plupart des représentants de l'administration ne prennent pas part aux débats car ils ne sont pas concernés par le sujet abordé. Leur présence représente donc surtout une perte de temps. Ils votent ensuite de manière monolithique en faveur des propositions de l'administration. L'avis rendu par le CTP est donc trompeur : une opposition syndicale unanime se traduit par un partage des voix tandis que l'abstention d'un représentant syndical suffit à entraîner un avis favorable du CTP[6]. »

À en croire la plupart des élus de la fonction publique territoriale, cette appréciation du fonctionnement du paritarisme ne rend pas compte de la réalité telle qu'ils la vivent. Dès novembre 2008, les élus territoriaux membres du Conseil supérieur de la fonction publique territoriale se prononçaient à l'unanimité contre le projet de loi de rénovation du dialogue social, précisément pour défendre le paritarisme. « L'organisation proposée par le gouvernement concerne l'État, expliquait à l'époque Bernard Derosier, président du Conseil supérieur de la fonction publique territoriale [7]. Dans les instances de l'État, les représentants de fonctionnaires discutent dans le vide avec, face à eux, un employeur unique dont les représentants votent comme un seul homme sur indication du ministre. Les employeurs territoriaux, eux, sont pluralistes. Or, le projet aligne le conseil commun aux trois fonctions publiques sur le Conseil supérieur de la fonction publique de l'État, où la parité est supprimée. » Les opposants à la loi avaient aussi des arguments pratiques : comment un seul élu siégeant au comité technique paritaire d'un centre de gestion en zone rurale pourrait-il représenter plusieurs centaines de communes ?

La majorité des organisations syndicales n'était pas non plus demandeuse de l'abandon du paritarisme. La CFTC, FO et la FA-PT ont voté contre au Conseil supérieur de la fonction publique territoriale. Pour Anne Baltazar, de FO, « le paritarisme est la base du dialogue social ; il impose que les deux parties prennent leurs responsabilités dans un vrai débat, et que l'employeur décide ensuite en tenant compte le plus possible de la position des uns et des autres. La renonciation au paritarisme implique la mise en retrait de l'administration dans la discussion et risque de la conduire à un simple rôle d'arbitre des joutes intersyndicales ».

Plusieurs organisations signataires des accords de Bercy, dont la FSU et l'Unsa, n'ont accepté l'abandon du paritarisme que dans une perspective de compromis, mais contestent aujourd'hui sa traduction législative. La CFDT a été la seule organisation syndicale à voter en faveur de la loi au sein du Conseil supérieur de la fonction publique territoriale. Pour Jean-Claude Lenay, secrétaire fédéral de l'Interco-CFDT, « le plus important n'est pas qu'il y ait un nombre égal d'élus et de représentants du personnel. Ce qui compte, c'est la présence d'un élu qui puisse s'engager [8]. »

Finalement, un compromis sur le paritarisme, concernant la seule fonction publique territoriale, a été trouvé. Des représentants de la collectivité continueront à siéger au sein du comité technique, mais sans prendre part au vote. Ce n'est que si les collectivités l'ont décidé et ont délibéré pour permettre au collège des employeurs d'émettre un avis qu'ils pourront se prononcer. Dans ce cas, employeurs et agents délibéreront séparément et non plus conjointement. L'organe délibérant de la collectivité fixe le nombre des représentants de chaque collège. Le nombre des représentants de la collectivité est « au plus égal » à celui des représentants du personnel.

Instances de concertation rénovées

Les attributions des comités techniques sont reformulées : ils sont notamment compétents pour émettre un avis sur l'organisation et le fonctionnement des services, les grandes orientations relatives aux effectifs, emplois et compétences et à la politique indemnitaire, etc. Ils sont en outre informés de toute décision budgétaire ayant une incidence sur la gestion des emplois.

Leur importance est encore confortée par le fait que c'est sur les résultats de l'élection des représentants siégeant en leur sein que s'appuiera désormais la représentativité syndicale, et non plus sur ceux des commissions administratives paritaires.

Au total, le centre de gravité du dialogue social se déplace des commissions administratives paritaires, qui ont à connaître des mesures individuelles, vers les comités techniques, saisis des problématiques collectives.

La rénovation des instances de concertation

Un Conseil supérieur commun aux trois fonctions publiques

Compétent pour toutes les grandes questions transversales touchant les trois versants de la fonction publique, il est composé de représentants des employeurs publics et des organisations syndicales. Le nombre de sièges des représentants syndicaux est réparti proportionnellement au nombre de voix obtenues lors des élections aux comités techniques.

Le Conseil supérieur de la fonction publique territoriale

Ses prérogatives changent peu, mais il évolue comme les autres instances : suppression du paritarisme, composition basée sur l'audience électorale des comités techniques.

Les comités techniques (CT)

Leur champ de compétence est élargi, le nombre de sièges des représentants syndicaux est proportionnel à leur audience électorale.

Les commissions administratives paritaires

Leurs prérogatives ne changent pas mais le mode d'élection évolue : un seul tour et mêmes conditions que dans les comités techniques pour se présenter à l'élection.

Les comités d'hygiène, de sécurité et des conditions de travail (CHSCT)

Leurs compétences sont similaires à celles des CHSCT de la fonction publique hospitalière et du secteur privé : hygiène, sécurité, mais aussi conditions de travail, stress, risques psycho-sociaux. Ils deviennent obligatoires dans toutes les entités employant au moins 50 agents.

La question de l'absence d'un lieu et d'un niveau de concertation où aborder des sujets d'intérêt commun aux trois fonctions publiques a souvent été mise en avant. Ceux-ci étaient jusqu'ici discutés, soit de manière cloisonnée au sein de chaque conseil supérieur, conduisant à des débats redondants, soit au sein du seul Conseil supérieur de la fonction publique de l'État pour le compte de l'ensemble des agents des trois fonctions publiques. La loi crée une instance commune, qui sera consultée sur les projets de lois, d'ordonnances ou de décrets communs aux trois « versants ».

Ce Conseil supérieur commun est présidé par le ministre de la Fonction publique. Il comprend des représentants des administrations et des employeurs des différentes fonctions publiques et des représentants des organisations syndicales, dont les sièges sont répartis proportionnellement au nombre de voix obtenues lors des dernières élections pour la désignation des membres des comités techniques (CT). Pour le gouvernement, cette création « réaffirme avec force l'unité des trois fonctions publiques, qui rencontrent des problématiques communes ».

La satisfaction des organisations syndicales – y compris non signataires des accords de Bercy – est sur ce point relativement unanime. Pour la CGT, il s'agit là d'une véritable avancée. « Cela peut donner chair à notre revendication d'un statut unifié du fonctionnaire », a commenté Jean-Marc Canon lors des Assises. Mais au-delà, les élus du futur Conseil supérieur commun, qui sera mis en place au second semestre 2011, vont bénéficier d'une très forte légitimité : celle que confère le vote d'un corps électoral de plus de cinq millions de salariés, dont environ 60 % ont déjà l'habitude de voter. « Nous pourrons aborder des débats de fond dans cette instance, se réjouit Brigitte Jumel. Et cela devrait favoriser l'émergence d'un discours inter-fonction publique de la part des organisations syndicales. »

Le fait que les cycles électoraux soient désormais harmonisés va dans le même sens. La loi prévoit en effet que les élections professionnelles se tiendront à la même date dans les trois fonctions publiques et elle fixe la durée des mandats de l'ensemble des instances de consultation de la fonction publique à quatre ans. « Nous devons, en effet, sortir du système actuel dans lequel le sentiment d'être en campagne électorale permanente favorise les surenchères et ne permet pas la recherche de consensus ou de compromis », estime Georges Tron, actuel secrétaire d'État chargé de la Fonction publique[9].

Pour parvenir à une organisation des élections le même jour dans l'ensemble de la fonction publique et tenir compte de la demande des élus locaux, un scénario de convergence en deux temps est prévu[10] : le 20 octobre 2011 se tiendront les élections dans les fonctions publiques d'État et hospitalière, et fin 2014, il y aura convergence avec la fonction publique territoriale dans le cadre du premier renouvellement commun de l'ensemble des instances de concertation.

« Il n'est pas sûr que dans les organisations syndicales, où l'on travaille d'arrache-pied à la préparation des élections, on ait pris la mesure des changements qu'implique le nouveau contexte », commente Gérard Aschieri. « Tous les syndicats de la fonction publique sont organisés nationalement, mais pas localement, explique Élisabeth David de l'Unsa. Or, chacun va devoir présenter des candidats dans tous les comités techniques locaux. C'est loin d'être gagné. Ce nouveau mode d'élection s'annonce comme une révolution dont on ne mesure pas toutes les conséquences. »

NOTES

1. CFDT, CFE-CGC, CFTC, CGT, FO.

2. Lettre ouverte du 23 mai 2008 adressée à Éric Woerth, alors ministre du Budget, des Comptes publics et de la Fonction publique.

3. La Fédération Sud Solidaires collectivités territoriales et l'Union nationale unitaire des syndicats des collectivités locales (SNUCLIAS)-FSU avaient introduit en juin 2009 un recours devant le Conseil d'État pour obtenir l'annulation de l'arrêté du ministère de l'Intérieur du 11 mars 2009 portant sur la répartition des sièges au CSFPT. Ils ont été déboutés en février 2011. Le Conseil d'État ayant considéré que les nouvelles règles issues des accords de Bercy n'avaient pas à être prises en compte.

4. Cf. chapitre 1, page 15, l'exemple de l'accord sur les carrières des infirmiers et infirmières.

5. Inspection générale des affaires sociales, Inspection générale de l'administration de l'éducation nationale et de la recherche, Inspection générale de l'administration, Contrôle général économique et financier, « Rapport sur le bilan des moyens syndicaux alloués aux organisations syndicales dans la fonction publique. Analyse détaillée dans le Rhône et le Loiret », La Documentation française, juin 2010.

6. M. Pierre Morel-A-L'Huissier, « Rapport de la commission des lois sur le projet de loi, après engagement de la procédure accélérée, relatif à la rénovation du dialogue social dans la fonction publique » (n° 1577 et lettre rectificative n° 2329), mis en ligne le 26 mars 2010, http://www.assembleenationale.fr/13/rapports/r2389.asp (site consulté le 15 février 2011).

7. Source : *La gazette des communes*.

8. Entretien avec les auteurs.

9. Entretien avec les auteurs.

10. Cette convergence en deux temps est le résultat d'un compromis.

Document 5

Maison des Communes

CIRCULAIRE CDG90

11/12

COMITE TECHNIQUE
COMITE D'HYGIENE, DE SECURITE ET DES CONDITIONS DE TRAVAIL
COMMISSION ADMINISTRATIVE PARITAIRE

➢ *Loi n° 83-634 du 13 juillet 1983 modifiée, portant droits et obligations des fonctionnaires ;*
➢ *Loi n° 84-53 du 26 janvier 1984 modifiée portant dispositions statutaires relatives à la fonction publique territoriale ;*
➢ *Loi n° 2010-751 du 5 juillet 2010 modifiée relative à la rénovation du dialogue social et comportant diverses dispositions relatives à la fonction publique ;*
➢ *Décret n° 85-565 du 30 mai 1985 modifié relatif aux comités techniques paritaires des collectivités territoriales et de leurs établissements publics ;*
➢ *Décret n° 85-603 du 10 juin 1985 modifié relatif à l'hygiène et à la sécurité du travail ainsi qu'à la médecine professionnelle et préventive dans la fonction publique territoriale ;*
➢ *Décret n° 89-229 du 17 avril 1989 modifié relatif aux commissions administratives paritaires des collectivités territoriales et de leurs établissements publics ;*
➢ *Décret n° 95-1018 du 14 septembre 1995 modifié fixant la répartition des fonctionnaires territoriaux en groupes hiérarchiques en application de l'article 90 de la loi du 26 janvier 1984 portant dispositions statutaires relatives à la fonction publique territoriale ;*
➢ *Décret n° 2011-2010 du 27 décembre 2011 relatif aux comités techniques et aux commissions administratives paritaires des collectivités territoriales et de leurs établissements publics ;*
➢ *Décret n° 2012-170 du 3 février 2012 modifiant le décret n° 85-603 du 10 juin 1985 relatif à l'hygiène et à la sécurité du travail ainsi qu'à la médecine professionnelle et préventive dans la fonction publique territoriale.*

L'abstract de présentation du décret n° 2011-2010 du 27 décembre 2011 au Journal Officiel précise que : « les règles relatives à la composition et au fonctionnement entrent en vigueur à compter du premier renouvellement général des comités techniques et des commissions administratives paritaires de la fonction publique territoriale suivant la publication du décret. »
Par conséquent, les dispositions dudit décret ne sont applicables avant les élections de 2014, que dans les hypothèses d'élections ponctuelles anticipées.

RAPPORT

I – Dispositions communes aux Comité Technique et Commission Administrative Paritaire

➢ L'organisation des élections n'est plus liée au renouvellement des conseils municipaux, les mandats seront de quatre ans. Les prochaines élections auront lieu en 2014.

➢ Les élections ne s'effectuent plus à deux tours mais sont réduites à un seul tour à la proportionnelle.

➢ La notion d'organisations syndicales représentatives disparaît, l'article 9 bis de la loi du 13 juillet 1983 définit, en effet, deux catégories d'organisations syndicales susceptibles de se présenter aux élections.

Peuvent se présenter aux élections professionnelles, les organisations syndicales de fonctionnaires :

✓ légalement constituées depuis au moins deux ans à compter de la date de dépôt légal de leurs statuts et qui répondent aux critères de respect des valeurs républicaines et d'indépendance,

✓ affiliées à une union syndicale de fonctionnaires qui répond aux critères de respect des valeurs républicaines et d'indépendance.

➢ En cas de vacance d'un siège de l'instance, l'organisation syndicale désignera un nouveau représentant, parmi les agents relevant du périmètre du Comité Technique ou de la Commission Administrative Paritaire, éligibles, au moment de la désignation. Il est ainsi mis fin à la procédure du tirage au sort à laquelle, on avait recours auparavant.

➢ Modernisation des règles :

✓ introduction du vote électronique pour la désignation des représentants du personnel dans les instances consultatives et pour la convocation des membres appelés à siéger,

✓ des mentions complémentaires visant à une information plus exhaustive seront portées dans le procès-verbal des élections établi par le bureau central de vote : nombre de votants, nombre de suffrages valablement exprimés, nombre de votes nuls et nombre de voix obtenues par chaque liste en présence.

II – Dispositions spécifique au Comité Technique

L'article 1er du décret du 27 décembre 2011 substitue la dénomination de Comité Technique à celle de Comité Technique Paritaire

❖ Composition du Comité Technique

1) La composition du Comité Technique : l'article 1er du décret n° 2011-2010 tire les conséquences de **la suppression du paritarisme** (les représentants du personnel et des collectivités ne sont plus nécessairement désignés en nombre égal) et du nouveau principe de l'élection des représentants du personnel à un seul tour de scrutin au lieu de deux antérieurement. Le Comité Technique est toujours composé de représentants du personnel et de représentants de l'administration, mais la référence à un nombre égal de représentants de ces deux catégories est supprimée.

2) Les représentants du personnel : au moins dix semaines avant la date du scrutin, la délibération de l'organe délibérant de la collectivité auprès de laquelle, est placé le Comité Technique, fixe le nombre de représentants titulaires du personnel. Cette décision est prise après consultation des syndicats déjà représentés au Comité Technique, ou à défaut, des syndicats ou sections syndicales, qui en application de l'article 1er du décret du 3 avril 1985, ont fourni leurs statuts et la liste de leurs responsables à l'autorité territoriale.

La date d'appréciation des effectifs pour le franchissement du seuil de cinquante agents imposant la création d'un Comité Technique est fixée au 1er janvier. En cas de franchissement du seuil de cinquante agents, l'autorité territoriale doit informer le Centre de Gestion, avant le 15 janvier.

3) Les représentants des employeurs locaux : forment avec le président du Comité : le collège des représentants de la collectivité (nouvel article 4 du décret n° 85-565 du 30 mai 1985). Ils ne sont plus obligatoirement en nombre égal aux représentants du personnel. Le nombre des membres du collège des représentants de la collectivité ne peut toutefois être supérieur à celui du collège des représentants du personnel. En revanche, lorsqu'il est inférieur le président du comité technique, est assisté, s'il est besoin, par un (des) membre(s) de l'organe délibérant et par le (ou les) agent(s) de la collectivité, concerné(s), par les questions ou projets de textes soumis à l'avis du comité. Les participants ne sont cependant pas membres du comité technique.

Les membres du comité représentant la collectivité ou l'établissement sont désignés :

- pour les comités techniques placés auprès des collectivités et des établissements autres que les centres de gestion, par l'autorité territoriale, parmi les membres de l'organe délibérant ou les agents de la collectivité ou de l'établissement ;
- pour les comités techniques placés auprès des centres de gestion, par le président de l'instance de gestion parmi les membres du conseil d'administration issus des collectivités ou établissements ayant moins de cinquante agents et parmi les agents de ces collectivités et établissements ou les agents du centre de gestion.

4) Le mandat : durée, cas de remplacement

- Article 3 en son 1er alinéa : la durée des mandats des représentants du personnel passe de six à quatre ans, à partir de 2014.
- Par contre, la durée du mandat des représentants des employeurs locaux reste alignée sur celle de leur mandat.

Le nouvel article 5 expose les cas de cessation anticipée de mandat pour chaque catégorie de représentants au Comité Technique.

Représentants du personnel : leurs mandats prennent fin par démission ou par défaut de remplir les conditions pour être électeur ou éligible.

Quant aux représentants des employeurs locaux choisis parmi les agents des collectivités, ils sont remplacés lorsqu'ils n'exercent plus leurs fonctions par suite d'une démission, d'un congé de longue maladie ou de longue durée, d'une mise en disponibilité ou de toute autre cause que l'avancement ou encore lorsqu'ils n'exercent plus leurs fonctions dans le ressort territorial du Comité Technique.

Article 6 : en cas de vacance du siège d'un représentant titulaire du personnel, le siège est attribué à un suppléant de la même liste, et en cas de vacance d'un siège de suppléant, le siège est attribué au premier candidat non élu de la même liste.

Jusqu'à présent, lorsque la liste de candidats ne comportait plus de nom, les sièges vacants étaient pourvus par la procédure du tirage au sort.

Désormais, si l'organisation syndicale est dans l'impossibilité de pourvoir aux sièges de titulaires ou de suppléants auxquels, elle a droit, elle désigne directement un représentant parmi les agents relevant du périmètre du Comité Technique éligible au moment de la désignation, pour la durée du mandat restant à courir.

❖ Les élections

1) <u>La date des élections</u> : sera déterminée par un arrêté conjoint du Premier ministre, du ministre chargé de la fonction publique et du ministre chargé des collectivités territoriales, elle sera rendue publique six mois au moins avant l'expiration du mandat en cours.

2) <u>La composition du corps électoral</u> : le nouvel article 8 du décret du 30 mai 1985 pose le principe selon lequel tous les agents exerçant leurs fonctions dans le périmètre du Comité Technique sont électeurs pour la désignation des représentants du personnel.

Les agents sont :

- titulaires, en position d'activité ou de congé parental ou accueillis en détachement ou mis à disposition de la collectivité,
- stagiaires en position d'activité ou de congé parental,
- non titulaires de droit public ou de droit privé, bénéficiant d'un contrat à durée indéterminée ou d'une durée minimale de six mois, ou d'un contrat reconduit successivement depuis au moins six mois, et qui exercent leurs fonctions, ou sont placés en congé rémunéré ou en congé parental.

Les agents mis à disposition des organisations syndicales sont électeurs dans leur collectivité d'origine.

3) <u>La liste électorale</u>

La date de référence prise en compte pour l'établissement de la liste électorale est celle du scrutin.

Le délai dans lequel les électeurs peuvent vérifier les inscriptions sur la liste électorale, et, le cas échéant, présenter des demandes d'inscription ou des réclamations à l'autorité territoriale, court du jour d'affichage de la liste au vingtième jour précédant la date du scrutin.

4) <u>Les règles d'éligibilité</u>

Le second alinéa de l'article 11 énumère les agents frappés d'inéligibilité : les agents atteints d'une affection de longue durée, les agents ayant fait l'objet d'une sanction du 3ème groupe prévue par l'article 89 de la loi du 26 janvier 1984.

En revanche, sont éligibles les agents en congé parental ou en congé de présence parentale.

5) <u>La constitution des listes de candidats</u>

L'article 12 abandonne l'ancien principe de représentativité des organisations syndicales aux élections professionnelles, il dispose, que désormais, les candidatures sont présentées par les organisations syndicales qui remplissent les conditions fixées à l'article 9 bis de la loi du 13 juillet 1983 :

« Peuvent se présenter aux élections professionnelles :
1° Les organisations syndicales de fonctionnaires qui, dans la fonction publique où est organisée l'élection, sont légalement constituées depuis au moins deux ans à compter de la date de dépôt légal des statuts et satisfont aux critères de respect des valeurs républicaines et d'indépendance ;
2° Les organisations syndicales de fonctionnaires affiliées à une union de syndicats de fonctionnaires qui remplit les conditions mentionnées au 1°.
Pour l'application du 2°, ne sont prises en compte en qualité d'unions de syndicats de fonctionnaires que les unions de syndicats dont les statuts déterminent le titre et prévoient l'existence d'organes dirigeants propres désignés directement ou indirectement par une instance délibérante et de moyens permanents constitués notamment par le versement de cotisations par les membres.
Toute organisation syndicale ou union de syndicats de fonctionnaires créée par fusion d'organisations syndicales ou d'unions de syndicats qui remplissent la condition d'ancienneté mentionnée au 1° est présumée remplir elle-même cette condition.
Les organisations affiliées à une même union ne peuvent présenter des listes concurrentes à une même élection.
Les contestations sur la recevabilité des candidatures déposées sont portées devant le tribunal administratif compétent dans les trois jours qui suivent la date limite du dépôt des candidatures.
Le tribunal administratif statue dans les quinze jours qui suivent le dépôt de la requête. L'appel n'est pas suspensif. »

Les listes de candidats doivent être déposées par les organisations syndicales au moins six semaines avant la date du scrutin.

L'article 13 dispose que le délai accordé à l'autorité territoriale pour vérifier l'éligibilité des candidats après la date de limite de dépôt des listes est porté de trois à cinq jours francs. A l'expiration de ce délai de cinq jours, le délégué de liste a trois jours francs pour procéder aux rectifications nécessaires. La liste ainsi modifiée ne peut présenter des candidats que si elle comprend un nombre de noms égal au moins aux deux tiers des sièges de représentants titulaires et suppléants à pourvoir.

6) <u>L'organisation du scrutin</u>

Article 21-3 du décret : la liste des agents admis à voter par correspondance doit être affichée de quinze à vingt jours au moins avant la date des élections. La date limite à laquelle la liste peut être rectifiée passe quant à elle de douze à quinze jours au moins avant le scrutin.

En plus du vote à l'urne, la possibilité de recourir au vote électronique est posée avec des modalités qui seront fixées par décret. La décision est prise par l'autorité territoriale après avis du Comité Technique compétent.

Article 21-7 : l'émargement des votes par correspondance : le président de l'instance de gestion, après consultation des organisations syndicales candidates fixe une heure de début des opérations d'émargement antérieure à celle de la clôture du scrutin. L'arrêté portant ces mesures doit au plus tard être pris dix jours avant le scrutin.

Article 21 : proclamation des résultats

Le mode de répartition des sièges reste la proportionnelle avec attribution des restes à la plus forte moyenne. Si la liste ne comporte pas un nombre de noms égal au nombre de sièges (titulaires et suppléants) à pourvoir, l'organisation syndicale ne peut pas prétendre à plus de sièges titulaires et suppléants du personnel que ceux pour lesquels elle a proposé des candidats.

Le procès-verbal récapitulatif de l'ensemble des opérations électorales, établi par le bureau central de vote, après récolement des opérations de chaque bureau, doit préciser :

- le nombre de votants,
- le nombre de suffrages valablement exprimés,
- le nombre de votes nuls,
- le nombre de voix obtenues par chaque liste en présence

Lorsqu'une liste a été présentée par un syndicat affilié à une union de syndicats de fonctionnaires, le procès-verbal doit préciser l'organisation nationale syndicale à laquelle se rattache le syndicat.

En cas de liste commune à plusieurs organisations syndicales distinctes, le procès-verbal doit préciser la base de répartition des suffrages exprimés (répartition rendue publique par les organisations syndicales lors du dépôt des candidatures, ou à défaut d'indication, répartition à parts égales entre les organisations syndicales).

7) <u>La désignation des suppléants</u> se fait suivant l'ordre de présentation de la liste.

En cas de liste de candidats ne comportant pas un nombre de noms égal au nombre de sièges à pourvoir (représentants titulaires et suppléants), l'organisation syndicale ne peut prétendre à l'obtention de plus de sièges que ceux pour lesquels elle a proposé des candidats.

8) Le recours contentieux contre les opérations électorales

Article 21 en son II : les organisations syndicales disposent de cinq jours francs, à compter de la proclamation des résultats, pour contester ces opérations. Les contestations sont portées devant le président du bureau central de vote, puis le cas échéant, devant la juridiction administrative.

Le président du bureau de vote, a quarante huit heures pour statuer.

❖ Le fonctionnement du Comité Technique

- Absence de paritarisme : L'article 26 du décret du 30 mai 1985 est réécrit pour tenir compte de la suppression du paritarisme numérique.

L'avis du Comité est émis à la majorité des représentants du personnel présents ayant voix délibérative. En cas de partage des voix, l'avis du comité est réputé donné.

- **Maintien facultatif du paritarisme** : conformément à l'article 32 de la loi du 26 janvier 1984, une délibération peut cependant, prévoir le recueil par le Comité de l'avis des représentants de la collectivité. Cet avis des représentants de la collectivité, qui est facultatif, doit être prévu, par la délibération fixant le nombre de représentants du personnel à ce même comité, ou par une délibération adoptée dans les six mois suivant le renouvellement de l'organe délibérant intervenant entre deux renouvellements du comité.

Dans ce cas, l'avis du Comité est rendu, avec le vote de ce second collège (selon les mêmes règles de partage de voix). Chaque collège émet en effet, son avis à la majorité des membres présents ayant voix délibérative : deux votes séparés dans deux collèges distincts de représentants. En cas de partage des voix au sein du collège, l'avis de celui-ci, est réputé avoir été donné.

Le quorum : l'article 30 le fixe à la moitié des représentants du personnel.

Lorsqu'une délibération impose de recueillir également l'avis des représentants de la collectivité, la moitié au moins de chaque collège doit être présente. Le quorum se calcule par collège. Si le quorum n'est pas atteint, dans l'un ou l'autre collège, une nouvelle convocation doit être adressée aux membres du Comité dans les huit jours. Celui-ci siège alors valablement, quel que soit le nombre de membres présents.

Un nouvel article 30-1 dispose que lorsqu'une question nécessite une délibération de la collectivité et, a recueilli un avis unanimement négatif des représentants du personnel, le Comité doit de nouveau examiner ce dossier dans un délai compris entre huit et trente jours, quelque soit le nombre de représentants présents.

Lorsqu'un représentant titulaire ne peut prendre part à une séance du comité pour cause d'empêchement, l'article 2 du décret n° 85-565 du 30 mai 1985, précise qu'il peut se faire remplacer par n'importe lequel des représentants suppléants.

Toutefois, pour les représentants du personnel, cette faculté ne joue qu'entre représentants élus sur une même liste de candidats :

- ou désignés par l'organisation syndicale dans les cas prévus au 3ème alinéa de l'article 6 (désignation par l'organisation syndicale dans l'hypothèse de la vacance du siège d'un représentant suppléant du personnel et de l'absence de candidat non élu de la même liste), la désignation du représentant a lieu pour la durée du mandat restant à courir, parmi les agents relevant du périmètre du comité technique, éligibles au moment de la désignation,
- ou tirés au sort selon la procédure prévue à l'article 20.

❖ Les structures de coopération

Le texte liste les cas de comités techniques communs, reprenant les termes de l'article 32 de la loi du 26 janvier 1984 : EPCI et communes adhérentes d'une part, EPCI et Comité Intercommunal d'action sociale (CIAS) rattaché d'autre part, EPCI, communes et CIAS rattachés, enfin. Dans ces hypothèses, les délibérations concordantes déterminent la structure de rattachement du comité et la répartition des sièges entre les représentants des ces collectivités et établissements.

❖ Les attributions des comités techniques

Les comités techniques sont consultés pour avis pour les questions relatives :

1) à l'organisation et au fonctionnement des services,
2) aux évolutions des administrations ayant un impact sur les personnels,
3) aux grandes orientations relatives aux effectifs, emplois et compétences,
4) aux grandes orientations en matière de politique indemnitaire et de critères de répartition y afférents,
5) à la formation, à l'insertion et à la promotion de l'égalité professionnelle,
6) aux sujets d'ordre général intéressant l'hygiène, la sécurité et les conditions de travail.

Les comités techniques sont également consultés sur les aides à la protection sociale complémentaire, lorsque la collectivité territoriale ou l'établissement public en a décidé l'attribution à ses agents, ainsi que sur l'action sociale.

Les incidences des principales décisions à caractère budgétaire sur la gestion des emplois font l'objet d'une information des comités techniques.

III – Le cas particulier du Comité d'Hygiène, de Sécurité et des Conditions de Travail (CHSCT)

Un article 33-1 inséré dans la loi du 26 janvier 1984, par la loi du 5 juillet 2010, impose la création d'un CHSCT dans les mêmes conditions que les comités techniques, donc pour les collectivités et établissements employant au moins cinquante agents (auparavant 200 agents) ainsi que dans les centres de gestion pour les collectivités affiliées employant moins de cinquante agents.

Des CHSCT spéciaux ou locaux peuvent aussi être créés par l'organe délibérant.

Le décompte des voix au Comité Technique et au CHSCT est simultané (sauf si le CHSCT a un périmètre plus petit).

Le décret du 27 décembre 2011 introduit un nouvel article 15-1 dans le décret du 30 mai 1985 afin de régler les modalités de décompte des bulletins de vote, lorsqu' à l'occasion des renouvellements des comités techniques, il est prévu de mettre en place un CHSCT dans un périmètre plus petit que celui du Comité Technique.

En pareille hypothèse, les bulletins de vote des électeurs relevant du CHSCT doivent fait l'objet d'une comptabilisation et d'un dépouillement séparés.

Si, le vote se déroule par correspondance, l'enveloppe extérieure doit comporter, outre les mentions exigées par l'article 21-6 du décret du 30 mai 1985 : « élections au comité technique de … », celle du CHSCT concerné.

Dans tous les cas, les bulletins des électeurs au CHSCT font l'objet d'une comptabilisation et d'un dépouillement séparés. Le nombre de voix comptabilisées pour chaque liste en présence doit être mentionné au procès-verbal récapitulatif des opérations électorales.

Avec ce nouveau décret, la mission des ACMO (agents chargés de la mise en œuvre des règles d'hygiène et de sécurité) est dédoublée : des assistants de prévention joueront un rôle de proximité, des conseillers de prévention assureront une coordination. Une prochaine circulaire précisera les moyens à leur disposition.
La prévention prend une place de premier plan

Comme pour les comités techniques, les avis émis par les CHSCT, sont valides s'ils sont précédés, d'une part d'une consultation des représentants des organisations syndicales et, d'autre part, si une délibération le prévoit, de celle des représentants de l'administration.

Les missions des CHSCT sont définies à l'article 33-1 de la loi du 26 janvier 1984 :

- contribuer à la protection de la santé physique et mentale et de la sécurité des agents dans leur travail et à l'amélioration des conditions de travail,
- veiller à l'observation des prescriptions légales en ces matières.

En outre, le CHSCT se réunit obligatoirement à la suite de tout accident mettant en cause l'hygiène ou la sécurité ou ayant pu entraîner des conséquences graves.

Jusqu'à présent la loi du 26 janvier 1984 ne mentionnait pas les missions générales du comité, qui étaient en revanche, détaillées par le décret n° 85-603 du 10 juin 1985 relatif à l'hygiène et à la sécurité du travail ainsi qu'à la médecine professionnelle et préventive dans la fonction publique territoriale.

IV – Les modifications concernant les Commissions Administratives Paritaires

Le décret du 27 décembre 2011 introduit dans le décret du 17 avril 1989 relatif aux Commissions Administratives Paritaires des modifications similaires à celles apportées aux Comités Techniques quant aux durées du mandat et aux conditions d'accès des organisations syndicales aux élections professionnelles. En revanche, les Commissions Administratives Paritaires, restent, précisément, composées, d'un nombre égal des représentants du personnel et de représentants des employeurs locaux. La durée du mandat des représentants des employeurs locaux reste alignée sur celle de leur mandat.

❖ Composition des Commissions Administratives Paritaires

1) La détermination du nombre de représentants du personnel : les effectifs, sont comme pour les Comités Techniques, appréciés au 1er janvier de l'année de l'élection.
Sont pris en compte, les agents, qui ont la qualité d'électeur à la lecture de l'article 8 du décret n° 89-229 du 17 avril 1989.

Lorsque le mandat des représentants du personnel arrive à son terme dans l'année, les collectivités et établissements affiliés à un centre de gestion doivent informer ce dernier des effectifs qu'ils emploient avant le 15 janvier.

2) La durée du mandat des représentants du personnel élu et le remplacement en cours de mandat :
La durée du mandat des représentants du personnel des Commissions Administratives Paritaires est désormais fixée à quatre ans au lieu de six, à partir de 2014.
Ce mandat est renouvelable.
Article 6 alinéa 3 du décret du 17 avril 1989 : lorsqu'une liste se trouve dans l'impossibilité de nommer un remplaçant, avant de recourir à la procédure du tirage au sort, l'organisation syndicale a désormais la faculté de désigner son représentant parmi les fonctionnaires relevant du périmètre de la CAP, éligibles au moment de la désignation et appartenant au même groupe hiérarchique que le représentant à remplacer, pour la durée du mandat restant à courir.

Dernier alinéa de cet article 6 : en cas d'avancement de grade, de promotion interne, de reclassement, d'intégration dans un grade classé dans un groupe hiérarchique supérieur, l'élu à la Commission peut continuer de représenter le groupe hiérarchique dont il relevait antérieurement

❖ Les élections

1) Les élections : se déroulent sur un seul tour de scrutin à la proportionnelle. Leur date est fixée par arrêté conjoint du Premier ministre, du ministre chargé de la fonction publique et du ministre chargé des collectivités territoriale, six mois au moins avant l'expiration du mandat en cours.

2) Les listes électorales : la date de scrutin sert de référence pour l'établissement de la liste électorale par l'autorité territoriale.
L'article 8 du décret énonce les agents qui ont la qualité d'électeurs : fonctionnaires titulaires à temps complet ou à temps non complet, en détachement (dans leur collectivité d'origine et dans leur collectivité d'accueil : sauf si la même Commission est compétente dans les deux cas), en congé parental. Sont donc exclus ; les non titulaires et les stagiaires. Les fonctionnaires mis à disposition sont électeurs dans leur collectivité d'origine.
Les électeurs peuvent demander leur inscription ou des rectifications jusqu'au vingtième jour précédant la date de scrutin.

3) La constitution des listes de candidats
L'article 12 du décret est mis en conformité avec les nouvelles conditions d'accès aux élections professionnelles fixées par l'article 9 bis de la loi du 13 juillet 1983.
Les listes de candidats doivent être déposées au moins six semaines avant la date du scrutin.
L'autorité territoriale dispose après la date de dépôt des listes, d'un délai de cinq jours pour vérifier les conditions d'éligibilité des candidats. Les rectifications sont possibles dans un délai de trois jours francs.

La liste des électeurs admis à voter par correspondance est affichée au moins vingt jours avant la date des élections, et les rectifications sont possibles jusqu'à quinze jours avant le scrutin.

4) Le recours au vote électronique
L'article 17-2 prévoit que l'autorité territoriale peut après avis du Comité Technique décider de recourir au vote électronique.

5) La proclamation des résultats
Article 24 : le bureau central de vote établit un procès-verbal récapitulatif de l'ensemble des opérations électorales faisant état des nombres des : votants, suffrages valablement exprimés, votes nuls et de voix obtenues par chaque liste en présence.
Le préfet établit un tableau récapitulatif départemental mentionnant le nombre d'électeurs inscrits, de votants, de suffrages exprimés et de suffrages obtenus par chaque liste. Ce tableau est communiqué aux organisations syndicales qui en font la demande par écrit.

6) Le recours contentieux contre les opérations électorales
Article 25 : les contestations sur la validité des opérations électorales doivent être portées dans un délai de cinq jours francs à compter de la proclamation des résultats devant le président du bureau central de vote, puis le cas échéant, devant la juridiction administrative.

7) Le fonctionnement des commissions
Article 27 : la convocation doit être désormais accompagnée de l'ordre du jour.

Document 6

Dialogue social

Une rénovation en attente d'un second souffle

Alors que la loi sur la rénovation du dialogue social dans la fonction publique fête son quatrième anniversaire, son impact reste aujourd'hui limité. Mais les élections professionnelles du 4 décembre pourraient changer la donne.

« En attendant les élections professionnelles du 4 décembre... » La phrase pourrait résumer la mise en œuvre de la loi sur la rénovation du dialogue social du 5 juillet 2010 au sein des collectivités. Ces élections, qui renouvelleront les organes de consultation de la fonction publique territoriale, seront les premières organisées sur la base des nouveaux critères de représentativité des syndicats et des nouvelles règles d'accès aux élections et de répartition des sièges. Elles font figure de mesure phare de la loi en raison de leur probable effet « revitalisant » sur les relations sociales au sein des collectivités.

Pratiques préexistantes

« Ce scrutin donnera, sans doute, un nouveau souffle au dialogue », estime Céline Couriat, directrice générale adjointe chargée des ressources humaines et des relations sociales de la ville et de la communauté d'agglomération d'Amiens (lire p. 53). « Cela pourrait apporter des changements, confirme Olivier Mourot, pour la fédération Interco-CFDT. Même si, dans l'absolu, afin de rénover le dialogue social, il faudrait créer un "Medef territorial" pour négocier au nom de l'ensemble des employeurs territoriaux. »

Les autres dispositions de la loi de 2010 (lire ci-contre) ne semblent pas avoir « rénové » le dialogue social, mais elles ont permis d'en élargir le champ (lire l'exemple de Calais p. 53) et de le consolider. « La loi a posé des méthodes et permet d'aborder des sujets qui n'étaient pas versés au dialogue social auparavant », souligne Caroline Mézière, directrice des ressources et des relations humaines au conseil général de la Somme (2 200 agents). Elle a surtout entériné des évolutions qui avaient déjà eu lieu. « Depuis quelques années, le dialogue s'impose de lui-même au regard des difficultés rencontrées par les agents et des contraintes budgétaires. Il y a une prise de conscience des deux côtés », souligne Bruno Collignon, président de la FA-FPT. Elle a aussi donné un cadre réglementaire à des pratiques préexistantes de groupes de travail, comités de pilotage et autres comités de suivi associant syndicats et représentants de la collectivité. Pour autant, « là où la qualité du dialogue n'était pas bonne, les nouvelles règles n'ont pas permis de faire évoluer les situations », estime Daniel Leroy, président du centre de gestion de la FPT de Seine-et-Marne et de la formation spécialisée n° 4 « questions sociales » du CSFPT.

Le paritarisme en question

Quant à la suppression de l'obligation du paritarisme numérique dans les comités techniques (CT) et comités d'hygiène, de sécurité et des conditions de travail, sa portée dépend de la taille de la collectivité. D'un côté, d'importantes structures ont saisi cette opportunité, car « la parité numérique est plus un symbole que réellement utile au dialogue social », estime Caroline Mézière. Ainsi, au conseil général de la Somme, les représentants de l'administration sont passés de douze à huit au sein du comité technique.

En revanche, dans les petites collectivités, la fin du paritarisme représenterait un risque selon Daniel Leroy : « A la différence des grandes structures, où la fin du paritarisme ne pose pas problème car les représentants de l'administration forment un "tout votant", dans les CT des centres de gestion, il existe une représentation plurielle qui ne vote pas selon des consignes, ou en fonction de l'appartenance politique ou syndicale, mais du dossier sur la table. Il était donc primordial que l'on puisse conserver un équilibre numérique. »

Maud Parnaudeau

JURIDIQUE

La loi n° 2010-751 du 5 juillet 2010 :
- renforce la place de la négociation et élargit son champ ;
- consacre l'élection comme source de la représentativité et de la légitimité des syndicats ;
- réforme les comités techniques ;
- crée un conseil commun de la fonction publique ;
- crée des comités d'hygiène, de sécurité et des conditions de travail ;
- améliore les garanties de carrière des agents investis de mandats syndicaux ;
- supprime l'obligation de paritarisme numérique entre représentants de la collectivité et du personnel dans les instances.

L'accès aux élections professionnelles élargi

La loi n° 2010-751 du 5 juillet 2010 a élargi les conditions d'accès aux élections professionnelles en ne conditionnant plus la présentation de listes, par les syndicats, à certains critères de représentativité ou au bénéfice d'une présomption de représentativité. Pourront se présenter aux élections professionnelles du 4 décembre les syndicats qui, dans la fonction publique où celles-ci sont organisées, sont constitués depuis au moins deux ans et satisfont aux critères de respect des valeurs républicaines et d'indépendance, ou sont affiliés à une union de syndicats qui remplit ces critères. Conséquence directe de cette ouverture au plus grand nombre, les scrutins ne comporteront plus qu'un seul tour.

Hélène Pezanowski, directrice des ressources humaines de Calais.

R. BARON/LIGHT MOTIV

Calais (Pas-de-Calais) • 1300 agents • 72 900 hab.

La loi a donné un cadre aux échanges

A la suite de la loi du 5 juillet 2010, la ville de Calais a saisi l'opportunité offerte par le texte d'élargir les attributions du comité technique. « Ainsi, nous avons pu aborder de nouveaux points, comme la protection sociale complémentaire, la formation et l'insertion par le biais des emplois d'avenir », indique Hélène Pezanowski, directrice des ressources humaines. Les questions relatives aux conditions de travail ont également été intégrées au comité d'hygiène et de sécurité. « Les organisations syndicales étaient auparavant associées aux réflexions sur ces sujets, mais les discussions étaient moins formalisées. La loi a donné un cadre. Et c'est une bonne chose, car il est intéressant d'avoir des positions "officielles" sur un nombre de sujets plus important et de reconnaître le lieu du dialogue », souligne Hélène Pezanowski. Au-delà de ces évolutions, l'impact de la loi reste relativement limité à Calais, parce qu'une partie des dispositions n'a pas encore bénéficié de décret d'application. Selon Hélène Pezanowski, le scrutin professionnel du 4 décembre marquera la véritable mise en œuvre de la loi pour la FPT. « Ces élections vont conduire à des évolutions car de nouvelles représentations, et donc positions, vont émerger », souligne la DRH.

CONTACT
Hélène Pezanowski, email :
helene.pezanowski@mairie-calais.fr

À RETENIR
La loi doit être considérée comme un moyen d'élargir et de formaliser le dialogue social.

Ville et CA d'Amiens (Somme) • 33 communes • 3 400 agents • 179 100 hab.

Une affaire d'individualités

« Nous avons déjà instauré un agenda social dans lequel nous définissons des thèmes de travail avec les organisations syndicales, au-delà des instances formelles. Ce mode de fonctionnement nous a permis d'entrer dans un processus de négociation plus vertueux et de désamorcer certains conflits », explique Céline Couriat, directrice générale adjointe, chargée des ressources humaines et des relations sociales de la ville et de la communauté d'agglomération d'Amiens. Pour autant, le dialogue social reste avant tout une affaire d'individualités. « Nous avons des rendez-vous mensuels avec certains syndicats, tandis que d'autres refusent ce travail en amont, ne souhaitant s'exprimer que dans les instances. Et, si nous avons élargi le champ de dialogue, certains ne voient pas d'intérêt à traiter de tous les sujets, comme le télétravail », rapporte Céline Couriat. La collectivité a tout de même souhaité donner des gages aux syndicats en mettant fin au paritarisme numérique, en 2015, au sein du comité technique et du comité d'hygiène, de sécurité et des conditions de travail. « C'est une manière de montrer aux syndicats notre volonté de dialoguer », indique Céline Couriat. En parallèle, une charte de bonnes relations est à l'étude pour rappeler que les échanges doivent rester courtois et respectueux. « Ce qui n'est pas toujours le cas aujourd'hui », relève Céline Couriat.

CONTACT
Céline Couriat, email :
c.couriat@amiens-metropole.com

À RETENIR
La loi a permis de donner des gages de bonne volonté aux organisations syndicales.

Céline Couriat, directrice générale adjointe, chargée des ressources humaines et des relations sociales de la ville et de l'agglo d'Amiens.

F. CALCAVECHIA

LA GAZETTE • 7 JUILLET 2014 • 53

RAPPORT

Document 7

lagazette.fr

FONCTION PUBLIQUE

Conditions de travail : l'administration peut largement mieux faire

Martine Doriac | A la Une RH | France | Toute l'actu RH | Publié le 19/05/2014

Après un premier Livre blanc, en 2012, sur la souffrance au travail des fonctionnaires, la Fédération générale autonome des fonctionnaires (FGAF), qui regroupe notamment le syndicat de territoriaux SA -FPT et le syndicat national des inspecteurs en santé publique vétérinaire prépare une seconde étude sur leurs conditions de travail. Assortie de nombreux témoignages et textes de référence, elle sera publiée mi-juin.

[1]

Ils ont choisi la date du 15 mai pour présenter leur travail. Une façon, jugée plus constructive par la Fédération générale autonome des fonctionnaires (FGAF), (1) [2], de se démarquer du mot d'ordre de grève lancé ce jour-là par les autres organisations syndicales de fonctionnaires.

Suite à un premier Livre blanc sur la souffrance au travail, publié par la FGAF en novembre 2012, de nouveaux témoignages et points de vue, accompagnés de nombreuses références, vont être publiés le 16 juin dans un second livre blanc sur « Les conditions de travail des fonctionnaires et des agents publics ».

Défaut d'écoute - Assez remontés sur la qualité du dialogue social dans la fonction publique, ils estiment que leur précédent travail sur la souffrance au travail a été trop peu pris en compte. « Madame Lebranchu (ministre de la fonction publique, Ndlr) n'a pas daigné reconnaître la qualité de notre travail », déplore François Portzer, secrétaire général de la FGAF, également président du Snalc-FGAF, syndicat de professeurs des écoles, des collèges, des lycées, qui a envoyé, le 7 avril, une lettre ouverte à Manuel Valls intitulée « Quel dialogue social pour la fonction publique d'Etat ? Deux mesures d'urgence ».

Ce que sa fédération estime être un défaut d'écoute des agents est décortiqué dans l'ouvrage de 384 pages à paraître le 16 juin. Après l'inventaire de 2012 sur les symptômes et effets de la souffrance au travail, ses auteurs demandent que soit mis en place un « système de gestion de la sécurité et de la santé au travail » qui témoignerait d'une meilleure prise en compte des difficultés auxquelles sont confrontés les agents dans l'exercice de leurs métiers.

Violence au travail et sentiment d'injustice - Pour l'instant, prenant au mot les consignes d'évaluation des performances de l'administration, ils la notent d'un petit 2,6 sur 10. « La place laissée à l'initiative constructive est inexistante » estime José Razafindranaly qui suggère une approche intégrée plus globale que la seule prise en compte, dans de récents accords, des risques psycho-sociaux, du harcèlement ou de l'égalité professionnelle.

Exemple de surdité de l'administration, selon ces représentants syndicaux, l'absence de mention du taux d'actes de violences physiques envers le personnel dans le bilan social des ministères. « La quasi-totalité des témoignages met en exergue des situations de violence au travail, associées à un très puissant sentiment d'injustice. Ce sont des situations de violence vécue ou ressentie qui suscitent de la souffrance et contribuent à la dégradation de la santé », précise José Razafindranaly, commissaire divisionnaire honoraire, membre du Syndicat national des commissaires de police, qui a coordonné l'étude et parle de « violence latente, diffuse, insidieuse, insupportable car elle vient de la hiérarchie qui devrait protéger les agents ».

Le dialogue social : une politique publique à part entière - A partir du constat de carence d'un dispositif d'accompagnement et de soutien et d'une évaluation du dispositif de concertation, la FGAF revendique un dialogue social qui serait considéré comme une politique publique à part entière.

« Reconnaitre que la qualité de la fonction publique est une politique publique à part entière sur laquelle le Parlement peut exercer son contrôle sur la base de l'article 24 de la Constitution serait un bond révolutionnaire », estime José Razafindranaly. « On est comme dans un navire ou il n'y a pas d'évaluation des moyens de définir la trajectoire », décrit de son côté Michel Durand, secrétaire général du Syndicat national des inspecteurs des finances publiques, également membre de la FGAF.

Le droit européen, plus protecteur des conditions de travail – Dans ce panorama critique, à quelques jours des élections européennes, le cadre réglementaire européen en matière de conditions de travail est appelé à la rescousse par la FGAF. Jugées plus protectrices mais insuffisamment connues, ses références sont :

- l'article 31 du titre IV de la Charte des droits fondamentaux de l'Union européenne sur les « conditions de travail justes et équitables »,
- les articles 151 à 161 du Traité sur le fonctionnement de l'Union européenne, dont l'article153 sur l'information et la consultation des travailleurs,
- ainsi que la directive cadre 89/391/CEE du conseil du 12 juin 1989 sur l'amélioration de la santé et la sécurité des travailleurs au travail,
- et différentes directives multisectorielles, notamment sur la violence de tiers et le harcèlement au travail et sur un service de qualité dans les administrations des gouvernements centraux.

« Le droit européen est protecteur à condition de le savoir » rappelait encore José Razafindranaly, le 15 mai, lors de la présentation du Livre blanc.

La qualité de l'autorité hiérarchique, comme condition du bien-être au travail - La confédération européenne des syndicats indépendants (CESI), qui regroupe 41 organisations, et dont la FGAF fait partie à l'échelle européenne, a consulté ses membres sur les mesures prioritaires à prendre dans ce domaine de l'amélioration des conditions de travail.

Les témoignages pointent la qualité de l'autorité et l'existence de conditions satisfaisantes de sécurité comme deux points essentiels. Dans l'une de ses nombreuses propositions, la FGAF retient, pour la fonction publique, le bon exercice de l'autorité statutaire, qui doit selon cette organisation, prendre des décisions, protéger les personnes qu'elle dirige, assumer ses responsabilités et avoir une vision.

« Des cadres qui souffrent mais ne le disent pas »

Déborah Infante-Lavergne, vice-présidente du Syndicat national des inspecteurs en santé publique vétérinaire (SNISPV) (2) [3]

« C'est très compliqué pour nous qui travaillons dans le domaine de la santé publique vétérinaire de parler de souffrance au travail. Notre organisation syndicale a fait trois enquêtes depuis 2008 pour trouver les raisons de la souffrance des cadres dans le secteur sanitaire. La plupart du temps, les raisons sont très concrètes. Avec la réduction des effectifs, dans la fonction publique, les agents n'ont plus le temps de réfléchir. Dans une société où l'on sécurise tout ce qui est fait, on met en place tellement d'outils de reporting et de suivi que les agents passent leur temps à remplir des tableaux.

RAPPORT

Outils informatiques inadaptés - Les difficultés ont grandi depuis que notre administration a supprimé l'usage de la suite Office au profit des logiciels libres Open Office. Les agents passent un temps fou à essayer de rendre compatibles ces outils. Dans des services où les effectifs ont été réduits de 20 %, des agents consacrent une heure et demi à essayer d'ouvrir un tableur alors que cela leur prenait cinq minutes auparavant.

Avant de partir en mission, ils doivent remplir cinq ou six formulaires sur ces logiciels incompatibles entre eux, ce qui les obligent à tout ressaisir : l'un de suivi de l'activité, l'autre d'utilisation de leur temps, un autre de frais de déplacement, un quatrième au retour pour informer le ministère de l'agriculture, un cinquième pour la direction des fraudes, etc. Ils passent ainsi plus de temps à expliquer ce qu'ils font qu'à faire.

Une collègue qui partait à Bruxelles pour une négociation sur le bien-être animal a ainsi passé trois heures pour obtenir son billet de train. Un autre passe autant de temps à remplir ses agendas professionnel et personnel car l'agenda professionnel n'est pas compatible avec celui d'un téléphone mobile...

On nous dit qu'il faut réduire les effectifs. Or ce n'est pas de réduction d'effectifs dont on a besoin, mais de travailler intelligemment. Cela devient très lourd à gérer. La fusion de 2010, dans le champ de la sécurité sanitaire, fait que nous dépendons de trois ministères. Chacun veut de l'information pour son ministre sans qu'il y ait de logique de compatibilité entre les logiciels utilisés. Ce qui pouvait passer dans un contexte de « vaches grasses » avec pléthore de moyens ne passe plus aujourd'hui.

Il est en outre très compliqué d'essayer d'impliquer des agents dans une réorganisation administrative quand il n'y a pas la volonté de leur simplifier la vie au travail. On ne peut pas, au moment où l'on réduit les effectifs complexifier la vie des agents. Quand il y a trois comptes rendus différents à faire, des agents, consciencieux, abandonnent ou viennent travailler avec leur ordinateurs personnels pour pouvoir utiliser Excel, ce qui peut inquiéter en termes de sécurité.

Dans nos enquêtes, le sujet informatique revient sur toutes les lèvres. Nous ne sommes pas contre les reporting mais cela ne peut pas se faire de manière excessive, au risque, avec la réduction d'effectifs, de ne plus faire notre travail. Dans l'une des enquêtes, sur une échelle de un à cinq, 16 % des cadres vétérinaires se positionnent sur les deux derniers échelons pour exprimer leur malaise au travail. Et 3 % disent qu'ils ont recours à une aide médicale pour faire face à leur travail. C'est une population de cadres qui souffre mais ne le dit pas ».

Document 8

Le choix du bien-être

Alain Cyranber- Id Efficience n°2- décembre 2013

La démarche Qualité de Vie au Travail, un an après sa mise en place, a montré aux agents de la Ville d'Haubourdin que leur Direction s'intéressait à leur bien-être, ce qui est naturellement positif pour le climat social...

L'opération QVT, première du genre, pour la commune, réalisée à l'attention des agents, tous services et toute ancienneté confondus, répond aux thématiques de santé, sécurité et pénibilité au travail, de climat social, en lien étroit avec la lutte contre l'absentéisme, de la communication et la circulation de l'information, du dialogue avec les représentants du personnel, de la rémunération, en lien avec l'investissement personnel (refonte du régime indemnitaire), des entretiens d'évaluation annuels, de la formation et de la GPEC (Gestion Prévisionnelle des Emplois et des Compétences). Au lieu de distribuer à ses agents un questionnaire « clefs en mains », la mairie a souhaité l'élaborer elle-même, afin qu'une majorité d'agents se sente concernée. L'objectif étant d'obtenir des réponses concrètes à des problèmes spécifiques à la collectivité. Un groupe de travail composé de directeurs, de responsables de service et de représentants du personnel, a été constitué, pour la récolte de différents avis et ressentis.

Les enjeux multiples de la QVT

Si les actions bénéfiques sur les conditions de travail revêtent aujourd'hui des enjeux multiples, la QVT constitue un facteur clé de performance, car elle permet de réduire les problèmes de santé liés au travail (stress, troubles musculo-squelettiques,...). Par ailleurs, la QVT permet de renforcer le sentiment d'appartenance, la motivation du personnel et l'attractivité de l'établissement. Enfin, avec ses incidences fortes sur l'implication et la participation du personnel, la QVT constitue un facteur essentiel d'innovation. Aussi, d'après une étude menée par Sofaxis, la perception qu'ont les agents de leur état de santé dépend directement de la qualité de leurs relations avec leur encadrement et leurs collègues. C'est la raison pour laquelle et face aux attentes de ses agents, la Direction des services souhaitait dresser un diagnostic de la collectivité et atteindre des objectifs concrets et perceptibles.

5 OBJECTIFS ATTEINTS

1. Apporter à la Direction Générale une vision précise et objective du climat social au sein de l'établissement. Le dossier statistique et la synthèse des résultats fournis par le prestataire donnent un aperçu global du taux de satisfaction des agents. Celui-ci est situé dans la moyenne basse, en comparaison des autres études menées par Sofaxis dans des collectivités similaires.

2. Recenser de manière anonyme le sentiment des agents sur l'organisation et leur bien-être au travail. Même s'il reste satisfaisant, le taux de retour peut paraître décevant, compte tenu des efforts faits en matière de communication. Sur les 397 questionnaires envoyés, 261 ont été retournés, soit 65,7 % de retour. Le secteur dont le taux de retour est le plus élevé est celui des agents travaillant au sein des écoles : taux de retour de plus de 80 %. Concernant ce taux, soit certains agents n'ont pas souhaité ou osé s'exprimer, de peur d'être identifiés, soit certains agents ne se sentent pas concernés par la démarche, et/ou ne prêtent pas suffisamment d'importance à la qualité de vie au travail.

3. Synthétiser les résultats et définir un plan d'actions visant à améliorer la qualité de vie au travail (organisation du travail, formations, etc.). Même si certains résultats étaient plus ou moins prévisibles ou du moins envisagés, l'enquête a permis de les confirmer, puis de les pondérer et ainsi de définir des priorités dans les axes d'amélioration.

4. Améliorer la performance organisationnelle, la qualité de service, et permettre une meilleure maîtrise de l'absentéisme.

5. Suivre les évolutions liées à la démarche QVT. En plus des indicateurs de suivi des différentes actions, un questionnaire identique sera réitéré dans un délai de 2 ans, afin de pouvoir évaluer l'impact des actions mises en place, et les évolutions en matière de qualité de vie au travail

Des actions menées à bien

En matière d'accueil et de l'intégration des nouveaux arrivants : la parution du Livret d'accueil, réalisé intégralement en interne, puis distribué à l'ensemble des agents. Il contient de nombreuses informations utiles sur les spécificités de la fonction publique territoriale (statut, droits et obligations, etc.), mais aussi sur l'organisation, le rôle des différents services. C'est un moyen de mieux s'intégrer et d'appréhender son nouvel environnement de travail dans les meilleures conditions.

En matière de dialogue social : des réunions ont lieu de manière trimestrielle, et permettent aux représentants du personnel d'échanger avec les directeurs, dans un contexte plus ouvert que lors des Comités Techniques Paritaires.

En matière de communication : les échanges sur les projets propres aux services, et les projets inter services sont facilités, du fait de réunions de Direction hebdomadaires. L'information circule également mieux grâce aux réunions Directeurs / Chefs de service, et les réunions de service. Une Newsletter RH a été créée...

En matière d'évaluation et de gestion des carrières : fin du système de notation, remplacé définitivement par l'Entretien Annuel, ou entretien d'évaluation. Déjà mise en place depuis plusieurs années, la démarche de l'entretien annuel a été redynamisée, avec un document d'entretien annuel plus attractif et moins lourd à utiliser. Cette année, presque 100 % des entretiens annuels ont été réalisés. Pour répondre à une volonté de mieux valoriser les efforts, le régime indemnitaire a été modifié : création d'une prime d'implication et de motivation, dont le montant est calculé en fonction des évaluations du document d'Entretien Annuel (pratiques professionnelles individuelles ou collectives, niveau d'atteinte des objectifs, etc.), le calcul des primes est donc transparent et les marges de progrès plus visibles... Enfin, au niveau Santé et Sécurité au travail, des sensibilisations aux Troubles Musculo-squelettiques (T.M.S) ont été menées. Afin d'impliquer l'ensemble de ses agents dans ce processus d'amélioration continue, la commune a mis en route une boîte à idées (version informatique et version papier), dans le but de favoriser la remontée d'information et de développer une culture de management participatif... ■

Alain Cyranbér

Document 9

Les observations formulées dans cette première partie porteront d'abord sur le système général de dialogue social dans la fonction publique pris dans son ensemble, ensuite sur les traits particuliers à chacune des composantes de ce système.

Un système d'ensemble fondé sur les instances consultatives plus que sur la négociation collective

Les principes fixés par le statut général des fonctionnaires

Comme tous les salariés, les fonctionnaires bénéficient des droits sociaux affirmés dans le Préambule de la Constitution de 1946, et notamment de la liberté syndicale et du droit à la « participation » [1] qui est formulé de la manière suivante : *« Tout travailleur participe, par l'intermédiaire de ses délégués, à la détermination collective des conditions de travail ainsi qu'à la gestion des entreprises »*. Le droit de grève, qui a aussi valeur constitutionnelle, *« s'exerce dans le cadre des lois qui le réglementent »*.

Mais contrairement aux autres salariés, ces droits sociaux ne sont reconnus aux fonctionnaires que depuis l'après-guerre : de 1884 à 1946 les syndicats de fonctionnaires s'étaient développés dans l'illégalité, même si leur force politique et sociale avait conduit progressivement la plupart des gouvernements à accepter de discuter avec eux. La logique de la souveraineté de l'État et du pouvoir hiérarchique justifiaient alors, en conformité avec la tradition française de la fonction publique, qu'on refuse au fonctionnaire toute autonomie, qu'elle soit individuelle ou collective.

(1) Dans une décision n° 77-38 DC du 20 juillet 1977, le Conseil constitutionnel a confirmé que le principe de participation a valeur constitutionnelle et a jugé qu'il s'applique dans la fonction publique.

À la Libération, droit syndical et droit de grève ont été reconnus aux fonctionnaires, à l'exception de certaines catégories participant directement à l'exercice de la force publique [1], et le statut général des fonctionnaires de l'État voté en 1946 [2] a posé les fondations qui régissent encore aujourd'hui le cadre juridique de la fonction publique, dont le périmètre s'est élargi en 1984 et 1986 à la fonction publique territoriale et à la fonction publique hospitalière. Il repose sur l'idée fondamentale que le service public, qui remplit une fonction sociale essentielle et est mû par l'intérêt général, n'est pas un métier comme un autre, en particulier parce qu'il doit préserver en toutes circonstances les principes d'égalité, de neutralité, de continuité et de mutabilité (adaptation à l'évolution des besoins). Il en résulte que l'administration doit pouvoir, à tout moment, de façon unilatérale, modifier la situation de ses agents, et c'est pourquoi ceux-ci sont placés vis-à-vis d'elle dans une « situation statutaire et réglementaire » comme l'affirme l'article 4 de la loi du 13 juillet 1983 portant droits et obligations des fonctionnaires. Ces mêmes principes inspirent aussi la construction d'une fonction publique de carrière et la clarification des droits et obligations des fonctionnaires.

Dans ce cadre, le principe de participation se concrétise dans la création d'organismes consultatifs où siègent les délégués des fonctionnaires, et porte sur *« l'organisation et le fonctionnement des services publics, l'élaboration des règles statutaires et l'examen des décisions individuelles relatives à leur carrière »* ; ce principe fixé par l'article 9 de la loi de 1983 se décline dans plusieurs types d'instances : conseils supérieurs de la fonction publique, commissions administratives paritaires, comités techniques paritaires et comités techniques d'établissement, comités d'hygiène et de sécurité. L'article 9 précise aussi que les fonctionnaires *« participent à la définition et à la gestion de l'action sociale, culturelle, sportive et de loisirs dont ils bénéficient ou qu'ils organisent »*.

Les règles régissant la composition, les compétences, le fonctionnement des différentes instances consultatives sont fixées par les textes particuliers à chacune des trois fonctions publiques [3], avec de nombreuses différences dans les modalités d'application, mais les principes généraux sont les mêmes.

(1) Les préfets et sous-préfets n'ont pas le droit syndical, les militaires de carrière n'ont ni le droit syndical ni la liberté d'association.
Ont le droit de se syndiquer mais ne disposent pas du droit de grève : les personnels des compagnies républicaines de sécurité, les personnels de police, les personnels des services déconcentrés de l'administration pénitentiaire, les personnels du service des transmissions du ministère de l'Intérieur, les magistrats.
(2) Le premier statut général des fonctionnaires, édicté par le gouvernement de Vichy en 1941, confirmait explicitement l'interdiction du droit de grève et du droit syndical.
(3) Loi n° 84-16 du 11 janvier 1984 portant dispositions statutaires relatives à la fonction publique de l'État (titre II du statut général).
Loi n° 84-53 du 26 janvier 1984 portant dispositions statutaires relatives à la fonction publique territoriale (titre III du statut général).
Loi n° 86-33 du 9 janvier 1986 portant dispositions statutaires relatives à la fonction publique hospitalière (titre IV du statut général).

(...)

Dans la fonction publique territoriale et dans la fonction publique hospitalière, la CGT occupe la première place, suivie de la CFDT, qui a devancé FO dans les années quatre-vingt-dix. Ces organisations obtiennent, à elles trois, environ 80 % des suffrages. La CFTC se maintient entre 3 et 5 %, tandis que la CGC est presque inexistante. Les syndicats non confédérés totalisent moins de 10 % des suffrages ; parmi eux, la fédération SUD Santé-sociaux a obtenu, en 1999, 4,5 % des voix dans la fonction publique hospitalière, ce qui lui a permis d'être reconnue représentative au niveau national par l'attribution d'un siège au Conseil supérieur de la fonction publique hospitalière. L'UNSA a atteint, en 2001, près de 10 % des voix dans la fonction publique territoriale. Ces résultats nationaux cachent des disparités locales fortes, et au niveau d'une collectivité publique ou d'un établissement hospitalier particulier, il n'est pas rare que le paysage syndical soit plus simple et qu'une organisation syndicale soit en position dominante.

Dans la fonction publique de l'État, la dispersion des représentations syndicales au niveau national est nettement plus forte, en raison de l'existence d'un plus grand nombre de syndicats autonomes catégoriels, et du poids du monde enseignant. Depuis l'éclatement de la FEN [1], en 1993, la Fédération syndicale unitaire de l'enseignement (FSU) a acquis une position prépondérante dans le corps enseignant, ce qui lui confère au niveau de l'ensemble des administrations et établissements publics de l'État la première place, avec près de 20 % des voix sur la période 1998-2000. L'Union des fédérations de fonctionnaires UNSA [2], qui regroupe essentiellement la FEN, la FGAF [3], et l'UNSA-Police, atteint 15,4 % des voix soit un score équivalent à celui des trois grandes confédérations. La catégorie « divers » qui regroupe les syndicats non affiliés aux grandes fédérations ou confédérations (dont les syndicats SUD) atteint presque 17 %.

Élaboré après une longue concertation préalable, l'amendement Perben à la loi du 16 décembre 1996 a cherché à enrayer l'émiettement syndical en réservant la présentation de candidats [4] aux organisations syndicales « représentatives », c'est-à-dire :
– celles qui sont affiliées à une union de syndicats qui dispose d'au moins un siège dans chacun des conseils supérieurs ou qui a recueilli au moins 10 % des suffrages exprimés aux élections CAP dans l'ensemble de la fonction publique, dont au moins 2 % dans chaque fonction publique ;
– et celles qui répondent, parmi les personnels concernés par l'élection, aux critères de représentativité fixés par l'article L. 133-2 du code du travail.

(1) Fédération de l'Éducation nationale.
(2) Union nationale des syndicats autonomes.
(3) Fédération générale autonome des fonctionnaires.
(4) Si aucune liste n'est présentée par une organisation syndicale représentative, ou si le nombre de votants est inférieur à la moitié du nombre des inscrits, il est procédé à un second tour de scrutin, pour lequel toute organisation syndicale de fonctionnaires peut déposer une liste.

Cette loi a notamment incité les syndicats de la police, qui s'étaient historiquement développés de manière autonome, à un mouvement de rattachement au sein d'ensembles plus larges : UNSA-Police, CGC (syndicats Alliance et Synergie), CGT-FO (SGPN).

Elle reste contestée par les syndicats en phase d'implantation de nouvelles sections syndicales, notamment les syndicats SUD, même si la jurisprudence déjà ancienne sur l'article L. 133-2 du code du travail est suffisamment souple pour permettre aux organisations réellement actives au niveau d'un corps de fonctionnaires ou dans le ressort d'un CTP d'accéder aux élections [1].

D'autre part, l'attribution de sièges préciputaires dans les trois conseils supérieurs à certaines organisations qui n'ont qu'une faible représentativité dans la fonction publique est également contestée.

Cependant, ces règles sont similaires à celles en vigueur dans le secteur privé, et il n'a pas paru utile de les rediscuter, d'autant que le débat sur la rénovation des critères de représentativité est actuellement engagé au niveau national interprofessionnel.

Le fonctionnement des instances consultatives

Il n'est pas possible de formuler un diagnostic général sur le fonctionnement des instances consultatives, tant celui-ci est dépendant des contextes extrêmement variés qui caractérisent chaque service, collectivité publique, hôpital, ou ministère concerné. En outre il n'existe pas d'évaluations qualitatives ni même de données chiffrées sur le fonctionnement des différents types d'instances consultatives. Mais quelques « tendances » générales peuvent être identifiées en croisant les regards portés par les acteurs.

Les commissions administratives paritaires (CAP)

Le fonctionnement des commissions administratives paritaires, où les discussions portent sur la gestion individuelle des carrières [2], est considéré comme globalement satisfaisant.

(1) De plus, selon un avis rendu par le Conseil d'État le 6 décembre 1999, le recours spécifique prévu par la loi n'est ouvert qu'aux syndicats dont l'administration a déclaré la liste irrecevable, et non aux syndicats concurrents.
(2) Ainsi que sur les sanctions disciplinaires lorsqu'elles siègent en formation disciplinaire.

L'attachement à ces instances, garantes de la transparence dans la gestion des carrières, est extrêmement fort. La participation à des comités d'avancement et de discipline a d'ailleurs figuré parmi les premières revendications et les premières conquêtes des syndicats, en réaction au clientélisme et au favoritisme politique qui sévissaient au XIXe siècle dans la gestion de la fonction publique.

Certains responsables administratifs déplorent cependant que l'administration ait laissé s'instaurer dans certaines CAP des mécanismes s'apparentant à une véritable cogestion des carrières, qui aboutissent à survaloriser l'ancienneté dans les critères d'avancement (ou même à faire intervenir l'appartenance syndicale).

Des responsables syndicaux soulignent au contraire que dans certains corps l'administration ne tient compte des avis de la CAP que de manière très marginale, et que les positions prises en séance par les responsables administratifs sont parfois contredites par les décisions signées ultérieurement.

Au sein de l'administration d'État, la question de la déconcentration des CAP prête aussi à débats : la création de CAP locales de plein exercice [1] est indispensable pour déconcentrer vraiment la gestion des personnels, mais suscite souvent les réticences des organisations syndicales qui y voient un risque de rupture du principe d'égalité, même si les conditions posées par le Conseil d'État [2] sont respectées. En outre le grand nombre de corps de fonctionnaires et la constitution d'une CAP pour chaque corps, principe spécifique à la fonction publique de l'État, limitent beaucoup les possibilités de déconcentration.

Les comités techniques paritaires (CTP) et comités techniques d'établissement (CTE)

Ils suscitent beaucoup plus de critiques.

Leur compétence consultative porte essentiellement sur les questions d'organisation et de fonctionnement des services, de modernisation des méthodes et techniques de travail, sur les politiques de formation et les critères de répartition des primes. Dans la fonction publique hospitalière les comités techniques d'établissement, dont la composition n'est plus paritaire depuis 1991, ont une compétence plus large : ils sont aussi consultés obligatoirement sur les projets d'établissement et les programmes d'investissement, sur le budget, les comptes et le tableau d'emplois, sur les actions de coopération avec d'autres hôpitaux ou institutions.

(1) Par opposition aux CAP préparatoires, qui existent dans certains corps, qui donnent un premier avis avant l'examen des dossiers par les CAP nationales.
(2) L'avis du Conseil d'État du 7 juillet 1990 limite la possibilité de créer des CAP aux corps dont l'effectif local est supérieur à 50 agents considérant, qu'en deçà les conditions ne sont pas réunies pour procéder à l'examen des mérites respectifs des agents.

Dans aucune des fonctions publiques, les CTP n'ont officiellement compétence pour donner un avis sur les projets d'évolution des missions confiées à chaque service, même si dans les faits ces sujets ne sont pas absents de la concertation car ils ont toujours des répercussions en termes d'organisation et de fonctionnement des services.

Le fonctionnement des comités techniques est souvent dominé par le formalisme institutionnel, ils sont alors sans véritable valeur ajoutée pour le dialogue social. Cette dérive paraît plus marquée dans les grandes institutions (grands établissements hospitaliers, grandes villes), et dans les CTP ministériels qui sont saisis pour avis de tous les textes modifiant des règles statutaires. Elle est aussi favorisée lorsque les élections professionnelles conduisent à un émiettement des représentations syndicales, car les organisations syndicales tendent alors à utiliser cette instance pour se positionner publiquement les unes vis-à-vis des autres. Le CTP devient alors une tribune où administration et syndicalistes pratiquent la langue de bois.

La composition paritaire tend à renforcer le formalisme de ces instances : dans les services de l'État en particulier, les fonctionnaires désignés au titre de la parité administrative sont muets et votent de manière monolithique pour soutenir les propositions de l'administration, ce qui est d'ailleurs normal puisqu'ils la représentent. Une opposition de tous les syndicats se traduit par un « partage des voix », et il suffit à l'administration de convaincre une seule organisation syndicale pour se prévaloir d'un « avis favorable » du comité technique paritaire.

Bien que les avis soient partagés sur l'impact de la réforme opérée en 1991 dans le secteur hospitalier, il semble que la suppression du paritarisme a clarifié le fonctionnement des comités techniques, désormais clairement positionnés en tant qu'instances d'échanges entre les organisations syndicales et une direction responsable appelée à justifier ses choix et à faire l'effort de convaincre ses interlocuteurs. C'est la conclusion à laquelle est parvenu un groupe de travail national constitué en 1999 par le ministère de l'Emploi et de la Solidarité [1].

Mais le paramètre essentiel qui détermine l'efficacité du dialogue social dans le champ de compétence des comités techniques se situe en amont de leurs réunions ; de manière unanime, l'importance des contacts réguliers hors institutions est soulignée : les tours d'horizon bilatéraux, les consultations informelles, les groupes de travail ou réunions préparatoires qui permettent d'organiser le partage des informations et la réflexion en amont des consultations officielles, sont reconnus indispensables pour donner corps au dialogue social et permettre une concertation véritable, voire une quasi-négociation sur les projets de réforme.

(1) Groupe de travail national sur la « modernisation de l'organisation et du fonctionnement interne de l'hôpital », présidé par Jean-Paul Darnis, inspecteur général des affaires sociales.

Dès lors que ce dialogue informel a eu lieu, la réunion formelle des instances prend du sens comme une étape nécessaire d'expression officielle et publique des positions respectives ; au contraire si ce dialogue n'a pas eu lieu, la réunion du CTP ou du CTE n'apporte aux syndicats qu'une information sur des décisions déjà arrêtées par l'administration ; vue par l'administration, elle est une « grand messe » inutile et qui ralentit son action. Ceci est particulièrement net sur les sujets qui nécessitent des processus de décisions complexes, par exemple les réformes statutaires et toutes les réformes ayant des incidences budgétaires ; les arbitrages internes et externes [1] ont en effet nécessairement déjà eu lieu au moment où le projet est soumis à l'avis du comité technique et le président du comité n'a plus de véritable marge de manœuvre pour prendre en compte les remarques exprimées en séance.

Il convient enfin d'évoquer, dans cette liste de critiques concernant les CTP, les problèmes de représentativité liés à leur mode de constitution ; ces problèmes sont développés *infra* car ils sont spécifiques à la fonction publique d'État.

Les comités d'hygiène et de sécurité (CHS)

La fonction publique hospitalière relève, dans le domaine de l'hygiène et de la sécurité, des dispositions du code du travail ; depuis 1982, tous les établissements occupant au moins 50 agents ont donc un comité d'hygiène, de sécurité et des conditions de travail (CHSCT) composé de représentants des personnels médicaux et non médicaux et présidé par le directeur de l'établissement. Lorsque les représentants syndicaux s'y investissent, ces instances et les groupes de travail qui en émanent jouent un rôle actif, très utile compte tenu de l'importance des risques professionnels dans le contexte hospitalier. Toutefois, il existe des risques de chevauchement et des problèmes d'articulation entre le CHSCT et le CTE sur les questions d'organisation du travail.

Dans la fonction publique d'État et dans la fonction publique territoriale, les questions d'hygiène et de sécurité relèvent (comme les problèmes relatifs aux conditions de travail) de la compétence des CTP ; des comités d'hygiène et de sécurité, structures plus spécialisées, peuvent être créés pour les assister dans ce domaine. La composition des CHS est paritaire dans la fonction publique territoriale, mais dans la fonction publique d'État le nombre des représentants du personnel est supérieur au nombre de représentants de l'administration.

Le protocole relatif à l'hygiène et à la sécurité dans la fonction publique de l'État signé le 28 juillet 1994 a conservé la compétence des CTP en matière d'hygiène et de sécurité. Si le thème des conditions de travail continue de relever directement des CTP, la création de CHS chargés de les assister dans le domaine de l'hygiène et de la sécurité devient plus systématique. En particulier, la création d'un CHS est devenue obligatoire auprès de chaque CTP régional ou départemental.

Le protocole a cherché également à améliorer l'action des CHS, notamment en précisant leur champ de compétences, en instituant cinq jours de formation pour les représentants du personnel au sein des CTP et CHS de l'État au titre de l'hygiène et de la sécurité [1], en organisant un droit d'accès aux locaux pour les membres du CHS, et la possibilité de demander à l'administration de faire appel à un expert agréé *« en cas de risque grave, révélé ou non par un accident de service, ou de maladie à caractère professionnel »*. Ces dispositions ont été transposées à la fonction publique territoriale par le décret n° 2000-542 du 16 juin 2000.

L'impact de la mise en œuvre de ce protocole dans les services de l'État et de ses établissements publics administratifs n'a pas fait l'objet jusqu'à présent d'une évaluation qualitative.

(...)

La participation et l'expression directes des agents

L'information, l'écoute et la consultation directes des agents sont partie intégrante du « dialogue social ». Le statut général ne réglemente pas ce domaine particulier, en dehors du droit reconnu à tout agent de participer durant ses heures de service et sans perte de traitement, à une réunion mensuelle d'information syndicale d'une durée d'une heure.

Dans le cadre du fonctionnement normal des services, les possibilités d'expression et de participation des agents dépendent beaucoup de la qualité du management de proximité, de la clarté des politiques définies au niveau plus global (État/ministère, établissement hospitalier, collectivité territoriale) et de leur cohérence avec les objectifs opérationnels. L'insuffisance des compétences et des méthodes manageriales dans la fonction publique, soulignée par de nombreux travaux, est certainement un des freins majeurs à l'amélioration du dialogue social, qu'il s'agisse des relations directes avec les agents ou de la gestion des relations formelles et informelles avec les organisations syndicales. Il est cependant indéniable que de nombreux progrès sont en cours, notamment à travers une plus grande attention portée à la communication interne au sein des services, et à la recherche de méthodes plus « participatives » pour la conduite de projets de changement importants (démarches qualité, projets de service...).

Dans le secteur hospitalier, la loi du 31 juillet 1991 a cherché à organiser des formes de participation directe des agents : elle a notamment créé la commission du service de soins infirmiers et les conseils de service, et défini pour les agents non couverts par ces conseils un droit à l'expression directe et collective sur le contenu et l'organisation de leur travail. Le rapport du groupe de travail sur la modernisation de l'organisation et du fonctionnement interne de l'hôpital montre que ces nouvelles instances n'ont pas encore trouvé un positionnement légitime au sein de l'hôpital, pour différentes raisons [2], et en particulier que la majorité des chefs de service n'ont pas constitué de conseil de service. Il préconise notamment la formation au management des chefs de service et des cadres infirmiers.

(1) Exemple : arbitrages interministériels pour l'État, accord de l'agence régionale de l'hospitalisation pour les hôpitaux.

(1) Cf. protocole relatif à l'hygiène et à la sécurité signé le 28 juillet 1994 entre le gouvernement et six organisations syndicales, et décret du 9 mai 1995.

(2) Notamment le périmètre trop limité des CSSI et la composition par tirage au sort.

Dans la définition et la gestion de changements ayant des répercussions fortes et directes sur les conditions de travail des agents, la direction comme les représentants syndicaux ont besoin de plus en plus de réunir des éléments précis d'analyse sur les aspirations et les opinions des agents directement intéressés. Diverses techniques peuvent être utilisées pour ce faire : techniques d'enquêtes essentiellement, mais aussi ouverture de « forums » sur les réseaux intranet ou organisation de consultations référendaires. On peut en donner quelques exemples récents :
– le cadre national d'aménagement et réduction du temps de travail du ministère de l'Emploi et de la Solidarité, qui prévoit l'organisation d'un référendum dans les services disposant d'un cycle hebdomadaire inférieur au cycle de 38 h 30 prévu nationalement ;
– l'utilisation de l'intranet du ministère de l'Intérieur pour la préparation des assises nationales des préfectures ;
– l'organisation d'un référendum à la Caisse des dépôts et consignations par quatre syndicats opposés au projet d'accord sur l'aménagement et la réduction de temps de travail.

Les organisations syndicales ressentent également la nécessité de rechercher un meilleur contact avec leur base, dans un contexte marqué par les effets de la désyndicalisation, la nécessité de « professionnaliser » des militants permanents et les difficultés rencontrées pour organiser les allers-retours entre fonctions syndicales et fonctions professionnelles. L'utilisation des intranets par les organisations syndicales est un des sujets actuels du dialogue social ; en ce qui concerne l'État, des recommandations interministérielles ont été rédigées en concertation avec les organisations syndicales et diffusées en juin 2001, et chaque ministère a été invité à rédiger, sur cette base, une charte d'utilisation des technologies de l'information et de la communication par les organisations syndicales [1].

(...)

Respecter la spécificité de la fonction publique

Le statut général des fonctionnaires trouve sa justification première dans la volonté de la puissance publique d'assurer le bon fonctionnement des services publics.

Dans la tradition française, l'administration et les fonctionnaires qui la composent ont un rôle fondamental à jouer, non seulement pour contribuer à la conception et à la mise en œuvre des politiques publiques et pour faire fonctionner les services publics, mais aussi pour assurer la continuité et garantir le respect de principes fondamentaux du service public, tels que les principes d'égalité, de neutralité et de « mutabilité » (adaptation aux besoins). La spécificité de cette situation et de ces missions justifient que les agents soient placés par rapport à leurs employeurs publics dans une situation différente de celle qu'ont vis-à-vis de leurs employeurs les salariés du secteur privé. Dans ce cadre s'est affirmé le principe selon lequel les fonctionnaires sont placés dans une situation statutaire et réglementaire.

L'attachement au statut se justifie aussi par son apport historique dans la structuration de l'administration française : il a permis de clarifier les droits et obligations des fonctionnaires, d'accroître la transparence des conditions d'emploi et de consolider une fonction publique dont le professionnalisme est reconnu, et qui contribue à la cohésion sociale par l'égalité de traitement garantie aux fonctionnaires dans leur carrière et à tous les citoyens pour l'accès aux emplois publics.

Les orientations proposées par ce livre blanc s'inscrivent dans la fidélité aux principes du statut de la fonction publique, et donc au caractère statutaire et réglementaire de la situation des fonctionnaires. Pour autant, dans la mesure où l'absence de portée juridique des accords conclus entre l'autorité administrative et les organisations syndicales contrarie aujourd'hui l'aspiration à des relations sociales faisant une plus large place à la négociation, cette question n'a pas été éludée mais au contraire approfondie pour rechercher une voie de solution préservant la spécificité de la fonction publique.

Les textes du début des années quatre-vingt ont mis en place un système d'ensemble de la fonction publique, qui intègre non seulement la fonction publique de l'État, mais encore les fonctions publiques hospitalière et territoriale. Cette construction se justifie par l'existence de principes communs gouvernant les rapports entre les collectivités publiques et leurs agents, et par le souci d'assurer une certaine égalité de traitement entre ces derniers. Elle se matérialise, en ce qui concerne les rémunérations, par la fixation d'une base de calcul commune, la valeur du point d'indice, dont les évolutions s'appliquent à l'ensemble des personnels des trois fonctions publiques. Comme on l'a vu *supra*, l'enjeu financier de la revalorisation du point d'indice est très lourd, ce qui génère un contexte particulièrement difficile pour la négociation salariale dans la fonction publique. Cependant, personne ne propose aujourd'hui de rompre cette liaison entre les trois fonctions publiques, et c'est donc en respectant ce cadre qu'ont été recherchées des voies d'amélioration susceptibles de mieux circonscrire les enjeux du dialogue social commun aux trois fonctions publiques et de mettre en place les formules adéquates à leur traitement.

Apprendre à conduire les mutations nécessaires

La fidélité aux principes ne signifie pas immobilisme, bien au contraire. L'aptitude à conduire les adaptations voire les mutations nécessaires devient un critère déterminant de l'efficacité du modèle français du service public, et donc pour le moyen terme, de sa pérennité. Aujourd'hui plus qu'hier, l'administration et les services publics doivent démontrer leur capacité à faire vivre le principe fondateur de « mutabilité » pour s'adapter en permanence à l'évolution des besoins.

Certains pensent que le dialogue social avec les fonctionnaires et leurs organisations ne peut être qu'un frein au changement, et qu'il n'est pas envisageable de rénover et d'adapter les services publics en y associant les agents. Ce livre blanc repose sur la conviction inverse : l'aptitude au changement ne se décrète pas, elle ne peut se construire qu'avec les agents

(1) Comité interministériel pour la réforme de l'État du 15 novembre 2001.

eux-mêmes, en prenant appui sur un dialogue social renouvelé. Cela suppose clarté et continuité dans l'affirmation des objectifs et de la stratégie de changement, mais aussi dans le dialogue avec les représentants du personnel ; celui-ci ne saurait être octroyé par l'administration et utilisé au gré des circonstances ; il doit devenir plus régulier et plus responsable, et pour cela donner progressivement une place plus grande à la négociation.

Cette conviction inspire les propositions présentées dans la troisième partie, qui cherchent en particulier à tenir compte d'évolutions actuelles importantes pour l'avenir de la fonction publique.

Le dialogue entre l'employeur public et ses agents devra de plus en plus se référer explicitement aux attentes des citoyens, contribuables et utilisateurs des services publics ; ceux-ci souhaitent non seulement le meilleur service au moindre coût, mais demandent aussi désormais à être informés, consultés, associés à la définition des réformes et aux évaluations.

Les attentes des agents publics eux-mêmes et de leurs organisations pèsent dans le sens d'une conception moins « hiérarchique » des relations internes à l'administration, d'un meilleur partage de l'information, de méthodes associant directement le plus grand nombre possible d'agents aux réflexions sur les projets de réforme, d'une place plus grande de la négociation pour la détermination des conditions du travail.

La « réforme de l'État », la modernisation du service public hospitalier et des services publics locaux, ont et auront des conséquences importantes sur les missions et l'organisation, donc sur le travail des agents.

Il est évident en particulier, que la réforme des procédures budgétaires opérée par la loi du 1er août 2001 aura des conséquences fortes sur les méthodes de gestion publique, et qu'il faut donc envisager dès maintenant ses répercussions sur l'organisation et la conduite du dialogue social dans la fonction publique de l'État.

De même, l'importance de la gestion des ressources humaines pour l'efficacité des services est reconnue depuis plus de dix ans ; pourtant la fonction ressources humaines souffre encore d'un déficit de stratégie et de professionnalisme, et n'implique pas suffisamment l'encadrement de proximité. Conjuguer le respect des principes fondateurs du statut de la fonction publique avec une gestion plus dynamique, plus personnalisée, plus motivante, constitue sans doute un enjeu central du dialogue social dans les prochaines années.

Les perspectives démographiques invitent à des réflexions de portée stratégique sur la gestion prévisionnelle des emplois, les méthodes de recrutement, la formation initiale et continue, la gestion des carrières et de la mobilité au sein des fonctions publiques.

Enfin, le partage de l'information et de la réflexion sur les conséquences potentielles de la construction européenne et sur la gestion des fonctions publiques de nos partenaires européens deviendra aussi naturellement un sujet incontournable pour le dialogue social dans la fonction publique française.

C'est en tenant compte de l'ensemble de ces évolutions qu'ont été élaborées les propositions développées dans la troisième partie.

Document 10

Dialogue social à Lille

Par Jean-Michel Carsuzaa , le 13/09/2012

Par Maryse Carrez, *Directrice des relations sociales et du travail à la ville de Lille*

La ville de Lille, forte de ses presque 5000 agents s'est dotée d'une direction des relations sociales, au sein du Pôle Ressources Humaines. Il lui revient de mener le dialogue social qu'elle qualifie de « rythmé ».

Celui-ci repose bien entendu sur la réunion statutaire des instances paritaires, celles de la ville et de ses communes associées, celles du CCAS, et de la caisse des écoles.

Des principes de travail adoptés par tous impliquent la préparation des réunions officielles en amont, et l'obligation de n'inscrire à l'ordre du jour que les points arrivés à maturité.

La vie syndicale est une tradition ancienne, et d'importants moyens sont mis à sa disposition. Si la tentative de négociation d'une « charte du dialogue social » n'a pu aboutir, un règlement intérieur officialise moyens et modalités des relations sociales.

Au-delà des instances (CAP, CTP, CHS) et de leur importante préparation en commun, la ville de Lille a institutionnalisé des rencontres supplémentaires :

- une rencontre bilatérale mensuelle avec chacun des 4 syndicats dont l'ordre du jour est établi par chaque organisation syndicale ;
- des réunions bilatérales ponctuelles permettant le suivi des situations sensibles et la réponse aux préavis de grève ;
- des réunions plénières ponctuelles souvent à l'initiative de l'administration et présentant les projets de celle-ci avant leur cheminement réglementaire.

L'ensemble de ce dialogue social, dont on peut dire qu'il est permanent, est centralisé au pôle RH.

Il repose sur la disponibilité, l'engagement et le métier de l'élu aux ressources humaines dont l'ancienneté dans la tâche et le professionnalisme sont garants de l'absence de faiblesse et de naïveté dans la négociation.

Une démarche de « protocole d'accord » a été mise en place. D'abord pour répondre à une crise provoquée par un « front syndical », puis pour donner une feuille de route et nourrir le dialogue social.

4 « protocoles d'accord » en sont issus :

- *agents en insertion et régime indemnitaire (2003)*
- *régime indemnitaire (2004)*
- *développement professionnel, aménagement du temps de travail, régime indemnitaire et plan de déplacement (2006/2008)*
- *développement professionnel, politique salariale, solidarité, développement durable, conditions de travail, règlement intérieur, soutien à l'encadrement (2009-2011)*

Un nouveau protocole d'accord est en phase de construction, intégrant les modalités de participation aux frais de mutuelle.

Cette démarche lourde exige une grande rigueur dans l'organisation, dans la fixation du calendrier, la préparation des documents, et la nécessité d'en établir un bilan semestriel. Elle nécessite de donner aux syndicats les moyens de participer pleinement à la démarche.

Elle nécessite de prendre en compte le temps politique, de prendre conscience des temps propices à la surenchère, de rappeler sans cesse les contraintes budgétaires.

Elle se heurte à l'inégale représentativité des organisations syndicales, qui sur-valorise les agents de catégorie C, au détriment des agents de catégories B et A.

Elle peut parfois entraîner un certain épuisement des interlocuteurs devant le rythme de travail.

RAPPORT

Document 11

Collectivités territoriales : comment améliorer les conditions de travail ? (extraits)

Réseau ANACT - Travail et changement - n° 344 - juillet/Août 2012
• Initiatives • Dialogue social • Enseignements

Les tensions influant sur les conditions de travail n'épargnent pas les agents de la fonction publique territoriale. Agir implique un trio d'acteurs : élus, direction des services et syndicats, avec un nouvel interlocuteur : le comité d'hygiène et de sécurité, qui intègre désormais le volet « conditions de travail ».

Un fait significatif des changements, depuis quelques années, dans la fonction publique territoriale : le Réseau Anact enregistre des demandes d'accompagnement de collectivités souvent orientées vers la montée des risques psychosociaux... Notamment dans les mairies. La traduction, sans doute, des transformations d'une fonction publique s'organisant sur fond de décentralisation, de transferts ou de regroupements de compétences inscrits dans trois lois (1982, 1984 et 2004). Et même si le secteur local n'entre pas, juridiquement, dans le champ de la loi organique relative aux lois de finances, les enjeux de performance de la gestion et de transparence démocratique en matière de finances publiques sont partagés par les collectivités locales. Chaque collectivité définit ses objectifs et ses indicateurs. Les modalités de la performance sont donc hétérogènes mais, dans tous les cas, la préoccupation est partagée. Par exemple, à travers l'approche tentant de faire de chaque « usager » un « client » soucieux d'un service efficace, qualitatif, rentabilisé... L'utilisation plus répandue du mode « projet » comme système d'organisation du travail achève de rapprocher le fonctionnement des collectivités territoriales de celui du secteur privé. Une question se pose alors : si la gestion des collectivités tend vers celle des entreprises, peut-on y traiter le sujet des conditions de travail de la même façon ?

De fait, un accord datant de 2009 modifie les CHS (comités d'hygiène et de sécurité) de la fonction publique sur le mode des instances représentatives du secteur privé : les CHSCT (comité d'hygiène, de sécurité et des conditions de travail). Une transformation significative des enjeux dans les fonctions publiques autour d'une nouvelle vision de la santé et de la sécurité, avec une nouvelle place donnée aux conditions de travail *(voir encadré)*.

« Comment installer un système de pilotage cohérent et visible dans une organisation qui ne possède pas un seul cœur de métier mais une multitude ? »
Jack Bernon, **responsable du département Santé et travail de l'Anact**

→ Trois familles d'acteurs

« Débattre de l'organisation du travail dans une mairie, par exemple, peut créer des opportunités d'amélioration des conditions de travail des agents, explique Stéphanie Rousset, directrice de l'Aract Auvergne relatant l'accompagnement de la ville de Clermont-Ferrand dans une démarche de prévention des risques psychosociaux *(voir p. 12)*. Cela peut aussi soulever des tensions, des conflits de légitimité, entre chacun des groupes d'acteurs lors de la construction de plans d'action. On y côtoie l'autorité territoriale – le maire et ses adjoints –, l'administration, représentée par la direction générale des services, et les organisations syndicales. Ainsi, le rôle et la place de l'élu doivent être clairement définis par une délégation du maire pour ne pas laisser s'installer un flou sur celui qui porte cette "autorité territoriale" et donc fragiliser la prise de décisions. » Jack Bernon, responsable du département Santé et travail de l'Anact accompagnant la ville de Lyon, également dans une démarche de prévention des risques psychosociaux *(voir p. 8-9)*, confirme : « Avec ces trois familles d'acteurs, les relations se placent dans une triangulaire susceptible de brouiller les positionnements. Par ailleurs, les grandes collectivités territoriales sont d'importants employeurs de main-d'œuvre, des milliers de salariés s'y côtoient et de nombreux métiers y sont exercés : comment installer un système de pilotage cohérent et visible

Les différences entre secteur public et secteur privé

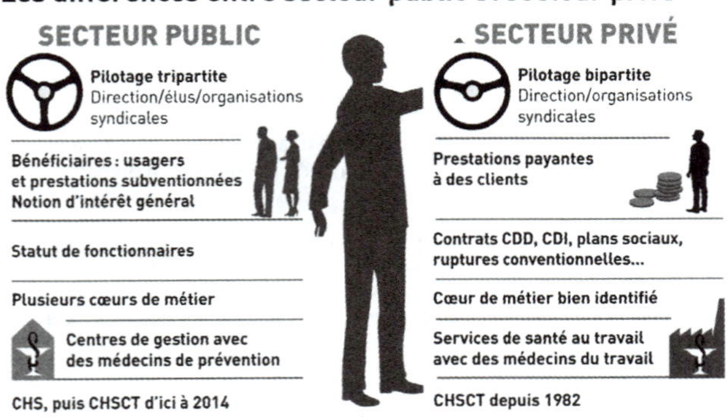

dans une organisation qui ne possède pas un seul cœur de métier mais une multitude ? Comment manage-t-on des agents travaillant aussi bien dans les écoles, les cantines ou à la voirie et dont l'unique point commun est le service public ? ».

→ Le service public en question

Toutes les réformes visant la performance ont ajouté une difficulté : celle de la sous-traitance de certaines activités qui seraient plus efficacement menées par le secteur privé. « Les fonctionnaires des collectivités territoriales se voient signifier dans la sous-traitance de services un message parfois difficile à entendre, qui met à mal similitude des situations de travail et des risques qu'elles comportent, « les conflits interpersonnels, interservices ou entre directions y sont davantage exacerbés, ajoute Jack Bernon. Les processus de recrutement ou de nomination doivent être irréprochables, sans interférences, sous peine de mettre longuement à mal l'équité dans les équipes. Tout écart à la légitimité gangrène les relations et pèse lourdement sur les conditions de travail des agents. La mobilité mériterait d'être encouragée, compte tenu de la multitude de métiers. Le positionnement et les responsabilités parfois peu explicites des acteurs ne permettent pas toujours des arbitrages clairs sur le travail et son organisation ».

« Le temps est un allié qu'il faut s'assurer d'avoir avec soi. »

Stéphanie Rousset, **directrice de l'Aract Auvergne**

la notion même de service public, ajoute Stéphanie Rousset. La définition d'un service public performant n'est pas la même pour tous les agents. Beaucoup peuvent considérer que cette performance recherchée à travers une meilleure rentabilité est une remise en cause de la notion de service public. » Un attachement au service public que l'on retrouve jusque dans le vocabulaire : « la mue de "l'usager" en "client" n'est pas réalisée, corrobore Jack Bernon. Les mots ont un sens. Les fonctionnaires territoriaux sont très attachés à l'éthique de service public ».
Si l'on pousse la comparaison avec le secteur privé, cette fois-ci dans la Ce sont donc tous ces éléments sur lesquels il faut investiguer lorsqu'une collectivité territoriale souhaite améliorer les conditions de travail *(voir p. 15)*, non sans avoir intégré un facteur primordial, plus fort encore que dans le secteur privé : celui du temps. « Le temps est un allié qu'il faut s'assurer d'avoir avec soi, conclut Stéphanie Rousset. Car créer un lien qui n'existait pas entre les acteurs pour qu'ils puissent débattre ensemble du travail d'une manière nouvelle, avec plus de concertation, nécessite de construire les conditions de la confiance entre eux. »

Béatrice Sarazin (rédactrice en chef)

«

MAX MASSE,
Mission santé-sécurité au travail dans les fonctions publiques (MSSTFP)

Les CHSCT ont été institués dans une logique de construction de la santé au travail

L'accord du 20 novembre 2009 transforme les comités d'hygiène et de sécurité (CHS) de la fonction publique en comités d'hygiène, de sécurité et des conditions de travail (CHSCT). L'ajout des termes « conditions de travail », élargissant l'approche antérieure de l'hygiène et sécurité, a été négocié en 2008 par les organisations syndicales lors des demandes du ministre de la Fonction publique, Eric Woerth, sur la question des mobilités professionnelles dans les fonctions publiques. Dans ce cadre, les organisations syndicales ont demandé, et obtenu, de négocier sur les conditions de travail. L'accord, signé quasi unanimement, concerne 4,2 millions de fonctionnaires et agents publics. Son intérêt et son exemplarité ? Fixer un cadre conceptuel et arrêter des mesures techniques et opérationnelles. Les CHSCT du secteur public ont été institués dans une logique de construction de la santé et non plus seulement de prévention des risques. On a gagné en cohérence et en visibilité vers une forme de gouvernance de la santé-sécurité qui permet de revisiter le travail et son organisation.

Plus d'informations sur le site de la Mission santé-sécurité au travail dans les fonctions publiques : www.intefp-sstfp.travail.gouv.fr (voir aussi références page 16).

»

ÉDITORIAL

Jean-Baptiste Obéniche,
directeur général*
de l'Anact

Trente années séparent les lois « Auroux » de 1982, instituant les CHSCT du secteur privé, de l'accord de 2009 sur la santé et la sécurité au travail dans la fonction publique, prévoyant de transformer les CHS en CHSCT.
Un changement qui se confronte à la réalité du terrain : comment les conditions de travail sont-elles aujourd'hui prises en charge dans le secteur public ? Le réseau Anact, fort de ses expériences d'accompagnement, plus particulièrement auprès de collectivités territoriales, apporte des éléments de réponse et dresse un bilan. Premier constat : si les collectivités territoriales sont des organisations complexes, en matière de missions, d'activités et de gouvernance, les réflexions sur l'organisation du travail

« Les acteurs des collectivités sont encore "neufs" en méthode pour améliorer les conditions de travail. Ceci recèle un potentiel d'innovation inédit. »

– versus administration des missions – sont encore peu nombreuses ou abouties.
Deuxième constat : les acteurs des collectivités sont encore « neufs » en méthode pour améliorer les conditions de travail. Cette situation de départ recèle un potentiel d'innovation inédit en termes d'organisation du travail, de dialogue social et de conduite du changement.
Une opportunité dont les élus, les directions des services, les représentants des salariés et ceux qui les accompagnent peuvent s'emparer. Car si les collectivités innovent, tous les actifs, fonctionnaires ou non, auront à y gagner.

** J.-B. Obéniche n'est plus directeur général depuis le 1er juin 2012.*

RAPPORT

3

Comment aborder le sujet ?

Le contexte

Le contexte est assez rapidement tracé : vous êtes attaché territorial au sein de la direction des ressources humaines de la commune d'Alpha, qui compte 20 000 habitants et 300 agents.

La précision apportée non seulement sur le nombre d'habitants mais aussi sur le nombre d'agents vous permet une représentation assez précise de cette commune, par comparaison avec la commune où vous exercez le cas échéant, ou avec des communes que vous connaissez par expérience ou par lecture de la presse professionnelle (par exemple *La Gazette des communes*, qui rend compte de nombreuses expériences de collectivités territoriales).

Les différents éléments de contexte communiqués avant la commande qui vous est faite laissent entendre sans ambiguïté que le dialogue social est très peu développé dans cette commune, à l'heure où une maîtrise de la masse salariale imposée par des difficultés financières rend indispensable une réorganisation des services qui laisse craindre une détérioration des conditions de travail.

La commande

Dans ce contexte, la commande porte sur le dialogue social dans la fonction publique territoriale et sur les moyens de le revitaliser dans la commune d'Alpha.

Cette commande très classique met aisément sur la voie de la construction des deux parties du rapport, la première pouvant porter sur une présentation du dialogue social dans la fonction publique territoriale avant que la seconde ne traite des moyens concrets de l'améliorer dans la commune. Le vrai travail de construction du plan se résume alors à la structuration de la première partie en deux sous-parties (par exemple : les enjeux/les outils institutionnels), avant de concevoir un plan d'action en seconde partie.

Sur le fond, on doit être ici attentif au fait que les « solutions opérationnelles appropriées » sont rédigées à la mi-novembre 2014 (date de l'épreuve écrite du concours), trois semaines environ avant les élections professionnelles du 4 décembre 2014.

Les titres

Le survol des titres et sources des documents du dossier permet aisément de percevoir que certains documents (document 2 : Fiches repères pour le CHSCT; document 5 : Comité technique, comité d'hygiène, de sécurité et des conditions de travail, commission administrative paritaire) contiennent les informations essentielles sur les outils du dialogue social.

On perçoit également facilement qu'une réforme de nature à faciliter le dialogue social est intervenue (document 3 : Élections professionnelles 2014, des modifications substantielles; document 4 : Une loi pour déployer largement la négociation; document 6 : Dialogue social : une rénovation en attente d'un second souffle).

Cela peut conduire à opter pour une structuration de la première partie différente de la première esquisse : Les outils insuffisants du dialogue social/La rénovation institutionnelle du dialogue social.

On peut ensuite aisément repérer des documents qui devraient éclairer les enjeux du dialogue social (document 1 : Dialogue social; document 7 : Conditions de travail : l'administration peut largement mieux faire) ainsi que des titres qui laissent augurer des informations utiles pour la construction d'un plan d'action (document 2 : Fiches repères pour le CHSCT : l'élaboration d'un plan de travail comme gage d'efficacité de l'action; document 10 : Dialogue social à Lille; document 11 : Collectivités territoriales : comment améliorer les conditions de travail ?).

Le plan

Comme on l'a vu, la « commande » est évidemment structurante, invitant sans aucune ambiguïté à construire une première partie sur le dialogue social dans les collectivités territoriales et une seconde partie sur les solutions opérationnelles pour améliorer le dialogue social dans la commune d'Alpha.

On a également entrevu, dès la lecture de la commande, confortée par celle des titres, deux structurations possibles de la première partie :

A. Les enjeux du dialogue social

B. Les outils du dialogue social dans la fonction publique territoriale

ou

A. L'insuffisance des outils traditionnels du dialogue social dans les collectivités territoriales

B. Une rénovation bienvenue des outils du dialogue social

La structure de la seconde partie consacrée aux « solutions opérationnelles » attendues pourra prendre plus précisément la forme d'un plan d'action.

Corrigé

REMARQUE Comme le précédent, le corrigé ci-après contient quelques précisions en italique à visée pédagogique qui ne figurent évidemment pas dans une copie de concours (« entrée en matière », « contexte », « problématique », « annonce de plan », etc.).
De même, au sein du développement, **la référence aux documents n'apparaît ici que pour permettre de mesurer d'où proviennent les informations et ne doit pas être conservée dans la copie**.
Soulignons que la copie ne doit contenir aucun signe distinctif sous peine d'annulation par le jury du concours pour rupture d'anonymat : il convient donc d'être particulièrement attentif à ne faire figurer dans le timbre aucune mention ne figurant pas dans la commande (n'utilisez pas de nom de collectivité réel ou fictif autre que « commune d'Alpha », ni de numéro d'enregistrement du rapport, etc.). De même, gardez-vous bien de porter un paraphe ou une signature en fin de copie.

Commune d'Alpha — Le 19 novembre 2014
(date de l'épreuve)

RAPPORT

à l'attention de Madame la directrice générale des services

Objet : L'amélioration du dialogue social dans la fonction publique territoriale

Références :
- loi n° 83-634 du 13 juillet 1983 portant droits et obligations des fonctionnaires
- loi n° 84-53 du 26 janvier 1984 portant dispositions statutaires relatives à la fonction publique territoriale
- loi n° 2010-751 du 5 juillet 2010 relative à la rénovation du dialogue social comportant diverses dispositions relatives à la fonction publique

Entrée en matière (accroche)

La plupart des communes françaises sont aujourd'hui confrontées à une situation financière difficile, liée à un contexte économique national lui-même déterminé par les données économiques mondiales. Nombreux sont les budgets locaux qui pâtissent d'un « effet de ciseaux » particulièrement préoccupant, dû à une baisse des ressources, notamment liée à la diminution des dotations de l'État, conjuguée à une hausse des dépenses, essentiellement en matière sociale.

Contexte (cadre juridique et contexte territorial)

Ce contexte défavorable rend indispensable une maîtrise de la masse salariale imposant une réorganisation des services. Les organisations syndicales craignent une détérioration des conditions de travail et souhaitent que cette réorganisation soit conduite dans le cadre d'un partenariat entre la collectivité et les représentants des agents.

Problématique

La réussite de la réorganisation des services requiert une amélioration du dialogue social entre les différents acteurs de la collectivité - direction, encadrement, agents, représentants du personnel - qui devra tirer parti des dispositions de la loi du 5 juillet 2010 sur la rénovation du dialogue social.

Annonce de plan

Ce rapport présentera donc les enjeux et les outils du dialogue social dans la fonction publique territoriale (I.), avant de proposer un plan d'action pour améliorer le dialogue social dans la commune d'Alpha (II.).

I. Les enjeux et les outils du dialogue social dans la fonction publique territoriale

Chapeau introductif

Les enjeux du dialogue social dans les collectivités doivent être clairement perçus (A.), afin que les outils de ce dialogue soient utilisés au mieux (B.).

A. Un enjeu essentiel pour les collectivités territoriales

La loi du 13 juillet 1983 portant droits et obligations des fonctionnaires pose le principe de la participation des fonctionnaires au moyen d'organes consultatifs où siègent les délégués des fonctionnaires, cette participation portant sur « l'organisation et le fonctionnement des services publics, l'élaboration des règles statutaires et l'examen des décisions individuelles relatives à leur carrière ». Plusieurs instances inscrivent dans les faits cette participation : les conseils supérieurs de la fonction publique, les commissions administratives paritaires, les comités techniques paritaires et les comités d'hygiène et de sécurité.

Un Livre blanc du dialogue social datant de 2002 souligne que le fonctionnement des commissions administratives paritaires, qui traitent de la gestion individuelle des carrières, est satisfaisant, même si la véritable cogestion des carrières par l'employeur et par les organisations syndicales qui s'est parfois installée aboutit à une prédominance abusive de l'ancienneté dans les critères d'avancement. Les comités techniques paritaires, en revanche, dont les compétences facultatives s'exercent sur l'organisation et le fonctionnement des services, font l'objet de critiques, leur fonctionnement étant caractérisé par un formalisme et un émiettement des représentations qui empêchent un véritable dialogue social.

Nombreuses sont les études qui montrent que les administrations demeurent souvent sourdes aux travaux des organisations syndicales de fonctionnaires sur les conditions de travail et la souffrance au travail. Celles-ci déplorent que les difficultés auxquelles sont confrontés les agents dans l'exercice de leurs missions ne soient pas suffisamment prises en compte et demandent la mise en place d'un système de gestion de la sécurité et de la santé au travail. Des études européennes laissent apparaître que le juste exercice de l'autorité hiérarchique, qui doit être capable de décider, de protéger « ses » agents, d'assumer ses responsabilités, de fixer des orientations, est un facteur déterminant de l'amélioration des conditions de travail. La qualité du management de proximité est ainsi essentielle pour permettre l'expression et la participation des agents (document 9).

Enfin, la mutabilité des services publics est une qualité indispensable à leur pérennité : un changement réussi ne peut se construire qu'avec le concours des agents eux-mêmes, dans le cadre du dialogue social qui doit prendre en compte les attentes des usagers du service public (document 9).

B. Des outils dont la rénovation est prometteuse

La loi du 5 juillet 2010 étend le champ du dialogue social en permettant aux organisations syndicales de participer notamment à des négociations sur l'organisation du travail et, plus largement, sur l'ensemble des conditions dans lesquelles les agents remplissent leurs missions. La loi précise en outre que la négociation doit se dérouler « à tous les niveaux pertinents ». De plus, la loi permet à tout syndicat constitué depuis au moins deux ans et satisfaisant aux critères de respect des valeurs républicaines et d'indépendance, de présenter des candidats aux élections professionnelles.

Les comités techniques (CT) voient leurs compétences étendues : ils émettent un avis sur l'organisation et le fonctionnement des services, les grandes orientations sur les effectifs, les emplois et les compétences et sont informés sur toute décision budgétaire ayant une incidence sur la gestion des emplois. Leurs membres ne sont plus désignés par les organisations syndicales à partir des résultats des élections aux commissions administratives paritaires mais directement élus par le personnel. La fin de l'obligation du paritarisme au sein des comités techniques – paritarisme qui générait souvent de faux dialogues entre les représentants des organisations syndicales et ceux de l'administration –, peut également améliorer le fonctionnement des comités techniques. Le comité technique demeure composé de représentants du personnel et de représentants de l'administration, mais la parité n'est plus requise.

Un accord du 20 novembre 2009 a transformé les comités d'hygiène et de sécurité (CHS) de la fonction publique en comités d'hygiène, de sécurité et des conditions de travail (CHSCT). Les organisations syndicales peuvent ainsi négocier sur les conditions de travail et, en conséquence, l'organisation du travail (document 11). Les CHSCT sont désormais institués, comme les comités techniques, dans les collectivités employant au moins 50 agents. Ils sont chargés de contribuer à la protection de la santé physique et mentale et à la sécurité des agents dans leur travail, à l'amélioration des conditions de travail, et doivent veiller à l'observation des prescriptions légales en ces matières. Les commissions administratives paritaires (CAP), pour leur part, demeurent paritaires (documents 4 et 5).

Ainsi la loi du 5 juillet 2010, entrée en application avec les élections professionnelles du 4 décembre 2014, conforte des pratiques d'association des organisations syndicales aux réflexions sur les conditions de travail et confirme les CT et les CHSCT comme instances de dialogue (document 6).

Phrase de transition

La rénovation des instances associant des représentants du personnel offre l'opportunité d'améliorer le dialogue social, mais ce dernier doit s'exercer dans le cadre d'un plan d'action associant tous les acteurs de la collectivité.

II. Un plan d'action pour améliorer le dialogue social dans la commune d'Alpha

Chapeau introductif

Après avoir repéré les écueils (A.) et organisé la participation des instances (B.), un plan d'action concerté sera mis en œuvre (C.).

A. Identifier les difficultés à dépasser

Éléments fournis par le dossier

Si les collectivités territoriales sont des organisations complexes, par la diversité des missions et des activités ainsi que par leur gouvernance, les réflexions sur l'organisation du travail y demeurent souvent inabouties. Les différents acteurs, élus, administrations, organisations syndicales, agents ont ainsi beaucoup à découvrir et à inventer.

Le débat sur l'organisation du travail dans la commune peut permettre d'améliorer les conditions de travail, mais peut aussi créer des tensions entre élus, administration et organisations syndicales. La diversité des métiers exercés par les agents est un facteur de complexité supplémentaire, d'autant que certains peuvent récuser les notions de rentabilité et de performance. Ce débat peut aussi peser sur les relations entre personnes, services ou directions. Prendre le temps de créer du lien entre les différents acteurs s'avère donc essentiel (document 11).

Le contexte particulier de la commune d'Alpha complexifie le problème : le dialogue social y est très réduit puisqu'il ne s'exerce qu'au sein du comité technique. La ville comptant 300 agents, elle est obligatoirement affiliée au centre de gestion de la fonction publique territoriale qui gère donc ses CAP, ce qui empêche que celles-ci constituent un lieu de dialogue social au sein de la commune. La création obligatoire d'un CHSCT dans la commune d'Alpha offre incontestablement l'opportunité de développer le dialogue social pour réussir la réorganisation des services. Mais si les instances jouent évidemment un rôle clé dans le dialogue social, indispensable à la réussite de la réorganisation des services, ce dialogue ne doit pas s'arrêter au fonctionnement habituel de ces instances : d'autres temps de réflexion avec l'ensemble des syndicats au cours desquels l'administration pourra présenter ses projets ou les construire avec les organisations syndicales s'avèrent pertinents (documents 9 et 10). Le plan d'action à conduire doit donc comprendre les instances mais ne pas s'y limiter.

B. Faire du CHSCT et du CT des acteurs essentiels d'un dialogue social élargi

Éléments fournis par le dossier

Après les élections professionnelles du 4 décembre 2014, l'autorité territoriale devra établir la liste des organisations syndicales (OS) habilitées à désigner des représentants au sein du CHSCT désormais obligatoire ainsi que le nombre de représentants auxquels chaque OS a droit, proportionnellement au nombre de voix qu'elles auront obtenues à l'élection au comité technique. La ville devra également fixer le délai dont disposent les OS pour désigner leurs représentants, la loi imposant que les représentants du personnel soient désignés au plus tard le 4 janvier 2015. Préalablement, le conseil municipal a, avant le 25 septembre 2014, fixé le nombre des représentants des personnels et de l'administration tant au CT qu'au CHSCT (document 2).

Par cette délibération, le conseil municipal a acté le choix de la commune de faire subsister le paritarisme au sein des instances, en décidant de désigner les représentants de l'administration en nombre inférieur à celui des représentants du personnel.

Dès que le CHSCT sera installé, il sera pertinent d'informer précisément l'ensemble des agents de la commune sur son rôle en matière de conditions de travail ainsi que sur celui du comité technique.

Mais la revitalisation du dialogue social pour réussir la réorganisation des services de la commune est un tel enjeu – garantir la qualité des services à moyens constants voire avec moins de moyens sans dégradation des conditions de travail – que les écueils d'un dialogue social centré sur des questions secondaires doivent absolument être évités. Aussi, il paraît indispensable de construire un plan d'action cohérent laissant une large place à la concertation avec l'ensemble des agents. Afin d'élaborer ce plan d'action qui concerne l'ensemble des services sans s'inscrire dans les relations hiérarchiques habituelles, l'institution d'un groupe projet s'impose, associant le directeur des ressources humaines, un élu intéressé par la question des conditions de travail, un éventail d'agents représentatifs des différentes directions et des trois catégories hiérarchiques (A, B, C), ainsi que des représentants du personnel. Ce groupe projet pourra, en tant que de besoin, proposer la création de groupes de travail *ad hoc* au comité de pilotage. Celui-ci sera constitué du maire, de la directrice générale des services et de l'adjoint au maire délégué au personnel.

C. Concevoir un plan d'action concerté fondé sur un diagnostic partagé

Éléments fournis par le dossier

Pour définir et conduire les changements déterminants pour les conditions de travail, l'employeur et les représentants du personnel doivent disposer d'éléments précis sur les aspirations des agents concernés (document 9).

Aussi, la première tâche à laquelle le groupe projet doit se consacrer est l'élaboration d'outils pour disposer d'une vision précise des craintes, des attentes et des suggestions de tous les agents sur la réorganisation des services.

Éléments fournis par le dossier

La distribution aux agents de questionnaires « clés en main » pour connaître leurs difficultés et leurs attentes n'apparaît pas comme un bon moyen de recueillir leurs avis. Il semble de loin préférable d'associer des cadres et des agents de la collectivité à l'élaboration d'un questionnaire. À cette fin, un groupe de travail restreint, constitué de quelques chefs de service, agents et représentants du personnel, peut travailler à l'élaboration d'un questionnaire d'enquête (document 8).

Cette enquête par voie informatique, et, si nécessaire dans certains services par courrier, dont l'anonymat des réponses devra être garanti, permettra de connaître les difficultés réelles ou ressenties et de dégager une première vision du climat social. Le groupe de travail estimera si le recours à un cabinet spécialisé est ou non nécessaire pour concevoir ce questionnaire et si un travail de recensement des moyens utilisés par d'autres collectivités ayant déjà mis en œuvre une telle démarche peut s'avérer pertinent.

Parallèlement, afin d'objectiver les enseignements de ce questionnaire, le groupe projet pourra travailler à l'identification d'indicateurs pertinents pour prendre régulièrement la mesure du climat social. Dans le cadre des CHSCT, une collaboration régulière sera à mettre en place avec les conseillers et les assistants de prévention en lien avec les remontées du CT, permettant de compléter l'état des lieux et de développer avec les OS d'autres pistes d'amélioration. Les membres du CHSCT pourront bénéficier d'une formation pour l'exercice de leur mandat pendant le premier semestre 2015 et de moyens d'investigation élargis grâce à des relations étroites avec la médecine du travail, des accès aux lieux de travail pour visites et enquêtes en cas de difficultés repérées.

Éléments fournis par le dossier

Au-delà des réunions institutionnelles des instances, *des réunions informelles du groupe projet avec l'ensemble des représentants du personnel, par exemple tous les deux mois, permettront de les associer au déroulement du projet (documents 9 et 10).*

Parallèlement à cette démarche, la Direction des ressources humaines peut lancer une « newsletter RH » à parution régulière, mensuelle par exemple, informant l'ensemble des agents sur le processus en cours. Si ce type de lettre fera inévitablement l'objet de critiques des plus rétifs au changement qui la qualifieront inévitablement de « voix de son maître », elle n'en constitue pas moins un moyen d'information efficace de nature à calmer les rumeurs infondées. Une boîte à idées pourra également être mise en place : non sans danger dans la mesure où elle peut permettre des « déversements » anonymes, elle peut également constituer un bon indicateur du climat social.

Dans un délai de trois mois environ après le lancement du questionnaire, l'exploitation de celui-ci et des premiers indicateurs identifiés devrait permettre de tracer les grands axes du plan d'action conjuguant réorganisation et amélioration des conditions de travail, et de proposer des actions opérationnelles, qui pourront s'appuyer sur des expérimentations (document 2). Ce plan d'action devra être validé par le comité de pilotage qui aura à décider de quelle manière le conseil municipal en sera informé. On peut déjà estimer que, dès juin 2015, un plan cohérent pourrait être présenté au conseil municipal après consultation officielle des instances. Sans préjuger des résultats du diagnostic, plusieurs leviers d'action peuvent déjà être dessinés, autour des questions d'organigramme, de délégation, de pénibilité du travail (rythmes de travail, gestes et postures, reclassement professionnel...), de formation, de motivation (régime indemnitaire, cotation des postes, gestion prévisionnelle des effectifs, des emplois et des compétences), de mesure de satisfaction des usagers, etc.

La mise en œuvre progressive des actions décidées, à compter de septembre 2015, devra être conduite en concertation avec les agents et les organisations syndicales en continuant à faire vivre, au-delà du dialogue institutionnel dans les instances, les autres formes de dialogue instituées pendant la phase diagnostique. Les indicateurs devront être régulièrement observés et l'évaluation partagée avec les agents et les organisations syndicales. Un premier bilan fin 2015 pourra porter à la fois sur la qualité du dialogue social, sur l'efficience et les répercussions des actions de réorganisation entreprises. Un nouveau questionnaire pourrait également être proposé à l'ensemble des agents et des représentants du personnel afin de mesurer la satisfaction et l'impact des actions mises en œuvre.

Conclusion

Ainsi, les élections professionnelles de décembre 2014 offrent à la commune d'Alpha l'opportunité de mettre un dialogue social revivifié au service d'une réorganisation indispensable des services, à condition de savoir allier un fonctionnement harmonieux des instances à un dialogue social multiforme avec l'ensemble des agents. On peut attendre de cette expérimentation d'un dialogue social élargi qu'il permette aux élus, à l'administration et aux agents de travailler réellement ensemble à une organisation réussie pour les agents comme pour les usagers.

Deux autres sujets d'annales corrigés sont à télécharger gratuitement sur
www.vuibert.fr/site/204186

PARTIE 3

Connaissances indispensables sur l'environnement territorial

Planning de révision

Le planning ci-après entend vous proposer un mode d'acquisition méthodique des connaissances indispensables à la réussite :

– de l'épreuve écrite de rapport avec solutions opérationnelles, si vous êtes candidat au concours interne et au 3e concours ;

– de l'épreuve écrite de composition sur un sujet d'ordre général territorial si vous êtes candidat au concours externe ;

– de l'épreuve orale d'entretien, que vous soyez candidat au concours externe, interne ou de 3e voie.

La date à laquelle vous commencez à utiliser cet ouvrage pour vous préparer déterminera évidemment la durée de chaque période : si, par exemple, vous entamez votre préparation personnelle six mois avant le concours, les onze périodes d'appropriation compteront chacune de l'ordre de deux semaines. Il en ira tout différemment si vous pensez pouvoir préparer le concours en un mois : deux à trois jours seront alors consacrés à chaque période.

Soyez également attentif au fait que ces épreuves requièrent non seulement des connaissances en administration des collectivités territoriales, mais aussi une maîtrise de la méthodologie des différentes épreuves, elle-même découpée en différentes périodes.

Ces périodes ne constituent pas un sommaire de la partie 3, mais en présentent un ordre d'appropriation des principales connaissances.

Période 1	Le service public, grands principes, principaux modes de gestion.
Période 2	Les grands axes du système juridictionnel français, les normes juridiques et leur hiérarchie, la responsabilité administrative.
Période 3	Les principales compétences et attributions des collectivités territoriales.
Période 4	La réforme territoriale.
Période 5	Les principaux modes d'élection locale et leurs conséquences.
Période 6	Les modes de fonctionnement des collectivités territoriales et de leurs établissements publics.
Période 7	Les principaux modes de recrutement des agents publics et des fonctionnaires.
Période 8	Les finances publiques et les budgets locaux, les marchés publics, le contrôle des actes.
Période 9	Les modes d'information des administrés et des élus, la démocratie consultative et participative.
Période 10	La conduite de projet, les modes de management.
Période 11	Révision d'ensemble.

Le cours

Sans viser l'exhaustivité, nous entendons fournir ici des repères solides qui devraient permettre à chacun de maîtriser les connaissances de base en matière d'administration territoriale, nécessaires à l'élaboration des solutions opérationnelles du **rapport** du **concours interne** et du **troisième concours**.

Soulignons que les candidats au **concours externe** ont également tout intérêt à se familiariser avec ces notions pour traiter de manière convaincante le sujet de **composition sur un sujet d'ordre général territorial** et, de manière moins déterminante, pour ne pas rencontrer des difficultés de compréhension des éléments du dossier à partir duquel ils vont rédiger leur copie de note dans la spécialité.

Enfin, aux **concours interne et externe** comme au **troisième concours**, l'épreuve orale d'admission requiert également une connaissance précise de l'environnement territorial dans lequel le futur attaché territorial évoluera.

1 | Le service public, grands principes et principaux modes de gestion

1. Définition et grands principes du service public

A. Définition

Une activité constitue un service public quand elle est assurée ou assumée par une personne publique en vue d'un intérêt public. C'est une activité d'intérêt général gérée par une personne publique ou sous son contrôle par une personne privée, soumise, à des degrés variables suivant les catégories de services, au droit administratif.

B. Grands principes

Le service public obéit aux « lois de Rolland », du nom du juriste Louis Rolland qui les a systématisées dans les années 1930.

Premier principe : la **continuité**. Un service public doit fonctionner de manière continue et régulière, sans autres interruptions que celles prévues par la réglementation. Ce principe a une valeur constitutionnelle. Corollaire de ce principe, l'**adaptabilité** ou **mutabilité** : afin de continuer à poursuivre l'intérêt général, le service public doit s'adapter aux mutations techniques et à l'évolution de la demande sociale. Cette nécessité d'adaptation fonde l'administration à modifier unilatéralement le service public pour répondre à l'évolution de l'intérêt général.

Le principe d'**égalité** impose que tous les usagers, à situation égale, bénéficient des mêmes prestations. Toute discrimination est donc exclue dans l'accès au service comme dans l'usage du service. Les différences de traitement sont possibles dans le respect de la loi et pour des motifs d'intérêt général, sous réserve de ne pas être arbitraires ou discriminatoires.

La **neutralité** signifie que le service public doit être sous-tendu par l'intérêt général sans être influencé par les intérêts privés. Elle interdit à tous les agents des services publics d'exprimer leurs opinions politiques ou religieuses dans l'exercice de leurs missions. En découle le principe de l'égal accès aux emplois publics.

La **laïcité** est inscrite tant dans le Préambule de la Constitution de 1946 que dans la Constitution du 4 octobre 1958 : l'article 1er du titre premier du Préambule de la Constitution de 1946 fixe en effet que « la France est une République indivisible, laïque, démocratique et sociale ». La Constitution de 1946 précise également que « l'organisation de l'enseignement public, gratuit et laïque à tous les degrés, est un devoir de l'État ». Ces termes sont repris et complétés par l'article 1 de la Constitution du 4 octobre 1958 : « La France est une République indivisible, laïque, démocratique et sociale. Elle assure l'égalité devant la loi de tous les citoyens sans distinction d'origine, de race ou de religion. Elle respecte toutes les croyances. [...] »

La jurisprudence a également affirmé d'autres principes comme l'obligation de fonctionnement correct des services publics.

2. Les modes de gestion des services publics

A. Les marchés publics

Les **marchés publics** permettent à l'administration de recourir à une personne publique ou privée pour répondre à ses besoins en matière de travaux, de fournitures ou de services, nécessaires à l'exécution d'un service public, en échange d'un prix qu'elle acquitte.

Ce sont des contrats conclus par l'État et ses établissements publics administratifs (ceux à caractère industriel et commercial en sont exclus) ou les collectivités territoriales et les établissements publics locaux.

Il existe plusieurs types de marchés publics : les marchés de travaux publics pour la construction de bâtiments publics, les marchés de fourniture nécessaire au fonctionnement de l'administration (ex. : papier, équipements divers), les marchés de services pour la réalisation de prestations (ex. : nettoyage de locaux administratifs).

B. Les délégations de service public

La loi n° 2001-1168 du 11 décembre 2001 portant mesures urgentes de réformes à caractère économique et financier définit comme suit la délégation de service public.

Son article 3 dispose « qu'une délégation de service public est un contrat par lequel une personne morale de droit public confie la gestion d'un service public dont elle a la responsabilité à un délégataire public ou privé, dont la rémunération est substantiellement liée aux résultats de l'exploitation du service. Le délégataire peut être chargé de construire des ouvrages ou d'acquérir des biens nécessaires au service ».

Par convention, une personne morale de droit public confie ainsi pour une durée limitée à une personne publique – une autre administration publique – ou privée – qui peut être un particulier ou une entreprise –, la gestion d'un service public dont elle a la responsabilité. Ce mode de gestion de services publics est aujourd'hui répandu tant pour ceux qui relèvent de l'autorité de l'État que des collectivités territoriales.

Le bénéficiaire de la DSP (délégataire) peut être chargé de construire des ouvrages ou d'acquérir des biens nécessaires au service. Contrairement aux marchés, le délégataire n'est pas rémunéré par un prix versé par l'administration (le délégant), mais par les recettes d'exploitation du service.

L'expression « délégation de service public » est apparue dans la **loi « Sapin » du 29 janvier 1993**. Elle regroupe plusieurs procédés qui existaient déjà auparavant et qui constituent aujourd'hui les différents types de DSP :

- la **concession de travaux** publics avec service public pour la construction d'un ouvrage (ex. : autoroutes, ponts à péage), la **concession de service public** (non liée à la construction d'un ouvrage public). La concession est un mode de gestion dans lequel l'entreprise finance, réalise et exploite les équipements pour le compte de la collectivité. La concession fait l'objet d'un contrat qui fixe les modalités d'exécution du service et les tarifs applicables. Le contrat établit notamment la nature des ouvrages, le délai d'exécution, les modalités d'exploitation du service, le respect des normes de qualité ;
- l'**affermage** (gestion de structures déjà réalisées) : c'est une convention par laquelle une personne publique confie la gestion d'un service public à une personne publique ou privée (le fermier), qui se voit remettre pour la durée du contrat les ouvrages nécessaires à l'exploitation du service, moyennant le versement d'une contrepartie, prélevée sur les ressources tirées de l'exploitation du service. L'entreprise (ou le fermier) exploite et entretient le réseau, mais la collectivité décide et finance les investissements et reste propriétaire des équipements. Les opérations de recettes et de dépenses effectuées par la commune doivent être décrites dans un budget annexe qui retrace également les opérations financières effectuées avec l'entreprise (ou fermier) ;
- la **régie intéressée** : le régisseur n'a pas la propriété de l'installation, il est rémunéré par la collectivité en fonction des résultats, par le biais d'une prime de gestion ou d'une participation aux bénéfices.

La loi Sapin, parmi de nombreuses autres dispositions, a eu pour objet et pour effet d'instaurer une procédure contraignante de publicité explicite visant à organiser une mise en concurrence réelle avant l'attribution de la délégation de service public à un tiers par rapport à l'autorité délégante.

Elle n'a pas modifié le caractère *intuitu personae* des contrats de délégation de service public, selon lequel l'autorité délégante attribue la délégation : le co-contractant est toujours choisi en fonction de ses qualités propres qui sont jugées selon leur adéquation au cahier des charges de la délégation.

C. Le partenariat public-privé

Le **partenariat public-privé** (PPP) est un mode de financement par lequel une autorité publique fait appel à des prestataires privés pour financer et gérer un équipement assurant le service public ou y contribuant. Le partenaire privé reçoit en contrepartie un paiement du partenaire public et/ou des usagers du service qu'il gère.

La loi d'orientation et de programmation pour la sécurité intérieure du 29 août 2002 a relancé ce mode contractuel en autorisant l'État à confier au secteur privé la construction et la maintenance d'immeubles utilisés par la police, la gendarmerie et la défense nationale. La justice et le secteur hospitalier ont suivi avant que ce régime fasse l'objet d'un régime général à travers les **contrats de partenariat** public-privé institués par une ordonnance du 17 juin 2004.

Il s'agit de contrats administratifs par lesquels la personne publique peut confier à une entreprise une mission globale relative :

- au financement d'investissements immatériels, d'ouvrages ou d'équipements nécessaires au service public ;
- à la construction et à la transformation des ouvrages ou équipements ;
- à leur entretien, leur maintenance, leur exploitation ou leur gestion ;
- le cas échéant, à d'autres prestations de service concourant à l'exercice par la personne publique de la mission de service public dont elle est chargée.

De manière facultative, tout ou une partie de la conception peut être confiée au partenaire privé.

Le contrat de partenariat se conclut pour une période longue, généralement entre 20 et 30 ans, déterminée en fonction de la durée d'amortissement des investissements ou des modalités de financement retenues.

Les contrats de partenariat présentent des modalités de rémunération originales puisque ces dernières peuvent :

- être étalées sur la durée du contrat ;
- être liées à des objectifs de performances ou de disponibilité du bien/service ;
- intégrer des recettes annexes.

Une décision du Conseil constitutionnel du 26 juin 2003 précise que **le projet concerné doit présenter un caractère d'urgence et ou de complexité** qui justifie le recours à un partenaire privé.

En outre, l'ordonnance du 17 juin 2004 en son article 2 a prévu que les contrats de partenariat soient conclus pour la réalisation de projets pour lesquels une évaluation réalisée par la personne publique démontre que le contrat de partenariat offre une solution alternative moins coûteuse et/ou plus avantageuse. Cette évaluation préalable ou analyse comparative a pour objectif de comparer le coût global pour la personne publique en maîtrise d'ouvrage et en contrat de partenariat, afin de déterminer l'alternative présentant le meilleur couple coût/risque pour la personne publique.

Une loi du 28 juillet 2008 a précisé les critères posés par l'ordonnance de 2004 : l'**efficience** justifiant le recours au partenariat s'apprécie en examinant si le contrat de partenariat offre une solution alternative moins coûteuse et/ou plus avantageuse en termes de coût global, de partage des risques (économiques et juridiques) et de performance (par exemple énergétique).

2 | Les grands axes du système juridictionnel français

Le principe de séparation des pouvoirs, affirmé par Montesquieu, repose sur trois pouvoirs distincts dont l'équilibre permet un bon gouvernement. À côté du pouvoir législatif, distinct du pouvoir exécutif, les tribunaux participent au gouvernement de la nation au sein de laquelle ils constituent le pouvoir judiciaire. La codification du droit depuis la Révolution française affaiblit le rôle du juge comme créateur du droit; la multiplication des juridictions, l'évolution du rôle de l'État contribuent également à la péremption de l'idée d'un pouvoir autonome : la Constitution de 1958 prend acte de cette évolution en ne parlant que de « l'autorité judiciaire » et non du pouvoir judiciaire. Cependant, l'existence d'un véritable pouvoir judiciaire, indépendant par rapport aux autres pouvoirs publics, est la condition nécessaire pour que l'État lui-même soit soumis au droit.

On distingue **deux ordres de juridiction**, l'**ordre judiciaire** et l'**ordre administratif** en application de la tradition française, dans laquelle la justice est composée de deux systèmes autonomes comprenant chacun leur propre hiérarchie, leur propre organisation de la magistrature et leur propre Cour suprême, au nom d'une interprétation extensive de la séparation des pouvoirs.

1. Les juridictions judiciaires

Elles comprennent deux types de juridictions, organiquement identiques pour les juridictions de droit commun (même siège, même personnel) mais aux fonctions différentes :

- Les **juridictions civiles**, composées de juridictions de droit commun qui jugent les litiges entre particuliers mettant en jeu l'application du droit civil (tribunaux d'instance ou de grande instance) et de juridictions d'exception qui ne connaissent que des matières dans lesquelles un texte leur attribue expressément compétence (tribunaux de commerce, conseil de prud'hommes, tribunaux paritaires des baux ruraux, tribunaux des affaires de la Sécurité sociale). Les juridictions civiles les plus connues sont évidemment le tribunal d'instance et le tribunal de grande instance.

Le **tribunal d'instance** est une juridiction composée de magistrats professionnels, qui statue à juge unique. Il exerce une compétence exclusive dans certains domaines, comme l'injonction de payer. Sa compétence générale est partagée avec le tribunal de grande instance en fonction de l'importance de l'affaire : les petites affaires civiles (de 4 000 à 10 000 euros) sont de sa compétence. On compte un tribunal d'instance par arrondissement.

Le **tribunal de grande instance** est une juridiction collégiale composée de magistrats professionnels : les jugements sont rendus par un président et deux juges. Il juge des affaires civiles portant sur des sommes supérieures à 10 000 euros ou qui ne sont pas de la compétence d'autres juridictions. Il exerce une compétence exclusive en matière d'état des personnes (état civil, droit de la famille), de protection de l'enfant, de propriété immobilière. Siège d'un parquet, il comprend au moins un juge des enfants, un juge aux affaires familiales, un juge de l'expropriation, un juge de l'exécution des décisions civiles. Le président ou un juge désigné par lui fait office de juge des référés. On compte au moins un tribunal de grande instance par département.

La **juridiction de proximité** a été créée par la loi d'orientation et de programmation sur la justice du 9 septembre 2002, afin de désengorger les tribunaux d'instance.

Le juge de proximité est compétent en matière pénale pour les contraventions des quatre premières classes et en matière civile pour les affaires portant sur un montant inférieur à 4 000 euros.

Le juge de proximité est un praticien du droit recruté dans la société civile.

- Les **juridictions pénales**, composées de magistrats appartenant aux même corps, sanctionnent les auteurs de contraventions (tribunaux de police : tribunal d'instance siégeant au pénal. Contravention : amende inférieure ou égale à 3 000 euros), de délits (tribunaux correctionnels : tribunal de grande instance siégeant au pénal) ou de crimes (cours d'assises : le nombre de non-professionnels, neufs citoyens tirés au sort, est supérieur au nombre de magistrats, 3 juges, au sein du jury).

Rappelons qu'on comptait un tribunal d'instance (tribunal de police au pénal) par arrondissement, un tribunal de grande instance (tribunal correctionnel au pénal) par département. Les cours d'assises se réunissent périodiquement dans chaque département.

Mais un décret du 15 février 2008 a modifié le siège et le ressort des tribunaux d'instance, des juridictions de proximité et des tribunaux de grande instance. Ainsi, au 1er janvier 2011, 178 tribunaux d'instance et 23 tribunaux de grande instance ont été supprimés. Parallèlement, 7 tribunaux d'instance et 7 juridictions de proximité ont été créés.

2. Les juridictions administratives

Les juridictions administratives sont des tribunaux à part entière, distincts des tribunaux judiciaires, qui jugent les litiges nés de l'action administrative.

Saisi d'un recours pour excès de pouvoir, le juge administratif est compétent pour annuler une décision administrative après en avoir constaté l'illégalité. Dans certains domaines, le juge administratif dispose du pouvoir de plein contentieux (également baptisé « de pleine juridiction ») qui lui permet de substituer sa propre décision à celle de l'administration et de condamner celle-ci à indemniser des victimes sur le fondement de la faute ou du risque.

Juridiction suprême de l'ordre administratif, le **Conseil d'État** est juge de cassation des décisions des cours administratives d'appel ou des tribunaux administratifs lorsqu'ils jugent en premier et dernier ressort. Il est aussi juge d'appel (par exemple des élections municipales et cantonales), mais cette activité a fortement décru depuis l'institution des cours administratives d'appel.

Il est enfin juge de premier et dernier ressort pour certains actes administratifs (recours contre des décrets, par exemple).

Les membres du Conseil d'État sont pour l'essentiel recrutés par la voie de l'École nationale d'administration (ENA). Une partie d'entre eux est recrutée au tour extérieur, par nomination du gouvernement. Ils sont inamovibles.

Les **cours administratives d'appel** ont été instituées par la loi du 31 décembre 1987 pour désencombrer le Conseil d'État : elles constituent les juges d'appel de droit commun de l'ordre administratif.

Les **tribunaux administratifs**, créés en 1953, sont les juges administratifs de droit commun en premier ressort.

Les membres des tribunaux administratifs et des cours administratives d'appel sont des fonctionnaires recrutés par concours, inamovibles comme les membres du Conseil d'État.

3 | Quelques notions sur les normes juridiques et leur hiérarchie

1. La hiérarchie des normes

Les normes juridiques constituent entre elles un ordre cohérent, les plus détaillées viennent préciser les plus générales sans les contredire, aucune norme ne pouvant transgresser celles qui lui sont supérieures. Une décision administrative doit ainsi respecter les lois, les traités internationaux et la Constitution.

2. Les différentes normes juridiques

La Constitution et le « bloc de constitutionnalité »

La Constitution est, dans l'ordre juridique français, la norme suprême, également baptisée « loi fondamentale ». La supériorité de la Constitution sur tout traité ou engagement international explique que, lorsque la France signe un traité ou souscrit à un engagement international comportant des dispositions contraires à la Constitution, celle-ci doit être révisée pour que le traité produise ses effets en droit interne.

Les lois doivent être conformes à la Constitution et le Conseil constitutionnel est chargé de le vérifier, pour chaque loi qui lui est déférée.

Le « bloc de constitutionnalité », outre la Constitution, comprend la Déclaration des droits de l'homme et du citoyen de 1789 (décision du Conseil constitutionnel du 27 décembre 1973), le Préambule de la Constitution de 1946, les principes à valeur constitutionnelle et les principes fondamentaux reconnus par les lois de la République et solennellement réaffirmés par le Préambule de la Constitution de 1958 (décision du Conseil constitutionnel du 16 juillet 1971).

Les traités et accords internationaux

La France a signé de nombreux traités et accords internationaux pour la plupart soumis au Parlement en vue d'autoriser par voie législative leur ratification ou leur approbation.

Le droit communautaire s'insère de manière aujourd'hui déterminante dans l'ordre juridique national, notamment depuis l'entrée en vigueur, en 1987, de l'Acte unique européen achevant l'intégration du marché intérieur. L'article 55 de la Constitution précise que les traités et accords ont, sous certaines conditions, une autorité supérieure à celle des lois.

- **La loi organique**

Adoptée selon une procédure spécifique et précisant les modalités d'organisation et de fonctionnement des pouvoirs publics dans les cas prévus par la Constitution, la loi organique est située dans la hiérarchie des normes entre la Constitution et la loi ordinaire.

Ainsi, les lois de finances annuelles doivent notamment respecter les dispositions de la loi organique sur les lois de finances (LOLF) promulguée le 1er août 2001.

- **La loi**

À l'exception des lois référendaires (adoptées par référendum), la loi est votée par le Parlement. Mais, contrairement aux Constitutions de la IIIe et de la IVe République, la Constitution de 1958 limite strictement, par son article 34, le domaine de la loi et donc le champ de compétence du Parlement.

- **L'acte administratif réglementaire**

L'acte administratif peut être réglementaire ou individuel : réglementaire, il s'applique à tous ; individuel, il concerne nommément une ou plusieurs personnes.

Le gouvernement dispose à la fois d'un pouvoir réglementaire d'application de la loi mais aussi d'un pouvoir réglementaire autonome dans les domaines qui ne relèvent pas constitutionnellement de la loi.

Les règlements sont supérieurs aux actes individuels émanant de la même autorité administrative. Les règlements autonomes sont subordonnés à la Constitution et aux traités alors que les actes administratifs appliquant les lois doivent, par définition, être directement subordonnés à la loi.

Les juridictions administratives (Conseil d'État, cours administratives d'appel et tribunaux administratifs) sont chargées de faire respecter le principe de légalité, c'est-à-dire de veiller au respect des normes de référence supérieures par les actes administratifs.

Les décisions administratives réglementaires ou individuelles, prises par le Premier ministre ou par un simple fonctionnaire, doivent toujours respecter toutes les normes supérieures : les lois, les traités, la Constitution.

4 | La responsabilité administrative

La tradition a longtemps été celle de l'impossibilité de rechercher la responsabilité de l'administration, afin d'empêcher que la poursuite de l'intérêt général ne soit entravée par l'action judiciaire.

Cette tradition a évolué avec l'arrêt Blanco (1873), qui reconnaît que l'administration peut voir sa responsabilité engagée en cas de dommage aux usagers du service public ou aux tiers, cette responsabilité ne pouvant être mise en cause devant les juridictions civiles mais seulement devant les juridictions administratives dans des conditions différentes de celles du droit commun de la responsabilité. Il s'agit d'une forme de responsabilité civile, dans la mesure où elle entraîne l'obligation pour l'administration de réparer le dommage qu'elle fait subir.

La responsabilité administrative n'a ainsi pu pendant des décennies être engagée que pour **faute lourde** de l'administration, le juge administratif se refusant en outre à prendre en compte le *pretium doloris* (le prix de la douleur) et n'indemnisant pas le dommage moral ; en outre, les indemnités demeuraient en toute hypothèse très peu élevées.

La jurisprudence a cependant peu à peu évolué, d'abord en admettant la réparation du préjudice moral (arrêt Letisserand, Conseil d'État, 1961), puis en abandonnant la faute lourde pour la **faute simple**, notamment en matière médicale.

Ainsi, la faute de service donne droit à réparation pour faute simple, la faute lourde demeurant requise pour que soit engagée la responsabilité de services en raison de difficultés réelles à exercer la mission de service public.

Le juge a également développé la théorie de la **responsabilité sans faute**, qui permet l'indemnisation de la victime dès lors qu'il y a dommage (par exemple du fait d'un ouvrage public) même sans faute. Dans ce cas, la victime doit seulement prouver le préjudice subi.

La responsabilité sans faute a peu à peu été étendue par la jurisprudence : la création par l'administration d'un risque particulier, une rupture d'égalité entre administrés, un préjudice causé « par un acte légalement fait », certains dommages causés par des ouvrages ou des travaux publics… peuvent entraîner la responsabilité sans faute de l'administration.

Que la responsabilité soit engagée pour faute ou sans faute, il faut un dommage, un préjudice, et un lien de causalité entre le dommage et le préjudice. Si le dommage est causé par une faute personnelle d'un agent public, celui-ci pourra être attaqué devant le juge judiciaire. En revanche, si une **faute de service** est à l'origine du dommage, c'est le juge administratif qui est compétent. La difficulté pour les victimes de savoir quel juge saisir a conduit les juges à admettre que les victimes attaquent l'administration devant le juge administratif, celle-ci pouvant, en cas de faute personnelle d'un de ses agents, se retourner contre lui (action dite « récursoire ») pour obtenir remboursement de tout ou partie des indemnités qu'elle aura versées à la victime du dommage.

Une **faute de service** est le résultat d'un service qui fonctionne mal, ou fonctionne tardivement ou ne fonctionne pas du tout. S'agissant d'une responsabilité pour faute, la victime doit démontrer la faute, mais, dans la réalité, le juge demande souvent à l'administration de démontrer qu'il n'y a pas eu faute.

5 | Les principaux modes de recrutement des agents publics et des fonctionnaires

Les employeurs des fonctionnaires territoriaux comptent 36 670 communes, 20 000 établissements publics locaux, 101 départements et 18 régions (13 régions métropolitaines et 5 régions ultramarines), soit plus de 55 000 employeurs différents.

Les fonctionnaires territoriaux exercent environ 250 métiers différents. Pour autant, à la différence de l'État qui compte environ 600 corps après en avoir réduit le nombre en les réorganisant, la fonction publique territoriale ne compte que **53 cadres d'emplois** (par exemple ceux des attachés territoriaux, des ingénieurs territoriaux ou encore des conservateurs des bibliothèques territoriaux).

Un cadre d'emplois regroupe des agents dont les emplois et les métiers sont très proches. Chaque cadre d'emplois est régi par un décret portant statut particulier du cadre d'emplois qui précise notamment les missions incombant au cadre d'emplois et les moyens d'y accéder.

Les **filières** sont un moyen aisé de regrouper les cadres d'emplois au sein de « grandes familles » de métiers. On recense ainsi huit filières différentes dans la fonction publique territoriale :

- administrative ;
- technique ;
- culturelle ;
- sportive ;
- médico-sociale ;
- animation ;
- police municipale (parfois également dénommée filière « sécurité ») ;
- sapeurs-pompiers.

À titre d'exemple, la filière administrative contient les cadres d'emplois d'adjoint administratif, de rédacteur, d'attaché territorial, d'administrateur.

Chaque cadre d'emplois est divisé en **grades** qui distinguent les agents en fonction de leur expérience, de leur ancienneté, de leur qualification ou de leur responsabilité. Parmi ces grades, on distingue le grade de recrutement et les grades d'avancement. Au sein d'un grade, un fonctionnaire bénéficie en fonction de son ancienneté d'avancements d'échelon.

Par exemple, le cadre d'emplois des attachés territoriaux comprend les grades d'attaché, d'attaché principal, d'attaché hors classe.

Le grade d'attaché est un grade de recrutement, accessible par concours, tandis que le grade d'attaché principal est un grade d'avancement, de même que le grade d'attaché hors classe.

L'accès au grade d'attaché principal est possible soit par ancienneté, soit par examen professionnel. Le grade d'attaché hors classe n'est accessible que par ancienneté.

Les cadres d'emplois sont répartis en trois catégories hiérarchiques, qui correspondent :

- pour la catégorie A, à des fonctions de conception et de direction ;
- pour la catégorie B, à des fonctions d'application ;
- pour la catégorie C, à des fonctions d'exécution.

À titre d'exemple, le décret portant statut particulier du cadre d'emplois des attachés territoriaux dispose que « les attachés territoriaux constituent un cadre d'emplois administratif de catégorie A ».

Au cours de sa carrière, un fonctionnaire peut accéder à un cadre d'emplois de catégorie supérieure, soit par concours, soit par promotion interne avec ou sans examen professionnel.

Ainsi, un adjoint administratif (catégorie C) peut accéder au cadre d'emplois des rédacteurs territoriaux (catégorie B) par concours ou par promotion interne sans examen ou après réussite de l'examen professionnel de rédacteur principal de 2e classe par voie de promotion interne.

De même, un membre du cadre d'emplois des rédacteurs territoriaux (catégorie B) accédera au grade d'attaché territorial (catégorie A) par concours ou par promotion interne au choix (sans examen professionnel).

Le **recrutement par concours** est la règle en matière de recrutement dans la fonction publique territoriale, même si cette règle connaît des dérogations.

On distingue :

- les concours **internes**, ouverts à tous les agents publics titulaires ou non titulaires avec pour condition une certaine durée de services publics, généralement 1 an pour l'accès aux cadres d'emplois de catégorie C et 4 ans pour ceux de catégories A et B.

  À noter que tous les cadres d'emplois ne sont pas ouverts au concours interne, notamment ceux qui correspondent à des professions réglementées (comme médecin territorial, sage-femme territoriale ou infirmière territoriale) ;
- les concours **externes**, dont l'accès est conditionné par la détention de titres ou diplômes, ou, depuis la loi du 17 février 2007, à la reconnaissance de l'expérience professionnelle en complément de diplômes de niveau insuffisant ou en lieu et place de diplôme.

  Le niveau de diplôme requis est lié à la catégorie hiérarchique du cadre d'emplois.

  Pour un cadre d'emplois de catégorie A, le concours externe est accessible à partir du niveau minimum de la licence (niveau II). En catégorie B, le recrutement par concours externe s'effectue à partir du niveau baccalauréat (niveau IV). En catégorie C, des diplômes de type brevet, CAP et BTS sont requis (niveau V) ;
- les concours de **troisième voie** (ou troisièmes concours) sont ouverts au titre d'une activité professionnelle dans le secteur privé, pendant 4 ans ; ils sont également accessibles aux personnes qui ont exercé, généralement également pendant 4 ans, des responsabilités associatives, ainsi qu'aux personnes qui ont exercé des

mandats électifs locaux. L'accès à ce type de concours a été considérablement élargi par la loi du 27 janvier 2017 relative à l'égalité et à la citoyenneté qui a supprimé l'exigence d'une correspondance des activités professionnelles avec les missions des cadres d'emplois ou grades auxquels ces concours donnent accès.

À noter que certains cadres d'emplois sont ouverts au recrutement direct sans concours : *c'est par exemple le cas du recrutement au grade d'adjoint administratif, le premier des trois grades du cadre d'emplois des adjoints administratifs territoriaux (premier grade : adjoint administratif, deuxième grade : adjoint administratif principal de 2e classe, troisième grade : adjoint administratif principal de 1re classe).*

Il convient également de rappeler que, dans la fonction publique territoriale, la réussite à un concours n'entraîne pas automatiquement nomination sur un poste. Le législateur a en effet entendu concilier recrutement par concours et libre administration des collectivités territoriales. Alors que l'État, lorsqu'il organise des concours de recrutement, est à la fois organisateur de concours et employeur, dans la fonction publique territoriale les organisateurs de concours sont généralement distincts du futur employeur.

L'organisation des concours d'accès à la fonction publique territoriale repose à la fois sur l'obligation (sauf exceptions) pour l'employeur de recruter des lauréats de concours et sur la liberté de recruter librement un lauréat de concours. Les candidats qui réussissent un concours sont ainsi inscrits par l'autorité organisatrice du concours sur une **liste d'aptitude** (inscription valable deux années, renouvelable deux fois un an à la demande du lauréat, soit quatre ans au total), qui leur donne vocation à être nommés dans la collectivité ou l'établissement public qu'ils auront choisi et/ou qui les aura choisis.

La fonction publique, et notamment la fonction publique territoriale, peut également recruter des **agents non titulaires**, désormais dénommés **agents contractuels**.

Les emplois répondant à un besoin permanent sont, conformément à la loi, occupés par des fonctionnaires. Toutefois, un certain nombre de dérogations sont prévues, fixant les conditions d'emploi d'agents non titulaires ainsi que leur lien et leur place : remplacement, absence de candidature de fonctionnaires, travailleurs handicapés…

Les emplois ne correspondant pas à un besoin permanent – emplois occasionnels, saisonniers, de cabinet – ne peuvent être, quant à eux, occupés que par des agents non titulaires ou, pour le dernier cas, par des fonctionnaires en détachement.

La loi sur la résorption de l'emploi précaire

La loi du 12 mars 2012 relative à l'accès à l'emploi titulaire et à l'amélioration des conditions d'emploi des agents contractuels dans la fonction publique, à la lutte contre les discriminations et portant diverses dispositions relatives à la fonction publique entend résorber l'emploi précaire au moyen de mesures dérogatoires dont la durée d'application est limitée à cinq ans. Elle concerne de l'ordre de 100 000 agents dans la fonction publique de l'État, 125 000 dans la fonction publique territoriale et 50 000 dans la fonction publique hospitalière, sur un total d'environ 5,3 millions d'agents publics.

Cette loi a pour objet : de faciliter la **requalification en contrat à durée indéterminée** des contrats correspondant en réalité à des besoins pérennes ;

– d'ouvrir, pendant quatre ans et sous certaines conditions, un **dispositif particulier d'accès à l'emploi titulaire après sélection professionnelle** ;
– de mieux définir les cas de recours aux agents contractuels ;
– de moderniser leur gestion (évaluation, formation, rémunération à la performance, conditions de fin de contrat, droits sociaux).

La loi du 20 avril 2016 relative à la déontologie et aux droits et obligations des fonctionnaires a prolongé ce dispositif de titularisation après sélection professionnelle pour une durée de deux ans, soit jusqu'au 13 mars 2018.

Cette loi comporte également des dispositions visant à **renforcer la parité dans la fonction publique**.

La principale de ces mesures, qui met en œuvre l'une des préconisations du rapport remis en mars 2011 par la députée Françoise Guégot, va instaurer progressivement d'ici 2018 des quotas de femmes pour les nominations aux 4 000 emplois de direction des trois fonctions publiques (dont 1 500 dans la fonction publique territoriale). Les employeurs qui ne se conformeront pas à l'obligation verseront une contribution financière dont le montant sera fixé par décret.

6 | Quelques notions sur les marchés publics

1. Les grands principes de la commande publique

L'importance dans l'économie des différentes formes de commande publique (120 milliards d'euros par an, soit environ 10 % du PIB) justifie qu'elles s'appuient sur un corps de règles claires, compréhensibles, et reconnues.

Ces principes sont simples et anciens, il s'agit notamment :
- de la liberté d'accès aux marchés publics,
- de l'égalité de traitement des candidats,
- du contrôle de l'usage des deniers publics, dont découlent les procédures mises en œuvre : publicité des offres, mise en concurrence des fournisseurs, transparence des choix effectués, contrôles externes.

2. Les seuils[1]

La passation d'un marché public est soumise à des règles de procédure et de publicité. L'acheteur doit se conformer à une procédure, déterminée en fonction de la valeur de l'achat et de son objet (fournitures, services, travaux). De plus, les règles de publicité varient en fonction de l'acheteur, de l'objet et de la valeur de l'achat.

Par marchés de fournitures, on entend : achat ou location de matériels, de mobilier ou de produits ; les marchés de services comprennent les services matériels (par exemple l'entretien des locaux) et les services immatériels (conseil, par exemple) ; les marchés de travaux comprennent la réalisation d'ouvrages, de travaux du bâtiment et de génie civil.

Si la valeur estimée du marché est inférieure au seuil de procédure formalisée, l'acheteur peut recourir à une procédure adaptée dont il détermine librement les modalités : marché à procédure adaptée ou Mapa. Au-delà, il doit respecter une procédure formalisée.

Pour les marchés d'une valeur inférieure à 25 000 € HT, l'acheteur a pour seules obligations de choisir une offre pertinente, de faire une bonne utilisation des deniers publics et de ne pas contracter systématiquement avec un même fournisseur lorsqu'il y a plusieurs offres susceptibles de répondre à son besoin.

1. Source : service-public.fr, mars 2017.

Seuils de procédure formalisée applicables du 1er janvier 2016 au 31 décembre 2017 (montants hors taxes)

Objet du marché	Seuils de procédure formalisée
Fournitures et services	• à partir de 135 000 € pour l'État et ses établissements publics • à partir de 209 000 € pour les collectivités territoriales et les établissements publics de santé • à partir de 418 000 € pour une entité adjudicatrice acheteuse qui exerce une activité d'opérateur de réseaux (production, transport ou distribution d'électricité, gaz, eau, etc.)
Travaux	à partir de 5 225 000 €

3. Les différents types de procédure[1]

Marché sans publicité ni mise en concurrence

En dessous du seuil de 25 000 € HT (appelé « seuil de dispense de procédure »), le marché peut être passé sans publicité ni mise en concurrence préalable.

Il n'y a pas d'obligation en matière de :
- publicité du marché ;
- mise en concurrence préalable ;
- notification du marché (sous forme écrite) avant le début d'exécution.

L'acheteur public et son fournisseur déterminent librement le contenu du contrat public.

Marché à procédure adaptée (MAPA)

Les modalités de mise en concurrence et de publicité sont fixées par l'acheteur public en fonction des besoins à satisfaire, du nombre ou de la localisation des entreprises susceptibles d'y répondre ainsi que des circonstances de l'achat.

La personne publique doit respecter la liberté d'accès à la commande publique, l'égalité de traitement des candidats et la transparence des procédures.

Les MAPA peuvent être négociés si cette possibilité est prévue au départ dans les documents de la consultation.

L'acheteur peut également décider d'appliquer, en dessous des seuils qui les rendent obligatoires, les modalités de procédures prévues pour des marchés formalisés : dans ce cas, il doit mettre en œuvre toutes les règles les concernant.

Appel d'offres

L'acheteur public désigne sans négociation le titulaire du marché sur la base de critères rendus publics au préalable.

La procédure d'appel d'offres peut être utilisée pour tout marché, mais elle est obligatoire à partir d'un certain montant.

Elle est, au choix de l'acheteur :
- ouverte : tout entrepreneur peut remettre une offre ;
- ou restreinte : seuls les candidats sélectionnés peuvent déposer une offre.

1. Source : service-public.fr

Dialogue compétitif

En cas de marché complexe, et lorsque la personne publique ne peut pas définir au préalable les moyens pour répondre aux besoins techniques ou établir un montage juridique ou financier, elle peut y recourir.

Chaque candidat propose une solution à partir d'un programme fonctionnel pour répondre aux objectifs de l'acheteur public.

Le dialogue compétitif, comme les procédures d'appel d'offres, est soumis à des règles de publicité préalable et de mise en concurrence.

Système d'acquisition dynamique

Il s'agit d'une procédure d'acquisition électronique utilisée uniquement pour l'achat de fournitures et de services courants.

Sa durée est de 4 ans maximum.

Le système est ouvert pendant toute sa durée à toute entreprise qui répond aux critères définis dans une offre précise (avis de marché simplifié) publiée.

Conception réalisation

Dans le cadre d'un marché de conception-réalisation, l'acheteur s'adresse à un groupement d'entrepreneurs pour concevoir un ouvrage (à la fois études et réalisation).

Cette procédure n'est possible que si un motif d'ordre technique (dimensions exceptionnelles, par exemple) ou si un engagement contractuel sur un niveau d'amélioration de l'efficacité énergétique rend nécessaire l'association de l'entrepreneur aux études de l'ouvrage.

Concours

Le concours, ouvert ou restreint, est la procédure par laquelle l'acheteur public choisit, après mise en concurrence et avis d'un jury, un plan ou un projet, notamment dans le domaine de l'aménagement du territoire, de l'urbanisme, de l'architecture et de l'ingénierie ou des traitements de données, avant d'attribuer le marché au lauréat.

Les participants au concours sont indemnisés selon des modalités prévues par le règlement du concours.

Procédure négociée

L'acheteur public peut, dans certaines hypothèses, négocier les conditions du marché avec un ou plusieurs opérateurs économiques et choisir ensuite le titulaire du marché.

Cette procédure est utilisée dans des cas limités. Le marché négocié est passé soit après publicité et mise en concurrence, soit sans publicité ni mise en concurrence, en fonction des cas.

7 | Notions sur la démocratie consultative et participative

L'article 10 de la **loi du 6 février 1992 sur l'administration territoriale de la République** dispose que « le droit des habitants de la commune à être informés des affaires de celle-ci et à être consultés sur les décisions qui les concernent, indissociable de la libre administration des collectivités territoriales, est un principe essentiel de la démocratie locale [...] ».

La participation s'exerce au moyen des **commissions consultatives des services publics locaux** (qui doivent comprendre des représentants des usagers) et des **comités consultatifs**, comprenant des représentants des associations, qui peuvent être créés par le conseil municipal pour tout problème d'intérêt communal concernant tout ou partie du territoire de la commune.

La loi du 27 février 2002 sur la « démocratie de proximité », mise en œuvre à la suite du rapport Mauroy, vise à créer de nouvelles conditions d'exercice de la démocratie locale. Elle comporte plus de 300 mesures portant sur la participation des habitants, le statut de l'élu, le patrimoine, le régime PLM (Paris, Lyon, Marseille), les compétences des régions, les SDIS (services départementaux d'incendie et de secours), les enquêtes publiques, le recensement, le conservatoire du littoral.

Le chapitre consacré à la **participation des habitants à la vie locale** rend obligatoire la création de **conseils de quartier** et d'**adjoints de quartier** (dans la limite de 10 % du nombre de conseillers municipaux) dans les villes de plus de 80 000 habitants (49 villes). La création est facultative dans les villes de 20 000 à 79 999 habitants (351 villes). Leur composition et leur mode de fonctionnement sont fixés par le conseil municipal sur proposition du maire : les conseils de quartier peuvent être consultés par le maire et associés aux actions intéressant le quartier, en particulier celles menées au titre de la politique de la ville. Des **mairies annexes** doivent obligatoirement être créées dans les quartiers des villes de plus de 100 000 habitants (37 villes). Les **commissions consultatives des services publics locaux** deviennent obligatoires dans les régions, les départements, les villes de plus de 10 000 habitants ainsi que les établissements publics de coopération intercommunale.

La loi du 21 février 2014 de programmation pour les villes et la cohésion urbaine a institué un conseil citoyen dans les quartiers prioritaires de la politique de la ville, composé d'habitants tirés au sort (avec parité hommes-femmes) et de représentants des associations et acteurs locaux. Ces conseils sont associés à l'élaboration, la mise en œuvre et l'évaluation des contrats de ville.

1. Le référendum décisionnel local

La loi ATR de 1992 avait instauré ce qu'on appelait parfois le « **référendum communal** » : il s'agissait en fait d'une consultation directe des électeurs sur les décisions entrant dans la compétence communale ; la décision d'organiser cette consultation, à la demande du maire ou d'un tiers des conseillers municipaux (la moitié dans les communes de moins de 3 500 habitants), est prise par délibération du conseil municipal, les résultats du référendum ne liant alors pas l'autorité communale.

Le **référendum décisionnel local** a été créé par la **loi constitutionnelle du 28 mars 2003**. Ses modalités ont été précisées par une **loi organique du 1er août 2003**. Jusque-là, seules les communes pouvaient organiser un « référendum local », c'est-à-dire un vote sur un sujet d'intérêt communal. Mais celui-ci n'était que consultatif, le conseil municipal n'étant pas tenu par le résultat du vote. Aujourd'hui, toutes les collectivités territoriales, y compris celles à statut particulier et d'outre-mer, peuvent organiser des référendums locaux et ils ont valeur de décision.

L'assemblée délibérante d'une collectivité territoriale peut soumettre à référendum local tout projet de délibération tendant à régler une affaire de la compétence de cette collectivité. Par ailleurs l'exécutif peut seul soumettre à référendum local tout projet d'acte relevant des attributions qu'il exerce au nom de la collectivité, à l'exception des projets d'acte individuel.

L'assemblée délibérante de la collectivité territoriale concernée par le référendum fixe le jour du scrutin. Celui-ci ne peut avoir lieu moins de deux mois après la transmission du texte, sur lequel portera le vote, au représentant de l'État (préfet). Par ailleurs, un référendum local ne peut avoir lieu pendant les campagnes ou le jour des élections locales, législatives, sénatoriales, européennes, présidentielles, ou d'un référendum décidé par le président de la République. Un dossier d'information sur le sujet du référendum est mis à la disposition du public.

Seuls les électeurs de la collectivité concernée peuvent participer au vote et non ses habitants. Les ressortissants des États membres de l'Union peuvent seulement participer aux référendums organisés par les communes. Le projet de texte soumis au référendum est adopté si au moins la moitié des électeurs inscrits ont participé au vote et s'il réunit la majorité des voix.

2. La consultation des électeurs (droit de pétition)

Outre le référendum local, la **loi organique du 1er août 2003** relative à l'expérimentation par les collectivités territoriales (article 122) prévoit un nouveau mode de participation des électeurs aux décisions locales, la **consultation des électeurs** (« les électeurs d'une collectivité territoriale peuvent être consultés sur les décisions que les autorités envisagent de prendre pour régler les affaires relevant de la compétence de celle-ci. La consultation peut être limitée aux électeurs d'une partie du ressort de la collectivité, pour les affaires intéressant spécialement cette partie de la collectivité »).

La décision de consulter appartient à l'assemblée délibérante, mais 1/5e des électeurs d'une commune inscrits sur les listes électorales (1/10e des électeurs dans les autres collectivités territoriales) peut demander à ce que soit inscrite à l'ordre du jour de l'assemblée délibérante de la collectivité l'organisation d'une consultation sur toute affaire relevant de sa décision. Pas de confusion, il ne s'agit là en aucune manière d'un référendum décisionnel : la loi précise à cet égard que « la délibération (par laquelle l'assemblée délibérante de la collectivité territoriale arrête le principe et les modalités d'organisation de la consultation) indique expressément que cette consultation n'est qu'une demande d'avis ».

Le droit en vigueur fixe le nombre minimum d'électeurs à un cinquième pour les communes et à un dixième pour les autres collectivités.

8 | La conduite de projet

On appelle **projet** un ensemble finalisé d'activités et d'actions entreprises dans le but de répondre à un besoin défini dans des délais fixés et dans la limite de l'enveloppe budgétaire allouée.

Contrairement aux opérations, qui sont des processus répétitifs, l'essence d'un projet est qu'il soit innovant et unique.

Un projet est une action temporaire avec un début et une fin, qui mobilise des ressources identifiées (humaines, matérielles, équipements, matières premières, informationnelles et financières) durant sa réalisation, qui possède un coût et fait donc l'objet d'une budgétisation de moyens et d'un bilan indépendant de celui de l'entreprise ou de l'administration.

Les résultats attendus du projet sont appelés « livrables ».

Le projet comporte toujours une notion de nouveauté et de changement.

Le projet cherche ainsi à atteindre un objectif « extraordinaire » (au sens littéral du mot) qui combine quatre aspects :

- fonctionnel : réponse à un besoin ;
- technique : respect des spécifications ;
- délais : respect des échéances ;
- coûts : respect du budget.

La **gestion de projet** ou **conduite de projet** est une démarche visant à structurer, assurer et optimiser le bon déroulement d'un projet dont la complexité requiert :

- une planification dans le temps ;
- une budgétisation (étude préalable des coûts et avantages ou revenus attendus en contrepartie, des sources de financement, étude des risques opérationnels et financiers et des impacts divers…) ;
- une maîtrise et un pilotage des risques ;
- l'atteinte d'un niveau de qualité souhaité ;
- l'intervention de nombreuses parties prenantes : c'est l'objet des organisations qui identifient maîtrise d'œuvre et maîtrise d'ouvrage ;
- la responsabilisation d'un chef de projet ou d'un directeur de projet, la mise en place d'un comité de pilotage ;
- le suivi des enjeux opérationnels et financiers importants.

L'objectif doit être précisé de façon claire, chiffrée et datée. Le résultat doit être conforme à des normes de qualité et de performances prédéfinies, pour le moindre coût et dans le meilleur délai possible.

Lorsque la gestion de projet porte sur un ensemble de projets concourant à un même objectif, on parle de **gestion de programme**.

En d'autres termes, cette démarche est délimitée par trois bornes :

- la contrainte coût ;
- la contrainte délai ;
- la contrainte qualité.

Ces contraintes requièrent des acteurs du projet :
– la définition de moyens ;
– la définition d'un planning ;
– la définition de réalisations.

Les principales étapes de la démarche projet peuvent être ainsi synthétisées comme ce qui suit.

1. Concevoir

Identifier les objectifs en fonction du besoin
Identifier la raison d'être du projet, c'est-à-dire le besoin à satisfaire ou le problème à résoudre.

Préciser le thème
Procéder à la définition du thème du projet.

Valider le besoin par l'analyse de l'existant
Vérifier l'existence et la réalité du besoin en analysant le contexte de réalisation du projet.

Repérer les contraintes
– Déterminer les contraintes organisationnelles, temporelles, matérielles, financières, juridiques, etc.
– Identifier les facteurs possibles de résistance.

Programmer les actions
Lister les actions à mettre en œuvre, évaluer la durée de chacune d'elles, choisir les acteurs du projet.

Identifier les solutions
Rechercher les solutions possibles.

Choisir une solution
Opérer le choix le plus approprié en fonction de la définition des objectifs et des contraintes repérées.

2. Réaliser

Mettre en œuvre la solution
– Constituer des groupes de travail et informer les différents acteurs du projet.
– Répartir les actions à mener.
– Consigner l'ensemble des actions dans un planning orienté vers les objectifs à atteindre.
– Mettre en œuvre le projet par la réalisation des différentes actions.

■ **Ajuster les actions**
– Coordonner les tâches grâce à des reportings réguliers et des réunions intermédiaires menées par le comité de pilotage du projet.
– Gérer les écarts : comparer le prévisionnel avec le réalisé en termes de coût et de qualité.

3. Évaluer

■ **Mesurer les résultats**
Réaliser un bilan sur la conformité des résultats aux objectifs, sur le fonctionnement des groupes de travail et leur efficacité ; vérifier le respect des contraintes.

■ **Capitaliser l'expérience**
– Acquérir des connaissances, organiser le retour et la capitalisation des expériences, capitaliser le savoir-faire organisationnel.
– Archiver sur un espace collaboratif dédié aux projets et consultable par les initiateurs du projet ou des projets à venir.

Ce phasage est théoriquement rigoureux, le passage d'un point à un autre étant conditionné par le traitement complet du précédent. La méthode projet est à la fois un outil rigoureux de pilotage et un moyen de savoir si on peut aboutir compte tenu des contraintes résultant de l'environnement du projet.

Toutefois, il est parfois possible de n'utiliser qu'une partie de cette méthode. En toute hypothèse, la connaissance de ces différentes phases permet de structurer de façon claire des solutions opérationnelles.

Il est également essentiel de bien définir les acteurs du projet :
– comité de pilotage ;
– chef ou directeur de projet ;
– équipes techniques ou spécialisées ;
– apports extérieurs.

9 | Quelques éléments de management

1. Qu'est-ce que le management ?

Le « management » désigne le fait de piloter une organisation. Plus précisément, on définit aujourd'hui couramment le management comme **la capacité de diriger un service ou une organisation en motivant les personnes**.

Henri Fayol (1841-1925), ingénieur et chef d'entreprise, auteur d'*Administration industrielle* et générale (1916), définit ainsi le management : « Prévoir, organiser, commander, coordonner, contrôler ».

Si la notion de « commandement » traduit une conception aujourd'hui dépassée du management, cette définition n'en demeure pas moins pertinente. On peut toutefois lui préférer d'autres définitions du management :

- Prospective et fixation des objectifs,
- répartition des tâches et allocations des ressources,
- vérification du travail effectué.

ou encore :

- Définition des buts à atteindre,
- mise au point des stratégies à suivre,
- élaboration et suivi des plans d'action.

2. Qu'est-ce qu'encadrer ?

L'**encadrement** est une expression du pouvoir hiérarchique. Il consiste à :

- clarifier les responsabilités (et les élargir pour faire évoluer les collaborateurs) ;
- fixer des objectifs motivants permettant de renforcer les compétences professionnelles ou relationnelles ;
- clarifier l'autonomie et les délégations accordées à chacun.

Encadrer, c'est travailler à faire travailler les autres, « cadrer » leur travail de manière à ce qu'ils réalisent les objectifs fixés en respectant certaines règles.

Encadrer une équipe, c'est la diriger, c'est-à-dire lui donner une direction en définissant des objectifs et en vérifiant s'ils sont ou non atteints.

On dit aussi : **encadrer, c'est donner le sens** (la direction et la signification).

Encadrer (par exemple dans l'expression : « encadrer un texte »), c'est aussi « mettre en valeur ».

3. Qu'est-ce que la régulation ?

Quotidiennement, un chef de service pratique la régulation de son équipe :
– la **régulation professionnelle** consiste à rappeler les objectifs, c'est-à-dire les actions concrètes à réaliser dans un délai convenu et défini ;
– la **régulation hiérarchique** est nécessaire pour recadrer un collaborateur s'affranchissant des repères fondant la relation contractuelle de subordination : le respect des disciplines de travail, des horaires, des temps de pause, des délais, la disponibilité, la réalisation du travail demandé et des objectifs et la présence au poste de travail ;
– la **régulation personnelle** est la plus difficile à réaliser et prend la forme d'un entretien en face à face dont l'objectif est de réaffirmer son autorité hiérarchique, le respect des disciplines de travail et des collègues.

4. Quelques conseils en matière d'encadrement

- Définir des objectifs clairs, concrets et mesurables renforçant les compétences et acceptés par chacun de vos collaborateurs.
- Définir un cadre de travail clair comportant au moins :
  – la définition des responsabilités et des objectifs ;
  – la définition des règles du jeu dans l'équipe : partage de l'information, entraide, allocation des moyens, respect du temps, modalités d'évaluation, rémunération et primes, exercice du pouvoir disciplinaire.
- Donner des signes de reconnaissance clairs.
- Pratiquer la reprise d'autorité dès que la règle n'est pas respectée en trois temps :
  – rappel de la règle ;
  – constat et validation des faits ;
  – demande d'action.

5. Les modes d'encadrement et de régulation

Deux modes d'encadrement se distinguent :
– « Je vous demande » (mode imposition) ;
– « Je vous écoute » (mode coach).

De même, il existe deux modes de régulation :
– « Je vous propose » (mode négociation) ;
– « Je vous invite » (mode animation).

6. Les différents types de management

A. Le management participatif

Fondement : ouverture, négociation.
Fonction : mobiliser, impliquer.
Objectif : que les collaborateurs soient des parties prenantes.
Point positif : génère de l'engagement.
Écueil : la démagogie.

B. Le management délégatif

Fondement : initiative, autonomie, confiance.
Fonction : responsabiliser.
Objectif : que les collaborateurs se responsabilisent.
Point positif : génère du développement.
Écueil : retrait ; laisser-faire.

C. Le management directif

Fondement : organisation, consignes.
Fonction : structurer.
Objectif : que les collaborations soient efficaces.
Point positif : génère de la sécurité.
Écueil : autoritarisme.

D. Le management persuasif

Fondement : explication, persuasion, conviction.
Fonction : accompagner, associer.
Objectif : que les collaborateurs adhèrent.
Point positif : génère de la confiance.
Écueil : paternalisme, autoritarisme.

7. La notation et l'évaluation des fonctionnaires

Traditionnellement, la valeur professionnelle des fonctionnaires se traduit par l'attribution d'une note.

L'article 17 de la loi du 13 juillet 1983 portant droits et obligations des fonctionnaires dispose en effet que : « **Les notes et appréciations générales attribuées aux fonctionnaires et exprimant leur valeur professionnelle** leur sont communiquées. »

Un décret du 29 avril 2002 a réformé la notation dans la fonction publique de l'État en instituant un **entretien d'évaluation** conduit par le supérieur hiérarchique direct. L'entretien ne porte alors pas sur les qualités personnelles de l'agent, qui restent mesurées par la note, mais sur la réalisation des objectifs alloués l'année précédente, les besoins de formation, les perspectives d'évolution professionnelle.

La **loi n° 2007-148 du 2 février 2007 de modernisation de la fonction publique** lance une expérimentation dans la fonction publique d'État tendant à instituer une seule procédure d'évaluation, l'entretien professionnel, mené par le supérieur hiérarchique direct, avec disparition de la notation. Dans cette fonction publique, l'entretien professionnel est généralisé en 2012 (décret n° 2010-888 du 28 juillet 2010).

La **loi du 3 août 2009 relative à la mobilité et aux parcours professionnels** étend l'expérimentation de l'entretien professionnel aux fonctions publiques hospitalière et territoriale. L'évaluation dans la fonction publique territoriale est organisée par le **décret n° 2010-716 du 29 juin 2010**.

> Article 1 – Les dispositions du présent décret sont rendues applicables, à titre expérimental, aux fonctionnaires territoriaux [...] par une délibération de l'organe délibérant compétent de la collectivité territoriale ou de l'établissement public local dont ils relèvent.
>
> Article 2 – Le fonctionnaire bénéficie chaque année d'un entretien professionnel qui donne lieu à un compte rendu.
>
> Article 3 – L'entretien professionnel est conduit par le supérieur hiérarchique direct du fonctionnaire. Il porte principalement sur :
>
> 1° Les résultats professionnels obtenus par le fonctionnaire eu égard aux objectifs qui lui ont été assignés et aux conditions d'organisation et de fonctionnement du service dont il relève ;
>
> 2° La détermination des objectifs assignés au fonctionnaire pour l'année à venir et les perspectives d'amélioration de ses résultats professionnels, compte tenu, le cas échéant, des évolutions prévisibles en matière d'organisation et de fonctionnement du service ;
>
> 3° La manière de servir du fonctionnaire ;
>
> 4° Les acquis de son expérience professionnelle ;
>
> 5° Le cas échéant, ses capacités d'encadrement ;
>
> 6° Les besoins de formation du fonctionnaire eu égard, notamment, aux missions qui lui sont imparties, aux compétences qu'il doit acquérir et aux formations dont il a bénéficié ;
>
> 7° Les perspectives d'évolution professionnelle du fonctionnaire en termes de carrière et de mobilité.
>
> Article 4 – Les critères à partir desquels la valeur professionnelle du fonctionnaire est appréciée, au terme de cet entretien, sont fonction de la nature des tâches qui lui sont confiées et du niveau de responsabilité assumé. Ces critères, fixés après avis du comité technique paritaire, portent notamment sur :
>
> 1° L'efficacité dans l'emploi et la réalisation des objectifs ;
>
> 2° Les compétences professionnelles et techniques ;
>
> 3° Les qualités relationnelles ;

4° La capacité d'encadrement ou, le cas échéant, à exercer des fonctions d'un niveau supérieur.

Article 5 – Le compte rendu de l'entretien, établi et signé par le supérieur hiérarchique direct, comporte une appréciation générale littérale traduisant la valeur professionnelle du fonctionnaire au regard des critères fixés à l'article 4.

Article 6 – Les modalités d'organisation de l'entretien professionnel sont les suivantes :

1° Le fonctionnaire est convoqué huit jours au moins avant la date de l'entretien par le supérieur hiérarchique direct.

2° La convocation est accompagnée de la fiche de poste de l'intéressé et d'un exemplaire de la fiche d'entretien professionnel servant de base au compte rendu.

3° Le compte rendu porte sur les thèmes prévus à l'article 3 ainsi que sur l'ensemble des autres thèmes qui, le cas échéant, ont pu être éventuellement abordés au cours de l'entretien.

4° Le compte rendu est visé par l'autorité territoriale qui le complète, le cas échéant, de ses observations.

5° Dans un délai maximum de dix jours, le compte rendu est notifié au fonctionnaire qui, le cas échéant, le complète par ses observations sur la conduite de l'entretien ou les différents sujets sur lesquels il a porté, le signe pour attester qu'il en a pris connaissance et le renvoie à son supérieur hiérarchique direct dans un délai maximum de dix jours.

6° Le compte rendu est versé au dossier du fonctionnaire par l'autorité territoriale.

7° Lorsque la collectivité territoriale ou l'établissement public local est affilié à un centre de gestion, une copie en est communiquée à celui-ci, dans les délais compatibles avec l'organisation des commissions administratives paritaires.

Article 7 – L'autorité territoriale peut être saisie par le fonctionnaire d'une demande de révision du compte rendu de l'entretien professionnel.

Cette demande de révision est exercée dans un délai de quinze jours francs suivant la notification au fonctionnaire du compte rendu de l'entretien. L'autorité territoriale notifie sa réponse dans un délai de quinze jours après la demande de révision de l'entretien professionnel.

Les commissions administratives paritaires peuvent, à la demande de l'intéressé et sous réserve qu'il ait au préalable exercé la demande de révision mentionnée à l'alinéa précédent, proposer à l'autorité territoriale la modification du compte rendu de l'entretien professionnel. Dans ce cas, communication doit être faite aux commissions de tous éléments utiles d'information. Les commissions administratives paritaires doivent être saisies dans un délai de quinze jours francs suivant la notification de la réponse formulée par l'autorité territoriale dans le cadre de la demande de révision.

L'autorité territoriale communique au fonctionnaire, qui en accuse réception, le compte rendu définitif de l'entretien professionnel.

Article 8 – Pour l'établissement du tableau d'avancement, il est procédé à un examen de la valeur professionnelle du fonctionnaire, compte tenu notamment :

1° Des comptes rendus d'entretiens professionnels ;

2° Des propositions motivées formulées par le chef de service ;

3° Et, pour la période antérieure à la mise en place de l'entretien professionnel, des notations.

Les candidats dont le mérite est jugé égal sont départagés par l'ancienneté dans le grade.

Article 9 – Le bilan annuel de cette expérimentation est communiqué, par chaque collectivité concernée, au comité technique paritaire concerné.

Le décret n° 2014-1526 du 16 décembre 2014 relatif à l'appréciation de la valeur professionnelle des fonctionnaires territoriaux rend obligatoire, à compter du 1er janvier 2015, pour l'appréciation de la valeur professionnelle des fonctionnaires territoriaux, l'entretien professionnel, en lieu et place de la notation.

L'entretien d'évaluation peut notamment permettre de déterminer le niveau du **régime indemnitaire** alloué à chaque agent et de faire ainsi varier une part de la rémunération de l'agent évalué en fonction des résultats de l'agent évalué.

Dans la fonction publique territoriale, l'assemblée délibérante de la collectivité fixe en effet le régime indemnitaire dont bénéficient les agents, dans la limite des primes dont bénéficient les agents de l'État qui exercent des fonctions équivalentes.

Article 20 de la loi du 13 juillet 1983 modifiée portant droits et obligations des fonctionnaires : « Les fonctionnaires ont droit, après service fait, à une rémunération comprenant le traitement, l'indemnité de résidence, le supplément familial de traitement ainsi que les indemnités instituées par un texte législatif ou réglementaire. **Les indemnités peuvent tenir compte des fonctions et des résultats professionnels des agents ainsi que de la performance collective des services.** S'y ajoutent les prestations familiales obligatoires.

Le montant du traitement est fixé en fonction du grade de l'agent et de l'échelon auquel il est parvenu, ou de l'emploi auquel il a été nommé. (…) »

Dans la fonction publique de l'État, existe depuis le décret du 22 décembre 2008 une **prime de fonctions et de résultats (PFR)** dont la **loi n° 2010-751 du 5 juillet 2010 relative à la rénovation du dialogue social et comportant diverses dispositions relatives à la fonction publique** a permis l'extension à la fonction publique territoriale.

8. Les sanctions disciplinaires dans la fonction publique territoriale

Les sanctions sont réparties entre quatre groupes :

Premier groupe :

– l'avertissement (non inscrite au dossier du fonctionnaire) ;

– le blâme (inscrit au dossier et effacé au bout de 3 ans sauf nouvelle sanction) ;

– l'exclusion de 3 jours maximum.

Deuxième groupe :
– l'abaissement d'échelon;
– l'exclusion temporaire de 4 à 15 jours, sans traitement.
Troisième groupe :
– la rétrogradation;
– l'exclusion temporaire de fonctions pour une durée de 16 jours à 2 ans, sans traitement.

Quatrième groupe :
– la mise à la retraite d'office;
– la révocation.

En cas de procédure disciplinaire, l'agent concerné doit être averti qu'il a droit à communication de son dossier et un délai raisonnable doit lui être laissé pour préparer sa défense.

S'il encourt une sanction autre que celle du premier groupe, la commission administrative paritaire de sa catégorie se réunit en conseil de discipline, présidée par un juge administratif. La procédure est contradictoire et le fonctionnaire peut être accompagné d'un défenseur. Le rapport d'enquête établi par l'administration relatant les faits est présenté et discuté. L'avis du conseil de discipline ne lie pas l'administration.

La sanction doit être motivée et est susceptible d'un recours juridictionnel devant le tribunal administratif et d'un recours devant le conseil de discipline de recours. La saisine du conseil de discipline de recours est toujours possible si la sanction est du quatrième groupe. Pour les sanctions des deuxième et troisième groupes, il faut que l'autorité ait prononcé une sanction plus sévère que celle proposée par le conseil de discipline.

Contrairement à l'avis donné par le conseil de discipline de premier degré, l'autorité est pour partie liée par l'avis du conseil de discipline de recours : elle ne peut prendre de sanction plus sévère que celle proposée par celui-ci.

9. Les risques psychosociaux

Environ 20 % des salariés européens estiment que leur santé est affectée par des problèmes de stress au travail. En France, un salarié sur 6 estime être l'objet de comportements hostiles dans le cadre de son travail.

Les risques psychosociaux comprennent :
– le stress au travail;
– les violences internes (commises au sein de l'entreprise par des salariés : conflit, brimades, harcèlement moral...);
– les violences externes (commises sur des salariés par des personnes externes à l'entreprise);
– l'épuisement professionnel (ou *burn out*);
– les formes de mal-être, de souffrance, de malaise ressenties par les salariés.

Pour l'Agence européenne pour la sécurité et la santé au travail de Bilbao, le stress « survient lorsqu'il y a un déséquilibre entre la perception qu'une personne a des contraintes imposées par son environnement et la perception qu'elle a de ses propres ressources pour y faire face ».

L'expression « risques psychosociaux » renvoie à des contextes de travail et de risques qui vont au-delà du seul stress : surcharge de travail, contraintes excessives de temps mais aussi perte de repères, manque de sens au travail, conflit de valeurs.

La santé psychique des salariés dépend largement de la relation aux autres : la reconnaissance, la possibilité d'échanges et de coopération dans le travail, le soutien des collègues et de la hiérarchie joue un rôle déterminant dans la prévention de ces risques.

L'encadrement joue un rôle déterminant dans la prévention de ces risques : mieux organiser le travail, atténuer la charge de travail, clarifier la répartition des tâches, donner du sens aux activités, pratiquer un management respectueux des personnes…, autant de pistes à explorer.

L'Agence nationale d'amélioration des conditions de travail (ANACT) met son expertise au service tant de diagnostics que de préconisations.

10| Les principales compétences et attributions des collectivités territoriales

La commune, le département et la région, collectivités territoriales décentralisées possèdent une compétence générale dans le cadre de leur territoire.

À l'origine, le Code général des collectivités territoriales posait en des termes identiques les compétences des trois types de collectivités territoriales :

– « le conseil municipal règle par ses délibérations les affaires de la commune » (article L. 2121-29 du CGCT) ;

– « le conseil départemental règle par ses délibérations les affaires du département » (article L. 3211-1 du CGCT) ;

– « le conseil régional règle par ses délibérations les affaires de la région » (article L. 4221-1 du CGCT).

Les différentes collectivités territoriales n'en ont pas moins des compétences assez différentes d'abord liées à leur territoire :

– la commune exerce principalement des compétences de proximité, fondées sur les services publics communaux ;

– le département est surtout compétent en matière sanitaire et sociale ;

– la région, pour sa part, est surtout tournée vers l'économique.

Ces compétences ont été clarifiées et renforcées par la loi du 13 août 2004 relative aux libertés et responsabilités locales.

La loi du 16 décembre 2010 entendait mettre fin à cette clause générale de compétence, accusée d'être une source de gaspillage des deniers publics en raison des « doublons » entre les compétences des différentes collectivités, en posant que, à partir du 1er janvier 2015, le département et la région règlent chacun les affaires relevant des domaines de compétence que la loi leur attribue. La loi du 27 janvier 2014 a rétabli cette clause générale de compétence que la loi NOTRe du 7 août 2015 a finalement abolie pour le département et la région.

L'article L. 121-29 du CGCT dispose toujours que « le conseil municipal règle par ses délibérations les affaires de la commune », mais les articles L. 3211-1 et L. 4221-1 fixent désormais respectivement que les conseils du département et de la région règlent par leurs délibérations les affaires de la collectivité « dans les domaines de compétence que la loi (leur) attribue ».

1. Les compétences de la commune

On ne reviendra pas ici sur les fonctions que la commune exerce au titre de la déconcentration des pouvoirs de l'État confiés au maire (état civil, fonctions électorales, pouvoirs de police…), mais sur ses compétences décentralisées, donc certaines, comme les compétences en matière d'enseignement, sont bien antérieures au processus de décentralisation.

La loi du 13 août 2004 relative aux libertés et responsabilités locales a accru ces compétences.

A. Urbanisme et aménagement

La décentralisation a considérablement accru les pouvoirs de la commune en matière d'urbanisme puisque le maire délivre les permis de construire au nom de la commune et non plus au nom de l'État dès lors que la commune est dotée d'un plan local d'urbanisme (PLU), héritier des anciens plans d'occupation des sols (POS).

Les communes jouent un rôle déterminant en matière d'urbanisme, puisque c'est à elles qu'il appartient d'élaborer et d'approuver les plans locaux d'urbanisme.

Elles participent aussi, par l'intermédiaire des établissements publics de coopération intercommunale (EPCI) qu'elles constituent, à l'élaboration des schémas de cohérence territoriale (SCOT), successeurs des schémas directeurs, qui fixent pour plusieurs communes ou groupements de communes, les grandes orientations de l'organisation du territoire et de l'évolution des zones urbaines, afin de préserver un équilibre entre zones urbaines, industrielles, touristiques, agricoles et naturelles.

La loi du 24 mars 2014 pour l'accès au logement et un urbanisme rénové (dite loi ALUR) a instauré le transfert automatique de la compétence PLU aux intercommunalités. Toutefois, la loi du 7 août 2015 portant nouvelle organisation territoriale de la République (dite loi NOTRe) a maintenu le mécanisme de la minorité de blocage qui permet aux maires de reporter le transfert de cette compétence et de continuer à l'exercer.

B. Logement

Au sein des EPCI, les communes participent à la définition des programmes locaux de l'habitat (PLH), établis pour 6 ans, qui fixent les objectifs et les actions permettant de répondre aux besoins de logements et de renouvellement urbain, tout en poursuivant un objectif de mixité sociale.

Depuis la loi dite SRU (loi de solidarité et de renouvellement urbain) du 21 novembre 2000, les communes ont l'obligation que 20 % des logements sur leur territoire soient des logements sociaux.

Les communes jouent un rôle important dans l'attribution des logements sociaux : toutes les attributions de logements sociaux sont décidées par une commission d'attribution composée de six membres désignés par le conseil d'administration de l'organisme auprès duquel une demande de logement a été formulée. Le maire de la commune où sont situés les logements, ou son représentant, est également membre de droit de cette commission, avec voix délibérative.

La loi ALUR, du 24 mars 2014, prévoit notamment la construction de 500 000 logements par an, dont 150 000 logements sociaux, l'encadrement des loyers et l'instauration d'une garantie universelle des loyers, la généralisation des plans locaux d'urbanisme intercommunaux (PLUi), au moyen d'un transfert automatique de la compétence PLU aux intercommunalités dans un délai de trois ans après la promulgation de la loi, et la création du projet d'intérêt majeur (PIM) pour accélérer la construction de logements.

C. Action économique

Les communes et leurs groupements pouvaient, depuis la loi du 27 février 2002 sur la démocratie de proximité, contribuer au financement d'aides directes aux entreprises dans le cadre d'une convention avec la région et accorder des aides indirectes. La loi du 13 août 2004 avait accru leurs compétences : elles peuvent désormais instaurer leur propre régime d'aide.

Avec la loi NOTRe, c'est la région qui acquiert une compétence exclusive pour définir les régimes d'aide et décider de l'octroi des aides aux entreprises de son ressort géographique.

D. Action sociale et santé

La politique sociale légale ou facultative des communes est conduite au moyen des Centres communaux d'action sociale (CCAS) ou des Centres intercommunaux d'action sociale (CIAS).

Le CCAS anime une action générale de prévention et de développement social dans la commune en liaison avec les institutions publiques et privées. Il est de ce fait l'institution locale de l'action sociale par excellence. À ce titre, il développe différentes activités et missions légales ou facultatives, directement orientées vers les populations concernées.

Le CCAS se mobilise dans les principaux champs suivants, par ordre décroissant d'implication : lutte contre l'exclusion (en particulier aide alimentaire), services d'aide à domicile, prévention et animation pour les personnes âgées, gestion d'établissements d'hébergement pour personnes âgées, soutien au logement et à l'hébergement, petite enfance, enfance/jeunesse, soutien aux personnes en situation de handicap.

À cette fin :

– il gère des équipements et services : établissements et services pour personnes âgées, centres sociaux, crèches, haltes-garderies, centres aérés, etc. ;

– il apporte son soutien technique et financier à des actions sociales d'intérêt communal gérées par le secteur privé ;

– il participe à l'instruction des demandes d'aide sociale légale (aide médicale, RSA, aide aux personnes âgées, etc.) et les transmet aux autorités décisionnelles compétentes telles que le conseil départemental, la préfecture ou les organismes de sécurité sociale ;

– il intervient également dans l'aide sociale facultative qui constitue souvent l'essentiel de la politique sociale de la commune : secours d'urgence, prêts sans intérêt, colis alimentaires, chèques d'accompagnement personnalisé, etc. ;

– il peut être délégataire de compétences sociales globales sur le territoire communal par convention avec le conseil départemental.

La loi du 13 août 2004 permet en outre aux départements de confier aux communes la gestion des fonds d'aide aux jeunes (FAJ).

La loi du 13 août 2004 a ouvert aux communes la possibilité d'expérimenter l'exercice de la politique de résorption de l'habitat insalubre. Elles peuvent aussi, en convention avec l'État, exercer des activités en matière de vaccination, de lutte contre la tuberculose, le sida et les maladies sexuellement transmissibles.

E. Enseignement

Depuis la loi Jules Ferry du 16 juin 1881, les communes ont la charge des écoles publiques. C'est ainsi que les communes construisent, entretiennent, équipent les écoles primaires (c'est-à-dire les écoles maternelles et élémentaires).

La loi du 13 août 2004 permet aux communes d'expérimenter la création d'établissements publics d'enseignement primaire pour 5 ans au maximum.

« L'ouverture d'une classe ou d'une école est de fait le résultat de l'exercice de compétences partagées entre l'État et les communes : d'une part, sa création et son implantation par le conseil municipal, c'est-à-dire le choix de la localisation, la construction, l'appropriation ou l'aménagement de locaux à des fins d'enseignement et, d'autre part, l'affectation de l'emploi ou des emplois d'enseignants correspondants par l'inspecteur d'académie. Ces deux décisions peuvent être simultanées ou distinctes dans le temps » (circulaire du 3 juillet 2003 du ministère de l'Éducation nationale).

Les communes prennent en outre part à l'élaboration de la carte scolaire.

Le décret relatif à l'organisation du temps scolaire dans les écoles maternelles et élémentaires du 24 janvier 2013 a fixé de nouveaux principes, mis en œuvre dès la rentrée 2013 : l'étalement des 24 heures d'enseignement hebdomadaire sur neuf demi-journées, incluant le mercredi matin ; une journée de classe de maximum 5 heures 30 et une demi-journée de maximum 3 heures 30 ; une pause méridienne de 1 heure 30 au minimum.

Les maires pouvaient, au plus tard le 31 mars 2013, faire part au Directeur académique des services de l'Éducation nationale (DASEN) de leur souhait de reporter l'application de la réforme à la rentrée 2014 pour toutes les écoles de leur commune.

Les activités périscolaires prolongeant le service public de l'éducation peuvent être organisées dans le cadre d'un projet éducatif territorial (PEDT). Le PEDT est élaboré à l'initiative de la collectivité territoriale et associe à cette dernière l'ensemble des acteurs intervenant dans le domaine de l'éducation : administrations de l'État concernées (Éducation nationale, sports, jeunesse, éducation populaire et vie associative, culture, famille, ville, etc.), associations, institutions culturelles et sportives, etc.

F. Culture, sport, loisirs

Outre le rôle traditionnel des communes en matière culturelle au moyen des bibliothèques ou médiathèques publiques, des musées et des conservatoires municipaux de musique et de danse, les communes et leurs groupements sont, depuis la loi du 13 août 2004, responsables de l'organisation et du financement de l'enseignement artistique initial. Elles peuvent aussi se voir transférer la propriété de monuments classés ou inscrits.

Dans le domaine sportif et des loisirs, la commune crée et gère des équipements sportifs, elle subventionne des activités sportives, y compris les clubs sportifs professionnels, elle est en charge des aménagements touristiques.

G. D'autres compétences traditionnelles

À ces compétences, s'ajoutent celles qui correspondent à des missions traditionnelles :

– entretien de la voirie communale ;

– protection de l'ordre public local au moyen du pouvoir de police du maire.

La loi du 27 janvier 2014 de modernisation de l'action publique territoriale et d'affirmation des métropoles (MAPTAM) souligne le rôle de la commune comme chef de file pour fixer les modalités de l'action commune des collectivités territoriales et de leurs établissements publics pour l'exercice des compétences relatives à :

– la mobilité durable ;

– l'organisation des services publics de proximité ;

– l'aménagement de l'espace et le développement local.

La loi du 7 août 2015 portant nouvelle organisation territoriale de la République (NOTRe) renforce les compétences optionnelles et obligatoires reconnues aux communautés de communes et aux communautés d'agglomérations, ce qui réduit d'autant les compétences des communes membres de ces EPCI.

2. Les compétences du département

La loi du 13 août 2004 relative aux libertés et responsabilités locales avait fait du département le « chef de file » de l'action sanitaire et sociale. Depuis le 1er janvier 2005, en effet, « le département définit et met en œuvre la politique d'action sociale ». La loi du 27 janvier 2014 de modernisation de l'action publique locale et d'affirmation des métropoles (MAPTAM) désigne le département « chef de file » en matière d'aide sociale, d'autonomie des personnes et de solidarité des territoires.

En mettant fin à la clause générale de compétence des départements, la loi portant nouvelle organisation territoriale de la République (NOTRe) réduit les compétences du département qui n'en conserve pas moins l'action sociale, l'aide sociale et les routes départementales.

A. Action et aide sociale

– aide sociale à l'enfance (ASE), protection maternelle et infantile (PMI), adoption, soutien aux familles en difficulté financière ;

– personnes handicapées : politiques d'hébergement et d'insertion sociale, prestation de compensation du handicap ;

– personnes âgées : création et gestion de maisons de retraite, maintien des personnes âgées à domicile (APA : allocation personnalisée d'autonomie) ;

– insertion sociale et professionnelle, avec la prise en charge du revenu de solidarité active (RSA) (qui a remplacé le RMI et RMA au 1er juillet 2009) et du fonds d'aide aux jeunes ;

– aide au logement, avec le fonds de solidarité pour le logement ;

– contribution à la résorption de la précarité énergétique ;

– protection judiciaire de la jeunesse, initialement dans le cadre d'expérimentations pour cinq ans. L'État, à la suite de la promulgation de la loi du 5 mars 2007 sur la protection de l'enfance et dans le cadre de la révision générale des politiques publiques (RGPP), a en effet décidé en 2008 de généraliser le retrait de la PJJ de l'assistance éducative pour la recentrer sur la prise en charge des mineurs délinquants, l'assistance éducative étant désormais confiée aux départements.

La loi NOTRe confie également au département, conjointement avec l'État, l'élaboration d'un schéma départemental d'amélioration de l'accessibilité des services, qui vise à renforcer l'offre de services dans les zones présentant un déficit d'accessibilité.

B. L'aménagement de l'espace et l'équipement

– Équipement rural, remembrement, aménagement foncier, gestion de l'eau et de la voirie rurale, en tenant compte des priorités définies par les communes.

– Services de transport spécial des élèves handicapés vers les établissements scolaires.

La loi NOTRe transfère à la région, à compter du 1er janvier 2017, les transports routiers non urbains des personnes, réguliers ou à la demande ; les transports scolaires ; la desserte des îles ; la construction, l'aménagement et l'exploitation des gares publiques routières de voyageurs relevant du département.

– Gestion de la voirie départementale, à savoir toutes les routes n'entrant pas dans le domaine public national.

– SDIS (service départemental d'incendie et de secours) chargé de la protection contre les incendies, qui gère les sapeurs-pompiers du département. Il participe également aux opérations de secours en cas d'accidents, de catastrophes naturelles...

C. L'éducation, la culture et le patrimoine

Le département :

– construit, entretient et équipe les collèges. La loi du 13 août 2004 a transféré aux départements la gestion des personnels techniciens, ouvriers et de service (couramment appelés « TOS ») exerçant dans les collèges, qui relevaient jusqu'alors de l'État;

– est responsable des bibliothèques départementales de prêt (anciennes bibliothèques centrales de prêt qui avaient été transférées de l'État aux départements par les premières lois de décentralisation), des archives départementales et des musées départementaux ;

– adopte, depuis la loi du 13 août 2004, en concertation avec les communes, un schéma départemental de développement des enseignements artistiques ;

– peut expérimenter la gestion des crédits d'entretien et de restauration du patrimoine classé ou inscrit n'appartenant pas à l'État. Comme les communes et leurs groupements, il peut également sur sa demande se voir transférer la propriété des monuments classés ou inscrits appartenant à l'État.

La compétence culturelle est qualifiée par la loi NOTRe de compétence partagée entre les communes, les départements, les régions et les collectivités à statut particulier, de même que les compétences en matière de sport, de tourisme, de promotion des langues régionales et d'éducation populaire.

3. Les compétences de la région

Autorité décentralisée depuis 1982, la région n'a trouvé place dans la Constitution aux côtés de la commune et du département qu'avec la loi constitutionnelle du 28 mars 2003.

Pour autant, la région, dont la compétence générale a été affirmée par la loi du 2 mars 1982 (« le conseil régional règle par ses délibérations les affaires de la région ») exerce depuis 1982 d'importantes compétences, notamment en matière économique, que la loi du 13 août 2004 est venue renforcer. La loi NOTRe met fin à la compétence générale de la région dont les compétences sont désormais limitativement énumérées par la loi. En même temps, elle renforce les compétences régionales.

A. Les compétences économiques et en matière d'aménagement du territoire

Établissement public depuis 1972, la région exerçait déjà des compétences en matière de développement économique et social (primes régionales à la création d'entreprises, constitution de fonds de garantie pour les petites et moyennes entreprises, participations dans les sociétés anonymes…).

La loi du 13 août 2004 confirme la compétence économique de la région qui, sans être juridiquement qualifiée de « chef de file », « coordonne sur son territoire les actions des collectivités territoriales et de leurs groupements ».

La région définit ainsi le régime d'aide aux entreprises, les communes et les départements pouvant désormais, on l'a vu, déterminer – avec l'accord de la région – leur propre régime d'aides. La distinction traditionnelle entre aides directes et indirectes disparaît au profit de la distinction entre aides économiques et aides à l'immobilier.

La région devient également compétente, avec la loi du 13 août 2004, pour expérimenter, en concertation avec les autres collectivités territoriales et leurs groupements, l'élaboration d'un schéma régional de développement économique.

La loi NOTRe accroît les compétences régionales en matière de développement économique.

La région, responsable de la définition des orientations en matière de développement économique, élabore un schéma régional de développement économique, d'innovation et d'internationalisation (SRDEII), élaboré en collaboration avec les EPCI à fiscalité propre, et soumis à l'approbation du préfet de région. Ce schéma définit « les orientations en matière d'aides aux entreprises, de soutien à l'internationalisation et d'aides à l'investissement immobilier et à l'innovation des entreprises, ainsi que les orientations relatives à l'attractivité du territoire régional. Il définit les orientations en matière de développement de l'économie sociale et solidaire ». Les actes des collectivités territoriales et de leurs groupements doivent être compatibles avec le SRDEII.

La région reçoit une compétence exclusive pour définir les régimes d'aides et pour décider de l'octroi des aides aux entreprises dans la région, y compris à des entreprises en difficulté.

B. Les compétences en matière d'éducation et de formation

De même que le département est compétent en matière de collèges, la région construit, entretient et équipe les lycées.

La loi du 13 août 2004 transfère aux régions la gestion des personnels techniciens, ouvriers et de service (couramment appelés « TOS ») exerçant dans les lycées, qui relevaient jusqu'alors de l'État.

La région participe également au financement des universités, qui demeurent de la compétence de l'État.

S'agissant de la **formation professionnelle**, la loi du 13 août 2004 dispose que la région « définit et met en œuvre la politique régionale d'apprentissage et de formation professionnelle des jeunes et des adultes à la recherche d'un emploi ou d'une nouvelle orientation professionnelle ». Elle a la responsabilité d'élaborer un plan régional de développement des formations professionnelles, qui comprend un programme d'apprentissage et de formation professionnelle continue.

C. Les compétences culturelles

Les régions sont depuis 2003 chargées de l'organisation et du financement des musées régionaux, de la conservation et de la mise en valeur des archives régionales.

La loi du 13 août 2004 leur transfère la responsabilité de l'inventaire général du patrimoine culturel qu'elle peut confier, par convention, aux collectivités territoriales et à leurs groupements.

Elles peuvent exercer les mêmes compétences que les communes et les départements en matière de patrimoine.

D. Les compétences en matière sanitaire

Elles peuvent, comme les communes et les départements, prendre en charge des politiques de vaccination et de lutte contre la tuberculose, le sida et les maladies sexuellement transmissibles. Les régions peuvent en outre expérimenter la participation au financement et à la réalisation d'équipements sanitaires.

11| Les réformes territoriales

1. La réforme de 2010

À l'origine de cette réforme, le Comité pour la réforme des collectivités, dit « Comité Balladur », avait été chargé le 22 octobre 2008 par le président de la République d'élaborer des propositions afin de rationaliser l'organisation des collectivités territoriales en réduisant le « mille-feuille territorial » (cette expression désigne la multiplication des échelons d'administration territoriale, communes, intercommunalités, départements, régions, avec des chevauchements de compétences inefficaces et coûteux). Ce rapport préconisait à terme la disparition des départements au profit des régions et celle des communes au bénéfice des intercommunalités.

Ce rapport a inspiré pour une part la **loi n° 2010-1653 du 16 décembre 2010 de réforme des collectivités territoriales** qui, sans aller jusqu'à faire disparaître les communes ou les départements, visait à renforcer l'échelon intercommunal et à mieux articuler l'exercice des compétences départementales et régionales en remplaçant les conseillers généraux et les conseillers régionaux par un nouveau type d'élu local, le conseiller territorial, qui devait siéger à la fois dans l'instance délibérante du département et dans celle de la région.

Ce pan de la réforme est demeuré inappliqué en raison de l'alternance politique de 2012 et de la nouvelle réforme mise en œuvre à compter de 2013.

La loi du 16 février 2010 avait organisé la concomitance des renouvellements des conseillers régionaux et généraux pour permettre en 2014 l'élection des conseillers territoriaux. La durée du mandat des conseillers régionaux élus en 2010 avait ainsi été réduite à quatre ans et celle des conseillers généraux élus en 2011 à trois ans.

L'alternance politique de 2012 a conduit à l'abrogation de ces dispositions, les conseillers généraux, devenus conseillers départementaux, perdurant avec des élections départementales organisées en mars 2015, les conseillers régionaux étant pour leur part renouvelés en décembre 2015.

Les dispositions de la loi du 16 décembre 2010 sur l'intercommunalité ont toutefois trouvé pleine application, avec l'objectif ambitieux de parvenir à une **couverture intégrale de l'ensemble du territoire par des intercommunalités au plus tard le 1er juin 2013**.

À cette fin, les préfets ont mené avec les élus locaux, dans chaque département, un travail d'élaboration de schémas de coopération intercommunale, qui devaient être achevés fin 2011 et mis en œuvre en 2012 et 2013, une commission départementale de coopération intercommunale (CDCI) pouvant amender les projets présentés par le préfet.

Depuis le 1er juin 2013, le préfet dispose du pouvoir d'intégrer d'office une commune isolée dans un établissement public de coopération intercommunale (EPCI) à fiscalité propre.

Le renforcement de l'intercommunalité se poursuit à partir de 2013 dans le cadre de l'acte III de la décentralisation (ci-après).

La loi du 16 décembre 2010 avait institué de nouveaux modes de regroupement volontaire des communes :

- les **métropoles**, visant à donner aux grandes agglomérations qui le souhaiteraient un statut de nature à assurer leur rayonnement à l'échelle européenne. Établissements publics de coopération intercommunale à fiscalité propre de plus de 500 000 habitants, les métropoles devaient bénéficier de transferts de compétences des départements et régions (développement économique, transports, éducation, etc.), l'État pouvant leur confier de grands équipements et infrastructures ;
- les **pôles métropolitains**, devant permettre une coopération renforcée entre des EPCI à fiscalité propre formant un ensemble de plus de 300 000 habitants dont un EPCI de plus de 150 000 habitants, sans que la continuité territoriale entre les EPCI soit exigée. Ils avaient pour objet des actions d'intérêt métropolitain en matière de développement économique, de promotion de l'innovation, de la recherche et de l'enseignement supérieur, de la culture, d'aménagement de l'espace, notamment par le développement des infrastructures et des services de transport, afin de promouvoir un modèle de développement durable et d'améliorer la compétitivité et l'attractivité de leur territoire, ainsi que l'aménagement de celui-ci.
- les **communes nouvelles** constituaient un nouveau dispositif de fusion de communes, pouvant être créées au lieu et à la place de communes contiguës, à la demande des conseils municipaux des deux-tiers des communes membres d'une communauté représentant les deux tiers de la population totale, à la demande d'un EPCI à fiscalité propre ou encore du Préfet. La décision devait être prise par arrêté du préfet, soit après accord unanime des conseils municipaux, soit après accord de deux tiers des conseils municipaux représentant les deux tiers de la population et consultation des électeurs de chaque commune : plus de la moitié des électeurs inscrits doivent y participer, l'accord devant correspondre à un nombre de voix au moins égal au quart des électeurs inscrits. Aucune commune ne pouvait ainsi être intégrée sans son accord au sein de la commune nouvelle.

Cette loi avait également prévu la **possibilité pour des départements et des régions de fusionner**, une telle fusion requérant l'accord de toutes les assemblées concernées et de la population consultée par référendum.

Les communes, les départements et les régions disposaient de la clause de compétence générale, les articles L. 2121-29, L. 3211-1 et L. 4221-1 du CGCT prévoyant respectivement que le conseil municipal, le conseil départemental et le conseil régional règlent par leurs délibérations les affaires respectives de la commune, du département et de la région.

La loi n° 2010-1563 du 16 décembre 2010 de réforme des collectivités territoriales avait supprimé la clause de compétence générale des départements et des régions à compter du 1er janvier 2015. La loi MAPAM du 27 janvier 2014 la rétablira avant que la loi NOTRe du 7 août 2015 ne la supprime à nouveau.

« L'enjeu de la nouvelle étape de la décentralisation réside dans un approfondissement de la coopération entre les collectivités territoriales en vue d'une clarification de l'exercice des compétences. Si la coopération institutionnelle peut reposer sur des outils bien maîtrisés, à travers les structures intercommunales et les syndicats mixtes, la coopération matérielle, c'est-à-dire la coopération concernant l'exercice concret des compétences, souffre de dispositifs incomplets. Le projet de loi, à travers l'instauration du pacte de gouvernance territoriale, vise à remédier à ces difficultés en créant les conditions d'une véritable appropriation partenariale de l'exercice des compétences par les collectivités territoriales.» (Étude d'impact du projet de modernisation de l'action publique territoriale et d'affirmation des métropoles)

2. La réforme territoriale de 2013 à 2015

A. L'évolution des modes d'élection

La loi organique n° 2013-402 du 17 mai 2013 relative à l'élection des conseillers municipaux, des conseillers communautaires et des conseillers départementaux abroge l'institution des conseillers territoriaux et divise par deux le nombre de cantons, circonscription électorale dans le cadre de laquelle sont élus les conseillers départementaux. Toutefois, les départements de plus de 500 000 habitants doivent compter au minimum 15 cantons.

Les conseils généraux sont rebaptisés « conseils départementaux » afin de rendre les institutions locales plus lisibles. Chaque département compte un nombre impair de cantons afin de garantir l'émergence de majorités.

Afin de promouvoir la parité entre femmes et hommes en politique, les conseillers départementaux sont élus au scrutin binominal paritaire, un homme et une femme étant élus dans chaque canton et siégeant ensemble au conseil départemental.

Cette réforme s'est appliquée pour la première fois à l'élection des conseils départementaux de mars 2015.

La durée du mandat des conseillers départementaux demeure fixée à 6 ans, mais le renouvellement par moitié de l'assemblée départementale tous les trois ans est aboli, les élections étant désormais organisées simultanément dans l'ensemble des cantons.

Pour les élections municipales, le scrutin de liste « mixte » majoritaire et proportionnel auparavant en vigueur dans les communes de 3 500 habitants est désormais appliqué à toutes les communes à partir de 1 000 habitants, ce qui permet à la fois de développer encore davantage la parité entre femmes et hommes et de mettre en œuvre dès ce niveau le « fléchage » des élus communautaires. Ainsi, à l'élection au suffrage indirect des membres des organes délibérants des institutions intercommunales, membres désignés en leur sein par les conseils municipaux, est substituée une élection directe par les électeurs de ceux des conseillers municipaux qui sont « fléchés » sur les listes municipales soumises aux suffrages.

Cette réforme a pris effet lors des élections municipales de mars 2014.

« L'enjeu de la nouvelle étape de la décentralisation réside dans un approfondissement de la coopération entre les collectivités territoriales en vue d'une clarification de l'exercice des compétences. Si la coopération institutionnelle peut reposer sur des outils bien maîtrisés, à travers les structures intercommunales et les syndicats mixtes, la coopération matérielle, c'est-à-dire la coopération concernant l'exercice concret des compétences, souffre de dispositifs incomplets. Le projet de loi, à travers l'instauration du pacte de gouvernance territoriale, vise à remédier à ces difficultés en créant les conditions d'une véritable appropriation partenariale de l'exercice des compétences par les collectivités territoriales. » (Étude d'impact du projet de modernisation de l'action publique territoriale et d'affirmation des métropoles)

B. L'acte III de la décentralisation

Le projet de loi de décentralisation avait été présenté en Conseil des ministres le 10 avril 2013 : il comprend **trois textes** distincts, dont l'exposé des motifs, identique pour chacun de ces textes, précise que « ce n'est ni principalement un texte de transfert de compétences de l'État aux collectivités, à la différence de la loi du 13 août 2004, ni une tentative de spécialisation uniforme des compétences des collectivités territoriales, telle que prévue par la loi du 16 décembre 2010. Cette réforme vise à renforcer l'efficacité de la puissance publique, qu'elle soit nationale ou locale, et à améliorer la qualité du service public, en s'appuyant sur les collectivités territoriales et en clarifiant l'exercice de leurs compétences [...]. Notre pays a plus que jamais besoin d'une action publique efficace pour améliorer la compétitivité de ses entreprises, renforcer les solidarités entre ses territoires, ses générations. À partir de l'ensemble de ses territoires et de ses métropoles, il doit faire émerger une nouvelle croissance économique par un soutien local aux entreprises et à leur créativité, mais aussi renforcer la cohésion nationale et l'accès aux services publics dans des territoires fragilisés par la crise, en luttant contre le sentiment de relégation d'un nombre grandissant de nos concitoyens. Il s'agit également de participer à l'effort de redressement des finances publiques pour assurer notre souveraineté budgétaire et disposer des marges de manœuvre nécessaires au financement des politiques publiques. »

Premier texte : la loi de modernisation de l'action publique territoriale et d'affirmation des métropoles (loi MAPTAM) du 27 janvier 2014

La loi MAPTAM entend clarifier les conditions d'exercice de certaines compétences des collectivités territoriales en instaurant des **chefs de file** :

– la région pour l'aménagement et le développement durable du territoire, le développement économique, les aides aux entreprises, l'intermodalité et la complémentarité des modes de transport, le soutien à l'enseignement supérieur et à la recherche;

– le département pour l'action sociale, le développement social, l'autonomie des personnes et la solidarité territoriale;

– les communes pour la mobilité durable, l'organisation des services publics de proximité, l'aménagement de l'espace et le développement local.

Le tourisme demeure une compétence partagée entre communes, départements et régions.

Des **conventions territoriales d'exercice concerté des compétences** fixent les modalités d'action commune pour ces diverses compétences.

Le texte institue au niveau régional une **conférence territoriale de l'action publique** qui établira un pacte de gouvernance territoriale. Elle sera présidée par le président du conseil régional et rassemblera les représentants de l'ensemble des exécutifs locaux – régions, départements, métropoles, agglomérations –, ainsi que des délégués de maires et de communautés de communes, et un représentant de l'État (le préfet).

La loi prévoit la fusion, au 1er janvier 2016, de six intercommunalités au sein de la **métropole d'Aix-Marseille-Provence**, l'institution, à compter du 1er janvier 2015, de la **métropole de Lyon** dotée du statut de collectivité territoriale (fusion de la communauté urbaine de Lyon et de la partie urbaine du département du Rhône), la création d'un établissement public de coopération intercommunale à statut particulier dénommé **métropole du Grand Paris** à compter de 2016, regroupant la commune de Paris, l'ensemble des communes des trois départements de petite couronne et les communes franciliennes appartenant à un EPCI comprenant au moins une commune de la petite couronne. La loi ne prévoit pas « la suppression des trois départements de la petite couronne », a affirmé le Premier ministre, mais « la fusion des intercommunalités de la petite couronne au sein d'une superstructure intégrant également le territoire de la Ville de Paris ». Cette métropole sera compétente en matière d'habitat, d'environnement, d'aménagement et de politique de la ville, les transports continuant à relever de la région Île-de-France. Des conseils de territoires prendront en charge les services de proximité.

La loi prévoit l'**élection au suffrage universel direct, à partir de 2020, des conseillers communautaires des métropoles**.

Dans le monde rural, seront institués des **pôles d'équilibre et de coordination territoriaux** (PECT), établissements publics (syndicats mixtes) constitués par accord entre plusieurs EPCI à fiscalité propre au sein d'un périmètre d'un seul tenant et sans enclave, correspondant à un bassin de vie ou à un bassin de population. Dans les dix-huit mois suivant sa mise en place, le PECT élabore un projet de territoire définissant les conditions d'un développement économique, écologique, culturel et social du périmètre du pôle.

Des **métropoles de droit commun** seront créées par décret (Toulouse, Lille, Bordeaux, Nantes, Strasbourg, Rennes, Rouen, Grenoble, Nice ; Montpellier et Brest pourront obtenir le même statut pour leur EPCI), se substituant aux intercommunalités existantes avec des compétences étendues (développement économique, tourisme, transports, habitat, environnement, eau, etc.).

Seront automatiquement transformées en métropoles les intercommunalités de plus de 400 000 habitants si elles se situent au centre d'une aire urbaine de plus de 650 000 habitants, ou sont des capitales régionales.

Toutes les métropoles seront dotées de compétences très larges, au-delà des compétences communales traditionnelles, le département ou la région pouvant en outre leur transférer l'exercice de certaines des leurs.

Enfin, le pays se transforme en **pôle d'équilibre territorial et rural**, établissement public constitué par accord entre plusieurs EPCI à fiscalité propre, au sein d'un périmètre d'un seul tenant et sans enclave. Géré par une conférence des maires, il élabore un projet de territoire pour les EPCI qui le composent et en partenariat avec eux.

Deuxième texte : la loi du 16 janvier 2015, relative à la délimitation des régions, aux élections régionales et départementales et modifiant le calendrier électoral.

La conférence de presse du président de la République du 14 janvier 2014 avait sonné le glas des deux autres projets de loi déposés le 10 avril 2013. Le chef de l'État avait notamment déclaré que « notre organisation territoriale devra être revue », que « les collectivités locales seront invitées à se rapprocher » et qu'il faudrait « en finir avec l'enchevêtrement des différents niveaux de collectivités ». Il avait affirmé qu'« un pouvoir réglementaire d'adaptation » de leurs compétences pourrait être confié aux régions, avec, à terme, la possibilité d'une réduction de leur nombre et de celui des départements. Les dotations de l'État pourraient varier selon les regroupements opérés.

Le 22 janvier 2014, le ministre délégué chargé des relations avec le Parlement, Alain Vidalies, avait annoncé qu'il y aurait « **un nouveau projet de loi sur la décentralisation** ».

Enfin, dans sa déclaration de politique générale du 8 avril 2014, le Premier ministre, Manuel Valls, avait annoncé la **suppression « à l'horizon 2021 » des conseils départementaux** et la **division par deux du nombre de régions pour le 1er janvier 2017**.

L'Assemblée nationale a, le **17 décembre 2014**, adopté en lecture définitive le **projet de loi relatif à la délimitation des régions, aux élections régionales et départementales et modifiant le calendrier électoral.** Le nombre de régions passe de vingt-deux à treize. Cette réforme entend remplacer le modèle d'une France essentiellement constituée depuis deux siècles de communes et de départements par une France constituée de régions renforcées, de métropoles (loi MAPTAM du 27 janvier 2014) et d'intercommunalités élargies. Cette loi a été promulguée le 16 janvier 2015.

Troisième texte : la loi portant sur la nouvelle organisation territoriale de la République (loi NOTRe) du 7 août 2015

La loi supprime la clause générale de compétence des départements et des régions. Il accorde aux régions un pouvoir réglementaire, en disposant qu'« un conseil régional ou, par délibérations concordantes, plusieurs conseils régionaux peuvent présenter des propositions tendant à modifier ou à adapter des dispositions législatives ou réglementaires, en vigueur ou en cours d'élaboration, concernant les compétences, l'organisation et le fonctionnement d'une, de plusieurs ou de l'ensemble des régions ».

Les 13 grandes régions créées en métropole auront compétence sur le développement économique, l'aménagement du territoire, la formation professionnelle, la gestion des lycées et les transports, y compris les transports scolaires. Elles pourront jouer un rôle de coordination en matière d'emploi (« la région participe à la coordination des acteurs du service public de l'emploi sur son territoire », « les départements, les communes et leurs groupements peuvent concourir au service public de l'emploi ») et en matière d'environnement.

En matière de développement économique, les régions seront notamment responsables de la politique de soutien aux petites et moyennes entreprises et aux entreprises de taille intermédiaire. Elles devront présenter un schéma régional de développement économique, d'innovation et d'internationalisation (SRDEII) qui fixera les orientations régionales pour une durée de cinq ans.

S'agissant de l'aménagement durable du territoire, les régions rédigeront un schéma régional d'aménagement durable et d'égalité des territoires (SRADDET) dans lequel figureront les orientations stratégiques en matière d'aménagement du territoire, mobilité, lutte contre la pollution de l'air, maîtrise et valorisation de l'énergie, logement et gestion des déchets.

Il est également prévu que les compétences des départements en matière de transports routiers non urbains soient transférées à la région dix-huit mois après la promulgation de la loi. Les services de transport routier départementaux et les transports scolaires seront confiés à la région. Il sera néanmoins possible aux régions de déléguer leur compétence en matière de transport scolaire aux départements. La voirie départementale demeure compétence du département.

La gestion des collèges continue à relever des départements, qui demeurent également responsables des compétences de solidarité.

La loi prévoit des transferts et délégations de compétences des départements aux métropoles (aides au titre du fonds de solidarité pour le logement, action sociale, programme départemental d'insertion, aides aux jeunes en difficulté, prévention spécialisée, personnes âgées, tourisme, collèges, routes départementales).

La culture, les sports, le tourisme, l'éducation populaire et les langues régionales relèveront à la fois des régions et des départements. Les ports pourront relever, selon les cas, d'un type ou d'un autre de collectivité territoriale.

Par ailleurs, la loi vise à renforcer les intercommunalités. Les intercommunalités à fiscalité propre passeront de 5 000 à 15 000 habitants et seront organisées autour de bassins de vie. Des dérogations pour les zones de montagne et les territoires peu denses seront possibles avec un seuil minimal à 5 000 habitants. En outre, les intercommunalités de 12 000 habitants au moins récemment constituées pourront être maintenues. Elles seront obligatoirement chargées de la collecte et du traitement des déchets, de la promotion touristique, des aires d'accueil des gens du voyage, et, à partir du 1er janvier 2020, de l'eau et de l'assainissement. Les autres compétences se répartiront avec les communes.

La Métropole du Grand Paris (MGP), créée comme les autres métropoles par la loi MAPTAM, verra formellement le jour comme prévu au 1er janvier 2016, mais ne se verra attribuer l'essentiel de ses compétences qu'un an plus tard, début 2017.

À compter du 1er janvier 2018, la collectivité de Corse deviendra une collectivité à statut particulier en lieu et place de la collectivité territoriale de Corse et des départements de Corse du Sud et de Haute-Corse.

La loi NOTRe abaisse de 3 500 à 1 000 habitants le seuil de population des communes au sein desquelles l'opposition municipale peut disposer d'une tribune dans le bulletin municipal ou dans les moyens d'information municipaux. Désormais, dans les communes de 1 000 habitants et plus, lorsque des informations générales sur les réalisations et sur la gestion du conseil municipal sont diffusées par la commune, un espace est réservé à l'expression des conseillers élus sur une liste autre que celle ayant obtenu le plus de voix lors du dernier renouvellement du conseil municipal ou ayant déclaré ne pas appartenir à la majorité municipale. Les modalités d'application de cette mesure sont définies par le règlement intérieur du conseil municipal. Cet abaissement de seuil ne rentrera en vigueur qu'à compter du prochain renouvellement général des conseils municipaux (prévu en 2020).

12| Les principaux modes d'élection locale et leurs conséquences

1. La commune

Les institutions communales sont généralement assez bien connues des citoyens : même si le conseil qui gère la commune n'est pas baptisé conseil communal mais conseil municipal, si son exécutif n'est pas le président du conseil municipal mais le maire, ces institutions sont suffisamment anciennes (la commune date du 14 décembre 1789) et proches des habitants pour que ceux-ci les connaissent.

L'article L. 2121-1 du Code général des collectivités territoriales dispose que « le corps municipal de chaque commune se compose du conseil municipal, du maire et d'un ou de plusieurs adjoints ».

On parle souvent de manière impropre de « la mairie » en confondant commune et mairie. La mairie ne jouit évidemment pas de la personnalité juridique et n'est rien d'autre que le bâtiment qui accueille tout ou partie des services de la commune, où siège le conseil municipal et où se trouve le bureau du maire.

Autre terme souvent mal employé, celui de « municipalité » : la municipalité n'est pas la commune, mais une instance composée du maire et ses adjoints, qui siège généralement une fois par semaine en mairie pour prendre les principales décisions qui concernent l'administration de la commune et préparer l'ordre du jour du conseil municipal.

A. L'élection du conseil municipal

Le principe de l'élection du conseil municipal date de la loi du 21 mars 1831.

Ainsi, les membres du conseil municipal sont élus au suffrage universel direct.

Leur mandat est de 6 ans et le renouvellement est intégral tous les six ans.

Participent à l'élection tous les électeurs inscrits sur la liste électorale de la commune, circonscription unique.

L'âge d'éligibilité est, pour tous les mandats locaux, de 18 ans. On croit parfois à tort qu'il faut être âgé de 21 ans pour être élu maire : ce n'est plus vrai aujourd'hui.

Le nombre de conseillers municipaux dépend du nombre d'habitants de la commune. Il est fixé comme suit par l'article L. 2121-2 du Code général des collectivités territoriales :

– moins de 100 habitants : 7 conseillers*
– 100 à 499 habitants : 11 conseillers
– 500 à 1 499 habitants : 15 conseillers
– 1 500 à 2 499 habitants : 19 conseillers
– 2 500 à 3 499 habitants : 23 conseillers
– 3 500 à 4 999 habitants : 27 conseillers
– 5 000 à 9 999 habitants : 29 conseillers
– 10 000 à 19 999 habitants : 33 conseillers
– 20 000 à 29 999 habitants : 35 conseillers
– 30 000 à 39 999 habitants : 39 conseillers
– 40 000 à 49 999 habitants : 43 conseillers
– 50 000 à 59 999 habitants : 45 conseillers
– 60 000 à 79 999 habitants : 49 conseillers
– 80 000 à 99 999 habitants : 53 conseillers
– 100 000 à 149 999 habitants : 55 conseillers
– 150 000 à 199 999 habitants : 59 conseillers
– 200 000 à 249 999 habitants : 61 conseillers
– 250 000 à 299 999 habitants : 65 conseillers
– 300 000 habitants et plus : 69 conseillers
– Lyon : 73 conseillers
– Marseille : 101 conseillers
– Paris : 163 conseillers

* modifié par la loi n° 2013-403 du 17 mai 2013 –art. 28, qui abaisse de 9 à 7 le nombre de conseillers dans les communes de moins de 100 habitants

Le nombre d'habitants détermine aussi le mode de scrutin, majoritaire dans les communes de moins de 1 000 habitants, « mixte » (majoritaire et proportionnel) dans les communes de 1 000 habitants et plus depuis la réforme opérée par la loi du 17 mai 2013.

Pour mémoire, cette loi a abaissé de 3 500 à 1 000 habitants le seuil à partir duquel le scrutin est un scrutin de liste « mixte » (majoritaire et proportionnel).

Plus précisément, depuis la loi du 17 mai 2013 qui s'est appliquée pour la première fois aux élections municipales de mars 2014 :

■ Dans les **communes de moins de 1 000 habitants**

Le scrutin est majoritaire, plurinominal, à deux tours. Les candidats se présentent sur une liste, mais les électeurs peuvent modifier les listes, panacher, ajouter ou supprimer des candidats sans que le vote soit nul. Les listes incomplètes et les candidatures individuelles sont autorisées. Contrairement aux règles en vigueur dans les communes de 1 000 habitants et plus, il n'existe pas d'obligation de parité femmes-hommes.

Une déclaration de candidature est désormais obligatoire, une candidature au seul second tour étant possible si le nombre de candidats au premier tour est inférieur au nombre de sièges à pourvoir.

Obtiennent un siège au conseil municipal, dès le premier tour, les candidats remplissant une condition : avoir obtenu la majorité absolue des suffrages exprimés et recueilli au moins un quart des suffrages des électeurs inscrits. Les suffrages sont décomptés individuellement par candidat et non par liste.

Pour les sièges restant à pourvoir, un second tour est organisé : l'élection a alors lieu à la majorité relative, quel que soit le nombre de votants. Les candidats obtenant le plus grand nombre de voix sont élus. Si plusieurs candidats obtiennent le même nombre de suffrages, l'élection est acquise pour le plus âgé.

Dans les communes de moins de 1 000 habitants, les conseillers communautaires (c'est-à-dire ceux qui représentent les communes dans les organes intercommunaux) sont les membres du conseil municipal désignés « dans l'ordre du tableau » (maire, premier adjoint, deuxième adjoint…)

■ Dans les **communes de plus 1 000 habitants et plus**

Les conseillers municipaux sont élus au scrutin de liste, à deux tours, majoritaire avec prime accordée à la liste arrivée en tête et proportionnel. Les listes doivent être complètes, sans possibilité pour l'électeur de modifier l'ordre de présentation.

Les listes doivent être composées d'autant de femmes que d'hommes, avec alternance obligatoire une femme/un homme ou inversement.

Le dépôt d'une déclaration de candidature est exigé pour chaque tour de scrutin. Un candidat ne peut l'être dans plus d'une circonscription électorale, ni sur plus d'une liste.

Au premier tour, la liste qui obtient la majorité absolue des suffrages exprimés (50 % des voix plus une) reçoit un nombre de sièges égal à la moitié des sièges à pourvoir. Les autres sièges sont répartis à la représentation proportionnelle à la plus forte moyenne entre toutes les listes ayant obtenu plus de 5 % des suffrages exprimés en fonction du nombre de suffrage obtenus, y compris la liste ayant obtenu la majorité absolue.

Lors de l'éventuel second tour, seules les listes ayant obtenu au premier tour au moins 10 % des suffrages exprimés sont autorisées à se maintenir. Elles peuvent connaître des modifications, notamment par fusion avec d'autres listes pouvant se maintenir ou fusionner.

En effet, les listes ayant obtenu au moins 5 % des suffrages exprimés peuvent fusionner avec une liste ayant obtenu plus de 10 %. La répartition des sièges se fait alors comme lors du premier tour, la liste ayant obtenu le plus de voix recevant un nombre de sièges égal à la moitié des postes à pourvoir et bénéficiant de la répartition proportionnelle des postes restants.

Les conseillers communautaires sont désormais élus au suffrage universel direct, par fléchage, dans le cadre des élections municipales. Les électeurs désignent par le même bulletin de vote les élus au conseil municipal et les élus aux structures intercommunales : le bulletin de vote comprend en effet deux listes (on parle de

« fléchage »), une pour les candidats au conseil municipal, une pour les candidats aux sièges de conseillers communautaires.

Exemple :

Pour expliquer simplement le système (sans entrer dans les subtilités du mode de calcul de la répartition proportionnelle à la plus forte moyenne), prenons l'exemple d'une commune de 39 000 habitants.

La liste qui obtient au premier tour 56 % des voix obtient la moitié des 39 sièges à pourvoir, soit 20 sièges, et 56 % des 19 sièges restant à pourvoir, soit de 10 à 11 sièges.

Les autres listes qui ont obtenu au moins 5 % des suffrages vont participer, selon le nombre de suffrages exprimés qu'elles ont recueillis, à la répartition des sièges restants. Une liste qui a obtenu 31 % des suffrages obtiendra ainsi 31 % des 19 sièges à pourvoir, soit de 5 à 6 sièges.

Ce mode de scrutin présente le double avantage de permettre à la fois des majorités fortes au sein des conseils municipaux **et** une représentation des minorités.

Si aucune liste n'obtient la majorité absolue au premier tour, un second tour est nécessaire, auquel ne peuvent participer que les listes qui ont obtenu 10 % ou plus des suffrages exprimés. La liste arrivée en tête obtient la majorité des sièges et participe avec les autres listes, à la répartition proportionnelle des sièges restants (même système qu'au premier tour).

La **loi n° 2007-128 du 31 janvier 2007 tendant à promouvoir l'égal accès des femmes et des hommes aux mandats électoraux et fonctions électives** avait modifié la présentation des listes aux élections municipales dans les communes de 3 500 habitants et plus. Jusqu'alors, au total de la liste « l'écart entre le nombre de candidats de chaque sexe ne (pouvait) être supérieur à un », et « au sein de chaque groupe entier de six candidats dans l'ordre de présentation de la liste (devait) figurer un nombre égal de candidats de chaque sexe ».

Désormais, et depuis les élections municipales de mars 2008, il doit y avoir une alternance stricte dans la présentation de la liste entre « un homme, une femme, un homme, une femme »… ou, bien sûr « une femme, un homme, une femme, un homme »… (c'est le principe dit « chabadabada »).

Deuxième mesure, l'institution de la parité pour la désignation des adjoints au maire. Pour ce faire, l'élection des adjoints est déconnectée de l'élection du maire : dans les communes de 3 500 habitants et plus, les adjoints au maire sont élus au scrutin de liste, « l'écart entre le nombre de candidats de chaque sexe au sein de chaque liste ne pouvant être supérieur à un ».

Ces dispositions s'appliquent dorénavant aux communes de 1 000 habitants et plus.

La loi du 17 mai 2013, en abaissant à 1 000 habitants le seuil à partir duquel le scrutin est un scrutin de liste mixte majoritaire et proportionnel (voir ci-dessus le mode de scrutin jusqu'à présent en vigueur dans les communes de 3 500 habitants et plus), renforce la parité homme-femme en politique et permet l'élection au suffrage universel direct des délégués communautaires grâce à un système de fléchage des listes municipales dans toutes les communes de 1 000 habitants et plus.

B. L'élection du maire

Le maire est élu par le conseil municipal qui se réunit au plus tôt le vendredi et au plus tard le dimanche qui suit l'élection du conseil au complet. Il est élu à bulletin secret. La séance est présidée par le doyen (le conseiller municipal le plus âgé) du conseil.

La majorité (c'est-à-dire plus de la moitié) des conseillers municipaux en exercice doit être présente. À défaut, le conseil reconvoqué à trois jours d'intervalle élit valablement le maire quel que soit le nombre de conseillers présents.

On dit parfois que le maire est élu « par les habitants de la commune », ce qui n'est pas juridiquement exact : si les électeurs peuvent légitimement augurer de l'élection comme maire de la « tête de liste » de la liste majoritaire, le futur maire est d'abord, comme une partie de ses colistiers, élu conseiller municipal, mais il ne deviendra maire qu'une fois élu maire par le conseil municipal. Il est donc élu maire au suffrage universel indirect, et non directement par les électeurs de la commune.

Pour être élu maire, il faut obtenir la majorité absolue des suffrages exprimés des conseillers municipaux aux deux premiers tours. Si, après deux tours, aucun candidat n'a obtenu la majorité, on procède à un troisième tour et l'élection a lieu à la majorité relative.

Après l'élection du maire, le conseil municipal fixe par délibération le nombre des adjoints (au maximum 30 % de l'effectif légal du conseil municipal) puis procède à leur élection.

C. L'élection des adjoints au maire

Les adjoints au maire, souvent improprement baptisés « maires adjoints », sont également élus par le conseil municipal en son sein, avec les mêmes règles de majorité que le maire.

Dans les communes de 3 500 habitants et plus et, à compter des élections de 2014, de 1 000 habitants et plus, les adjoints au maire sont, depuis la loi du 31 janvier 2007 qui s'est appliquée pour la première fois aux élections municipales de mars 2008, élus au scrutin de liste à la majorité absolue.

Sur chacune des listes de « candidats adjoints au maire », l'écart entre les candidats de chaque sexe ne peut être supérieur à 1. Si, après deux tours, aucune liste n'a obtenu la majorité absolue, il est procédé à un troisième tour et l'élection a lieu à la majorité relative.

Ces dispositions s'appliquent désormais aux communes de 1 000 habitants et plus.

Ainsi, on ne devient pas adjoint au maire par délégation du maire, on devient adjoint au maire parce qu'on est élu adjoint au maire par le conseil municipal avant de bénéficier d'une délégation de pouvoir du maire.

À noter que le retrait par le maire d'une délégation à un adjoint ne le prive pas de son mandat d'adjoint. Elle le prive en revanche des indemnités qu'il perçoit en tant qu'adjoint au maire.

2. Le département

Le conseil général qui, avec la loi du 17 mai 2013, devient le conseil départemental, constitue l'organe délibérant du département, le président du conseil départemental et les vice-présidents de l'exécutif du département.

Il était très fréquent que les départements se fassent appeler « conseil général », sans doute pour éviter toute confusion avec le département circonscription administrative déconcentrée de l'État. Des fonctionnaires territoriaux se disaient ainsi souvent « agents du conseil général de… » alors que, en toute rigueur, ils sont agents du département de…

Indéniablement, la terminologie n'était pas de nature à faciliter la compréhension du fonctionnement de nos institutions : une assemblée baptisée conseil général réglait par ses délibérations les affaires du département, les conseillers généraux étant élus lors d'élections cantonales. Élire les conseillers départementaux lors d'élections départementales est certainement beaucoup plus clair… Sans parler du renouvellement par moitié du conseil général tous les trois ans, qui était loin d'être compris de tous, auquel la réforme de 2010 avait mis fin avec l'institution des conseillers territoriaux. La loi du 17 mai 2013 maintient les conseillers généraux, devenus conseillers départementaux, mais abolit le renouvellement par moitié tous les trois ans.

A. L'élection du conseil départemental

Le canton a été créé par la loi du 22 décembre 1789. Il n'est plus aujourd'hui que la circonscription électorale dans le cadre de laquelle les conseillers départementaux sont élus. Le principe de l'élection du conseil général, devenu conseil départemental, remonte à la loi du 22 juin 1833.

Depuis 1871, les conseillers généraux sont élus au suffrage universel direct, pour six ans. L'élection s'effectue dans le cadre du canton à raison d'un représentant par canton.

Les conseils généraux étaient, jusqu'à la réforme de 2010, renouvelables par moitié tous les trois ans : cela signifiait concrètement que, dans un département donné, on votait l'année N dans un canton sur deux afin d'élire pour 6 ans un conseiller général, et l'année N + 3 dans les autres cantons.

Le conseil général étant ainsi renouvelé par moitié tous les trois ans, la durée du mandat du président du conseil général n'était que de trois ans.

Les conseillers généraux étaient élus au scrutin uninominal (ce qui signifie que l'on vote pour une personne et non pour une liste) majoritaire à deux tours : la majorité absolue est requise au premier tour ; seuls peuvent accéder au second tour les candidats qui se sont présentés au premier tour et qui ont obtenu au moins 10 % du nombre d'électeurs inscrits.

La réforme des collectivités territoriales opérée par la loi du 16 décembre 2010 a porté ce pourcentage à 12,5 % des inscrits, modification mise en œuvre dès les élections cantonales de mars 2011.

Les conseillers départementaux élus en 2015 ont été élus au scrutin binominal majoritaire à deux tours (une personne de chaque sexe) dans le cadre de cantons élargis.

Les conseillers généraux élus en mars 2011 avaient vu leur mandat réduit à trois ans, jusqu'en mars 2014, date à laquelle devaient être élus pour six ans les conseillers territoriaux qui devaient remplacer conseillers généraux et conseillers régionaux. **La règle du renouvellement par moitié des conseillers généraux tous les trois ans a ainsi pris fin.** La loi du 17 mai 2013 confirme l'abolition de ce renouvellement par moitié tous les 3 ans.

B. L'élection du président du conseil départemental

L'élection du président du conseil général avait (jusqu'à la réforme de 2010) lieu à l'issue de tout renouvellement triennal.

Son mandat était donc de trois ans. Il était élu à la majorité absolue des membres du conseil général pour une durée de trois ans. Comme pour l'élection du maire, la majorité absolue est requise aux deux premiers tours et la majorité relative suffit en cas de troisième tour. Cette durée de mandat réduite à trois ans disparaît avec l'élection en 2014 des conseillers départementaux élus pour six ans dans tous les cantons.

Comme dans l'élection du maire par le conseil municipal, un quorum est requis : le conseil départemental ne peut, dans ce cas, délibérer que si les deux tiers de ses membres sont présents. Si cette condition n'est pas remplie, la réunion se tient de plein droit trois jours plus tard. La réunion peut alors avoir lieu sans condition de quorum.

Le président du conseil départemental élu en 2015 l'est donc pour 6 ans.

C. L'élection des vice-présidents, de la commission permanente et du bureau

a. La commission permanente

Aussitôt après l'élection du président de conseil départemental, et sous sa présidence, le conseil départemental élit les membres de sa nouvelle commission permanente, composée du président du conseil départemental, de quatre à quinze vice-présidents (sous réserve que le nombre de ceux-ci ne soit pas supérieur à 30 % de l'effectif du conseil), et éventuellement d'un ou de plusieurs autres membres.

Le conseil départemental fixe le nombre des vice-présidents et des autres membres de la commission permanente avant que les candidatures ne soient déposées. Si une seule candidature est déposée par poste, les nominations prennent effet immédiatement. Si le nombre de candidats excède celui des postes à pourvoir, les membres de la commission permanente (autre que le président du conseil) sont élus au scrutin de liste à la représentation proportionnelle.

Après la répartition des sièges, le conseil départemental procède enfin à l'affectation des élus à chacun des postes de la commission permanente au scrutin uninominal dans les mêmes conditions que pour l'élection du président, et détermine l'ordre de leur nomination. Les membres de la commission permanente autres que le président sont nommés pour la même durée que le président.

b. Le bureau

Le bureau du conseil départemental est composé du président du conseil départemental et des vice-présidents, ainsi qu'éventuellement des autres membres de la commission permanente, auxquels le président a délégué l'exercice d'une partie de ses fonctions (articles L. 3122-8 et L. 3221-3 du Code général des collectivités territoriales).

3. La région

Le conseil qui gère la région est le conseil régional, l'exécutif de la région le président du conseil régional.

A. L'élection du conseil régional

Jusqu'à la décentralisation, la région était un établissement public aux compétences limitativement énumérées par la loi, administré par un simple conseil d'administration.

La loi du 2 mars 1982 transforme la région en collectivité territoriale en instituant l'élection des conseillers régionaux au suffrage universel direct.

Le mode d'élection des conseillers régionaux a été fixé par la loi du 10 juillet 1985, modifiée par la loi du 19 janvier 1999 puis par la loi du 11 avril 2003.

Les premières élections régionales ont eu lieu en 1986.

Les conseillers régionaux sont élus pour 6 ans au suffrage universel direct comme les conseillers municipaux et les conseillers départementaux. Comme les conseils municipaux et, désormais, les conseils départementaux, les conseils régionaux sont intégralement renouvelés tous les 6 ans.

Jusqu'aux élections régionales de 2004, les conseillers régionaux étaient élus au scrutin de liste proportionnel à un tour, les listes étant établies dans le cadre du département. Pour remédier à l'éparpillement des sièges entre de nombreuses listes rendant difficile l'administration des régions faute de majorités stables et aboutissant parfois à l'élection d'exécutifs peu représentatifs du vote des électeurs, la loi du 11 avril 2003 modifie fondamentalement le mode de scrutin. À noter que la réforme de 1999, qui réduisait de 6 à 5 ans le mandat des conseillers généraux, n'a jamais produit d'effets, la loi de 2003, précédant le renouvellement général suivant celui de 1998, conservant le mandat de 6 ans. Cette loi a toutefois semé le trouble dans les esprits, les candidats aux concours, notamment, affirmant encore parfois que la durée du mandat des conseillers régionaux serait de 5 ans.

Ainsi, les listes sont établies au niveau régional, mais les candidats sont répartis en sections départementales, le nombre de sièges étant calculé globalement pour chaque liste au niveau régional puis réparti entre les sections départementales en fonction du nombre de suffrages obtenus par chaque section.

Lors du premier tour de scrutin, si une liste obtient la majorité absolue des suffrages exprimés, elle obtient le quart des sièges à pourvoir. Les autres sièges sont répartis à la représentation proportionnelle entre toutes les listes ayant obtenu au moins 5 % des suffrages, dont la liste ayant obtenu la majorité absolue.

Si aucune liste n'obtient la majorité absolue, au second tour, la liste qui arrive en tête obtient le quart des sièges, les autres sièges étant répartis à la proportionnelle entre toutes les listes ayant obtenu au moins 5 % des suffrages, dont la liste arrivée en tête.

Seules peuvent se maintenir au deuxième tour les listes qui ont obtenu 10 % ou plus des suffrages exprimés.

On le voit, ce mode de scrutin est directement inspiré de celui mis en œuvre dans les communes de 1 000 habitants et plus, à la différence près que la « prime majoritaire » n'est pas, pour l'élection du conseil régional, de la moitié mais du quart des sièges.

La loi du 31 janvier 2007 tendant à promouvoir l'égal accès des femmes et des hommes aux mandats électoraux et fonctions électives avait modifié les règles de composition des listes : comme dans les communes de 3 500 habitants et plus (désormais 1 000 et plus), les listes doivent être composées alternativement d'un candidat de chaque sexe. La parité est également étendue aux listes de candidats vice-présidents et membres de la commission permanente.

La durée du mandat des conseillers régionaux élus en mars 2010 avait été ramenée à 4 ans afin que soient élus en mars 2014 les conseillers territoriaux qui devaient remplacer les conseillers généraux et les conseillers régionaux et constituer les assemblées délibérantes du département et de la région.

L'élection à compter de 2014 des conseillers territoriaux au scrutin uninominal à deux tours dans le cadre de cantons élargis, mettant fin à l'élection des conseillers régionaux au scrutin de liste sur la base de listes paritairement composées de candidats des deux sexes, aurait inévitablement fait régresser la parité hommes-femmes en politique, la pénalité financière pesant sur le financement public des partis politiques qui « ne jouent pas le jeu » de la parité se révélant bien moins opérante que l'obligation de listes paritaires.

Ils auront finalement été élus pour 6 ans en 2015, dans le cadre d'un scrutin de liste inchangé garantissant la parité hommes-femmes.

B. L'élection du président du conseil régional

Le président du conseil régional est élu selon les mêmes conditions que le maire et le président du conseil départemental (majorité absolue pour les deux premiers tours et majorité relative pour le troisième tour).

La durée de son mandat est de 6 ans, comme celui du maire, et, désormais, du président du conseil départemental.

C. L'élection des vice-présidents, de la commission permanente et du bureau

Si la durée de leur mandat différait de celle en vigueur pour les conseils généraux (6 ans pour l'exécutif régional au lieu de 3 pour l'exécutif départemental jusqu'aux réformes de 2010 puis 2013), les modes de désignation sont identiques à ceux de l'exécutif départemental.

13| Les modes de fonctionnement des collectivités territoriales et de leurs établissements publics

1. La commune

A. Le fonctionnement et les attributions du conseil municipal

Le conseil municipal se réunit au minimum une fois par trimestre (donc quatre fois par an) sur convocation du maire. Le délai de convocation est de cinq jours francs. La convocation contient l'ordre du jour du conseil municipal. Dans les communes de 3 500 habitants et plus, l'ordre du jour est accompagné de notes explicatives de synthèse sur les affaires soumises à délibération.

Le maire peut réunir l'assemblée chaque fois qu'il le juge utile. Il est tenu de réunir le conseil municipal, dans les trente jours qui suivent la demande motivée :

- d'un tiers au moins des conseillers ou de la moitié (communes de moins de 3 500 habitants) ;
- du préfet.

Le Code général des collectivités territoriales dispose (article L. 2121-29) que « le conseil municipal règle par ses délibérations les affaires de la commune ». Le conseil municipal ne peut délibérer que lorsque la majorité absolue des membres en exercice assiste à la séance. Si le quorum n'est pas atteint, une seconde convocation est adressée aux membres du conseil. Dans ce cas, quel que soit le nombre de membres présents, le conseil peut valablement délibérer.

Les séances du conseil municipal sont publiques. Toutefois, le conseil municipal peut décider sur demande du maire ou de trois conseillers, par un vote acquis sans débat, dans les conditions de l'article L. 2121.18 du Code général des collectivités territoriales, qu'il se réunit à huis clos. Le président peut donner la parole à un citoyen présent dans la salle du conseil : cette décision vaut suspension de séance.

Le conseil municipal exerce ainsi ses compétences au moyen de **délibérations**, acte juridique fondamental en matière de gestion des collectivités territoriales, prises à la majorité absolue des suffrages exprimés. Les délibérations sont exécutoires de plein droit dès qu'il a été procédé à leur publication ou à leur notification aux intéressés ainsi qu'à leur transmission au représentant de l'État dans le département ou à son délégué dans l'arrondissement.

Le conseil municipal peut aussi émettre des avis, lorsqu'ils sont requis par une loi ou un règlement ou sur invitation du préfet.

Il peut enfin émettre des vœux sur toute question d'intérêt local. Par ailleurs, les questions orales permettent à tout conseiller municipal de poser des questions en cours de séance sur les affaires de la commune. Le règlement intérieur du conseil municipal fixe notamment les règles applicables à ces questions orales.

Ainsi, le conseil municipal :

- assure la gestion financière de la commune : il discute et vote le budget. Il fixe notamment les taux d'imposition ainsi que les principes et modalités des emprunts. Il approuve le compte de gestion et le compte administratif;
- gère le patrimoine communal (administration du patrimoine privé et public de la commune : acquisition, location, aliénation des propriétés communales; travaux communaux);
- crée et organise les services publics municipaux. Certains services sont obligatoires (état civil, pompes funèbres, aide sociale...), d'autres sont facultatifs;
- prend les décisions de principe concernant les contrats et travaux;
- autorise les actions en justice intentées au nom de la commune;
- est chargé de la création des écoles et classes maternelles et élémentaires, après avis du représentant de l'État;
- désigne des membres ou des délégués pour siéger dans des organismes extérieurs.

Le conseil municipal peut également **déléguer une partie de ses attributions**, limitativement énumérées par l'article L 2122-20 du Code général des collectivités territoriales, au maire qui doit alors prendre personnellement les décisions entrant dans le champ de cette délégation sans pouvoir les déléguer à son tour.

Parmi les compétences qui peuvent être déléguées au maire par le conseil municipal, citons par exemple :

- la fixation et la modification de l'affectation des propriétés communales utilisées par les services municipaux;
- la fixation de certains droits de voirie et de droits prévus au profit de la commune qui n'ont pas un caractère fiscal, dans les limites fixées par le conseil municipal;
- la réalisation d'emprunts destinés au financement des investissements prévus au budget, dans les limites fixées par le conseil municipal;
- la passation et le règlement de certains marchés de gré à gré, lorsque les crédits sont prévus au budget;
- la passation de contrats d'assurance;
- la création de régies comptables;
- la délivrance et la reprise des concessions dans les cimetières;
- la création de classes dans les établissements d'enseignement;
- l'exercice au nom de la commune des droits de préemption définis par le Code de l'urbanisme;
- l'exercice des actions en justice au nom de la commune dans les cas définis par le conseil municipal.

Le maire doit rendre compte au conseil municipal à chacune de ses réunions obligatoires des décisions qu'il a prises sur délégation. Le conseil municipal peut toujours décider de mettre fin aux délégations qu'il a accordées au maire.

Les affaires examinées par le conseil municipal sont préalablement étudiées par des commissions municipales (consultatives).

Le maire préside le conseil municipal, ouvre et clôt les séances, exerce la « police de l'assemblée ».

Le conseil municipal adopte à la majorité absolue des délibérations, des avis et des vœux. Le scrutin peut être à main levée (ordinaire), public ou secret.

Les délibérations sont rendues publiques grâce au compte rendu et au registre des délibérations.

Les communes de 3 500 habitants et plus sont soumises à des obligations de publicité.

B. Les attributions du maire

Le maire est un élu local traditionnellement caractérisé par sa « double casquette », celle d'agent de l'État d'une part, celle d'agent de la commune d'autre part.

a. Le maire, agent de l'État

Le maire est chargé d'attributions qu'il exerce au nom de l'État sur le territoire de la commune, soit sous l'autorité du préfet, soit sous celle du procureur de la République.

Sous l'autorité du préfet, le maire :

- publie et exécute les lois et règlements dans la commune, et assure l'exécution des mesures de sûreté générale ;
- organise les élections politiques et professionnelles et révise les listes électorales ;
- participe aux opérations de recensement démographique et militaire ;
- est le correspondant de différents services de l'État et délivre à ce titre différents documents administratifs (cartes nationales d'identité, passeports, validation annuelle des permis de chasser…).

Le préfet peut, dans le cadre de l'exercice de ces pouvoirs, adresser des instructions et des injonctions au maire et se substituer à lui en cas de carence. Les décisions prises par le maire engagent la responsabilité de l'État et le préfet peut les modifier ou les annuler.

Sous l'autorité du procureur de la République, le maire :

- exerce les fonctions d'officier de police judiciaire (OPJ) ;
- est officier d'état civil : il célèbre les mariages, enregistre les naissances et les décès, délivre des copies et extraits des registres d'état civil.

b. Le maire, représentant de la commune

Le maire est l'exécutif de la commune.

Il détient des pouvoirs :

- financiers (il prépare, propose et exécute le budget) ;
- patrimoniaux (il gère le patrimoine de la commune, dirige les services municipaux en régie et contrôle les établissements publics communaux) ;
- juridiques (il conclut les marchés et les contrats au nom de la commune).

Le maire est également le chef du personnel communal.

Il est l'autorité de police municipale, garant du bon ordre, de la sécurité et de la salubrité publiques.

2. Le département

A. Le fonctionnement et les attributions du conseil départemental

L'article L. 3211-1 du Code général des collectivités territoriales dispose que « le conseil départemental règle par ses délibérations les affaires du département dans les domaines de compétences que la loi lui attribue.

Il est compétent pour mettre en œuvre toute aide ou action relative à la prévention ou à la prise en charge des situations de fragilité, au développement social, à l'accueil des jeunes enfants et à l'autonomie des personnes. Il est également compétent pour faciliter l'accès aux droits et aux services des publics dont il a la charge.

Il a compétence pour promouvoir les solidarités et la cohésion territoriale sur le territoire départemental, dans le respect de l'intégrité, de l'autonomie et des attributions des régions et des communes ».

Le conseil départemental se réunit à l'initiative de son président, au moins une fois par trimestre, ou sur demande de la commission permanente, ou du tiers des conseillers départementaux.

Le président convoque le conseil, en adressant douze jours avant la séance aux conseillers départementaux un ordre du jour accompagné d'un rapport sur chacune des affaires soumises à délibération. L'ordre du jour est arrêté par le président et par la commission permanente.

Le conseil départemental ne peut valablement délibérer que si la majorité absolue de ses membres est présente. Pour être valables, les décisions doivent être adoptées à la majorité des suffrages exprimés.

Les séances sont publiques (sauf si le conseil départemental décide le huis clos ou si le président du conseil départemental, dans le cadre de ses pouvoirs de « police des séances », restreint l'accès du public). Avec l'accord du président ou sur demande du Premier ministre, le préfet du département peut être entendu.

Le conseil départemental :
- discute et vote le budget départemental ;
- statue sur l'acceptation des dons et legs faits au département ;
- crée et supprime les services publics départementaux et en fixe les règles d'organisation.

B. Les attributions du président du conseil départemental

Exécutif du conseil départemental, le président du conseil départemental prépare et exécute les délibérations de ce conseil.

Il exerce la police de l'assemblée départementale en assurant le maintien de l'ordre public pendant les séances.

Le président peut déléguer, comme le maire à ses adjoints, l'exercice d'une partie de ses fonctions aux vice-présidents. Ensemble, ils constituent le bureau.

Les délégations peuvent être annulées à tout moment.

Ordonnateur des dépenses du département, il prescrit l'exécution des recettes. Chaque année, il rend compte au conseil de la situation du département.

Le président gère le domaine du département et est titulaire du pouvoir de police domaniale. Il dispose aussi de pouvoirs de police particuliers, notamment en matière de circulation.

Le président du conseil départemental est « seul chargé de l'administration ». Il est donc le chef des services du département. Il peut cependant disposer, en cas de besoin, des services déconcentrés de l'État.

Chaque année, le président rend compte au conseil départemental par un rapport spécial de la situation du département, qui précise notamment l'état d'exécution des délibérations adoptées et la situation financière du département. Le préfet quant à lui informe aussi chaque année le conseil départemental de l'activité des services de l'État dans le département.

3. La région

A. Le fonctionnement et les attributions du conseil régional

Le Code général des collectivités territoriales dispose que « le conseil régional règle par ses délibérations les affaires de la collectivité dans les domaines de compétence que la loi lui attribue ».

Comme le conseil départemental, le conseil régional se réunit à l'initiative de son président, au moins une fois par trimestre, ou sur demande de la commission permanente, ou du tiers des conseillers régionaux.

Le président convoque le conseil, en adressant douze jours avant la séance aux conseillers régionaux un ordre du jour accompagné d'un rapport sur chacune des affaires soumises à délibération. L'ordre du jour est arrêté par le président et par la commission permanente.

Le conseil régional ne peut valablement délibérer que si la majorité absolue de ses membres est présente. Pour être valables, les décisions doivent être adoptées à la majorité des suffrages exprimés.

Les séances sont publiques (sauf si le conseil régional décide le huis clos ou si le président du conseil régional, dans le cadre de ses pouvoirs de « police des séances », restreint l'accès du public). Avec l'accord du président ou sur demande du Premier ministre, le préfet du département peut être entendu.

Le conseil régional :
- discute et vote le budget régional;
- statue sur l'acceptation des dons et legs faits à la région;
- crée et supprime les services publics régionaux et en fixe les règles d'organisation.

B. Les attributions du président du conseil régional

À l'instar du président du conseil départemental, le président du conseil régional :
- prépare et exécute les délibérations du conseil régional;
- est l'ordonnateur des dépenses de la région et prescrit l'exécution des recettes;

– est seul chargé de l'administration ;
– gère le domaine de la région ;
– intente les actions en justice au nom de la région en vertu d'une décision du conseil régional.

C. Le conseil économique, social et environnemental régional (CESER)

Le conseil économique et social régional est une assemblée consultative souvent méconnue représentant les « forces vives » de la région ou « la société civile organisée de la région ». Il comprend entre 40 et 110 membres suivant les régions, appartenant à quatre collèges :

– le collège des entreprises et activités non salariées (35 % des sièges) ;
– le collège des organisations syndicales de salariés (35 % des sièges) ;
– le collège des organismes participant à la vie collective de la région (25 % des sièges) ;
– le collège des personnalités qualifiées participant au développement régional (5 % des sièges).

Ses membres sont désignés pour six ans renouvelables par les différents collèges.

Le CESER est obligatoirement saisi pour avis, avant examen par le conseil régional, notamment des documents relatifs à la préparation et à l'exécution dans la région du plan national, du projet de plan de la région et à son bilan annuel d'exécution, ainsi qu'à tout document de planification et aux schémas directeurs, des documents budgétaires de la région.

Le président du conseil régional peut aussi demander au CESER des avis sur des projets économiques, sociaux ou culturels.

Le CESER peut aussi, de sa propre initiative, émettre des avis sur toute question relevant des compétences de la région.

4. Les établissements publics administratifs locaux

De même que certains établissements publics nationaux sont rattachés à l'État (comme le musée du Louvre, par exemple), des établissements publics locaux sont rattachés à une commune, un groupement de communes, un département, une région ou une collectivité d'outre-mer. Des établissements publics locaux jouent un rôle de coopération entre plusieurs collectivités territoriales : c'est évidemment le cas des établissements publics de coopération intercommunale (EPCI) ou des centres de gestion de la fonction publique territoriale.

Alors que les collectivités territoriales exercent une compétence générale sur leur territoire, les établissements publics ont des compétences d'attribution limitativement énumérées par la loi.

A. Les établissements publics de coopération intercommunale (EPCI) à fiscalité propre

Les EPCI à fiscalité propre, disposant de recettes fiscales directes, mettent en œuvre une coopération dite « fédérative » correspondant à une intercommunalité de projet.

a. La création des EPCI

La coopération intercommunale a vu le jour avec la loi du 22 mars 1890 instituant les syndicats intercommunaux à vocation unique. Des lois successives (loi du 6 février 1992, loi du 12 juillet 1999, loi du 13 août 2004) l'ont renforcé. La loi du 16 décembre 2010 de réforme des collectivités territoriales a rendu obligatoire l'appartenance de toute commune à un EPCI à compter du 1er juillet 2013.

L'article L. 5210-1 du CGCT dispose que « le progrès de la coopération intercommunale se fonde sur la libre volonté des communes d'élaborer des projets communs de développement au sein de périmètres de solidarité ».

Les modalités de création des EPCI sont fixées par l'article L. 5211-5 du CGCT :

« I. Sans préjudice des dispositions de l'article L. 5212-2, le périmètre de l'établissement public de coopération intercommunale peut être fixé par arrêté du représentant de l'État dans le département lorsque les communes font partie du même département ou par arrêté conjoint des représentants de l'État dans les départements concernés dans le cas contraire :

1° Soit, dans un délai de deux mois à compter de la première délibération transmise, à l'initiative d'un ou de plusieurs conseils municipaux demandant la création d'un établissement public de coopération intercommunale ;

2° Soit à l'initiative du ou des représentants de l'État, après avis de la ou des commissions départementales de la coopération intercommunale concernées. Cet avis est réputé négatif s'il n'a pas été rendu à l'issue d'un délai de deux mois.

Cet arrêté dresse la liste des communes intéressées.

À compter de la notification de cet arrêté, le conseil municipal de chaque commune concernée dispose d'un délai de trois mois pour se prononcer sur le projet de périmètre et sur les statuts du nouvel établissement public de coopération intercommunale. À défaut de délibération dans ce délai, celle-ci est réputée favorable.

Le périmètre de l'établissement public de coopération intercommunale à fiscalité propre ne peut être identique à celui d'un département.

II. Sans préjudice des dispositions de l'article L. 5217-1, la création de l'établissement public de coopération intercommunale peut être décidée par arrêté du ou des représentants de l'État dans le ou les départements concernés après accord des conseils municipaux des communes intéressées sur l'arrêté dressant la liste des communes. Cet accord doit être exprimé par deux tiers au moins des conseils municipaux des communes intéressées représentant plus de la moitié de la population totale de celles-ci, ou par la moitié au moins des conseils municipaux des communes représentant les deux tiers de la population.

Cette majorité doit nécessairement comprendre :

1° Pour la création d'un syndicat, les conseils municipaux des communes dont la population est supérieure au quart de la population totale concernée ;

2° Pour la création d'un établissement public de coopération intercommunale à fiscalité propre, le conseil municipal de la commune dont la population est la plus nombreuse, lorsque celle-ci est supérieure au quart de la population totale concernée. »

Les commissions départementales de la coopération intercommunale ont été instituées par la loi du 12 juillet 1999 (articles L. 5211-42 et suivants du CGCT). Depuis la loi du 16 décembre 2010, elles sont composées de représentants des communes du département (40 %), de représentants des EPCI (40 %), de représentants des syndicats mixtes et des syndicats de communes (5 %), de représentants du conseil départemental (10 %), de représentants du conseil régional dans la circonscription départementale (5 %). Elles tiennent à jour l'état de la coopération intercommunale dans le département et formulent des propositions pour la renforcer.

Les conférences territoriales de l'action publique (CTAP) instituées par la loi MAPTAM du 27 janvier 2014 dans chaque région (composées du président du conseil régional, des présidents des conseils départementaux, des présidents des EPCI de plus de 30 000 habitants, un représentant des différentes catégories de communes dans chaque département) sont présidées par les présidents de conseils régionaux : elles rendent des avis sur l'exercice des compétences et la conduite des politiques publiques nécessitant coordination et délégations de compétences entre les collectivités et leurs groupements. Des conventions territoriales d'exercice concerté d'une compétence peuvent être élaborées par les collectivités.

b. Le fonctionnement des EPCI

L'organe délibérant des EPCI à fiscalité propre est le conseil communautaire. Son fonctionnement est très proche de celui du conseil municipal.

Article L. 5211-1 du CGCT : « Les dispositions du chapitre Ier du titre II du livre Ier de la deuxième partie relatives au fonctionnement du conseil municipal sont applicables au fonctionnement de l'organe délibérant des établissements publics de coopération intercommunale, en tant qu'elles ne sont pas contraires aux dispositions du présent titre.»

Le conseil communautaire règle, par ses délibérations, les affaires de la compétence de l'EPCI, en application du principe de spécialité. Il se réunit au moins une fois par trimestre, sur convocation du président. Ses délibérations sont publiques, sauf demande de huis clos.

Le conseil communautaire est constitué, depuis les élections municipales de mars 2014, des délégués communautaires élus au suffrage universel en même temps que les conseillers municipaux par « fléchage ».

Le président de l'EPCI est élu dans les mêmes conditions que le maire (scrutin secret majoritaire à trois tours) par le conseil communautaire. Organe exécutif, il prépare et exécute les délibérations du conseil, est l'ordonnateur des dépenses et le chef des services de l'EPCI.

c. La typologie des EPCI à fiscalité propre

■ Les **communautés de communes** (créées par la loi du 6 février 1992)
Elles regroupent plusieurs communes d'un seul tenant, sans enclave, exerçant obligatoirement des compétences en matière d'aménagement de l'espace et d'action de développement économique.

La loi NOTRe a fait passer de 5 000 à 15 000 habitants le seuil pour les constituer autour de bassins de vie (avec des dérogations pour les zones de montagne et les territoires peu denses).

■ Les **communautés d'agglomération** (créées par la loi du 12 juillet 1999)

Remplaçant les communautés de villes, elles regroupent plusieurs communes formant un ensemble de plus de 50 000 habitants, d'un seul tenant et sans enclave, autour d'une ou plusieurs communes centres de plus de 15 000 habitants. Elles exercent de plein droit les compétences en matière de développement économique, d'aménagement de l'espace communautaire, d'équilibre social de l'habitat, de politique de la ville, auxquelles s'ajoutent des compétences optionnelles (trois à choisir parmi : voirie, assainissement, eau, cadre de vie, équipements culturels et sportifs, action sociale).

■ Les **syndicats d'agglomération** nouvelle (créées par la loi du 13 juillet 1983)

Cette catégorie d'EPCI à fiscalité propre instituée pour organiser les villes nouvelles créées dans les années 1970 est supprimée par la loi NOTRe du 7 août 2015 à compter du 1er janvier 2017.

■ Les **communautés urbaines** (créées par la loi du 31 décembre 1966)

Les communautés urbaines sont des EPCI à fiscalité propre regroupant plusieurs communes d'un seul tenant et sans enclave formant un ensemble de plus de 250 000 habitants. Elles exercent obligatoirement les compétences transférées en matière de développement et aménagement économique, social, culturel de l'espace communautaire, d'aménagement de l'espace communautaire, d'équilibre social de l'habitat, de politique de la ville, de gestion des services d'intérêt collectif, de protection et de mise en valeur de l'environnement.

■ Les **pôles métropolitains** (créés par la loi du 16 décembre 2010)

« Établissements publics constitués par accord entre des établissements publics de coopération intercommunale à fiscalité propre », ils ont pour objectif « d'améliorer la compétitivité et l'attractivité de (leur) territoire, ainsi que l'aménagement du territoire infradépartemental et infrarégional ». Ils conduisent des « actions d'intérêt métropolitain en matière de développement économique, de promotion de l'innovation, de la recherche, de l'enseignement supérieur et de la culture, d'aménagement de l'espace (...), de développement des infrastructures et des services de transport.»

Créés par des EPCI se prononçant par délibérations concordantes sur l'intérêt métropolitain des compétences transférées, ils comptent 300 000 habitants dont 100 000 d'un même EPCI à fiscalité propre.

■ Les **métropoles** (créées par la loi du 16 décembre 2010, modifiées par la loi du 27 janvier 2014)

Les métropoles sont des EPCI regroupant plusieurs communes d'un seul tenant et sans enclave « qui s'associent au sein d'un espace de solidarité pour élaborer et conduire ensemble un projet d'aménagement et de développement économique, écologique, éducatif, culturel et social de leur territoire afin d'en améliorer la com-

pétitivité et la cohésion ». Peuvent devenir des métropoles les EPCI formant un ensemble de 500 000 habitants ainsi que les communautés urbaines.
Les métropoles exercent des compétences à la place des communes (développement économique, politique locale de l'habitat, gestion de services d'intérêt collectif…), du département (transport scolaire, voirie…), de la région.
La loi MAPTAM du 27 janvier 2014 décide de la création des métropoles du Grand Paris et d'Aix-Marseille-Provence et renforce les compétences qu'elles exercent en lieu et place des communes ; elles peuvent également exercer des compétences en matière d'habitat par délégation de l'État ainsi que, par convention, des compétences relevant du département ou de la région. Elles sont gérées par un conseil de la métropole, qui élit un président en son sein, une conférence métropolitaine (instance de coordination réunissant les maires des communes membres), conseil de développement (représentants des milieux économiques, sociaux, culturels, éducatifs, scientifiques, associatifs).
À noter que la Métropole de Lyon instituée par la loi MAPTAM n'est pas un EPCI, mais une collectivité à statut particulier exerçant les compétences de l'ancienne communauté urbaine de Lyon et du département sur ce territoire urbain.

d. Les EPCI sans fiscalité propre

Les EPCI sans fiscalité propre, dépendant des contributions des communes membres, mettent en œuvre une coopération dite « associative » correspondant à une intercommunalité de gestion.

Il s'agit des syndicats de communes, qui peuvent être créés pour une durée déterminée ou sans limitation de durée, ou pour une opération déterminée. Leurs services présentant un intérêt pour toutes les communes qui les constituent (production et distribution d'eau, assainissement, gestion des ordures ménagères, électrification, gestion scolaire…), ils prennent différentes formes :

- syndicats intercommunaux à vocation unique (SIVU), limités à un service d'intérêt intercommunal ;
- syndicats à vocation multiple (SIVOM), offrant plusieurs services intercommunaux ;
- syndicats à la carte, lorsque des communes peuvent adhérer à une partie seulement de leurs compétences.

14 | Les finances publiques locales et les budgets locaux

Il n'est évidemment pas possible de développer ici un cours entier de finances publiques locales, mais on posera tout de même quelques repères, utiles non seulement pour traiter si nécessaire de la dimension budgétaire des propositions opérationnelles dans l'épreuve de rapport des concours interne et de troisième voie, mais aussi pour répondre à des questions dans le cadre de l'épreuve orale d'entretien.

1. Qu'est-ce que l'autonomie financière des collectivités territoriales ?

Depuis la révision constitutionnelle du 28 mars 2003, l'article 72-2 de la Constitution du 4 octobre 1958 précise le principe d'autonomie financière des collectivités territoriales qui constitue une des conditions de leur libre administration.

Article 72-2 de la Constitution

« Les collectivités territoriales bénéficient de **ressources dont elles peuvent disposer librement** dans les conditions fixées par la loi.
Elles peuvent recevoir tout ou partie du produit des impositions de toutes natures. La loi peut les autoriser à en **fixer l'assiette et le taux** dans les limites qu'elle détermine.
Les **recettes fiscales** et les **autres ressources propres** des collectivités territoriales représentent, pour chaque catégorie de collectivités, une **part déterminante de l'ensemble de leurs ressources.** La loi organique fixe les conditions dans lesquelles cette règle est mise en œuvre.
Tout **transfert de compétences** entre l'État et les collectivités territoriales s'accompagne de l'**attribution de ressources équivalentes** à celles qui étaient consacrées à leur exercice. Toute création ou extension de compétences ayant pour conséquence d'augmenter les dépenses des collectivités territoriales est accompagnée de ressources déterminées par la loi.
La loi prévoit des dispositifs de **péréquation** destinés à favoriser l'égalité entre les collectivités territoriales. »

La **loi organique du 29 juillet 2004** définit les ressources propres des collectivités territoriales et fixe un plancher en deçà duquel le taux d'autonomie financière des collectivités locales ne peut pas descendre.

Article 3 de la loi organique du 29 juillet 2004

« Au sens de l'article 72-2 de la Constitution, les **ressources propres des collectivités territoriales** sont constituées du produit des impositions de toutes natures dont la loi les autorise à fixer l'assiette, le taux ou le tarif, ou dont elle détermine, par collectivité, le taux ou une part locale d'assiette, des redevances pour services rendus, des produits du domaine, des participations d'urbanisme, des produits financiers et des dons et legs.
Pour la catégorie des communes, les ressources propres sont augmentées du montant de celles qui, mentionnées au premier alinéa, bénéficient aux établissements publics de coopération intercommunale. »

2. Quels sont les principes budgétaires qui s'imposent aux collectivités territoriales ?

Par principe budgétaire, on entend les grandes règles, fixées par la loi (et le plus souvent inscrites dans le Code général des collectivités territoriales), destinées à assurer une bonne utilisation des fonds publics et un contrôle efficace de l'assemblée délibérante.

A. L'unité budgétaire

Pour exercer leur pouvoir de bonne façon, les assemblées délibérantes doivent avoir une vision d'ensemble des recettes et des dépenses de la collectivité, ce qui impose leur inscription sur un document unique. Afin que ce document soit clair, des documents sont annexés au budget.

Les budgets autonomes et les budgets annexes constituent une exception au principe d'unité budgétaire.

B. L'universalité budgétaire

Afin que les assemblées délibérantes puissent déterminer librement les dépenses, le budget ne doit pas établir de lien entre recettes et dépenses, soit :

– la règle du produit brut ou de la non-compensation ;

– la règle de la non-affectation des recettes.

Les budgets annexes, l'affectation de certaines recettes sont une exception à ce principe.

C. L'annualité budgétaire

Le budget des collectivités territoriales doit être voté avant le début de l'exercice. Les collectivités territoriales sont toutefois autorisées à voter leur budget jusqu'au 31 mars, afin de prendre en compte des données contenues dans la loi de finances.

L'exécution du budget s'étend en outre du 1er janvier au 31 décembre.

Les reports de crédits et les autorisations de programme, notamment, constituent une exception à ce principe.

D. La spécialité des crédits

Les assemblées délibérantes décident de l'utilisation des crédits. À cette fin, les opérations comptables sont regroupées sous une nomenclature budgétaire qui permet aux élus d'identifier les crédits votés.

Les virements et transferts de crédits font exception à ce principe.

E. L'équilibre

Les collectivités territoriales sont astreintes à l'équilibre de leurs dépenses et de leurs recettes par section (section de fonctionnement et section d'investissement).

Le respect de ce principe requiert une évaluation sincère des recettes et des dépenses. En outre, les collectivités territoriales ne peuvent pas emprunter pour financer la charge de la dette.

F. La sincérité

Les collectivités territoriales ne peuvent en effet pas surestimer les recettes ni sous-estimer les dépenses.

3. Quels sont les différents documents budgétaires d'une collectivité territoriale ?

A. Le budget primitif (BP)

Document budgétaire de base, le budget primitif doit être voté avant le début de l'exercice budgétaire auquel il se rapporte.

La loi avait toutefois fixé au 31 mars la date limite de vote du budget primitif par l'assemblée délibérante, cette date étant repoussée au 15 avril les années de renouvellement des assemblées locales.

L'article 37 de la loi n° 2012-1510 du 29 décembre 2012 de finances rectificatives pour 2012 a prévu qu'à compter de l'exercice 2013 et de façon pérenne la date limite de vote des budgets locaux est fixée au 15 avril au lieu du 31 mars. L'article L. 1613-2 du Code général des collectivités territoriales a été modifié en conséquence.

Le budget primitif prévoit et autorise les recettes et les dépenses de la commune en section de fonctionnement et en section d'investissement.

B. Le budget supplémentaire (BS)

Adopté par l'assemblée délibérante en cours d'année d'exécution du BP, il apporte des correctifs au budget, en incorporant au budget les différentes décisions modificatives, en rectifiant les prévisions budgétaires (majorations ou annulations de crédits), en reprenant les résultats (excédent ou déficit) et les reports (pour l'essentiel des dépenses engagées mais non mandatées) de l'exercice précédent.

À noter que le BS n'est pas obligatoire.

C. Les décisions modificatives (DM)

Des dépenses imprévues peuvent nécessiter l'ouverture de crédits ou des ajustements peuvent être nécessaires en fin d'exercice. Des DM peuvent ainsi intervenir tout au long de l'exercice budgétaire.

D. Les budgets annexes

Le Code général des collectivités territoriales dispose que « les produits des régies dotées de la seule autonomie financière, y compris les taxes ainsi que les charges, font l'objet d'un budget spécial annexé au budget de la commune voté par le conseil municipal ».

Le service des eaux et de l'assainissement, par exemple, lorsque la collectivité locale décide de l'exploiter elle-même en régie, fait l'objet d'un budget annexe.

E. Le compte administratif (CA)

Il est présenté comme le BP, avec une section de fonctionnement et une section d'investissement, chaque section étant séparée en recettes et en dépenses. Il retrace les opérations réalisées au cours de l'exercice en dépenses et en recettes, ainsi que les « restes à réaliser ». Il permet ainsi de comparer, ligne par ligne, les évaluations initiales et les réalisations.

Il doit être approuvé par l'organe délibérant avant le 30 juin de l'exercice suivant celui auquel il s'applique, en même temps que le compte de gestion établi par le comptable.

L'excédent ou le déficit de gestion qu'il fait apparaître est repris dans l'exercice suivant (BS ou DM). La reprise de ce résultat fera l'objet d'une délibération spécifique de l'assemblée délibérante : l'affectation du résultat.

F. Le compte de gestion

Établi par le comptable, c'est un document de synthèse des flux financiers (dépenses et recettes) de la collectivité concernée. Il justifie l'exécution du budget et présente l'évolution patrimoniale et financière de la commune.

4. Comment est présenté le budget des collectivités territoriales ?

Les opérations budgétaires sont réparties en deux sections équilibrées, la **section de fonctionnement** et la **section d'investissement**, qui comprennent chacune les recettes et les dépenses.

A. La section de fonctionnement

Elle correspond à l'exploitation courante des services.

On y trouve en dépenses :
- les frais de personnel ;
- les frais de travaux, fournitures et services extérieurs qui n'ont pas le caractère d'équipement ;
- les transferts versés (subventions de fonctionnement à des organismes dotés de l'autonomie financière…) ;
- la charge de la dette (intérêts).

Elle comprend en recettes :
- les transferts et dotations affectés au fonctionnement (par exemple la dotation globale de fonctionnement) ;
- les recettes fiscales : taxe d'habitation, taxe sur le foncier bâti, taxe sur le foncier non bâti, taxe professionnelle ;
- les produits de l'exploitation et du domaine.

B. La section d'investissement

Elle correspond aux opérations modifiant le patrimoine de la collectivité, soit :
- en dépenses :
  - le remboursement du capital de la dette,
  - les charges d'investissement réalisées directement par la commune,
  - les subventions d'équipement versées par la collectivité ;
- en recettes :
  - l'épargne brute dégagée par différence entre les charges et les produits de fonctionnement,
  - les subventions d'équipement reçues (dotation globale d'équipement, fonds de compensation de la TVA, subventions des autres collectivités territoriales…),
  - les produits d'emprunts.

Ainsi, lorsque les recettes de fonctionnement sont supérieures aux dépenses de fonctionnement, l'épargne brute ou autofinancement permet le financement des investissements.

5. Comment le budget est-il préparé et voté ?

A. La préparation du budget

La préparation du budget incombe à l'exécutif de la collectivité (et, par délégation, à ses services qui réunissent les éléments nécessaires).

Pour préparer le budget de l'année N, les services disposent du budget de l'année précédente (N – 1) et le dernier compte administratif arrêté (N – 2). Pour confectionner le budget, il est en outre nécessaire de connaître l'état du personnel, l'état de la dette (créances à long terme de la commune), les éléments fournis par l'État en matière fiscale (dotation globale de fonctionnement, dotation globale d'équipement…).

La préparation budgétaire requiert l'évaluation des recettes de fonctionnement et d'investissement, des dépenses de fonctionnement et d'investissement, la recherche de l'équilibre budgétaire ; l'inscription prioritaire des dépenses obligatoires.

Dans les communes de 3 500 habitants et plus, les départements et les régions, le vote du budget est obligatoirement précédé d'un **débat d'orientation budgétaire** (ou DOB) (débat de l'assemblée délibérante) qui doit intervenir dans les deux mois précédant le vote du budget. Ce débat permet l'information des élus locaux sur la situation financière de la collectivité ainsi que sur les grandes orientations budgétaires de l'exercice.

B. Le vote du budget

Le budget est voté par l'assemblée délibérante de chaque collectivité territoriale.

Le budget primitif doit être voté au 1er janvier de l'exercice auquel il s'applique. Ce délai est théorique, puisque la date limite de vote du budget est fixée au 15 avril.

Voter un budget supplémentaire n'est pas obligatoire. Lorsqu'un budget supplémentaire est voté par l'assemblée délibérante, il l'est souvent au troisième trimestre.

Le budget est voté par chapitres, ou, à la demande de l'assemblée délibérante, par articles. La section de fonctionnement est adoptée avant la section d'investissement.

Les communes de plus de 10 000 habitants, les départements et les régions peuvent désormais recourir au vote par fonction, c'est-à-dire à un vote des dépenses de fonctionnement et d'investissement par grandes familles de dépenses.

6. Quelles sont les principales ressources des collectivités territoriales ?

La loi organique du 29 juillet 2004 sur l'autonomie financière des collectivités territoriales fixe que « les recettes fiscales et les autres ressources propres des collectivités territoriales représentent [...] une part déterminante de l'ensemble de leurs ressources ».

Les ressources des collectivités territoriales proviennent de la fiscalité directe et de la fiscalité indirecte, qui représentent près de la moitié des ressources des collectivités territoriales (la fiscalité directe constituant les trois quarts des ressources fiscales) ainsi que des dotations de l'État, dont la part tend à augmenter. S'y ajoutent les ressources propres des collectivités territoriales et, enfin, l'emprunt.

A. La fiscalité directe

Bien que les impôts locaux prennent le nom de taxes, il s'agit véritablement d'impôts. Pour chacun des quatre impôts locaux, le montant de l'imposition est calculé en appliquant un taux d'imposition à une base dont la réévaluation est déterminée par la loi de finances.

Depuis la loi du 10 janvier 1980, les assemblées délibérantes déterminent librement ces taux, le vote devant désormais intervenir avant le 15 avril de l'année. Cette liberté de fixation des taux est toutefois encadrée : s'agissant des communes, par exemple, les taux de la taxe d'habitation, de la taxe foncière sur les propriétés bâties et de la taxe professionnelle sur les propriétés non bâties ne peuvent être supérieurs à deux fois et demie la moyenne nationale de l'année précédente ou la moyenne départementale si elle est plus élevée.

Les quatre impôts directs locaux, familièrement baptisés « les quatre vieilles » en raison de l'ancienneté de leur institution qui remonte à la Révolution, sont les suivants :

a. La taxe foncière sur les propriétés non bâties

Elle est assise sur les propriétés foncières non bâties.

Le montant de la taxe est calculé en multipliant le montant du revenu cadastral par les taux fixés par chacune des collectivités territoriales du lieu de situation du bien.

Le revenu cadastral constitue la base d'imposition à la taxe foncière. Il est égal à la valeur locative cadastrale diminuée d'un abattement de 20 %, destiné à compenser forfaitairement les frais et charges du propriétaire.

La valeur locative cadastrale correspond à un loyer annuel théorique calculé à l'aide d'un tarif communal établi par nature de culture ou de propriété et éventuellement par classe (les cultures ou propriétés sont classées en treize catégories).

b. La taxe foncière sur les propriétés bâties

Les propriétaires ou usufruitiers d'un immeuble bâti sont soumis à la taxe foncière sur les propriétés bâties.

Les immeubles bâtis désignent les constructions et bâtiments élevés au-dessus du sol ou construits en sous-sol. Pour les particuliers, il s'agit essentiellement des locaux d'habitation et des parkings dont ils sont propriétaires, qu'ils soient ou non occupants des lieux.

Les bâtiments commerciaux, industriels ou professionnels sont également imposés à la taxe foncière.

Le revenu cadastral constitue la base d'imposition.

Il est égal à la valeur locative cadastrale diminuée d'un abattement de 50 % afin de tenir compte des frais de gestion, d'assurance, d'amortissement, d'entretien et de réparation.

La valeur locative cadastrale, déterminée par le service du cadastre, correspond à un loyer annuel théorique que le propriétaire pourrait tirer du bien s'il était loué.

Quant à l'abattement forfaitaire, il permet de prendre en compte les frais de gestion, d'assurance, d'amortissement, d'entretien et de réparation.

c. La taxe d'habitation

Tous les locaux meublés affectés à l'habitation (maisons individuelles et appartements) et leurs dépendances immédiates (chambres de service, garages…) sont soumis à la taxe d'habitation.

Les locaux passibles de la taxe professionnelle qui ne font pas partie de l'habitation personnelle, les bâtiments servant aux exploitations rurales (granges, écuries…), les résidences universitaires gérées par les CROUS… sont exonérés de taxe d'habitation.

À compter de 2008, une nouvelle exonération est accordée sur délibération des communes. Elle concerne notamment les chambres d'hôtes et gîtes ruraux, lorsqu'ils sont situés en zones de revitalisation rurale.

Elle est calculée sur la valeur locative nette, égale à la valeur locative cadastrale du local diminuée, pour la résidence principale, d'abattements obligatoires (pour charges de famille) ou facultatifs (en fonction du revenu…).

Les abattements obligatoires pour charges de famille sont fixés à 10 % de la valeur locative moyenne des habitations de la commune pour chacune des deux premières personnes à charge et à 15 % pour chacune des suivantes. Ces taux peuvent être majorés de 5 ou 10 points par le conseil municipal.

Les abattements facultatifs sont fixés à 5, 10 ou 15 % de la valeur locative moyenne des habitations de la commune.

d. La taxe professionnelle

Elle était due chaque année par les personnes physiques ou morales qui exercent, à titre habituel, une activité professionnelle non salariée.

La taxe était établie dans chaque commune où le redevable disposait de locaux ou de terrains.

La base d'imposition était constituée par la valeur locative des immobilisations corporelles dont avait disposé le redevable, pour les besoins de sa profession au cours de la période de référence ainsi que pour les titulaires de bénéfices non commerciaux, certains agents d'affaires et intermédiaires de commerce, par une fraction des recettes.

Une réforme attendue de la taxe professionnelle a été mise en œuvre dans le cadre de la loi de finances de 2006, fixant notamment qu'aucune entreprise ne pourra être imposée au-delà de 3,5 % de sa valeur ajoutée, avant la réforme supprimant cette taxe à compter du 1er janvier 2010.

CET et IFER

La loi de finances pour 2010 a supprimé définitivement la taxe professionnelle (TP) pour toutes les entreprises à compter du 1er janvier 2010.
La TP est remplacée par une **contribution économique territoriale (CET)** à deux composantes :
– la **cotisation foncière des entreprises (CFE)**, fondée sur les bases foncières ;
– la **cotisation sur la valeur ajoutée des entreprises (CVAE)**, dont le taux – fixé au niveau national – est progressif, allant de 0 % pour les entreprises de moins de 500 000 € de chiffre d'affaires à 1,5 % pour les entreprises de plus de 50 M€ de chiffre d'affaires.
S'y ajoute un **impôt forfaitaire sur les entreprises de réseaux (IFER)**, frappant les activités non délocalisables (énergie, télécoms, transport ferroviaire) pour limiter le gain correspondant à la suppression de la TP.
En 2010, année de transition, les collectivités locales ont reçu une compensation relais égale au minimum au produit de la taxe professionnelle perçu en 2009. Elles ont voté les taux d'impôt normalement, y compris le taux de CFE. Les éléments servant au calcul de la compensation relais leur ont été notifiés en même temps que leurs bases d'imposition prévisionnelles.
À compter de 2011, chaque niveau territorial bénéficie de nouvelles ressources fiscales :
– communes et EPCI (établissements publics de coopération intercommunale) : taxe d'habitation, taxe sur le foncier bâti (TF) et le foncier non bâti, cotisation foncière des entreprises (CFE), CVAE (26,5 % du produit), IFER, taxe sur les surfaces commerciales (TasCom) ;
– départements : taxe foncière, CVAE (48,5 % du produit), IFER, solde de taxe sur les conventions d'assurance (TSCA) et de droits de mutation à titre onéreux (DMTO) ;
– régions : CVAE (25 % du produit), IFER.
Pour vérifier qu'aucune collectivité ne soit « perdante », le gouvernement a accepté le principe d'une clause de réexamen permettant, le cas échéant, d'aménager le dispositif de répartition des ressources des collectivités locales en fonction de simulations approfondies.

e. Les autres impôts directs locaux

Il s'agit de quelques impôts directs, communaux et départementaux dont les produits restent assez accessoires, comme la taxe d'enlèvement des ordures ménagères.

B. La fiscalité indirecte des collectivités territoriales

Les impositions obligatoires sont constituées notamment par les taxes additionnelles aux droits de mutation ; ces taxes frappent certaines opérations patrimoniales (vente d'immeubles, donation, cession de fonds de commerce...).

Il existe également des taxes facultatives, susceptibles d'être instituées par décision de l'assemblée locale (exemple : taxes communales sur l'électricité, taxe sur les cartes grises : régions).

C. Les ressources non fiscales

a. Les dotations

Il s'agit de prélèvements opérés sur le budget de l'État et distribués aux collectivités territoriales.

■ **Les dotations de fonctionnement**

La **dotation globale de fonctionnement** (DGF), instituée en 1979, est la plus importante contribution de l'État aux collectivités. Elle s'est élevée à 40,1 milliards d'euros en 2014. Les collectivités peuvent l'employer librement. La DGF bénéficie aux communes, aux groupements de communes à fiscalité propre, aux départements et, depuis le 1er janvier 2004, aux régions.

Les autres dotations de fonctionnement sont, notamment, la dotation spéciale instituteurs (21 millions d'euros en 2014), en voie d'extinction à mesure de leur remplacement par des professeurs des écoles ; la dotation « élu local » pour les communes de moins de 1 000 habitants les plus défavorisées (65 millions d'euros en 2014) ; le fonds de mobilisation départemental pour l'insertion, créé en 2006 et doté, en 2014, de 500 millions d'euros.

■ **Les dotations d'équipement**

La **dotation globale d'équipement** (DGÉ), d'un montant de 709 millions d'euros en 2010, est attribuée par les préfets aux départements, à certaines communes et groupements de communes, sous conditions de ressources et de population, afin de les aider à financer leurs équipements et leurs infrastructures.

En 2011, la DGE des communes a fusionné avec la DDR (la dotation de développement rural, 131 millions en 2010) pour former la **dotation d'équipement des territoires ruraux** (DÉTR). En 2014, la DETR s'élevait à 616 millions d'euros, et la DGÉ des départements à 219 millions.

Le **fonds de compensation de la taxe sur la valeur ajoutée** (FCTVA), d'un montant de 5,8 milliards d'euros en 2014, constitue également une dotation d'équipement et compense la TVA payée par les collectivités sur leurs dépenses d'équipement réalisées deux ans auparavant.

■ **Les dotations de compensation**

Elles peuvent servir à compenser des transferts de compétences de l'État aux collectivités. Il s'agit notamment de la dotation relative à la formation professionnelle (1,7 milliards d'euros en 2013) remplacée en 2014 par des ressources fiscales transférées, et de la dotation générale de décentralisation (1,5 milliards d'euros en 2013).

CONNAISSANCES INDISPENSABLES

Elles peuvent aussi servir à compenser les exonérations et dégrèvements consentis par l'État sur la fiscalité locale.

b. Les ressources propres des collectivités territoriales et les produits de l'exploitation ou du domaine

Ces ressources sont principalement constituées des recettes tarifaires provenant de la vente de biens ou de services aux usagers. Les collectivités territoriales peuvent également disposer de revenus patrimoniaux (issus, par exemple, de l'exploitation de forêts).

c. L'emprunt

Le recours à l'emprunt n'est en général possible que pour assurer le financement des dépenses d'investissement.

C'est aux assemblées délibérantes qu'il appartient de décider du principe de l'emprunt et d'en fixer le montant maximum dans le cadre du vote du budget. La délibération ou la décision d'emprunt est un acte unilatéral qui précède la signature du contrat de prêt sous peine de nullité. La réalisation des contrats de prêt peut être déléguée à l'exécutif local.

7. Quelles sont les dépenses obligatoires et les dépenses facultatives des collectivités ?

Certaines dépenses sont obligatoires, c'est-à-dire qu'elles doivent obligatoirement être inscrites dans le budget. À défaut, le préfet, ou le comptable public, ou toute personne y ayant intérêt peut saisir la Chambre régionale des comptes qui dispose d'un mois pour constater le défaut d'inscription et mettre la collectivité en demeure d'inscrire la dépense. Si la collectivité ne se conforme pas à l'avis, la Chambre régionale des comptes peut demander au préfet de procéder à l'inscription d'office de la dépense.

A. Les dépenses obligatoires

L'article L. 162-15 du Code général des collectivités territoriales dispose que « ne sont obligatoires pour les collectivités territoriales que les dépenses nécessaires à l'acquittement de dettes exigibles et les dépenses pour lesquelles la loi l'a expressément décidé ».

Les dépenses de fonctionnement correspondent à l'exploitation courante et régulière des services.

Il s'agit des frais de personnel, du remboursement de la dette (intérêts des emprunts), de la participation communale due au titre des contingents (exemple : les frais de casernement de la brigade des sapeurs-pompiers, aide sociale), des charges foncières réglées par la collectivité en tant que propriétaire, des cotisations versées à divers organismes au titre d'une affiliation.

Les dépenses d'investissement traduisent les opérations modifiant le patrimoine de la collectivité territoriale. Elles comprennent le remboursement de la dette en capital (financé par les ressources propres de la section d'investissement et le prélèvement sur les recettes de fonctionnement), les charges d'investissement réalisées par la collectivité territoriale (acquisitions, travaux), les subventions d'équipement versées à d'autres collectivités, les participations à des sociétés d'économie mixte d'aménagement.

B. Les dépenses facultatives

Elles comprennent notamment les dépenses de travaux, de fournitures et de services extérieurs n'ayant pas le caractère d'équipement nécessaire au bon fonctionnement du service public. Ces dépenses correspondent généralement à la passation de marchés (nettoyage, restauration, maintenance du matériel…)…

8. Engager, liquider, mandater, payer ?

On distingue, en matière de procédure de dépense publique locale, deux phases distinctes baptisées phase administrative, mise en œuvre par l'ordonnateur, et phase comptable, qui incombe au comptable.

■ La **phase administrative** comprend l'engagement, la liquidation, l'ordonnancement ou mandatement :

- **engager une dépense**, c'est, pour un organisme public, « créer ou constater à son encontre une obligation de laquelle résulte une charge ». L'engagement comptable, au moyen d'un bon d'engagement, permet de « vérifier les crédits et d'en faire la réservation », tandis que l'engagement juridique traduit la décision d'effectuer une dépense (signature d'un marché, par exemple). C'est l'exécutif de la collectivité qui engage les dépenses ;
- **liquider une dépense** consiste, après constat de la réalité du service fait, à vérifier le montant précis de la somme due et la conformité du document comptable ;
- **ordonnancer** (ou mandater) une dépense, c'est, pour l'ordonnateur, donner l'ordre au comptable, par un mandat, de procéder au paiement. Le mandat s'accompagne d'un ordre de virement au fournisseur.

■ Pendant la **phase comptable**, le comptable vérifie la régularité comptable avant de procéder au paiement de la dépense :

- la **prise en charge du mandat** engage (personnellement et pécuniairement) le comptable qui vérifie la qualité de l'ordonnateur, la disponibilité des crédits, l'exacte imputation de la dépense, les pièces justificatives, la liquidation et le caractère libératoire du règlement. Il vise ensuite le mandat et le met en paiement ;
- le **paiement de la dépense** est alors également réalisé par le comptable qui décaisse les fonds.

L'ordonnateur et le comptable sont ainsi strictement séparés : celui qui décide les opérations ne détient pas les fonds, celui qui détient les fonds ne décide pas les opérations.

9. Quel contrôle sur les comptes des collectivités territoriales ?

Le contrôle de la Chambre régionale des comptes s'exerce sur toutes les collectivités territoriales de son ressort géographique, ainsi que sur les établissements publics (hôpitaux, lycées, collèges…), les groupements intercommunaux, sociétés d'économie mixte locales et certaines associations subventionnées. Il convient de distinguer le contrôle budgétaire, dans lequel le préfet joue un rôle essentiel, du contrôle juridictionnel et du contrôle de gestion.

A. Le contrôle budgétaire

Le contrôle budgétaire est assuré par la Chambre régionale des comptes dans quatre cas :

– sur saisine du préfet lorsque le budget n'a pas été transmis dans un délai de quinze jours après la date limite fixée pour son adoption ou lorsqu'il n'a pas été adopté avant cette date limite. La Chambre régionale des comptes dispose alors d'un mois pour faire des propositions pour le règlement du budget. Le préfet peut ensuite, sur la base de ces propositions, régler le budget et le rendre exécutoire ;

– sur saisine du préfet, du comptable public ou de toute personne y ayant intérêt lorsque des dépenses obligatoires n'ont pas été inscrites au budget. La Chambre régionale des comptes adresse alors à la collectivité concernée une mise en demeure dans un délai d'un mois. À défaut de réaction de la personne publique dans un délai d'un mois, la Chambre régionale des comptes demande au préfet l'inscription de la dépense au budget et propose éventuellement les modifications budgétaires nécessaires pour couvrir cette dépense ;

– sur saisine du préfet, lorsque le budget ne fait pas apparaître un équilibre réel. La Chambre régionale des comptes dispose alors de trente jours pour proposer les mesures nécessaires au rétablissement de l'équilibre. Si la collectivité ne prend pas, dans le mois qui suit, des mesures jugées suffisantes par la Chambre régionale des comptes, c'est le préfet qui règle et rend le budget exécutoire ;

– sur saisine du préfet lorsque le compte administratif ne lui est pas transmis dans un délai de quinze jours ou lorsque les comptes font apparaître un déficit d'au moins 5 % des recettes de la section de fonctionnement (10 % dans les communes de moins de 20 000 habitants). La Chambre régionale des comptes propose des solutions dans un délai d'un mois et le budget primitif de l'exercice suivant lui est automatiquement transmis par le préfet. Si la Chambre régionale des comptes constate dans ce nouveau budget des propositions insuffisantes, elle propose dans le mois au préfet les mesures nécessaires au rétablissement de l'équilibre. Celui-ci rend alors le budget exécutoire.

B. Le contrôle juridictionnel

Il s'agit du contrôle exercé par la Chambre régionale des comptes sur l'ensemble des comptes des comptables publics des collectivités territoriales et de leurs établissements publics. Entre aussi dans ce contrôle la gestion de fait des deniers des collectivités territoriales.

Les comptables des collectivités territoriales et des établissements publics locaux doivent rendre compte chaque année de leurs activités en produisant les comptes résumant les opérations exécutées sous leur responsabilité.

À l'issue de la procédure, la Chambre régionale des comptes rend un arrêt définitif qui, soit décharge le comptable en cas de réparation des omissions ou irrégularités, soit condamne le comptable à rembourser sur ses deniers personnels.

La Chambre régionale des comptes peut d'elle-même réviser ses jugements. Le jugement définitif de la Chambre régionale des comptes est susceptible d'appel à la Cour des comptes. Il est cependant possible de se pourvoir en cassation devant le Conseil d'État contre les arrêts définitifs de la Cour des comptes.

C. Le contrôle de gestion

Le contrôle de gestion est assuré par la Chambre régionale des comptes de manière rétrospective et se traduit par des lettres d'observation sur la qualité de la gestion de l'ordonnateur. La mise en route de ce type de contrôle est une compétence discrétionnaire de la Chambre.

Les observations formulées par la Chambre régionale des comptes, qui portent sur la régularité des actes de gestion, l'économie des moyens et l'évaluation des résultats et non sur l'opportunité, sont communiquées aux ordonnateurs qui peuvent répliquer. Si les explications fournies ne la satisfont pas elle communique ses observations à l'organe délibérant, par l'intermédiaire des ordonnateurs.

L'article L. 241-9 du Code des juridictions financières dispose que « lorsque des observations sont formulées, le dirigeant ou l'ordonnateur concerné, y compris, le cas échéant, celui qui était en fonction au cours de l'exercice examiné, disposent d'un délai de deux mois pour remettre au greffe de la Chambre régionale des comptes une réponse écrite. Les observations ne peuvent être arrêtées définitivement qu'après réception de cette réponse, ou à défaut, à l'expiration du délai précité ».

Toute personne contrôlée ou nominativement ou explicitement mise en cause peut saisir la Chambre régionale des comptes d'une demande de rectification d'observations définitives sur la gestion.

10. Qu'est-ce que la « gestion de fait » ?

L'article 60-XI de la loi de finances n° 63-156 du 23 février 1963 dispose que :

« Toute personne qui, sans avoir la qualité de comptable public ou sans agir sous contrôle et pour le compte d'un comptable public, s'ingère dans le recouvrement de recettes affectées ou destinées à un organisme public doté d'un poste comptable ou dépendant d'un tel poste doit, nonobstant les poursuites qui pourraient être engagées devant les juridictions répressives, rendre compte au juge financier de l'emploi des fonds ou des valeurs qu'elle a irrégulièrement détenus ou maniés.

Il en est de même pour toute personne qui reçoit ou manie directement ou indirectement des fonds ou des valeurs extraits irrégulièrement de la caisse d'un organisme public, et pour toute personne qui, sans avoir la qualité de comptable public, procède à des opérations portant sur des fonds ou des valeurs n'appartenant pas aux organismes publics mais que les comptables publics sont exclusivement chargés d'exécuter en vertu de la réglementation en vigueur.

Les gestions de fait sont soumises aux mêmes juridictions et entraînent les mêmes obligations et responsabilités que les gestions régulières. »

La procédure de gestion de fait vise à rétablir les formes comptables, en assujettissant le comptable de fait aux mêmes obligations qu'un comptable public, ainsi que les formes budgétaires, en faisant délibérer l'organe ayant le pouvoir d'autoriser les dépenses.

Le développement d'associations para-administratives, afin de pallier les rigidités de la comptabilité publique, a favorisé le développement de la gestion de fait, par exemple lorsqu'une association subventionnée par la commune prend en charge des factures libellées au nom de la commune ou verse des rémunérations à du personnel communal.

Lorsque l'association ne jouit d'aucune autonomie, les fonds versés demeurent des fonds publics puisque c'est, de fait, la collectivité qui décide de leur utilisation. Pour apprécier l'autonomie de l'association par rapport à la collectivité, la Chambre régionale des comptes examine si l'association est ou non le simple relais des services de la collectivité. Si tel est le cas, la gestion de fait est établie. Des régularisations peuvent parfois être mises en œuvre sans sanction. Aux sanctions financières peuvent s'ajouter la démission d'office et l'inéligibilité.

15| Le contrôle des actes des collectivités territoriales

Les modalités de contrôle de légalité des actes jouent un rôle déterminant dans le processus de décentralisation.

Comment pourrait-on véritablement parler de décentralisation si le contrôle de la légalité des actes permettait à l'État d'empêcher les collectivités territoriales d'exercer leurs compétences ?

Les lois de décentralisation ont inventé un dispositif qui permet à l'État de demeurer le garant de l'unicité de la République, en s'assurant que les actes pris par les collectivités territoriales ne portent pas atteinte au droit qui s'impose à tous.

La loi du 2 mars 1982 a ainsi mis fin à la tutelle administrative que l'État exerçait jusqu'alors sur les collectivités territoriales et modifié fondamentalement son contrôle sur la légalité de leurs actes. Le préfet ne dispose plus du pouvoir d'annuler lui-même les actes des autorités locales avant qu'ils ne produisent leurs effets (contrôle *a priori*) ; il peut en revanche saisir le juge administratif à fin d'annulation d'un acte illégal (contrôle *a posteriori*).

Les collectivités territoriales et leurs établissements publics ont donc l'obligation de transmettre au préfet leurs actes juridiques « les plus importants par leurs conséquences » (délibérations, principaux contrats, décisions réglementaires et individuelles prises par le maire dans le cadre de l'exercice de ses pouvoirs de police, conventions relatives aux marchés et aux emprunts, conventions de concession et d'affermage des services publics locaux, décisions individuelles prises en matière de gestion du personnel, décisions individuelles en matière d'urbanisme…).

La transmission au contrôle de légalité rend les actes opposables aux tiers et fait courir le délai dans lequel le préfet peut saisir le tribunal administratif (délai de deux mois à compter de la réception de l'acte en préfecture). Les actes des collectivités territoriales et de leurs établissements publics sont **exécutoires de plein droit** dès leur publication (actes réglementaires) ou leur notification (actes individuels) dès lors qu'ils ont fait l'objet d'une transmission au contrôle de légalité.

On appelle **déféré administratif** ou **déféré préfectoral** le recours intenté par le préfet en vue d'obtenir l'annulation par le juge administratif d'un acte qu'il juge illégal.

Le représentant de l'État peut assortir son recours d'une demande de suspension de l'acte. Le juge des référés (président du tribunal administratif ou magistrat délégué par lui) fait droit à cette demande si l'un des moyens invoqués paraît, en l'état de l'instruction, propre à créer un doute sérieux quant à la légalité de l'acte attaqué. Il est statué sur cette demande dans le délai d'un mois.

Le représentant de l'État peut également introduire dans le délai de dix jours suivant réception d'un acte relatif à des marchés publics, délégations de service public ou d'urbanisme, une demande de suspension. L'acte est alors suspendu et redevient exécutoire si le juge des référés n'a pas statué dans le délai d'un mois.

Lorsque l'acte attaqué est de nature à compromettre l'exercice d'une liberté publique ou individuelle, la suspension est prononcée par le juge des référés dans les quarante-huit heures.

Le préfet fait connaître à la collectivité sa décision de déférer l'acte.

Si le préfet sollicite des précisions ou des pièces manquantes ou s'il entame des négociations avec la collectivité en faisant valoir ses observations, le délai de deux mois court à partir de la réponse de la collectivité territoriale et non du jour de la réception. La formation du recours gracieux a pour effet de proroger le délai du recours contentieux.

16| Les modes d'information des administrés et des élus

1. L'information des administrés

L'article L. 2141-1 du Code général des collectivités territoriales affirme « le droit des habitants de la commune à être informés des affaires de celle-ci ».

Le Conseil d'État, dans son rapport de 1994 consacré aux services publics, considère qu'aux côtés des principes traditionnels d'égalité et de continuité des services publics ont émergé les nouveaux principes de **transparence** et de **responsabilité**. Ces nouveaux principes passent nécessairement par l'information des habitants sur l'action de l'administration.

La législation et la jurisprudence relative à la communication des documents administratifs en général sont fondées sur le **principe du libre accès à l'information, le secret devenant l'exception.** Tel est le principe posé par la loi du 17 juillet 1978 concernant l'amélioration des relations entre l'administration et le public et créant la Commission d'accès aux documents administratifs (CADA). La loi du 11 juillet 1979 impose en outre la motivation des actes administratifs.

Selon le Code général des collectivités territoriales, toute personne physique ou morale a le droit de demander communication sur place et de prendre copie totale ou partielle des procès-verbaux du conseil municipal, des budgets et des comptes de la commune, des arrêtés municipaux. Ce droit d'accès interdit en revanche de « reproduire, de diffuser ou d'utiliser à des fins commerciales les documents communiqués ».

Pour que les administrés puissent exercer correctement leur droit d'accès aux documents, ils doivent en connaître l'existence et, surtout, pouvoir les identifier. En effet, l'administré doit désigner lui-même le document qu'il désire consulter.

Quand, par exemple, les budgets sont mis à la disposition du public, ils sont accompagnés de documents annexes permettant d'apprécier les engagements et les concours de la commune. Il en est de même des documents relatifs à l'exploitation des services publics délégués.

L'article L. 2121-27-1 du Code général des collectivités territoriales dispose que « dans les communes de 3 500 habitants et plus, lorsque la commune diffuse, sous quelque forme que ce soit, un bulletin d'information générale sur les réalisations et la gestion du conseil municipal, **un espace est réservé à l'expression des conseillers municipaux n'appartenant pas à la majorité municipale**. Les modalités d'application de cette disposition sont définies par le règlement intérieur ».

Ce bulletin d'information générale n'est pas forcément une publication papier : il peut être diffusé « sous quelque forme que ce soit ». Cela inclut donc les bulletins diffusés ou mis en ligne sur Internet.

2. L'information des élus locaux

Les élus locaux bénéficient par ailleurs d'un **droit à l'information** à propos des sujets qui sont traités lors des séances de leur assemblée. Ce droit à l'information, qui s'ajoute à celui dont bénéficie tout citoyen (dans le cadre du droit d'accès aux documents administratifs), n'a été introduit au niveau communal que par la **loi du 6 février 1992** (alors que les départements en bénéficiaient depuis 1871 et les régions depuis 1972).

Tout membre du conseil d'une collectivité ou d'un groupement dispose dans le cadre de sa fonction du droit d'être informé des affaires de celui-ci. En pratique, il doit être informé de la date de l'assemblée et des affaires qui y seront abordées suffisamment longtemps avant sa tenue mais également pendant. Au-delà de la seule information sur la tenue des assemblées, **certains documents sont obligatoirement transmis** aux différents conseillers dans des délais suffisants pour qu'ils puissent en prendre connaissance.

Le refus de communication et d'information des élus locaux est une décision grave et irrégulière. Les maires et présidents d'EPCI, de département ou de région sont responsables de cette information. Certaines informations doivent être adressées sans demande préalable des élus.

S'agissant des **communes** et des **EPCI**, toute **convocation** doit être faite par le maire ou la personne en ayant délégation, indiquer les questions portées à l'ordre du jour et être mentionnée au registre des délibérations. Elle est affichée ou publiée et impérativement adressée aux conseillers municipaux par écrit et généralement envoi à domicile. Pour les communes de moins de 3 500 habitants et les EPCI dont aucune commune membre n'a une population de 3 500 habitants ou plus, la convocation est adressée au moins trois jours francs avant la réunion. Pour les communes de 3 500 habitants et plus et pour les autres EPCI, ce délai est fixé à **cinq jours**. Mais, en cas d'urgence, ce délai peut être abrégé par le maire à condition qu'il ne soit pas inférieur à un jour franc. Pour les départements et régions, **douze jours** au moins avant la réunion du conseil, le président adresse aux conseillers un rapport sur chacune des affaires qui doivent leur être soumises.

Habituellement, l'**initiative de la réunion du conseil** appartient au maire ou au président de l'EPCI, du département ou de la région, mais les conseillers peuvent provoquer cette réunion à condition d'être suffisamment nombreux à poser la demande. Dans les communes de moins de 3 500 habitants et EPCI assimilés, la demande doit émaner de la majorité des membres du conseil, dans les autres communes ou EPCI et dans les départements et régions, d'au moins le tiers des élus.

La **convocation au conseil** obéit à un formalisme précis. Elle doit comporter la liste de toutes les questions à l'ordre du jour. Une note de synthèse suffisamment détaillée sur les affaires soumises à délibération est, de plus, jointe pour les communes de 3 500 habitants et plus. Quant aux départements et aux régions, ils doivent fournir un rapport pour chacune des affaires soumises au conseil.

Au-delà, et en fonction de réglementations spécifiques, certains dossiers imposent des modalités spécifiques de fourniture d'information, que ce soit aux seuls conseillers ou à l'ensemble de la population. Ce sera le cas de l'élaboration budgétaire, de la construction et de l'examen de certains documents d'urbanisme. C'est notamment le cas, dans des communes de 3 500 habitants et plus, pour tout contrat de service public concerné par la délibération du conseil dont le projet de contrat ou de marché accompagné de l'ensemble des pièces est consultable en mairie par tout conseiller.

Pour les seuls **conseils départementaux et régionaux**, chaque année, le président présente au conseil un **rapport spécial** qui fait l'objet d'un débat devant l'assemblée. Ce rapport porte sur la situation du département ou de la région, l'activité et le financement des différents services de la collectivité ou des organismes qui dépendent d'elle, l'état d'exécution des délibérations du conseil et la situation financière de la collectivité. S'ajoute, pour la **région, l'état d'exécution du plan régional**.

Dans les communes de 50 000 habitants et plus et à la demande d'au moins un sixième des membres du conseil, dans les conseils généraux ou régionaux à la demande d'au moins un cinquième des membres du conseil, le conseil délibère sur la **création d'une mission d'information et d'évaluation**. Cette dernière est chargée de recueillir des éléments d'information sur une question de l'intérêt de la collectivité ou de procéder à l'évaluation d'un service public de cette même collectivité. Les modalités de présentation, d'examen de la demande de constitution, puis celles de fonctionnement, de composition, de durée de mission, sont fixées par le règlement intérieur.

Au-delà des possibilités ouvertes par la loi, dont certaines dépendent déjà de lui, l'établissement et le contenu du **règlement intérieur** revêtent une importance toute particulière pour ouvrir de nouveaux droits à l'information et à l'expression des élus au sein de leur collectivité. Ce règlement est obligatoire dans les communes de 3 500 habitants et plus et EPCI assimilés, dans les conseils généraux et dans les conseils régionaux.

Les **questions orales**, étendues par la loi du 6 février 1992 aux conseils municipaux, constituent un bon moyen d'information, mais elles sont encadrées et ne sauraient constituer une intervention spontanée. Dans les communes de moins de 3 500 habitants et EPCI assimilés, leurs fréquences, règles de présentation et d'examen sont fixées par une délibération du conseil. Dans les autres communes et EPCI et dans les départements et régions, ces modalités sont fixées par le règlement intérieur. L'exécutif est tenu d'y répondre, sauf refus motivé.

En séance, l'initiative des conseillers est limitée. La demande d'inscription à l'ordre du jour doit être adressée avant la réunion de l'assemblée. Si elle est formulée en cours de délibération, elle ne pourra être inscrite à l'ordre du jour que du conseil suivant, sauf s'il s'agit d'une question de procédure. Le droit d'expression des élus est tout aussi contrôlé : les demandes d'intervention sont filtrées par le président de l'exécutif – il est aussi président de séance – qui peut s'appuyer sur le règlement intérieur, mais aussi apprécier le caractère abusif des interventions. Les

questions orales, étendues par la loi du 6 février 1992 aux conseils municipaux, voient leur exercice délimité par le règlement intérieur, et l'exécutif est tenu d'y répondre, sauf refus motivé.

C'est en matière financière et contractuelle que le législateur est le plus exigeant. Le **débat d'orientation budgétaire** préalable à l'examen du projet de budget, les documents détaillés annexés au budget (selon un plan comptable censé améliorer la transparence mais peu lisible pour le non-spécialiste) et au compte administratif, et disponibles suffisamment à l'avance (douze jours pour les conseils régionaux et généraux) doivent permettre à tout élu de se prononcer en connaissance de cause. De même les contrats et marchés de service public doivent faire l'objet d'une information complète et préalable.

À ce droit à l'information lié aux décisions du ressort de la collectivité s'ajoute celui portant sur l'**environnement de la collectivité** : c'est la loi du 12 juillet 1999 sur l'intercommunalité qui enjoint aux présidents des établissements publics de coopération intercommunale (aux conseils desquels les oppositions communales sont absentes du fait du mode de désignation indirecte) d'adresser chaque année aux maires des communes adhérentes un **rapport d'activité joint au compte administratif**, tout comme les délégués de la commune à l'EPCI doivent rendre compte au moins deux fois par an de l'activité de l'EPCI dans le cadre d'un débat qui lui est consacré. Cette obligation est d'autant plus importante que les transferts de compétences croissants des communes vers les EPCI aboutissent à vider de tout débat public des sujets de plus en plus nombreux qui sont soustraits à la décision des conseils municipaux.

De même, les **avis et observations des chambres régionales des comptes sur la gestion de la collectivité** sont transmis à l'assemblée de la collectivité et inscrits obligatoirement à son ordre du jour.

Quant au **droit d'amendement**, reconnu par le juge administratif qui l'interprète de façon libérale, son exercice est singulièrement restreint en matière financière. Outre l'irrecevabilité des amendements augmentant une dotation d'État ou créant des impôts et taxes non prévus par la loi, l'obligation de l'équilibre budgétaire et la marge de manœuvre limitée (la grande majorité des dépenses de fonctionnement sont obligatoires et les dotations et subventions de l'État sont globales), le caractère peu détaillé de l'examen et du vote du budget limitent *de facto* le droit d'amendement.

Dernier pouvoir de l'élu opposant, celui d'attaquer les délibérations prises par son assemblée sur la base de leur légalité interne ou externe (CE, 24 mai 1995, *Ville de Meudon*) n'est pas le moins utilisé car il est souvent le seul moyen de contester la décision prise et illustre, au niveau local aussi, le lien entre contestation politique et contestation juridique.

PARTIE 4

Épreuves orales d'admission

Présentation des épreuves

Concours externe

Un **entretien** visant à apprécier, le cas échéant sous forme d'une **mise en situation professionnelle**, les connaissances administratives générales du candidat et sa capacité à les exploiter, sa motivation et son aptitude à exercer les missions dévolues au cadre d'emplois, notamment dans la spécialité choisie (durée : vingt minutes; coefficient 4).
Une **épreuve orale de langue vivante** consistant en la **traduction**, sans dictionnaire, d'un texte, suivie d'une **conversation** (durée : quinze minutes, avec préparation de même durée; coefficient 1).

Concours interne

Un **entretien** débutant par une **présentation par le candidat de son expérience professionnelle et des compétences qu'il a acquises à cette occasion**. Cet entretien est suivi d'une conversation visant à apprécier, le cas échéant sous forme d'une **mise en situation professionnelle**, la capacité du candidat à analyser son environnement professionnel et à résoudre les problèmes techniques ou d'encadrement les plus fréquemment rencontrés par un attaché.
Cette épreuve doit permettre au jury d'apprécier l'expérience professionnelle du candidat, sa motivation et son aptitude à exercer les missions dévolues au cadre d'emplois, notamment dans la spécialité choisie (durée : vingt-cinq minutes, dont dix minutes au plus de présentation; coefficient 5).
Une **épreuve orale facultative de langue vivante étrangère** consistant en la **traduction**, sans dictionnaire, d'un texte, suivie d'une **conversation** (durée : quinze minutes, avec préparation de même durée; coefficient 1).

Troisième concours

Un **entretien** ayant pour point de départ un **exposé du candidat sur son expérience et les compétences qu'il a acquises à cette occasion**, sur la base d'un document retraçant son parcours professionnel, remis par le candidat au moment de l'inscription et établi conformément à un modèle fixé par arrêté du ministre chargé des Collectivités territoriales.
L'entretien vise ensuite à évaluer, le cas échéant sous forme d'une **mise en situation professionnelle**, la capacité du candidat à s'intégrer dans l'environnement professionnel au sein duquel il est appelé à exercer, sa motivation et son aptitude à exercer les missions dévolues au cadre d'emplois, notamment dans la spécialité choisie (durée : vingt-cinq minutes, dont dix minutes au plus d'exposé; coefficient 5).
Une **épreuve orale facultative de langue vivante étrangère** consistant en la **traduction**, sans dictionnaire, d'un texte, suivie d'une **conversation** (durée : quinze minutes, avec préparation de même durée; coefficient 1).

L'épreuve d'entretien

On observe que les épreuves du concours interne et du troisième concours sont très proches :

- leur durée est identique (25 minutes) ;
- elles débutent par une présentation – ou un exposé – par le candidat de son expérience professionnelle et des compétences acquises ;
- elles se poursuivent par un entretien (ou conversation), le cas échéant sous forme d'une mise en situation professionnelle, permettant de mesurer la motivation et l'aptitude à exercer les missions d'attaché territorial.

On observe toutefois quelques différences entre concours interne et troisième concours :

- le candidat au troisième concours produit un document retraçant son expérience professionnelle ;
- la « conversation » du concours interne vise à apprécier la capacité du candidat à analyser son environnement professionnel et à résoudre des problèmes techniques ou d'encadrement ;
- l'« entretien » du troisième concours entend évaluer la capacité du candidat à s'intégrer dans l'environnement professionnel.

Ces différences de libellé sont dues au fait que les candidats au troisième concours sont admis à concourir au titre d'une expérience acquise hors fonction publique (activité professionnelle, mandat électif local ou responsabilité associative), même si les candidats au troisième concours sont de fait le plus souvent des candidats qui sont déjà agents publics ou fonctionnaires mais font valoir leur expérience dans le secteur privé ou leur mandat associatif ou électif pour concourir.

Notons toutefois que la mesure de l'aptitude à exercer les missions rend très voisines voire identiques les questions posées aux candidats aux deux voies de concours.

L'épreuve du **concours externe** peut également comprendre une mise en situation professionnelle, mais diffère essentiellement par :

- sa durée (20 minutes) ;
- l'absence d'exposé du candidat sur son expérience professionnelle.

Dans de nombreux concours comportant ce type d'épreuve, l'entretien débute par quelques questions du jury permettant au candidat de présenter son parcours (formation initiale, formation continue), les raisons pour lesquelles il a souhaité ou souhaite entrer dans la fonction publique territoriale, son projet professionnel et, le cas échéant, les grandes lignes de son parcours professionnel. Les réponses du candidat permettent au jury d'ajuster certaines de ses questions à son profil.

Le jury peut toutefois choisir de débuter l'entretien du concours externe par des questions permettant de mesurer les connaissances du candidat, les questions sur le parcours et le projet étant alors posées plus tard dans l'entretien.

Depuis l'entrée en vigueur du décret n° 2013-593 du 5 juillet 2013, cette épreuve est dotée d'une note éliminatoire (toute note inférieure à 5 sur 20).

REMARQUE Vous pouvez très utilement vous référer au cadrage indicatif des épreuves accessibles sur les sites des centres de gestion.

L'épreuve orale de langue vivante

Le concours d'attaché territorial comporte, dans les trois voies d'accès (externe, interne et troisième concours), une **épreuve orale d'admission de langue étrangère**.

Cette épreuve est organisée dans la langue choisie par le candidat au moment de son inscription, parmi celles limitativement énumérées par le décret fixant la nature des épreuves : allemand, anglais, espagnol, italien, grec, néerlandais, portugais, russe et arabe moderne.

Une différence essentielle selon la voie de concours : l'épreuve, dotée d'un coefficient 1, est **obligatoire au concours externe et facultative aux concours interne et de troisième voie**.

Cela signifie que tous les candidats admissibles au concours externe subissent obligatoirement cette épreuve, et que les points obtenus s'ajoutent au total des points obtenus aux autres épreuves après application de leurs coefficients respectifs.

Avec le décret n° 2013-593, cette épreuve de langue obligatoire est désormais dotée d'une note éliminatoire (toute note inférieure à 5 sur 20).

REMARQUE Le choix de la langue dans laquelle vous subissez subit cette épreuve est définitif à la clôture des inscriptions. Un candidat absent à cette épreuve obligatoire est éliminé, de même que le candidat qui obtient moins de 5 sur 20, quel que soit le total des points obtenus aux autres épreuves.

En revanche, les candidats admissibles aux **concours interne et de troisième voie** peuvent ou non subir cette épreuve selon le choix qu'ils opèrent en s'inscrivant, qui devient, de même que le choix de la langue, définitif à la clôture des inscriptions. Un candidat qui a choisi de subir l'épreuve facultative et qui, admissible, ne s'y présente pas, n'est pas éliminé. Réglementairement, seuls les points qui excèdent 10 sur 20 s'ajoutent au total des points pour l'admission. Ainsi, un candidat au concours interne ou au troisième concours qui obtient la note de 13 sur 20 à cette épreuve voit 3 points ajoutés au total de ses points.

Le cadrage national indicatif de cette épreuve est accessible en ligne sur les sites des centres de gestion organisateurs (et notamment sur les sites www.cig929394.fr et www.cdg69.fr). Les rapports des présidents de jurys peuvent également constituer une source d'informations utile, notamment pour cette épreuve.

Comme ce cadrage l'indique de manière très explicite, il s'agit d'une épreuve de **traduction en français** d'un texte écrit dans la langue vivante étrangère choisie par le candidat, suivie d'une **conversation dans cette langue étrangère**.

L'intitulé réglementaire de l'épreuve fixe la durée de celle-ci à 15 minutes, précédées d'un **temps de préparation** de même durée.

L'épreuve est généralement conduite par deux examinateurs spécialisés qui remettent le sujet au candidat, le plus souvent après tirage au sort du sujet par celui-ci avant qu'il ne parte en préparation. Cette opération de tirage au sort peut aussi être mise en œuvre par des agents du centre organisateur.

Lorsque le candidat revient devant les examinateurs au terme du temps de préparation de sa traduction sans dictionnaire, l'épreuve se déroule sur la base du découpage indicatif suivant :

- **Lecture du texte** ou d'une partie du texte **(deux minutes)**
- **Traduction en français** du texte **(cinq minutes)**
- **Conversation en langue vivante** étrangère à partir du texte **(huit minutes)**

Les textes se prêtent le plus souvent à des questions relatives aux grands problèmes politiques, économiques, culturels ou sociaux du monde contemporain.

Le cadrage précise que « le niveau de langue requis est celui attendu à l'issue des études secondaires pour la langue vivante 1 (LV1) au baccalauréat (niveau B2 du CERCL – cadre européen commun de référence pour les langues).

Analyse du niveau B2

L'étudiant peut comprendre le contenu essentiel de sujets concrets ou abstraits dans un texte complexe, y compris une discussion technique dans sa spécialité. Il peut communiquer avec un degré de spontanéité et d'aisance tel qu'une conversation avec un locuteur natif ne comporte de tension ni pour l'un ni pour l'autre. Il peut s'exprimer de façon claire et détaillée sur une grande gamme de sujets, émettre un avis sur un sujet d'actualité et exposer les avantages et inconvénients de différentes possibilités.

Cadrage indicatif national

Le candidat est ainsi évalué à la fois :

– sur sa capacité à lire distinctement un texte en langue étrangère ;

– sur sa capacité à le comprendre et à le restituer dans un français correct : la traduction d'un texte d'une langue dans une autre requiert une bonne connaissance non seulement du lexique dans les deux langues, mais aussi des tournures idiomatiques propres à chaque langue. Une bonne maîtrise de la grammaire des deux langues est également nécessaire pour bien traduire un texte. Enfin, une juste perception, au-delà des mots, de l'esprit même du texte, est indispensable à une bonne traduction ;

– sur son aptitude à comprendre les questions posées et à y répondre correctement. Il est attendu du candidat qu'il sache exprimer son point de vue, qu'il ne fasse pas de fautes conduisant à des malentendus, qu'il fasse preuve d'une aisance suffisante dans la langue pour faciliter la discussion et qu'il soit capable de produire un discours clair et cohérent.

Enfin, si le jury évalue avant tout la maîtrise de la langue du candidat, la manière dont celui-ci se comporte pendant l'épreuve – notamment sa juste appréciation des obligations que lui impose sa qualité de candidat face à un jury souverain – joue un rôle non négligeable.

Planning de révision

Le **planning** ci-après entend vous proposer un **mode d'acquisition méthodique des connaissances et des savoir-faire indispensables** à la réussite de l'épreuve d'entretien.

La date à laquelle vous commencez à utiliser cet ouvrage pour vous préparer déterminera évidemment la durée de chaque période : si, par exemple, vous entamez votre préparation personnelle six mois avant le concours, les onze périodes d'appropriation compteront chacune de l'ordre de deux semaines. Il en ira tout différemment si vous pensez pouvoir préparer le concours en un mois : deux à trois jours seront alors consacrés à chaque période.

Soyez également attentif au fait que cette épreuve requiert non seulement une maîtrise de la technique de l'entretien, mais aussi celle, notamment, des connaissances en administration des collectivités territoriales abordées dans la partie 3, auxquelles la période 1 renvoie. Cette période, elle-même découpée en plusieurs périodes, sera de ce fait à l'évidence d'une durée supérieure à celle des autres périodes.

Période 1	Se préparer en amont de l'épreuve (voir ci-dessus).
Période 2	Prendre connaissance de la totalité des conseils méthodologiques.
Période 3	Approfondir les connaissances dans la spécialité excédant le champ de l'administration territoriale.
Période 4	Candidats au 3e concours : rédiger le document retraçant le parcours professionnel (à joindre au dossier d'inscription).
Période 5	Candidats au 3e concours et au concours interne : élaborer l'exposé de 10 minutes sur l'expérience et les compétences.
Période 6	Candidats au 3e concours et au concours interne : mémoriser l'exposé de 10 minutes sur l'expérience et les compétences, s'entraîner à le livrer à un auditoire, sans notes et en 10 minutes, ne laissant percevoir aucun « par cœur ».
Période 7	Relire l'ensemble des conseils méthodologiques, approfondir les questions portant sur l'encadrement.
Période 8	Multiplier les entraînements en temps réel devant un « jury » composé de plusieurs personnes (collègues, amis…).
Période 9	Candidats au 3e concours et au concours interne : retravailler l'exposé de 10 minutes sur l'expérience et les compétences en fonction du déroulement de la simulation de l'épreuve de 25 minutes.
Période 10	Être particulièrement attentif à l'actualité des collectivités territoriales à l'approche de l'épreuve.
Période 11	S'entraîner une dernière fois en temps réel devant un « jury » quelques jours avant l'épreuve d'admission.

Méthodologie et conseils

1. Un entretien avec un jury

A. Un entretien, une conversation

L'intitulé réglementaire de l'épreuve ne doit pas vous induire en erreur : les 15 minutes qui font suite à l'exposé (**concours interne et troisième concours**) comme les 20 minutes de l'épreuve (**concours externe**) ne se réduisent nullement à une aimable conversation de salon. Elle prend la forme de questions généralement brèves du jury, qui peuvent être d'abord inspirées par votre exposé (concours interne et troisième concours) avant de s'élargir pour mesurer vos aptitudes à exercer les missions d'un attaché territorial. Le concept d'entretien correspond bien à la nature même de l'épreuve en ce qu'il fait écho à celui d'entretien de recrutement : si le jury ne cherche pas à recruter un attaché territorial pour pourvoir un poste précis, l'entretien du concours n'est guère éloigné d'un **entretien de recrutement** en ce sens que le jury cherche à mesurer si ce que vous dites et votre positionnement pendant l'épreuve vous donnent vocation à exercer l'ensemble des missions confiées à un attaché territorial.

Ces questions ne comportent à l'évidence **ni temps de préparation, ni tirage au sort**.

B. Un jury

Les textes réglementaires qui déterminent l'organisation des concours précisent la qualité des membres des jurys. S'agissant des concours et examens de la fonction publique territoriale, un décret en Conseil d'État (décret du 5 juillet 2013) valable pour tous ces concours et examens dispose que chaque jury de concours (également baptisé jury réglementaire, au sens où il s'agit du jury qui choisit le cas échéant les sujets, prononce l'admissibilité et l'admission des candidats) est composé d'au moins six membres. Ce décret précise en outre que les jurys sont composés de trois collèges égaux, celui des **élus locaux**, celui des **fonctionnaires territoriaux**, celui des **personnalités qualifiées**. En application des dispositions de ce décret, lorsque le jury se scinde en groupes d'examinateurs pour auditionner les candidats admissibles convoqués à l'épreuve d'entretien, chaque groupe d'examinateurs (également baptisé sous-jury, ou jury d'entretien) respecte la répartition en trois collèges égaux. Cela signifie que le jury d'oral, s'il comprend trois personnes, sera composé d'un élu local, d'un fonctionnaire territorial et d'une personnalité qualifiée ; celle-ci peut, par exemple, appartenir à une autre fonction publique que la fonction publique territoriale, être salariée de droit privé, etc. L'affichage de la composition du jury sur le lieu des épreuves vous permettra d'être informé de la qualité des différents membres de ce jury.

Soyez attentif si les membres du jury se présentent en début d'épreuve. Cela vous permettra de bien repérer qui est qui. Bien évidemment, un élu local au moins siégeant réglementairement dans votre jury, vous serez attentif à ce que rien dans vos propos ne laisse transparaître un jugement de valeur déplacé à l'encontre des élus.

Selon les autorités organisatrices, vous serez entendu à cette épreuve par un « jury plénier » (qui peut par exemple comprendre six ou neuf personnes), ou par un groupe de trois examinateurs composé de membres du jury.

Les autorités organisatrices déterminent le mode d'organisation de l'épreuve en fonction du nombre de candidats. Lorsque le nombre de candidats admissibles dans une spécialité est faible, un même jury peut entendre l'ensemble des candidats dans cette spécialité.

2. Une présentation de (concours interne), un exposé sur (troisième concours) l'expérience professionnelle

A. L'utilisation des dix minutes réglementaires

La différence d'intitulé entre les deux voies de concours est sans réelle influence sur la nature de l'exercice attendu, à savoir une présentation par le candidat de son expérience sous la forme d'un exposé.

L'intitulé réglementaire de l'épreuve indique que cet exposé peut durer jusqu'à dix minutes, ce qui signifie que chaque candidat dispose du droit de présenter son expérience pendant dix minutes. S'il est envisageable qu'un exposé dure moins de dix minutes, il paraît vivement souhaitable d'utiliser pleinement ces dix minutes, dans la mesure où un exposé trop bref risque d'être pénalisé par le jury et vous expose à une durée d'entretien d'autant plus longue que l'exposé aura été court, évidemment moins « confortable » que le temps d'exposé puisque vous n'êtes pas maître des questions posées par le jury.

Vous ne serez généralement pas interrompu pendant cet exposé, sauf si vous excédez les dix minutes réglementaires, auquel cas le jury vous invitera fermement à conclure. Le jury peut toutefois, si un candidat apparaît incapable de développer un exposé, l'inviter au moyen de questions à faire valoir son expérience, mais une telle incapacité à exposer sera inévitablement pénalisée, traduisant une préparation insuffisante ou une incapacité du candidat à gérer son stress, alors même qu'on attend d'un futur attaché territorial qu'il prépare ses interventions et sache, dans des situations professionnelles parfois complexes, dépasser son stress éventuel.

Une précision essentielle : **vous n'êtes pas autorisé à utiliser quelque document que ce soit**, ni CV, ni le document retraçant votre parcours professionnel (troisième concours), ni le texte même de votre exposé. Cela signifie que vous devez **préparer votre exposé** et veiller, en vous y entraînant, à ce que la restitution orale du texte que vous aurez préalablement rédigé n'excède pas dix minutes.

Il est donc vivement conseillé de s'entraîner dans les conditions réelles de l'épreuve.

B. Un parcours raisonné

Les jurys déplorent souvent que les exposés soient, selon le cas :
- trop anecdotiques ;
- trop plats ;
- exclusivement chronologiques ;
- abusivement valorisants ;
- dénués de toute motivation ;
- vides de tout projet ;
- stéréotypés ;
- incomplets ;
- exagérément détaillés ;
- insuffisamment détaillés ;
- peu compréhensibles ;
- déséquilibrés ;
- trop tournés vers le passé ;
- …

Vous avez donc tout intérêt à préparer très soigneusement votre exposé, en sachant éviter une approche trop anecdotique pour **valoriser les compétences** que vous avez acquises tout au long de votre parcours.

ATTENTION Les membres du jury déplorent souvent, lorsqu'ils dressent le bilan des opérations, que trop de candidats récitent par cœur un exposé préparé et mémorisé, ce qui le rend assez pénible à écouter et pèse inévitablement sur son évaluation.

Cette préparation minutieuse vous impose en toute hypothèse de mémoriser les grands axes de votre exposé. **Une bonne préparation va donc jusqu'à donner l'impression de ne pas avoir appris par cœur même lorsque l'on restitue ce que l'on a, le cas échéant, entièrement mémorisé.**

C. Semez des « petits cailloux »

Le temps de l'exposé, contrairement aux temps suivants de l'entretien, vous appartient totalement, puisqu'il ne donne lieu à aucune intervention du jury. Dès que votre exposé est achevé, le jury reprend la main.

Pour autant, vous pouvez, de manière non négligeable, influer sur la suite de l'entretien en semant dans votre exposé des « petits cailloux » que le jury ramassera peut-être.

Un « petit caillou », c'est un terme ou une expression que vous utilisez sans la développer parce que vous souhaitez que le jury s'en saisisse pendant le temps qui suit l'exposé. En d'autres termes, vous vous efforcez d'emmener le jury sur un terrain que vous connaissez et qui vous permet de vous valoriser.

À titre d'exemple, nous reproduisons ci-après un exposé en faisant apparaître les questions du jury qu'il peut susciter :

Entraînement

Bonjour,

Je vais vous exposer mon déroulement de carrière qui peut se présenter en deux temps, un début de carrière en tant que **contractuel**[1] cadre A, puis en tant qu'agent titulaire de la fonction publique territoriale. Je vous préciserai les compétences que j'ai développées au cours de mon parcours professionnel. Enfin, je présenterai ce qui aujourd'hui justifie mon souhait d'**obtenir le grade de**…[2]

Après des études d'administration économique et sociale (option gestion territoriale), j'ai décidé d'orienter ma carrière vers la fonction publique. J'avais le souhait de m'investir sur des missions de service public. Par ailleurs les **collectivités territoriales** et les **services de l'État**[3] présentent des opportunités de projets intéressants dans des domaines variés, et une perspective d'évolution de carrière vers des responsabilités élargies.

J'ai ainsi débuté ma carrière dans des collectivités **locales**[4] sur des postes d'attaché en tant que contractuel. À X, j'étais chargé de mission auprès du directeur général des services et responsable à ce titre du suivi des séances du conseil municipal et des bureaux municipaux dont j'assurais également les comptes rendus. J'avais par ailleurs en charge le secteur des assurances et la passation des marchés de fournitures et services pour la commune. Ce premier poste où j'étais positionné sur des fonctions polyvalentes et en relation de travail avec les différents services de la ville, m'a permis de me familiariser avec le fonctionnement administratif territorial au sein d'une commune de 46 000 habitants.

Après deux années d'expérience, je me suis investi **dans une autre collectivité locale**[5] où je me suis plus particulièrement spécialisé dans le domaine des marchés publics. Responsable adjoint des marchés publics à la direction générale des services techniques de la ville de X j'ai acquis une **réelle**[6] expertise dans le domaine de la réglementation des marchés publics et de son évolution. **J'ai organisé les procédures sur des marchés**[7] de toutes natures. En tant qu'adjoint, j'ai débuté une **première expérience d'encadrement**[8] d'une équipe.

J'ai ensuite eu l'opportunité de m'impliquer dans la mise en œuvre d'un projet d'envergure à l'occasion des créations de poste de chargé de mission dans les ministères en 2002 sur le plan Biotox. Ce plan était destiné à lutter contre une attaque chimique ou bactériologique et à renforcer la détection d'une contamination possible de l'air ou de l'eau. À ce titre, j'étais chargé d'assurer le suivi et la gestion des achats de traitements médicaux pour les victimes éventuelles d'une attaque chimique ou bactériologique et de mettre en place une procédure de marchés publics au sein de la Direction générale de la santé.

Fort de ces premières expériences variées, et de ma réussite au concours de… en 2002, je me suis orienté vers des responsabilités élargies sur un nouveau poste en collectivité territoriale, à X. J'exerce ainsi depuis 2003 la fonction de responsable administratif et budgétaire au sein d'un service chargé de doter en équipements pédagogiques *x* lycées publics.

Ce poste m'a permis d'avoir des missions fonctionnelles et opérationnelles. Parmi les missions fonctionnelles, j'encadre une structure composée de six agents (un cadre A, trois cadres B, et deux agents de catégorie C) chargés d'assurer la passation des procédures de marchés publics et leur exécution. Je gère également le budget du service (*x* euros). J'assure enfin l'interface entre la direction et les unités juridiques et financières de la région, dans le cadre de la préparation des délibérations des élus et des présentations de dossiers en commission d'appel d'offre. Je suis correspondant qualité pour la mise en œuvre de la certification ISO 9001 sur la passation des marchés.

Parmi les missions opérationnelles, je contribue à la mise en œuvre de la politique régionale d'équipement des lycées. Je négocie avec les proviseurs et les représentants des académies les dotations en matériel mobilier et pédagogique répondant à leurs besoins. J'ai pris l'initiative de concevoir et mettre en œuvre une politique de collecte et de gestion des déchets d'activité issus des établissements. Ce poste m'a permis de développer des compétences en **conduite de projets**[9]. Je me suis appuyé sur un comité de pilotage associant des compétences et des acteurs multiples de la Région, de l'Éducation nationale ou des organismes institutionnels (ADEME). J'ai appris à déléguer, fixer des objectifs, évaluer et contrôler. Je me suis investi pour communiquer sur les enjeux et les avancées du projet.

Mes expériences m'ont permis de bien connaître le fonctionnement des collectivités territoriales et d'acquérir une expertise dans le domaine réglementaire des marchés. Je me suis adapté à des domaines et techniques variés et j'ai travaillé avec des personnalités d'horizons divers : **élus et cadres**[10] d'une ville moyenne, Direction générale de la santé, Éducation nationale.

Ces acquis me permettent d'envisager des prises de responsabilités étendues, d'une part dans le management d'équipes ou de services pluridisciplinaires, d'autre part dans le pilotage de projets complexes. La préparation de l'examen de… est, pour moi, un élément important dans la réalisation de cet objectif. Plus précisément, j'envisage de postuler sur des postes de **directeur général adjoint**[11] dans des communes de plus de *x* habitants et à terme de directeur général des services. Mes atouts sont la diversité de mon parcours qui me permet de me familiariser rapidement dans des domaines pluridisciplinaires (administration générale, marchés, enseignement, enfance, santé…).

La nomination au grade de… après quatre ans dans le grade de… m'offrira de nouvelles opportunités. Il me semble qu'occuper un poste de direction est plus légitime avec le **concours**[12] de…

Commentaires

1. Question possible : « La généralisation du contrat, est-ce la mort du statut ? »

2. Plutôt : « d'accéder au grade de… ».

3. Question possible : « Pourquoi avez-vous d'abord choisi la fonction publique territoriale et non la fonction publique de l'État ? »

4. Plutôt : « territoriales ».

5. Plutôt : « Dans une autre commune, qui, comptait, elle, x habitants... ».

6. Vous risquez la question : « Vous avez parlé de "réelle expertise". Voulez-vous dire qu'il existe des fausses expertises ? »

7. Question possible : « Qu'entendez-vous par organisation des procédures sur des marchés ? »

8. Question possible : « Qu'est-ce qu'encadrer ? »

ou « Selon vous, qu'est-ce qu'un bon chef de service ? »

ou « Pour bien encadrer un équipe, est-il nécessaire de savoir faire ce que chaque agent fait ? »

9. Question possible : « Qu'est-ce que la conduite de projet ? »

ou « Quel est le rôle d'un comité de pilotage ? »

10. Question possible : « Dans certaines communes, le maire assure lui-même les fonctions de directeur général des services : qu'en pensez-vous ? »

11. Question possible : « Qu'est-ce qu'un emploi fonctionnel ? »

12. Question possible : « On reproche souvent aux concours et examens leur caractère académique : qu'en pensez-vous ? »

ou « Pensez-vous un attaché nommé à l'ancienneté moins légitime qu'un attaché nommé après réussite au concours ? »

3. Le document retraçant le parcours professionnel (troisième concours)

Le décret fixant les modalités d'organisation du troisième concours d'attaché territorial renvoie à un arrêté du 29 janvier 2007 fixant le modèle de document retraçant l'expérience professionnelle des candidats.

L'intitulé réglementaire de l'épreuve précise que ce document est « remis par le candidat au moment de l'inscription », ce qui signifie que le document vierge ci-après, qui figure dans le dossier d'inscription au concours, doit être retourné complété au centre de gestion organisateur avec les autres éléments du dossier d'inscription.

Ce document est important à plus d'un titre, même s'il ne fait pas l'objet d'une notation en tant que tel :

– communiqué au jury par l'organisateur du concours, il permet au jury qui en prend connaissance avant de vous entendre de connaître l'essentiel de votre parcours avant même que vous exposiez. Vous avez donc tout intérêt à bâtir votre exposé en cohérence avec ce document (conservez-en une copie lorsque vous adressez votre dossier à l'organisateur). Des distorsions trop fortes entre le document écrit et l'exposé ne pourraient que troubler inutilement le jury et le faire douter de l'authenticité du parcours. Des points non abordés dans l'exposé et repérés dans ce document peuvent également susciter des questions que le jury posera pendant l'entretien qui suit l'exposé ;

– il peut constituer pour vous une aide à la construction de votre exposé : sa colonne « nature des activités », comprend des items qui peuvent être utilisés pour valoriser les expériences et les compétences acquises :

- principales missions;
- responsabilités confiées;
- réalisations;
- publics visés;
- outils ou méthodes employées;
- travail en équipe;
- …

Ce document attire également l'attention sur l'opportunité de valoriser, le cas échéant, au-delà de la formation initiale, la **formation continue**. Il vous appartient de privilégier, si vous avez suivi de nombreuses formations, celles qui vont convaincre le jury d'une réelle motivation pour l'acquisition de nouveaux savoirs, savoir-faire ou savoir-être, d'autant plus valorisantes qu'elles contribueront à renforcer les aptitudes à assumer les missions incombant au cadre d'emplois postulé.

Il convient de préciser que, vous portant candidat au titre de votre expérience professionnelle dans le secteur privé, ou de votre mandat électif local, ou de votre responsabilité associative, vous devez faire valoir ces expériences dans votre exposé, sans négliger de présenter également l'expérience acquise, le cas échéant, dans la fonction publique. Vous pourrez très utilement valoriser particulièrement celles de vos expériences antérieures qui se sont avérées ou s'avéreront particulièrement utiles dans l'exercice des missions confiées au cadre d'emplois des attachés territoriaux.

Document retraçant l'expérience professionnelle du candidat à l'examen professionnel de …

Nom et prénom du candidat : ....

Date de naissance : ....

Date d'entrée dans la fonction publique : ....

Date d'entrée dans la fonction publique territoriale (si différente) : ......

Autre expérience professionnelle que dans la fonction publique :

oui – non

Si oui, préciser la durée : ....

Expérience professionnelle dans la fonction publique ou dans le secteur privé

Employeur (désignation, adresse, téléphone, domaine d'intervention) :

....

....

Service d'affectation (désignation, nombre d'agents ou de salariés) :

....

....

Informations sur les emplois occupés par le candidat :

Période d'emploi (dates de début et de fin) : ....

....

Intitulé de l'emploi : ....

....

Nature des activités (principales missions, responsabilités confiées, réalisations, publics visés, outils ou méthodes employées, travail en équipe…) : ....

....

....

....

....

....

....

Formation initiale ou validation des acquis de l'expérience du candidat

Diplôme préparé (intitulé précis) : ....

Spécialité éventuelle : ....

Niveau de certification du diplôme* : ....

Obtenu (oui/non) : ....

Année d'obtention : ....

Pays de délivrance du diplôme :..

Formation continue

Intitulé précis du stage suivi : ....

....

Organisme de formation : ....

....

Année : ....

Nombre de jours : ....

Attestation établie le : ....

Signature du candidat :

Cette attestation est la propriété exclusive du candidat, qui certifie l'authenticité des informations. Elle est faite pour servir et valoir ce que de droit.

* Niveau V : BEP, CAP, diplôme national du brevet; niveau IV : baccalauréat, brevet de technicien; niveau III : BTS, DUT; niveau II : licence, master 1; niveau I : doctorat, master 2.

4. Les capacités du candidat

A. Une mise en situation professionnelle (concours interne, troisième concours, concours externe)

Le libellé réglementaire de l'épreuve prévoit que les capacités du candidat soient appréciées « le cas échéant sous forme d'une mise en situation professionnelle ».

Ce libellé paraît permettre que, vous plaçant dans une situation professionnelle plausible qui peut être liée aux expériences que vous avez fait valoir dans votre exposé, le jury vous pose plusieurs questions liées à cette mise en situation. Le jury peut également préférer à une seule mise en situation **plusieurs mises en situation**.

Entraînement

Le jury peut par exemple vous placer dans la situation suivante : « Vous venez d'être recruté en qualité de chef d'un service comptant neuf agents dans une commune de 40 000 habitants. Vous succédez à un chef de service qui a exercé ces mêmes fonctions pendant 20 ans. »

À partir de cette situation, de nombreuses questions peuvent vous être posées, comme :

– Lors de votre prise de fonctions, quelles sont vos premières actions ?

– Concrètement, comment encadrer une équipe de neuf agents ?

– Comment réussir les changements que vous souhaitez ?

– Un des agents du service se montre particulièrement opposé au changement : que faites-vous ?

– Un conflit latent entre deux agents pèse sur le service depuis plusieurs années : comment agissez-vous ?

– Une violente altercation oppose deux agents du service en présence d'un administré : comment réagissez-vous ?

– Les insuffisances du chef de service auquel vous succédez ont conduit l'adjoint au maire en charge du secteur dont relève votre service à exercer directement la responsabilité de ce service. Comment agissez-vous ?

– La répartition des tâches entre les différents agents est confuse : comment agissez-vous ?

– L'adjoint au maire en charge de votre secteur vous demande de mettre en œuvre une procédure qui vous paraît juridiquement contestable : que faites-vous ?

– Pouvez-vous nous décrire l'organisation des services dans une commune de 40 000 habitants ?

– Le maire vous demande une note sur un sujet qu'il entend soumettre au bureau municipal : en quoi le rôle et le fonctionnement de cette instance éclairent-ils la rédaction de cette note ?

– …

B. Analyser son environnement professionnel et résoudre des problèmes (concours interne)

Le libellé réglementaire de l'épreuve indique sans aucune ambiguïté que le candidat au concours interne aura à répondre à des questions destinées à évaluer :

a. Sa compréhension de son environnement professionnel

Une connaissance précise de l'environnement institutionnel dans lequel exerce l'attaché territorial est ainsi requise.

Comme dans beaucoup de concours et examens de la fonction publique territoriale comportant une épreuve d'entretien, les candidats doivent être prêts à apporter réponse à des questions portant notamment sur :

– les compétences des collectivités territoriales;
– les modes de désignation et les compétences des organes délibérants et exécutifs des collectivités territoriales et de leurs établissements publics;
– l'intercommunalité;
– la fonction publique territoriale, les droits et obligations des fonctionnaires;
– des notions générales sur les finances publiques locales;
– des notions générales sur les moyens d'action des collectivités territoriales;
– l'**actualité des collectivités territoriales**.

Le **cadrage national indicatif de l'épreuve** élaboré par les centres de gestion précise les connaissances attendues dans chaque spécialité, **quelle que soit la voie de concours choisie par le candidat** (concours interne, concours externe, troisième concours). Il précise en outre les connaissances attendues dans les autres spécialités que la spécialité Administration générale.

Cadrage national

Un socle de connaissances commun à toutes les spécialités : les connaissances administratives générales.

Des connaissances minimales des collectivités territoriales sont indispensables à tout candidat quelle que soit sa spécialité, le jury pouvant vérifier notamment la maîtrise de connaissances basiques qu'un citoyen éclairé et *a fortiori* un futur fonctionnaire territorial ne saurait ignorer.

Dans la spécialité **administration générale**, des connaissances particulièrement approfondies sont attendues des candidats.

Les questions peuvent notamment porter sur les thèmes ci-après, donnés à titre indicatif et qui ne sauraient constituer un programme réglementaire dont le candidat pourrait se prévaloir :

– Décentralisation et déconcentration
– Droits et obligations des fonctionnaires
– La fonction publique territoriale
– Les collectivités territoriales et leurs établissements publics : leurs organes et leurs principales compétences
– Les principales caractéristiques des collectivités territoriales selon leur nature et leur taille

– La répartition des pouvoirs et les modes de décision dans les collectivités territoriales
– Notions de base en matière de finances publique locales
– Notions sur le processus d'élaboration budgétaire
– La démocratie locale
– Les moyens juridiques d'action des collectivités territoriales, la commande publique (marchés publics, partenariat public-privé…)
– Les relations entre l'administration et les administrés
– L'accessibilité des services publics
– Le contrôle de légalité des actes des collectivités territoriales
– Notions sur les politiques publiques sectorielles des collectivités territoriales
– L'évaluation des politiques publiques
– …

Des connaissances plus spécifiques pour les spécialités gestion du secteur sanitaire et social, analyste, animation, urbanisme et développement des territoires.

Gestion du secteur sanitaire et social
– Données générales (bases de la protection sociale, évolution de la population, de la population active, disparités territoriales)
– Les conditions de travail (comité d'hygiène, de sécurité et des conditions de travail – CHSCT –, accidents de travail, maladies professionnelles, risques psycho-sociaux)
– Le rôle des collectivités territoriales en matière de politique de l'emploi, de formation et d'insertion professionnelle
– La protection sociale et l'aide sociale : distinction, les publics, le schéma départemental, financements, cheminement d'un dossier, disparités, minima sociaux
– Les politiques sociales et de solidarités : politiques familiales, de prévention et de protection de l'enfance et de l'adolescence, politique de la santé (offre et demande, loi Hôpital, patients, santé et territoire – HPST –, Agences régionales de santé – ARS –, planification médicale et médico-sociale des territoires), du handicap, du vieillissement, lutte contre la pauvreté et l'exclusion, politique du logement social, politique de la ville.

Analyste
– Les marchés publics d'informatique et de télécommunication
– Maîtrise d'ouvrage, maîtrise d'œuvre, maîtrise d'usage
– La sécurité juridique en matière d'informatique
– La dématérialisation
– L'aménagement numérique des territoires
– Informatique et liberté, propriété intellectuelle
– L'interopérabilité (communication entre les systèmes)
– Les réseaux sociaux et leurs usages
– Les principaux matériels et leurs évolutions récentes
– L'e-administration
– Les logiciels libres

– La sécurité technique informatique
– La gestion de projet informatique
– L'interface techniciens-utilisateurs-décideurs
– La libération des données publiques
– ...

Animation
– La politique de la ville
– Données essentielles de la législation et de la réglementation spécifiques aux secteurs des loisirs, du travail social, en matière de protection des mineurs et concernant l'hygiène et la sécurité (restauration, locaux...)
– L'intervention des collectivités territoriales et de leurs partenaires dans les secteurs :

- périscolaires
- de la culture
- des sports
- de la jeunesse
- des personnes âgées
- de l'animation des quartiers
- du développement social urbain
- de la prévention de la délinquance
- du développement des territoires
- de l'insertion

– Les acteurs institutionnels et les partenaires
– Les aspects financiers (recherche des financements...)
– La prise en compte de la différence (mixité, handicap...)
– La démarche participative (conseils municipaux de jeunes...)

Urbanisme et développement des territoires
– L'aménagement du territoire
– La législation relative à l'environnement
– Le développement durable
– Le développement local
– La politique de la ville et le développement social urbain
– La mixité sociale
– Les programmes locaux de l'habitat (PLH)
– Les opérations d'intérêt national (OIN)
– La concertation
– L'intercommunalité
– Les documents d'urbanisme et leur élaboration
– La fiscalité de l'urbanisme
– Les outils opérationnels (ZAC, PAE, PUP, lotissement...)
– La domanialité publique et ses revenus
– La gestion foncière
– Les autorisations du sol
– Les autorisations d'occupation temporaire
– L'aménagement numérique du territoire
– Les réserves foncières
– ...

b. Sa capacité à résoudre les problèmes techniques qu'un attaché territorial rencontre

Exemples :

Spécialité *administration générale*

– Comment conduire la mise en œuvre d'un Agenda 21 local ?

Spécialité *gestion du secteur sanitaire et social*

– Comment le CCAS peut-il mettre en œuvre une politique sociale adaptée aux réalités communales ?

Spécialité *analyste*

– Comment sécuriser un extranet ?

Spécialité *animation*

– Le contrat de ville est-il un meilleur outil que les contrats qu'il remplace ?

Spécialité *urbanisme et développement du territoire*

– Comment concilier urbanisme et protection de l'environnement ?

c. Son aptitude à résoudre les problèmes d'encadrement

On a déjà rencontré dans la mise en situation ci-dessus des problèmes d'encadrement, mais bien d'autres questions peuvent être posées, comme :

– Qu'est-ce qu'encadrer ?
– Qu'est-ce qui fait la légitimité d'un responsable ?
– Faut-il savoir faire pour faire faire ?
– Quel type (mode) de management pratiquez-vous ou entendez-vous pratiquer ?
– Comment articuler confiance et contrôle ?
– Quelles sont les conditions d'une délégation réussie ?
– Comment motiver un collaborateur ?
– Comment évaluer la « manière de servir » ?
– Quelles sont les conditions de l'évaluation réussie d'un collaborateur ?
– À partir d'un cas précis que vous avez connu, que signifie gérer un conflit ?
– Qu'est-ce que la conduite de projet ?
– Qu'est-ce qui vous paraît essentiel dans la conduite de projet ?
– Qu'est-ce qu'un expert ?
– Qu'est-ce qui rend un expert légitime ?
– La transversalité : mythe ou réalité ?
– Qu'est-ce que l'évaluation d'une action, d'une politique ?
– Comment conduire le changement ?
– Comment vaincre les résistances au changement ?

On peut aussi envisager des questions transversales permettant d'évaluer votre capacité à résoudre des problèmes plus ou moins complexes :

– Votre directeur vous demande d'appliquer une mesure illégale : que faites-vous ?

– Chef de service, vous devez mettre en œuvre une décision prise par votre directeur qui soulève une forte opposition de tous les agents de votre service : que faites-vous ?

– En fort désaccord avec votre hiérarchie, quelle autre alternative que se taire ou démissionner ?
– Peut-on bien encadrer sans aimer encadrer ?
– Un cadre peut-il avoir raison seul contre tous ?

Cadrage national

Le jury recourt à des questions et / ou mises en situation pouvant concerner notamment les thèmes suivants :
– Le recrutement
– L'évaluation
– La conduite d'entretien / la communication / la capacité à rendre compte
– La gestion de conflit
– La capacité à motiver, proposer, conduire / déléguer
– La capacité d'organisation
– La conduite de projet / le pilotage d'opération / la conduite du changement
– La connaissance du statut en matière de gestion des ressources humaines
– …

C. S'intégrer dans l'environnement professionnel (troisième concours)

La **compréhension de l'environnement professionnel** est évidemment requise du candidat au troisième concours comme du candidat au concours interne.

Si le libellé de l'épreuve ne prévoit pas explicitement que le candidat fasse preuve de sa capacité à résoudre des problèmes techniques ou d'encadrement, il paraît évident que, même si elles demeurent plus générales que les questions posées aux candidats au concours interne, les questions porteront inévitablement sur des problèmes qui se posent aux attachés territoriaux, et notamment des problèmes d'encadrement, puisque, comme au concours interne, l'épreuve cherche à évaluer l'**aptitude à exercer les missions**.

Les connaissances en administration générale et, le cas échéant, dans la spécialité choisie par le candidat sont identiques à celles requises des candidats au concours interne (voir ci-dessus).

Comme au concours interne, les aptitudes à l'encadrement sont notamment appréciées au moyen d'une ou de plusieurs mise(s) en situation (voir ci-dessus).

D. Exploiter les connaissances administratives générales (concours externe)

Ce libellé souligne à l'évidence que les questions sur l'environnement institutionnel dans lequel exerce l'attaché territorial occupent une place déterminante dans l'entretien.

Les questions peuvent ainsi porter notamment sur :
– la décentralisation et l'organisation des territoires (par exemple : libre administration, partenariats locaux, aménagement du territoire…) ;
– l'organisation des collectivités territoriales (par exemple : les modes de désignation des organes délibérants et exécutifs, l'organisation des services…) ;
– la fonction publique territoriale (par exemple : la gestion des ressources humaines, le management territorial, le statut, la gestion prévisionnelle des emplois et des compétences, la responsabilité des agents…) ;
– la démocratie locale (par exemple : le statut des élus, le référendum local, l'information des citoyens, la portée des modes d'élection, la parité homme-femme, la responsabilité des élus…) ;
– les moyens juridiques d'action des collectivités territoriales (par exemple : contrats, actes, modes de gestion des services publics, marchés publics…) ;
– les politiques publiques locales et leur évaluation (par exemple : action économique et sociale, politique de la ville…).

Les connaissances en administration générale et, le cas échéant, dans la spécialité choisie par le candidat sont identiques à celles requises des candidats au concours interne (voir ci-dessus).

L'entretien étant destiné, plus largement, à mesurer l'aptitude à exercer les missions, des questions sur l'encadrement trouveront également place dans l'entretien.

Comme au concours interne, ces aptitudes à l'encadrement sont notamment appréciées au moyen d'une ou de plusieurs mises en situation (voir ci-dessus).

5. Une épreuve dans laquelle le comportement joue un rôle essentiel

Incontestablement, le jury cherche à évaluer non seulement des connaissances mais aussi, compte tenu des missions incombant au cadre A qu'est l'attaché territorial, la capacité à assumer les responsabilités exercées par un attaché, à communiquer, faire preuve de réactivité, argumenter…

Faire face à l'adversité, rester lucide devant l'imprévu, savoir s'adapter, faire preuve à la fois de souplesse et de fermeté, tenir à ses idées tout en sachant prendre en compte la contradiction, être capable de faire avancer la réflexion même lorsqu'on n'a pas réponse, savoir « rebondir »… autant d'aptitudes que le jury va chercher à évaluer au moins pendant les 15 minutes qui suivent l'exposé (concours interne et troisième concours) ou pendant la totalité de l'épreuve (concours externe).

A. La communication est pour une bonne part non verbale

Votre **posture**, votre **comportement** pendant l'épreuve doivent délivrer le message que vous êtes une personne ouverte, équilibrée (assise bien droite, utilisant bien l'espace, sachant regarder la personne qui lui parle et les membres du jury quand elle parle…), à l'écoute, impliquée, responsable.

Un candidat avachi, ou replié sur lui-même, crée un *a priori* défavorable, inévitablement pénalisant.

L'exposé (concours interne et troisième concours) ne vous permet pas toujours suffisamment de regarder les membres du jury : la réflexion projette parfois vers le haut un regard vide, avec des clignements d'yeux, qui ne cherche pas à recueillir des informations sur l'environnement mais à traquer des idées « à l'intérieur de la tête ». Ce sera souvent votre attitude si vous cherchez à reconstituer un exposé cohérent à partir de bribes insuffisamment mémorisées.

Évitez également pendant cette phase d'exposé la tête baissée, le regard obstinément fixé sur la table (souvent accompagné du marmonnement…), posture qui traduit souvent la livraison un peu trop laborieuse d'un exposé appris par cœur.

Efforcez-vous au contraire, tout au long de votre exposé (concours interne et troisième concours) et tout au long de l'entretien (concours interne, troisième concours, concours externe), de **regarder équitablement les membres du jury** afin de mesurer si vous êtes entendu et si vous intéressez. Si vous percevez une incompréhension, n'hésitez pas à reformuler. Si vous croyez sentir un manque d'intérêt, adoptez un ton plus convaincant, moins monocorde, introduisez des ruptures de rythme par des reformulations fortement synthétiques (par exemple : « un an, donc, d'apprentissage du management » ou « suit une expérience d'une tout autre nature »).

Ensuite, pendant l'entretien proprement dit, efforcez-vous de regarder le membre du jury qui vous pose une question, et lorsque vous répondez, regardez-le mais regardez aussi les autres membres du jury afin de recueillir des informations sur la manière dont vos propos sont reçus et aussi d'éviter une possible « entrée dans le jeu » un peu agressive du membre ou des membres du jury que vous ne regarderiez jamais…

Attention aux gestes parasites : ne vous balancez pas sur votre chaise, ne tripotez pas vos cheveux, votre stylo, contrôlez vos jambes. Asseyez-vous confortablement sur votre chaise.

Vous pouvez vous détendre mais ne vous relâchez pas.

Parlez assez fort (pas trop), assez lentement (pas trop), articulez : ni lenteur solennelle, ni précipitation. Le ton est celui de la conversation, même quand vous exposez.

Pensez à respirer : pas de trop longues apnées…

Vos gestes doivent être naturels mais maîtrisés (ni paralysie, ni désordre gestuel), ils ne doivent pas donner d'indications sur votre trouble. Soyez sincère et « assurez » (lorsque le jury affirme quelque chose, n'opinez pas systématiquement du chef : c'est dangereux !).

Vous n'êtes pas une victime, les membres du jury ne sont pas vos bourreaux.

Vous n'êtes ni celui qui sait tout, ni celui qui ne sait rien.

Les membres du jury ne sont ni ceux qui savent tout, ni ceux qui ne savent rien.

Pas d'agressivité à l'encontre du jury. Retourner les questions au jury, lui demander d'apporter réponse aux questions qu'il pose est contraire à la « posture » requise et peut être vécu par le jury comme une forme d'agression.

Dans ce contexte, ne vous laissez aller à **aucune familiarité avec le jury**, même si vous avez l'impression que « tout se passe bien » et si vous pensez que le « bon climat » que vous percevez vous permet un certain relâchement. Veillez également à ne pas envahir l'espace du jury (« *Don't invade my privacy* », disent les Américains). À cet égard, serrer en arrivant la main de chacun des membres du jury est plutôt malvenu et peut laisser entendre au jury que vous cherchez à forcer la sympathie pour obtenir une appréciation très favorable de votre prestation.

Efforcez-vous toujours d'apporter réponse et de vous comporter comme vous le feriez en situation professionnelle si la question vous était posée par le directeur général des services ou par l'exécutif d'une collectivité.

B. Une expression correcte

Ne recherchez pas à tout prix la perfection du langage (au risque du blocage) : la spontanéité n'est pas interdite et « passe » mieux qu'un temps trop long de réflexion imposé par le souci maniaque d'une syntaxe absolument parfaite.

Cependant, évitez la langue de bois, le « remplissage n'ayant rigoureusement aucun sens », pour reprendre une expression inventée par le journaliste et académicien aujourd'hui disparu, Bertrand Poirot-Delpech, qui se moquait du langage « RAS » (voir plus haut).

Le registre de langue (niveau de langage) ne sera jamais relâché, ni, évidemment, vulgaire, mais normal et parfois soutenu, plutôt dans le registre technique que littéraire (les « forces de l'ordre » de préférence à « la maréchaussée »), sans affectation inutile toutefois.

Si possible, préparez-vous à plusieurs avant le concours et enregistrez-vous afin de repérer vos tics de langage et vos formules d'hésitation (ben, heu…).

C. Une tenue adaptée

Un seul slogan : « À l'aise dans vos baskets… mais ne venez pas en baskets. »

« Tenue correcte exigée », ce qui n'impose ni la cravate ni le tailleur, mais empêche le pull avachi, la barbe de trois jours. Choisissez une tenue dans laquelle vous vous sentez à l'aise (si vous portez une cravate, qu'elle ne vous étrangle pas ; si vous avez choisi un tailleur, que la jupe ne soit pas trop courte…).

Évidemment, pas de signe distinctif (appartenance à une collectivité, une association…), bref pas de signes ostensibles qui pourraient donner l'impression que vous cherchez à influencer le jury.

Une tenue trop provocante peut donner l'impression que vous cherchez à utiliser pour convaincre des arguments qui ne relèvent pas des aptitudes attendues d'un attaché.

D. Encore quelques conseils

Méfiez-vous des questions simples, simplistes (empoisonnées). Ne répondez jamais seulement par « oui » ou par « non » : argumentez.

Écoutez, entendez : ne dites pas « c'est une bonne question », mais plutôt « c'est une question difficile, délicate, actuelle, controversée… ».

N'hésitez jamais à reformuler : cela donne du temps et des idées.

Quand la conversation « marche » bien, les difficultés des questions vont croissant ou s'élargissent : c'est bon signe. La note monte, le jury cherche à savoir jusqu'où monter.

Prenez les questions comme une chance que vous devez saisir (des balles pour jongler, pas des balles pour vous tuer).

Efforcez-vous de ne pas détester le jury : celui qui questionne vous permet de vous faire valoir.

Vous pouvez faire préciser une question, ou mieux la préciser vous-même (« Si j'ai bien compris, vous me demandez si, de… »). En toute hypothèse, évitez : « vous pouvez répéter la question ? ».

Lorsque vous tenez une question, prenez le temps de vous en servir : définition, actualisation, élargissement. Si vous relancez la balle trop vite, le rythme va s'accélérer, et tout le monde, vous-même, le jury, va s'y épuiser.

Ne vous laissez pas enfermer dans vos contradictions : sachez admettre que vous vous êtes trompé.

Sachez revenir au sujet, donnez l'impression de maîtriser le débat : la digression est choisie, les glissements sont programmés. Mais sachez aussi abandonner sans regret un « terrain » qui vous est cher : lorsque le jury perçoit que vous être très à l'aise sur telle ou telle question, par exemple parce qu'elle coïncide avec votre champ de compétences professionnelles, il peut vous emmener sur un autre terrain : acceptez d'y aller sans réticence visible.

Ne répondez jamais au jury : « je vous l'ai déjà dit ». Si le jury vous pose une question que vous pensez déjà avoir traitée, reformulez, le jury ne vous a peut-être pas compris ou souhaite une réponse plus précise.

Pour conclure, en fin d'entretien, le jury, au moment d'attribuer une note à un candidat, aura toujours en tête la question suivante : au vu de son exposé, de ses réponses, de son comportement, lui confierions-nous ou non des fonctions de chef de service dans une commune, un département ou une région ? Travaillerions-nous quotidiennement avec lui en toute confiance ? Les qualités que nous avons perçues compensent-elles ou non les possibles imperfections éventuelles de l'exercice imposé ?

Achevé d'imprimer en octobre 2017
sur les presses de la SEPEC (France)
Numéro d'impression : 09463171004
Numéro d'éditeur : 2017_0078
Dépôt légal : octobre 2017

IMPRIM'VERT®

PEFC™ 10-31-1470 / Certifié PEFC / Ce produit est issu de forêts gérées durablement et de sources contrôlées. / pefc-france.org